未名社科·学术面对面

The Student's Companion to Social Policy
(Fifth Edition)

解析社会政策
（第五版）

〔英〕皮特·阿尔科克（Pete Alcock） 蒂娜·豪克斯（Tina Haux）
玛格丽特·梅（Margaret May） 莎伦·赖特（Sharon Wright） 编

董 璐 译

著作权合同登记号　图字:01-2017-3702

图书在版编目(CIP)数据

解析社会政策:第五版/(英)皮特·阿尔科克(Pete Alcock)等编;董璐译.—北京:北京大学出版社,2020.7

(未名社科·学术面对面)

ISBN 978-7-301-29177-1

Ⅰ.①解… Ⅱ.①皮… ②董… Ⅲ.①社会政策—研究 Ⅳ.①C916

中国版本图书馆 CIP 数据核字(2020)第 094558 号

The Student's Companion to Social Policy, 5th Edition, edited by Pete Alcock, Tina Haux, Margaret May and Sharon Wright

ISBN: 978-1-118-96597-9

This edition first published 2016

© 2016 John Wiley & Sons Ltd

All Rights Reserved. Authorized translation from the English language edition published by John Wiley & Sons Limited. Responsibility for the accuracy of the translation rests solely with Peking University Press and is not the responsibility of John Wiley & Sons Limited. No part of this book may be reproduced in any form without the written permission of the original copyright holder, John Wiley & Sons Limited.

Copies of this book sold without a Wiley sticker on the cover are unauthorized and illegal.

书　　　名	解析社会政策(第五版) JIEXI SHEHUI ZHENGCE(DI-WU BAN)
著作责任者	〔英〕皮特·阿尔科克(Pete Alcock)　蒂娜·豪克斯(Tina Haux) 　　 玛格丽特·梅(Margaret May)　莎伦·赖特(Sharon Wright) 编 　　 董　璐 译
责任编辑	陈相宜
标准书号	ISBN 978-7-301-29177-1
出版发行	北京大学出版社
地　　　址	北京市海淀区成府路 205 号　100871
网　　　址	http://www.pup.cn
新浪微博	@北京大学出版社
微信公众号	ss_book
电子信箱	ss@pup.pku.edu.cn
电　　　话	邮购部 010-62752015　发行部 010-62750672　编辑部 010-62753121
印　刷　者	天津中印联印务有限公司
经　销　者	新华书店
	787 毫米×1092 毫米　16 开本　39.5 印张　913 千字 2020 年 7 月第 1 版　2020 年 7 月第 1 次印刷
定　　　价	110.00 元

未经许可,不得以任何方式复制或抄袭本书之部分或全部内容。

版权所有,侵权必究

举报电话:010-62752024　电子信箱: fd@pup.pku.edu.cn

图书如有印装质量问题,请与出版部联系,电话:010-62756370

作者简介

斯图尔特·亚当（Stuart Adam）是英国财政研究所（Institute for Fiscal Studies）的高级经济研究员。他的研究和著作聚焦于税收和福利制度的设计，包括收入所得税和国民保险制度、资本利得税、财产税、税额抵免、就业刺激和再分配、为有儿童的家庭提供资助，以及地方政府财政。

皮特·阿尔科克（Pete Alcock）是英国伯明翰大学（University of Birmingham）社会政策与社会行政方向的教授。三十多年来，他一直致力于社会政策的教学与科研工作，撰写了大量有关社会政策、志愿部门、社会保障、贫困与社会排斥以及扶贫政策的作品。

罗布·巴戈特（Rob Baggott）是英国德蒙福特大学（De Montfort University）公共政策方向的教授，也是医疗政策研究小组的负责人。他的研究兴趣主要集中在公共医疗、预防医学、患者和公众参与、商业与志愿组织在政策过程和全球医疗政策及制度方面的作用等领域，并且出版了与之相关的大量作品。

索尔·贝克尔（Saul Becker）是英国伯明翰大学代理副校长及社会科学学院院长，也是社会政策和社会工作方向的教授。在有关儿童作为非正式家庭照顾者（"年轻照顾者"）的研究领域，他被公认为世界领军人物。

戴瑞克·比瑞尔（Derek Birrell）是英国阿尔斯特大学（Ulster University）社会政策与社会行政方向的教授。他的科研和教学兴趣集中在北爱尔兰政府、社会政策及权力下放、福利管理、健康与社会照顾政策以及跨国关系等领域。

凯瑟琳·博榭尔（Catherine Bochel）是英国林肯大学（University of Lincoln）政策研究方向的准教授。她的主要研究兴趣包括政策过程、参与和请愿制度，也发表了大量相关研究成果。她讲授多门与政策相关的课程。

休·博榭尔（Hugh Bochel）是英国林肯大学公共政策方向的教授。他的授课及科研兴趣广泛，涉及与社会政策相关的方方面面，尤其关注政策过程和社会政策策略。

爱德华·布伦斯登（Edward Brunsdon）是英国伯明翰大学社会政策名誉研究员，他教授一系列有关社会政策、研究方法、人力资源管理方面的课程。他的主要研究领域包括在职福利、退休金政策、行政奖励和福利混合经济（福利多元主义）。

克莱尔·卡伦德（Claire Callender） 是英国伦敦大学（University of London）伯贝克学院和伦敦大学学院（University College London）教育学院的高等教育政策方向的教授，同时也是欧洲经济和社会研究理事会/英格兰高等教育管理委员会全球高等教育中心的副主任。她的研究集中在高等教育领域的学生资助和财政，以及与受政府委托的奖学金申请评审相关的课题。

埃莉诺·卡特（Eleanor Carter） 是英国谢菲尔德大学（University of Sheffield）的博士研究生，她的研究领域是政策在志愿部门中的作用。她的研究主要集中在2010年之后英国的工作福利改革，也包括对基于结果的委托的应用和对公共服务领域里的社会投资的使用。

保罗·钱尼（Paul Chaney） 是英国卡迪夫大学（Cardiff University）政治和政策方向的教授，也是威尔士社会、经济研究和数据学院的共同院长。他的科研和教学兴趣包括地域政治、公共政策、公民社会以及平等和人权等。

约亨·克拉森（Jochen Clasen） 是英国爱丁堡大学（University of Edinburgh）的比较社会政策方向的教授，他所授课程集中在欧洲的社会政策及福利国家制度的政治经济学等领域。在社会保障、劳动力市场政策和福利国家制度的跨国分析等方面，他进行了广泛的研究，并有大量著作问世。

丹尼尔·克莱格（Daniel Clegg） 是英国爱丁堡大学社会政策学高级讲师。他的研究和教学集中在欧洲国家之间的社会政策比较，尤其是失业和劳动年龄人口的贫困问题。

鲍勃·科尔斯（Bob Coles） 是英国约克大学（University of York）荣誉研究员。他在青年政策方面有着持久的兴趣。在他的帮助下，这个领域成为社会政策学的子学科，并且在政策、研究和实践等方面协同发展。他的研究聚焦于敏感脆弱的年轻人。

盖伊·达利（Guy Daly） 是英国考文垂大学（Coventry University）健康和生命科学系的教授和执行系主任。他致力于社会照顾、住房政策、地方政府和公共服务管理等方面的研究，并且出版了大量作品。

霍华德·戴维斯（Howard Davis） 是英国考文垂大学社会和地方政策方向的教授。他的研究兴趣包括社区和社区福祉、老龄化社会和老年阶段的挑战及机会。此外，他还一直致力于为英国公共服务的现代化及改进提供建议和做出评估。

哈特利·迪安（Hartley Dean） 是英国伦敦政治经济学院（London School of Economics）社会政策方向的教授。在从事科研、教学之前，他在伦敦周边一个最贫穷的多文化地区从事福利救济事业。他最初的研究兴趣源于对贫困和社会公正问题的关注。

彼得·德怀尔（Peter Dwyer） 是英国约克大学社会政策方向的教授。他的教学和科研集中在社会公民权、包容/排斥、福利和移民及福利的限制条件等相关领域。

尼克·埃利森（Nick Ellison） 是英国约克大学社会政策方向的教授。他的科研和教学兴趣相当广泛，包括历史和当代视野下的英国福利政策、理论和实践中的公民权以及全球和国际社会政策。

作者简介

简·福金汉姆（Jane Falkingham）是英国南安普顿大学（University of Southampton）人口学和国际社会政策方向的教授，也是社会和人文科学系主任、欧洲经济和社会研究理事会人口变化研究中心主任。她的研究兴趣集中在发达国家及发展中国家背景下的人口变化与社会政策之间的相互影响，她尤其关注老龄化和生命历程的改变。

凯文·法恩斯沃思（Kevin Farnsworth）是英国约克大学比较社会政策、国际社会政策和全球社会政策领域的高级讲师。他的研究集中在与福利国家制度的政治经济有关的广泛领域，包括商业对社会政策的影响、福利国家制度、经济危机和公司福利。

托尼·菲茨帕特里克（Tony Fitzpatrick）是英国诺丁汉大学（University of Nottingham）的准教授。有关社会政策的社会理论、伦理学和政治理论，以及气候变化的影响和福利国家的环境保护问题等，是他主要的研究兴趣所在。

迪尔德丽·弗拉尼根（Deirdre Flanigan）是英国社会福利法和人权领域的实习律师。她在大学里学习和研究的主题集中在改善和保护人权方面；目前她就职于苏格兰人权委员会（Scottish Human Rights Commission）和位于尼泊尔的一家人权非政府组织；她撰写了大量从不同角度论述人权责任的文章。

乔恩·格拉斯比（Jon Glasby）是英国伯明翰大学卫生健康和社会照顾方向的教授。他是卓越社会照顾研究所（Social Care Institute for Excellence）的资深社会工作者，曾是这个研究所的理事会成员。他主持着一个国家级研究项目，旨在为社会照顾和英国国家医疗服务体系更有效的跨机构合作提供咨询和培训。

霍华德·格伦纳斯特（Howard Glennerster）是英国伦敦政治经济学院社会政策方向的终身教授。他的研究和教学集中在社会政策的财政与经济及其战后历史。他在这个领域出版了大量著作，同时也是英国财政部和英国卫生大臣的顾问。

安·玛丽·格雷（Ann Marie Gray）是英国阿尔斯特大学社会政策学高级讲师，阿尔斯特大学与女王大学（Queen's University）联合机构研究知识获取中心政策主任。成年人的社会照顾、授权与社会政策以及性别与社会政策等是她的教学和研究兴趣所在。

伊恩·格林纳（Ian Greener）是英国杜伦大学（Durham University）社会政策方向的教授，该大学沃尔夫森研究所执行主任。他的研究和教学涉猎广泛，但主要聚焦于卫生健康政策、健康护理、公共管理和治理以及组织结构的变迁。

斯科特·L. 格里尔（Scott L. Greer）是美国密歇根大学（University of Michigan）公共卫生学院副教授，欧洲医疗卫生体系和政策观测站（European Observatory on Health Systems and Policies）卫生管理事务部高级专业顾问。他的研究主要集中在这些领域。

雅姬·古兰德（Jackie Gulland）是英国爱丁堡大学社会工作讲师。她的科研与教学兴趣包括社会法研究、公民与国家的争辩权、社会保障政策、老龄化和失能等。在进入学术机构之前，她是志愿组织和地方政府组织的福利权利顾问及培训师。

凯特·汉布林（Kate Hamblin）是英国牛津大学人口老龄化研究所（Oxford Institute of Population Ageing）的高级研究员。她的研究涉及欧洲各国民众如何将工作与照料相结合、科技领域的年长雇员、博物馆和美术馆对老年人的帮助,以及科技对多病、痴呆或双重感官残疾的无依靠老年人的帮助。

琳达·汉特瑞斯(Linda Hantrais)是英国拉夫堡大学(Loughborough University)欧洲社会政策的荣誉教授。她在多个欧洲委员会担任专家顾问。她的研究兴趣主要集中在国际比较研究理论、方法论和实践,特别是涉及欧洲的社会经济变迁、社会和家庭政策,以及循证政策的全球概览。

伯纳德·哈里斯(Bernard Harris)是英国斯特拉斯克莱德大学(University of Strathclyde)社会政策方向的教授。除了社会政策史之外,他还致力于健康、身高、发病率和死亡率等不同领域的历史研究。

蒂娜·豪克斯(Tina Haux)是英国肯特大学(University of Kent)社会政策讲师。她的主要科研与教学兴趣在家庭、育儿以及"从福利到工作"政策。她最近的工作聚焦于父亲在分居前后的家庭生活中的角色,以及第二代社会政策学者的生平及影响。

约翰·希尔斯(John Hills)是英国伦敦政治经济学院社会政策理查德·蒂特马斯(Richard Titmuss)讲席教授,他也是该大学社会排斥分析中心的主任和不平等现象国际研究所的共同主任。他的研究兴趣包括收入与财富的不平等、公共政策的分配作用和福利国家制度的演变发展。

克里斯·霍尔登(Chris Holden)是英国约克大学国际社会政策方向的准教授,他讲授一系列相关课程。他在全球经济、跨国公司与卫生健康和公共政策之间的关系方面发表了大量研究成果。

艾利森·霍西(Alison Hosie)自苏格兰人权委员会于2008年创立以来一直担任其研究员。在此之前的十五年里,她教授和研究社会政策,尤其关注年轻人所享有的健康护理权益、怀孕和成为父母的青少年的受教育权利,以及敏感问题的研究方法。

约翰·赫德森(John Hudson)是英国约克大学社会政策方向的教授,比较社会政策和全球社会政策研究中心主任。他的科研与教学兴趣包括社会政策策略、政策制定程序和福利的比较政治经济学。

肖纳·亨特(Shona Hunter)是英国利兹大学(University of Leeds)社会学和社会政策管理方向的讲师。她的研究和教学涵盖了批判社会政策整个领域。她对福利领域中的主体、情绪、权力和政治之间的关系尤其感兴趣。

佐伊·欧文(Zoë Irving)是英国约克大学比较社会政策、国际社会政策和全球社会政策领域的高级讲师。她出版的作品涉及经济危机和紧缩经济下的社会政治、人口规模与社会政策发展之间的关系,以及冰岛和其他小型岛屿国家的社会政策。

泉原美佐(Misa Izuhara)是英国布里斯托尔大学(University of Bristol)的准教授,该大学城市和公共政策研究中心的负责人。她的研究集中在国家和国际层次的住房供给与社会变迁、老龄化与代际关系,以及比较政治分析。

作者简介

拉娜·贾瓦德（Rana Jawad） 是英国巴斯大学（University of Bath）社会政策方向的高级讲师，她讲授社会政策以及宗教社会学等课程。她的研究集中在中东和北非地区（MENA）的福利制度和宗教在社会政策中所扮演的角色，她也发表了许多相关研究成果。

杰里米·肯达尔（Jeremy Kendall） 是英国肯特大学的高级讲师。他的研究兴趣包括公民社会的理论和模型、志愿组织、慈善和公益企业等，特别是福利在国家内部和国际社会的实践，以及社会政策过程和第三方因素。

帕特里夏·肯尼特（Patricia Kennett） 是英国布里斯托尔大学比较政策和全球政策研究领域的准教授、政策研究学院的研究主任。她的研究兴趣包括社会政策、城市和跨国研究，尤其是亚洲和欧洲。

马耶拉·基尔吉（Majella Kilkey） 是英国谢菲尔德大学社会政策方向的准教授。她研究移民、家庭和劳动力市场之间的交叉性，尤其关注政策和生活体验，特别是欧洲地区的。她在更广泛的背景下研究经济危机中的欧洲内部流动性，也探讨移民国外的英国公民在当地的居留与工作。

斯蒂芬·麦凯（Stephen McKay） 是英国林肯大学社会研究领域的教授。他致力于对贫困、不平等、家庭变故以及社会保障政策的作用的研究。最近他关注英国财政政策的包容性，并且对儿童抚养制度展开研究。

尼克·曼宁（Nick Manning） 是英国伦敦国王学院（King's College London）社会学教授。此前，他在诺丁汉大学担任了二十年的社会政策和社会学教授，他在那里创办了诺丁汉精神健康中心，并在中国上海设立了精神健康国际中心（International Centre for Mental Health）。他从社会学角度出发，撰写了大量有关社会政策、卫生健康、精神健康、俄罗斯和中国的研究作品。

玛格丽特·梅（Margaret May） 是英国伯明翰大学社会政策荣誉研究员，她讲授的课程横跨社会政策和人力资源管理两个领域。她的研究集中于雇用政策、人力资源管理、在职福利、社会保障和比较社会政策。

戴维·马林斯（David Mullins） 是英国伯明翰大学社会政策方向的教授。在那里，他领导着住房供给和社区研究小组，致力于对社区主导的住房供给、社会住房分配及针对低收入人群的私人租赁所扮演的角色的研究。他出版了大量有关英国住房供给政策的作品。

凯瑟琳·尼达姆（Catherine Needham） 是英国伯明翰大学公共政策和公共行政方向的准教授。她的研究集中在英国的公共服务，阐释了为什么要进行改革以及它们对一线员工和公民的影响，也解释了有关"公共性"的各种概念。她讲授公共政策方面的课程，特别是循证政策。

蒂姆·纽伯恩（Tim Newburn） 是英国伦敦政治经济学院犯罪学和社会政策方向的教授。他的主要研究领域为维护治安和安全性、比较犯罪学，以及司法正义的历史。

罗伯特·M. 佩奇（Robert M. Page） 是英国伯明翰大学民主社会主义和社会政策方

向的准教授。他撰写了大量以社会政策为主题的文章、著作。他最近的工作聚焦于1940年以来保守党与工党发展福利国家制度的不同路径。

路易莎·帕克斯（Louisa Parks）是英国林肯大学政治学讲师。她的研究和教学集中在社会运动及其对欧盟立法的影响、反紧缩抗议、欧洲政策，最近她尤其关注地方社区组织和全球环境治理。

理查德·帕里（Richard Parry）是英国爱丁堡大学宪法改革中心的名誉研究员。他主要关注对英国社会政策中的策略和资源分配的研究，尤其是财政部及其下属政府部门所扮演的角色。

鲁思·帕特里克（Ruth Patrick）是英国利兹大学的研究生级研究员；在那里，她与一组失业救济领取者一起制作了一部短片，集中展现了她在研究他们的经历中的发现。她的研究兴趣包括参与式方法、福利改革、社会公民身份、贫困和失能。

琳达·皮卡德（Linda Pickard）是英国伦敦政治经济学院副教授级研究员。她的研究兴趣集中在无偿照料和长期护理政策；并且，她为英国长期护理委员会（Royal Commission on Long Term Care）和英国审计委员会（Audit Commission）展开上述问题的研究。

露辛达·普拉特（Lucinda Platt）是英国伦敦政治经济学院社会政策和社会学教授。她讲授社会分层、社会优势和劣势、族群性和移民等课程。她的科研和著述涉及种族、移民、儿童贫困和福祉、儿童与成年人失能，以及收入和雇用的不平等等主题。

林恩·普尔（Lynne Poole）是英国西苏格兰大学（University of the West of Scotland）社会政策方向的讲师。她的作品和研究涉及领域广泛，包括苏格兰的社会政策和权力下放、住房供给和卫生健康政策、非营利组织以及罗姆人移民。她最近的研究集中在针对寻求庇护者的政策和贫困。

马丁·鲍威尔（Martin Powell）是英国伯明翰大学卫生健康和社会政策教授。他的主要研究兴趣和出版主题为社会和卫生健康政策的历史及地理维度，尤其专攻"第三条道路"。

马克·普里斯特利（Mark Priestley）是英国利兹大学残疾人政策领域的教授，欧洲残疾问题专家学术网络（Academic Network of European Disability experts）的科学指导；并且，他在残疾人政策领域出版了相当多的著作。他最新的研究集中于欧盟及其成员国的残疾人政策。

卡罗尔·普罗佩尔（Carol Propper）是英国伦敦帝国学院（Imperial College London）的经济学教授。她的研究兴趣涵盖了市场和财政刺激对改善健康护理的质量、效率和革新的作用，以及健康的决定因素。

杰西卡·派克特（Jessica Pykett）是英国伯明翰大学人文地理学高级讲师。到目前为止，她的研究集中在公民身份的地理学、教育、治理行为模式，以及应用神经科学和普通神经科学对于政策和实践的影响。她教授福利、就业和财富的空间政治方面的课程。

作者简介

特丝·里奇（Tess Ridge）是英国巴斯大学社会政策方向的教授。她的研究关注童年贫困和社会排斥等问题，与此同时，她开发了以儿童为中心的研究方法，用于对低收入家庭儿童的生活状况及经历的研究。她讲授儿童和家庭政策、童年和家庭社会学等课程。

巴拉·朗特里（Barra Roantree）是英国财政研究所经济学研究员。他研究收入所得税、再分配、劳动力市场，其中涉及社会保障对收入的影响、生命周期不同阶段的再分配，以及随着时间的推移，女性的职业选择如何对刺激措施做出回应。

卡伦·罗林森（Karen Rowlingson）是英国伯明翰大学社会政策方向的教授，家庭资产和储蓄管理中心副主任，以及社会科学学院研究和知识转化中心主任。她的研究兴趣在于个人和家庭的财务安全，包括以资产为基础的福利，还有财富、不平等、社会保障和理财能力。

菲利普·M. 辛格（Phillip M. Singer）是美国密歇根大学公共卫生学院的博士生。他专攻医疗政策和卫生改革。他的研究兴趣尤其集中在国家医疗政策、医疗补助豁免的政治学，以及《平价医疗法案》（Affordable Care Act）的执行。

丽贝卡·苏伦德（Rebecca Surender）是英国牛津大学（University of Oxford）社会政策方向的副教授，也是南非罗德斯大学（Rhodes University）的访问学者。她的研究和教学集中在卫生政策，以及政策与发展，特别是南非的社会政策。

彼得·泰勒-古比（Peter Taylor-Gooby）自1989年起就一直在英国肯特大学任社会政策教授。他的主要研究兴趣在社会政策理论、对于福利国家制度的态度和比较社会政策。

阿西娜·弗拉坎通尼（Athina Vlachantoni）是英国南开普敦大学老年学副教授。她的研究兴趣涵盖了老龄化和社会政策的广泛领域，她的最新研究包括养老保障、非正式照顾、社会照顾、整个生命历程以及生命后期的生活安排。

阿尼拉·韦纳姆（Aniela Wenham）是英国约克大学社会政策方向的讲师。她的教学和科研兴趣包括青年转型、青年政策和针对"难以接触到的"群体的定性纵贯研究方法。

安妮·韦斯特（Anne West）是英国伦敦政治经济学院教育政策方向的教授，教育研究小组负责人。她的研究和许多著作都聚焦于教育政策，特别是学校领域以市场为导向的改革，以及这些改革对平等、教育资金和义务的影响。

诺伊尔·怀特赛德（Noel Whiteside）是英国华威大学（University of Warwick）比较公共政策方向的教授，牛津大学社会科学访问学者。她的研究集中于从历史和比较的角度探索治理制度和公共责任。她尤其对劳动力市场和社会依赖感兴趣。

亚当·惠特沃思（Adam Whitworth）是英国谢菲尔德大学人文地理学讲师。他的研究集中在对英国的激活性改革进行分析，具体包括改革设计、管理，以及改革对各类救济金领取者和在不同地区产生的效果。他也对如何在政策事务上应用定量空间方法学有着浓厚的兴趣。

杰伊·威根(Jay Wiggan) 是英国爱丁堡大学社会政策方向的讲师,他在那里讲授国际背景下的公共政策和社会政策策略。他的研究和写作兴趣集中在公共就业服务和社会保障行政机构的管理、单身父母、残疾人、"福利改革"和积极的劳动力市场政策的政治学等领域。

莎伦·赖特(Sharon Wright) 是英国格拉斯哥大学(University of Glasgow)公共政策高级讲师,她在那里讲授社会和公共政策相关课程,尤其是政策过程、就业、福利和改革策略。她的研究兴趣为人们对贫困、社会保障、福利改革以及落实就业服务的实际体验。

妮古拉·耶茨(Nicola Yeates) 是英国开放大学(Open University)社会政策方向的教授。她的教学、科研和写作都集中在国际社会政策和全球社会政策等领域;同时,她也服务于国际社会保障协会(International Social Security Association)、世界银行(World Bank,WB)、联合国儿童基金会(UNICEF)、联合国社会发展研究所(UNRISD)、联合国教科文组织(UNESCO)。

阅 读 指 南

《解析社会政策》是一本社会政策教科书,适用于本科和研究生阶段。英国(确切地说是大部分国家)的社会政策课程所涵盖的重要课题和议题都被本书收入其中,本书能够帮助相关专业的学生获得这门学科的基础知识。本书向读者介绍了最新的理论和观念争论、历史发展、服务领域、重要政治议题和社会政策运行其中的广阔国际背景。每一章都对其他参考资料做了简短介绍,列出了一些对本章所提到的议题进行更加深入讨论的文献,同时也向读者提供了主要的网络资源。这本书本身值得学习社会政策的同学研习,社会政策可以作为其他专业(例如,社会学、政治学、应用社会科学或者管理学等)的本科生或研究生的学习课程之一,或者作为相关领域(例如,社会照顾工作、护理和卫生学、公共和志愿部门管理或犯罪学等)的一门专业课程。

《解析社会政策》第五版在之前版本的基础上进行了扩展和更新。第四部分"英国的权力下放和社会政策"和第七部分"福利管理"是新增加的部分;其他新增章节探讨了最新的政策发展及相关讨论,还有不断变化的政治和经济格局。承袭之前版本保留下来的论文也经过了作者的更新,上一个版本中的某些文章被替换成在相关领域的科研和教学中另外一些领军人物的作品。

和上一个版本的做法一样,我们在这里也请各位作者在每一章开头提供一个简洁的要点清单,对将要讨论的问题做出简要概括。同样,按照第四版的做法,新版本在每章结尾部分列出了一些复习题和新增加的专用参考网站(www.wiley.com/go/alcocksocialpolicy),从而为读者提供进一步的帮助。本教材还列出了一系列补充性资源,用于延伸阅读和进一步的思考,使学生能够最大限度地利用有关社会政策的文本,更好地进行研习,它们包括:

- 与每章相关的互联网链接;
- 重要的英国政府、国际或其他网络链接资源指南;
- 帮助页;
- 有关如何管理社会政策领域中主要委派形式的指导;
- 职业建议;
- 词汇表。

词汇表以《布莱克维尔社会政策辞典》(*The Blackwell Dictionary of Social Policy*)为蓝本,并且两者相互关联。这本辞典是本书的姐妹卷,它为所有关键词和概念提供了简短的定义,并且对有关主要问题的长篇讨论进行了精要概括,与之前的版本一样,我们将帮助读者有效地使用这两本书。

第五版的编辑团队进一步扩充,蒂娜·豪克斯加入了皮特·阿尔科克、玛格丽特·梅和莎伦·赖特的团队。我们很欢迎蒂娜的加入,在她的帮助之下,尽管图书内容的增加带来了工作量的增多,但是编辑部仍然能够保持与上一个版本相同的编辑进程。

所有为这本书供稿的作者——无论是已有的还是新加入的——都是活跃在英国社会政策前沿领域的研究人员和教师。对于这些作者的选择,是以他们所在的专业领域里的专门知识为基础的,目的在于向读者较权威地介绍一系列思想和学识。由于这本书主要按照手册和指南的体例进行编写,而不是聚焦于一两个主题的单独文本,所以并不是所有的读者都有必要将整本书从头读到尾。实际上,大部分读者更可能把它当作可供查阅的参考书;因此,读者可以任意顺序阅读各章,或者挑出某章单独学习,或是将几章组合起来加以阅读。

- 第一部分向学生介绍了作为社会政策学习基础的概念和研究方法。其中包括这个学科领域的简短历史、这个课题的发展过程,以及学习和研究它的方法,此外还有对学生在学习中可能会遇到的关键概念的讨论。
- 第二部分是对社会政策的理论和思想背景的介绍。在这里向读者介绍了核心观点和视角,从而为讨论这个课题的关注点及目标提供智识基础。
- 第三部分概述了英国社会政策历史发展中的关键主题和议题,其中包括对19世纪的福利措施、20世纪上半叶国家福利的发展,以及保守党和工党政府在最近几十年的政策的思考。
- 第四部分考察了政治权力下放给苏格兰、威尔士和北爱尔兰带来的影响。
- 第五部分探讨了政策开发和执行的社会、政治和经济背景,以及政策所遇到的重大挑战。
- 第六部分聚焦于社会政策的组织和产品。这一部分考察了不同的福利供给者——五类主要的福利供给者分别来自国家、商业、职业、志愿和非正式部门,并且讨论了相关福利如何获得资金支持、税收政策如何运行等背景性问题。
- 第七部分思考了福利管理的不同层面,其中包括地方政府和欧盟的角色。
- 第八部分所包含的各章考察了提供福利服务的关键领域,并且对它们的政策发展、计划和当前的相关讨论等最新情况进行了总结概括。
- 第九部分聚焦于为特定社会群体提供的服务,并且分析了这些群体在政策规定的各个层面能在多大程度上获益或者受到了怎样的损害。
- 第十部分研究了社会政策的国际环境。其中各章分别涉及比较分析、政策学习和移植,以及对全世界不同国家或地区的政策实践差异的总结。

作为编者,我们非常感激各位作者为这本书提供稿件。《解析社会政策》从最初的版本开始,就是一本英国社会政策领域一些最为著名的教授和讲师的作品集,到了第五版,我们在前面版本的基础上,又增加了一系列文章。我们请求所有的供稿者尽可能以易于理解的方式撰稿,并且在短小的篇幅中阐述复杂的问题。不过,社会政策领域的学者与其他学科领域的研究者别无二致:他们当中有些人文风利落、清晰,另外一些人的作品则较为晦涩,并且包含了大量难以完全领会的理念。这本作品集也反映了不同的写作风格,以及学习社会政策的学生可能会遇到的各种各样的意识形态和政治立场。当然,每一章也只是对相关领域里的大量议题和信息的一个简短概括。因而这本书的目的在于,激励读者开展进一步研究和更为广泛的阅读。

作为编者的我们艰难地(有时甚至是在争论中)确定哪些文章应该收录、哪些应该删除,以及应该邀请谁供稿;与此同时,因为编写团队与英国社会政策学会(Social Policy Association,SPA)这个社会政策学术领域的专业组织(请见附录)建立了长久的合作关系,我们成功地说服了许多学者为《解析社会政策》撰写文章。我们也应该感谢威利-布莱克维尔(Wiley-Blackwell)出版社的贾斯汀·沃恩(Justin Vaughan)和本·撒切尔(Ben Thatcher)对新版给予的帮助和支持,还有新版的匿名评审也为我们提供了非常有益的建议。我们希望我们所编撰的这本书不辜负所有这些帮助和支持,并且能继续为整个社会政策学术共同体所用。另外,不管怎样,这本作品集中的任何不足之处完全由我们来承担责任。

皮特·阿尔科克

蒂娜·豪克斯

玛格丽特·梅

莎伦·赖特

目 录

第一部分　概念和方法

第1章　什么是社会政策？　皮特·阿尔科克　/ 3
第2章　研究社会政策　皮特·阿尔科克和索尔·贝克尔　/ 11
第3章　社会需求、社会问题、社会福利和福祉　尼克·曼宁　/ 19
第4章　平等、权利和社会公正　彼得·泰勒-古比　/ 27
第5章　人权和平等　迪尔德丽·弗拉尼根和艾利森·霍西　/ 35
第6章　效率、平等和选择　卡罗尔·普罗佩尔　/ 44
第7章　公民身份　彼得·德怀尔　/ 52
第8章　改变行为　杰西卡·派克特　/ 60

第二部分　主要理论视角

第9章　新自由主义　尼克·埃利森　/ 71
第10章　保守主义　休·博榭尔　/ 79
第11章　社会民主主义　罗伯特·M.佩奇　/ 87
第12章　社会主义视角　哈特利·迪安　/ 95
第13章　女性主义视角　肖纳·亨特　/ 103
第14章　社会运动　路易莎·帕克斯　/ 111
第15章　后现代主义视角　托尼·菲茨帕特里克　/ 118

第三部分　历史背景

第16章　19世纪的开端　伯纳德·哈里斯　/ 129
第17章　自由党执政时代和国家福利的发展　诺伊尔·怀特赛德　/ 136

第18章　现代福利国家制度：1940—1974 年　罗伯特·M.佩奇　/ 143

第19章　经济危机、缩减经费以及新自由主义的影响：1976—1997 年
　　　　霍华德·格伦纳斯特　/ 150

第20章　现代化和第三条道路　马丁·鲍威尔　/ 157

第21章　紧缩政治　杰伊·威根　/ 165

第四部分　英国的权力下放和社会政策

第22章　社会政策和权力下放　理查德·帕里　/ 175

第23章　北爱尔兰的社会政策　安·玛丽·格雷和戴瑞克·比瑞尔　/ 183

第24章　苏格兰的社会政策　林恩·普尔　/ 191

第25章　威尔士的社会政策　保罗·钱尼　/ 199

第五部分　当代的环境和挑战

第26章　人口的挑战　简·福金汉姆和阿西娜·弗拉坎通尼　/ 209

第27章　经济背景　凯文·法恩斯沃思和佐伊·欧文　/ 217

第28章　可持续性的挑战　托尼·菲茨帕特里克　/ 225

第29章　宗教的作用　拉娜·贾瓦德　/ 233

第30章　福利的分配　约翰·希尔斯　/ 241

第31章　分化和差异　莎伦·赖特　/ 250

第32章　"种族"、少数族群和社会福利　露辛达·普拉特　/ 258

第33章　贫困和社会排斥　皮特·阿尔科克　/ 268

第六部分　福利产品和供给

第34章　国家福利　凯瑟琳·博榭尔　/ 279

第35章　商业福利　克里斯·霍尔登　/ 286

第36章　职业福利　爱德华·布伦斯登和玛格丽特·梅　/ 293

第37章　志愿性福利　杰里米·肯达尔　/ 301

第38章　非正式福利　琳达·皮卡德　/ 308

第39章　福利使用者和社会政策　凯瑟琳·尼达姆　/ 317

第40章　为福利付费　霍华德·格伦纳斯特　/ 324

第41章　征税和福利　斯图尔特·亚当和巴拉·朗特里　/ 333

第七部分　福利管理

第 42 章　政策过程　休·博榭尔　/345
第 43 章　管理和递送福利　伊恩·格林纳　/353
第 44 章　福利问责　雅姬·古兰德　/361
第 45 章　地方治理　盖伊·达利和霍华德·戴维斯　/370
第 46 章　欧　盟　琳达·汉特瑞斯　/378

第八部分　福利范畴

第 47 章　收入维持和社会保障　斯蒂芬·麦凯和卡伦·罗林森　/389
第 48 章　就　业　亚当·惠特沃思和埃莉诺·卡特　/398
第 49 章　医疗服务　罗布·巴戈特　/407
第 50 章　公共卫生　罗布·巴戈特　/415
第 51 章　学校教育　安妮·韦斯特　/423
第 52 章　终身学习和培训　克莱尔·卡伦德　/432
第 53 章　住房供给　戴维·马林斯　/441
第 54 章　社会照顾　乔恩·格拉斯比　/450
第 55 章　刑事司法　蒂姆·纽伯恩　/458

第九部分　福利体验

第 56 章　接受失业救济的经历　鲁思·帕特里克　/469
第 57 章　家庭政策　蒂娜·豪克斯　/477
第 58 章　儿　童　特丝·里奇　/485
第 59 章　青　年　鲍勃·科尔斯和阿尼拉·韦纳姆　/494
第 60 章　老年人　凯特·汉布林　/502
第 61 章　残疾人　马克·普里斯特利　/511
第 62 章　移民和寻求庇护者　马耶拉·基尔吉　/519

第十部分　国际社会政策和比较社会政策

第 63 章　比较分析　玛格丽特·梅　/529
第 64 章　政策学习和政策移植　约翰·赫德森　/539

第65章　欧洲的社会政策　约亨·克拉森和丹尼尔·克莱格　／546

第66章　美国的社会政策　菲利普·M.辛格和斯科特·L.格里尔　／554

第67章　东亚的社会政策　泉原美佐　／562

第68章　金砖国家的社会政策　丽贝卡·苏伦德　／569

第69章　中东和北非地区的社会政策　拉娜·贾瓦德　／578

第70章　欠发达地区的社会政策　帕特里夏·肯尼特　／588

第71章　全球化、国际组织和社会政策　妮古拉·耶茨　／597

附　录　英国社会政策学会　／607

重要术语对照表　／609

第一部分
概念和方法

第 1 章
什么是社会政策？

皮特·阿尔科克

> **概　览**
>
> ➢ 社会政策指的是运用政策措施以增加公民福利和增进社会福祉。
> ➢ 社会政策也是用来指称对这些措施进行学术研究的活动的术语，这个概念是从"社会行政"演化而来的，这一变化反映了对有关福利措施的更广泛的理论和实践活动的关注。
> ➢ 第二次世界大战之后的英国福利改革为随后的政策发展奠定了至关重要的基础。
> ➢ 社会政策分析因为采用的理论视角不同，推导出的有关各种措施和干预的可行性和受欢迎度的结论也有所不同。
> ➢ 许多社会政策是由国家政府发展出来的，但是国际和全球性机构也变得日益重要，并且开始改变地区和社区层面的政策。

社会政策的研究对象

　　社会政策有着双重含义。它通常指政治家和政策制定者引入或修改旨在增加个体福利和增进社会福祉的措施的行为。社会政策是社会所采取的增进福利的行动。不过，它也指对这些政策活动及其效果进行的学术研究。学生们可以将社会政策作为学术专业进行学习，并且有可能获得与之相关的专门学位，或是将它看作诸如社会学或政治学等其他社会科学所包含的学习科目，或是作为社会工作或护理以及公共、商业和志愿组织中各种职业的专业培训课程。实质上，社会政策既是社会活动，也是对相关社会活动的研究。

　　这本书接下来的章节将更为详细地探讨奠定社会政策学习基础的一些关键概念和理论流派，以及有关政策开发的重要议题和政策实践的主要领域。许多社会政策分析都关注国家政府的行为，这本书的大部分章节也都聚焦于英国的国内环境。然而，正如第四部分的讨论所展现的那样，从世纪之交以来，英国已经将制定政策的权力下放给苏格兰、威尔士和北爱尔兰的地方行政管理机构了；而且地方议会和立法机构所制订的国民计划，已经越来越不同于位于威斯敏斯特宫（Westminster）的英国议会为英国开发的社会政策。

但是，社会政策并非英国所独有的现象。世界上大部分国家都发展出改进国民福利待遇的措施。有一些国家，特别是西方发达国家，采用的是与英国类似的公共资助模式，尽管在组织形式和政治优先顺序方面存在着显著的差异。不过，在东南亚地区，社会政策往往是以完全不同的形式出现的。社会政策研究包括对世界各国或地区所存在的差异（以及相似之处）和政策发展的不同历史背景的对比分析；而这本书的第十部分就展示了一些比较研究和国际研究的案例。

比较研究不仅探索和对比不同国家所开发出来的各不相同的模式——有些可以被看作福利制度；而且从事比较研究的学者也通过分析从不同国家收集来的数据，探寻福利措施的国际趋势。此类数据是由诸如经济合作与发展组织（OECD）、欧盟委员会等国际机构收集而来的；它们被用来分析社会政策将在多大程度上"聚合"为一个通用模式，或者经济压力在多大程度上会导致社会政策活动的减少——有时也被称作福利的"压缩"。第63章对国际分析和比较分析的主要方面进行了介绍。而第64章则探究了国际政策开发的另外一个层面，即不同福利制度的比较分析在多大程度上可以通过"政策移植"而影响其他国家的政策开发。经济合作与发展组织和欧盟等国际组织不只是收集有关社会政策活动的数据，而且，以欧盟为例，这个委员会具有将政策措施引入所属成员国的权力，第46章和第65章就阐述了这个问题。还有其他一些国际机构，例如世界银行和国际货币基金组织（IMF）也试图在全球范围内发挥政策开发方面的影响；而且，正如第71章中所讨论的，这些机构正拥有越来越大的构建在国际发挥作用的社会政策的权力。

因而，研究社会政策不只是关注国家政府的举措和这些措施对于生活在其辖区的公民的影响，而且关心针对全世界各不相同的福利制度的对比分析、各种福利制度的相互影响，以及国际机构在全球范围内政策发展的过程中所扮演的角色。虽然这本书有许多篇章聚焦于英国，而且很多文章只研究了英国，但是学习社会政策的学生需要了解本书后面的章节里所介绍的更广泛的国际维度。此外，研究英国国内的社会政策，也需要同时将这个国家的政策发展历史及其变迁纳入分析，因为从某种程度上来说，当前的问题和时下的实践都是历史进程的产物。

社会政策的发展历程

社会政策活动在英国有着漫长的历史。例如，第一部《济贫法》（Poor Laws）在1601年被引入，时值女王伊丽莎白一世（Elizabeth I）当政期间（请见第16章）。不过，许多新近的政策开发——尤其是公共政策领域里的——都源于20世纪早期的政治和政策讨论以及紧跟其后的改革。

在过去，费边社（Fabian Society）处于公益行为讨论的中心；这个成立于1884年的协会倡导由国家出面解决社会难题和经济不平等的问题，该协会成员认为这些都是19世纪英国的资本主义市场无法解决的难题。

西德尼·韦伯(Sidney Webb)和贝特丽丝·韦伯(Beatrice Webb)是费边社的领袖人物。西德尼曾经是一名公务员,后来成为工党议员,贝特丽丝则效力于后面将要讨论到的济贫法委员会(Poor Law Commission)。费边社成员收集并分享数据,例如布思(Booth)和朗特里(Rowntree)进行了开创性研究,从而展示了19世纪末英国的贫困范围和程度。他们的研究非常重要,而且广为传播。费边社的研究对保守党的政治假设提出了挑战,后者相信市场会满足所有的福利需求;而且,费边社成员运用他们的研究,促进在全国范围内采取政策措施,从而保护被市场抛弃的人。

正如西德尼·韦伯以其工党议员的身份发挥影响一样,费边社的学术观点也与作为政治工具的工党的成立及发展紧密联系在一起,并通过后者使全国范围内的政策创新和改革得以实现。实际上,在工党还没有获得政治权力之前的一段时间里,是自由党政府在20世纪初期引进了最初的重要的社会政策措施。

早期社会政策的改革是由1905年成立的皇家委员会(Royal Commission)提议对19世纪福利政策的中流砥柱即济贫法进行重新审议引发的。由于委员会内部没有达成一致,于是他们形成了两份独立的报告:

- 少数派报告,这主要是由贝特丽丝·韦伯完成的。
- 多数派报告,它主要是由海伦·博赞基特(Helen Bosanquet)与她的丈夫伯纳德·博赞基特(Bernard Bosanquet)共同完成的。海伦·博赞基特是慈善组织会社(Charity Organisation Society, COS)的领导者,该组织对救济穷人的志愿行动进行协调和调度。

两份报告都强调了通过改革增进福利供给的必要性;但是,少数派的费边社成员认为由国家提供公共服务措施是增进福利的主要手段,而与此同时,多数派——慈善组织会社成员在报告中设想志愿活动和慈善活动继续扮演中心角色。正如第三部分所展示的那样,有关如何平衡国家与非国家的福利供给的讨论,在整个20世纪一直影响着社会政策的发展;而且就像接下来的章节所讨论的,保证公共供给和其他供给的适当混合,是规划社会政策过程中的关键点。

然而事实上,费边社的少数派报告的观点在20世纪早期的社会政策开发中发挥了较大的作用。阿斯奎斯(Asquith)和劳埃德·乔治(Lloyd George)的自由党政府在20世纪初期引入了一系列由国家提供公共资源的措施,以此解决费边社研究者所提出的社会和经济难题(第17章讨论了这个议题)。除此之外,学术研究和数据收集活动也不断扩展予以支持,特别是韦伯夫妇主持创办了伦敦政治经济学院(LSE),以及其与慈善组织会社所创办的社会学学院(School of Sociology)进行内部整合,从而形成了新的社会科学与行政学系(Department of Social Sciences and Administration)。这是第一个研究社会政策的重要学术基地。它的第一位新聘讲师是克莱门特·艾德礼(Clement Attlee)——第二次世界大战之后,他成为改组之后的工党政府的首相;而且,这里直到今天都是讲授和研究社会政策的重要中心。

福利国家制度和有关福利的共识

紧接着20世纪初的福利改革的革新发生于20世纪中期,可能是英国政治改革最为重要的阶段。正如我们已经提到的,艾德礼所领导的工党在战后胜选成为执政党,这个政府在声明中承诺要引入一系列综合措施为公民提供福利,并且创建一个后来所谓的"福利国家"。

从某种程度上看,这些内容在福利国家制度的理论构建者威廉·贝弗里奇(William Beveridge)于1942年发表的倡议进行综合全面社会保障改革的报告中已有"预演",而且它们被收录在工党的承诺宣言当中。贝弗里奇撰写了《社会五大恶》(*Five Giant Social Evils*)一书,他相信正是无知、疾病、懒惰、肮脏和贫困这些魔鬼从根基上破坏着英国的战前社会。他认为,将这些魔鬼驱除出英国社会对所有公民都有益,而且代表全体公民的国家也有责任这样去做。

在接下来的年代里——从1945年到1951年,与贝弗里奇所指出的五大恶作斗争的全面的国家福利措施被引入:
- 直至15岁(后来改为16岁)的免费教育,用以对抗愚昧无知;
- 免费享受的国家医疗服务(NHS),用以对抗疾病;
- 国家保证充分就业的承诺,用于对抗懒惰;
- 公共住房供给:为全体公民提供租住房屋,以此对抗恶劣的生存环境;
- 为有需要的人提供国民保险金,用以对抗极度贫困。

所有这些都需要开发面向公民的重大国家服务,并且这导致国家责任极大延伸,国家支出也大大增加。不过,这些改革并不只是得到工党政府的支持;事实上,国家教育计划是战时联合政府中的保守党成员R. A. 巴特勒(R. A. Butler)在1944年引入的。此外,保守党政府在20世纪50年代继续支持改革精神,并且保持了它们的基本结构。不同党派在国家福利问题上的共识是如此强有力,以至于它得到了一个专用词——"巴茨克尔主义"(Butskellism),这是工党首相盖茨克尔(Gaitskell)和他的保守党继任者巴特勒的姓氏组合。

因而,对于费边社而言,战后的福利国家制度应该被视为其学术和政治对政府产生的影响达到了最高峰,在那之后,费边社的分析和讨论更多地集中在如何管理和改进现有的国家福利措施,而不是对现有机制是否适合增进社会福祉提出疑问。不过,有局限性的费边社一直将注意力放在对战后的社会政策措施的分析上,这种局面并没有持续太久。它很快就遭遇了来自其他观点的挑战,后者对国家福利的成功可能性和必要性产生了怀疑。

理论领域的多元主义

自20世纪70年代以来,社会政策研究和分析的焦点发生了转移,偏离了费边社的狭义的福利国家制度,开始思考非国家的福利供给方式,以及更为广泛的政治和政策议题。这一转变最为戏剧化的象征是"社会行政"(Social Administration)这个学科名称(在1987年举行的年度学术团体大会上)改成了"社会政策";改名的主要原因是,人们觉得"社会行政"很容易让人联想到过于关注对现有福利服务操作情况的分析,而"社会政策"则与从更为综合的角度思考福利供给的政治和思想基础相匹配。这一改变展现了学术和政治讨论中更为普遍的趋势——各种相互对立的观点正挑战着费边主义的正统性,并且社会政策研究正被推向更为开放的理论多元主义,在那里,是否或者为什么要追求国家福利这样的问题,与如何及何时之类的问题同样重要。

新左派

费边主义主要关注国家福利的成功与否和受欢迎程度,这一焦点在 20 世纪六七十年代受到了左派的批判。左派引用马克思主义对资本主义社会的分析,主张福利服务无法消除劳动力市场上的剥削关系;并且,尽管它们为穷人和工人阶级提供了一些利益,但是这些服务通过保障市场经济继续运行,进一步支持了资本主义的发展。与 20 世纪初的费边社社会主义者不同,新左派批判者并不认为进一步发展建立在社会政策基础上的现有国家福利一定能够使社会摆脱困境。实际上,对于他们而言,国家福利一直处于满足公民的福利需求的压力与支持资本主义市场发展的压力所构成的矛盾或冲突状态之中。

新右派

20 世纪七八十年代,政治谱系的右侧开始出现对国家福利的完全不同的批判。支持自由市场资本主义的右翼人士——例如赫赫有名的哈耶克(Hayek)——在 40 年代就对创建福利国家提出了批判,但是,在那个时候,这种观点在学术和政治讨论中尚属边缘声音。到了 70 年代,随着经济进一步衰退,国家福利的一些局限性显现出来,于是这些观点一方面变得更加掷地有声,另一方面也得到了更为广泛的支持——特别是随着玛格丽特·撒切尔(Margaret Thatcher)在 1975 年当选为保守党领袖,保守党内部出现了右转倾向的时候。新右派批判的关键点在于,大范围地发展国家福利服务与维持成功的市场经济不兼容,而且随着福利不断扩张以满足越来越多的社会需求,这个问题将进一步恶化。对于新右派的支持者来说,国家福利的适应性本身就值得怀疑。

新社会运动

在 20 世纪末,国家福利的缺陷和局限性也受到传统政治谱系上左派或右派之外的其他派别的拷问。其中最为著名的挑战来自女性主义对福利服务开发和提供过程中男性和女性不公平待遇的怀疑。在女性主义者指出福利供给是"有性别的"的时候,其他派别也质疑了传统的国家福利分析,并且试图通过社会政策研究来解决广泛存在于社会各部分的各种社会问题:反种族歧视者指出,福利服务可能催生区别对待和将某些群体排斥在外的现象;为残疾人权利奔走的活动家提出,某些社会群体的需求被系统性地忽略了;环境保护主义者认为,现有的服务供给是由经济发展所决定的,而这不可能持久。

新实用主义

自 20 世纪末开始,对社会政策产生影响的激进的新声音各不相同,而且有时还相互矛盾或互相作用。它们质疑国家福利和费边主义的正统性,但是它们也批判新左派和新右派。21 世纪初,这些不同的观点带来了理论的多元主义,不仅改变了学术研究,而且使政策制定所关注的焦点本身发生了转移。工党政府在新世纪开始的时候就公然避开费边社左翼和新右派的政策路线,并且用社会政策的"第三条道路"(third way)取而代之——将私人供给和公共供给组合为福利的"混合经济"来代替福利国家制度。他们也提出,政策不应该由理论或意识形态的偏好来决定,它应该建立在有关政策措施的作用的实际证据之上——换言之,就是"有用的才是作数的"。

公共财政紧缩

2007—2008年的经济不景气和2010年大选带来政府换届之后,社会政策持续扩张,这使得之前秉持第三条道路的实用主义遭到挑战。工党政府在福利方面的公共支出开始不断增加(请见第20章),在经济衰退初期也是如此;然而,正如第21章所解释的那样,2010年新上台的联合政府承诺,要大力削减公共支出以减少不断增多的公共财政赤字,评论人士将这一做法称为引入新的公共财政紧缩政策。新的公共财政紧缩的基础是,联合政府所倡导的以大社会(Big Society)为途径发展社会政策,从而取代"大国家"在公共支出方面的义务;在2015年保守党政府上台后,这一主张得以继续贯彻。但是,事实上,并没有任何重要的社区和公民主导的福利支持的扩展与削减公共支出(特别是减少社会保障金和免税额度)齐头并进;而且到了2015年,大社会这种说法也在很大程度上被政府弃之不用了。

新议题:社会政策的未来

当代的社会政策制定和分析是从费边主义及其对战后早期的福利国家制度改革的支持之基础上发展起来的,因此它兼容了理论讨论中各种各样的分歧和冲突——这些讨论涉及公共福利供给的价值和成功,以及如何宽泛地定义地方、全球行动及国内政治在政策制定中所发挥的作用。

现在的社会政策具有理论多元化和地理多元化的特性。它也具有"福利多元主义"(welfare pluralism)的特征:它承认国家供给只是较为广泛的不同形式和不同层次的福利服务组合中的一个方面。这样的变化有时也被看作是从**福利国家制度**(welfare state)向**福利混合**(welfare mix)的转变。

但是这样的混合在未来将发生什么变化一直难以预测,尽管一些大趋势可能继续对政策制定、执行以及政策分析发挥影响。具体而言,正如本书后面的章节所指出的那样,未来可能会出现这样一些变化:

- 脱离福利国家制度的集中化公共服务,转向公共福利供给者和其他福利供给者的合作关系,并且聚焦于政府所扮演的订约人、补助提供者或其他行动者的监管人的角色。
- 超越关注由谁提供福利服务的"提供者文化",转而更有力地强调公民和使用者在定义和提供福利方面所扮演的角色,包括通过诸如个人预算和协同生产、对自我供给的更大依赖等机制,将权力转交给服务的使用者。
- 放弃"掏空"福利国家的做法,转向更为广泛地强调全球力量和全球行动者在构造社会福利方面所发挥的作用,并且关注政策制定过程中的权力下放所产生的影响,以及更有力的地方主义——甚至在一些地方权力已经下放到住区层面——对福利服务的发展和供给所施加的压力。

可深入阅读的参考文献

现在还没有出版关于社会政策研究的历史及其发展的教科书,不过,M. 布尔默、J. 刘易斯和 D. 匹亚肖德编的《社会政策的目标》(M. Bulmer, J. Lewis and D. Piachaud, eds, 1989, *The Goals of Social Policy*, London: Uwin Hyman),是一本记录和回顾在伦敦政治经济学院这个重要的专业领域工作的历史的著作。皮特·阿尔科克在《我们为什么需要福利:为大众利益而采取集体行动》(P. Alcock, 2016, *Why We Need Welfare: Collective Action for the Common Good*, Bristol: Policy Press)一书中概述了作为社会政策核心的集体性投资对于福利所发挥的重要作用。

许多学者力图为这个学科提供入门性介绍。其中最有名的是 M. 希尔和佐伊·欧文的《理解社会政策(第八版)》(M. Hill and Z. Irving, 2009, *Understanding Social Policy*, 8th edn, Chichester: Wiley-Blackwell),该书以服务为基础对福利政策进行了回顾。皮特·阿尔科克和玛格丽特·梅的《英国的社会政策(第四版)》(P. Alcock and M. May, 2014, *Social Policy in Britain*, 4th edn, Basingstoke: Palgrave)以不同的方式探讨了英国社会政策的结构、背景和议题等关键问题,并且深入讨论了英国的权力下放对福利政策的影响。J. 巴尔多克、L. 米顿、尼克·曼宁和 S. 维克斯塔夫编的《社会政策(第四版)》(J. Baldock, L. Mitton, N. Manning and S. Vickerstaff, eds, 2011, *Social Policy*, 4th edn, Oxford: Oxford University Press)是涵盖了背景性议题和服务领域两方面内容的文集。

F. 卡斯尔斯、S. 莱博弗里德、J. 刘易斯、H. 奥宾格和 C. 皮尔森编的《福利国家牛津手册》(F. Castles, S. Leibfried, J. Lewis, H. Obinger and C. Pierson, eds, 2010, *The Oxford Handbook of the Welfare State*, Oxford: Oxford University Press)收录了大量有关社会政策的国际分析和比较分析的文章。皮特·阿尔科克和马丁·鲍威尔编的 4 卷本《福利理论和发展》(P. Alcock and M. Powell, eds, 2011, *Welfare Theory and Development*, 4 vols, London: Sage)是收录了早期出版的全球重要论文的文集。政策出版社的"理解福利"(Understanding Welfare)丛书,收入了大量以社会政策为主题的意义重大的教科书,索尔·贝克尔是这个系列的主编。最后,社会政策学会和政策出版社还共同出版了探讨社会政策前沿问题的年度论文集——《社会政策回顾》(*Social Policy Review*)。

一个提供了有关社会政策介绍性资料的令人满意的网站是由保罗·斯皮克(Paul Spicker)维护的 www.spicker.uk。

复习和课外作业习题

1. 什么是费边主义?它对 20 世纪英国社会政策的发展产生了哪些影响?
2. 什么是巴茨克尔主义?它对英国战后政策的发展发挥了哪些作用?
3. 对于"福利国家制度"遭遇了失败这个问题,新左派和新右派在多大程度上达成了共识?

4. 什么是福利多元主义?为什么说它准确地描述了当前的社会政策规划?
5. 英国仍然是一个"福利国家"吗?

请浏览本书的辅助网站 www.wiley.com/go/alcocksocialpolicy,使用为配合本书的阅读而设计的资料链接。在那里你将会发现有专门针对每一章的深入阅读资料链接,其中包括政府、国际组织、智库、压力集团和重要的新闻机构的网站。你还会找到以《布莱克维尔社会政策辞典》为蓝本的词汇表、帮助页、有关如何管理社会政策领域中主要委派形式的指导和职业建议。

第 2 章
研究社会政策

皮特·阿尔科克和索尔·贝克尔

▶▶ 概　览

- ➢ 社会政策是通过研究获取知识和以研究为导向的学术专业。
- ➢ 研究需要缜密的理论探索和可靠的实证数据。
- ➢ 社会政策专业的学生要能够较好地理解社会政策研究中所运用的大量研究方法和路径。
- ➢ 社会政策运用了所有的社会科学研究方法，包括定量的、定性的和定量定性相结合的方法。
- ➢ 循证政策制定的研究成果已经越来越普遍地应用到政策规划和执行以及对政策和实践的评估当中了。

我们为什么要进行调查研究

社会政策需要调查研究。作为一个学术专业，它需要将缜密的理论分析与可靠的实证调查结合起来；同时，作为社会活动和实践领域（请见第 1 章），它需要制定决策的相关例证。进行调查研究并不是要使社会政策独树一帜，而是意味着，社会政策研究是学习和实践社会政策的核心。此外，英国社会政策学会的《研究伦理指南》（*Guidelines on Research Ethics*）指出，从一定程度上看，社会政策研究有四个不同于其他社会科学学科的特点：

- 它往往既关注学术问题，也关心政策和实践问题。
- 它研究福利服务的使用者。
- 它采用其他学科的理论和研究方法。
- 它有义务将研究结果传达给一系列受众，其中既有学术领域的，也有来自政策制定和实践领域的。

因此,学习社会政策的学生应该较好地掌握研究方法和路径,他们需要:
- 知晓并且使用有关社会福利的重要数据来源、主要的收集和分析数据的调查研究方法。
- 寻找、使用、评估和分析来自社会调查和其他研究性出版物的定性、定量和定性定量相结合的数据。
- 清楚社会调查和调查方法的优点、缺点和使用方式。
- 培养获取、总结、综合和评论各种形式的研究证据的重要能力。
- 对社会问题、议题和难题进行调查研究,首先需要具有定义问题的能力;收集、存储、管理、运用和分析数据;条理分明且有理有据地展开论述,并且将清晰的结论和建议展现出来。

虽然有其他方法可以获得有关政策制定和政策推行的信息,包括服务使用者的经历、服务提供者的专业知识,但是来自调查研究的证据显然要更为可靠且更有说服力。调查研究所得证据与其他形式的知识不同,它经得起系统性检验,能够通过长期公认的程序证明或驳斥论点。

那么,究竟怎样做才"算是"调查研究呢?对此并没有正式的定义;但是学术界特别指出,它必须是以系统、符合规范且严谨的方式展开的,通过使用最为恰当的研究设计和方法收集并分析数据,并且回答所研究的特定问题。我们接下来将会对这个议题做略微详细的论述;不过,有大量社会科学研究方面的教科书和指导手册可以帮助读者更为深入地了解各种研究方法和过程;具体而言,贝克尔等人(Becker et al., 2012)编写的著作就特别聚焦于对社会政策研究的认知和理解。

为制定政策做研究和对政策进行研究有时是不同的,即便如此,许多社会政策研究同时包括这两种类型。**为制定政策**做研究包括分析、解释和呈现政策过程的各个阶段——从政策构想到政策执行,以及我们后面将要讨论的近来越来越重要的证据在政策制定中所扮演的角色。**对政策**进行研究关注的是如何定义社会问题和议题,如何安排形成政策和做出决定的议程,以及如何在现实世界中执行政策,还有今后如何评估和修改它(请见第42章)。

路径、方法和设计

社会政策采用社会科学所运用的所有路径、研究设计和研究方法。说到"路径"(approach),包含了女性主义研究路径、以服务使用者为导向的研究路径、行动研究路径、评估研究路径、后结构主义研究路径等。每一种研究路径都有自己对社会世界的特性以及研究者和研究参与者在其中的位置的假设,也预先设定了知识创造过程和研究过程本身。这些假设有助于人们了解研究是以什么方式展开的,研究方法、数据分析技术是如何选定的,以及将以怎样的方式撰写和汇报整个研究。

"研究方法"(research method)是收集数据的技术,例如问卷法、访谈法或观察法。"研究设计"(research design)是一个收集数据的提纲或框架,例如实验设计或者纵贯式研究设计。研究方法可以用于不同的研究设计。因而,诸如问卷法之类的数据收集方法可以用于许多(即便不是所有)研究设计。在选定合适的研究设计的过程中,恰当的研究方法也随之确定下来,因为研究设计提供了如何回答研究问题的框架结构;另外,获知对于某个议题而言哪些是已知的而哪些是尚待探索研究的领域,对研究设计的选定非常重要。

因而,在研究的早期阶段,要对可获得的文献资料进行回顾。文献回顾应该尽可能全面,从中或许可以找到对当下所关注的问题的解答。以清晰、透明的方式区分不同的出版物,并且决定将哪些出版物纳入文献回顾非常重要,这主要是因为现在可以公开获得的信息数量可观,因而有必要认识到,并不是所有的资料都能够或者应该被阅读和收录进来。"系统性文献回顾"是进行文献检索和评论的一种方法。全面的文献回顾首先是以系统的方式选择作品,而后以清晰的标准对其加以总结概述。这些文献回顾形式在医疗和卫生健康领域受到高度重视,而且它们经过改良后,也在社会政策领域里得到了越来越广泛的应用。

根据所研究的具体问题,在有些情况下,整个研究设计或路径中只运用一种研究方法,它可能是定量方法,也可能是定性的。但是在另外一些调查研究中,则可能出现不同研究方法的组合(请见工具箱2.1、工具箱2.2和工具箱2.3)。

每项研究设计、每种研究方法或者方法组合都有自身的优点和局限性;因而,开展或者学习社会政策调查研究的学生,必须有意识地考察所使用的路径、研究设计和研究方法是否合适以及其他相关方面。学生们需要培养"解读"那些基于调查研究的公开出版物的关键能力,在这个过程中不仅要了解其研究发现和所得出的结论,而且要对其研究设计和方法是否适用于所要检验的研究问题进行判断。

工具箱2.1　定量研究方法

定量研究通常在面对社会现实的特性时,采用客观主义立场,试图用自然科学的研究模式发现数据(变量)之间的关系,从而推导出因果关系。在这个过程中往往会对大量匿名定量数据进行统计检验,有些统计检验可能非常复杂,研究者需要受过数学和统计方法方面的培训才能完成相应工作,进而对数据进行解释。定量数据可以由研究者从政府部门或者通过大规模的社会调查收集而来,这就是所谓的一手数据(primary data)。或者研究所分析的数据可能是一组现有的数据,这就是所谓的二手数据(secondary data)。由于重新调查非常昂贵,而且随着一些高质量的数据库变得便捷可用——包括每十年一次的人口普查、定期的国内和国际调查以及诸如救济申请者登记表之类的政府部门数据等,二手数据被越来越广泛地采用。

工具箱2.2　定性研究方法

定性研究往往是与建构主义观点联系在一起的,更为关注个体在构建自身的社会网络过程中所扮演的角色,以及他们对自己的社会网络所发挥的作用。定性研究的重要焦点是行动者对他们的社会互动所赋予的意义,同时强调互动的类型、背景和过程。因而,定性研究的目标是,从研究对象自身的角度出发,理解他们的行为、价值观和信念等。采用定性研究方法的研究人员将对研究对象使用深度访谈法,或者将他们带到"焦点小组"中讨论他们的经历;民族志的方式可对人们的生活方式和经历进行更为细致的研究。定性研究采用归纳的思路理解理论和研究的关系,概念和理论是从数据中概括而来的;相反,定量研究则通常是在概念和理论设想的指导下进行数据收集。

工具箱 2.3　混合方法

当然,定量研究和定性研究并不相互排斥。事实上,每种方法探索的是社会议题的不同层面,并且提供了不同的认知。可以通过访谈法进一步探究从统计分析中得到的因果推论,因为访谈法是以特别详细的方式揭开受访者的行为原因。因此,不同的定量和定性研究方法的组合将集中两者的优势,并且增强数据和分析的周全性。这种多策略研究通常被称为"混合方法"(mixed methods)研究,而且现在被越来越广泛地运用,尤其是在对社会问题的不同层面进行调查以及为各种干预政策的制定提供信息的较大型研究项目当中。不过,重要的是,对于为什么将不同的研究方法组合运用,而不是单独选取这种或另外一种方法,要有明确的理论依据。

在这里,研究过程中的另外一个维度也是需要研究者和学生注意的,这就是伦理问题。在许多研究项目的具体操作过程中,这个问题常常没有得到妥善处理。伦理方面的考量是所有社会政策研究的基础。例如,一项研究如果在执行过程中会对研究参与者造成伤害,或者将他们置于危险境地,这些情况是不可接受的。数据的收集和存储都应该以安全、可靠的方式进行,并且应该确保研究对象的匿名性。参与者应该对他们所参与的研究表示知情同意,而不应该被强迫、被诱惑或者被误导。英国社会政策学会开发出了一套伦理守则,这些规则与其他学术团体如英国社会学会(British Sociological Association)及相关研究团体如社会研究协会(Social Research Association)的伦理守则一起适用于相关的研究,但是有些伦理规则是存在争议的,社会政策学会的指导守则也在一些学者那里引发了分歧。研究者应该意识到自己的研究所涉及的伦理问题,并且能够对公开出版的研究报告是否展现出了良好的道德操守进行评价。

循证政策及评估

循证政策和实践并不是新事物——从长远来看,发达的工业国家有这样一种趋势,即借助研究和评估来指导政策制定者和专业人士的决策和行为。在英国,从20世纪60年代初开始,政府各部就拥有自己的调查部门、统计部门及对自身开展的调查研究项目和承担的任务进行评价的评估部门,尽管目前处于紧缩的经济氛围中,但是这些部门尚未被波及。2001年,英国循证政策和实践中心(UK Centre for Evidence Based Policy and Practice)成立了,这个中心最初的资金支持来自经济和社会研究理事会(Economic and Social Research Council,ESRC),这个机构为政策制定者和执行者所感兴趣的英国各地的社会科学研究提供资金。

政策和专业实践**应该**从研究证据中获取信息的观点近年来日益为人们所接受,与之相关的是,人们开始关心如何确保对政策行为的投资有价值以及政策行为的有效性。这与"新公共管理"对政策实践发挥的影响有关(请见第43章),而且在"有用的才是作数的"这句口号中得到体现。因而,倡导循证政策的人主张,想开发高效率和有效果的公共政策,以及取得令纳税人满意的投资回报,需要我们在投入之前先弄明白哪些是行之有效的。

对于循证政策和实践的兴趣,深受医疗和卫生健康领域相关议题的影响,这两个领域已经开发出能够确定"什么可以算作是证据"及哪些可以作为**最重要**和值得信赖的证据形式的判断体系。这个判断体系通常依赖某些定量研究方法和方法论,例如准实验法和随机对照实验,或是元分析及系统评价;具体而言,在医疗研究中就采用了药物试验的传统方法。

不过,在社会政策领域,人们并不是那么看重实验设计或对数据的元分析,人们并不认为使用这些方法和路径本身就意味着研究指标质量高。事实上,在为政策和实践提供信息的研究中,研究设计和研究方法的选择,建立在设计和方法相对于所调研问题的实用性和适用性基础之上,而不是以一系列不同研究方法的组合所带来的固有的方法论特性为依据。其所透露的重要信息是,我们应该认识到并不存在卓尔不群的研究设计或研究方法,它们的优越性只是体现在与研究问题的匹配程度上。

在政策规划、开发和政策修改的大部分实例中,调查研究即使在为政策和实践提供信息方面产生了影响,也很难确定到底具有什么性质和程度的作用。但是,调查研究能够对政策和专业实践做出贡献,即便不是线性的或直接的。例如,对研究的**工具性运用**是指,有证据表明政策制定者和服务提供者根据某项调查研究的发现**采取行动**;对研究的**概念性应用**则是指,调查研究**影响了**政策制定者和实践者对某个社会议题或问题的**解释和思考**,比如说,它提供了多种形式的理解并告知人们行动策略的途径。

许多社会政策研究者的确希望他们的研究能够对政策及其实践产生影响,并且被视为制定政策的重要依据。但是,要实现这个想法,就必须以某种方式将研究发现告知政策制定者和实践者。研究如果没有得到政策制定者或专业人士的关注,就不会以明确或清晰的方式对他们的决策发挥影响。因此,不能只考虑这项研究是怎样"完成"的以及是否"可靠",一项研究如何传递或传播给目标受众,目标受众如何利用它,也决定了这项研究所生产的证据是否能够对政策和实践发挥作用。

不过,研究所得的证据并不只是用来制定政策。研究也可以用于**评估**已有的政策。实际上,可以说,对政策和实践的评估才是社会政策研究的核心;而且在实践中,许多政策研究就是被用来评价现有政策的,这些研究往往来自政策制定者的委托,目的是为今后的规划提供信息。

政府部门通常更可能委托开展评估研究;英国财政部在其"绿皮书"(Green Book)中

开发了一个政策制定序列模型,其名称 ROAMEF 是由理论依据(Rationale)、目标设定(Objectives)、选择方案(Appraisal)、过程监控(Monitoring)、评估(Evaluation)和反馈(Feedback)几个关键词的首字母组合而成的(请见第 42 章)。政策制定过程的不同阶段有不同类型的评估,各种类型的评估并不是始终被采用的。我们可以将在政策制定过程中的不同阶段以及在不同类型的调查研究中所进行的评估,分为前瞻性评估、形成性评估和总结性评估三种类型:

- 前瞻性评估(prospective evaluation)(包括项目评价、选项分析、模式化、模拟或可行性分析)试图确定,在过去或其他某个时候,在类似的环境下哪些政策发挥了作用,以及在政策执行前发生了些什么。这项评估工作可能包括模拟演习或通过诸如系统回顾等方法进行文献回顾。评估的结果可能是停止政策进程。
- 形成性评估(formative evaluation)(包括过程、自下而上的或发展性评估)是在政策执行过程中进行的。它对过程进行检验,并且确定该政策所遵循的指导方针,即它是如何发挥作用的。形成性评估的主要目的是提供反馈,从而有可能改进政策执行过程。在这项评估中通常采用定性方法,例如访谈。
- 总结性评估(summative evaluation)(包括影响、追溯或结果评估)是在政策实施后进行的评估,往往是定量的。它对政策的效果或影响进行检验:政策是否发挥了作用;产生了哪些效果。这些评估有时与政策目标联系在一起。成功的政策能够实现它们最初设定的目标,但是,这当中往往存在三个方面的问题:一是目标界定经常不够清晰;二是政策可能实现了它的正面目标,但同时带来了副作用;三是难以进行归因,可能是其他因素带来的成功。不管怎么说,"成功的"政策会被保留下来或者进一步推广,而失败的政策会被终结。

通常,与政策终结相比,在政策继续执行的过程中,很难在不同类型的评估之间确定固定不变的界限;此外,许多评估都同时包含形成性和总结性评定要素。

新议题

调查研究一直是社会政策实践和研习的核心。循证政策制定和政策评估近来变得日益重要,这主要是因为政府越来越愿意承认调查研究为政策制定及执行提供信息的作用,而且更愿意委托政策研究者进行相关调研。但是,目前来自公共支出预算方面的压力威胁着公共政策的调研工作。尽管如此,政策研究的新方法和新资源却不断得到开发,在很多领域中,都可以预期社会政策的研究活动在未来会继续蓬勃发展:

- 比较研究(comparative research):社会政策现在是一门国际性学科,有越来越多的学者开始对不同国家的政治活动进行比较分析(请见第 63 章)。人们可以使用一系列全球数据库获得各种各样的国际研究的信息,特别是经济合作与发展组织所收集的各个国家的经济运行状况的数据,以及欧盟委员会在欧洲进行的调查。
- 管理数据(administrative data):包括英国和其他发达国家在内的各国政府都越来越强烈地意识到定期收集的公民信息可以用作研究分析——特别是二手资料的定量分析。

其中包括收入和税务数据,以及住房情况、犯罪记录等。此外,还有非政府组织掌握的数据。现在英国提出了发展获得和使用这些"大数据"的能力的倡议,这一倡议得到经济和社会研究理事会的支持。

- 纵贯分析(longitudinal analysis):许多定量研究和定性研究都是以某个特定时点上的社会关系"快照"为基础的。但是,为了理解社会变迁并且预测未来的变化,我们需要对人们所处的社会环境的变化进行纵贯分析。研究人员可以使用追踪访问获得的数据——例如经济和社会研究理事会的理解社会项目(Understanding Society)每年收集的数据——进行定量的纵贯分析。研究者也可以尝试从精心挑选的小样本受访者那里收集他们的人生经历的定性数据。纵贯分析耗费时间而且费用较高,但可以让研究者有机会对社会政策在今后将如何影响人们的生活有更深入的理解。

可深入阅读的参考文献

我们可以找到许多有关社会科学研究方法的教科书,但是特别写给学习社会政策的学生的非常少。其中索尔·贝克尔、A. 布莱曼和 H. 费古森编的《理解社会政策和社会问题研究:主题、方法和路径》(S. Becker, A. Bryman and H. Ferguson, eds, 2012, *Understanding Research for Social Policy and Social Work: Themes, Methods and Approaches*, Bristol: Policy Press)概述了社会政策领域的主要研究方法和路径,并且列举了这个领域各方面的研究案例和实例。这本书经过精心修订和更新后在 2012 年再版,其中添加了来自社会政策和社会工作研究的新例证。A. 布莱曼的《社会研究方法(第四版)》(A. Bryman, 2014, *Social Research Methods*, 4th edn, Oxford: Oxford University Press)是一本特别优秀的"通用型"研究方法教科书。B. 马修斯和 L. 罗斯的《研究方法:社会科学实践指南》(B. Matthews and L. Ross, 2010, *Research Methods: A Practical Guide for the Social Sciences*, London: Longman)也是一本清晰易懂、非常有帮助的指导手册。

对如何评定社会政策研究中的"质量"这类议题感兴趣的人,可以读一读索尔·贝克尔、A. 布莱曼和 J. 塞姆匹克的《界定社会政策研究的质量》(S. Becker, A. Bryman and J. Sempik, 2006, *Defining Quality in Social Policy Research*, Social Policy Association),这本书最先介绍了社会政策研究者如何对"质量"进行概念化,并且为相关的讨论提供了框架。这本书可以从英国社会政策学会网站(www.social-policy.com)免费下载。在社会政策学会网站上,还可以找到另外一份对研究有帮助的资料——社会政策学会的《研究伦理指南》(*Guidelines on Research Ethics*)。

复习和课外作业习题

1. 在为政策规划收集信息时,哪些要素使得研究证据比其他形式的知识更为可靠?
2. 为什么混合研究方法对社会政策研究者越来越有吸引力?
3. 前瞻性政策评估、形成性政策评估和总结性政策评估的差异是什么?

4. 为什么道德伦理议题是政策研究的重要基础？

5. 如果你打算对为弱势群体提供照顾的社会政策进行评估，你会如何设计相关的研究计划？

请浏览本书的辅助网站 www.wiley.com/go/alcocksocialpolicy，使用为配合本书的阅读而设计的资料链接。在那里你将会发现有专门针对每一章的深入阅读资料链接，其中包括政府、国际组织、智库、压力集团和重要的新闻机构的网站。你还会找到以《布莱克维尔社会政策辞典》为蓝本的词汇表、帮助页、有关如何管理社会政策领域中主要委派形式的指导和职业建议。

第3章
社会需求、社会问题、社会福利和福祉

尼克·曼宁

> **概　览**
>
> ➢ 考察社会福利供给的发展和结构。
> ➢ 确定对某些基本需求的定义。
> ➢ 回顾有关需求的讨论以及相关思考在实践中的运用方式。
> ➢ 讨论有关社会问题的各种观点。
> ➢ 简短介绍社会问题、需求和福祉。

什么是社会福利？

社会福利是指一系列各种类型的用以满足社会中个体和群体需求、解决社会问题的安排。我们在现代社会所使用的"社会政策"这个术语，往往暗含"社会福利就是政府福利"之意。但是，实际情况并非完全如此。提供给大部分人的福利往往来自其他社会机制，而不是国家。除了国家之外，还有三类福利提供者：家庭和朋友；市场；诸如志愿和社区组织（VCOs）之类的非政府组织和互助团体。社会政策研究主要是对所有这些机构如何对个体和团体的福利发挥作用进行思考，第九部分的一些章节将对个体和团体的福利做更为详细的探讨。

社会政策是社会科学的一个分支。从这个角度来看，保障个体存在和生存的基本条件必然是社会性的。任何一个个体，哪怕拥有丰富的资源，也不可能长期生活在与世隔绝的环境中。与许多其他动物不同，如果没有合作机制和个体之间的劳动分工，人类无法直接对自然界发挥影响。孩子在成年之前需要度过漫长的依赖期就是一个有说服力的证明。因此，无论从事实上来说，还是从理念上来看，家庭都可被视为典型的社会福利机构。相比之下，市场、政府、志愿和社区组织则是在现代社会中发展出来的。

| 工具箱 3.1 | 社会福利机构的类型 |

- 家庭
- 市场
- 志愿和社区组织
- 福利国家

现代家庭所提供的福利要少于两百年前的家庭所提供的。医院、学校、商店、工作场所、交通和休闲设施都被开发出来以满足不同需求,这意味着社会福利供给正变得比以前更为复杂,形成了一个更为多元化的体系。诸如此类的变化主要发生在19世纪,医院、学校、商店和工厂正是在那个时期发展起来的。而促成这些变化的基础是两个相互竞争的机制:市场与志愿和社区组织。市场的发展从两个方面影响社会福利。首先是形成了劳动力市场,越来越多的个体劳动者从农民转变为工业领域的雇佣工人。这样的变迁意味着,如果无法获得工作或者丧失劳动能力,人就会陷入没有保障的境地。其次是提供食品、服装和医疗护理等商品和服务的市场的出现带来了交换,这使得越来越多的家庭通过市场交换而不是自给自足来满足各种各样的需求。无力支付会给家庭成员的需求满足带来灾难性的后果。

市场往往既没有能力提供工资合理的职位,也无力提供价格合理的商品和服务,因此伴随着市场的出现,同时也是为了回应市场的上述缺陷,志愿和社区组织发展起来了。不过,它并不一定是出于人道主义。例如,一方面,像互济会这样的互助团体实际上是在有社会需求的时候促使成员互惠互利。另一方面,旨在"改善"工人阶级生活的社区改良运动则是中上阶层组织者发起的,他们的初衷是防止穷人的生活方式对社会各阶层产生影响,例如造成疾病的传播等。另外,人们操心的不是市场失灵会让个体受害者为此付出代价,他们主要考虑的是谁能够对此做出弥补。例如,19世纪后半期,工业对雇员的需求刺激了教育培训项目的供给,与此同时,为工业事故提供当事双方共同协商确定的补偿,也是为了避免更为昂贵的法律诉讼费用。

在一段时间内,市场与志愿和社区组织一直不为政府所关注,具有相当大的独立性;但是到了19世纪末,政府越来越感到有必要对它们的行为进行规范。进入20世纪,规范、管理带来了财政支持,甚至推动了国家提供福利服务的出现。其中的动机同样是多种因素的组合。满足社会需求的最纯粹的人文主义思考,与对社会问题可能威胁更广泛的社会秩序的担心并存,此外,人们还意识到国家也许能够更好地处理社会再生产(既包括新生人口这类为未来创造劳动力的繁衍,也包括日常的劳动能力的补给)的成本。政府规制的高峰,就是20世纪40年代由工党政府建立了英国的福利国家制度。

社会福利的所有机构——家庭、市场、国家以及志愿和社区组织——继续共同存在,但是它们的功能和规模一直在变化;最近在联合政府及其削减国家供给的承诺和鼓励创建"大社会"的影响下,家庭、志愿和社区组织将提供更多的福利。之前的新工党政府不断强调私有化和市场机制,这使得人们越来越多地将社会福利看作一种消费品。尽管如此,国家在社会福利方面的开支一直保持在大约占国民生产总值（GNP）25%的水平上，虽然不断变化的福利混合越来越向社会保障和医疗服务方面倾斜，而偏离教育和住房供给领域。

什么是社会需求？

尽管我指出在组织社会福利机构的过程中存在着多种动机，但是满足社会需求一直是这些机构关注的焦点。因此，我们有必要回顾一下对这个关键概念的定义。厘清"需求"（needs）与另外两个相关词——"欲望"（wants）和"偏好"（preferences）之间的差别有助于对其进行定义。"欲望"与"需求"之间有两个差异：首先，欲望涵盖面更广，我们想要的可能不是我们需要的，当然，市场营销专家会努力说服我们这也是我们所需要的；其次，我们可能会需要那些因为忽视或者不喜欢而并不想要的东西。医疗措施往往就属于后一种类型。这两个区别说明，对于我们而言，需求比欲望更为基础、更具本质性。

"偏好"这个概念通常用于经济分析，它与需求和欲望之间的区别在于，它只有在我们做选择的时候才会体现出来，比如说我们作为顾客购买商品或者服务的时候。在这里值得讨论的问题是，实际上人们往往很难确知他们需要或想要什么，除非他们想方设法获取某些东西。而且，行为要素也会构成限制，因为当我们没有钱购买自己想要的东西的时候，欲望自然不会在市场中显露出来。同样，如果人们没有意识到某种需求或者没有服务能够满足它，相关的需求也不会在个体那里显现出来。因此，不只是个体是否关注到它，需求还要通过其他要素被发掘出来。

我们还应该明确个人需求与社会需求（social needs）之间的差异。当需求（困难、福利）不仅与个体有关，而且与社会群体有关的时候，它就是"社会性的"，例如，当所涉及的不只是个体陷入疾病和贫困的原因及经历，而且关系到疾病和贫困在不同社会群体中的数量和分布的时候。因为在这种情况下，需求是从那些社会群体的共同生活条件中产生的，而且相应的生活条件能够通过社会结构和进程予以改善。例如，为了遏制某种传染病的蔓延，就需要让人口中的某些群体注射疫苗。在这个例子中，这些群体就被视作具有某种需求，但是其中的任何个体并不一定会觉得或者会被他人定义为具有这样的需求。排队等着打预防针可能让我们所有人都觉得自己像个孩子。

工具箱 3.2　　需求、欲望和偏好

- 需求
  - 感觉到的需求
  - 专家定义的需求
  - 比较性需求
- 欲望
- 偏好

这些讨论使得我们能够对需求做一些简单的分类。首先是我们自己意识到的那些需求，即感觉到的需求。当我们感到自己病了或者遇到了意外事故的时候，这样的需求就会凸显。第二类需求是他人为我们定义的，通常是由例如医生或教师这样的专家或者专业人士确定的，当然家人和朋友的定义也同样重要。第三类需求在某种程度上是第二种的延伸，这种需求可能是在调查中或是在与同一社会群体的其他人进行比较的过程中显露出来的。在这种情况下，可以说某个人具有比较性需求，因为其他人拥有他所没有的某些东西。

所有这三类需求都面对一个在社会政策领域中引起广泛争论的重要问题。这就是如何测量需求，特别是当我们没有处在一些例如医疗急救之类的明确案例里的时候。经典的例子就是有关贫困的案例。我们到底需要多少收入？回答这个问题的一种路径是通过专家定义的需求来衡量：首先考虑食物、服装、住处等基本需求，然后换算成以最便宜的价格最低限度地满足这些需求所需要的金钱，最后将拥有的金钱少于换算所得值的人定义为贫困或处于困境之中。

但是，如果仔细思索这个研究穷人生活的路径，就会发现"基本需求"或"以最便宜的价格最低限度地满足"这些概念，因个体所在的具体家庭和社区的生活方式的不同而各不相同。看电视或接入互联网是基本需求吗？吃肉是基本的吗？在着装要求方面，哪些文化规则是基础性的？

另外一种路径是根据第一种需求进行界定，即通过询问贫困人口他们觉得自己需要什么来确定。但是，在采用这种路径的案例中，往往会发现这些人似乎已经适应了他们的生活环境，他们认为自己需要的东西往往少于他们"应该"需要的，这在较为年长的人那里更为明显，其他人感到贫穷的地方，他们"可能"不会有这样的感觉。最后，可以用第三种需求——比较性需求作为界定路径，即完全通过与其他群体的比较来界定贫困，例如将收入排序，而后设定收入在从最低收入往上10%的范围内的都是贫困人口。

测量方法会在社会政策领域里两种观点的交锋中摇摆不定：一种观点偏向于对什么是"基本的"或"基础的"需求进行客观解释，例如保证个体生存下去的条件或者保障个体能够在社会上像"体面人"一样行动的能力都是基础性的；另一派观点主张，需求实际上在较大程度上是由个体自己、专家、政府代理机构和其他提供满足需求服务的组织主观确定的。

什么是社会问题？

社会福利机构也关注社会问题，社会问题与社会需求有关，但并不等同。例如，正如C. 赖特·米尔斯（C. Wright Mills）那句著名的评论：一个人失业可能是个人困扰，但是当一个社区里有相当多的人拥有同样经历的时候，失业可能是个社会问题。因而，社会问题与个体需求不同。

除了社区成员共同处在某种不幸的社会状况中这个条件之外（不论其中是否牵扯到需求），界定社会问题的存在，还要对另外三个要素做出判断：这种状况被感知的程度；对于这种状况的评价，以及其威胁到了哪些利益；应对相应状况的建议措施。需求存在与否不会因为它是否被某个人感知到而改变。社会问题却不是这样。社会问题存在于公共领域，而不是个体体验之中。从社会问题这个概念最广的定义来看，感知、评价和建议措施是一个社会或社区的政治进程的组成部分。

社会问题可以被专家或普通公众察觉到。专家通常较为客观地定义社会问题，例如，在离婚事件中，其比率的变化是判断社会问题存在与否的关键指标。但是，由于许多社会议题都难以进行客观测量，例如家庭疏于照顾子女所产生的影响，因此专家在断言某个社会问题的客观状况时会有很大差别。在这些案例中，普通公众、社区群体、压力群体等会有完全不同的观点，在他们那里，社会问题被更为主观地予以定义——极端的情况就是，社会问题完全"由人们自己说了算"。由于我们大部分人很难直接经历或者知晓社会问题，因此大众媒体不仅对我们认知社会问题有很大影响，而且会作用于我们界定、评判和对待它们的方式。

工具箱 3.3　社会问题的要素和类型

- 社会问题的要素：
  - 社会状况
  - 感知
  - 评价
  - 解决方案
- 社会问题的类型：
  - 开放性的/有争议的
  - 封闭性的/无争议的

对于社会问题的感知也深受价值观受到威胁的判断的影响。这将我们带到了界定社会问题的核心，因为它让人们感觉到有不对头的地方，从而激发某种努力让事情回归正途。在这里我们会考虑两个方面的问题：第一个是，谁的价值观受到了威胁。人们对于一些问题达成了广泛的共识，例如，生命威胁是不可接受的。从这个角度来看，将艾滋病等疾病的传播看作一个社会问题是毋庸置疑的。然而，另外一些问题可能导致激烈的价值冲突，例如，个人的性活动会以不同的方式对家庭生活产生影响。

不过，界定社会问题过程中的价值判断还具有第二个重要层面，即它会带来价值关注点的急剧转变。这就是谁应该为这个困境负责的问题。在艾滋病这个案例中，它本身可能是一个常规的医学问题，然而，是否应该将这个问题归咎于男同性恋会导致价值判断上的巨大分歧，同时对于这个问题的性质、状态和解决方法也有许多不同看法。当问题处于价值判断或责任归因冲突当中，我们可以说它们属于有争议的或开放性的社会问题，其解决方案也因此相当不明晰。当在责任归因方面达成了典型的共识或无须归因的时候，我们就认为这样的社会问题是封闭性的或无争议的。

针对社会问题提出的解决方案与对这些问题的感知和评判有着密切关系。事实上，已经有人提出这样的看法,即解决方案往往会对以上两个方面发挥决定性作用。20 世纪 70 年代以来,在通过药物治疗让孩子们安静下来成为可行的办法之后,儿童群体中的多动症(ADHD)成了一个社会问题。这个例子恰恰反映了上述解决方案决定感知和判断的过程。

英国联合政府采用的社会问题解决路径形象地说明了感知和界定社会问题的主观特性。因而界定国家福利本身就是一个问题。亏空巨大,争论不休,而且大量资源都被浪费在"官僚机构"(例如英国国家医疗服务体系)上了,与此同时,公众所关心的问题(例如学校义务教育)却被忽视了。解决方案是逐步减少国家供给和管制,并且鼓励"大社会",即更多的志愿和社区组织及市场供给将带来更高的效率,并且会更直接地针对公众利益。

结论

伴随着工业社会的发展,社会福利机构逐渐演变为它们当前的形式。在工业社会变迁的过程中,它们的福利机构也发生了变革。在俄罗斯和东欧国家中可以最为明显地观察到上述情况,在那里进行着各种各样的新自由主义社会政策改革,并且此类革新不断地在调整中对经济和政治力量作出回应。西方社会也无法免于社会变化的影响,同样试图用无所不在的全球化假设让自己在关于 21 世纪社会政策轨迹的讨论中站住脚,并且能够对社会政策路线的改变做出合理的解释。虽然西方国家将满足社会需求和解决社会问题放在第一位,但是这些并不是社会政策的唯一动机。德国首相俾斯麦(Bismarck)和英国首相温斯顿·丘吉尔(Winston Churchill)都明确宣称,他们更愿意将社会福利机构作为抵御社会主义观念魅力的扶垛。

社会需求和社会问题都不得不屈从于有争议的定义。无论是在对社会需求还是在对社会问题的界定中,客观性定义或主观性界定的相对比重一直是一个重要的争议话题。需求和问题能够进行绝对科学的测量吗?还是说它们不可避免地受制于两者所处的具体社会环境和定义者的特定利益?基因革命似乎能够带来大量极其诱人的卫生健康方面的利益,但是与此同时,也可能会诱发更多的道德伦理方面的不确定性,这个例子可以清晰地再现工业和科学的发展与公众焦点之间的互动关系。公共讨论从来没有超出民意调查、焦点小组讨论的范畴,只是由道德伦理领域的专业委员会和学术部门支撑着。

这些关键问题引导我们回到社会政策作为一门学科其性质是什么这个问题上。"政策"这个词意味着它是现代社会的政治进程和机构的一部分,社会需求、社会问题和社会福利同样是政治性的。尽管一些观察者预言,随着全球化世界的发展,民族国家将走向衰落(第 54 章将进一步讨论这个问题),但是事实上社会政策无论是在次国家层面,还是在广义的多国家区域福利"区"层面,都在地区事务中变得越来越重要,在与美国或亚洲福利发展模式大相径庭的欧洲社会模式的发展中,这一点体现得尤其明显。

新议题:从需求到福祉

近年来,随着经济的发展出现了消费的持续增长和对"优质生活"的个人主义定义,在这种背景下,建立在我们个体福祉基础上的需求的新概念也出现了。例如,卫生健康不只是治疗疾病,现在也聚焦于促进并维护优良的健康状况。2010年成立的联合政府发布的公共卫生白皮书的目标是"劝说"我们戒烟、智慧饮食和进行体育锻炼。其关注点也扩展到了对我们的人际关系和精神健康的关心,例如由家庭或职场饮食导致的紧张成为公共卫生和工会行动的焦点。经济学家注意到,民意测验显示,最近二十多年来,尽管收入水平和健康状况都达到了历史最高点,但是人们的幸福感却鲜有提升,人们越来越需要比国民生产总值更为综合平衡的测量福祉的指标。这个主张同样出现在当我们回顾如何界定需求和问题的时候。福祉是一个有争议的概念,带有主观性、客观性、政治性和比较性,并且屈从于专业人士和大众媒体设置的议程所带来的压力。

可深入阅读的参考文献

有关社会福利机构,请参见D. 弗雷泽的《英国福利国家制度的演变(第四版)》(D. Fraser, 2009, *The Evolution of British Welfare State*, 4th edn, Basingstoke: Palgrave Macmillan),这本书综合而且全面地介绍了英国福利国家制度的发展历程。J. R. 海的《1906年至1914年自由党福利改革的起源》(J. R. Hay, 1983, *The Origins of the Liberal Welfare Reforms 1906-1914*, Basingstoke: Macmillan)是一本短小精炼的小册子,它非常清晰地叙述了导致20世纪初国家福利迅速发展的各种因素。

关于社会需求有三篇经典论文:J. 布拉德肖的《社会需求的概念》(J. Bradshaw, 1972, 'The concept of social need', *New Society*, 30 March 1972)是有关不同类型的社会需求的里程碑之作;D. 匹亚肖德的《彼得·汤森与圣杯》(D. Piachaud, 'Peter Townsend and the Holy Grail', *New Society*, 10 September 1981)有力地论证了不可能找到对需求的客观定义;L. 多亚尔和伊恩·高夫的《人类需求理论》(L. Doyal and Ian Gough, 1985, 'A theory of human needs', *Critical Social Policy*, 10: 6-38)展现了关于需求的定义回归客观基础的令人信服的讨论。H. 迪安的《理解人类需求》(H. Dean, 2010, *Understanding Human Need*, Bristol: Policy Press)对需求进行了全面且清晰易懂的阐释。

在英国较早对社会问题进行讨论的是尼克·曼宁编的《社会问题和福利思想》(N. Manning, ed., 1985, *Social Problems and Welfare Ideology*, Aldershot: Gower)。这本书详细回顾了社会问题相关理论,并且对一系列案例进行了分析。E. 罗宾顿和M. 魏伯格的《研究社会问题的七个视角(第七版)》(E. Rubington and M. Weinberg, 2010, *The Study of Social Problem: Seven Perspectives*, 7th edn, Oxford: Oxford University Press)是一本有关北美传统社会问题研究的重要教科书,详细分析了社会问题的七个视角。扬氏基金会(The Young Foundation)出版的《沉没和游泳:理解英国人未被满足的需求》(Young Foundation, 2009, *Sinking and Swimming, Understanding Britain's Unmet Needs*, London: Young Foundation)呈现了大量有关英国社会福祉的数据,并且展示了需求与幸福之间的关系。

许多智库网站收录了大量有关应该以什么方式组织社会政策、哪些社会需求是合理的,以及如何解决社会问题的大量讨论。例如,www.centreforsocialjustice.org.uk,www.thebigsociety.co.uk,www.fabian-society.org.uk,www.demos.co.uk,www.youngfoundation.org,www.fawcettsociety.org.uk。

复习和课外作业习题

1. 现代社会中,个人福利的主要来源有哪些?
2. 工业发展如何构建了福利国家制度?
3. 我们如何确定某人的需求是什么?
4. 需求、欲望和偏好之间的差别是什么?
5. 由谁来定义社会问题?如何定义?

请浏览本书的辅助网站 www.wiley.com/go/alcocksocialpolicy,使用为配合本书的阅读而设计的资料链接。在那里你将会发现有专门针对每一章的深入阅读资料链接,其中包括政府、国际组织、智库、压力集团和重要的新闻机构的网站。你还会找到以《布莱克维尔社会政策辞典》为蓝本的词汇表、帮助页、有关如何管理社会政策领域中主要委派形式的指导和职业建议。

第4章
平等、权利和社会公正

彼得·泰勒-古比

➢➢ 概　览

- ➢ 平等、权利和社会公正是一切政党的口号,人们永无休止地为此奋斗,对其反复强调。
- ➢ 机会平等取代结果平等成为关注焦点,尽管已经有显而易见的证据表明收入和人生机会的不公平程度正在飞速加深。
- ➢ 权利是建立在需求、能力和应得的赏罚之基础上的。这里涉及人们应该在多大程度上担负起满足自己需求的责任,以及政府是否应该鼓励或者强迫人们承担相关义务等问题。
- ➢ 那些认为公正的分配应该以个人的贡献和经济状况为基础的人,与那些主张应该将社会因素纳入考虑的人,对社会公正这个问题的看法存在着重大分歧。

含义和定义

"平等"(equality)、"权利"(rights)和"社会公正"(social justice)在那些倡导激进改革的人中间一直都是赫赫有名的战斗口号,他们或者主张女性作为人具有平等价值(德·波伏瓦[De Beauvoir]的观点,见 George and Page, 1995, ch. 14),或者支持通过社会投入来满足社会新生代的需求(Goodin, 1998: 237),或是强调富裕国家对贫穷国家有道义责任(Sen, 2009: Pt Ⅳ)。

平等

在数学中,平等意味着两个不同的要素具有相同的值。如果两个要素在所有层面都是相同的,那么它们之间的等同关系则让人感到无聊。因为如果它们完全一样,你从各个方面都无法对其进行区分。同样,没有哪个认真严肃的改革家会使用有关平等的词来宣扬社会的整齐划一,尽管诋毁他们的人想按照他们似乎已经这样做了的方式来对待他们。福利改革者的平等主义主张是,社会政策的发展将会使不同的社会群体被认为拥有同等的重要性,并被以此方式加以对待。在实践中,这一主张要求人们在获得救济、得到服务、享受福利机构提供的待遇以及参与决策等方面是平等的。

在此,会在两个主要领域产生一些问题。第一个是,我们如何设定平等主义所涵盖的范畴的边界? 对于平等的范围的思考,需要借助有关哪些因素影响人们的行为的理论。新古典经济学主张人们往往会使自己的个体效用最大化,与之相连的行为理论认为,平等主义会破坏人们的工作积极性,使得人们为了留下金蛋而杀掉鹅。某人处在一个越来越不公平的社会的底层,如果他能够轻而易举地从福利中得到好处,那么他为什么还要为做出改变而烦心呢? 而认为个体更多地受到文化、社会关系和行为规范的影响的观点指出,平等化政策所产生的作用,很大程度上依赖于该政策所处的社会框架(Gintis et al., 2005; Rothstein, 2005: ch. 2; Taylor-Gooby, 2009: chs 5 and 6)。

第二个核心问题不是道德范畴中的不平等,而是实践领域中的不公平。在许多政策制定者中存在着是追求"结果平等"还是"机会平等"的分歧。以前者为导向的政策一定是以将人们放在等值位置上为目标的;而后者在这方面的追求是非常适中的,它的目标只是给予每个生活在不平等社会中的个体以相同的起点——从这个意义上来说,平等主义完全接受具体的人生机会存在巨大的差异。

在全球化资本主义越来越占据主导地位的社会中(这类社会通常存在着福利国家制度),结果平等已经逐渐从国家政府的实践目标中淡出,这样的变化导致对公平的讨论转向以机会平等为焦点。这个概念很快就成为教育和培训领域里的重要议题,而且在政策领域,它关系到有关性(生理性别)、残疾、性取向和族群的公认的社会区分。令人惊讶的是,让人不安的社会流动性减弱的证据(Hills et al., 2010: ch. 11)却没有在政治讨论中引起更多的关注。

各种各样的团体的奋斗目标是,使人们承认在特定的社会区分中必须采取行动保证各类成员获得应有的平等机会。其中包括性取向、年龄、残疾、宗教、语言天赋、信仰、族群和(有时也包括)社会阶级方面的区隔。

权利

"权利"这个概念指涉个体要求的合法性。在社会政策的语境中,权利是指国家力量是否应该支持个体对于社会救济和服务的要求,也就是说社会权利是公民身份的一个组成部分。在具体实践中,有关需求、能力和应得的赏罚的观念,对于诸如此类的诉求的合理化发挥着最重要的决定作用(请见工具箱4.1)。

有关"应得的赏罚"的争论往往与规范体系联系在一起。在我们的社会里存在着两种至高无上的规范体系:一个是家庭伦理,这与关于性别劳动分工、儿童期和成人期的界限、性关系的恰当形式等的讨论联系在一起;另外一个是工作伦理,以及与之相伴的有关个体在养活自己方面的责任的假设,这一主张指责那些有能力从事有偿劳动却依赖外界的人。

这些伦理不断发生改变,而且英国社会持续增强的多样性也为这个进程提供了额外的推动力。关于特定群体应得的赏罚的观念与社会权利以及社会权利如何付诸实践之间有着非常重大的关联(请参考 Horton and Gregory, 2009;以及工具箱 4.2)。

对某项权利的主张有力地支持了被剥削群体的政治要求。但是,在实践中,保障权利的机制却非常脆弱,而且那些在与法院打交道方面最具有优势的人往往受到偏爱。在富裕国家内部,减少不平等的努力一直没有获得成功,更不要说南方国家与北方国家之间的不平等了,而且,现有的社会区分可能会进一步固化。

当面临着要从各种相互竞争的需求中做出选择的局面时,以需求为基础的理论尤其脆弱。以能力为基础的理论因其假设人们都是自治、独立、善于思考的行动者,而不是生活在一个复杂社会里具有各种弱点的社会成员,受到了批评。这种理论无法严谨地区分不同社会群体对于资助、进入公共领域发出自己的声音和讨论风险的不同需求。以应得的赏罚为基础的理论强化了某些行为具有社会价值而另外一些行为可能会带来危害的假设。正因为如此,近来的讨论在权利和机会之外,也强调政治行动在努力满足最弱势群体而不是最有特权群体的需求方面的重要性(Lister, 2003:ch. 6;Dean, 2010:ch. 9)。

工具箱 4.1　权利主张的三个基础

- 以需求为基础的理论是以一系列人类需求为起点的,而且它指出政府有义务尽可能地满足这些需求。但是这种理论却无法严密地证明相关需求的合理性。以需求为基础的理论为福利是政府不可回避的责任这一主张提供了最坚实有力的论据(请见 Plant, 1991:ch. 5)。

- 以能力为基础的理论是诺贝尔奖获得者、经济学家阿玛蒂亚·森(Amartya Sen)(2009)在其开创性的研究中提出来的。这种理论从能力的角度解释幸福,凭借他所说的能力,"个体能够享有过上某种他有理由珍视的生活的真正自由"。贫穷则被理解为对这种能力的剥夺。如果可能的话,政府有责任对此进行补救。在与享有更多或更少特权的群体能够在社会中做什么或从中享受到什么的比较中,个体的能力可以得到确定。这一理论为被广为采用的联合国人类发展指数(UN Human Development Index)的形成打下了基础。大体上来说,联合国人类发展指数试图对不同国家的各种能力所取得的成就进行比较。它现在已经扩展到为处于系统性不利地位的人群——例如女性、残疾人——提供支持(Nussbaum, 2000),并且努力将以能力为基础的理论应用于实践性政策议题。

- 以应得的赏罚为基础的理论的论点基础是,某个特定群体的某些特性或行为要求社会为他们提供一些服务。例如,可能有人主张,作为母亲,或者在(某些特定)工作或战争中做出巨大贡献的人应该得到资助,而且提供相应资助的责任应该回归国家。这些主张通常与功能性或者互惠性观点联系在一起,或者是规范体系的关键组成部分。

> **工具箱 4.2　根据应得的赏罚所获得的权益**

- 相较于建立在需求基础上且根据经济状况调查确定的补助金,以工作业绩为基础而获得社会保险补助金更有保障,而且,在实践中,也较少屈从于官方的各种烦琐程序。
- 在将支持性服务分配给那些照料体弱多病的老人的照顾者的时候,往往会以照顾者的社会地位和被雇用的机会为基础;同时照顾者所得到的服务会受性别和年龄的影响。
- 在分配特定质量的廉租房或廉价房的时候,可能要对住户进行分级,以分配较高或者较低等级的住房。

社会公正

社会公正考虑的是谁应该得到什么。在大部分福利国家中,资源分配往往是由认为商品就是被占有、估价、买与卖的财产的市场体系以及与亲属关系紧密相连的分配规范体系所主导的。有关权利和平等的论点为有关公正的主张提供了基础,后者通常横跨市场分配和亲属分配。近年来最为重要的观点由诺齐克(Nozick)和罗尔斯(Rawls)分别提出,他们阐明了实现社会公正的个人主义理论和社会理论(请见工具箱 4.3)。

> **工具箱 4.3　实现社会公正的个人主义理论和社会理论**

- 诺齐克认为公平主张的核心是劳动:人对"与他的劳动相结合"之物具有权利,也就是说他们的劳动所改善的东西。绝对的公正所带来的问题是,它会侵犯个体私占或者再分配他们通过自己的劳动得到的产品的主权,尽管个体可能出于慈善,选择将财物赠予那些在他们看来贫困或者值得帮助的人(Plant, 1991:210-213)。
- 罗尔斯的理论是建立在"无知之幕"之基础上的。其核心观点是,在人们不知道他在社会上占有什么样的位置、无法为自己谋取利益的时候,人们就会做出公正的安排(Plant, 1991:99-107)。罗尔斯主张,从理论上看,在这种情形下,人们在选择分配好东西(或者坏东西)的方案的时候只能是"事后诸葛亮"。由于他们不知道自己最后是否会处于不公平且充满剥削的社会底层,因此人们宁可选择这样的社会秩序,在其中唯一被允许的不公平措施就是改善最穷的人的状况;例如,提高整个社区的生活水平。

两种理论都被广泛讨论,也备受批评。诺齐克的立场是以个人主义工作观为基础的。现代社会的生产是由许多人的活动连接起来的。正确的分配乃建立在工作基础之上的理论一直都备受争议,在实践中,这样的分配是按市场机制来进行的。诺齐克的理论使得市场秩序合法化,并且强调了工作伦理。

罗尔斯的理论的吸引力在于,它的基础是在商讨过程中不受社会地位(例如阶级、性别、职位、年龄、雇用机会、健康状况等)带来的偏差的影响,从而生成真正行之有效的社会政策。但是,在以演绎推理决定救济和服务分配的过程中存在一个重大问题,即人们必须能够从所处的社会环境中抽离出来。人们极有可能偏好一个完全不公平的社会,并且希望自己最终作为赢家出现,或者某人觉得应该表现得更仁慈一些,因而支持参照最高标准的生活水平来为最穷的人提供帮助,这也没有什么令人奇怪的地方。很难设计出一种路径,既认真对待个体公民的自主权,又能制定出一个所谓公正的社会应该遵循的明确政策,也就是说,可以将社会公正烙印打在具体的福利制度上的相应政策。

作为意识形态的平等、权利和公正

平　　等

在政治讨论中,"平等"这个概念越来越多地聚焦于机会而不是结果。21世纪初的新工党政府的政策沿袭了社会公正委员会(Commission on Social Justice)的理念,该委员会反对将平等主义作为向后看的"校平机",并且强调"应该想方设法增加机会和人生机遇"。他们也越来越重视个体在抓住机遇和通过有偿劳动做出贡献等方面的责任。2010年至2015年的联合政府甚至更为有力地强调个体的责任。这为政府大幅度削减补助、社会性支出,重构地方政府服务、医疗服务系统和大量教育计划,以及鼓励转向私人部门提供了正当的理由。

总体而言,政治右派认为,来自市场和家庭的权利比建立在公平考量基础上的要求更为重要。左派认为,公平的重要性体现在它应该是唯一必须追求的政治目标。对公平的追求应该更偏重机会(包括群体的机会)平等而不是结果平等,同时应该将福利与社会贡献而不是需求紧密联系起来。

权　　利

个体的权利与社会公正这个概念有着密切的关系。在社会政策讨论中,平等是权利主张的重要基础之一,因为只有基于平等,才能证明公民有权利获得福利。另一个主要基础是应得的赏罚。在政治讨论中,与工作伦理和家庭伦理联系在一起的"应得"的概念变得越来越重要,因而权益分配规则变得越来越严格,确保有劳动能力的人就业的机制也被不断强化,并且在一段关系结束后必须抚养子女的义务也被修改。许多改革都考虑到了削减国家支出,这与对财产权的普遍强调是一致的。这就意味着集体支出决策相较于个体花费决策必须依照严格得多的标准。

对应得的赏罚的强调是右翼福利理论的顶梁柱。但是,最近左翼有关互助互惠的主张也开始强调个体的贡献,并将它作为更为积极的政策的一部分。这些变化的特点是,关注增加机会,并且开始重视个体在产出和结果方面的义务,人们不能仅仅依赖被动地接受救济来维持自己的生活。

社会公正

社会公正的发展变化与上述两个概念的情况大致相同。核心变化同样是它正转变为更加积极主动的概念,其中包括应该如何建构社会赋权,它正不断地从平等主义理论转向受贤能统治或有关财产权以及家庭应得的观念影响的理论。

关于个体权利的讨论的一般路径,已经从建立在平等的公民身份之上的权利转移到以应得的赏罚为基础的权利,例如,经由新政(New Deal)、工作计划(Work Programme)和通用福利(Universal Credit),失业者领取救济的权利与其作为"寻找工作者"的得体行为越来越紧密地联系起来。工作条款现在已经延伸到了单身父母和患有疾病或处于失能状态等其他人群当中。

新议题

对于平等、权利和社会公正的讨论正变得既宽泛又狭隘。一方面,社会多元化程度的增强、家庭生活和职场雇用模式越来越具有弹性、更为广泛的群体开始为权利受到认可而奋斗,这些都促成一系列新要求的提出,主张各种社会政策在社会公正的基础上予以介入。另一方面,在市场和家庭伦理原则之基础上进行合理分配,以及强调个体责任而不是国家责任的意识形态压力,半个世纪以来增强了很多。一种观点要求政府推出更多的社会政策,而另一种观点则主张较为有限地展开福利干预。

近来出现了转向民主化的发展迹象。公民的需求和社会权利(Lister 2003;Taylor-Gooby, 2009: ch. 11; Dean, 2010: ch. 9)正被越来越多的人看作一个公共讨论的议题。其要求向所有人开放一个更为广阔且更加充满活力的公共领域,并且在那里,政策制定的根本原则必须是令政策适用者而不是政策制定者满意。

人口老龄化、技术性失业或半就业、日益激烈的国际竞争、抗税运动、亲属照料网络的弱化、全球移民、环境问题、对于大政府和福利国家的可持续性的普遍怀疑等所产生的影响,为社会政策蒙上了担忧的阴影。政策制定正处于紧缩以及对政府能在多大程度上解决社会问题充满怀疑的氛围中。在这种环境下,理念性讨论偏离干预主义所关注的促进结果平等,而调头奔向滋养更多的公平机会,并不是一个令人惊讶的转变。道德主义论点指出,机会平等政策可能会伤害大部分弱势群体的利益,除非我们能够开发出有效的权利保护系统。同样,最后的结果在道德上是否可以接受,只能以社会公正为参照标准来判断。

平等、权利和社会公正一直都是社会政策的核心,在更为全球化、多元化和不确定的社会环境中尤其如此。它们是当前许多有关国家应该为其公民做些什么的争论的基础。这已经被社会政策研究者认识到,他们反复呼吁,更广泛的民主参与能够帮助弱势群体在决定结果的过程中扮演更强有力的角色。我们可以看到,近年来政府供给的大幅度削减在最弱势的人群那里产生了恶劣的影响。重新呼唤社会公正可能是捍卫福利国家制度的唯一号召力了。

可深入阅读的参考文献

最优秀的(而且论述最清晰的)有关当代政治哲学主要关切的著作非 R. 普朗特的《当代政治思想》(R. Plant, 1991, *Modern Political Thought*, Oxford: Blackwell)莫属,特别是其中的第 3 章到第 7 章。

R. 古丁的《福利的理由》(R. Goodin, 1998, *Reasons for Welfare*, Princeton: Princeton University Press)对类似主题进行了更为详细的阐释(请见第 2 章、3 章、4 章)。这本著作也评论了剥削和依赖的道德层面问题,并且提出与新右派论点相反的原则。阿玛蒂亚·森的《正义的理念》(A. Sen, 2009, *The Idea of Justice*, Cambridge, MA: Harvard University Press)在讨论民主含义的第三部分和第四部分总结了能力路径。这本书不是从国家角度而是以全球视野展开论述的;在 them.polylog.org/3/fsa-en.htm 上可以找到一篇将这本著作与其他有关社会正义的作品联系起来的清晰易懂且深刻犀利的文章。M. 努斯鲍姆的《女性和人类的发展:能力路径》(M. Nussbaum, 2000, *Women and Human Development: The Capabilities Approach*, Cambridge: Cambridge University Press)指出这一路径与性别不平等的关系,认为该路径与接受其他层面的差异仅有一步之遥。

J. 希尔斯等人的《剖析英国的经济不平等》(J. Hills et al., 2010, *An Anatomy of Economic Inequality in the UK*, London: Government Equalities Office and LSE)研究了近年来有关社会流动性的证据。R. 利斯特的《公民身份:女性主义视角》(R. Lister, 2003, *Citizenship: Feminist Perspectives*, Basingstoke: Palgrave)提供了对公民权利的详细分析。H. 迪安的《社会权利和人类福利》(H. Dean, 2015, *Social Rights and Human Welfare*, London: Routledge)对以权利和需求为基础的路径进行了出色的讨论。J. 弗雷的《可持续性和社会公正》(J. Foley, 2004, *Sustainability and Social Justice*, London: IPPR)将关注的焦点扩大到可持续性议题:环境可持续、跨国可持续和代际可持续。

彼得·泰勒-古比的《重构社会公民身份》(P. Taylor-Gooby, 2009, *Reframing Social Citizenship*, Oxford: Oxford University Press)分析了全球化世界中的福利、公民身份和社会公正,特别关注信任问题。J. 勒格朗的《动机、能动性和公共政策》(J. Le Grand, 2003, *Motivation, Agency and Public Policy*, Oxford: Oxford University Press)讨论了人类能动性(人们为什么做他们所做的事情),并且主张社会政策的设计应该审慎地考虑到价值观和动机的不同。

B. 鲁思斯泰因的《社会陷阱和信任问题》(B. Rothstein, 2005, *Social Traps and the Problem of Trust*, Cambridge: Cambridge University Press)提出,信任和社会团结是保证合乎道德规范的社会政策得以贯彻的核心。H. 金迪斯、S. 鲍尔斯、R. 博伊德和 E. 费尔的《道德情操和物质利益》(H. Gintis, S. Bowles, R. Boyd and E. Fehr, 2005, *Moral Sentiments and Material Interests*, Cambridge, MA: MIT Press)比较艰涩,但值得阅读:这本书从根本上批判了这种观点,即我们可以理解人们在社会中的行为,仅仅基于他们的行为遵从个人利益这个前提假设。T. 霍尔顿和 J. 格里高利的《团结社会》(T. Horton and J. Gregory, 2009, *The Solidarity Society*, London: Fabian Society)考察了"应得"的观念与社会权利之间的关系。

V. 乔治和罗伯特·佩奇编的《有关福利问题的当代思想家》(V. George and R. Page, eds, 1995, *Modern Thinkers on Welfare*, London: Prentice Hall/Harvester Wheatsheaf)提供了对重要政治评论家和批判家观点的简要陈述。托尼·菲茨帕特里克的《福利新理论》(T. Fitzpatrick, 2005, *New Theories of Welfare*, Basingstoke: Palgrave)对社会政策中的理论概念做了最新回顾,涉及基因技术、信息技术和监管等领域。他的《驶向乌托邦》(T. Fitzpatrick, 2010, *Voyage to Utopia*, Cambridge: Cambridge University Press)是有关整个社会政策领域的充满趣味的指南。

我们可以在 hdr.undp.org 找到《联合国人类发展报告》(UN Human Development Report),其受到了阿玛蒂亚·森的能力路径的影响。理查德·坎姆博(Richard Kember)在基尔大学网站上的主页——www.psr.keele.ac.uk,是有关政治理念最全面的网络资源了。其他有关能力路径的资料可以在人类发展和能力协会(Human Development and Capability Association)的网站上找到(hd-ca.org)。在 hdr.undp.org/en 上我们可以读到《联合国人类发展报告》。社会公正研究中心(Centre for the Study of Social Justice)(牛津)的网站(social-justice.politics.ox.ac.uk)上有许多值得阅读的论文和有用的网络链接。

复习和课外作业习题

1. 为什么在涉及实际社会政策问题的时候,我们要考虑诸如平等、公正和应得的赏罚等道德伦理议题?

2. 迪安主张,"人类需求必须在我们与他人相互依赖的背景下予以满足"。这一主张的含义是什么?它是否正确?

3. 退休金领取者、单身父母、不需要抚养任何他人的单身失业者和残疾人都在不同程度上得到国家补助。这公平吗?为什么?

4. 在多元化不断增强的社会里,不可能在所有群体中贯彻社会公正原则。你是否同意这个说法?请提出一些可能的原则,并且指出它们的优点和缺点。

5. 当生活在其他国家的人尚有许多需求没有得到满足时,福利国家只将补贴和服务分配给本国公民的理由是什么?

请浏览本书的辅助网站 www.wiley.com/go/alcocksocialpolicy,使用为配合本书的阅读而设计的资料链接。在那里你将会发现有专门针对每一章的深入阅读资料链接,其中包括政府、国际组织、智库、压力集团和重要的新闻机构的网站。你还会找到以《布莱克维尔社会政策辞典》为蓝本的词汇表、帮助页、有关如何管理社会政策领域中主要委派形式的指导和职业建议。

第 5 章
人权和平等

迪尔德丽·弗拉尼根和艾利森·霍西

> **概 览**

- 在讨论人权和平等的时候会涉及对大量基本概念的思考,例如人的尊严、公平、非歧视、参与、授权和责任等。
- 英国的人权来自国际人权体系,特别是联合国的人权制度和地区性的《欧洲人权公约》(European Convention on Human Rights)。
- 英国改善平等状况的政策正在逐步实施,这导致不同社会群体在获得合法的人权保护方面有显著的差异。这些政策现在被统一纳入单一的立法中。
- 实现平等的途径多种多样,并且这些途径在很大程度上受到那些负责执行政策和采取相关措施促进平等的人的价值观的影响。
- 当前的政治和经济环境使得人们对未来改善人权和平等状况的立法及政策行动方向产生疑问。

历史背景

人 权

从西方的视角来看,人权产生于对大屠杀和大萧条所带来的悲惨遭遇的恐惧,尽管权利、平等之类的概念及法律规则的起源可以更远地追溯到《大宪章》(Magna Carta)、法国大革命和美国革命中的法律文书等文献。联合国大会(United Nations General Assembly)1948年通过了《世界人权宣言》(Universal Declaration of Human Rights, UDHR),这一基础性文件宣布人人生来自由,平等地享有尊严和权利。《世界人权宣言》在 30 个条款中详细阐明了所有人权,并且阐述了全世界适用的人权标准。这些条款是其他一系列如联合国公约

(UN Conventions)等国际条约的基础,而且英国自愿接受这项国际法的大部分条款的约束(请参见工具箱5.1)。

欧洲的人权发展几乎是在同一时间开始的。1950年,欧洲委员会(Council of Europe)(请不要与欧盟混淆)颁布了《欧洲人权公约》。这部公约由欧洲人权法院(European Court of Human Rights)负责解释和执行。在美国和非洲也可以找到类似的区域性法律文书。

人权在1998年随《人权法案》(请参见工具箱5.2)被"带回家乡",回到了英国。在此之前,当英国各地的法庭上出现有关人权的辩论时,人们不得不使用国内现有法律对案例进行彻底分析,并且在后来援引了欧洲人权法院的判例。也就是说,《人权法案》带来了两方面的革新:首先,现在人们能够在英国各地法院直接以人权辩论为依据;其次,公共机构或者那些履行公共职能的组织有义务服从《欧洲人权公约》。

工具箱5.1　联合国人权核心协议

英国认可的联合国人权核心协议有:

- 《经济、社会及文化权利国际公约》(International Covenant on Economic, Social and Cultural Rights)
- 《公民权利和政治权利国际公约》(International Covenant on Civil and Political Rights)
- 《消除一切形式种族歧视国际公约》(International Convention on the Elimination of all forms of Racial Discrimination)
- 《消除对妇女一切歧视公约》及其《任择议定书》(International Convention on the Elimination of all forms of Discrimination against Women and its Optional Protocol)
- 《禁止酷刑和其他残忍、不人道或有辱人格的待遇或处罚公约》及其《任择议定书》(Convention Against Torture and other forms of cruel, inhuman and degrading treatment or punishment and its Optional Protocol)
- 《儿童权利公约》(Convention on the Rights of the Child)
- 《残疾人权利公约》及其《任择议定书》(Convention on the Rights of Persons with Disabilities and its Optional Protocol)

工具箱5.2　《1998年人权法案》(Human Rights Act 1998)

- 条款2:生命权
- 条款3:禁止酷刑和其他残忍、不人道或有辱人格的待遇或处罚
- 条款4:禁止奴役和强迫劳动
- 条款5:自由和安全的权利

- 条款 6：公正审判的权利
- 条款 7：法无明文者不罚
- 条款 8：私生活和家庭生活受到尊重的权利
- 条款 9：思想、信仰和宗教自由
- 条款 10：言论自由
- 条款 11：集会和结社自由
- 条款 12：缔结婚姻权
- 条款 14：禁止歧视
- 条款 16：对外国人的政治活动进行限制
- 条款 17：禁止滥用权利
- 条款 18：对动用权利限制的控制

第一议定书：
- 条款 1：保护财产
- 条款 2：受教育权
- 条款 3：自由选举权

联合国公约一直是英国国际义务的一个组成部分，并且被看作国际法律规则中的合法权利。因而，全英国的法院都可以在解释国内法律的时候援引联合国公约。而且，作为联合国人权理事会(UN Human Rights Council)成员国的英国，会定期全面检查本国的人权承诺，也会接受特定的联合国公约下设的联合国委员会的审核。

对更广泛的人权问题感兴趣的人，可以从英国国内案例报告、欧洲人权法院所依据的法理，以及英国与联合国人权理事会、联合国公约下设的联合国委员会所签订的协议中获得丰富的信息。

平等权

在英国，平等权是从为不同群体提供法律保护的相互独立的制度中发展起来的，现在形成了为具有七个方面特征的人群提供保护的统一法律框架。七个方面分别是年龄、残疾、性别、性取向、婚姻和民事伴侣、孕妇和产妇、宗教和信仰。有关平等权的法律和政策的改进可以追溯到1957年欧共体(European Community)的成立。促进"机会平等"的协议作出了有关平等的明确承诺，其中特别强调应该实现男女同工同酬。在英国，改进平等状况的立法是从20世纪60年代末开始以渐近方式展开的，并且它被看作解决种族歧视问题的法律措施。在整个70年代，英国出现了一系列聚焦于平等问题的立法，例如《1970年同酬法》(Equal Pay Act 1970)、《1975年反性别歧视法》(Sex Discrimination Act 1975)和《1976年种族关系法》(Race Relations Act 1976)。

而解决残疾歧视问题的立法直到《1995年反残疾歧视法》(Disability Discrimination Act 1995)的引入才姗姗来迟。这部法律只是来得相对较晚。此外，还有近年出现的促进性取向(2003)、宗教或信仰(2003)、性别身份认同(2004)和年龄(2006)等领域平等的法案。

平等权立法的渐进发展模式,意味着在对特定群体平等权利的合法保护方面存在着相互矛盾、不协调的情况。《2010 年平等法案》(Equality Act 2010)的引入用最新立法提供的单一法律框架解决歧视问题,并且改善了平等权,由此上述不协调状况得以化解。但是,应该提醒注意的是,北爱尔兰并没有采用《2010 年平等法案》,因为平等权法律的制定和实施义务已经下放给当地了。

平等权和人权的监督和实施机构的发展状况

2007 年,三个历史遗留下来的委员会,即平等权利委员会(Equal Opportunities Commission)、种族平等委员会(Commission for Racial Equality)和残疾人权利委员会(Disability Rights Commission, DRC),合并成一个单一组织,也就是平等和人权委员会(Equality and Human Rights Commission, EHRC);这个新成立的委员会有权在全英国引入和实施平等和反歧视法案。平等和人权委员会也有权监督英格兰、威尔士以及仍然属于威斯敏斯特英国议会管辖的苏格兰部分地区的人权责任。

1998 年的权力下放进程也促使若干其他的监管和规范机构成立。第一个机构是北爱尔兰人权委员会(Northern Ireland Human Rights Commission),这个机构是随着 1998 年 4 月 10 日通过的《贝尔法斯特协议》(Belfast Agreement)的生效而在 1999 年 3 月成立的;而后在同年 10 月,北爱尔兰平等委员会(Northern Ireland Equality Commission)成立了,它接管了此前另外四个委员会的职责。而在 2006 年,苏格兰议会通过了一则法案,其授权设立苏格兰人权委员会(Scottish Human Rights Commission)。

这三个国家级人权机构都在联合国拥有 A 级地位(在联合国人权理事会具有发言权),它们发挥着连通联合国人权系统和英国人权体系的桥梁作用。

人权和平等的概念化

人　权

人权的理念基础是对所有人与生俱来的尊严的承认;进而言之,人类大家庭里的每个成员平等且不可剥夺的权利是这个世界的自由、公正及和平的基石。

人权被理解为国家需要同时履行积极义务和消极义务。所谓消极义务通常是指国家要克制某些侵犯人的尊严的行为,例如禁止酷刑。积极义务是指需要采取行动实现权利,例如通过提供正当的法律程序维护公正审判权。不过,事实上,大部分人权保护的实践都需要国家履行积极义务。例如,为了禁止酷刑,国家需要采取一系列积极行动,包括培训与监禁领域有关的公务员,使他们认识到酷刑是刑事犯罪。

人权并不是绝对权利,尽管免受虐待和奴役的自由是一项典型的在任何环境中都不应受到侵犯的权利。许多人权都是受限的,会因为保护其他权利而减损,例如出于国家安全、公共安全或国家经济福祉的考虑,或是为了预防混乱或犯罪,或是旨在维护卫生健康或道德规范。其他权利会因具体的环境而受到制约,例如,要让依法拘捕生效,自由权就要受到限制。

平等

多年以来,平等都是社会政策分析领域里讨论的热点问题,它是福利国家制度的发展框架,也一直是政治领导人争论的核心,无论其是左派的还是右派的(Coffey,2004)。而且,平等对于不同的人有着不同的含义,它与社会政策领域的其他话题一样充满争议,例如权利、自由和社会公正(请见第4章)。怀特(White,2007)列出了五种类型的平等(请见工具箱5.3)。

工具箱5.3　平等的类型

- 法律平等:得到法律的同等保护和对待。
- 政治平等:有同样的机会在政治生活中发挥作用,其中包括投票、担任政治职务等。
- 社会平等:拥有与其他社会群体一样的地位,不存在一个群体支配另一个群体的情况。
- 经济平等:通过国家在实现经济平等中的干预活动,而拥有同等的获取经济资源的机会。
- 道德平等:通过社会的组织,人们那些与自由、资源等相关的重要道德利益得到承认,即不同的人在涉及他们此类利益时可以提出平等主张。

正如平等有不同的形式,改善平等状况也出于不同的原因。例如,经济平等重视的是减少贫困,而政治平等则是通过让每个人拥有同样的投票权而实现地位平等(社会平等的一个要素)。促进平等的原因和所改善的平等类型都会受到一系列经济、政治、社会和意识形态领域的价值观的影响。

社会政策领域对平等的讨论越来越强调机会平等和结果平等之间的差异。最小化路径强调公平的受教育和就业的机会的价值。较为宽泛的路径承认每个人不同的历史背景,并以此为基础保障每个个体的机会平等。第三种路径涉及针对处于不利地位的人采取积极行动(例如定额指标)。积极行动包括采用大量干预措施,使个体能够平等地参与公共生活和就业。积极行动也包括,只要来自缺乏代表的群体的候选人满足相关角色的核心要求,就给予特别的支持。从最小化向最大化路径转变的过程中,干涉行为也从改善机会的平等性转向采取更为直接的措施对结果的平等性发挥影响。

在工具箱5.4中,对促进平等的三种不同路径进行了界定。这些路径最初都是从性别平等分析中发展出来的,而现在被视为促进不同群体平等的有效框架(Squires,2005)。

工具箱5.4　促进平等的不同路径

- 同一性路径:聚焦于以同样的方式对待每一个人。这意味着我们不会将具体的群体特征(例如族群、残疾、性别、性取向)看作是与某人能力有关的事物,也不会认同这些特征决定了个体是否有权参与当下的政治或实践。

- **差异性路径**：集中在对差异的承认和接受方面。这意味着认可不同的人有不同的需求，并且在执行政策和进行实践的时候要考虑到这些差别。
- **变化性路径**：其核心是政策和实践中的根本性变化。这条路径强调根据不同群体的差异而做出明显改变，其中需要关注的是在政策和实践领域中考虑不同的平等议题，而不是通过调整来满足特定群体的需求。

人权和平等：建立联系

平等与人权的路径相互支持。在讨论人权的时候一定会涉及增进平等和反对歧视、授权、参与、责任和合法性。促进平等也关系到自由、社会公正和权利。为实现这些目标而进行政策干预的程度和干预措施（例如最小化路径和最大化路径）预计产生的结果，都因干预者的价值观的不同而不同。以能力为基础的理论在社会公正的框架下将人权和平等联系在一起。

平等审议委员会（Equalities Review，2007）所提出的促进平等的路径是建立在阿玛蒂亚·森的通过能力路径发展出来的人权原则基础之上的，以能力为基础的理论承认每个个体有同等的价值：

> 一个平等的社会保护和促进公平、真正的自由及每个人按照自己所珍视并且将会选择的方式生活的实质性机会，从而使每个人都能充分发展。一个平等的社会承认每个人不同的需求、处境和目标，并且移除限制人们能够做什么、能够成为什么人的障碍。（Equalities Review，2007：6）

以能力为基础的理论为理解和衡量通过人权实现的平等提供了重要的框架。它聚焦于什么对于人们是最为重要的，承认各种各样的需求，关注限制人生机会的结构性和制度性障碍，并且认可人们有不同的目标。能力是人们在生活中能够做什么、能够成为什么人的最重要的东西，它会让人们对自己的人生感到满意。这个语境中的能力并不是指一个人内在的技能或潜力，相反，某种能力的欠缺意味着一个社会没有成功地为人们提供真正的自由（Burchardt and Vizard，2007）。

玛莎·努斯鲍姆（Nussbaum，1999）提出的有关社会公正和人权的理论也是以森的能力理论为基础的。作为人类，我们有权拥有同等的尊严和价值，无论我们的社会地位或经济状况如何。我们做出选择的能力是我们能够清晰地表明我们的价值的首要资源，相应的选择使得我们能够按照自己的目标和所期望的结果规划自己的人生。批评者特别强调努斯鲍姆理论的个人主义焦点具有局限性，指出其当前的形式不够完备，而且很可能在实践中缺乏可行性。但是，以能力为基础的路径的价值在于，摆脱了聚焦于资源分配的较为传统的平等主义视角——在那里，只有当人们将资源转化为功能的时候，这些资源才被认为是有价值的。然而，社会应该公平对待每个人，并且给予人们选择权，从而尊重并且促进每一个人的平等价值。

新议题

为了应对2008年的经济衰退而采取的各种各样的"节俭"措施不断损害全英国的平等和人权保护行动。削减公共部门开支和福利改革对女性、残疾人和其他许多弱势及边缘群体产生了不成比例的影响。

在写这篇文章的时候,由于无法实施针对工资性别差距的核心条款、无法解决社会—经济不平等,以及就业问题特别委员会无法行使权力,《平等法案》的执行陷入困境。平等和人权委员会的预算被大幅度削减,而且其权力也受到限制。与此同时,保守党政府抨击《人权法案》,威胁要从《欧洲人权公约》中撤出,也令人对英国的人权保护非常担忧。用《英国权利法案》(British Bill of Rights)代替《人权法案》的提议很可能导致英国人权保护的退步。

在英国范围内已经出现人权保护在实际操作中产生分歧的例子了。得到授权的威尔士国民议会加强了对儿童人权的保护。北爱尔兰根据《贝尔法斯特协议》中的承诺制定了自己的《北爱尔兰权利法案》(Northern Irish Bill of Rights),但是该法案一直没有被颁布实施。苏格兰颁布了《国家人权行动计划》(National Action Plan for Human Rights),其目标是弥合人权法律保护和现实情况之间的差距。

可深入阅读的参考文献

有大量教科书是从社会科学的角度讨论人权的。M. 弗里曼的《人权:一个跨学科路径》(M. Freeman, 2002, *Human Rights: An Interdisciplinary Approach*, Cambridge: Polity Press),或者 R. 摩根和 B. 特纳编的《阐释人权:社会科学视角》(R. Morgan and B. Turner, eds, 2009, *Interpreting Human Rights: Social Science Perspective*, London: Routledge)可能是了解人权问题的一个不错的起点。关于平等也有大量图书可供挑选。作为入门读物可以选择 S. 怀特的《平等》(S. White, 2007, *Equality*, Cambridge: Polity Press)。R. 德拉克的《社会政策原理》(R. Drake, 2001, *The Principles of Social Policy*, Basingstoke: Palgrave)收录了讨论平等、公平、自由、权利的论文;与此同时,A. 考菲的《社会政策再概念化:当代社会政策的社会学视角》(A. Coffey, 2004, *Reconceptualising Social Policy: Sociological Perspectives on Contemporary Social Policy*, Maidenhead: Open University Press)在第5章呈现了社会政策领域里关于平等与差异之间关系的争论。J. 斯奎尔斯对平等政策主流思想的研究为关于平等政策的争论做出了重要贡献,参见《主流是变化的吗?:在多元化和深思熟虑背景下将主流思想理论化》(J. Squires, 2005, 'Is mainstreaming transformative?: Theorizing mainstreaming in the context of diversity and deliberation', *Social Politics: International Studies in Gender, State and Society*, 12: 3, 366-388)。A. 霍西和 M. 莱姆的《人权和社会政策:社会研究的挑战和机会及其作为苏格兰保护和提升人权之证据的应用》(A. Hosie and M. Lamb, 2013, 'Human rights and social policy: challenge and opportunities for social research and its use as evidence in the protection and promotion of human rights in Scotland', *Social Policy and Society*, 12：2, 191-203)探讨了社会政策研究对保护和促进人权所做出的有价值的贡献。

现在有大量关于能力路径的文献,包括:阿玛蒂亚·森的《正义的理念》(A. Sen, 2009, *The Idea of Justice*, Cambridge, MA：Harvard University Press);玛莎·努斯鲍姆的《女性和人类发展:能力路径》(M. Nussbaum, 2000, *Women and Human Development*：*The Capabilities Approach*, Cambridge：Cambridge University Press);玛莎·努斯鲍姆的《性和社会公正》(M. Nussbaum, 1999, *Sex and Social Justice*, Oxford：Oxford University Press)。更多有关能力路径在当代政治背景下的实践应用,可以参阅T.伯查特和P.维查德的《平等定义和测量框架:平等审议领导小组有关测量的最终建议》(T. Burchardt and P. Vizard, 2007, *Definition of Equality and Framework for Measurement*：*Final Recommendations of the Equalities Review Steering Group on Measurement*, CASE Paper, 120, LSE)和平等审议委员会的《公平与自由:平等审议的最终报告》(*Fairness and Freedom*：*The Final Report of the Equalities Review*, London：Cabinet Office)。最后,南茜·弗雷泽的《雪上加霜:南茜·弗雷泽与其批评者的辩论》(Nancy Fraser, 2008, *Adding Insult to Injury*：*Nancy Fraser Debates her Critics*, London：Verso)是一部在对社会公正问题进行批判性辩论的过程中探索承认和再分配的优秀作品。

平等和人权委员会的网站为 www.equalityhumanrights.com。北爱尔兰人权委员会的网站是 www.nihrc.org;爱尔兰平等委员会的主页为 www.equalityni.org/site/default.asp?secid=home。苏格兰人权委员会的网站是 www.scottishhumanrights.com。政府平等办公室(Government Equalities Office)(英国政府)的网站是 www.equalities.org.gov.uk。有关《2010年平等法案》的信息请见 www.equalities.gov.uk/equality_bill.aspx;有关欧洲国家人权研究所(National Human Rights Institutions, NHRIs)和平等相关机构的信息可查看 fra.europa.eu/sites/default/files/fra_uploads/816-NHRI_en.pdf;有关联合国人权事务的信息请见 www.un.org/en/rights;欧洲委员会人权专员(Council of Europe Commissioner for Human Rights)的网站是 www.coe.int/en/web/commissioner/home;平等和多样性论坛收录了大量主题为"超越2015年:构建平等、人权和社会公正的未来"(Beyond 2015：shaping the future of equality, human rights and social justice)的论文——www.edf.org.uk/blog/wp-content/uploads/2015/05/EDF_Beyond 2015_PDF.pdf。

复习和课外作业习题

1. 经济紧缩对人权和平等产生了哪些影响?为什么?
2. 一些人对转向单一平等目标提出了批判。他们批判的理由是什么?另外,推动单一平等目标的原因又是什么?
3. 南茜·弗雷泽主张,一个公平的社会是以认可和再分配为基础的。这两者的关键特征是什么?为什么它们都很重要?两者是否可能实现?
4. 以能力为基础的路径如何转化为促进平等和保护人权的实践工具?这样的工具有

什么局限性？

5. 假设你在为地方政府工作，现在要求你提供一份有关人权和平等对一项新社会政策可能产生哪些影响的报告。你的报告应该阐述以下内容：在你的规划中，你在什么时候会以何种方式考虑到人权和平等问题，如何思考；你将如何确保当地社区能够有效地参与到该政策的开发过程中。

请浏览本书的辅助网站 www.wiley.com/go/alcocksocialpolicy，使用为配合本书的阅读而设计的资料链接。在那里你将会发现有专门针对每一章的深入阅读资料链接，其中包括政府、国际组织、智库、压力集团和重要的新闻机构的网站。你还会找到以《布莱克维尔社会政策辞典》为蓝本的词汇表、帮助页、有关如何管理社会政策领域中主要委派形式的指导和职业建议。

第6章
效率、平等和选择

卡罗尔·普罗佩尔

> **概　览**
>
> - 从稀缺假设——我们无法拥有我们想要的一切——开始经济分析。由于资源稀缺，人与社会必须做出选择。
> - 社会为这些选择专门付出的成本就是机会成本，因为一旦做出选择就意味着某些资源被放弃了。
> - 经济效率意味着最大限度地利用稀缺资源。当某个特定行为使用资源的机会成本等于每个人从这个行为中所获得的边际收益的总和的时候，就可以说有经济效率。
> - 效率不是唯一的目标。其他目标包括公平和选择。这些目标可能与效率产生冲突。
> - 经济学家将市场和选择看作实现效率和对公共服务做出回应的一条途径。

导　言

　　经济学观点和概念被广泛地应用于公共政策。社会政策领域也不例外："有效"和"高效"是政治家和政策制定者经常用来形容他们所负责提供的公共服务的词。不过，经济学观点远比术语要多得多。经济分析提供了考察各种行为的框架，例如工人加入工会、国家的相对福利、科层体制不断复杂化的趋势、政治家的行为或为什么不断增多的财富没有给我们带来幸福。

　　诸如效用和效率这样的概念，在经济学领域比在政治家和政策制定者那里有着更为精确的定义。经济学家将效率、平等和(有些时候也包括)选择看作最终目的，这些目的可以通过一系列可能的手段来实现。这里所说的手段包括市场、国家和混合经济。

稀缺和选择

经济分析从一个简单的事实开始：我们不能拥有我们想要的一切。我们生活在一个稀缺的世界里。这在无家可归的情况下尤为明显；但是也适用于某个照料他人的人，这个人有一份非全日制工作，她希望自己能有更多的时间，或者用于工作，或者花在她所照顾的人身上；这个事实在一个富有的摇滚歌星身上也一样有效——他不断地开演唱会以便能够再买下一座加勒比海上的小岛。这个事实同样适用于政府，虽然政府可支配的预算比个人的要多，但它在医疗服务和教育方面的投入永远无法达到令选民满意的程度。

面对时间或者金钱的稀缺，人们必须做出选择。要选择，我们就必须在拥有更多某样东西所带来的收益和失去另外一些东西所带来的损失之间权衡。因为资源是有限的，所以在选择时我们要付出成本。无论我们做出什么选择，我们都要为此付出一些代价。例如，时间有限的照料者，要在工作更长时间或更多地照看她所照料的人之间做出选择。又如，一个社会可以选择在道路建设上用尽时间和物质材料，而不是将它们投入医院设施。经济学家使用"机会成本"这个概念以强调面对稀缺而做出的选择意味着要付出代价。任何行动的机会成本都是放弃次优选择方案。因此，如果建一家医院被社会看作是仅次于修建道路的好事，那么建一家医院的成本就是修一条路的机会成本。

在很多情况下，为了使用某种资源而支付的钱就是机会成本。例如，修建一条道路需要花费100万美元，假设修路的材料和人工成本与修建其他设施的成本一样，那么100万美元就是机会成本。但是，并不是在所有情况下都能以市场价格测算机会成本，个体所面对的机会成本也并不都是他自己的选择造成的。例如，在一天的交通高峰时段你没能挤上火车，在这个时候你承担了所有上了火车的其他人所做选择的成本。但这不是市场报出的价格，也不是坐在火车上的人在上火车的时候会考虑到的成本。

效　率

效率在经济学中有特定的含义。当决定应该产出多少商品或服务的时候，我们需要考虑这些商品或服务所带来的收益和成本，以及收益和成本是如何随着生产量的变化而变化的。通常，人们希望获利，并且规避成本。在这种情况下，人们往往会选定总体收益与总体成本之间的差值达到最大时的商品数量。当社会选定了这个数量并且据此分配生产资源的时候，经济学家就会称之为该商品最有效率的产出水平，或者换言之，可以说在生产这个商品的过程中做出了有效率的资源分配。

在确定高效的产出量时，我们需要考虑从该商品中得到的收益和生产它的机会成本。我经常将某件简单商品——例如冰激凌的生产和消费作为例子。不过，其分析框架与运用于医院、学校、社会工作服务和核电站的框架是一样的。

消费收益

我们可以预期吃冰激凌所带来的效益会因吃的数量不同而不同。通常,对于一个喜欢冰激凌的人来说,我们可以设想,随着吃的数量的增加,总效益也会上升。但是,总体效益的增加并不是与每吃一口冰激凌成比例关系的。我们来想象一下第一勺冰激凌。如果吃的人确实很渴望,那么第一勺会带来极大的满足感。但是随着吃的数量的增加,从后来的每一勺中得到的满足感开始递减。总而言之,我们可以预想,从追加的每一勺中获得的满足感下降的幅度越来越大,直到耗尽。如果我们将最后一勺定义为临界一勺,我们可以说边际效益随着所吃冰激凌的数量的增加而下降。你要么已经吃饱了,要么由于其他东西也不错而愿意吃点儿别的。

这个分析可应用于整个社会。社会效益可以定义为所有个体从冰激凌那里获得的效益的总和,我们将所有个体效益加总后就得到整体社会效益。类似地,我们也可以将每个个体在吃到不同数量冰激凌时的边际效益叠加,从而计算出整个社会的边际效益。我们每增加一个单位的社会消费,总体社会效益也随之增加。我们假设我们能够将每个不同个体所得到的效益进行加总。通常我们可以比较容易地做到这一点,因为效益能用单独的单位(比如英镑)进行衡量。但是,在一些情况下,存在着测量困难,比如说,当很难确定一件物品的价值的时候,或者当 1 000 英镑在某人看来比在另外一个人那里更值钱的时候。

整体社会效益和边际社会效益可以用图来表示。图 6.1 展示了消费冰激凌所带来的整体社会效益。横坐标表示冰激凌消费的数量,纵坐标则是从消费冰激凌中得到的以英镑计算的效益。随着消费量的增加,社会效益上升,但上升的速率却不断下降。上升速率的下降完全是因为随着吃进更多的冰激凌,消费的边际社会效益不断下降。

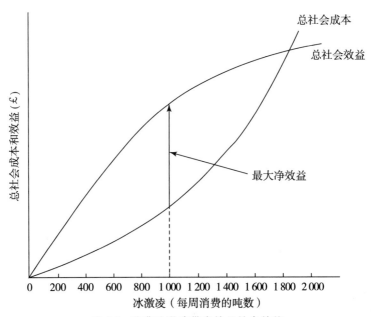

图 6.1 消费冰激凌带来的总社会效益

图 6.2 展现了消费冰激凌的边际社会效益。横坐标表示的是消费总量,其衡量单位与图 6.1 的一样。纵坐标展现了以英镑为单位计算的边际效益。边际效益曲线从左上向右下倾斜,由此可以看到随着冰激凌消费量的增加,边际社会效益下降。

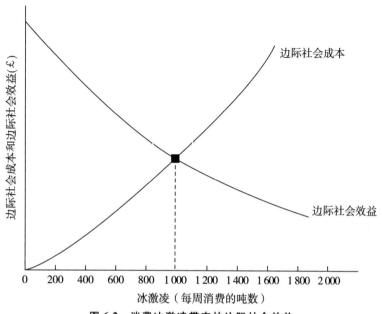

图 6.2 消费冰激凌带来的边际社会效益

生产成本

为了确定冰激凌的生产和消费的效率水平,我们还需要考虑生产成本。通常,某件产品的生产量越大,生产费用就越多。因而,总成本是随着生产量的增加而增加的。但是,效率是通过每额外产出一个单位所耗费的成本加以测定的,也就是通过边际成本。对生产过程的研究通常会给出一个生产水平,如果超越这个生产量,增加产出就会导致生产更昂贵。这种现象的产生有多种原因:公司要支付加班费或使用不么高产的机器,或是产品产量的增加导致协调生产或销售的成本的增加。

假设冰激凌生产都是按照同样模式进行的,我们可以将所有生产商的生产成本相加。我们也可以将所有边际成本叠加,以计算出每单位产出的边际社会成本。图 6.1 展现了总社会成本随着冰激凌产量的增加而提高。与之相关的边际成本则呈现在图 6.2 上。

高效的产出水平

我们可以通过冰激凌消费量及生产量的社会效益和社会成本的变化情况,来确定总社会效益和总社会成本之间的差值达到最大(净社会效益达到最大值)时的产量水平。这就是高效的产量。从图 6.1 中我们可以看到,这是当每星期冰激凌生产量为 1 000 吨的时候。观察图 6.2,我们可以看到,高效的产量是在边际社会成本与边际社会效益相交的那个点上。这并非偶然。只要边际社会成本低于边际社会效益,那么社会就能够从生产和消费更多的冰激凌中获得收益。相反,当边际社会效益低于边际社会成本时,社会最好将它的资源用作他途,并且生产及消费较少的冰激凌。当边际社会效益与边际社会成本相等的时候,便不再有可能进一步提高净社会效益了。

对冰激凌的高效生产量的分析可以用于所有产品和服务。因此我们能够用完全相同的方法确定医院、家务帮工、教育或汽车可以发挥社会效率的产出水平。我们可能在测量效益和成本的时候遇到其他问题,但是原理永远是一样的:商品或服务最有社会效率的产出水平,是在边际成本与边际效益相等时。

因此,高效的生产量是我们所需要的结果:如果所有产品的产量都恰好符合高效水平,那么重新配置资源就不再可能带来社会效益的增加了。相反,如果生产量缺乏效率,那么净社会效益就有可能通过生产更多(或更少)的某样商品而得到提升,或者可以通过生产更少(或更多)的另外至少一种商品而得到改变。由于资源永远是有限的,因此高效率是一个重要的社会目标。

效率和效用

尽管政策制定者经常将效率和效用当作同义词来使用,但是这两者是不同的。效用意味着以可能最佳的技术手段生产某样物品,它有时被称为技术效率。我们可以检验,在当下的技术条件下以现在的投入是否能得到更多的产出,以此来确定某项生产是否实现了技术效率。在这里以某个人用一辆厢式货车送餐作为例子。一种送餐顺序是按门牌号码的顺序进行。如果所有的双数号码都在街道的一侧,单数号码都在另外一侧,这种方法就意味着每送一次餐就要横穿一次马路。这样做要比先给所有的单数号码人家送餐,再送所有双数号码人家在技术上要低效一些。

效率比效用要走得更远一些(并且包含效用)。要确认某个生产过程是否有效率,我们首先要确定它是否有效用。然后,我们还需要确定当前所用的生产方法是否比其他方法能够更便宜地生产。这就要求检查投入的钱,而这是在考察效用时所不需要的。因而,在上述例子中,一旦我们将成本纳入考虑,就会发现最好改变投入量,即使用两个人和一辆车。而后,我们要核实顾客是否无法通过选择购买其他东西而得到更好的结果。最后,我们要明确这个过程所牵扯到的所有成本和效益是否都已经纳入考虑。这就是所谓的通过核对以确认在相应过程中不存在外部成本和效益。在上述坐火车的例子中,当火车拥挤时,就存在外部成本,这是乘坐火车的人施加给他人的成本。在某些行为中,比如抽烟或者烧煤导致大气污染,可能会存在巨大的外部成本,而使得个人成本相形见绌。

在我们说某事有效率之前,我们首先必须确保它是有效用的;例如,人们通过使用稀缺的医疗资源,而努力实现效用。但是,某种生产手段是有效用的,并不意味着它就是高效率的。我们需要知道该项服务及其他备选方案的成本和效益。在社会政策的许多领域里,我们还只是处在实现效用而非效率的阶段。

效率与其他目标的竞争

平　等

尽管效率是人们希望实现的结果,但是它并不是唯一的愿望。高效的产出并不一定是公正或平等的。高效的产出是指在某项生产中所有个体的边际估值之和等于边际社会成本。但是,每一个体对于某样商品或者服务的估值,以及这些估值之和,都取决于这个人所拥有的资源。因此,生产的效率水平要通过现有的资源分配来确定。如果资源最初是以被评判为不公平的方式分配的,那么这些资源的高效分配有什么理由应该是公正的呢?

通过一个例子或许能将这一点解释清楚。假设在一个社会里只有两个成员:A 女士和 B 女士。她们最初的资源、她们的喜好和厌恶、她们可以支配的生产手段都是预先给定的,每周生产四桶冰激凌也是预先确定的高效生产量。这些冰激凌或者全部归 A 女士,或者全部归 B 女士,要么两人平均分配。上述任何一种分配冰激凌的方式都是可能的,但它们不一定被认为是公正或者平等的。另外,如果每个人都只得到一桶冰激凌,那么这样的分配可以说是公平的,但却不是有效率的。它之所以缺乏效率,是因为我们知道高效的生产量是每周四桶。如果只有两桶被生产出来,净社会效益将在生产量更大的情况下提高,而且通过这样的做法,我们才能让 A 女士和 B 女士获得更大的益处。

公正或平等有多种可能的定义,例如最低标准,或者对所有人进行等量分配。不过,这不是我们在这里要讨论的。我们需要注意的关键是:首先,高效并不等同于公平;其次,我们需要在这两者之间进行权衡(一次公平的分配可能不是高效的);最后,效率包含着价值判断,而对公平的定义也同样如此。作为确定效率的基础的价值判断,使得某种收入分配方式(通常是现存的那种)合法。

选　择

在经济学家看来,选择是一个重要的机制。在做出选择的时候,个体会对商品和服务的价值进行评估。当估值确定下来的时候,有着较高(边际)净值的产品和服务的产量就会增加,而另外一些则会减少,因此,在前者那里就会产生更为高效的结果。选择往往与竞争联系在一起:竞争是个体能够实现选择的一种途径。为了解释这一点,让我们来思考一下,某种服务的供给因为只有唯一的提供者而不存在竞争的情况。在这种情况下,由于只有唯一的供给者,所以个体无法选择他喜欢哪种服务。

当然,做出选择是有成本的:个体不得不决定他喜欢哪一个产品,这意味着他要从所有可能的选项中将它找出来。在有些情况下,会出现商品之间的差异非常小因而不值得从中进行挑选的情形。在另外一些情况下,为了做出选择需要大量的信息。例如,就像人们经常说到的那样,为了在医疗服务中做出选择,个体需要掌握的医学知识太多了,这往往使得他们无法做出正确的选择。同样的议论也出现在从众多的养老计划中进行选择的案例中。不过,通常来说,人们仍然认为更多的选项要好于较少的选择。

在社会政策领域,选择通常是有限的,增加选项以及加强提供者对使用者愿望的回应被视为重要目标。从经济学的角度来看,这个目标被认为是转到了正确的方向。但是,这并不一定意味着增加选择所带来的效益大于其所造成的成本。这要依具体情况而定。

实现高效和提供选择的途径

每个社会都有尽可能从有限的资源中获得更大产出的方法。在大规模社群中,有两种主要的分配机制会被采用。这就是通过政府进行分配和通过市场进行分配。在第一种系统(所谓的计划经济)下,生产什么产品、如何生产、它们应该分配给谁,是通过计划和行政机构来决定的。在第二种制度下,分配决定是由大量个体和私营公司所做出的。

经济学家认为市场是令人满意的分配途径,因为在市场运转正常的情况下,它将带来高效的资源分配,而且不需要协调机制,也不用付出计划成本。当然,在实践中,市场体系下的所有决定并不都是由个体做出的,而且并不是所有企业都是私有的。政府在所有市场经济中都扮演着重要的角色。尽管如此,市场机制在目前占有主导地位,计划经济已经在很大程度上放弃了它的结构,让位于更为自由的市场。

提供公共服务中存在的问题

在提供公共服务的过程中,如果通过行政部门的决策进行分配,就会出现选择和竞争。无论是左翼还是右翼政治家都将选择视作提高响应性的一个途径;例如,为家长提供有关子女上学方面的选择,或者给予医疗服务使用者选择他们在哪里获得医疗照顾的权利。在大量的公共服务领域中,供给竞争被认为是增加选择、提高响应度和效率的一种方法。因此,出现了收垃圾、为低收入住户盖房子、运营监狱的私营公司。私人供给者与公共机构在照料智障人士领域展开竞争,也与非营利教育机构就教育合同进行角逐。在一些国家,例如加拿大,医疗领域的资金是由政府提供的,而负责运营的则是私营企业。三十年前在英国,这种做法被认为是错误的;今天,很多采用这种方式的地方不再被质疑。

另一方面,在公共服务供给领域,在私营机构作为提供者所扮演的角色、个人选择所发挥的作用、提供者之间的竞争等方面仍然存在着诸多争论。研究结果清晰地表明,重要的是对公共服务领域的选择和竞争进行精确的制度化规划,也就是说,在某种背景下运行顺畅的改革,不能不做任何调整就移植到另一种环境中。不过,无论如何,如果选择和效率是重要的目标,那么市场机制在福利服务领域里,也会像它在经济的其他部分一样发挥作用。

可深入阅读的参考文献

J. 勒格朗、C. 普罗佩尔和 S. 史密斯的《社会问题经济学(第四版)》(J. Le Grand, C. Propper and S. Smith, 2008, *The Economics of Social Problems*, 4th edn, Basingstoke: Palgrave)为不具备经济学知识的读者提供了有关社会政策议题的经济学分析。N. 巴尔的

《福利国家经济学(第四版)》(N. Barr, 2004, *The Economics of the Welfare State*, 4th edn, Oxford：Oxford University Press)是为具备经济学知识的读者撰写的进阶教科书。另外一本同样以经济学专业学生为读者的著作是 J. 斯蒂格利茨的《公共部门经济学(第三版)》(J. Stiglitz, 2000, *The Economics of Public Sector*, 3rd edn, New York：W. W. Norton)，该书在美国背景下对相关议题进行讨论。P. 格劳特和 M. 史蒂文斯编的《公共服务的资金支持和管理》(P. Grout and M. Stevens, eds, 2003, 'Financing and managing public services', *Oxford Review of Economic Policy*, 19：2, 213-234)对公共服务供给的经济学的一系列议题进行了非技术性评论。有关经济激励措施对公共服务提供者的行为产生了哪些影响的讨论，请参见 J. 勒格朗的《动机、能动性和公共政策》(J. Le Grand, 2005, *Motivation, Agency and Public Policy*, Oxford：Oxford University Press)。有关健康经济的分析，请见 S. 莫里斯、N. 德夫林和 D. 帕金的《医疗服务的经济分析》(S. Morris, N. Devlin and D. Parkin, 2007, *Economic Analysis in Health Care*, Chichester：John Wiley and Sons)。

复习和课外作业习题

1. 社会成本和社会效益的概念包含了个体效益和个体成本的叠加。请解释为什么。在这个过程中会产生哪些问题？

2. "与对公平分配的定义不同，高效的资源分配的特殊之处在于它不牵扯到价值判断。"你同意这种说法吗？

3. 请解释机会成本这个概念，以及它与一件商品或一项服务的高效分配之间有什么关系。请举例说明在什么情况下，某个行为的个人机会成本与其社会机会成本不相等。在这些情况下，可以运用哪些手段使得个人机会成本等同于社会成本？

4. 请解释技术性效用为什么与效率不是一回事。在你看来，哪一个更难实现？

5. 请解释经济学家为什么看重选择。请至少举两个公共服务的例子，说明政治家是如何增加选择的。在公共服务供给领域中，增加选择有什么好处和不利之处？

请浏览本书的辅助网站 www.wiley.com/go/alcocksocialpolicy，使用为配合本书的阅读而设计的资料链接。在那里你将会发现有专门针对每一章的深入阅读资料链接，其中包括政府、国际组织、智库、压力集团和重要的新闻机构的网站。你还会找到以《布莱克维尔社会政策辞典》为蓝本的词汇表、帮助页、有关如何管理社会政策领域中主要委派形式的指导和职业建议。

第7章
公民身份

彼得·德怀尔

> **概　览**
>
> ➢ 公民身份主要思考的是个体与他所栖身的社区(共同体)之间的关系。
> ➢ 各种相互竞争的公民身份展望的核心是对于权利、责任以及两者关系的不同思考。
> ➢ 公民身份意味着不同共同体里的成员身份,这种身份会带来与包容和排斥有关的问题。
> ➢ 自由主义思想传统和社群主义思想传统对于公民身份和理想社会有截然相反的理解。
> ➢ 当代社会公民身份的概念更具有限定性和情境性,这个概念在英国本土和国外都有呈现。

定义公民身份:三个基本要素

与社会政策中的许多观点一样,公民身份一直是各种哲学和政治学讨论中极富争议的概念。这个概念被各种各样的评论人士用于不同的语境中,因而很难为它下一个简单、精确而且被普遍接受的定义。但是,在有关公民身份的各种相互竞争的展望中,有三个核心要素是可以确定下来的:

• 第一,公民身份主要思考的是个体与他所栖身的社区之间的关系。在当代社会,一个民族共同体(也就是一个明确的民族国家)中的成员身份一直是享有与公民身份相关联之权利的关键,尽管这不是唯一的入口。
• 第二,公民身份这个概念除了意味着权利之外,也表明公民是某些义务的承担者。
• 第三,与共同体中的成员身份一样,公民身份也带来了与包容和排斥有关的问题。被排斥在公民身份之外有两个层面:内在的和外在的。内部排斥是指,由于某些层面的差异——诸如性别、族群、残疾等方面的因素,某些个体尽管在法律上被看作公民,但无法拥有完整的权利和义务的情况(请见利斯特 2003 年对性别化公民身份的讨论)。外部排斥发生在处于共同体边界外——在那里,公民身份不再得到主张和维持——的非公民身上,他不被承认拥有公民身份。从形式上看,**法律上的**接纳使得个体拥有恰当的身份证件,这种接纳通常是获得公民身份的前提条件;但是完全而且有效的公民身份还需要公民能够以同样的活跃度参与他们作为其成员的社区的**政治**和**社会**生活。因此,公民身份涉及一系列重要的、连锁的关系,其中最引人注目的是个体与其所生活的社区之间的关联。当代公民身份至少承诺了市民的政治和社会权利。它也隐含着一定的义务,包括从事有偿劳动或参与其他为社会所看重的活动(如无偿照料),并且尊重其他公民同胞的权利。相应地,这些义务带来了有关公民身份的权利应该以什么方式与其义务联系在一起的重要问题。

权利、义务和有关公民身份的相互竞争的展望

在思考公民身份时,必然涉及政治哲学。一个有益的起点是对比广义社群主义和自由主义有关公民身份的展望。之所以进行这种相当粗糙的区分,是因为在这两个相互矛盾的标准框架里,暗含着在"个体"和"社区"/"共同体"的相对重要性方面完全对立的看法,同时隐含着对于公民的权利和义务何者更重要的不同见解。在第二个问题上,社群主义观点与自由主义观点有着巨大的分歧,对于个体公民所享有的权利在多大程度上要以他对更广泛的公共责任的接受为前提这个问题,两种观点持有不同的看法。表 7.1 强调了这两种观点在公民身份这个问题上的核心区别。

表 7.1 社群主义与自由主义:互相对立的公民身份观

层面	社群主义	自由主义
首先提供给:	社区	个体
公民身份被看作:	"实践"	"身份"
被授予优先权的是:	集体义务和责任	个体权利和赋权
公民身份包括:	给予积极、负责的公民的特定的、有限制条件的特权	所有公民被动享受的普遍且很大程度上没有限制条件的权利

公民身份的社群主义路径扎根于市民共和主义,它催生了古希腊城邦国家最早的公民身份。在早期规模较小的共同体内,健全有益的公民身份要求作为市民的所有自由男子(公民身份没有扩大至女人或奴隶)做出共同承诺——积极履行参与城邦治理的市民义务,按照城邦的共同价值观和规则负责任地生活。今天,社群主义也以类似的方式强调人类的社会嵌入性,以及社区在促进共同价值观的发展及对他人的集体承诺方面的重要性。社区被认为对我们能够成为什么人至关重要,而且在培养我们以及使我们有能力成为"优秀公民"方面发挥着关键作用。社群主义者将公民身份看作一种"实践",他们将责任和义

务视为优先于公民身份被赋予的任何权利。他们相信,只有在承认并且履行我们广泛的社区义务的时候,我们才真正成为公民。

早期自由主义有关公民身份的思想是与诸如 17 世纪和 18 世纪的约翰·洛克(John Locke)、亚当·斯密(Adam Smith)以及后来 19 世纪的约翰·斯图尔特·密尔(John Stuart Mill)等古典自由主义思想家联系在一起的。古典自由主义思想是作为对主张君权神授的古老封建秩序的挑战而出现的,后者认为国家统治者拥有凌驾于其臣民之上的独断专行的权力。随着资本主义的发展和民族国家的出现,早期自由主义声称每个个体都拥有自由的权利(不受专横的君王或国家干涉和统治的自由),此外,早期自由主义还主张法律面前人人平等,并且每个人都有运用公平的手段通过市场交易和法律规定获得自己的财产的权利。这些早期观点一直是自由主义有关公民身份概念的核心;自由主义主要强调在公民身份这个概念中,最重要的是赋予个体公民在很大程度上是无条件的权利和资格的"身份"。普朗特清晰地总结了这两个传统对公民身份理解的核心差异(请见工具箱 7.1)。

尽管这两种路径历史悠久,但是它们依然对当代有关公民身份的权利与义务的讨论产生重要影响。新自由主义思想家(请见第 9 章)一直以来都用古典自由主义思想为公民身份这个概念背书,他们认为只有公民权利和政治权利,连同只提供给少数无法通过市场机制满足自己福利需求的穷人的最小化福利国家制度,才是自由市场正常发挥功能的保障;新自由主义思想后来影响了诸如莫里(Murray)和米德(Mead)等著名新右派思想家的观点。与此同时,像埃齐奥尼(Etzioni)之类的"新社群主义者",在说服政府引入更受前提条件限制和更加依情况而定的社会公民身份的概念方面发挥了很大的影响,其中,获得公共提供的基本福利权益的前提条件是,公民首先要同意履行特定的强制性义务,或采取负责任的个体能动/行为模式。T. H. 马歇尔(T. H. Marshall)在他 1949 年发表的被广泛讨论的演讲中,列出了在公民身份获得方面很大程度上不受先决条件制约的社会自由主义路径与社群主义路径之间的分歧。

工具箱 7.1 普朗特对自由主义和社群主义的比较

前者[自由主义]将公民身份看作一种并不因个体所具有的美德(或缺乏美德)而发生根本性改变的"身份";它与市民是否对社会做出了被承认的贡献无关……因此,尽管你没有履行他人认为你应该对社会承担的义务,作为一个公民,你仍然可以要求你的权益……后者[社群主义]及其变体观点较少强调权利,相反,它的关注点是义务、美德和贡献。这种观点认为,公民身份不是一种预先存在的身份,而是为社会生活做出贡献之后才能获得的。互助和贡献的观念是社群主义有关公民身份概念的核心:个体没有也不可能拥有获得社会资源的权利,除非他通过劳动和其他被社会看重的行为为社会发展做出贡献。(Plant, 1998: 30)

公民身份的社会权利的重要性

工具箱 7.2 列出了马歇尔的公民身份思想的核心组成部分。他 1949 年发表了题为《公民身份和社会阶级》(Citizenship and Social Class)的演讲,提出了一个有关公民身份的社会自由主义或社会民主主义理论。该理论主张,除了被早期古典自由主义理论家视为根基的公民权利和政治权利之外,增加额外的社会权利也非常重要。如果公民身份意味着"平等的地位",那么通常来说,应该确保每一个公民同等得到公民权利、政治权利和社会权利这三个相互联系的根本权利。在马歇尔看来,公民身份权利是蕴含在社会制度和物质条件的发展过程中的。在第二次世界大战结束后不久,他就在文章中第一次提出,建立战后福利国家制度,使所有的公民享受真正的医疗服务、住房供给、社会保障等诸如此类的实质性社会权利。具体而言,马歇尔的理论确立了真正的社会权利,而且他对这些福利权利的描述,也为有关公民权利的讨论做出了与众不同的贡献。通过在公民权利和政治权利之外增加社会权利,马歇尔的公民身份概念使得许多生活在当代资本主义市场社会的个体拥有了一定程度的自治权。对于许多人尤其是边缘群体成员来说,社会权利确保公民身份成为一个实质性身份。在公民权利和政治权利保障了公民的自由,也就是不被施以独断专行的管制的自由的时候,社会权利确保了有限度的物质方面的平等,并且为所有的公民(无论其阶级地位如何)提供了某些独立于有偿劳动市场而满足其需求的"自由"。

工具箱 7.2　T. H. 马歇尔所设想的公民身份

公民身份的定义

公民身份是授予一个共同体的真实成员的身份。所有拥有这个身份的人都平等地拥有这个身份所赋予的权利和义务。虽然并不存在普遍有效的原则来确定这些权利和义务具体是什么,但是在一些公民身份制度不断发展完善的社会中,人们会有对理想的公民社会的设想,这些设想是衡量公民社会成就的标准,也是人们的抱负所在(p.18)。

三项基本权利:公民(法律)权利、政治权利和社会权利

基本的公民权利是由保障个体自由的必要权利所组成的:人身自由,言论、思想和信仰自由,拥有自己的财产和签订有法律效力的合同的权利,以及被公正对待的权利。最后一项权利与其他的不属于同一个序列,因为它是维护和主张所有个体与他人平等并且被法律程序同等对待的权利……我认为基本的政治权利是指,作为一个被授予政治权力的团体的成员或作为此类实体中具有选举权的成员参与行使政治权力的权利……关于基本的社会权利,我认为它包括从获得少量的经济福利和保障的权利,到完全共享社会遗产的权利,再到按照社会主导标准文明地生活的权利在内的所有权利(p.8)。

地位平等

从总体上改善文明化生活的物质内容、普遍降低风险和不安全性、全面实现较富有和较贫穷的人的平等性才是至关重要的……平等化主要关注的不是阶级之间的平等,而是为了实现这个目标,要将所有的个体当作同一个阶级来对待。地位平等比收入均等更为重要(p.33)。

权利和义务

如果公民身份唤起了对权利的捍卫,那么与公民身份相关的责任也不应该被忽视……纳税和缴纳保险金的责任……接受教育和服兵役也是必须履行的义务。其他一些责任比较模糊,其中包括做一个善良且有益于社会的公民及提供改善社区福利的服务之类的普遍义务……基本责任不只是拥有一份工作并且一直从事这份工作——因为这在充分就业的环境下是比较容易做到的,重要的是全身心地投入到工作中,并且努力工作(pp. 41—46)。

(Marshall, 1949, 1992;此处页码为 1992 年翻印的 1949 年演讲稿上的页码)

根据马歇尔的观点,每个市民之间都存在"地位平等",因为共同的权利和义务将保证作为一种制度的公民身份,能够减少由资本主义市场经济中一直存在的阶级体系导致的个体状况的不平等。马歇尔的公民身份显然是一种社会展望,在这样的社会中,公民身份的普遍改善,是与承认并且稳固某些由于所受教育不同、所做出的业绩不同而产生的身份差异联系在一起的,教育和业绩的不同又强化了与职业等级分层紧密相连的收入水平的差异。简言之,由市场生成的阶级不平等,将随着社会公民身份的发展而得到抑制,但马歇尔也认为,个体将会容忍某些不平等的社会供给,如果这些不平等被普遍认为是合理的。他清楚他的社会自由主义公民身份路径所具有的局限性,而且他在后来的著作中指出了这个局限性,就是它试图将革新的平等主义公民身份权利的扩张,与产生不平等的资本主义经济系统的持续发展结合在一起。因此,认为马歇尔所主张的是较为激进的议程的看法是错误的。他的公民身份理论完全与社会自由主义/社会民主主义传统相匹配,这些传统努力强调机会平等,与此同时,它们也通过改善人们普遍拥有的权利,从而使持续存在的结果不平等变得可以忍受。

马歇尔清楚地指出,公民身份涉及民族共同体的成员身份,而且每个公民应该要求从一个(民族)国家得到特定的权利,相应地,他也希望,个体公民应该自愿接受某些义务和责任。马歇尔对公民身份所涉及的义务的思考很简洁,这可能是因为他乐观地相信,所有的公民都有与他一样的价值观,并且会毫无异议地轻易接受有关义务的想法。尽管如此,他还是明确指出,每个公民的首要义务是努力工作,从而为他们个人的幸福和自己及其他人作为公民得到福利的集体权利做出贡献。

马歇尔的理论一直是其后许多讨论的主题,而且也受到了许多批判。人们责备他没有充分考虑他所设想的大范围的社会权利所牵扯到的财政支出,也批评说,在他所定义的社会权利的核心方面存在着相互矛盾的地方。许多学者指出他的理论在普遍适用性方面具有先天的局限性,而且他思考诸如性别、失能和族群等层面的差异时,论述中充斥着相互矛盾的假设、用语和观点。另外一些学者认为,无论是在其英格兰中心主义焦点,还是在对公民身份权利的发展状况的历史叙述方面,马歇尔的理论都是过于乐观、过时、错误的。左派新马克思主义者则认为,马歇尔所倡导的"福利资本主义"体系不够彻底,因而无法实现有意义的平等,也不能带来一个公平的社会。右翼批评人士努力削弱为公民提供广泛且没有前提条件限制的社会权利的合法性,而且可以说,他们已经相当成功地改变了当代社会公民身份的内容和特征。

有条件和有限制的:21 世纪的社会公民身份

马歇尔和其他社会自由主义或社会民主主义思想家(例如蒂特马斯)对战后时期的社会公民权利的设想产生了影响,该设想强调了在很大程度上没有前提条件限制的社会权利和普遍的公民身份的重要性,并且倡导个体基于对集体责任的共识而履行其义务。这个流派的理论家希望,公共福利能够减轻以阶级为基础的不平等,并且在公民当中培养社会团结意识,此外,他们拒绝对由个体失误或者不恰当的个体行为导致的贫困做出解释。今天,诸如此类的以权利为基础的社会公民权利设想受到的挑战,既来自深受新自由主义影响的新右翼理论家,也来自从本质上来说保守的新社群主义评论家,他们认为没有前提条件限制的公共福利救济和服务,导致并且支持了道德败坏,从而使依靠福利的"下层阶级"游手好闲。

在扭转诸如此类的"被动性"的努力中,当代的社会公民身份围绕着有条件的给予和个人化的义务这对双联逻辑进行了重构,由此,公民的福利权利,越来越与通过有偿劳动先做出贡献及其特定的履行责任行为密切地联系在一起。只有那些"担负起"自己人生的人,才被看作是值得给予支持的负责任的"积极"公民。没有能力或者不愿意按照国家规定的行为标准行事的人,被视为"不负责任的"人,他们的福利权利会经由定期救济审批或取消资格而减少或者取消。

在最近三十年里,有条件性日益成为英国保守党政府、工党政府和联合政府相继提出的许多福利政策的一个显著特性。由保守党颁布的诸如《1995 年求职者法案》(Jobseekers Act 1995)、《1996 年住房供给法案》(Housing Act 1996)等法律越来越强调条件性,明确无误地提出"无责任则无权利";在此基础上,有条件性成为新工党在社会保障领域的"第三条道路"(请见第 20 章)福利改革、反社会行为治理以及对医疗和教育进行较低程度管理的核心部分。随着有前提条件的福利救济的适用范围从失业救济领取者扩大到其他"不活跃的"群体,以前被免除义务的人(例如单身父母和残疾人)发现,他们必须参加以工作内容为主的面谈,或者不得不面对资格审批。随着《2007 年福利改革法案》(Welfare Reform Act 2007)激发的变革和就业与援助津贴(Employment and Support Allowance, ESA)的引入,大量残疾人要么被重新归入适于工作的范畴,要么要再经历救济资格审批程序。

保守党和自由民主党联合政府在 2010 年上台后,引入了其他政策,以进一步兑现其作出的"强有力的、个人化的和扩大范围的条件限制"的承诺,与此同时,2008 年的全球经济危机也使得减少公共财政赤字被放在首要位置。"工作计划和强制性工作活动"(Work Programme and Mandatory Work Activity)在 2011 年被引入来管理长期领取求职者补贴(Jobseeker's Allowance, JSA)的人。除此之外,还有一项新颁布的更为严格和广泛的法律被用于管理现有的求职者补贴和就业与援助津贴领取者,这就是提出救济上限为 26 000 英镑和通用福利(Universal Credit)(请见接下来的"新议题")的《2012 年福利改革法案》(Welfare Reform Act 2012)。这项法案被首相戴维·卡梅伦(David Cameron)称颂为"六十多年来最重要的福利革命",也是"一部标志着依靠救济而不是工作生活这一文化的终结的新法律"。

新议题

展望未来,会发现有两个尤其与英国公民身份有关的问题值得讨论。第一个问题是,随着首次对低收入工作者(和他们的伴侣)领取在职补贴进行资格审批,引入通用福利预示着开始转向采取前提条件限制的做法。但是未来政府是否愿意严格执行这样的政策仍然非常不确定,而且目前在有些人看来这一步迈得太大了。第二个问题是,2014 年,在苏格兰就独立问题进行全民公投之后,有关在福利政策问题上是否进一步将权力下放给苏格兰政府的讨论还在继续。移交权力的范围尚未决定,但是在未来,英国各个部分可能会以不同的方式应对社会公民身份问题。

总体来看,公民身份的内容和规模都不断地为公民和他们所选出的代表所争论并且重新定义。不过,新自由主义和新社群主义所提出的责任、互助、个体的义务和贡献等观念,似乎在政治和公共讨论中占据主导地位。它们越来越多地传达了英国社会政策的主旨,同时反映了欧洲、美国、澳大利亚和其他地方的社会政策的特点。偏向剩余模式、更受前提条件限制的福利国家制度的发展,很有可能是正在进行的改革在未来产生的结果。

可深入阅读的参考文献

彼得·德怀尔的《理解社会公民身份》(P. Dwyer, 2010, *Understanding Social Citizenship*, Bristol: Policy Press)提供了对这一章所概述的路径、争论和问题的更为详细的讨论。斯科特·L. 格里尔编的《英国的权力下放和社会公民身份》(S. L. Greer, ed., 2009, *Devolution and Social Citizenship in the UK*, Bristol: Policy Press)对 T. H. 马歇尔的理论进行了批判性讨论,此外,还思考了英国围绕社会公民权利施行的权力下放所涉及的问题。

彼得·泰勒-古比的《重构社会公民身份》(P. Taylor-Gooby, 2010, *Reframing Social Citizenship*, Oxford: Oxford University Press)在对国际案例进行分析的基础上,解释了福利国家制度的重构过程。R. 利斯特的《公民身份:女性主义视角(第二版)》(R. Lister, 2003, *Citizenship: Feminist Perspectives*, 2nd edn, Basingstoke: Palgrave)对公民身份的性别特性进行了深入的讨论。

R. 普朗特的《你想成为一名公民吗?》(R. Plant, 1998, 'So you want to be a citizen?', *New Statesman*, 6 February 1998, 30-32)是对成为公民的不同路径的全面总结。T. H. 马歇尔在 1949 年发表的有关公民身份的以《公民身份和社会阶级》为题的演讲,收录在 T. H. 马歇尔和 T. 博托莫尔的《公民身份和社会阶级》(T. H. Marshall and T. Bottomore,

1992, *Citizenship and Social Class*, London: Pluto Press)第一部当中。

欧洲经济和社会研究理事会(ESRC)对福利条件和行为变化的主要研究可以在网站www.welfareconditionality.ac.uk 上找到。其中收录了一系列公开文献和网络资源。

复习和课外作业习题

1. 你如何定义公民身份？
2. 总体来说，自由主义和社群主义对于公民身份的设想有哪些核心区别？
3. 从后来的批评来看，T. H. 马歇尔有关公民身份的理论在当代是否仍然具有现实意义？
4. 为什么 T. H. 马歇尔有关公民身份的定义被认为是相互矛盾的？
5. 请讨论英国将在多大范围内实现更具有条件性和限制性的社会公民身份理念。

请浏览本书的辅助网站 www.wiley.com/go/alcocksocialpolicy，使用为配合本书的阅读而设计的资料链接。在那里你将会发现有专门针对每一章的深入阅读资料链接，其中包括政府、国际组织、智库、压力集团和重要的新闻机构的网站。你还会找到以《布莱克维尔社会政策辞典》为蓝本的词汇表、帮助页、有关如何管理社会政策领域中主要委派形式的指导和职业建议。

第 8 章
改变行为
杰西卡·派克特

>> 概　览

- 正当政府一直牵扯在塑造公民行为的活动中,最近出现了一个更为明确的"行为改变"的政府议程。
- 行为经济学、心理学、营销学和设计学科的新颖观点影响着新出现的政策议程。
- "行为改变"政策是建立在以人类为主体的概念基础上的。
- 政策的提出和推进是以实验为基础的,这些实验通常由国家政府中特殊行为研究单位集中组织。
- 行为改变议程带来了重要的政治议题和道德议题。

导　论

许多社会政策研究都会关注福利体系的设计,例如,这些体系在满足公民需求方面的有效性,以及相关的福利政策是否能够产生保障全国人口的健康、富足和幸福的结果。作为对这些关注点的一个补充,许多社会研究者长久以来一直对公民的行为以及政府在塑造和影响公民行为方面的努力感兴趣。这些方面的一些工作集中于某些特殊领域,在那里,引导公民的行为能够显著影响对社会福利的建构;例如,国家的教育体系、公共健康促进制度和针对"反社会"行为的项目。

不过,最近人们对于明确指向改变公民行为的社会政策的兴趣迅速高涨,这里所说的公民行为几乎涉及所有社会政策领域(包括卫生健康、救济、养老金、个人财务、教育、环境保护和消费行为)。在诸如澳大利亚、丹麦、法国、荷兰、挪威、新加坡和美国等国家中,已经出现了一系列冠以"行为改变"名号的政治倡议、尝试和项目(Jones et al., 2013)。

对行为的理解的变化

行为科学方面大量重要的认知和学术的发展,直接宣告了公共政策领域中独特的行为改变议程的出现。在行为科学发展过程中,最具影响力的是行为经济学。20世纪70年代,这个经济学分支在美国蓬勃发展,不过,它在公众中享有显赫名望是很久以后的事情了——直到两位重要的学者在2002年获得诺贝尔经济学奖。卡尼曼(Kahneman)(与他的合作者史密斯一起获奖)是第一位获得诺贝尔经济学奖的心理学博士,这是接受行为研究的重要时刻,以人为中心的路径不再抽离于人类心理混乱而复杂的现实状况。与此同时,还有许多重要的研究领域一起构建着行为改变议程,包括社会心理学、设计思维和社会营销(请见工具箱8.1),它们都致力于理解在现实世界中可以观察到的人类行为的复杂性、不一致性和易受影响性,这些都与经济模型所呈现出来的状况相反。

与**理性经济人**模型中的自我决定和收益最大化不同,行为经济学认为人类行为相当不理性,是受认知捷径或"经验规则"支配的,而且有情境依赖性,根据不全面的知识做出决定,很容易犯错。在2000年前后,由于大量裹着通俗经济学和通俗心理学外套、关于人类决策的特点、我们的非理性本质和我们经常弄巧成拙等方面的图书的出版,行为经济学迎来了一段繁荣发展期。这既对理解我们人类自身的大众文化产生了影响,也导致努力"顺应"我们现在所了解到的人类行为习惯和错误判断模式的公共政策提议的出现。这些已知的模式包括,例如,比起长远利益我们通常更看重眼前利益,或者我们往往错误地认为最近发生的或者引人注意的事情是经常发生的(比如说,受到有关悲惨事件的新闻报道的影响,我们对飞行有着与其事实上的安全概率完全不匹配的恐惧)。

人类行为的后理性和心理学模式所带来的一个重要结果,是它为政府提供了干涉行为方式的新途径。如果我们可以观察到的行为能够从心理学的角度去解释和模式化,那么我们的社会政策、监管要求和经济制度,或许都可以安排得更有效率。行为经济学家理查德·塞勒(Richard Thaler)和法学家卡斯·桑斯坦(Cass Sunstein)仔细研究了这个论点;他们的《助推:如何做出有关健康、财富与幸福的最佳决策》(*Nudge: Improving Decisions about Health, Wealth and Happiness*, 2008)将行为经济学的普及归功于被称作"自由家长制"的政治项目的通力合作。

工具箱8.1 对行为改变议程产生影响的知识

- 行为经济学
- 行为心理学
- 认知设计
- 工程心理学
- 动物行为学
- 直觉判断理论

- 物质心理学
- 神经经济学
- 神经心理学偏好理论
- 消费心态学
- 社会认知
- 社会影响理论
- 社会营销学
- 有关感情的理论
- 时间偏好理论
- 以用户为中心的设计
- 视知觉理论

(参见 Jones et al.,2013:43)

工具箱 8.2　拼写 NUDGES(助推)

i**N**centives　**U**nderstanding mappings　**D**efaults　**G**ive feedback　**E**xpect error　**S**tructure complex choices

激励,理解图式,缺省值(默认值),给予反馈,预估错误,建构复杂选择

工具箱 8.3　自由家长制的操作模型

- 无意识启动
- 智能安排
- 推定同意
- 强制选择
- 锚定
- 改变文化
- 通道因子
- 协同过滤
- 公开
- 反馈
- 自登记控制策略
- 同伴压力
- 制定规范

- 编辑选项
- 确定缺省值

自由家长制描述了政府(事实上也包括任何公共、私人或其他组织)塑造个体决策的能力,这种构建并不是通过高压政治或者强制性规范实现的,而是通过更为间接地介入他们所谓的"选择体系结构",人们在这个结构中做出决定。可以说这是对人们在其中进行决策的直接空间进行重新布置安排,例如对学校餐厅或超市的布局进行规划,从而促进人们健康饮食。也可以通过对行政安排的规划,创造更为明智、更稳定、增加福利而且最容易实现的选项,例如,养老金储蓄计划中的自动注册系统,或是器官捐献中的推定同意。

理查德·塞勒和卡斯·桑斯坦所提出的政治哲学,是在保障个体自由的基础上,**同时**以家长作风的形式扩大福利,他们的主张自然广受争议。不过,这些主张并不只是学术领域的沉思冥想。理查德·塞勒在一家为英国政府提供咨询的智囊机构中工作,而卡斯·桑斯坦在2009年成为美国政府信息和调控事务办公室(Office of Information and Regulatory Affairs)的负责人(或者,用塞勒对桑斯坦的称呼来说就是"助推主管")。

有一些技术手段、政策工具、项目和倡议是与对行为的新理解联系在一起的(请见工具箱8.3)。这些方法中有一些来自行为经济学,另外一些则更明显地具有心理学特点,还有一些是在市场营销和设计领域中有较长历史的技术手段。

改变行为的尝试

众所周知,英国是有影响力的政策实验孵化器,其行动依据是自由家长制的政治哲学思想,并且出于普遍存在的对积极行动的热情,人们将目标设定在改变公民的行为上。根据自由家长制的规划,公民应该意识到积极行动的倡议以及他们的行为应该是由他们的最大利益决定的,也就是说他们自己决定自己的活动。在这一点上,似乎自由家长制获得了广泛且跨越党派的支持。在工党执政时期,内阁办公室的战略部(Strategy Unit)在20世纪90年代末到21世纪初,开始思考如何开展一个独特的改变行为的政府项目,而政府的其他部门也开发了类似的将行为手段嵌入政策设计的战略。

在联合政府当政期间,**助推(Nudge)**被确定为类似于有效的政策设计蓝图的事物。可能广为人知的是,它被用来证明在公共健康传播领域运用新的社会营销手段的合理性,新的方法将会少一些"喋喋不休的抱怨",也不那么家长作风,而且它可能意味着更大的自由度。与此同时,内阁办公室成立了一个特别的行为洞察小组(Behavioural Insights Team,BIT),很快这个小组被命名为"助推部"(Nudge Unit)。

这个小组汇集了一些重要的行政工作人员和核心智库成员,例如曾任托尼·布莱尔(Tony Blair)顾问的政府研究所前研究主管戴维·哈尔彭(David Halpern),这些人一直以来都对推动行为改变充满了兴趣。在一个内阁办公室和政府研究所的合作项目中,哈尔彭参与写作了《思维空间》报告(Dolan et al.,2010),这份报告提出了几种重要的行为洞察力(信使、激励、规范、违约、突出性、启动、影响、承诺、自我)。

行为洞察小组(现在是一家致力于实现社会目标的公司)的工作包括为其他国家的政府提供咨询,也包括开发随机控制实验(请见工具箱 8.4)。行为洞察小组已经开发出将行为洞察力融入公共政策的 EAST 框架,即舒适(Easy)、有吸引力(Attractive)、简单(Simple)和适时(Timely)。这个小组开发出了大量行为洞察工具或方法,包括运用社会规范、在行政程序中设定缺省值、简化所传播的信息或者在沟通中吸引注意力、设计促使个体改变他们行为的有效诱因,以及充分利用个体改变行为的承诺。

工具箱 8.4　行为洞察小组自 2010 年以来所开展的一些实验的例子

- 改善成人的读写能力和计算能力
- 重新设计绩效认证
- 通过有针对性的消息传播鼓励人们填写器官捐献登记表
- 考察向小型公司提供建议的方式与其在经济领域的成功之间的关系
- 通过税收需求信提高遵从度
- 重新设计联系和回应求职补贴申请者的方式,从而激励他们积极承诺和产生寻找工作的动机
- 研究发生在英国和威尔士的手机偷盗案件的情况及案发环境

全球政策运动

一项在网上进行的有关行为科学在不同国家背景下的效果的快速调查发现,"助推"理念在许多国家都产生了直接影响。这一章的目标不是更为详细地阐述心理学对政府机构所产生的各种各样的影响,以及以行为研究为基础的市场营销和传播手段在政府和非政府的公共卫生机构、环境保护运动等方面发挥的作用;相反,这一章要确认民族国家采用自由家长制原则并且直接推动将行为改变作为政策设计核心的特殊案例。

在法国,中央政府在 2000 年前后发表了大量战略报告,报告概述了在促进环境保护行为和公共健康方面有哪些助推可能性(在这里,行为经济学的观念与神经经济学的新原理结合在了一起)。在荷兰,一些部门和一家行政人员智囊培训机构正在研究开发对抗肥胖和二氧化碳排放问题的助推手段的可能性。2014 年,在美国,白宫提出了借助社会和行为科学组建一个团队的核心倡议,它被媒体称为"助推小组"(Nudge Squad)。

在许多情形中,《助推:如何做出有关健康、财富与幸福的最佳决策》一书的合著者理查德·塞勒主办的研讨会和提供的建议,使一些国家的政府受到启发,从而改变了它们对自己所扮演的作为"选项设计师"的政府干预角色的思考。对于选择体系结构的强调反映了社会政策学者长久以来的研究轨迹,他们正在第一线上确认和分析公共服务个人化以及政府向着选择行为的仲裁人及帮助者转变的过程。

不过,在一些情况下,人们可能会更清晰地看到政策变化与行为改变议程的结合。例如,在澳大利亚,来自英国的行政管理人员被调派到新南威尔士,他们在维多利亚市所进行的行为改变实验产生了相当大的影响。他们也与新加坡政府有着密切的往来,新加坡人力部(Ministry of Manpower)在 2014 年成立了行为洞察与设计小组(Behavioural Insights and Design Unit)。

无论是在更为全球化的层面上,还是在被授予更多管理权限的体系中,行为改变战略都在诸如经济合作与发展组织、世界银行、欧盟委员会和世界经济论坛(World Economic Forum)等各个机构中变得越来越重要。在英国获得权力下放的地方政府中,行为改变已经融入威尔士政府促进环境保护行为的可持续发展未来部(Sustainable Futures Division),而且欧盟投资了 100 万英镑在提高商业效率、改善组织实践的研究上。与此同时,在苏格兰,低碳生活、可持续消费和促进公共健康等方面的行为改变倡议,都是苏格兰政府所重视的议程。

这些组织和地方政府也开始尝试使用行为改变方法,并且重视各种各样的倡议和积极行动。更为重要的是,这些实验标志着对公共政策产生影响的新型专业知识的到来,它们的总体目标是实现政策效率,使建立在行为研究论据和设计思维基础上的政策能够**行之有效**。

质疑行为管理

将各种各样的社会政策倡议都归到行为改变类目之下的做法似乎有过于简单化的倾向。同样的,也要注意,不应过分强调有时完全不属于同一范畴的行为改变倡议的影响,它们只产生了一些相当保守、适度的结果。显而易见的是,这些政策尝试在特殊的管理实践演进中尚处于成败不明的紧要关头,不过更重要的是,诸如此类的行为管理形式在全球政治精英中得到了拥护。尽管如此,学术领域的批评家仍然在努力描述、考察行为改变议程中的政治、道德和民主方面的风险。

有些评价完全建立在对民主的担忧之上,这样的评价可能认为,自由家长制的做法利用了以心理学知识操控人们决策的潜力。而自由家长制的支持者会轻而易举地否定这个问题的存在,因为只要人们可以自由地在一系列选项中进行选择,那么自由家长制的框架就奠定了助推的自由基础。但是,为了确保行为改变路径能够实现维持甚至改善个体的自由这个宏图大志,监督助推的透明性、公开性以及它在共识的基础上所提供或拒绝的机会是非常关键的。

除此之外,在理查德·塞勒、卡斯·桑斯坦和他们的支持者愿意采用的自由地做出平等选择的路径中,自由的本质特性因采用某些干涉手段而变得暧昧不明——这些介入是为了改造人们易于出错的潜在问题,从而帮助人们做出高度个人化并且聚焦于选择形式的决策。这也部分解释了为什么约翰和他的同事描绘了另外一种以助推为基础的政策,它为行为改变提出了"思考"战略(John et al.,2011)。当自由家长制为管理自由的选择者提供了相应的方法时,约翰等人的战略正试图使积极的公民身份成为政府管理的核心理念。

自由家长制在诸如增加器官捐献的登记人数和促进循环利用等研究性实验中,**既**努力助推旨在说服参与者改变其行为的信息,**也**尽力为参与者提供机会,使得他们能够公开讨论他们所面对的决定。由于在部分实验中,不包含更为开放的公共思考环节的助推可能在改变人们的行为方面要有效得多,因而学者们并没有得出"发挥作用"的政策就是最好的政策选项的结论。相反,他们坚持认为,将行为洞察用于公共政策仅仅是因其承诺确保对面临的问题进行自由的公共讨论和审议,这可能是值得怀疑的。

另外一项批评集中在这些处于发展中的行为管理形式在"心理状态"的形成中所产生的累积性影响——它可能影响我们对自己的自我意识或主观性的通俗文化理解,它同样在管理不同规模的人口方面发挥着作用(Jones et al., 2013)。这一类批判性分析是受了福柯(Foucault)的生命权力(biopower)及治理术(governmentality)概念的启发。

生命权力是关乎"生命本身"如何成为治理目标的,其往往也是国家干涉的对象,在这样的过程中,无论是个体的还是一定人口的自我负责——既包括心理方面,也包括身体方面——的能力成了行使权力的手段。行使这种权力并不是**忽视**选择的自由,恰恰相反,它是**通过**自由选择实现的。**治理术**同样强调现代权力是如何变得不那么具有强制性、较少集中性和家长主义的。它的奇怪之处在于,比起任何强制性规范,现代权力既具有更加分散的特性,又表现出更加强烈的特点。这种形式的权力能够将人们在其中活动、行动、做出决策的环境,塑造为可以用"自由主义"来描述的形态。而且,它的增强自由以及(经常是)非干预主义的特性,并没有使它在对公民行为的影响方面比其他规范性权力缺乏效力,这样一种治理性权力在新自由主义政治背景下具有极大的魅力。

结论

社会政策研究提供了评估行为改变议程中的效率、道德和向公民赋权(剥夺权力)能力的有效框架。它帮助我们探明特殊的学科知识(例如行为经济学或者社会心理学)的历史轨迹,从而更好地理解它们为什么能从根本上"发挥作用"。社会政策研究让我们注意到,在陈述人类特性时,这些知识往往呈现出选择性特征。最后,社会政策研究在真实的空间中重新设置了行为改变议程,勾勒了其所在的由特定的政策网络、制度安排、事件、社会关系和政治项目构成的环境。从历史和地理特殊性的角度,社会政策研究重新定位诸如此类的政策尝试及其所针对的人群,并且提供了相应的政治、经济和文化背景,这些背景证明,政府在设计有效的政策时,相当有必要热切地接受行为科学研究的某些非常特殊的发现。

新议题

随着行为洞察小组以及一些国家及全球性政治共同体层面涌现出来的政策部门不断获得成功,对于行为治理的高涨热情看来也会延续。与这种背景相悖的是,将政策实验置于恰当的民主监督以及更为广阔的视野下——而不是当前的状况下,进而判断它们的有效性的压力越来越大了。英国政府支持将随机控制实验作为测量公共政策中哪些政策发挥了作用的黄金标准,并且对"发挥作用"的证据中心网络进行投资,这样的做法严重限制了研究证据的范围,这些证据可以为政策制定者提供信息或对其产生影响。这样的做法会威胁到政策制定行为的去政治化进程,并且会对谁为政治决策负责产生显著的影响,特别是在"什么发挥作用"和"应该做什么"引发大量的公共讨论和政治讨论的关键时刻。

新的数据和证据形式在未来会对行为科学和行为洞察政策部门在构造心理学和行为知识方式上产生极大的影响。新技术能够通过社交媒体收集整理私密、个人化、情感性、感官性、生理方面并且定位在特定地理区域的在线信息,这样的技术有着广阔的发展空间。这些与"量化自我"行动和"我的互联网"联系在一起的技术,将同时在真实的时间和空间中拓宽个体的自我管理行为的范围。这些数据可能会对理解和构造人类行为非常有(商业和政治方面的)价值。但是,在行为数据所有权和商业机构提供行为证据咨询服务的角色方面,会出现难题。总而言之,这些都表明,行为改变超出了国家指导的范围,而国家管制的目的在于避免造成伤害,并且发展对新的自我形式更多元化也更有力的管理。

可深入阅读的参考文献

有两本论文集介绍了多个行为科学对其产生显著影响的公共政策领域:A. 奥利弗的《行为科学化的公共政策》(A. Oliver, 2013, *Behavioural Public Policy*, Cambridge:Cambridge University Press)和 E. 沙费尔的《公共政策的行为基础》(E. Shafir, 2013, *The Behavioural Foundations of Public Policy*, Princeton:Princeton University Press)。这两本书都相当热情地阐述了采用更为经验性的循证路径制定政策的价值。

其他一些著作对行为改变议程和自由家长制提出了批判性评价。P. 约翰、S. 考特利尔、L. 理查德森、A. 莫斯雷、G. 斯托克、C. 威尔士和 G. 史密斯的《助推与思考》(P. John, S. Cotterill, L. Richardson, A. Moseley, G. Stoker, C. Wales and G. Smith, 2011, *Nudge, Nudge, Think, Think*, London:Bloomsbury)报告了建立在公共评议基础上的行为政策实验。M. 怀特海德和 J. 皮克特的《改变行为:心理状态研究的兴起》(M. Whitehead and J. Pykett, 2013, *Changing Behaviours. On the Rise of the Psychological State*, Cheltenham:Edward Elgar)展现了有关行为经济学对英国政策网络的影响的经验数据和政策分析,并且简单介绍了福柯主义学者对于行为改变的批评。J. 勒格朗和 B. 纽的《政府的家长作风:保姆国家,还是乐于助人的朋友?》(J. Le Grand and B. New, 2015, *Government Paternalism:Nanny State or Helpful Friend?*, Princeton:Princeton University Press)对具体情况进行了仔细的检查,阐释了为什么可以说家长作风是因为不信任公民个体有能力做出理性判断。

最后,阅读直接与建构政策设计和政策策略有关的文献永远都是有价值的。与之相关的有三部重要著作:P. 多兰、M. 豪斯沃斯、D. 哈尔彭、D. 金和 I. 维拉夫的《精神空间:通过公共政策影响行为》(P. Dolan, M. Hallsworth, D. Halpern, D. King and I. Vlaev, 2010, *MINDSPACE. Influencing Behaviour through Public Policy*, London:Institute for Government and Cabinet Office);O. 瑟维斯、M. 豪斯沃斯、D. 哈尔彭、F. 阿尔盖特、R. 盖勒格、S. 阮、S. 鲁达、M. 桑德斯、M. 佩勒努尔、A. 格雅尼、H. 哈波尔、J. 莱茵哈特和 E. 柯尔克曼的《东方:

应用行为观点的四种简单方法》(O. Service, M. Hallsworth, D. Halpern, F. Algate, R. Gallagher, S. Nguyen, S. Ruda, M. Sanders, M. Pelenur, A. Gyani, H. Harper, J. Reinhard and E. Kirkman, 2014, *EAST：Four Simple Ways to Apply Behavioural Insights*, London：Behavioural Insights Team)；当然还有理查德·塞勒和凯斯·桑斯坦的《助推：如何做出有关健康、财富与幸福的最佳决策》(R. Thaler and C. Sunstein, 2008, *Nudge：Improving Decisions about Health, Wealth and Happiness*, London：Yale University Press)。

复习和课外作业习题

1. 当代行为科学如何看待人类主体或者自我？
2. 行为改变政策是怎样在不同国家背景下通过特定的政策网络产生并且传播的？
3. 行为改变政策是如何与自由家长制这一特殊的政治哲学结成同盟的？为什么？
4. 对于行为改变政策的主要批评有哪些？
5. 与自由家长制联系在一起的行为改变政策声称可以扩大自由度。批评人士为什么担忧它会成为行为管理的工具？

请浏览本书的辅助网站 www.wiley.com/go/alcocksocialpolicy，使用为配合本书的阅读而设计的资料链接。在那里你将会发现有专门针对每一章的深入阅读资料链接，其中包括政府、国际组织、智库、压力集团和重要的新闻机构的网站。你还会找到以《布莱克维尔社会政策辞典》为蓝本的词汇表、帮助页、有关如何管理社会政策领域中主要委派形式的指导和职业建议。

第二部分
主要理论视角

第 9 章
新自由主义

尼克·埃利森

>> **概　览**

- ➢ 新自由主义观点向全面的公共福利制度的支持者提出了重大挑战。
- ➢ 新自由主义根植于古典自由主义思想,特别是亚当·斯密的著作。
- ➢ 20 世纪晚期,新自由主义与米尔顿·弗里德曼(Milton Friedman)和弗里德里希·冯·哈耶克(Friedrich von Hayek)的有关"消极自由"和自由市场的角色的著作紧密联系在一起。
- ➢ 新自由主义希望缩减公共福利体系、消除官僚主义带来的浪费、降低税负,并且通过私人服务提供更多的选择。
- ➢ 新自由主义思想具有一些严重的缺陷。"消极自由"这个概念局限性很强,而且对于纯粹依靠市场的解决方案的信任可能也是错误的。

来自新自由主义的挑战

新自由主义观点向那些相信国家在经济发达社会中扮演着组织和提供"福利"的中心角色的人提出了挑战。为什么?因为新自由主义从根本上质疑大部分公共资助的国家递送服务机构或者国家监管机构存在的必要性,也就是说,它怀疑由这些机构组成的"福利国家"的意义。新自由主义自 20 世纪 60 年代开始发展,其核心观念和原则可以理解为是对西欧和英国在战后年代立即兴起的全面的社会保障制度的全力抨击,同时它也反对作为社会主义和社会民主主义根基的有关社会平等和社会公正的重要性的假设。

新自由主义提出了两个重要论点。第一个论点是,新自由主义认为民族国家在战后时期(大致是 1945—1980 年)一直在经济上发挥着破坏作用,因为政府将资源从自由市场中运行高效、具有创新精神的公司和个人手中拿走,转而分配给人口中受到国家系统保护的弱势群体。为了使福利供给水平高过最贫穷人群基本的"安全保障网"线,就需要征收高比率税金,而高税率导致私人领域投资规模缩减。第二个论点是,新自由主义声称,全面综合的社会保障根本不起作用。一方面,公共资金被浪费在福利管理的官僚体系中,这个体系看起来更关心自身的预算,而不是提供高水平、选择多样的服务;另一方面,福利接受者往往会变成"福利依赖者",因而不可能作为负责任的个体在市场上赚钱来养活自己和家人。

我们将在下文讨论有关国家福利起到有害作用的观点。但是,在这里没有必要探讨新自由主义观点是否合理正确,无论如何,这些论点都迫使反对者努力思考自己的价值观和信条。个体应该对自己的福祉和幸福"负多大责任"?国家应该为那些不管出于何种原因正为自己的生存而挣扎的人提供多少支持?反之,与新自由主义密切相连的自由市场和个体自由,是否应该被看作人类社会重要的组织原则?对于古典自由主义及其当代变体——新自由主义的简短而全面的历史性审视,将表明上述问题久已存在,而且它们对于现代社会政策的制定同样是至关重要的。

从古典自由主义到新自由主义

新自由主义的基础是对自由市场和个体自由特征的独特理解,这些解释是由自由主义政治经济学家在18世纪晚期和19世纪发展出来的。尽管所处的政治经济环境不同于其当代同侪所处的背景,亚当·斯密(1723—1790)在今天也被认为是这样一种政治经济学原理的奠基人物,这一原理主张自由市场是社会的主要组织者,并且相信国家对市场行为的干涉从本质上来说具有破坏性。斯密断言市场能够保障个体**和**社会的福利,而且,最为重要的是,它能够确保人的自由。在他看来,利益是以一种看似矛盾的方式创造出来的:个体出于自身利益考虑而追求财富,将自然而然地带来**集体的**繁荣昌盛。简言之,追求富裕、获得利益的自利欲望受到了市场竞争的制约,因为生产者之间的自由竞争不可避免地带来价格的降低,并且导致供给与需求之间的"自然"平衡。只要这种自我纠正机制一直不受干扰地发挥着本质作用,繁荣富裕就是有保障的。事实上,在斯密看来,只有在保护和维持市场自由运转的基础上,对市场的干涉行为才是正当的。因此,为市场运转提供一个合法框架非常重要,例如法律、规则、公共卫生等特定公共产品的供给。

这些基本原理在维多利亚时代经后来的自由主义思想家进一步验证、发展,并且产生了一个有趣的重大变化。斯密和大卫·李嘉图(David Ricardo)等维多利亚时代早期的思想家主要思考自由市场的角色和自由个体在其中的位置,他们的维多利亚时代后期的同人则向前迈了一大步,这些后继者将经济上的个人主义提升为政治性教义——它强调个人责任心、努力工作和"自己拯救自己"等美德。正如海伍德(Heywood,2012:53)所评论的那样,塞缪尔·斯迈尔斯(Samuel Smiles)脍炙人口的《自己拯救自己》(*Self-Help*,1859)"开始反复强调那条已经过证明的颠扑不破的金科玉律——'天助自助者'"。

这些有关个人自由、自由市场和最小化国家的观点,再加上新增的自助元素,就构成了古典自由主义的思想传统。诸如弗里德里希·冯·哈耶克和米尔顿·弗里德曼等新自由主义者,在其战后时期的著作里或多或少地减少了对上述观点的论述,但是他们强调了对镶嵌在"凯恩斯主义(Keynesian)福利国家制度"中的20世纪国家集体主义的缺陷的批判。

工具箱9.1　主要原则

- **人类的自由**：只要个体的行为不妨害他人的自由，个体可以按照其所选择的方式自由行动。
- **竞争性的市场经济**：尽可能不受国家干涉。
- **对法律规则的维护**：限制国家权力和有关财产及合同的制度化规则的宪法框架。
- **公共供给最小化**：只提供诸如公共卫生之类的市场无法高效供给的公共产品。
- **"安全网"保障**：提供给那些无法在市场中工作的人。

20世纪晚期的新自由主义

众所周知，弗里德曼提出了限制政府的主张，而且他坚信，个体与生俱来的主动性和动力，只有当人们被允许在市场上自由竞争的时候才会释放出来(Friedman, 1962)。他尤其反对在经济衰退时采用凯恩斯主义的刺激消费政策，因为这样的政策势必导致政府负债，从而为通货膨胀火上浇油。弗里德曼认为，政府的活动在任何时候都应该局限在控制经济流通中的货币数量这个事务上，即根据通货膨胀和通货紧缩趋势的平衡，扩大或者紧缩货币供给。除此之外，尽可能保持低税负和低支出以免市场产出变形。

哈耶克的观点已经超越了经济学范畴而转向成熟的新自由主义政治哲学。自由市场和最小化国家是新自由主义政治哲学的基石，但是哈耶克的理论也建立在斯密和其他学者所提出的关于人类自由的观点基础之上。具体而言，他将"消极自由"这个概念作为政策和社会路径的基础，而有证据表明，这一路径对20世纪70年代末和80年代英国和美国涌现出来的新一代新自由主义理论家产生了特别的影响。在哈耶克(Hayek, 1960:12)看来，自由意味着"不受制于任何他人的独断专行"。只要个体不被迫做出与其愿望不符的决定或者行动，他就是"自由的"。实际上，与斯密的观点类似，哈耶克所赞成的唯一的"强制"形式，是最小化国家致力于通过双方共同接受的非个人的法律框架，确保个体不能专断地限制他人的行动和选择。

自由之所以被解释为"消极的"，是因为这种观点主张个体应该**不受**限制，个体如何运用他的自由完全是私人事务。哈耶克认为，人类的自由和自由市场是通过"交易经济"(catallaxy)过程发挥作用的，并且比起凯恩斯主义的社会民主所倡导的干预体系，它将更有效率和较少强制地创造出自然、自发的社会—经济秩序。尽管出发点是好的，但是干涉自然秩序的行为也将增加强制性并降低自由度。哈耶克(Hayek, 1960:385)尤其批判通过政策设计"限制意外事件后果"以创造更大的"社会公正"的努力，他指出，政策制定者和其他人并不必然掌握充分必要的信息,从而比市场更有效地实现公平分配,实际上,前者是"自以为是的"尝试。新自由主义者确信,社会的组织行为将向市场所创造的"自然秩序"靠近,这一信念激发他们对20世纪七八十年代的国家福利政策展开攻击。

新自由主义和福利

在新自由主义者看来,"福利国家制度"连同其庞大、复杂的公共福利官僚体系从本质上来说是强制性的。强制性产生于国家垄断社会服务的供给,这会带来"挤出"私人和志愿组织的选项,因而既限制了消费者的选择,也制约了个体提供福利产品和服务的自由。大部分英国人只能从国家运营的医疗服务体系中获得医疗护理,从公共综合学校所提供的选项中得到教育,根据新自由主义者的看法,上述事实限制了人的自由。

除了国家强制这个问题之外,塞尔登(Seldon)和明福德(Minford)等英国的新自由主义理论家,以及尼斯卡宁(Niskanen)和塔洛克(Tullock)等美国的公共选择(Public Choice)经济学家声称,公务员能从扩大他们的预算规模中获益,"因为他们的工资和办公室的装饰都直接随着他们所掌管的预算规模的变化而改变"(Seldon,1987:7)。这种趋势受到那些谋求预算最大化的政客的推动,因为他们相信选民会对针对关键服务的公共支出做出积极反应。遗憾的是,根据新自由主义理论家的看法,政治家并不善于征收适当的税款来支付那些重要的公共服务,相反却带来"官僚主义的过度供给",这样的结果不可避免地导致无法控制的公共部门赤字和预算危机。

总而言之,在新自由主义者看来,排挤其他服务供给者的垄断行为和公务员保护他们自己的预算的倾向,可能是国家福利最糟糕的罪过。不过,塞尔登还列出了其他使问题更加恶化的特性。例如,为了资助庞大的公共福利体系而设定的高税率削弱了市场激励,因而也减少了市场中的冒险行为。此外,由于缺乏竞争,国家供给的服务往往忽视质量,同时,公共部门的雇主和(加入工会的)雇员可能拒绝变化,因而他们会以敷衍的态度对待服务的选项和质量方面的革新。最后,塞尔登指出的重点是,福利游戏中真正的失败者是那些穷人。低收入群体缺乏与官僚主义的决策作斗争的资源,他们不得不拿出大部分收入来交税以资助低质量的公共服务。除此之外,正如莫里(Murray,1984)所主张的,缺乏选择导致福利依赖和个人责任的缺失,因为低收入家庭不被鼓励就他们所需要的产品和服务做出积极决策,或者主动规划资金以满足其支出需要。

工具箱9.2　两个概念和五个补救办法

两个概念
- **官僚主义的过度供给**:公务员将采用预算最大化策略以提高工资、增加特权,而不是为服务使用者提供高质量的服务。
- **国家强制**:国家福利服务是垄断性的,因而限制了选择。

五个补救办法

- **减少国家福利供给**：减少国家活动将允许私人和志愿组织进入福利市场，并且将削减公共部门的官僚制度支出。
- **增加服务选择**：新的服务提供者将使福利使用者能够在更多的供给中进行挑选。
- **负所得税**：国家应该通过负所得税(Negative Income Tax, NIT)给予低收入者补贴，从而保证其继续参与劳动力市场。
- **安全网福利**：应该鼓励个体通过投保抵御风险。最贫困的人需要公共资助，而且应该为他们提供能够维持生计水平的收入，并且在所有可能的情况下通过代金券模式为他们供应服务。
- **减税**：关闭垄断性的国家官僚机构所节省下来的资金，应该通过减税返还给挣工资的个体。

那么，新自由主义者推荐了哪些政策来缩减国家和"勉强提供"的福利的规模呢？明福德(Minford, 1991)主张，与垄断性供应及过度供给联系在一起的浪费，可以通过私有化策略来减少，这个战略能够增加个体的选择，并且促使个人认识到许多服务是应该付费的。在他看来，国家应该只为最贫穷的人提供最低限度的安全网保障，通过负所得税为低收入者提供补贴，并且使他们保持参加工作的动机。这种制度用高效的一次性"付款"，其覆盖了住房支出和其他——例如与家庭规模联系在一起的——被认可的需求，代替了昂贵的经济状况调查。在其他领域，例如卫生健康和教育服务，将通过可以兑换外科手术和学校选择的代金券来"支付"。在明福德看来，不必为像退休者这一类弱势人群提供额外帮助，这些人应该在他们工作的时候为自己的年老做好储备。作为对莫里观点的回应，明福德认为，为单身父母提供的支持也应该最小化，因为"在这里存在着减缓痛苦和刺激生成更加痛苦的环境之间……的平衡"(Minford, 1991:79)。最后，新自由主义实质上主张，通过缩减国家福利服务节省下来的资金，应该以减税的方式交给个体，这样他们就能够将收入中更大的一部分用于购买他们所选择的服务。

新自由主义和福利：一篇评论

尽管新自由主义关于国家福利制度的规模、权力和费用的观点非常引人注目，但是它们也有一些缺点。四项重要的批判对作为新自由主义路径基础的核心假设提出了疑问。首先，哈耶克和其他学者所采用的对于人类自由的定义是否太狭隘了？它只关注**个体**，而且正如定义所提到的，人类自由只是被消极地感知为"不受限制的自由"。这样的解释拒绝了自由概念中的"积极"成分，如不同的社会群体拓展他们的能力和财富的"自由"。例如，女性、残疾人和少数族裔人群通常只有很少的使用资源的渠道，并且相比其他人，他们遭受到更大的歧视。为了消除这些弊端，他们可能要追求特殊的政治目标，并且要求政府实施增加他们的**集体**机会的特别政策，因此在个体成员的自由之外，还有其他自由存在。

其次，正如普朗特(Plant, 1990)所指出的，新自由主义者没有区分"自由"和"能力"之间的差别。自由市场既没有公平也没有平等地分配收入和资源,而且比起那些较富裕的个体,那些赚钱能力较差且没有其他优势的人,只有较小的**能力**去使用他们的自由。由于缺乏接触某些特殊产品(最好的教育和医疗服务)的渠道,因而他们并不处在能够最大限度地运用他们理论上的自由的位置上。

再次,国家机构并不一定比私人领域里与其地位相当的组织更具有强制性。**任何组织**都会漠视其"消费者"的需求,国家福利代理机构当然也不例外。除此之外,私人部门的服务提供者也可能通过价格同盟来"强迫"消费者,从而限制选择,他们还可能提供有关他们产品益处的"有选择的信息"。在任何一种情况下,服务提供者都能够规避竞争市场中所应该存在的降低价格的环境。同样,按理说,如果服务供给不令人满意,至少可以通过民主程序对国家机构进行追责。论及新自由主义者对官僚主义的过度供给的质疑,批评人士指出,私人部门的高级主管和经理人在增加薪水和预算方面,可能比他们的公共部门同人更加成功。

最后,在征税和激励方面,比较分析指出,对于税收水平的预期在不同国家有着非常大的差异。美国和英国偏向低税负,因为这样可以刺激创业行为并且激发个体的责任心。斯堪的纳维亚国家尽管在近年来有一些调整,但是仍然维持高税率,并且提供全面的社会服务作为基本的公民权利。高税率和全面的福利国家制度似乎并没有削弱瑞典在经济领域的竞争力,也没有产生难以为继的高度福利依赖。对于征税、激励和责任感的态度中,是不是存在一个社会—文化维度,会影响个体的决策和所运用的理性的类型?

工具箱 9.3　　四项批判

新自由主义无法:
- 认识到"积极的"自由的潜力;
- 区分自由与"能力";
- 认识到私营机构也可能表现出强制性;
- 意识到理解福利的社会—文化维度很重要。

21世纪的新自由主义

毋庸置疑,新自由主义思想对英国、美国、澳大利亚和欧洲某些国家的社会和经济政策产生了重大影响,而且仍然在发挥作用。在过去三十五年里,英国政府已经普遍将自由市场看作经济领域里资源分配的首要体系。甚至在新工党执政时期(1997—2010年),尽管该党的"社会公正议程"大幅度增加了核心公共服务方面的支出,并且努力减少社会排斥所带来的后果,但是他们对于市场解决方案的热情从未消退。与他们20世纪八九十年代的保守党前任一样,新工党通过在国家医疗服务之类的公共资助服务领域里创造"内部市场"来模拟市场行为。除此之外,"福利"当然也变得"更严厉"了,救济领取者要满足更多的前提条件,要经过更多的经济状况调查和更复杂的综合认证,因为人们认为对于所有人,尤其是最弱势的群体,解救办法是在市场上找一份有偿工作。这些政策在 2010 年到 2015 年由保守党主导的联合政府那里变得更加严格了。例如,自 2010 年以来,提供给劳动年龄的成年人以及儿童的救济金减少了约 70 亿英镑,这意味着政府开始追求典型的新自由主义的反对大国家、反对依赖的福利议程了。

尽管新自由主义显然是符合时代精神的,但是我们应该清楚,即便政府应该采取市场解决方案,也至少存在两个原因可能使他们在新自由主义理想方面走向极端。首先,"政治"持续干涉"市场",并且导致政治党派需要为重要选民的需求负责的结果。支出计划也因此必须做出相应的调整。例如,在英国,保守党对于领取养老金的选民的依赖,使得联合政府在 2010 年至 2015 年执政期间在这个领域的公共支出增加了将近 70 亿英镑。在像希腊、西班牙之类的南欧国家里,情况却完全不同,新自由主义所倡导的节俭措施在那里并不受欢迎,并且诱发了足以威胁市场友好型经济战略之稳定性的严重政治骚乱。其次,看起来有些矛盾的是,新自由主义经济政策需要有一个强大的中央政府予以支持和推进。在 2007—2008 年的金融危机之后,政府向银行伸出了援手,这个案例清晰地表明,唯有政府插手才能使市场稳定。此外,英国和其他地方的一系列私有化行动,都需要强有力的中央领导和政府的连续介入,才可能实现先解散公共部门,继而控制和规范私人社团,这种现象在交通和能源领域体现得最为明显。

这种显而易见的对国家的依赖,是否意味着新自由主义观点在政治现实中没有什么市场呢?绝非如此。即便新自由主义观点完全没有以任何纯粹的方式在政府那里发挥效用,但是它们无论如何也提供了坚实的**意识形态方面的**支持,从而能够确保对于更加完善的平等和社会公正的要求被看作是**从属**市场需求的。在 2015 年大选中,保守党所提出的紧缩提议仍然是以新自由主义的主要议题为基础的,而且新政府承诺继续减少公共支出和直接征税的压力,其中包括总体上削减 120 亿英镑的社会保障预算,政府也致力于通过立法来预防在未来采取提高所得税税率的做法。

可深入阅读的参考文献

有关自由市场和有限政府的"经典"经济学案例请见米尔顿·弗里德曼的《资本主义与自由》(M. Friedman, 1962, *Capitalism and Freedom*, Chicago: Chicago University Press)。对于新自由主义观点更为哲学化的阐述请见弗里德里希·冯·哈耶克的《自由秩序原理》(F. Hayek, 1960, *The Constitution of Liberty*, London: Routledge)。有助于理解有关国家福利的自由主义路径的必读文本是 P. 明福德的《国家服务的作用:新右翼的观点》(P. Minford, 1991, 'The role of the social services: a view from the New Right', in M. Loney et al., eds, *The State or the Market: Politics and Welfare in Contemporary Britain*, London: Sage, 70-83)。也请参见 A. 塞尔登的《新经济学:学习指南 2》(A. Seldon, 1987, *The New Economics, Study Guide No. 2*, London: Libertarian Alliance)。C. 莫里的《失去支援》(C. Murray, 1984, *Losing Ground*, New York: Basic Books)展现了来自美国的观点。

对于新自由主义最短小精炼的评论是 R. 普朗特的《撒切尔领导下的英国的公民身份和权利：R. 普朗特和 N. 巴里的两种观点》(R. Plant, 1990, *Citizenship and Rights in Thatcher's Britain：Two Views, R. Plant and N. Barry*, London：IEA)。A. 海伍德的《政治思想概论（第五版）》(A. Heywood, 2012, *Political Ideologies：An Introduction*, 5th edn, Basingstoke：Palgrave)对自由主义观点进行了概述。

新自由主义重要智库的网站包括：www.adamsmith.org、www.cps.org.uk、www.iea.org.uk。政策交流论坛(Policy Exchange)是一个认同新自由主义思想的中右智库，网站为 www.policyexchange.org.uk。保守党的长期经济计划可以在 www.conservatives.com/Plan.aspx 上找到。

复习和课外作业习题

1. 新自由主义思想的核心组成部分是什么？
2. 弗里德曼和哈耶克的观点是如何从亚当·斯密自由主义政治经济学的解释中产生的？
3. 新自由主义对国家福利制度的批评有哪些核心要素？
4. 新自由主义思想对福利的主要批判是什么？它们是如何论证的？
5. 在过去的三十年里，新自由主义观点对福利产生了哪些影响？

请浏览本书的辅助网站 www.wiley.com/go/alcocksocialpolicy，使用为配合本书的阅读而设计的资料链接。在那里你将会发现有专门针对每一章的深入阅读资料链接，其中包括政府、国际组织、智库、压力集团和重要的新闻机构的网站。你还会找到以《布莱克维尔社会政策辞典》为蓝本的词汇表、帮助页、有关如何管理社会政策领域中主要委派形式的指导和职业建议。

第10章
保守主义

休·博榭尔

> **概　览**

> ➢ 很难为保守主义下定义，长久以来，它一直被看作宽泛的信念，而不是特定的政治立场。
> ➢ 在20世纪二三十年代，许多保守主义政治家努力促使其政党进一步支持国家在经济和社会改革中发挥更重要的作用。
> ➢ 在1951年大选后，保守党重新执政，该党主张并且在某些方面也进一步发展了福利国家制度。
> ➢ 20世纪70年代，保守党内部的权力平衡向右翼倾斜，撒切尔政府和梅杰政府努力从国家前沿阵地撤回。
> ➢ 从2005年开始，戴维·卡梅伦试图使该党更具有吸引力，但是联合政府和保守党政府的政策目标定在了缩减公共支出以及政府规模和作用之上。

保守主义

通常，人们认为很难为保守主义下定义，因为正如诺顿（Norton）所评论的那样："并不存在唯一适合保守主义信条的语料库，也没有哪个文本能够高屋建瓴地概括保守主义，从而成为它的基本信念的代表……[而且]这种状况本身就传达了英国保守主义的某些特征。"（Norton，1996:68）事实上，许多学者认为，保守主义与其说是一种社会理论，不如说是一种倾向。这可能有助于解释20世纪保守党的大量理念和政策在很大程度上都具有实用主义的特征，它们重视赢得和使用权力，而不是过分强调意识形态。

尽管如此，我们仍然可以确定保守主义的观点和信念（请见工具箱10.1）。

我们也有可能在保守主义当中区分出多个不同流派，而与此同时，我们发现20世纪后半叶以来,人们普遍认为最具影响力的思想流派应该是一国保守主义(One Nation Conservatism)和新自由主义。虽然有人认为,一国保守主义产生于,同时也反映了保守主义的思想长链,其中包括本杰明·迪斯雷利(Benjamin Disraeli)和斯坦利·鲍德温(Stanley Baldwin)的观点;但是这一流派与保守党后座议员中的一国派(One Nation Group)的关系最为紧密,该团体于1950年成立,支持1951年到1964年执政的保守党政府提出的政策,从整体上来说这一政府是赞成福利国家制度和混合经济的。另一方面,正如第9章的详细讨论所展现出来的那样,新自由主义主张国家应该在经济和社会事务中发挥极其有限的作用,市场被看作供应和分配物品和服务的更好途径。

工具箱 10.1　保守主义的观点和信念

- 将社会看作有机体,而不是其各个组成部分的简单加总,并且认为社会是缓慢而自然地发展的,因此剧烈的变革往往被认为可能导致重重问题;接受按部就班的改变,但是对为了适应潮流而进行的改革抱持怀疑态度。
- 信奉个体的财产所有权,认为财产带来了自由和社会稳定。
- 支持自由市场经济,相信市场在创造财富中的重要作用,而政府干预被认为是低效率、专制且损害个体自由的。
- 认为富裕的人要履行一些义务,其中包括通过志愿性慈善活动或对国家的某些社会改革予以支持,从而为不那么富有的人提供帮助等。
- 相信人是不完美的,因此为了维护法律及其执行,需要有权威且强大的国家和强有力的政府的存在。
- 愿意在必要的时候(包括在这些基本信条方面)讲求实际,并且做出妥协。

保守主义思想和政治的发展历程

保守党是从托利党(Tory Party)发展而来的,托利党创立于17世纪,支持君主政体、英国国教会(圣公会),以及地主的权利和收益。托利主义和后来的保守主义往往反对17世纪晚期到19世纪初的启蒙运动中产生的思想,并且抵制随着工业化而来的许多变革。1789年的法国大革命和与之相关的思想——例如自由、平等和博爱的理念——遭到了保守主义思想家的反对,他们对这些变革的特性和规模感到非常不安。对于埃德蒙·伯克(Edmund Burke)和其他一些人来说,乌托邦式的政治愿景注定失败,因为它们有悖于人类本性,变化应该从社会的有机发展中产生,而不是通过革命;还因为乌托邦式的政治愿景与被视为英国社会根基的传统的义务和权利框架相抵触。

保守主义力图顶住变革的压力,维持已有的经济、政治和社会秩序。不过,保守主义也能够接受改变,而且灵活性和实用主义一直是保守主义的核心方面,虽然它更偏爱渐变而不是剧烈的改革。在19世纪,越来越多的人拥有了选举权,保守主义不得不拓展新的支持基础，认同财产利益，进而认同商业利益，而不只是土地的权益，甚至还通过一些社会改革向工人阶级寻求支持。19世纪40年代，罗伯特·皮尔（Robert Peel）领导的政府引入了作为权宜之计的收入所得税，从而从间接征税变成了直接征税，并且废除了谷物法（Corn Laws）；70年代，在迪斯雷利的领导下，保守党成为"国家党"，它与爱国主义、强硬的国防和外交政策联系在一起，但是也发出了一些愿意接受社会改革的早期信号；而在90年代，约瑟夫·张伯伦（Joseph Chamberlain）和自由统一党（Liberal Unionist）试图使保守党成为社会改革派，但是收效甚微。

保守主义和社会改革

20世纪初，保守党面临着来自自由党的集体主义和不断强大的工党运动的挑战。它抵制于1905年到1915年执政的自由党政府所引入的大部分社会改革。然而，当这个政党在20世纪20年代和30年代的大部分时间里执掌政权的时候，保守主义的家长作风传统和讲求实际的特性却表现得非常明显，更有甚者，1924年到1929年执政的鲍德温政府公开宣称要调和这个国家里充满敌意的分歧。因而，这一时期的保守党政府保留了自由党引入的基本结构，实际上还扩大了某些供给，其中包括养老金和失业及健康保险，并鼓励地方政府发展医院设施。但是，在这个国家的许多地方，失业率一直居高不下，政府不得不进行大范围的经济状况调查以确定救济领取者。在这个时期，对于公众道德操守的强烈不安，也在保守党内部清楚地显现出来了。

在第二次世界大战期间，丘吉尔领导的以保守党为主导的战时联合政府颁布了强调通过政府介入改善每个人受教育机会的《1944年教育法》（1944 Education Act）以及《1945年家庭津贴法》（1945 Family Allowances Act），并且公布了大幅度改进卫生健康和社会保障的规划。1945年全国大选期间，保守党反对《贝弗里奇报告》（Beveridge Report）中的某些核心倡议，但是仍然积极全面地介入社会和经济事务，其中包括承诺高就业率，保证在执政后两年内至少建成22万套住房，开发强制性的国民保险制度（National Insurance）模式，并且创造覆盖全民的综合性医疗服务，确保不会有任何人因为无力支付费用而得不到治疗。但是，当工党在1945年大选中大获全胜的时候，一些更倾向于革新的保守党成员呼吁，在战后时期，保守党应该有更清晰的原则声明和更为明确的愿景。

1950年，9名下议院后座议员成立了一国派，他们的观点和公开发表的作品常常被认为奠定了保守党在整个50年代和60年代初期的社会政策路径。一国派到底在多大程度上影响了保守党的社会政策原则，各个政治党派就1951年到1979年的福利国家制度的未来做出了什么样的妥协，可能尚无定论（请见第18章），但是，伴随着自由党在20世纪初期的改革，保守党——特别是哈罗德·麦克米伦（Harold Macmillan）担任首相期间的保守党，一直坚持将主要精力放在充分就业、收入政策和社会福利等方面，其中包括继续发展福利国家制度的某些方面。

但是，当麦克米伦在1963年因为健康问题辞去首相职务，以及保守党在1964年的大选中遭遇失败的时候，一国派在保守党中的影响力明显衰退了，这就为蒸蒸日上的新自由主义思想敞开了大门。

保守主义和新自由主义

1970 年到 1974 年执政的希思（Heath）政府发生了一些改变，开始强调与新自由主义联系在一起的自由市场政策，这样的举措是由高失业率的压力导致的，而且，在 1976 年前，玛格丽特·撒切尔成为保守党党魁之后，党内势力迅速转向"新右翼"，并且倾向于新自由主义观点，其中包括自由市场经济和个人及家庭应该为他们自己的福利负责（请参见第 9 章）。

自第二次世界大战结束以来，保守党就开始尝试"逐渐减少"政府在某些方面的扩张，上述时期正是延续了这一做法，但是，也正是在同一时间，该党尝试并且努力确保，一旦政府有所行动，就必须有效。因而，保守党担心的是，凭借较小规模的政府（尽管不一定是软弱无力的），是否能够在市场和市场力量方面发挥更强有力的影响。从某些角度来看，虽然"撒切尔主义"复杂甚至自相矛盾，但是其中大量理念都清晰地贯彻于自 1979 年到 1997 年的政府行为，有一些直到卡梅伦政府时期仍然对保守党的政策发挥影响。

自 1979 年以来，保守党在新自由主义理念的基础上强调了以下观念：

• 货币主义：撒切尔主义认为，通过控制货币供给，而不是直接限制物价和工资上涨，可以从根本上解决通货膨胀问题。不过，撒切尔政府经常无法实现其货币供给目标，而且后来这一理念也被淡化。货币主义被认为是导致 20 世纪 80 年代失业率持续上升的罪魁祸首，尽管它实际上可能起到了降低通货膨胀率的作用。

• 私有化和竞争：国有企业和公用事业（包括电力、天然气和电信）的私有化以及常常将政府建造的公屋以低价出售给住户，可以作为撒切尔政府偏爱市场的例证。强制性竞争趋势也被引入诸如医院的保洁及洗衣之类的辅助服务领域。甚至是在不可能引入私人供给者的地方，保守党也试图创造市场类型制度，例如"根据家长意愿"选择学校、区分卫生健康领域中的"购买者"和"提供者"。

• 工会改革：通过 1979 年到 1990 年期间颁布的一系列法规，工会的权利逐渐受到限制，以工会为渠道组织集体行动变得愈发困难。与此同时，政府也努力不公开介入对于纠纷的调节。

• 改革政府：尽管在上任的时候承诺要减少半官方机构的数量，但是撒切尔政府还是将许多中央政府应该履行的职能移交给了半自治机构。虽然目的是巩固管理者的地位、提高效率，但是这些变化也导致了责任模糊。而且，引入监控限制了地方政府增加税收（最初是家庭税，后来是人头税["poll tax"]，再后来是市政税）的能力，这让地方政府不得不更加依赖中央政府的批准。

• 减税：撒切尔和她的支持者坚信高税负会损害创业和经济发展，并且努力降低税率，其中包括减征私有化所得税和北海石油收入税。尽管其政策重点主要是降低收入所得税，但是在此期间，每个人无论其收入多少都必须支付的增值税却增加了。

尽管撒切尔政府促使社会政策的某些领域出现了可观的改变，但是不应该夸大在福利国家制度中真正的削减和变化程度。除此之外,尽管主张减少政府开支和公共费用,但是撒切尔政府在削减公共支出方面并没有取得显著的成功,其中部分原因是高失业率导致福利救济方面更大的支出。事实上,撒切尔政府在许多方面都采取了明显不同于过去的做法,其中包括变得更有公信力和从意识形态角度推动改革,不过与此同时,政府仍然表现出相当程度的实用主义。

寻找方向

在玛格丽特·撒切尔于1990年辞职之后,约翰·梅杰(John Major)在1992年大选中获胜,尽管保守党内部存在着极大的分歧——尤其在欧洲问题上,但新政府继续执行非常相似的社会政策。如果说撒切尔时代留下的政治遗产是,使传统上讲求实际的保守党比之前任何时候都更受意识形态支配,那么托尼·布莱尔领导的工党(后来标榜为"新工党")在1997年大选中获得胜利,给保守党带来了其用了许多年才成功回应的挑战。工党在20世纪90年代中期走向政治权力中心,工党对政治议程显而易见的控制力,以及保守党迷恋于撒切尔主义,意味着保守党难以开发出新的政策定位和路径。具体而言,这个党派的减税承诺难以与公众当时对于增加公共服务支出的明确要求相互协调。

可以说,梅杰的继任者威廉·黑格(William Hague)是在尝试循着布莱尔的道路使保守党走向"现代化",他在这方面所采用的做法与创建"新工党"的方式相似。他也力图得到在诸如性别、种族和性取向等社会问题上主张更为自由主义的路线的潜在支持者的帮助。不过,保守党仍然致力于实现私有化和减税,而且一直无法令公众相信他们所享受的公共服务不会受到损害。基本上,他领导阶段的根本特征就是努力团结党内核心支持力量,其中包括对欧洲问题的立场变得更加强硬。

伊恩·邓肯-史密斯(Iain Duncan-Smith)继承了黑格的保守党领袖的位置,他采用了与前任非常相似的路线,同样致力于更多的社会包容,在公共服务上也更为积极,并且承认他的政党过去的不足之处。与黑格一样,这些努力并没有在党内赢得广泛的支持,因此他在2003年底辞职。不过,邓肯-史密斯的"有同情心的保守主义"设想,的确在一些新当选的年轻保守党议员那里得到了回应,这些人最终在戴维·卡梅伦政府中崭露头角。

接替邓肯-史密斯的下一任保守党领袖是前任内政大臣迈克尔·霍华德(Michael Howard),在很多人看来,他的一些做法似乎重新回到了撒切尔和梅杰时代,并没有体现出太多的政策发展。

戴维·卡梅伦时期的保守主义

2005年12月,戴维·卡梅伦成为保守党领袖。几乎是在同一时间,他将保守党推向舞台中心——他主张经济稳定必须通过减税来实现,保守党应该支持促进社会公正、减少贫困的行动，以及在其核心支持者之外寻求更多的支持。在他上台的早期，尽管政策方面相对没有什么进展，但是卡梅伦努力改变公众对保守党的印象，其中包括一系列的象征符号方面的变化。例如他在2006年发表声明说，"存在着诸如社会这样的事物，它与国家完全不是一回事"。卡梅伦通过这种说法，小心翼翼地将自己与玛格丽特·撒切尔区分开来，后者著名的宣言是"根本不存在社会这种东西"。

在野时，保守党在其前任党魁伊恩·邓肯-史密斯创立的社会公正中心（Centre for Social Justice）的运作上大下功夫，例如，该中心发表了《英国的衰落》（Breakdown Britain）和《英国的突破》（Breakthrough Britain）等报告。在2010年大选热身阶段，有关"破碎"社会的观点——无论是指贫困、家庭破裂问题，还是公共服务方面的困境——是卡梅伦和保守党的重要议题，而且他们认为，为了应对这种局面，需要一个更精简的政府，政府的一些职能应该由慈善团体、社区组织和社会企业来承担，在卡梅伦看来，后者是"大社会"的组成部分。

在胜负不明的2010年大选之后，保守党和自由民主党所组成的联合政府强烈地受到削减公共开支的要求的驱使，目标至少是减少由2007—2008年的金融危机导致的公共支出赤字（请见第21章），而且这样做也有意识形态方面的原因。这些目标顺理成章地被在2015年大选中获胜的保守党政府承袭下来。在这两任政府中，虽然国家医疗服务预算在一定程度上免受削减，但是社会政策的其他领域却受到很大影响，特别是除了养老金和住房供给之外的其他社会保险领域的支出大大缩减。另外，其他政策也明显转向了更偏向于新自由主义的路径，其中包括在福利救济体系中引入更多的条件限制，强调市场优先，提倡私人部门、社会企业和地方及社区组织的更广泛介入，甚至是参与到国家医疗服务体系的运作中来。

新议题

联合政府所采取的政策以及保守党在2015年大选中所反对的政策，都凸显了保守党将继续面对的挑战。削减其他服务开支的力度，对于小政府的呼吁，私人部门、第三部门和市民更广泛地参与公共服务递送的倡议，都可以被明确看作是对20世纪八九十年代许多深受新自由主义影响的政策的回应。另一方面，保障学校和国家医疗服务体系一线服务的费用支出的承诺，以及保证对退休人员予以支持都表明，无论是出于意识形态方面的原因，还是因为选举方面的现实考虑，保守党都没有能力也没有意愿直接在福利国家制度各方面进行大刀阔斧的改变。当然，批评人士会指出，正如2014年预算和保守党2015年宣言所呈现出来的，保守党大幅度削减未来的公共支出的计划将导致进一步甚至是更为实质性的改革，从而不可避免地带来超出保守党预期的福利国家制度的改变。

英国独立党（United Kingdom Independence Party，UKIP）的持续成长，使其在2010年之后成为保守党所面临的另一个挑战；英国独立党在2015年大选中赢得了12.6%的选票，这意味着保守党有可能第一次面对来自政治右翼的强力竞争对手，而且事实上，这至少反映了本章开头所概括的保守主义的某些核心信念。因此,从某些方面来看,人们很难判断保守主义未来将何去何从。

可深入阅读的参考文献

T. 贝尔的《保守党:从撒切尔到卡梅伦》(T. Bale, 2010, *The Conservative Party: From Thatcher to Cameron*, Cambridge: Polity Press)细致而且饶有趣味地考察了保守党,以及撒切尔执政后期到戴维·卡梅伦成为领导人这段时间里保守党所面对的问题。休·博榭尔和马丁·鲍威尔编的《英国联合政府和社会政策》(H. Bochel and M. Powell, 2016, *The UK Coalition Government and Social Policy*, Bristol: Policy Press)考察了联合政府的社会政策,包括保守主义思想所产生的影响。J. 查姆利的《1830 年以来保守政治的历史(第二版)》(J. Charmley, 2008, *A History of Conservative Politics Since 1830*, 2nd edn, Basingstoke: Palgrave)阐述了从 19 世纪 30 年代由皮尔领导到 2005 年戴维·卡梅伦成为党魁的保守党的历史。这本书着重讲述了在过去近两个世纪的时间里对该党发展做出贡献的思想和个人。

K. 希克森编的《1945 年以来保守党的政治思想》(K. Hickson, ed., 2005, *The Political Thought of the Conservative Party since 1945*, Basingstoke: Palgrave)包含大量有关保守党传统的意识形态立场的章节,另外一些章节则聚焦于社会道德和不平等之类的特殊主题。P. 金的《新政治:是自由保守主义,还是同样的老托利观点?》(P. King, 2012, *The New Politics: Liberal Conservatism or Same Old Tories*, Bristol: Policy Press)考察了戴维·卡梅伦领导下的保守党和联合政府在多大程度上为英国带来了新的政治主张,以及卡梅伦的"进步保守主义"是否意味着与保守党过去的彻底割裂。P. 诺顿编的《保守党》(P. Norton, ed., 1996, *The Conservative Party*, Hemel Hempstead: Prentice Hall/Harvester Wheatsheaf)尽管有些年头了,但是许多章节——特别是第一部分——仍然不失为有关英国保守主义的有价值的分析。

保守党的网站(www.conservatives.com)提供了有关这个党派的丰富信息,特别是当代保守党的特性。此外,右倾智库的网站也包含各种各样的信息和公开文献,例如 www.adamsmith.org, www.centreforsocialjustice.org.uk, www.iea.org.uk, www.policyexchange.org.uk, www.reform.co.uk。

复习和课外作业习题

1. 你是否可以指出,自 1945 年以来,英国保守党路径发生了哪些重要的变化?
2. 为什么新自由主义和一国保守主义对国家福利制度有不同定位?
3. 自 2010 年以来,保守党采用了哪些明显来自一国派和新自由主义的政策主张?
4. 本章开头概括了保守党的基本倾向,有哪些明确地体现在保守党的当代社会政策当中?

5. "纯粹的"新自由主义者对撒切尔政府和卡梅伦政府的社会政策提出了哪些批评?为什么?

请浏览本书的辅助网站 www.wiley.com/go/alcocksocialpolicy,使用为配合本书的阅读而设计的资料链接。在那里你将会发现有专门针对每一章的深入阅读资料链接,其中包括政府、国际组织、智库、压力集团和重要的新闻机构的网站。你还会找到以《布莱克维尔社会政策辞典》为蓝本的词汇表、帮助页、有关如何管理社会政策领域中主要委派形式的指导和职业建议。

第 11 章
社会民主主义

罗伯特·M. 佩奇

> **概　览**

> ➢ 社会民主主义的政治学说起源于 19 世纪后半叶的欧洲北部。
> ➢ 关于社会民主由哪些确定的要素组成的讨论一直在进行。
> ➢ 在英国的背景下,提到社会民主主义时,人们通常会联想到民主社会主义学说,而不是社会民主主义信条。
> ➢ 社会民主主义的福利国家制度在诸如瑞典等北欧国家得到了最有力的开发。
> ➢ 经过频繁调整,社会民主主义在大选中的号召力似乎开始减弱。

历史起源

　　社会民主主义的起源可以追溯到 19 世纪后半叶它在欧洲北部的发展,最广为人知的是在德国的发展。1863 年,斐迪南·拉萨尔(Ferdinand Lassalle)创立了全德工人联合会(General German Workers Association,德文简称为 ADAV),这个组织倡导进行政治改革,号召改善工人阶级的生活状况。全德工人联合会最终在 1875 年与德国社会民主工人党(German Social Democratic Labour Party,德文简称为 SDAP)合并组成了德国社会主义工人党(German Socialist Labour Party)。这个联合组织的新宣言就是所谓的《哥达纲领》,它是由爱德华·伯恩斯坦(Eduard Bernstein)和卡尔·考茨基(Karl Kautsky)起草的,随后马克思对它进行了批判。新成立的政党试图使社会主义思想传统中的改革派和革命派达成和解。前一个阵营认为,当务之急应该是进行诸如争取选举权、扩大工会的权利、废除童工之类的社会改革;而后一个派别的人则相信,革命性变革才是实现经济和社会转变的唯一有效途径。改革派和革命派之间的紧张关系随着时间的推移变得愈发明显。马克思认为,由于资本主义自上而下向工人阶级的生活施加压力,革命性变革是不可避免的。而在

19世纪末,社会民主修正主义者爱德华·伯恩斯坦向这个论点提出了挑战。伯恩斯坦对于资本主义的弹性和适应能力的迷信,使他迫切要求形成先进、民主的跨阶级联盟,以保证通过社会改革限制市场的无节制外溢,而不是徒劳地等待资本主义的自我解体。第二国际(Second International)(1889年社会主义党派和工会在巴黎成立的联盟)在1916年解体,导致倾向革命的共产主义政党与希望改革的社会民主主义党派之间产生显而易见的分歧,其在第一次世界大战结束时显现出来。

战争期间,在欧洲许多国家社会民主主义党派的政治参与不断增加,而其学说真正在欧洲变得日益重要,却是在20世纪后半叶,那个时候,西欧许多国家开始采取主张进行干涉的经济和社会政策,其目的是提高生活标准,改善社会保障形式。不过,到了70年代中期,社会民主主义的优势地位开始衰落,原因是人们日益担忧这种路径在不断变化的经济和社会背景下是否仍然切实可行。

什么是社会民主主义?

与许多政治学说一样,社会民主主义无法简单定义。这个术语的不确定性使得它有许多玄妙之处,因而人们容易对它有不同的解释。正如甘布尔和赖特(Gamble and Wright, 1999:2)所指出的那样,社会民主主义"并不是特定的历史项目或政治党派或利益集团,甚至也不是一成不变的价值体系。作为一场政治运动,它唯一固定不变的特点就是它永远寻求组建和维持支持经济和社会制度改革的政治多数群体,其反对不公平并致力于减少不平等现象"。

首先,所有社会民主主义者都致力于使每个人的个人自由趋于最大化,这实际上需要民选政府那一方采取积极的行动,从而保障个人自由不会遭到不受约束的自由市场行为、缺乏足够的收入或医疗服务以及被剥夺了受教育机会所产生的有害结果的侵害。其次,社会民主主义者也因此都是民主制度的强有力的支持者,他们相信民主是通过和平方式调和任何社会都不可避免的冲突的最佳途径。民主的政治进程被视为有效地推进了广泛的团结与合作,而这正是各个共同体和国家繁荣昌盛所必需的。

不过,在涉及一个"好社会"的其他特征,或什么才是使个人自由与社会公正相互协调的最佳路径的时候,社会民主主义者往往有不同的观点。社会民主主义者中偏向自由派的那些人通常表现出较少的乌托邦式热情,他们认为最好是小步前进,以避免更具扩张性、变动更剧烈的路径对个人自由的威胁和对民主进程的危害。自由派的社会民主主义者倾向于对市场采取更为积极的态度,认为应该对它们进行恰当的管理,而且他们也更愿意使用革新性、非政府的方法解决当代难题。与之相反,社会民主主义者中偏向社会主义流派的人往往不那么迷恋资本主义,他们相信资本主义先天就缺乏稳定性,并且需要严格的管理和控制。他们更重视结果平等,这也使得他们偏向于更广泛地限制个体的自由,如果这样做能够增进社会利益的话。社会主义流派的社会民主主义者与诸如普遍主义等价值观更紧密地结合在一起,他们更信赖政府行为的救济力量,并且致力于确保一个广泛的公共领域免受市场影响的无端侵扰。

社会民主主义：英国的背景

社会民主主义这个概念在英国引起的反响比在欧洲其他地方要小。尽管在1981年，四位前工党大臣，即罗伊·詹金斯(Roy Jenkins)、戴维·欧文(David Owen)、雪莉·威廉姆斯(Shirley Williams)、比尔·罗杰斯(Bill Rodgers)，成立了一个独特的社会民主党(Social Democratic Party)，用以回应他们在工党内部感受到的左转倾向，但是这并不代表19世纪末20世纪初欧洲的改革派和革命派之间的战斗重新打响了。

在英国的背景下，社会民主主义是与在中左政治中占主导地位的民主社会主义学说联系在一起的。在那里，伦理社会主义者和费边社会主义者遵循更浓厚的"资本主义怀疑论"的传统；自19世纪后期以来，他们就一直在争论政府在驯服市场中所能够扮演的角色。根据伦理社会主义者的看法，资本主义是以允许拥有财富的人剥削和控制穷人的合法制度为基础的，因而它的运转既不公平，也不道德。为了应对诸如此类的剥削，他们呼吁增加集体行动和社会改革，从而创立一个更好的社会。费边社会主义者，这一派的奠基人物包括西德尼·韦伯、贝特丽丝·韦伯和萧伯纳(George Bernard Shaw)等，也偏爱国家集体主义和社会改革。

尽管对于资本主义的非人性化影响，费边主义者与他们的伦理派同胞有着同样的担忧，但是他们的关注点集中在资本主义生产方式的低效率和浪费上。与马克思主义者一样，费边主义者认为资本主义容易导致危机，而且它不可避免地要被更有效率的计划经济所取代。马克思主义者声称资本主义的剥削必然导致暴力革命，在这一点上费边主义者有不同的观点，他们主张民主选举，认为愿意进行改革的政府有能力改变不公正、低效率的经济和社会分配。这种以费边主义为基础的经济和社会路径被1945年到1951年期间执政的工党政府所采用。在经济领域，计划和国有化被看作限制资本力量的核心手段，与此同时，福利国家制度应该保护公民不受资本主义对社会领域的负面影响。

艾德礼政府是否全心全意地投身于建立一个有改革能力的平等主义社会——一个社会主义英联邦，这个问题一直没有定论。这任政府或是不愿意或是没有能力规划一幅切实有效带来变革的愿景图，这不禁令人们怀疑他们期望在多大范围内进行改革。随着工党在1951年大选中失利，这个问题被公开讨论，与此同时，所谓的修正主义者开始勾勒旨在赋予资本主义人性而不是终结它的经济和社会战略。例如，在影响深远的著作《社会主义的未来》(The Future of Socialism)中，安东尼·克罗斯兰(Anthony Crosland)断言，战后的英国不应该被继续看作"墨守成规的资本主义社会"(Crosland, 1956:57)。他指出，随着民主的发展、政府介入水平的提高、工会影响力的不断增加，以及更有主导权且更加积极地回应社会的管理阶层的出现，资本主义权力和控制力被削弱了。在克罗斯兰看来，这些发展变化意味着，现在可以运用不同的手段创建一个更为平等的社会。与贝文(Bevan)这样的传统社会主义者不同，克罗斯兰相信，创建一个社会主义社会不再需要普遍的公共所有权。致力于确保更高的增长水平，从而为不断扩张的福利国家制度提供资金支持的经济干预主义，现在被看作更为恰当的平等主义战略。

工党对于修正主义的逐渐接受被视为发出了决定性的转变信号——从**有改革能力**的民主社会主义战略转向了**改革主义者**的社会民主路径。事实上,这意味着在 1945 年到 1979 年之间,跨党派的"社会民主"共识在英国打下了坚实的基础,在这个时期先后执政的工党和保守党政府都认可了高就业率、混合经济和福利国家制度的必要性。当人们还在争论这样的福利共识是否存在的时候,一个更为普遍接受的看法是,这样一份(或是真实存在或是虚构出来的)协约,随着有新自由主义倾向的撒切尔政府赢得 1979 年的大选而终结了。紧接着,新工党(1997—2010 年)努力追求他们所谓的"现代化的"社会民主战略,力图通过讲求社会公平的福利战略来控制自由市场的势头;在批评人士看来,这样的战略并不是社会主义者在渐近方向上又前进了一步,相反,它应该被看作是对新自由主义学说的接纳。

社会民主主义的福利国家制度

英国和欧洲的社会民主主义者非常支持福利国家,也深入参与到福利国家事务中。国家保护并且增进公民那些为劳动力市场参与所忽视的福利,这一主张是社会民主主义者的标志。与经济领域的干预主义和积极的劳动力市场政策联系在一起的福利国家制度,被看作是为所有公民提供保障和机会、增强平等性及培养社会团结的核心手段。"社会民主主义"这个术语的弹性,使得福利设计呈现出了多种多样的形式。社会民主主义者中的自由派强调的是"革新性的"结果,他们认为有可能通过公共、私人、志愿和非正式供给的多种形式的布局,来解决不公正问题和实现平等。这导致对"革新性的"结果的关注,而不是固守某条特定的原则(普遍主义)、某种途径(公共供给)或某种政府"形式"(不能是地方政府,而必须是国家政府)。相反,社会民主主义者中的社会主义派倾向于与普遍主义原理、国家供给和更为统一的服务供应模式更紧密地结合。

社会民主主义者中的自由派所面对的主要难题之一,是难以将他们的路径与 20 世纪初的新自由主义或一国保守主义的路径(请见第 10 章)区别开来。事实上,戈斯塔·埃斯平-安德森(Gøsta Esping-Andersen)是一位重要的制度理论阐述者,他对社会民主主义福利体制的基本特征做了较为精确的界定。在他影响深远的著作《福利资本主义的三个世界》(*The Three Worlds of Welfare Capitalism*, 1990)中,他指出,社会民主主义福利体制的特点是去商品化、综合、以公民身份为基础的普遍国家福利服务供给,其中只有相当少的一部分供给来自私人、志愿或非正式机构。最近几十年来,人们对所谓的社会民主主义政府所贯彻的某些福利政策的理念提出了疑问。埃斯平-安德森所定义的"传统的"社会民主主义体制往往在北欧国家发展较好。

瑞 典

瑞典被认为是社会民主主义福利国家的一个典范。这种看法源自这样一个事实,即社会民主党自其在 1932 年第一次执掌国家政权以来,在漫长的时间里,一直要么单独,要么通过联合政府掌握着对瑞典的领导权(只有在 1976—1982 年、1991—1994 年和

2006—2014年三个时间段丧失权力)。这个政党在大选中无往不利,是与他们决定通过跨阶级的选举诉求以保证获得大范围联盟的支持分不开的。佩尔·阿尔宾·汉森(Per Albin Hansson)在1928年到1946年担任瑞典社会民主党领袖,他提出了"人民之家"(the People's Home)的口号,强调了他的政党致力于以包容的方式管理国家,从而使平等、无私和合作等价值观在这个社会扎根,正如在一个"理想"的家庭中那样。为了实现这样的目标,就需要消除阶级差别,并且建立普遍的社会服务和工业化民主。

尽管瑞典社会民主党意识到了资本主义的剥削本质,但是他们相信,可以通过目标明确的政府行为以及赢得工业资本和财产所有者的合作来改变。重要的是,他们力图运用政治影响,而不是诸如国有化等措施来管理和控制市场经济。美国记者马奎斯·蔡尔兹(Marquis Childs)在他的《瑞典:中间道路》(*Sweden: The Middle Way*, 1936)一书中断言,瑞典社会民主党走的是介于美国蓬勃发展的资本主义自由市场形式与在苏联得以建立的计划经济体制之间的中间道路。

到20世纪30年代末,社会民主的"中间道路"开始在瑞典社会扎根。基于1938年的《萨尔特舍巴登协议》,雇主和工会就合作达成一致,因此可以提高经济生产率和增加工人收益而不会产生破坏性的劳资纠纷。尽管政府并没有"正式"介入这些协议,但它在打造宏观经济环境以推动充分就业方面扮演了重要角色,同时它引入了积极的劳动力市场政策,使得工人可以从夕阳产业转移到新兴产业。政府还致力于发展高质量的社会福利供给,以及保证收入以更公平的方式分配。

瑞典的社会民主福利"模式"的关键特征在1945年到20世纪70年代初这段时间里确立下来。充分就业、普遍国家福利供给、工业化民主、团结工资政策和积极的劳动力市场项目,成为瑞典社会的明显特征。其中,团结工资政策是由雷恩(Rehn)和迈德纳(Meidner)这两位著名的经济学家设计的。高质量日间托儿所的建设是这个进程的一个组成部分,它通过为所有父母提供将养育子女与有偿工作结合起来的机会,从而增进了性别平等。

20世纪70年代以来,瑞典的社会民主福利国家制度越来越频繁地被人们在放大镜下仔细观察。福利国家制度的扩张导致了经济的低增长、引起通货膨胀的工资水平、不断上涨的石油价格、更高的失业率、持续增加的预算赤字。在80年代,从实际情况出发削减福利支出的做法,被认为是使经济恢复活力的必要措施。由于瑞典在80年代中期做出了解除金融市场管制的决定,因此到了90年代,它不得不应对由此产生的巨大的国际金融压力,而且与此同时,它也必须进行更加强调紧缩的改革。在经济低迷时期必须减少而不是增加福利支出这个观念,带来了90年代的失业保险金的削减等变化,也冲淡了这个政党有关充分就业和平等主义工资结构的历史承诺。有些社会民主主义者捍卫某些他们认为与讲求实际的"修正主义"相兼容且属于他们政治理念核心的措施,与此同时,另外一些社会民主主义者则担心,这样的妥协反映了人们过分热衷于进行调整以适应影响力越来越大的新自由主义思想及实践。

对普遍主义的承诺、允许非国家供给者进入公共领域,这些问题在瑞典的社会民主党内部一直都是热议话题。例如,由于普遍主义逐渐被淡化,因而领取失业救济和养老金的权利越来越与个人的贡献记录和选择紧密地联系在一起,这可能被视为对社会团结的破坏。随着非国家福利供给的发展,同样的现象可以一再被观察到;社会民主主义者中的一些修正主义者倡导,将非国家福利供给作为对不断增强的个人主义意识和瑞典社会日益多元化的一种回应方式。公共资助的私人福利供给在中学教育、卫生健康和社会照顾领域已经打下了坚实的基础。尽管诸如此类的变化受到了较为富有、看重量身定制服务的中产阶级使用者的欢迎,然而却对收入较低的公民不利,他们不得不与日趋下降的国家服务水平和更高的使用费用作斗争。

新议题:不确定的未来?

针对社会民主主义的主要批评之一是,它的理念更适合20世纪后半叶的状况,而非21世纪。在社会民主主义者看来,民主的政府行动首先应是防止充满变动的资本主义经济体系所造成的不平等,这个当务之急被认为特别适合于那个时代,当时政府尚有可能进行有效的宏观经济管理、监控经济稳步发展、为具有文化同质性的全体国民提供福利保障。在快速变化的环境中,全球性经济力量和新自由主义意识形态限制了民族国家采取自主的国家行动;人口变迁、多样性和个人主义的加强,都使得维持普遍福利供给变得愈发困难;由此,社会民主主义的要旨似乎也失去了它原有的效力。为了尽力扭转这种局面,一些人呼吁重新肯定社会民主主义的传统信仰和实践,与此同时,另外一些人则主张更为彻底地重新评价社会民主主义的主要思想,特别是要以此来遏制长久以来不断下降的选民支持率。

最后,社会民主主义近年来在选举中的脆弱性,可以从德国社会民主党的一个决定中反映出来——该党在2013年大选后决定与他们的右翼"对手"基督教民主联盟(CDU)共同组成大联合政府(Grand Coalition)。在斯堪的纳维亚国家,瑞典的社会民主党在2015年重新执政,但这只是在中右翼在野党签署了一个政治协议后才实现的,该协议旨在遏制反对移民的极右翼瑞典民主党不断增强的政治"威胁"。在丹麦,在2015年6月的大选之后,托宁-施密特(Thorning-Schmidt)所领导的社会民主党的少数党政府被自由党即丹麦左派自由党(Venstre)的少数党政府所取代,后者致力于推行更加严厉的移民法规和更低的税负。

可深入阅读的参考文献

有许多精彩的著作有助于理解社会民主主义的发展和实践,包括戈斯塔·埃斯平-安德森的《福利资本主义的三个世界》(Gøsta Esping-Andersen, 1990, *The Three Worlds of Welfare Capitalism*, Cambridge: Polity Press);D. 萨松的《欧洲社会主义百年史》(D. Sassoon, 1996, *One Hundred Years of Socialism*, London: I. B. Tauris)——权威地概述了社会主义和社会民主主义思想及实践的发展;以及S. 博曼的《政治的首要原则》(S. Berman, 2006, *The Primacy of Politics*, Cambridge: Cambridge University Press)——清晰地阐述了社会民主主义对20世纪的欧洲的影响。N. 布兰道尔、Ø. 布拉特伯格和D. 埃纳尔·索尔森的《北

欧的社会民主模式》(N. Brandal, Ø. Bratberg and D. Einar Thorsen, 2013, *The Nordic Model of Social Democracy*, Basingstoke：Palgrave)也非常值得推荐。M. 纽曼的《社会主义通识读本》(M. Newman, 2005, *Socialism：A Very Short Introduction*, Oxford：Oxford University Press)在较为广阔的社会主义背景下对社会民主主义进行了简要介绍。

在马奎斯·蔡尔兹的《瑞典：中间道路》(Marquis Childs, 1936, *Sweden：The Middle Way*, New Haven, CT：Yale University Press)、H. 马特森和S-O. 沃伦斯泰因编的《瑞典的现代主义：建筑、消费和福利国家》(H. Mattson and S-O. Wallenstein, eds, 2010, *Swedish Modernism：Architecture, Consumption and the Welfare State*, London：Black Dog)以及B. 拉尔森、M. 莱特尔和H. 索恩编的《瑞典福利国家制度的变革》(B. Larsson, M. Letell and H. Thorn, 2012, *Transformation of the Swedish Welfare State*, Basingstoke：Palgrave)中，可以找到对瑞典社会民主主义社会政策的发展的令人满意的阐述。

安东尼·克罗斯兰的《社会主义的未来》(A. Crosland, 1956, *The Future of Socialism*, London：Jonathan Cape)被公认为是有关英国战后社会民主主义思想的最重要的文献。安东尼·吉登斯(Anthony Giddens)出版了大量讨论现代社会民主主义思想的影响深远的作品，包括《第三条道路：社会民主主义的复兴》(A. Giddens, 1998, *The Third Way：The Renewal of Social Democracy*, Cambridge：Polity Press)。P. 戴蒙德和R. 里德尔的《超越新工党：英国社会民主主义的未来》(P. Diamond and R. Liddle, 2009, *Beyond New Labour：The Future of Social Democracy in Britain*, London：Politicos)评论了社会民主主义的未来。其他有关社会民主主义的重要著作包括A. 甘布尔和A. 赖特的《新社会民主主义》(A. Gamble and A. Wright, 1999, *The New Social Democracy*, Oxford：Blackwell)；C. 皮尔森的《艰难抉择：21世纪的社会民主主义》(C. Pierson, 2001, *Hard Choices：Social Democracy in the 21st Century*, Cambridge：Polity Press)；托尼·菲茨帕特里克的《新社会民主主义之后》(T. Fitzpatrick, 2003, *After the New Social Democracy*, Manchester：Manchester University Press)；以及T. 赖特的《接下来何去何从：中左翼政治面临的挑战》(T. Wright, 2010, *Where Next? The Challenge Centre-Left Politics*, London：IPPR)。T. 朱特的《沉疴遍地》(T. Judt, 2009, *Ill Fares the Land*, London：Allen Lane)为社会民主主义做了有力的辩护。

《社会欧洲杂志》(*Social Europe Journal*)对有关欧洲社会民主主义发展的热门话题进行了讨论。总部设在英国的智库政策网络(Policy Network)试图推动有关社会民主主义经济和社会政策的辩论和讨论(www.policy-network.net)。弗里德里希·艾伯特基金会(Friedrich Ebert Foundation)成立于1925年，现今在世界各地都设立了办事处，该基金会也促进了对社会民主主义的探讨和辩论。它所出版的有关社会民主主义的读本可以在library.fes.de/pdf-files/iez/07077.pdf 中找到。

复习和课外作业习题

1. 社会主义者中的改革派与革命派之间有哪些重要区别？
2. 是否有可能清晰地区分民主社会主义和社会民主主义理念之间的差别？
3. 为什么明确定义社会民主主义被证明是难以做到的？

4. 社会民主主义的福利国家制度有哪些独特特征?
5. 你打算怎样证明社会民主主义在 21 世纪依然重要?

请浏览本书的辅助网站 www.wiley.com/go/alcocksocialpolicy，使用为配合本书的阅读而设计的资料链接。在那里你将会发现有专门针对每一章的深入阅读资料链接，其中包括政府、国际组织、智库、压力集团和重要的新闻机构的网站。你还会找到以《布莱克维尔社会政策辞典》为蓝本的词汇表、帮助页、有关如何管理社会政策领域中主要委派形式的指导和职业建议。

第12章
社会主义视角

哈特利·迪安

概　览

有关社会政策的社会主义视角：
- 认为作为社会和经济制度的资本主义不利于人类的幸福。
- 指出福利国家制度在救济弱势人群和工人阶级方面表现得模棱两可，因为它同时屈从于有益于资本主义的社会控制。
- 尽管如此，福利国家制度影响着资本主义社会中的社会政策的发展。
- 表明人们曾经尝试通过不同的福利供给路径建立"共产主义的"社会和经济体系。
- 展现了对于我们理解社会不平等和不同社会政策的发展实践而言特别重要的评论。

作为批判的社会主义

社会主义思想的元素可以追溯到多个源头——从《圣经》到17世纪的英国平等派（English Levellers）。不过，与自由主义一样，社会主义可以被理解为18世纪之后思想启蒙时期众多重要的"元叙事"之一。当自由主义为个体自由而斗争的时候，社会主义在争取社会平等。社会主义是作为一种对资本主义经济制度及其社会后果的政治批判而出现在西欧的。

基本原则

作为一种纲领的社会主义具有人文主义、集体主义和平等主义的特点。现代社会主义清楚地表明自己与工业资本主义截然对立，它反对后者的去人性化后果，强调个人竞争的精神特性以及激化社会不平等的方式。早期社会主义者是空想家，他们从宗教权威或道德观点中找到他们的信条,实际上今天也会有类似的做法。不过,卡尔·马克思(1818—1883)的作品提炼了社会主义的基本原则,通常被称为"科学"社会主义。马克思的核心观点是,对于维持生命所必需的自然、物理、技术和经济资源的控制方式决定了社会的结构。人类历史是统治阶级和被压迫阶级之间的斗争史,在人类历史最近的这个阶段,即资本主义社会,人类被他们赖以为生的生产过程所异化。然而,资本主义本身也孕育着使自己解体的种子,因为在资本主义制度下,被压迫的阶级(工人阶级)迟早会夺取统治阶级(资产阶级)所建立的国家机器的控制权。因而,社会主义是工人所开展的一项事业,这项事业最终将走向没有阶级的社会或共产主义社会,在那里,人类的愿望将全部实现,人类的需求也会被完全满足。马克思并没有为无阶级的社会绘制蓝图。他也不是倡导福利国家制度的思想家,在他生活的那个时代,福利国家尚未出现。他分析了资本主义社会的不公平和自相矛盾的特性,也剖析了资本主义制度所依靠的社会力量和经济力量之间的关系。

资本主义的福利国家制度直到20世纪才出现。它的一些支持者和拥护者认同某些社会主义流派。但是,从社会主义的视角来看,我们可以用不同的方式理解福利国家制度在实践中所扮演的角色。我们可以将这些解释归纳成三种类型:工具主义论、结构—逻辑论和新马克思主义。这几种解释在某些方面部分重合,而且它们一致同意,资本主义的福利国家制度与其说将带来社会主义变革这样的结果,不如说维持了资本主义机制。

工具主义论的批判

一些批判观点可以表述为,国家充当了资产阶级的管理委员会。资本主义社会里的福利国家制度最终服务于资产阶级而不是工人阶级的利益。在政府和行政管理机构担任重要职务的人,要么来自具有较多特权的阶层,要么是与"当权者"及/或现状建立了潜在联盟的人。福利国家制度实质上是针对工人阶级的阴谋。

根据这样的解释,福利国家制度的形式和特性都是特意根据资本的经济要求而设计出来的。福利国家制度既是资本主义的女仆,又是它的党羽。通过卫生健康和教育政策,国家能够有序地为工业和商业领域提供劳动者,并且降低劳动力再生产所需要的成本。通过一系列的社会服务,国家确保体弱多病的人的花费不会由工业领域来承担。通过社会保险和劳动力市场政策,国家负责管理那些失业或者暂时没有劳动能力的劳动者。福利国家制度并没有加速资本主义的死亡,而是缓和了它的内在矛盾,帮助它维持下去。

结构—逻辑论的批判

另外一种解释认为,资本主义制度下的国家并不是通过狡诈的阴谋发挥其功能,国家的运转方式是资本主义结构的局限或内在逻辑带来的结果。国家充当资产阶级的管理委员会只是一种比喻。它并不一定是心甘情愿的女仆或者党羽。政府有着一定程度的自治性。但是,善意的改革者至少在某种程度上是环境的俘虏。之所以会这样,是因为要想存活下来,国家必须承认某些不受其控制的特权的存在。例如,国家必须使经济增长最大化、保护利润以及维护社会秩序等。在自由民主主义者那里,经济对政治发号施令,他们坚持的是决定论或者功能主义论点。

这种解释的一个更抽象的版本指出,福利国家制度的基本形式来自资本主义市场关系中标志性的不平等关系,或者说是对这种关系的反映。因此,就像通过个人工资谈判的法律拟制而使劳资双方之间的剥削性关系变得模糊不清一样,国家与其公民之间的关系的基本特性,通过以"社会工资"形式出现的福利产品和服务或民主协议,变得暧昧不明。社会福利改革是受经济驱动而迫不得已做出的单方面妥协;诸如此类的改革的受益人在意识形态上被资本的利益操控,因而他们无法认清自己受压迫的真实本质。这种阴霾被诸如葛兰西(Gramsci)之类的思想家的观点驱散了,葛兰西认为,并不是所有人都被资本主义意识形态所哄骗,也不是所有人都一定会不可避免地被资本主义的逻辑说服。社会主义的计划中,有一部分是关乎谁对世界的意识形态解释会占上风。以这种观念为基础,社会政策可以被解释为并非资本主义结构的必然产物,而是参与持久的政治斗争的各种阶级力量的缩影。社会主义能够作为一种对立—支配性力量发挥作用。

新马克思主义的批判

最后,一群学者在20世纪70年代将上述批判的要素集中在一起,生成了独特的全局性的"新马克思主义"批判。克莱因(Klein, 1993)在一篇评论文章中将这种思想戏称为"奥高菲的预言"(O'Goffe's tale)。这个别称来自新马克思主义批判领域最著名的三位思想家的名字——詹姆斯·奥康纳(James O'Connor)、伊恩·高夫(Ian Gough)和克劳斯·奥菲(Claus Offe)。"奥高菲的预言"的基本思想是,福利国家制度被证明是一种暧昧不明的现象,因为它暴露出双重矛盾。

第一类矛盾是,福利国家制度为工人阶级和资本主义社会中处于底层的成员带来了真正的好处,但是,与此同时,它扮演着压迫或控制他们的角色。福利国家制度促进了社会消费的增长和生活水平的提高,但是在这里面,资本家获益比劳动者多,同时贫困和不平等将继续存在。国家福利提高了劳动力的生产效率,同时让资本主义经济制度的有害社会后果最小化。它既对劳动力的数量进行调节,也对劳动力的质量进行管理。国家福利的发展发挥了重要的作用,它将现代雇佣工人组织起来,使得资本主义具有普遍合法性。例如,它通过义务教育和许多福利救济所附带的前提条件,使工人阶级顺从于新的行政监督和规范控制形式。

第二类矛盾是,福利国家制度巩固资本主义的作用从财政和政治的角度看都是不可持续的。如果没有福利国家制度,资本主义无法存活,但是它又不能承受福利国家制度的成本和后果。从某种程度上来说,这种预测已经被证实了,因为资本主义国家在出现经济危机的时候,试图"中止"它们的福利国家制度,并且将福利供给的责任和成本从公共领域转到私人机构、从国家转移到个体,或者,从结果上看,是从资本方转移到劳动者身上。与此同时,许多较为贫穷的国家在发展它们的资本主义经济的过程中,被说服至多提供有限的国家福利。

作为实践的社会主义

社会主义不仅从理论上对资本主义做出批判,而且也从政治角度向后者发起挑战。无政府主义和自由主义的社会主义者憧憬着一个通过互助和合作实现人类福利的社会,不受任何形式的政府干涉。我们应该同时关注社会主义观点中的两个流派,也就是渐进主义和革命主义,它们实际上是寻求利用政府力量以作为促进人类福利的手段。

渐进社会主义

资本主义福利国家制度的出现至少可以部分归因于阶级斗争的影响。19 世纪末以来,资本主义社会中的阶级骚动和工人运动的增加,一直在国家供给社会福利的发展中发挥着显著的作用,尽管其表现方式在不同的国家中大相径庭。社会主义在动员工人阶级运动方面发挥着关键性的辅助作用。有些社会主义者认为,这种动员是推翻资本主义的必要环节。另外一些社会主义者则认为,应该通过秘密行动走向社会主义。后一种观点是费边社会主义者的立场(他们早期曾经在英国工党内部发挥影响)。

渐进社会主义政治家,例如安东尼·克罗斯兰,声称 20 世纪 60 年代以来的战后时期,在英国这样的国家里发展混合经济和执行工党政府的政策的做法,已经使资本主义不再是原初意义上的资本主义了。但是,也会有人反驳说,社会自由主义可能在创建现代福利国家制度方面比渐进社会主义更为有力。"开明的"资产阶级不仅愿意向有组织的工人阶级提出的某些要求做出妥协,而且为可预见的失误准备好了修补措施,以改善自由市场资本主义与生俱来的不稳定性。因此,国家福利的扩张意味着从工业资本主义向后工业或者"进步的"资本主义的转变,在后者那里,无论是国家还是市场都将发挥作用。

随着资本主义的改变,费边主义有效地吸收了社会民主主义传统(请见第 11 章),它愿意接受进一步改良的资本主义,而不是逐渐取代它,也接受了借由针对市场力量的有害后果的国家干预而逐步改进。人们并不一定能够从政治党派和组织的名称来清晰地区分社会主义和社会民主主义。例如,欧洲社会党(Party of European Socialists)(有 32 个隶属党)和重新组成的社会党国际(Socialist International)(有 70 个隶属党)都包含世界各地的多个党派,它们分别将自己描述为"社会主义的""社会民主主义的"或"工人"党派,不过,它们共同的目标都是最为渐进主义的,或是实质上比起社会主义更偏向社会民主主义的。

革命社会主义

革命社会主义的目标不是采用逐渐改变国家的方式,而是通过掌握国家控制权以服务于被压迫的阶级和工人阶级，从而颠覆资本主义。马克思的主张是，如果实现了这样的目标，那么国家终将随着一个真正无阶级的社会的出现而"消亡"。20世纪出现的社会主义革命就是反映上述主张的例证，其中最著名的是1917年在俄国和1949年在中国的革命。这些国家在发生社会主义革命的时候，并不是完全工业化的资本主义社会，而且革命并不主要是由有组织的工人阶级和先锋活动家展开的。活动家所采用的方案是以人类进步为愿景的。他们所向往的社会和经济布局，不是建立在充满浪费且不受限制的竞争这个基础之上，而是基于合理的计划和合作。他们的目标是使人类福祉最大化。

不过，即便是社会主义观点的拥护者也承认，"现实存在的"社会主义典范最后也遭遇了挫折。例如，在苏联的体制下，一开始，公民都能够获得在国有企业工作的机会，从而得到一系列社会福利和工资。物价被控制住了。住房、教育、医疗和养老金都由国家提供。但是，这些供给的水准和特性往往不能满足人类的需求。而且最初革命主义活动家的理想——尽管其出发点是善良的——走向了另一面。除此之外，革命社会主义主张社会主义应该是全球项目，因为不可能只在一个国家或者国家集团里实现社会主义；然而在资本主义经济生产模式和全球市场占主导地位的相互联系的世界中，社会主义活动陷入了低潮。而像古巴这样一个小型社会主义国家，尽管拥有令人印象深刻的卫生健康和教育系统，但同时要忍受低下的生活质量，因为直到最近，它的资本主义邻居也还没有与它进行贸易往来。

对社会主义的质疑

社会主义和资本主义之间历史性的"冷战"最终是资本主义占了上风。在20世纪走向终点之际，我们目睹了苏联解体。原来的社会主义国家现在大多将它们自己变成了资本主义的福利国家。共产党领导下的中国进行了基于市场的改革，并且逐步发展了带有"西方"风格的社会政策（请见第67章）。我们据说会进入一个后现代时代，在那里自由主义和社会主义的元叙事将会被取代（请见第15章）。

社会主义视角现在不得不面对两方面的质疑。第一个与社会阶级的性质和已经过时了的"阶级斗争"有关；第二个涉及资本主义的全球性和反对资本主义的社会政策的规模。

阶级与身份认同

"阶级"这个概念是社会主义视角的核心。但是，随着我们从工业时代进入信息时代，资本主义社会中的阶级结构的特性正在发生改变。而且，伴随我们从文化上的现代走向后现代，我们开始关注的是身份认同问题，而不是阶级问题。

在整个资本主义世界中，"传统的"手工工人阶级的规模正不断萎缩。在"高科技"全球环境下，随着劳动力市场的需求变得越来越有弹性，后工业社会里的阶级划分也变得复杂了，不过，在这样的社会中，随着富人与穷人之间的鸿沟越来越大，社会正变得越来越不平等（请见第30章）。人们的社会—经济地位不可避免且永久地与其人生机会联系在一起。从社会主义视角来看,尽管阶级划分理念在今天不得不含有一些诡辩的成分,但是这个概念仍然或者应该像过去一样是有意义的。当代社会主义思想家声称,尽管在资本主义社会中人们的阶级地位变得不规则或者模糊不清,但是在多数以出卖自己的劳动力为生的人和少数控制着可观资本的人之间,仍然存在着根本性的差别。

阶级的观点可能已经失去了重要性,部分原因是新的政治身份定位将要取代旧的阶级政治。在过去的十几年里,我们见证了新社会运动的出现,这些运动所关注的恰恰是过去旨在争夺权力和资源的阶级斗争所忽视的议题。这些运动关注人权、全球贫困和生态问题,此外它们也引人注目地纳入了第二次女性主义浪潮、黑人权利和反对种族主义的运动,以及残疾人、老年人、男同性恋和女同性恋等群体的运动。这些运动所争取的并不是物质上的再分配,而是"被平等认同"(Fraser, 1997)。它们考虑的是从社会分化而不是阶级划分中产生的社会不公。并不排除各种运动联合起来、不同的斗争组合起来的可能性,没有什么事物能够阻碍这种可能性的出现。例如,女性主义社会主义和生态社会主义就是社会主义视角中的独特流派。社会主义视角所强调的是,资本主义与生俱来的社会不公性,在多大程度上会使被压迫的状况恶化或者加剧。

新议题

作为理性批判的社会主义观点显然没有丧失解释力,而且从实践的角度来看,它依然具有生命力。只要在世界的某个地方还存在着对资本主义的积极抵抗,那么社会主义就不只是古玩。20世纪末,人们见证了反对经济全球化的无组织全球运动的出现。这类运动一开始是在世界贸易组织(World Trade Organization)会议期间、各种G8高层峰会召开之时发起的一系列引起轰动的抗议活动。在此期间,世界社会论坛(World Social Forum)于2001年成立,成为推动全球化的世界经济论坛的制衡力量;世界社会论坛是多个政治团体、社会运动和非政府机构的折中组合,它努力表达对于更为包容的全球化形式的要求,指出人们需要的不是由资本主义力量塑造的世界。在接下来的时间里,出现了左倾总统候选人在大选中获胜的现象,例如在拉丁美洲,其中最著名的是已故的乌戈·查韦斯(Hugo Chavez)曾在委内瑞拉宣布开展玻利瓦尔(Bolivarian)社会主义革命。更近一些的例子是,在2007—2008年全球金融危机期间及其后,反资本主义运动通过"占领运动"(Occupy)进行了新形式的示威,组成了分布在世界各地不同城市的运动组织的松散网络,它们的目的是动员那些仇恨这个世界中显而易见的不平等的人,而这种不平等源于这个世界上最富裕的1%的人与构成了"人民"的99%的人之间的差异。受人欢迎的"反对资本主义"的标签最近引起了新政治党派的兴趣,其中包括希腊的激进左派联盟(Syriza),以及更近的时候在西班牙出现的社会民主力量党(Podemos),它们有效地利用了公众对经济危机所带来的紧缩后果的不满。

尽管这些从根本上来说完全不同的运动和政党都有反对资本主义的诉求,但是它们在意识形态方面却可能是相互矛盾的(Hardt and Negri, 2012)。运动参与者并不是传统意义上的社会主义者。这些运动也不一定都集中在社会政策事务上。尽管如此,这些组织中的许多活跃分子都是社会主义者,而且一些人的观点来源于社会主义思想。在他们所提出的各种各样的要求中,诸如全民基本收入、进步且激进的税收再分配方式、普遍减少工作时间、捍卫公共服务等,任何一种要求的满足都不足以实现社会主义,但是它们共同向资本主义发起了根本性的挑战(Callinicos, 2003)。这在某种程度上是社会主义观点向社会政策提出的核心疑问,也就是说,这是资本主义短期利益与人类的长期需求是否可以兼容的问题。

可深入阅读的参考文献

有关全面的介绍请见 T. 本的《社会主义论点》(T. Benn, 1980, *Arguments for Socialism*, Harmondsworth: Penguin)和 G. 科恩的《为什么不是社会主义?》(G. Cohen, 2009, *Why Not Socialism?*, Princeton: Princeton University Press)。对反资本主义运动的呈现请见 M. 哈特和 A. 奈格里的《宣言》(M. Hardt and A. Negri, 2012, *Declaration*, ebook, Berkley California)和 A. 卡利尼科斯的《反资本主义宣言》(A. Callinicos, 2003, *Anti-Capitalist Manifesto*, Cambridge: Polity Press)。

有关经典新马克思主义思想家的介绍请见 V. 乔治和罗伯特·M. 佩奇编的《现代福利思想家》(V. George and R. Page, eds, 1995, *Modern Thinkers on Welfare*, Hemel Hempstead: Prentice Hall)。有关新马克思主义的评论请见 R. 克莱因的《奥高菲的预言》(R. Klein, 1993, 'O'Goffe's tale', in C. Jones, ed., *New Perspectives on the Welfare State in Europe*, London: Routledge)。有关社会主义社会政策的图书请见 I. 费古森、M. 拉瓦莱特和 G. 穆尼的《重新思考福利:批判视角》(I. Ferguson, M. Lavalette and G. Mooney, 2002, *Rethinking Welfare: A Critical Perspective*, London: Sage)。有关截然不同的"后社会主义"的论述请见 N. 弗雷泽的《正义的中断:对后社会主义状况的批判性反思》(N. Fraser, 1997, *Justice Interruptus: Critical Reflections on the Post-Socialist Condition*, London: Routledge)。

可能比较重要的网站包括社会党国际(www.socialistinternational.org)、欧洲社会党(www.pes.org)、世界社会论坛(www.worldsocialforum.org)、《红辣椒杂志》(*Red Pepper Magazine*, www.redpepper.org.uk)、伦敦占领运动组织(www.occupylondon.org.uk)。

复习和课外作业习题

1. 社会主义视角有哪些显著的特征?
2. 社会主义视角认为福利国家制度发挥了哪些作用?
3. 社会主义对社会政策的发展产生了哪些实际影响?

4. 社会主义与社会民主主义之间的区别是什么？
5. 如果社会主义观点在今天仍然具有一定的重要性，那么都体现在哪些方面？

请浏览本书的辅助网站 www.wiley.com/go/alcocksocialpolicy，使用为配合本书的阅读而设计的资料链接。在那里你将会发现有专门针对每一章的深入阅读资料链接，其中包括政府、国际组织、智库、压力集团和重要的新闻机构的网站。你还会找到以《布莱克维尔社会政策辞典》为蓝本的词汇表、帮助页、有关如何管理社会政策领域中主要委派形式的指导和职业建议。

第 13 章
女性主义视角

肖纳·亨特

> **概　览**

- ➢ 福利国家制度及其政治和实践结构都是在同一时间通过性别不平等建构出来的。
- ➢ 女性主义基于女性的经验，对文化领域和个人领域的福利事业的理解提出疑问。
- ➢ 近年来对"照顾"这个概念的关注，体现了关于照顾的女性主义政治伦理的发展。
- ➢ 更为多元化的女性主义社会政策分析将男性气概和权力关系纳入考虑。
- ➢ 女性主义者参与到主流政治结构中，从而与性别不平等作斗争。但是，这里面的情况错综复杂而且代价高昂。

女性主义的疑问

以女性主义视角看待福利和社会政策意味着什么？对于这个问题有大量截然不同且充满争议的回答。自由主义女性主义、福利女性主义、社会主义女性主义、马克思主义女性主义和后现代女性主义（等等）以不同的方式对待这个问题。每一种路径都以不同的角度考虑女性的平等、她们的能动性、性别关系和社会公正等问题，以及福利布局将如何促进或者阻碍性别平等和社会公正的实现。

自由主义女性主义倡导女性平等地参与到公共领域，它的历史可以一直追溯到玛丽·沃斯通克拉夫特（Mary Woolstonecraft）在1792年出版的《女权辩护》（*A Vindication of the Rights of Women*）。直到今天，我们仍然可以看到自由主义女性主义对平等就业权相关政策所发挥的影响，其中包括同工同酬和反对歧视的立法。与自由主义女性主义相反，福利女性主义关心如何提高女性在个人生活领域中作为妻子和母亲的生活水平。一系列的社会改革，例如 20 世纪初贝特丽丝·韦伯、20 世纪 30 年代埃莉诺·拉斯伯恩（Eleanor Rathbone）以及（甚至是）1945 年威廉·贝弗里奇推动的福利改革，改善了女性的生活水平。然而,到了20世纪70年代,激进的马克思主义女性主义和社会主义女性主义指出,女性在公共领域的无权是与其在私人领域的无权联系在一起的,并且批判了有关男人与女人之间具有先天的生理差异的假说。他们论辩的焦点是,福利在维持女性在家中的从属地位方面扮演着重要的角色,而女性的这种地位是服务于满足劳动者广泛的物质和精神需求的。因此,福利中的性别区分被视为阶级关系再生产和维护社会稳定的重要手段,其目的是使资本主义劳动关系得以顺利运转。

女性主义的这些讨论展示了在理解性别不平等问题上的复杂性,这里涉及的是,以对待男性的同样方式对待女性会引起问题,因为这样做忽视了女性的特殊需求(比如作为母亲的需求),然而,如果基于女性具有特殊性的假设用不同的方式对待女性,又可能会使女性处于不平等的依附男性的关系中,而这是性别不平等的根源。

接下来,在20世纪八九十年代,后现代女性主义批判了早期对于相同性和差异性的讨论所体现出的普遍化和概化的特点。他们的目标是思考各种不同的女性群体(老年人、黑人、残疾人和异性恋女性群体)与福利布局及其所带来的物质和社会结果之间**各不相同的关系**。这种路径强调福利进程的动态性、变动性和矛盾性,也强调了男性与女性之间**不断变化的性别关系**,而不是假设社会政策普遍导致女性被剥夺权利的结果。

最激进的女性主义分析在一定程度上展现并且改变了我们对于性别化的"福利"和"国家"等概念的理解。也就是说,国家既受到更广泛的社会和文化形式的性别的影响,同时也在形塑性别。因而,这里的核心问题不是去测量性别不平等的程度(尽管这也属于激进的女性主义分析的一个组成部分),而是研究如何通过福利国家制度的机构、实践和政策,使社会和文化方面的性别分类(被分为女人或男人)被理解和建构。女性主义者通过对女性作为家务总管、(异性恋)性伴侣、照顾者、流产者的生活经历和能动性,以及所牵扯其中的诸如离婚、分娩、照顾父母和公婆以及孩子等事务的分析来定义福利。这是一个扩展了的定义,其中不仅包括家庭和非正式领域,也涵盖了国家和市场。

总体而言,女性主义分析试图识别由宏观制度性的不利地位建构的女性经历所具有的多维度性,同时也探索女性的能动性在家庭、亲属和组织背景当中如何在主观、象征性和情感等层面获得支持与遭到反对。将这些分析集中起来,就会产生一个疑问,即自由主义福利模式是否能够实现性别平等。因为这种模式以风险模型为基础,没有考虑到福利公民身份可能带来的变化和情感成本。

女性劳动者和照顾者

尽管女性主义对于福利问题有着广泛的思考,但是大量讨论的本质焦点,往往都集中在女性同时作为福利的提供者和接受者这个相互矛盾的定位上,也就是说,女性在福利问题上的边缘性,是与她们作为福利的正式和非正式的供给者的确定性联系在一起的。

英国战后的福利设计是以男性养家糊口模式为基础的,这个模式遵循的是基于家庭工资体系的共同居住原则,即救济金将支付给负责供养妻子和孩子的男人们。因而,当一个女人与一个男人同居时,她的福利就被收回了。这个体系创造、支持并且维护了男人与女人之间的结构性依赖。

即便女性在政府官僚机构中承担了公共角色,她们的定位也往往反映的是私人领域的女性分工,即女性通常处于较低等级,并发挥着卫生健康、照顾儿童和个人服务领域里的家政作用。例如,在护理领域里,这种区分体现得最为明显,护士一直以来就是体现出性别化特征的职位,女性在这个位置上扮演公共领域中的护理角色,但是,在医护工作人员层级分明的体系和护理管理结构中,占主导地位的仍然是男性。

女性主义分析,特别是来自美国的女性主义,定义了以男性养家糊口模式为基础的其他影响深远的变体形式,强调了社会政策中的慈母主义和父权主义的根源。尽管美国女性缺乏构建福利的正式政治权力,但是她们在福利发展的早期阶段,通过草根组织和有效的游说发挥了强大的能动性。这意味着即便在像美国这样的政府对福利进行最低限度的管理和资助的国家里,这些群体也成功地推动了母婴福利的实现,例如母亲津贴(一种早期的儿童福利补贴形式)和其他保护性的劳工立法。

福利从男性养家糊口模式到"成年劳动者模式"的转变,与西方国家中双职工家庭的出现有关。被称为"公民—劳动者模式"的成年劳动者模式,通过在经济上将女性视为独立的人,例如20世纪70年代以来实行的建立在个人基础上的国民保险和收入所得税,从而在一定程度上推动了两性平等。

到了90年代末,从总体上看,女性主义者利用关于"社会投资"的讨论,主张社会投资应该在福利和整个社会中向照顾领域和照顾者倾斜。所谓的"社会投资型国家"开发了性别包容性更强的"公民—劳动者—照顾者"模式,直接将对儿童和年轻人的投资视为未来经济稳定和发展的保障,并且带来了更多儿童友好、家庭友好和母亲友好型政策。斯堪的纳维亚福利国家因其儿童友好政策和工作—家庭平衡政策而被认为是在这些方面最为先进的国家。例如,引入了带薪育婴假,其中包括为新任父亲提供至少为期一个月的亲子假,即所谓的"爸爸配额"。

在英国,新工党政府执行了类似的政策,例如:

- 国民照顾战略(National Care Strategy)承诺了儿童照顾的普遍权利;
- 国家照料者战略(National Carer's Strategy)为照顾者提供了不同类型的家庭护理方案。
- 稳健起步计划(Sure Start)为父母和家庭提供支持以及更为慷慨的亲子假。

但是,女性主义者一直担心这些设计可能会持续不利于女性,例如美国那种更为中性的版本,并没有认识到女性和男性之间已有的性别化的起点差异,而这种差别会影响到两性从这些政策中获得益处的能力。在女性的工资收入往往低于男性的收入的工作背景下,男性承担育儿责任会带来结构性的损失。这些物质方面令人气馁的因素,通常会与文化上的阻碍联合起来,共同对男性参与照料子女的行为产生影响。

围绕着社会投资型国家做文章的更为雄心勃勃的女性主义,力图开发一种有关照顾的政治伦理,以市场和福利体系的经济或代际合同来挑战现有的福利公民身份的定义方式。在英国,"照顾、价值和福利的未来"(Care, Values and the Future of Welfare)研究项目,试图利用人们对照顾的重新关注,来强调照顾自己和关怀他人本身就是有意义的活动,而不管它们对支持未来的劳动力市场有多少价值。"照顾"这个概念被用于反思源自相互依赖的整体人类能动性,挑战社会责任的个体主义模式。较为激进的女性主义批判是围绕着人类价值的特性以及福利体系如何支持或者贬低这些特性展开的,而上述路径则开始兑现这种批判的诺言。它将有偿工作和照顾行为的价值放在一起考虑(请见工具箱13.1)。

工具箱 13.1　一种关于照顾的政治伦理

照顾政治伦理重新思考了(Williams, 2002):
- 在私人照顾、其他照顾活动和有偿工作上的时间和空间的分配差异,以及这三种行为对于工作和生活的重要性;
- 在照顾活动中,建立在权力和身份的历史形式基础上的各种社会关系的不同之处;
- 除了传统的以异性恋为基础组成的家庭之外,亲密领域的扩展容纳了更多类型的关系,如朋友、爱人、继亲家庭等;
- 包容多种身份认同的多样性将创造新的归属形式,打破原有的家庭、共同体和国家的界限;
- 在确定福利需求的过程中,使用者的意见是信任的核心成分。

性别关系和男性气概

女性主义在社会政策方面的理论发展,连同旨在开发"普遍照顾者"福利模式的运动,提醒人们同时注意男性和女性在社会政策中分别受到了什么样的待遇。人们开始思考男性与教育、暴力、卫生健康和社会排斥之间的关系,这表明人们对社会政策中的男性和男性气概产生了兴趣,而且具体来看,关注点首先集中在做父亲和父亲责任上。庞大而僵化的霸权男性气概强调男性养家糊口的福利模式,并且带来支配性的压迫,然而批评者认为,这种"做男人"的模式是不能持久的,而且会在男性与女性、照顾和家庭的关系上产生问题。

对男性健康问题(例如包括自杀在内的高死亡率、一些特定的疾病模式)的讨论是与他们的所谓"不恰当"或充满风险的男子气概行为(例如不愿意寻求医疗帮助或明显的暴力倾向)联系在一起的。20世纪90年代后期开始的另外一个众所周知的讨论,是关于男孩们不成比例的较低的学业成绩,对此,学校创造了各种各样的方法试图鼓励男孩们参与到学习中来。对于父亲和做父亲的关注正是出于对男孩受到教育(和更广泛的社会)排斥的担心,因而可以:
- 请学校将孩子的成绩报告寄给不与子女共同生活的父亲;
- 激励父亲为其子女读故事;
- 培训从事儿童教育职业的人掌握与父亲沟通的技能;
- 为黑人和少数族裔父亲开发儿童保育服务。

尽管如此,关注儿童和父亲的趋势却可能牺牲对家庭内部的暴力、权力和照顾等复杂的性别动力学的更为广泛的分析。它可能重新带来忽视母亲和做母亲的问题。这样的忽略有一种风险,即通过正式的服务供给再生产女性在家庭中的无权地位。

女性主义的交叉性

长久以来,女性主义一直被认为处在性别、阶级和种族的交汇点上。威廉姆斯(Williams, 1989)对英国福利国家制度开创性的分析指出,在完全以父权的方式构建的资本主义国家中,女人是国家和家庭的再生产活动的中心,但作为父权资本主义国家的组成部分,英国的国家福利制度展现了战后不同女性群体的不均衡而且互相矛盾的福利待遇。例如,20世纪60年代,授予女性的接受高等教育的权利主要令白人中产阶级女性受益。尽管战后的国家医疗服务从总体上改善了女性健康水平,但是对于工人阶级女性和黑人女性效果甚微。

威廉姆斯的分析为不同的、更具批判性的关于英国和其他环境中的福利制度的女性主义分析铺平了道路。一些分析是有关福利使用者、社会运动和活动家的斗争的。另外一些集中在对相关问题的批判,例如卡拉宾(Carabine)撰写的《建构妇女》(Constructing women)和莫里斯(Morris)的《"我们"和"他们"?》("Us" and "them"?)等文章,都展现了主流的女性主义分析仍然依赖于异性恋假设,因而特别关注母亲身份、女性隔离和依赖性。

对于不同类型的女性之间的差异的强调,是建立在对女性主义运动的讨论基础上的,这些运动围绕着种族主义、异性恋主义、残疾歧视的再生产而展开。在这里,不同的社会关系以什么样的方式导致了福利领域中处于劣势的不同经历,以及不同的女性群体分别需要什么样的支持和政策来满足她们各不相同的需求,是讨论所重点关注的。可能在这里最重要的是,强调了差异和差别化的服务,是一种使得女性在福利组织内部由于她们多元化的身份而既容易受到伤害又可被赋权的途径。例如,一位黑人女性劳动者作为黑人而遭受到了阻碍其职业发展的制度性歧视,但同时,由于她是一个有孩子的女性劳动者,她可能从同一组织提供的儿童照顾服务中获益,这一服务的目的是促进女性在职场上的发展。差异性分析所带来的挑战就是,如何满足女性那些有时是相互矛盾的需求,同时这类分析也质疑了女性主义是否有可能对福利服务提出更全面的集体挑战。

主流的性别政策最开始是在欧盟层面上发展起来的,它们试图回答这些错综复杂的问题。人们发现在标准的福利体系中缺乏性别中立性,而且利益向白人资产阶级(男性)倾斜,于是,欧盟试图纠正这种偏差,而不是采取零零碎碎的改善女性地位的措施。欧盟主流的性别政策也将处于交叉点的女性主义语言和多重社会差别结合起来,以人类多样性这个概念为出发点,思考标准的福利体系如何将大量的民众排除在外,有时甚至连白人男性也受到排斥。但是,女性主义也对主流和多样化政策提出了批判,认为它们实际上被用来满足个人的而非集体的需求。

公共政策领域的女性主义者和行动主义

尽管女性主义者在正式的公共政策机制中处于边缘地位,但是这一群体长久以来一直在公共领域中发挥着重要的作用。通过作为政策制定领域的活跃分子以及最近作为公共知识分子,女性主义者的贡献体现在使性别观点进入主流上。即便在更为父权主义的英国福利环境中,女性主义者的行动主义通过挑战女性对男性的经济依赖,从而在很早的时候就成功地引入了直接支付给女性的家庭补助,并且在同一时间也顺利地导入了贝弗里奇的家庭工资。后来,妇女家庭津贴运动(Women's Family Allowance Campaign)击败了保守党政府在1972年提出的税收抵免计划,该计划将取消直接支付给妇女的补贴,取而代之的是通过在工资袋里减税的形式间接支付给有工作的父亲。妇女预算小组(Women's Budget Group)从20世纪90年代初开始积极地仔细审查英国政府的预算;以其创始人米利森特·加勒特·福塞特(Millicent Garrett Fawcett)夫人的姓氏命名的福塞特协会(Fawcett Society),一个多世纪以来一直在女性平等运动中扮演着自由活动组织者的角色。

女性主义对于社会政策的影响能力往往依赖于其对广泛的社会和文化关系的影响力,政策就产生于这些关系。平等机会政策、《同酬法案》、《反性别歧视法案》(Sex Discrimination Acts)以及平等权利委员会(EOC)的成立,这些都是推动英国大范围的文化变化的重要元素。增加女性在正式的政治机构中的就职机会是扩大女性影响的关键维度。

在英国,女性政治可见性的里程碑是1997年委任了专门处理女性事务的部长,2014年之后是妇女和平等事务大臣(Minister for Women and Equality),并且在2001年成立了女性与平等机构(Women and Equality Unit)。但是,围绕着各种主流的政治职位,存在着一种引人注目的矛盾现象,即"没有女性主义的女性政治",也就是说正式体系中的职位往往局限于白人中产阶级女性。

新议题:后女性主义、人权和紧缩带来的影响

最近十多年,人们开始讨论我们走进了一个"后女性主义"时代,在这样的时代,女性主义的核心论点都变得无关紧要了。这样的讨论可归纳为两种观点:其一是,女性在政治生活中不断增强的可见性,证明争取女性平等的斗争取得了胜利,而且这样的胜利甚至在某些情形下给男性和男孩带来了损害;另一个是与主流联系在一起的发展,使得人们不再关心女性所考虑的特殊问题。平等权利委员会以及它的"同伴"——种族平等委员会,已经归化为新近成立的平等和人权委员会。平等和人权委员会的创立,表面上是为了整合对各种不平等现象的交叉分析,但是实际上,这个委员会内部缺乏一个强有力的女性主义议程,这一点令女性主义活动家担心。这个委员会主导的人权议程将如何与更广泛的女权主义关切相关联,还有待观察(请见第5章)。联合政府对于平等和人权委员会的议程的态度充其量只能算是模棱两可,他们成立了独立督导组(Independent Steering Group),以审议刚刚执行两年的平等法案的主要措施——"公共部门的平等责任"(Public Sector

Equality Duty)。而应该进行的全面审查则被推迟到大选之后。

人们普遍担心联合政府所采取的紧缩政策将对女性产生实质性的影响。后紧缩政策凭借削减74%的税收抵免、取消女性收入中的补贴和生活津贴,给予女性以沉重的打击,这些举措体现了早已存在的性别不平等,以及可能使妇女和儿童陷入更严重且持久的贫困中的危险。新的通用福利计划之类的旗舰政策尤其反映了一种倒退,它已经从为女性争取经济独立的艰苦斗争中撤了出来。另外一些政策,例如引入"卧室税"(bedroom tax),影响了女性在离开家庭的时候找到独立住处的能力。应对家庭暴力的多个政府委员会在处理问题时受到了其议程的其他方面的牵制。从表面上看,在过去的五年里,在推特(Twitter)和社交媒体发展的促进下,也在政府及反对党上层公开主张女性主义以及新当选的女性骨干议员的支持下,女性主义者活跃地参与到关于女性在公共生活中的角色和可见性的讨论中。但是,对于针对女性的不断增多的暴力和敌意的担忧一直没有缓解,同时人们还担心,女性可能成为公共紧缩政策所带来的影响的"减震器"。

可深入阅读的参考文献

有许多教科书和论文集是关于社会政策的女性主义分析的,例如:F. 威廉姆斯的《社会政策导论》(F. Williams, 1989, *Social Polity*: *A Critical Introduction*, Cambridge: Polity Press);G. 帕斯卡的《社会政策:女性主义分析(第二版)》(G. Pascall, 1999, *Social Polity*: *A Feminist Analysis*, 2nd edn, London: Routledge)。S. 沃森和L. 多亚尔的《社会政策的形成》(S. Watson and L. Doyal, 1999, *Engendering Social Policy*, Maidenhead: Open University Press)特别聚焦于性别化的社会关系,对这些关系中突出体现后现代差异的方面进行了集中分析。另外一些著作从女性主义视角思考了重要的社会政策思想,例如,R. 利斯特的《女性主义视角下的公民身份(第二版)》(R. Lister, 2003, *Citizenship*: *Feminist Perspectives*, 2nd edn, Basingstoke: Palgrave)。F. 威廉姆斯的《女性主义在未来福利中的存在》(F. Williams, 2002, 'The presence of feminism in the future of welfare', *Economy and Society*, 31:4, 502-519)对关于"照顾"的政治伦理的观点进行了全面介绍。

也有许多女性主义相关期刊,特别是《社会政治:性别、国家与社会的国际研究》(*Social Politics*: *International Studies in Gender, State and Society*)。《社会政策评论》(*Critical Social Policy*),收入了最新的有关福利的女性主义讨论的主要文献,也是探索女性主义在社会政策领域中的发展的有效途径。J. 卡拉宾的《建构女性:女性的性存在和社会政策》(J. Carabine, 1992, 'Constructing women: women's sexuality and social policy', *Critical Social Policy*, 12:34, 23-37)和J. 莫里斯的《"我们"和"他们"?有关社区照顾和失能的女性主义研究》(J. Morris, 1991 '"Us" and "them"? Feminist research community care and disability', *Critical Social Policy*, 11:33, 22-39)都是有关性别差异及其与社会政策的关系的女性主义讨论的经典。

有许多网站提供了大量女性主义相关资源。福塞特协会的网站(www.fawcettsociety.org.uk)提供了最新的自由女性主义平等运动方面的信息,还包括研究报告、实际情况和数据。fword 是一本在线杂志(www.thefword.org.uk/index),刊载了大量当代女性主义讨论和许多女性主义视角的文献。

复习和课外作业习题

1. 社会政策如何让女性受益,又如何损害了女性的利益?
2. 不同的女性主义社会政策分析路径所主张的核心观点分别是什么?
3. 多重社会关系的观点是以什么样的方式影响女性主义社会政策分析的?它为社会政策分析带来什么益处和哪些挑战?
4. 为什么要将男性和男子气概分析引入女性主义社会政策分析?这样的分析对理解性别关系有什么帮助?
5. 请思考女性主义在社会政策中所扮演的角色:女性主义在多大程度上成功地实现了它所关注的社会政策供给领域的性别平等?

请浏览本书的辅助网站 www.wiley.com/go/alcocksocialpolicy,使用为配合本书的阅读而设计的资料链接。在那里你将会发现有专门针对每一章的深入阅读资料链接,其中包括政府、国际组织、智库、压力集团和重要的新闻机构的网站。你还会找到以《布莱克维尔社会政策辞典》为蓝本的词汇表、帮助页、有关如何管理社会政策领域中主要委派形式的指导和职业建议。

第 14 章
社会运动

路易莎·帕克斯

>> 概 览

- 社会运动的定义随着时代发展不断发生改变,现在人们认为社会运动包含与特定对手的冲突、集体认同以及由人和组织结成的非正式网络。
- 社会运动可能会要求社会中某个之前不被承认或不被重视的群体得到认同。
- 社会运动发表有争议的宣言,采用游行、抗议和其他博取注意的策略,这些策略往往与以媒体为导向的战略以及宣传工作结合起来。
- 社会运动并不总是止步于实现它们的短期目标,而且可能会产生更长远的影响。
- 最近的疑问包括社会运动在网络时代如何展开,它们在全球经济危机的背景下发生了哪些变化。

什么是社会运动?

社会运动在世界上的大部分国家中都发挥着重要的历史作用。在西欧,社会运动通过传达人们对于稳定的中央政权的需要及在履行义务后最终获得权利的要求,从而在国家发展中扮演着关键性的角色。要想理解社会运动为什么对于今天学习社会政策的学生非常重要,我们首先必须花一些时间思考什么是社会运动,也就是我们如何定义社会运动。社会运动的定义随着时间的变化而不断发生改变,因此可以将运动解读为它所出现的那个时代的产物。有关运动的最初讨论大概出现在两次世界大战之间法西斯主义兴起的时候,并且它们与社会运动共同发展成为集体歇斯底里。后来,工人运动和再分配财富的要求被视为社会运动思想的缩影。20 世纪 60 年代后期,女权运动和同性恋权利运动兴起,它们与其他运动一起被解释为身份政治的一个组成部分。认识到社会运动的目标和定义发生了变化并没有什么意义,理论家试图解释社会运动的不同层面。

今天，学者确定了社会运动的多个特征，人们可以将这些特征组合起来，为社会运动下定义（della Porta and Diani, 2006）：

- 社会运动涉及与特定对手的冲突。这个特征既指社会运动如何**行动**，例如进行各种类型的示威游行和抗议活动；也是指社会运动的**对象**是谁，它可能是一个政府、一项事业、一个国际组织或数量不一的其他行动者。
- 社会运动由非正式网络组成。我们可以想到一系列与社会运动有关的组织，但是这些组织只是社会运动的组成部分。社会运动牵扯到个人和群体，不过，它们是以非正式的形式参与进来的，也就是说，例如环境保护运动中并不存在所谓的"成员名单"，尽管许多环境保护活跃分子可能也是诸如绿色和平（Greenpeace）和地球之友（Friends of Earth）等组织的成员。
- 社会运动展现了一个集体身份认同。因为一项共同事业而参与抗议活动的个体，会觉得自己有义务这样做，例如，抗议大学收取高额学费的学生都拥有大学生这个身份，也都认为这项收费不公平。

这三项特征也会相互强化，每一个都加强了其他的。人们也发现社会运动以西德尼·塔罗（Sidney Tarrow）所说的"斗争循环"的方式展开：运动经过了形成和斗争（例如，抗议）这些步骤，然后进入一个比较稳定的维持阶段，在这个过程中可能会产生新的组织（就是所谓的机构化），或者在一些情况下，运动的各个部门可能会采用暴力手段（就是所谓的激进化）。例如，反对1987年末引入《英国地方政府法案》（UK Local Government Bill）第28项条款（禁止"通过教学和出版物传播同性恋"）的动员，这次社会运动推动了男同性恋维权组织石墙（Stonewall）的成立。另一个例子是，北爱尔兰的公民权利运动和对它的血腥镇压，这发生在1972年1月，被称为"血色星期天"（Bloody Sunday），这场运动是由临时派爱尔兰共和军（Provisional Irish Republican Army）所引发的。

社会运动和社会群体的定义

社会运动之所以对社会政策的形成发挥着重要作用，就是因为社会运动努力对社会中的群体进行界定。过去许多社会运动的中心目标就建立在这样的基础之上，即它将确保某个群体在一个社会的公民身份定义中得到承认和完全接纳。在举例说明诸如此类的运动时，为了澄清这个思想理路，有必要先对公民身份进行一番探究。在英国具有强大影响力的自由主义观点认为，公民身份是由一系列权利（当然还有与之相伴的义务）构成的。研究自由主义公民身份的著名学者T. H. 马歇尔认为，社会运动在公民权利发展中扮演着独特的角色。一言以蔽之，在自由主义观点看来，社会运动是变革的催化剂：社会运动所提出的要求能够使社会上新近得到承认的群体获得相应的权利，或者确实产生以及固定一系列新权利。

马歇尔列举了工人运动的例子。在1950年的作品中，马歇尔指出，工人（或工会）运动的努力，对于确保"工业公民"权利（包括病假工资和改善劳动条件等）的实现必不可少。向前追溯，妇女参政论者和争取妇女选举权的运动，也可以用这种方式加以解读。从根本上来说，倡导普遍的参政权利是要求女性被完全列入公民身份定义中，在这个定义中，选举权是基本构成部分。将这种逻辑延伸到后来的运动中,可以得到有关此类社会运动之重要性的进一步证据。

20世纪60年代以来的运动被形容为"身份运动",并且有力地证明了这个观点,即社会运动通过定义社会群体从而发挥变革催化剂的作用。美国的公民权利运动就是一个要求纳入公民身份定义的清晰例证,而且这项运动也促进了与之类似的一大波社会运动的出现。"第二波"妇女运动是随着公民权利运动蓬勃发展起来的;除了其他目的之外,这一波妇女运动试图终结对女性的歧视;男同性恋维权运动同样也在60年代后期的运动浪潮中成长起来,并且有着类似的目标。

尽管如此,我们应该注意到,这些社会运动并未止步于寻求来自权威的承认,它们至关重要的任务是改变群体之前负面的身份定位,创造正面的身份。事实上,社会运动的新理论的发展就是60年代后期反抗运动浪潮的直接产物。之前的理论(所谓的"资源动员理论",而且正如前文所提及的,它是与工人运动的重要性联系在一起的)认为,社会运动是以外部为导向,理性的行动者试图对物品进行重新分配。新运动所催生的新的社会运动理论则认为,运动有两个等量齐观的目标:确立特定的身份定位,并且捍卫这种身份定位。

这种将社会运动理解为社会新群体的身份定义工具的解释在今天是否仍然适用呢?近年来的社会运动的一个重要特征是它们的跨界趋势。尽管社会运动通常是国际性的(例如,历史上的废奴运动),但是今天的运动不仅应对国际性议题,而且尝试在全球层面上定义公民身份。有一个例子就可以用这种方式加以解读:全球正义运动通过抗议1999年世界贸易组织会议的"西雅图之战"(Battle for Seattle)而变得举世瞩目,并且根据它的斗争循环,该运动在接下来的几年里展开了针对各种国际会议的大规模抗议活动。

尽管全球正义运动在媒体报道中往往被贴上"非全球性"和"反全球化"运动的标签,但是活动家更愿意称(反对所谓的新自由主义全球化议程的)全球正义运动是将公民身份扩展到全球层面的明白无误的呼吁:例如,2001年,在阿雷格里港举办的世界社会论坛上表决通过的《原则宪章》(Charter of Principles)就明确提出了全球人权。全球公民身份的类似话语,又一次是在反对跨国商业势力的背景下提出的,可以从占领运动的口号——"我们是那99%"——中解读出来。通过社会运动实现公民身份认同的更为经典的例子,是近年来发生的所谓的"阿拉伯之春"(Arab Spring)社会运动。这些开始于突尼斯的运动,也被用来强调研究社会运动的学者所提出的一个重要观点:社会运动也应该被看作是处于从改革到革命的连续统中的某个位置上。对于社会政策研究者来说,运动在稳固可靠的改革中所扮演的角色可能是最有意思的,尽管如此,我们应该想到,社会运动的确具有不断发展的潜力,并且最终带来相当剧烈的变革。

社会运动和社会政策的出现

那么,社会运动究竟是如何影响政策制定的呢?正如在之前有关社会运动的定义的讨论中已经阐明的那样,社会运动不可能为竞选圈定候选人,因而也不可能通过投票直接对政策产生影响,尽管如此,它们可能间接地作用于选举活动,接下来我们将讨论这一点。

实际上,有关社会运动的研究被认为是落入"选举政治"的范畴中。社会运动运用各种各样的战略(就是所谓的"全部斗争本领")使它们的主张公之于众,不过,冲突和斗争的理念是其中的核心。由于缺乏正式的权力,因而社会运动在可能带来某些冲突的危险情况下,才会拥有更大的影响政策制定的机会。

抗议游行这种社会运动策略往往最能体现上述逻辑,游行展现了为数众多的人在某个共同需求下联合起来,而且他们打算采取行动,以很可能带来危险的公开方式表达这一诉求。尽管风险因素在很大程度上取决于发生游行的社会中的规则,但是在文献中,这些因素通常被描述为采取在请愿书上签名或给当选代表写信等相对大胆的行动。出于这个原因,社会运动被理解为"非传统的参与",而投票之类的行为则属于"传统的参与"。

为了顺利地开展博取政策制定者注意的抗议游行活动,社会运动必须能够动员活跃分子和其他社会成员。这意味着,一次运动必须相当有组织,不仅传播抗议游行的主张,而且还要说服尽可能多的民众相信该主张非常重要,值得为它进行游行示威。因此,大量有关社会运动的学术著作都集中在动员问题上,同样也关注社会运动如何表达其主张。表达框架是指社会运动以某种方式表明所察觉到的问题。这种方式让人们相信该问题非常重要,列出应为该问题负责的具体敌人,以及鼓励人们通过参与到运动中来而对该问题采取行动。表达框架不仅在组织抗议活动的阶段至关重要,而且在确保该要求不局限于一次单独的抗议事件方面也非常关键:问题必须以凸显的方式表达出来,从而能够延长抗议的浪潮,并且可能带来政策制定者的回应。

尽管抗议游行属于典型的社会运动战术,但还有许多其他策略也被采用。游行示威本身也产生了数量可观的变体,从传统的工会游行到嘉年华庆祝活动一般的同性恋大游行。还有其他的属于温和抵抗范畴的抗议方式,其中包括静坐和占领建筑物,近年来,这些形式演变成了在公共场合安营扎寨。还有一些方式涉及的人较少,但是带来更为轰动的效果:虽然不可能在这里列出所有的可能形式,但是可以举几个例子,例如攀上建筑物、潜入国会、高举旗帜或将自己绑在树上等。诸如此类的战术,尤其有助于人们理解社会运动如何通过媒体发挥效力。

虽然参加游行示威的成员和团体的出现可能会吸引政府中政策制定者的注意,但是,如果没有媒体力量的干预,他们可能无法确保运动产生影响。媒体不仅通过它们的报道帮助社会运动发声,从而发挥放大游行示威的声音的作用,而且招募个体参与到这项事业中来,从而扩展了运动。至关重要的一点是:一次示威游行不能构成一项社会运动。随着时间的流逝,行动的影响力迅速扩大是其产生任何效果的必要条件。除了斗争战术之外,社会运动也有可能使用许多其他更为传统的手段来公开自己的主张,例如新闻发布会、记者招待会、简报和游说(与公共权威会面)。有关社会运动的研究发现,为了对政策产生影响,必须将不同类型的策略组合起来。

因此,社会运动并不必然会对政策产生影响。实际上,大多数社会运动并没有实现它们的首要目标;例如,公众可能厌倦了某项社会运动,尤其是如果大规模的抗议活动带来或长或短的混乱,或者抗议运动中牵扯进了暴力活动。暴力也同样会被媒体有意地过度报道(因为它可能被认为是更有"新闻价值"的),这意味着总体而言,和平的社会运动可能会被媒体报道毁掉,而不是从后者那里得到帮助。媒体也可能用其他方式错误地展现运动,或者可能为该运动的诋毁者提供更大的空间。所有认为社会运动从一开始就能动员足够数量的积极分子的想法都是一种假想,因为这本身就已经是一个难以实现的伟大功绩了。在近年来的全球运动中,与动员和显著的表达框架联系在一起的困难,因为所涉及的距离、所需要的资源以及语言等方面的障碍而变得更加严重了。但是,社会运动仍然可能在较长的时间范围内发挥影响,在这里,我们再一次回到对社会群体的承认这个概念上来。

分析社会运动和制定政策的过程

在对政策制定过程进行分析时,将社会运动纳入考虑,意味着对政策等式输入端的关注:社会运动可能表达了某种社会需求,它要求一些政策发生改变或者被提出来。然而,判断社会运动如何对某项政策产生影响却是非常困难的。正如我们已经讨论过的那样,这是因为,社会运动的效果可能经过较长的时间才体现得更为明显,而不是在短时间内就展现出来。假以时日,社会运动可能改变一个社会中的首要规范或话语,例如,女性与男性是平等的这个观念现在已经被普遍接受,并且得到法律保护,同时基于种族和性取向的歧视也遭到人们的谴责。没有女权运动、同性恋维权运动或反种族歧视运动,就很难想象那些在运动发生之前占统治地位的观念是如何可能改变的。

但是,在某些情形下,一项社会运动也可能是因为某项政策而被动员起来的。上文谈到的第28项条款就是这样一个例子,其也强调了这样一个事实,即社会运动更有可能被动员起来对某种威胁提出抗议,而不是表达特别的政策要求。这意味着,尽管运动有可能设定了长期议程,但是运动中所发起的活动,在短时期内往往是偏回应性的。因此,通过纯粹的分析,社会运动的作用难以得到证明,因为社会中许多其他行动者也试图以不同的方式对政策制定者施加影响。要证明社会运动中的具体活动对于特定政策的影响,就必须仔细地将其他行动者的活动梳理清楚,而如果社会政策是由像欧盟这样的政府间国际组织制定的,那么这样的梳理过程又会变得更加复杂。不过,视野更为广阔的历史研究已经明确证明,社会运动带来了社会层面的变革。

新议题

最近几年,有许多非常引人注意的问题和挑战出现在社会运动研究领域。尽管它们不完全是"新出现的"问题,但是仍然值得关注,例如对于北半球之外的社会运动的研究越来越落后;正如这一章所反映的那样,许多学者往往倾向于以建立在(尤其是)欧洲和美国的案例之基础上的理论来分析世界各地的社会运动。而较为新近的特别议题是近年的研究所关注的全球经济危机和技术领域的革新这样两个主题。

全球经济危机的到来,或多或少与全球正义运动的逐渐减少同时发生,全球首脑峰会不再像21世纪第一个十年里那样,总是伴有大规模游行。随着经济危机转变成了(特别是欧洲国家)各种各样的削减公共开支的紧缩议程,一种新的运动形式出现了,它在英语世界被称为"占领"运动,在西班牙2011年5月的抗议活动后,它在欧洲其他地方被媒体贴上了"愤怒者"(Indignados)的标签。这类社会运动的特点是占领广场和其他公共场所,抗议者在那里搭建帐篷。与之前的全球正义运动之类的国际性抗议活动相反,占领运动的帐篷强调了其地方性存在和行动范围。

研究社会运动的学者以各不相同但互相补充的方式,解释了从全球层面到近期地方层面的转变:

- 首先,他们指出,(特别是欧洲国家为了"纾困"引入的)紧缩议程给普通人带来的威胁显而易见是地方性的。因此,出现在西班牙的运动主要反对收回住房,而在美国的占领运动则是买断银行廉价出售的债务,从而使那些欠债的人得到解放。
- 其次,他们认定,国家政府和国际政府组织全神贯注地向银行和商业领域提供大量资助,而几乎没有为社会运动留下与这些领域的参与者交战的机会。似是而非的是,这种情况导致许多占领活动因为提不出"要求"而解散。

另外一个令人兴奋的新研究领域是线上世界的社会运动。互联网为社会运动提供了新的组织途径,"阿拉伯之春"就聚焦于这样的方式,在那里,推特和脸谱等网站既在传播反抗活动信息方面发挥着重要的作用,也产生了一些动员效果。互联网既是一种抗议手段,同时其本身也是抗议主题。作为抗议手段,互联网的调动能力远远超过了签署请愿书所隐含的可能性(尽管后者也会有一定的作用)。在引起轰动的互联网运用案例中,有很多都是与争取信息自由的运动联系在一起的,而且与个体紧密相连,这也反映了抗议活动从全球层面转移到地方层面:对此人们不禁会想到维基解密(Wikileaks)和"内部告发者"爱德华·斯诺登(Edward Snowden)。个体具有产生意义深远的影响的潜力,这给社会运动研究带来了有趣的课题,此前,数量和团体的重要性曾经是社会运动研究最为看重的。而且,互联网也成为抗议的主题。数字权利和表达自由运动为争取获得知识的通道而斗争,并反对任何被视为限制网络自由的政策。

可深入阅读的参考文献

对有关社会运动的理论问题感兴趣的学生,值得一读的最全面、最深入的著作包括D. 德拉·波尔塔和M. 迪亚尼的《社会运动导论》(D. della Porta and M. Diani, 2006, *Social Movements: An Introduction*, Oxford: Blackwell)。西德尼·塔罗的《运动的力量》(S. Tarrow, 2011, *Power in Movement*, Cambridge: Cambridge University Press)提供了广泛且易懂的概述,将社会运动看作是由理性行动者参与的,并且以简明的方式阐述了斗争循环。J. 古德温和J. M. 贾斯珀编的《社会运动读本》(J. Goodwin and J. M. Jasper, eds, 2015, *The Social Movements Reader*, Oxford: Wiley-Blackwell)是一本高质量的论文集,收入了阐述不同社会运动和该领域非常重要的概念的核心文章。C. 弗莱舍·福米纳亚和L. 考克斯编的《理解欧洲运动》(C. Flesher Fominaya and L. Cox, 2013, *Understanding European Movements*, Abingdon: Routledge)特别论述了发生在欧洲的社会运动。

复习和课外作业习题

1. 我们如何定义社会运动?
2. 请列举三个为公民身份权利斗争的社会运动,并且解释为什么你选择了它们。
3. 社会运动采用了哪些类型的战术?
4. 社会运动对政策制定发挥了哪些影响?
5. 社会运动对民主社会有哪些重要性?为什么?

请浏览本书的辅助网站 www.wiley.com/go/alcocksocialpolicy,使用为配合本书的阅读而设计的资料链接。在那里你将会发现有专门针对每一章的深入阅读资料链接,其中包括政府、国际组织、智库、压力集团和重要的新闻机构的网站。你还会找到以《布莱克维尔社会政策辞典》为蓝本的词汇表、帮助页、有关如何管理社会政策领域中主要委派形式的指导和职业建议。

第15章
后现代主义视角

托尼·菲茨帕特里克

> **概　览**
>
> - 后现代主义明确地宣布传统的社会和政治理论的幻灭,这为新的思考路径和方式创造了空间。
> - 后结构主义也从之前的思想中完全分离出来——尽管后者在理论上和方法论方面更为精确,而将注意力转向身份和意义的不确定性。
> - 后现代主义和后结构主义已经成为知识版图的明确特征,但是仍然有许多人质疑它们的重要性或意义。
> - 后现代主义和后结构主义展现出与社会政策中的"面包和黄油"(生计)议题的不同,但是它们同样清晰地呈现了社会政策必须认真对待的变化中的社会现实。
> - 其他社会变化包括对风险概念以及它与当代公民身份和福祉观念的关联性更加关注。

后现代主义理论

后现代主义是 20 世纪 80 年代知识领域里的时尚,与其他流行之物一样,它吸引了狂热的支持者和同样热情的批评人士。但是,后现代主义的遗产让这两方都倍感困惑。它并没有像其支持者所预言的那样扫除传统的思想流派,但也没有像它的批判者所希望的那样证明自己只是空洞的、过渡时期的一时风靡。这是因为后现代主义凭借其思想历史的深厚根基,在新的社会、政治和文化背景中彻底改造了一些旧主题。因此,无论我们是否赞同后现代主义,我们都不能忽视它在近年里的影响。当社会政策开始对后现代主义产生兴趣的时候,后者已经为前者所依赖的知识土壤提供了养分。

后现代主义的转向,很大程度上是由政治和社会思想的传统形式的幻灭所引发的。

20世纪60年代的"重新发现"马克思主义,激励左派相信消费资本主义的替代形式既是可以设想的,也是可以实现的。然而,到了70年代,许多活动家和知识分子不再关注马克思主义,并且开始重新思考解放和进步的意义。

让-弗朗索瓦·利奥塔(Jean-François Lyotard)声称我们不能再紧抓着"元叙事"不放了。任何一种试图在单一的包含一切的批判中理解现实世界的思想体系都是元叙事。马克思主义就是一种"宏大叙事",它试图用物质生产和阶级斗争解释社会的方方面面。这样做像是努力走出现实世界,然后从外部来解释它。而利奥塔与他之前的维特根斯坦(Wittgenstein)一样,坚持认为并不存在我们能接触到的"外部";因为我们身陷语言当中,不可能通过一个语言之外的空间全面认识世界。因而,知识必须是从"内部"生产的,从我们使用语言的共同体里面产生的,也就是说,知识永远都是背景化的、特殊的,而不是绝对的、普遍的。利奥塔将后现代主义定义为"对元叙事的怀疑",因此它也是对解放政治能够依赖单一的解释模型或系统这一观念的摒弃(请见工具箱15.1)。

工具箱 15.1　利奥塔

在当代社会和文化中,即在后工业社会和后现代文化中,对于知识的合法性的怀疑以不同的方式被提出来。宏大叙事已经失去了它的可靠性……无论它是属于推理叙事,还是解放叙事。

Jean-François Lyotard(1984), *The Post-modern Condition*, Manchester:Manchester University Press, 37.

让·鲍德里亚(Jean Baudrillard)甚至走得更远。马克思主义可能适用于制造时代,但是现在我们生活在符号和信号的社会里。事实上,这些符号和信号无所不在,以至于它们不再可能通过象征的方式来代表现实了;相反,现实与象征之间的哲学性差异消失在了"超真实"之中。曾经我们能够区分原始客体及其复制品,然而超真实却意味着只有复制品存在,而我们不再能够确定这些复制品的源头。因而,我们所在的时代是一个只能无穷无尽地指向其他模仿的仿真时代。这些自我指涉的无限循环,就是鲍德里亚所谓的拟像:所有一切都是其他仿制品的再现。社会向心聚爆,而且我们无法将自己从拟像中解放出来:有关进步的思想,也只是信号系统所产生的另外一种形式的诱惑罢了。

这些观点受到了其他理论家的猛烈攻击。尤尔根·哈贝马斯(Jürgen Habermas)声称,后现代主义是从哲学角度为社会和政治保守主义做辩护。通过指出进步的非现实性和无必要性,后现代主义似乎是在保守地捍卫现状。哈贝马斯批评说,后现代主义思想家所依赖的,恰恰是那些他们声称已经失去"魔力"的哲学承诺和假设。

但是,也有一些人,尽管他们本身并不赞同后现代主义思想,坚持认为后现代主义的出现和流行显现出当下社会的一些非常重要的变化。弗雷德里克·詹明信(Fredric Jameson)将后现代主义形容为"晚期资本主义的文化逻辑",它清晰地描绘了当代生活的碎片化和异质性,而这样的特性是资本主义生产和消费的发展所导致的。我们的文化中弥漫着表面、杂交、重新包装、拙劣的模仿、七拼八凑的集锦和光怪陆离的场面。资本主义假装没有在进行统治,通过将自身及其所影响的客体碎片化来发挥支配作用。因而,詹明信声称,后现代主义**能够**被那些致力于左派进步政治的人所利用。

后现代主义摒弃这样的观点,即认为存在普遍适用于不同时间和空间的价值观、判断和原则。对于诸如克里斯托弗·诺里斯(Christopher Norris)之类的后现代主义批评家来说,这将不可避免地导向相对主义,这个观念认为并**不**存在普遍适用的道德标准和真理。诺里斯指出,这会导致后现代主义者在智识上走向极端无理性,例如,鲍德里亚在1991年声称,从来就没有发生过海湾战争。

工具箱 15.2　后现代主义

后现代主义者:
- 反对普遍主义;
- 相信真理是在一定语境下的;
- 摒弃基础主义和本质主义;
- 避免二元区分;
- 支持身份政治;
- 歌颂反讽和差异。

作为后现代主义的捍卫者,理查德·罗蒂(Richard Rorty)主张,是寻求绝对真理的徒劳无功创造了相对主义,因此,如果我们停止寻找不可得的东西,那么我们就能够超越对普遍主义和相对主义的毫无意义的区分。这并不会导致我们无法谈论真理;相反,这意味着真理是依赖情境的,也就是说,是以做出真理宣称的框架为基础的。正如尚塔尔·墨菲(Chantal Mouffe)所观察到的那样,观点扎根于特定的传统中,而且并不存在超越了所有传统的"上帝视角"。

后现代主义者也抛弃了基础主义和本质主义。基础主义是这样一种观念,即知识和信仰都建立在可靠的基础之上,这一基础是可以被发现的,例如通过科学。后现代主义者则认为,不存在这样的基础,同样我们也永远不可能完全证明任何知识宣称或信仰宣称的正确性。理解永远都是如何演绎的问题,而演绎永远都不是完整的。本质主义这种观点认为,事物均有其本质,可以依据本质来界定和解释事物,例如,人的本质就是"人类天性"。对于后现代主义者而言,所有事物和它们所谓的本质也只不过是社会的构造物罢了。

后现代主义者坚称,我们应该避免以二元区分、层次体系和结构系统的方式进行思考,例如将自然与文化对立起来。后现代女性主义者,例如朱迪斯·巴特勒(Judith Butler)指出,那样的思维方式反映了有关世界的男子气概的假设,即世界是可以划分成不同的组成部分的,不同的部分有高低优劣之分。在后现代主义者看来,并不存在优势位置和次要位置之分,或者更确切地说,**所有的地方**都既是优势位置,**也是**次要位置! 取而代之的是,后现代主义者更愿意强调无中心的流动、液态性、网络和互联互通的重要性。

后现代主义通常偏爱一种围绕着文化和自我建立起来的身份政治形式。压迫和歧视并不只是因为缺少资源，而且是因为缺乏承认和身份地位，以及无法改变定义和排斥你的规范。但是个体、群体和社会的身份从来都不是固定不变的，相反，它处于一种模糊不定的变化状态，要不断地重新商讨和重新确定。身份不仅意味着"类似于什么"，也代表着"不同于什么"。

最后，后现代主义表达了戏谑的、反讽的立场：后现代主义者通常拒绝将任何事情当真，包括他们自己！不过，这并不是自我纵容，这种不当真的戏谑态度意味着对差异性、交叉性、差别和多元主义的歌颂。在理查德·罗蒂看来，哲学不是"自然的镜子"，而是设计新的词汇表和描述说明的途径。我们的工作不是去争论哪些描述说明反映了真实，而是在无穷无尽的解构中互相帮助，并且重新构建我们对社会世界的理解。团结一致，而不是真理，才是值得追求的正确目标。

后现代主义和社会政策

许多社会政策理论家和研究者都对后现代主义持有强烈的批评态度。例如，如果社会政策考虑到福利问题，那么我们就必须通过人与人之间的、历史性的、跨国和跨文化的比较，以确定较高级或较低级的福利情况。然而，这样的评判可能恰恰是后现代主义拒绝做出的。通过接受语境主义、反基础主义和反本质主义，后现代主义破坏了真理和社会进步这一类概念，从而也削弱了创造更大的自由、平等和共同体的努力。但是，如果这些概念不应该被抛弃（因为它们在很长的时间里都非常受欢迎），那么我们或许需要摒弃后现代主义观念，因为它们可能会带来有害的政治和社会影响。

对此，我们可以举例说明。可以说，社会政策是以存在着由基本需求构成的人的天性这一观点为基石的。福利系统的任务就是使得那些需求得到满足。但是，如果像后现代主义者所宣称的那样，人的天性是现代主义者的虚构之作，而且需求是经由语言而不是物种的天性构建的，那么国家福利的合理性就会被破坏。这只是一些社会政策评论者非常不信任后现代主义并且指责它为反对福利的国家政策提供了理论辩护的一个原因。

不过，另外一些人主张，后现代主义和社会政策不必那么相互敌视。从传统上来看，社会政策一直要考虑阶级问题，也就是收入和职业。不过，尽管我们的身份无疑是通过社会—经济关系构建起来的，但是还存在其他形式的关系，它们同样很重要，例如性别、种族、性取向、宗教、残疾、国籍、年龄等。因而，社会政策必须考虑这些附加的范畴，以及它们之间的交集。然而这正是出现分歧的地方，即我们如何权衡阶级划分和非阶级区分的比重。对于一些人来说，阶级仍然是重中之重，因此后现代主义思想就是不受欢迎的干扰因素。而在另外一些人看来，阶级分类和非阶级分类之间应该更为平衡。

南茜·弗雷泽提出，社会公正既需要再分配，也需要承认和接受，因此这不只是分配领域的物质问题，也是身份及尊重不同群体的文化问题。如果我们过于强调经济方面的公正和再分配，我们可能会忽视某种程度的歧视将会构成系统性排斥、对身份的否定和轻蔑无礼。相反，如果我们过分重视文化公正和承认接纳，我们有可能会无视阶级在塑造社会机制和机会及自由的分配方面继续扮演的角色。两方面我们都需要考虑。因此，可以说，通过同时关注社会身份的重要性和复杂性，后现代主义应该能够运行一个重要的服务系统。

齐格蒙特·鲍曼（Zygmunt Bauman）勾勒了另外一种后现代主义与社会政策友好相处的形式。鲍曼相信，我们现在正生活在一个后现代世界里，这是一个个人化、碎片化并且通过全球化浪潮而不断加速变化的世界。但是，在他们忙着歌颂这个世界的时候，后现代主义者自己也经常忽视解除了管制的全球资本主义在改变事态方面所发挥的作用。鲍曼指出，后现代资本主义通过移除穷人的权利为富人授权。福利的集体系统尽管也成了全球资本主义的牺牲品，但仍然是我们由此可以认识到我们的相互依赖性并且重新评估共同价值和需求的重要性的途径。

后现代主义的影响可能会延伸到服务的生产方面。普遍主义者和自然选择主义者之间的争论是社会政策领域的一个特征，前者反对后者所主张的经济状况调查。后现代主义在这场争论中的一种立场是，认为福利供给应该是普遍的，但必须在一个框架内，也就是应该对特定群体的具体需要和要求更加敏感。在一些人看来，这种主张意味着市场驱动的授权地方的消费主义形式。然而，渐进后现代主义强调非市场性的参与和审议形式的重要性。

因此，虽然有人认为后现代主义和社会政策存在不可调和的矛盾，但是也有另外一些人相信，两者都有助于我们理解自身和社会。

后结构主义

后结构主义赞同后现代主义关于我们无法超越我们身处其中的传统的观点。在后结构主义者看来，我们所谓的"现实"只是话语和意义的即时效果，在语言游戏之外并不存在稳定的现实。因而，真理是话语性的，也就是说并不存在所谓的"真理"这种事物，而只有一系列的真理宣称，即对所谓的真理的主观表述。我们所称为"真理"的，不过是权力的另一张面孔，在社会表象之下并没有真实的结构存在。权力有着数不清的面孔，但没有哪一张是真实的，并且构成了其他所有面孔的基础。

米歇尔·福柯（Michel Foucault）关注知识和思想是在什么样的条件（话语）下产生的。他开始通过一种"谱系学"路径理解话语实践，密切跟踪大量的机构（例如监狱、精神病院、医院等）背景中权力的历史和运转方式。例如，在19世纪和20世纪，疯狂被重新定义为可以治疗的精神疾病，需要用当时的医疗工作者热切拥护其疗效的特殊方法进行治疗。其他话语，例如狂躁、鬼魂附体、伏魔等宗教上的说法则被上述的医疗说驱散了。福柯分析了医疗说在多大程度上将精神疾病放到一个新的规范框架中——这个框架并不一定优于之前的任何话语（例如宗教话语）。"疯狂"能够使我们剩下的人将自己定义为健康的和正常的（请见工具箱15.3）。

> **工具箱 15.3　疯狂和正常**
>
> 到处都是对正常的评判。我们生活在一个老师评分、医生诊断、教育者评论和"社会工作者"判断的社会中;在各处占主导地位的正常标准是以他们的判断为基础的;而且每个个体无论身处何处,都要让自己的身体、手势、行为、倾向和成绩符合这些标准。
>
> Michel Foucault(1991), *Discipline and Punish*, Harmondsworth: Penguin, 304.

因此,福柯认为"全景敞视监狱"是现代所有规训和规范化形式的基本隐喻。全景敞视监狱是一种监狱造型,旨在以最少的狱卒来监视尽可能多的犯人。犯人不会知道自己什么时候被观察,因此他们不得不像永远处在监控下那样行动。通过这些观点,我们能够将福利体系理解为一种话语叙述,即它是规范性监督的惩戒机制。成为主体意味着要时刻监督自己。后结构主义并没有提出福利改革的宣言。相反,它是一种"春季大扫除"活动,是一种破坏我们普遍秉持的假设的渠道。

不过,许多身处社会政策共同体的人反对这些观点。如果真理宣称占据主导地位,如果权力无所不在,那么争取普遍解放、进步和正义的斗争将如何继续下去?具有讽刺意味的是,正如一些马克思主义者将每个人都视为他所在阶级的代表一样,后结构主义者往往将行动者看作话语所经过和环绕的嵌入空间。**作为**一个西方社会中产阶级的白人男性,我可能相信进步和理性,但是这并不意味着**因为**我是西方社会中产阶级的白人男性才持有这样的信念。可能真理并不单纯是权力的另一副面孔。

无论如何,福柯的思想产生了深远的影响,而且与后现代主义一样,后结构主义也对当代有关身份、能动性、治理、管制和监督的讨论做出了贡献。

风险社会

另外一些理论家尽管认为现代性发生了改变,但是他们并没有宣称现代阶段已经结束。乌尔里希·贝克(Ulrich Beck)声称我们已经走到了**第二**现代性的起点上。第一现代性是工业发展时代,在那个时代,所有的政治和社会制度的设计初衷都是,在一个稳定、可知且能够通过科学方法计量的世界中生成"好处"(福利和经济增长)。相反,第二现代性是进入了一个风险社会,其特征是努力限制、管理和引导可能产生"害处"、担心和危险的路径。例如,核能和工业污染从根本上破坏了工业秩序中的简单的阶级等级,其既对富人聚集区产生作用,同样也影响着穷人的社区(请见工具箱15.4)。

> **工具箱 15.4　风险社会**
>
> ……风险社会**不**完全是阶级社会;这种社会的危险状态并不能理解为阶级导致的状况,或者这种社会的冲突也不能被看作是阶级冲突。
>
> Ulrich Beck(1992), *Risk Society*, London: Sage, 36.

例如,有可能引发的后果之一是,国家福利曾经被当作通过社会保险条款来防范集体风险的机制,而现在福利国家机制成了风险的首要来源。安东尼·吉登斯(Anthony Giddens)赞同贝克的大部分命题,并且坚持认为,福利改革必须建立在"积极福利"这个概念的基础上,从而使人们具备在一个无保障的新社会环境中找到正确道路的能力,将风险从危险转变为机遇。风险社会这个概念被证明影响非常深远,但是它也招致大量批评。一些人反对它所依据的社会学假设。第一现代性与第二现代性之间的对比可能过于粗糙,而且认为阶级结构已经不那么重要了的想法也被责备为幼稚。另外,贝克可能忽视了风险在多大程度上为那些反对资本主义福利国家制度的人所政治化。

新议题

以上回顾的所有观点都是对重要性未曾消减的三个主要话题的讨论。首先,我们是否应该像我们仍然生活在现代性时期那样描述自己。其次,阶级是否是当代社会的主要组织原则。最后,我们应该尝试着对社会做出什么样的解释,以及如何判断什么是改变这个社会及其福利机制的最佳方法。对社会政策的讨论在 21 世纪仍然是围绕着这些主题以及新趋势展开的。

可深入阅读的参考文献

H. 贝尔滕斯和 J. 纳托利的《后现代主义》(H. Bertens and J. Natoli, 2002, *Postmodernism*, Oxford:Blackwell)对后现代社会关键特征进行了全面的调查。L. E. 卡洪的《从现代主义到后现代主义》(L. E. Cahoone, 2003, *From Modernism to Postmodernism:An Anthology*, Oxford:Blackwell)是一本优秀、全面的论文集,它追踪了几个世纪以来伟大思想家有关现代化问题的重要讨论。关于后现代主义与社会政策关系的富有启发且清晰易懂的探讨请见 J. 卡特编的《后现代主义和福利碎片》(J. Carter, ed., 1998, *Postmodernism and the Fragmentation of Welfare*, London:Routledge)、P. 伦纳德的《后现代福利》(P. Leonard, 1997, *Postmodern Welfare*, London:Sage)和 J. 罗杰斯的《从福利国家到福利社会》(J. Rodgers, 2000, *From a Welfare State to a Welfare Society*, London:Macmillan)。

全面地介绍了后结构主义的作品包括 C. 贝尔西的《后结构主义通识读本》(C. Belsey, 2002, *Post-structuralism:A Very Short Introduction*, Oxford:Oxford University Press)、A. 芬莱森和 J. 瓦伦丁的《政治和后结构主义导论》(A. Finlayson and J. Valentine, 2002, *Politics and Post-structuralism:An Introduction*, Edinburgh:Edinburgh University Press)。有关福柯对社会工作影响的讨论,请见 N. 米克-梅耶和 K. 维拉德森的《权力和福利》(N. Mik-Meyer and K. Villardsen, 2013, *Power and Welfare*, London:Routledge)。S. 巴尔的《福柯、权力和教育》(S. Ball, 2013, *Foucault, Power and Education*, London:Routledge)也是围绕着福柯展开的。

有关风险社会思想在社会政策和公共政策领域的广泛应用请见 D. 丹尼编的《生活在

危险中：担忧、缺乏保障、风险和社会政策》（D. Denney, ed., 2009, *Living in Dangerous Times: Fear, Insecurity, Risk and Social Policy*, Oxford: Blackwell）。

网络资源有：包含全面的哲学思想的 EpistemeLinks（www.epistemelinks.com）；"一切皆后现代"（Everything Postmodern）网站 www.ebbflux.com/postmodern；互联网现代史资料库（Internet Modern History Sourcebook）网站 http://www.fordham.edu；《斯坦福哲学百科全书》（*Stanford Encylopaedia of Philosophy*）网站 plato.stanford.edu/entries/postmodernism。

复习和课外作业习题

1. 后现代主义是启发进步的社会批判形式的灵感来源吗？
2. "需求""权利""阶级"只是语言和话语的建构物吗？
3. 我们的社会身份在多大程度上是文化性而不是物质性的？
4. 为什么难以运用后结构主义思想解释风险和社会运动对社会政策的重要影响？
5. "后现代的福利国家"应该呈现什么样的面貌？

请浏览本书的辅助网站 www.wiley.com/go/alcocksocialpolicy，使用为配合本书的阅读而设计的资料链接。在那里你将会发现有专门针对每一章的深入阅读资料链接，其中包括政府、国际组织、智库、压力集团和重要的新闻机构的网站。你还会找到以《布莱克维尔社会政策辞典》为蓝本的词汇表、帮助页、有关如何管理社会政策领域中主要委派形式的指导和职业建议。

第三部分
历史背景

第16章
19世纪的开端

伯纳德·哈里斯

▶▶ 概　览

- 在19世纪,人们依靠家人、朋友和社区的帮助,以及通过慈善救济和加入互助会,以防范贫困和疾病等风险。
- 济贫法是主要的法律。在英格兰和威尔士,1597年和1601年颁布的《济贫法》授予地方政府强制征税的权力,这些税收被用来"促进穷人工作",帮助那些没有工作的人,为贫困儿童提供做学徒的机会。苏格兰的贫困救助制度要简略得多,而爱尔兰在1838年之前没有任何形式的济贫法案。
- 英格兰和威尔士的济贫法以及苏格兰的济贫法在19世纪经历了一系列重大改革。《1834年济贫法修正案》(Poor Law Amendment Act 1834)的目的是阻止体格健全的男子申请贫困救济,而(苏格兰的)《1845年济贫法》第一次授权苏格兰地方政府强制征税。体格健全的男子也被完全排除在苏格兰的济贫体系之外,但是到了19世纪最后十年,福利供给的态度变得更为灵活。
- 19世纪的重大发展包括工作条件的改善、新的住房标准和医疗服务的引入。1833年,政府批准的教育机构被引入;1870年之后,教育委员会应该负责提供小学教育。1848年,第一部《公共卫生法案》(Public Health Act)被批准,同时从19世纪70年代以来,地方政府致力于提高公共卫生的标准。
- 尽管在19世纪后期福利事业有了长足发展,但是进一步改革的呼声也变得日益强烈,而且这导致自由党自1906年开始进行福利改革。

所有社会都有一些社会政策,即便国家在福利供给上只发挥微小的作用。不过,19世纪的英国经历了一系列的变化,这些变化对公共活动的规模和范围都产生了巨大的影响。这一章总结了这些发展,同时也承认在"福利混合经济"的综合框架中其他供给者所发挥的作用。

18世纪晚期,大部分英国人都生活在小城镇和乡村里。据估计,1801年,大约21%的苏格兰人和30.9%的英格兰及威尔士的人口生活在居民超过5 000人的城镇里,但是这两个数字在新世纪迅速增长。1901年,57.6%的苏格兰人生活在居民超过5 000人的城镇里,78%的英格兰及威尔士的人口生活在居民超过2 500人的城镇里。在19世纪的一百年间,英格兰、苏格兰和威尔士的总人口从1 050万增加到3 700万。

在这期间,家人、朋友和邻居在满足社会需求方面扮演着核心角色。许多人也依赖慈善机构和互助组织的帮助,这些机构往往提供地方性、自发和独立的支持,在官方记录中几乎没有留下什么痕迹。许多慈善机构也致力于在不同的社会群体之间搭建桥梁,组织建设支持教育和卫生健康的基础设施,发展各种住房供给形式,并且在困难时期提供经济和其他类型的资助。在考文垂,从1837年1月到1860年4月,一共进行了七次救济穷人的募捐活动,此外,在1860年11月还组织了一次全国性的捐助。1862年,曼彻斯特市长呼吁为兰开夏纺织工人和他们的家庭募捐;1866年和1886年,伦敦市长都发出了紧急捐助呼吁。

历史学家对互助会和其他互助组织在各种社会保障模式发展过程中所扮演的角色越来越感兴趣。互助会运动是从18世纪中期开始"起飞"的。成员将钱存入公共基金,以便在生病、年老以及处理后事阶段得到帮助。到了19世纪末,400多万人(其中绝大多数是男性)都加入了某个互助会,与此同时,还有很多人从属于工会组织(多数工会也提供福利救助)、收费协会(提供丧葬津贴的一种特殊形式的互助会)、商业合作社、储蓄银行和房屋互助协会。尽管有这些供给,但许多人在他们人生的不同阶段继续依赖公共福利机构(例如济贫部门)提供的帮助。

济贫事业

尽管有一些学者认为,国家福利的发展与工业化进程有着直接的关联,但是英国最早的法定福利却比工业社会的出现早了两个多世纪。《1572年济贫法》要求英格兰和威尔士的地方治安官调查他所辖地区的穷人的数量,并且向当地居民征税,以为穷人提供资助。《1597年济贫法》和《1601年济贫法》将救助穷人的责任移交给每一个教区的负责人和教会执事,他们有义务"使穷人开始工作"、资助那些有劳动能力的人,而且为贫困儿童提供成为学徒的机会。苏格兰的《1574年济贫法》也要求教区帮助其辖区的穷人,但是并不包括强制征税的条款。这意味着苏格兰的体系更多地依赖于自愿捐款和教会。另外,苏格兰的济贫法与英格兰的另一个不同之处是,它没有涉及帮助那些需要工作的人的条款。

这两个因素有助于解释这两个法案采用的不同路径的矛盾之处,这两个法案影响了19世纪英格兰和苏格兰在济贫事业方面的发展。在苏格兰,尽管有证据表明贫困状况比较普遍,但是在19世纪40年代之前,几乎不存在要求济贫法案进行改革的压力。导致改革的直接原因是苏格兰教会的分裂,即著名的1843年苏格兰教会大分裂(Great Disruption)。这使苏格兰教会面临日益严重的经济压力,并且导致教会支持授权教区强制征税。但是,即便在1845年新的权力被引入之后,体格健全的男子依然被排除在济贫体系之外。

英格兰和威尔士的济贫法案的改革经历了漫长得多而且热烈得多的讨论,其主题就

19世纪的开端
第16章

是要不要救济体格健全的穷人。批评人士指出,这种救济条款会从根本上破坏工作的主动性、削弱社会纽带、刺激人口增长,而且恶化本应防止的贫困状况。1832年,负责济贫法案的皇家委员会严格区分了"穷困"(indigence)与"贫困"(poverty),前者是指"一个人没有劳动能力,或者没有能力通过自己的劳动获得维持生存的生活资料",而后者则是"一个人为了维持基本的生存被迫进行劳动的状态"。为了阻止第二个群体中的成员寻求救济帮助,有人建议引入"济贫院测试",这一主张认为,如果只是在"管理规范的济贫院"的范围内提供救济,那些有能力养活自己的人就将被排除在救济之外。

《济贫法报告》(Poor Law Report)是《1834年济贫法修正案》的基础。但是,该修正法案并没有要求济贫机构建立济贫院或放弃"院外救济"(为济贫院之外的个体提供帮助)。该法案最重要的革新是成立了中央机构——济贫法委员会,这个新成立的委员会有权制定并且颁布适用于英格兰和威尔士各个地区的贫困管理规则,也有权将济贫教区联合起来,即组成所谓的济贫联合会(Poor Law Unions),其拥有管理各个地区济贫工作的权力。该委员会只有在多数济贫委员(Poor Law Guardians)出具书面同意,或是得到多数在委员选举中有投票资格的地方纳税人和业主的支持的时候,才能要求济贫联合会设立济贫院。

历史学家对《1834年济贫法修正案》的影响力做出了相互矛盾的评估。尽管在"新济贫法"出现之后,许多做法仍然依照之前的济贫法,但是国内的大部分地方都建起了济贫院,而且到了19世纪50年代末,大部分教区都重组到济贫联合会当中。尽管新济贫法的颁布使得体格健全的贫穷男性的数量大幅度减少,而且负责济贫事业的部门继续帮助大量非健全的男人,以及女人和儿童,但是这些人中的大部分都没有进入济贫院,而是在院外接受资助。

许多人认为新济贫法过于严格,而且没有履行它为最弱势群体提供帮助的责任,与此同时,另外一些人却相信,1834年改革的最初原则被冲淡了,而且它的威慑功能被"不加选择的"慈善破坏了。1847年,济贫法委员会被济贫法事务局(Poor Law Board)取代,1869年,济贫法事务局局长戈申(Goschen)子爵建议伦敦济贫部门与私人慈善机构开展更密切的合作,并且限制法定救济的数量。1871年,在济贫法事务局本身被地方政府委员会(Local Government Board)取代的时候,戈申子爵的政策仍然继续执行,这导致了所谓的"讨伐院外救济运动"(Crusade against Outdoor Relief)。这场"讨伐"使得十年之内无论是男性还是女性贫困者的人数都大幅度减少。

尽管发生了这场"讨伐",但是其他证据表明,针对贫困的方法正在不同的方向上取得进展。例如,这一点反映在,1870年在英格兰和威尔士的不同地区及1872年在苏格兰引入了义务教育之后,基于家庭收入的多少来决定父母是否有资格被返还学费。又如,申请院外医疗救济的男性过去被剥夺在议会选举中的投票权,而这项限制在1885年被取消了;在1886年到1893年之间,失业期间的公益工作方案获得批准;济贫委员选举民主化,以及1894年,负责救济贫困老人(Aged Poor)的皇家委员会成立。1887年到1901年之间在伦敦和约克进行了两次大规模的贫困状况调查,其结果塑造了人们对待贫穷的态度。这些发展变化大部分都促使1906年到1914年执政的自由党政府不断采取新方法防止贫困和救济穷人(请见第17章)。

公共服务

尽管济贫法在19世纪提供了公共福利服务的基本原则,但是在此期间,人们也经历了其他领域的国家福利的重大发展变化。改进体现在引入管理生活和工作环境的措施,以及设立各种新的公共服务。

正如我们已经知道的,18世纪末19世纪初,工业雇工的规模明显扩大,同时工厂和作坊的数量也大大增加。在18世纪后期,诸如托马斯·帕茨瓦尔(Thomas Percival)之类的改革家使人们开始注意到儿童在雇用他们的企业里的工作环境,并且领导了一系列规范儿童雇用环境的尝试,后来是女性的,最后是男性的工作环境。早期的法案包括《1802年学徒健康和道德法》(Health and Morals of Apprentices Act 1802),还有1819年、1820年、1825年以及1833年的《工厂法》(Factory Acts);紧随这些法案出现了范围更为广泛的立法,例如1847年的《10小时工作制法案》(Ten Hours Act)、1867年和1874年的《工厂法》,以及1878年和1901年的《工厂和作坊法》(Factory and Workshops Acts)。

19世纪四五十年代,地方政府得到新的权力,它们因此能够指控"肮脏污秽、有害身心健康的"地产的拥有者,并拆毁"毁灭性或卫生条件恶劣"的建筑。《1848年公共卫生法案》(Public Health Act 1848)授权地方卫生事务局(Boards of Health)禁止地下室住所,规范随处可见的简易房,保证所有的新建筑都有下水管道,并且组织移除"讨厌的东西",例如成堆的垃圾和肮脏的户外厕所。不过,这一法案在苏格兰的应用却因为有关致病原因的医学分歧而受到了阻碍。

《1868年手工艺人和劳动者住房法》(Artizans' and Labourers' Dwellings Act 1868)和《1875年手工艺人和劳动者住房改善法》(Artizans' and Labourers' Dwellings Improvement Act 1875)授权地方政府拆除卫生条件恶劣的简易住宅,但是在为强制搬迁出来的住户提供他们负担得起的安置房屋方面,却几乎没有做出任何努力。不过,《1890年工人阶级住房法》(Housing of the Working Classes Act 1890)允许地方政府为较为富裕的工人建造新房屋,并且希望借由此举减小来自住房市场底部的压力。尽管这则法案在1914年之前对住房总量所产生的影响相当小,但是它预先为1919年之后出现的大规模的公共住房需求采取了行动。

19世纪,在医疗服务的发展方面也出现了重大改革。内科医生、外科医生和药剂师之间的传统区分变得越来越模糊,而且开始出现标准更为统一的医疗职业。在19世纪初,大部分人喜欢在自己家里接受诊疗,但是到了19世纪末,人们更愿意到医院寻求更为认真正式的看病形式。1891年,大约25%的医院病床设置在慈善或志愿组织中,剩下的则是在公共机构中。病床大部分都在政府济贫部门开设的医院里,但是越来越多的病床开始被放到更为专业的机构当中了,这些专业机构由属于地方政府的公共卫生委员会负责管理。

随着居住在城市里的人不断增多,那个时代有许多人开始害怕城市化的速度,并且担心城镇里越来越严重的卫生健康问题会从总体上破坏全体人民的健康。除了我们前面已经描述过的住房法案之外,《1848年公共卫生法案》使得第一个中央政府一级的卫生部门——卫生总局(General Board of Health)——得以创建,而且这一法案授权卫生总局检查任何地区的卫生状况,只要有10%以上的纳税人提出要求或者该地区七年之内平均死亡率超过23‰。卫生总局还被授权在必要情况下成立地方卫生局。不久之后,许多地方政府就开始与卫生总局齐心合力共同改善当地的卫生状况了。有多种原因共同推动了公共卫生行动在1870年之后大面积地展开,其中就包括中央政府从1872年开始对地方卫生官员(Medical Officers of Health)的任命给予支持。

苏格兰的公共卫生改革走的是略为不同的历史路径,它对地方倡议的依赖要大得多。在最早的改革尝试中,有许多是通过地方行政管理官员展开的。不过,在19世纪60年代,当主要的改善法案在格拉斯哥和爱丁堡开始推行的时候,改革的脚步加快了,(苏格兰)第一部《公共卫生法》在1867年被批准。这个法案在1871年、1875年、1882年和1890年被修订,在1894年苏格兰地方政府卫生部门成立之后,这项法案又出现了一系列的变化。

19世纪初,许多观察家担心教育机会的大大增加会引发骚乱,而且会导致由大量的宗教机构——例如不从国教者的英国及外国学校联合会(British and Foreign Schools Society)和英国国教会全国协会(Church of England National Society)主导创办新学校。1833年,政府拨款2万英镑给这些团体,以使它们能够在英格兰北部建立更多的学校,1840年之后,无论是公共教育的规模还是所覆盖的范围都飞速扩张。在60年代,许多评论人士都忧心于没有接受正规基础教育的儿童的数量,这导致《1870年初等教育法》(Elementary Education Act 1870)及苏格兰的《1872年教育法》(Education Act 1872)的出现。

这些新法案的目的是通过创设学校事务局(School Boards)来"填补"现有的志愿教育系统所造成的教育供给水平不均等的"鸿沟"。《1870年初等教育法》允许学校事务局强制5岁到10岁的儿童上学,而苏格兰的《1872年教育法》则更进一步,它要求苏格兰所有5岁到13岁的儿童必须上学。强制教育规定随后拓展到了英格兰的其他地方(1876年)和威尔士(1880年),但是英格兰和威尔士直到1891年才取消小学学费,而苏格兰则是到1899年。英格兰和威尔士的学校事务局的权力及职责在1902年移交给了地方政府的教育委员会(Education Committees),而在苏格兰,学校事务局一直保留到1918年。

新议题

正如这一章所展现出来的,19世纪在福利供给方面发生了许多重大变化。在19世纪初,英格兰和苏格兰的济贫法差异很大:苏格兰的体系对教会和私人慈善机构的依赖要大得多。苏格兰的体系也将所有体格健全的男性排除在外。经过了七十多年的演变,两个系统越来越相似了,尽管仍然存在着显著差异。《1834年济贫法修正案》试图阻止英格兰和威尔士的体格健全的男性得到贫困救济,与此同时,苏格兰的《1845年济贫法》允许地方政府强制征税从而为济贫提供资金,但是体格健全的男性仍然被排除在外。而从19世纪70年代开始,这两个地区对于贫困救济问题显然采取了更为豁达大度的态度。政府所扮演的角色也以其他方式得到扩展。其中包括引入一系列规范女性和儿童雇工的法规、设立工作场所的最低卫生和安全标准、提高新建房屋的质量、保护全体居民不受疾病传播的影响,以及提供新的教育服务。

尽管维多利亚时代的许多人欢迎这些措施,但是他们仍然带着越来越强烈的不安走向新世纪。在 19 世纪八九十年代,两位学者——查尔斯·布思(Charles Booth)和西博姆·朗特里(Seebohm Rowntree)——分别进行的调查研究似乎表明贫困状况比之以往更为严峻,而且朗特里的研究发现特别助长了这样的担忧,研究揭示出工人阶级中的大部分人都生活在"只是满足身体基本需要"的标准之下。这样的担心又在一些暗示下变得更加严重,包括人民的健康会由于持续的城市化而遭到根本性的损害,以及应征入伍时因为身体不健康而被拒绝者所占的比例居高不下。执政党——自由党和保守党面对着越来越有组织的工人运动所发起的挑战,例如劳工代表委员会(Labour Representation Committee)在 1900 年成立,而且他们也担心英国跟不上新出现的经济强国德国和美国的步伐。在这些忧虑中,有许多都构成了自由党政府在 1906 年之后引入新的福利措施的背景。

可深入阅读的参考文献

B. 哈里斯的《英国福利国家的起源:1800—1945 年英格兰和威尔士的国家福利和社会福利》(B. Harris, 2004, *The Origins of the British Welfare State: State and Social Welfare in England and Wales, 1800-1945*, Basingstoke: Palgrave)介绍了 19 世纪英格兰、苏格兰和威尔士的社会政策历史。下列文献是对哈里斯著作的补充:T. M. 迪瓦恩的《苏格兰现代史》(T. M. Devine, 2012, *The Scottish Nation: A Modern History*, Harmondsworth: Penguin);T. M. 迪瓦恩和 R. 米钦森编的《苏格兰人民与社会(第 1 卷):1760—1830 年》(T. M. Devine and R. Mitchison, eds, 1988, *People and Society in Scotland: vol. 1: 1760-1830*, Edinburgh: John Donald);R. 弗劳德、J. 汉弗莱斯和 P. 约翰逊编的《剑桥现代英国经济史(第 1 卷):1700—1879 年》(R. Floud, J. Humphries and P. Johnson, eds, 2014, *The Cambridge Economic History of Modern Britain, vol. 1: 1700-1870*, Cambridge: Cambridge University Press);以及 W. H. 弗雷泽和 R. J. 莫里斯编的《苏格兰人民与社会(第 2 卷):1830—1914 年》(W. H. Fraser and R. J. Morris, eds, 1990, *People and Society in Scotland: vol. 2: 1830-1914*, Edinburgh: John Donald)。

以下文献同样也有助益:D. 弗雷泽的《英国福利国家制度的演变(第四版)》(D. Fraser, 2010, *The Evolution of the British Welfare State*, 4th edn, Basingstoke: Palgrave);P. 塞恩的《福利国家的基础》(P. Thane, 1996, *The Foundations of the Welfare State*, London: Longman)。M. 康斯戴恩和 F. 杜克洛的《爱尔兰的社会政策:批判性导论》(M. Considine and F. Dukelow, 2009, *Irish Social Policy: A Critical Introduction*, Dublin: Gill & Macmillan)的第 1 章讨论了 19 世纪爱尔兰的社会政策的发展。

复习和课外作业习题

1. 在 19 世纪,慈善机构和互助会在帮助工人阶级互相支持方面发挥了哪些重要作用?
2. 为什么英格兰和苏格兰的济贫法在 19 世纪后越来越趋于一致?它们在哪些方面

变得一样了?

3. 我们如何解释1900年之前英国政府越来越深入地介入公共卫生或教育领域?

4. 19世纪的社会政策发展对现代福利国家制度的产生作出了哪些贡献?如果有教训的话,那么当代政策制定者应该从19世纪的发展中吸取哪些教训?

5. 在19世纪,英格兰、苏格兰和威尔士的政策制定者面对着哪些重大社会挑战?

请浏览本书的辅助网站 www.wiley.com/go/alcocksocialpolicy,使用为配合本书的阅读而设计的资料链接。在那里你将会发现有专门针对每一章的深入阅读资料链接,其中包括政府、国际组织、智库、压力集团和重要的新闻机构的网站。你还会找到以《布莱克维尔社会政策辞典》为蓝本的词汇表、帮助页、有关如何管理社会政策领域中主要委派形式的指导和职业建议。

第17章
自由党执政时代和国家福利的发展

诺伊尔·怀特赛德

> **概　览**

> - 19世纪末,国际经济竞争和日益严重的贫困使人们开始害怕社会退化和帝国没落。
> - 新的社会科学分析和医学分析带来了有关致贫原因(和防御措施)的新争论。
> - 有组织的、更为激进的工人运动威胁着英国两党制的霸权地位。
> - 1906—1914年,自由党政府推出了范围广泛、备受争议的立法,这些法律旨在改善正在成长的一代的健康状况,并且组织城市劳动力市场。
> - 尽管从某些方面来看,这些立法是英国在20世纪40年代末推行的福利国家制度的先导,但是这些立法的影响力被工业领域的反对势力和战争期间的高失业率大大削弱了。

不断变化的社会—政治背景

19世纪晚期,社会福利开始成为一个需要全国性解决方案的全国性问题。经过改良的自由放任的自由主义情怀以及认同济贫法的观点,将贫困看作是个人道德败坏的体现。为什么会出现这种情况?自由党在政治上与工业利益集团和自由市场经济有着密切的联系,那么为什么它成了福利改革的支持者?诸如此类的改革会是什么样子?它们预期的目标是什么?事后看来,1900年到1914年这段时间,代表着英国帝国主义势力和工业势力的顶点。世界地图的大片区域都染上了日不落帝国的色彩,英镑是全球交易的主要流通货币,而且英国商船队主宰着世界贸易。在一切都蒸蒸日上、繁荣发展的背景下,贫困及其后果引起了政府的注意似乎有些奇怪。

然而,英国的制造业和商业中心却日益令公众担心。到1900年,英国不再是世界上唯一的工业化国家了。只有少数几个国家进行工业化的时候,在全球贸易中获取优势统治地位是相当容易的。然而,其他国家追赶上来了;来自美国以及(尤其是)来自帝国主义德国的竞争,威胁着英国至高无上的霸权地位。尽管英国在(分别以水动力和蒸汽动力为基础的)第一次和第二次工业革命中是世界领导者,但是在基于电力和石油化学产品的第三次工业革命中,它却落后了。德国的增长率超过了英国,德国的工业化是在关税壁垒的保护下进行的(与此同时,英国仍然进行自由贸易),而且得益于社会保险领域的革新,德国的贫困问题似乎完全不像英国的那样棘手。在没有政府干预的情况下,自由市场经济将为所有人创造财富,这一诺言现在受到了质疑。在德国,国家政策积极地保护和促进工业化进程。

事实证明,德国作为社会立法方面的典范影响深远。到了1900年,德国成为英国的首要工业竞争对手,也是欧洲所有国家中在城市化和经济发展等方面与英国最为接近的。德国由政府资助的社会保险防范了事故、疾病和年老带来的风险。当这些立法在19世纪80年代被介绍到英国的时候,在英国激起了羡慕和敌意交织在一起的情绪:人们羡慕这些模式提供的保护,与此同时,反对德国的独裁主义和高压强力的官僚体系——在英国的批评人士看来,这会从根本上削弱保障措施的效果。不过,德国不是唯一引人注目的国家。其他国家也提供了各种各样的解决方案。人们往往会将德国的缴费养老金制度与新西兰(以及后来的澳大利亚)的模式相比,后者根据纳税情况为所有的老年公民提供资助。在这个问题上,后者对英国颁布《1908年养老金法》(Old Age Pensions Act 1908)产生了更为显著的影响。之后,如同今天一样,外国所采用的政策一直引发人们热烈的讨论,其主要围绕着英国对威胁经济增长和社会安宁的社会问题可能作出的回应。

"社会问题"和经济衰退的危险

19世纪晚期,社会调查显示,在英国的城市里,城区贫困问题无所不在,这再次激发了人们对于大规模贫困的担忧。大面积的贫困导致——特别是在拥挤而且肮脏的内城地区——穷人数量的增加,他们加重了纳税人(地方纳税人)的负担。由于主要工业中心的扩张,以及中产阶级成群结队地迁往郊区,内城行政区的管理者无法征收到足够的地方税以履行他们的社会义务,哪怕是在领救济的居民没有增多的情况下。伦敦东区的波普勒(这是一个赫赫有名的例子)需要从财政部借款来满足当地人日常生活的基本需求,而这些贷款永远也不可能被偿还。地方需求与地方财政资源的不匹配,是推动采用全国性的解决办法应对福利问题的强有力的原因之一,这最终带来了全国性的福利国家制度。

导致贫困的原因和贫困带来的财政负担迫使人们开始关注供大于求的劳动力市场。失业、营养不良和拥挤不堪的住房滋生了疾病,也造成了经济方面的低效能。其影响体现在出现了大量的临时工或季节工,以及国内劳动者在"血汗"(报酬过低的)工厂做工。在1884—1887年、1888年、1892—1895年的经济萧条时期,情况进一步恶化。在潜在的改革者看来,被扔出劳动力市场的"正式"劳工并不比大部分孤立无援的临时工有更多的获得国家帮助的权利。在困难时期,那些体面的人(主要关注的是负责赚钱养家的男性)也不得不与那些所谓堕落的人——社会上"不三不四的人"——一起工作。无保障就业、食不果腹和身处劳动市场"更困难"的末端,这些最终从根本上破坏了正式工保住一份得体工作的意愿和能力。失业导致了无业族的出现,增加了到处游荡的"残渣",并且毁掉了那些掌握对经济复苏而言非常关键的劳动技能的人。如果被当作穷人来对待,"体面的"失业者就成了"受救济的人";他们会道德败坏,而且没有自给自足的能力。为了防范威胁着劳动大众的贫困化恶性循环,一些社会研究者开始提倡新形式的国家干预,最引人注目的则是针对那些没有工作能力的老年人(在这期间,预期寿命变长了)。

"社会问题"的出现引发了人们对经济和帝国衰落的恐惧。国际竞争日益激烈使得价格下降、利润减少;结果,更为激进的管理策略应运而生,其目的是提高生产效率,并且降低劳动力成本。既有的以劳资双方互相理解为基础的工业关系模式变得糟糕了。在19世纪八九十年代,随着"新型"的积极行动的工会组织将非熟练工人组织起来,罢工数量不断增加。1889年大获成功的伦敦码头工人罢工(London Dock Strike),就是由于环境的刺激而从合作转向对抗的缩影。对于那个时代的观察者来说,这些发展变化看起来对英国的经济构成了威胁,也因此危害了帝国的安全。首先,罢工中断了生产,工会的抵制延迟了关键技术的应用,创新精神和经济发展也受到了破坏。其次,内城区正在催生社会和精神上的堕落。效率低下的工人由于不合规范的工作习惯和对贫困救济无止境的依赖,成了他们所服务的工业领域和他们所居住社区的越来越沉重的负担。简言之,自由市场经济并不是按照其支持者所建议的方式发挥作用的。改革以及政府采取行动的必要性赢得了持各种政见的人的全面支持。

社会问题:诊断和分析

在这期间,社会分析和社会调查的形式随着社会科学研究方法的发展而不断变化。这些研究和分析所依据的假设与济贫法的完全不同。关注的焦点从个体的缺陷转向了环境和社会因素。被人们广泛认可的社会分类是贫困分析的基础,贫困分析主要集中在致贫的原因上,例如失业、年老或体弱多病。

在对"社会问题"进行新的诊断的过程中,社会科学家并不是孤军奋战的。优生学家主张基因遗传学解释,即很多贫困现象是由精神、道德和身体上的缺陷的再生产导致的。优生学家认为"不健康的"穷人应该结扎,而且在结婚前,男女双方都要由官方对其身体和精神性能进行检查。这些后来在希特勒的德国得到了详细阐述的观点,暗含浓重的种族主义弦外之音,而且它们通过引用所谓"适者生存"的类达尔文理论,唤起了帝国主义感伤情绪。社会各阶层不加选择的盲目生育、内城的地方病、英国人种的优势地位受到威胁,这些都是优生学家强烈反对的。解决方案是扭转中产阶级人口下降的颓势并且减少堕落的穷人的生殖。由于玛丽·斯特普(Marie Stopes)的努力,中产阶级现在能够控制其家庭规模了。这条路径遭到了左翼费边派的强烈反对,他们认为,应该科学地分析贫困的原因,并且发展国家服务来消除这些因素:用医疗帮助应对疾病,用工作应对失业,用养老金应对老年人问题,等等。济贫法应该被废止;它的不加区分的路径使得人们道德败坏,而且无法服务于建设性的社会目标。

官方在1914年之前对劳资纠纷、身体状况恶化和济贫法产生问题的原因进行了调查,在这个过程中,出现了前文所描述的由各种相互冲突的观点所激发的讨论。官方的调查研究表明了实业家、帝国的捍卫者、慈善家、济贫法官员和劳工运动对英国人口的福利状况日益严重的担忧。这些问题被如何理解,决定了它们将被如何应对。现在我们就来看一看产生这些问题的政治层面。

社会问题:政治和改革

城市的腐坏堕落带来了政治方面的后果。诸如社会民主联盟(Social Democratic Federation, SDF)之类的激进组织,从失业人群那里招募了大量成员。在19世纪80年代和90年代初,社会民主联盟在英国的主要城市组织了示威游行,这些活动后来演变成了暴乱和抢劫。社会主义者的观点也影响着由"新"工会组织谋划的罢工,英国工会联盟(Trades Union Congress, TUC)开始设计它自己的改革议程。1900年,工会和社会主义团体联合起来组成了劳工代表委员会,即后来的工党。诸如此类的发展威胁着当时的政治局面,向两大党派发起了挑战。

到了1900年,许多慈善家也意识到,贫困问题不可能通过社会个案工作和自我改善的方法解决,而需要政府介入。主要政党的著名政治家相信,应该采取行动了。随着灾难一般的布尔战争(Boer War, 1899—1902)的开始,当应征入伍者因为不能背负武器的身体缺陷而被军队拒之门外的时候,对于身体、经济和全民族的效能的担心达到了新高度。在保守党内部,约瑟夫·张伯伦已经确立了一个改革议程,其中包括以对进口产品征收的关税作为资金,为失业者提供大量公共工程的工作。在1906年的大选中,保守党遭遇惨败,因为选民重新开始支持自由贸易和自由党成员。新成立的工党表现尤其出色,并且随后提出了帮助贫困的学龄儿童和促进工作权利的普通议员议案。如果1906年新上任的自由党政府要保住工人阶级选民的支持,那么它就必须制订自己的改革计划。

这并非易事;自由党是工业利益的代表,并且一直支持政府最小化的经典自由主义原则。保守的自由党成员既不是左翼社会主义者天然的同盟,他们也不会支持可能破坏济贫法原则的改革。例如,国家为贫困儿童提供帮助违背了这样的信条,即父亲应该为其家庭的幸福负责,倘若他不能履行这一责任,就会遭受被囚禁在济贫院这样的惩罚。从这个角度来看,免费医疗服务或学校午餐等福利,实际上是对父母亲好逸恶劳的奖赏,因而应该反对。于是,自由党的计划走得并不像其支持者所希望的那么远。然而,这些掩饰着原则分歧的妥协最后导致了自由党的分裂。第一次世界大战之后,左翼投奔工党,右派转向了保守党,与此同时,自由党走向政治衰落。

不过,在1914年之前,不稳定的政治联盟依然维持着。1908年,首相坎贝尔·班纳曼(Campbell Bannerman)突然去世,阿斯奎斯接任了首相一职,并且得到了财政大臣劳埃德·乔治的支持。乔治是一个激进的土地改革者,也是日后的战时首相(1916—1922年在任)。年轻的温斯顿·丘吉尔成了商务大臣(并且负责劳动力市场政策)。改革联盟随着白厅(Whitehall)政府主要部门中被改革观念说服的公务员的增多而逐渐增强。改革议程围绕着两个主要问题展开:劳动力市场的组织和下一代人的福利。两个议题都要求政府扮演更加重要的角色。

高婴儿死亡率及营养不良对身心发育的影响的证据,摆在了关注儿童问题的体质下降问题跨部门委员会（Interdepartmental Committee on Physical Deterioration，1903—1904）的面前。1904年，当时的保守党政府允许负责济贫事务的部门为贫困儿童提供免费膳食，但是具有获得救济资格的父母人数很少并且接纳率非常低。1906年，一位工党后座议员提出了向在校儿童提供餐食的第一个普通议员议案。两年之后，自由党政府增加了强制性的学校体检（但并不包括治疗），并且立法要求提供受过专业训练的家访护士、助产士和婴儿福利中心。其目的是保证在分娩时有专业人士在场及为新任母亲提供有关婴儿护理方面的指导，从而保护婴儿的生命。因为内部的政治分裂，自由党政府执政时期，诸如此类的服务的供给相当自由，并非强制性的。地方政府如果愿意，可以提高税率以便提供学校膳食或资助新生儿福利；1918年之后，这些措施才成为强制性的。

人们不约而同地关注劳动力市场，该市场的主要目标是将工作集中到最高效的工人手中，从而提高工业领域的效率，并且促进经济增长。这就需要将那些（由于年龄、伤残或疾病）无法正常工作的人与不愿意工作的人（用济贫法式的措辞来说就是"屡教不改的懒汉"）区分开来，以便为前者提供帮助，而对后者进行惩罚性纠正。负责区分优劣的中介机构就是由年轻的威廉·贝弗里奇倡导的职业介绍所。贝弗里奇在1907年参观了德国的一些城市，随后直接借鉴了职业介绍所这个主意。英国的职业介绍所发展成了贝弗里奇所设想的全国性网络的形态，并且与最新的技术（电话）结合在一起，从而使劳动者能够被派往这个国家任何有需要的地方。1908年，劳埃德·乔治通过国会引入了英国第一个养老金计划。独立于济贫法，以及所有年满70岁的人都可以基于经济状况调查而获得税收资助以补贴减少的收入，这些都使得妇女（当时的寡妇与今天的一样，在老年穷人里占极大的比重）能够主张她们自己的权利。

最后，《1911年国家保险法》（National Insurance Act 1911）为年收入低于所规定的最低工资标准的在职者提供补贴。这则法规的第一部分是关于医疗保险的，是由各种各样的对抗疾病的志愿慈善机构、募捐团体（请见第16章），以及长久以来一直向穷人出售人寿保险的工业保险公司管理的。这也是劳埃德·乔治在1908年参观德国时受到的启发，再一次以这个国家为榜样——雇主、雇员和国家三方缴纳的保费是提供给劳动者（不包括他们的家人）的患病补贴（每周一次）和基本医疗的资金来源。其目的是去除低效劳动的另一个源头，也就是避免生病的人为免陷入贫困而勉强继续劳动，这会导致他们的情况进一步恶化，并且成为长期（贫困化的）问题。《1911年国家保险法》的第二部分是关于失业保险的，建筑、造船、工程及与金属贸易有关的行业的雇员都上了相关的保险。失业保险也是强制性的，涉及与医疗保险相类似的三方缴费体系，失业者每年至多可以领15周的救济。长期失业者没有得到补贴的资格；当申请人不再处于"失业"状态或者重新加入领取救济队伍的时候，就不再有得到失业补贴的权利了。

回望过去，我们可以看到，这些改革是如何形成福利国家的雏形，后来经过不断拓展和修正而最终确立了福利国家制度的，而且在今天，我们仍然能够辨识出它们的痕迹。受过训练的助产士和家访护士、对儿童健康和营养水平的保障，今天仍然属于公共责任。尽管医疗保险已经被国家医疗服务体系所取代，失业保险的覆盖面在1920年和1946年得到扩大，但是它们的原理仍然体现在今天的《求职者法案》中，虽然这一法案也从之前的济贫法中大为受益。职业介绍所是今天的就业服务中心（Jobcentre）的前身。除此之外，经济状况调查、以税收为资金来源的养老金也一直在我们身边。综上所述,我们可以看到从地方自行决定为穷人提供帮助的供给到建立在分类基础上的全国性政策的转变,后者的分类标准是关于福利权利的社会科学准则,而不单单是将贫困作为决定因素。

不过,改革在那时根本不受欢迎,反而常常引起反对。1911年,以税收为资金来源的养老金的支出,触发了重大预算危机,遭到上议院的抵制,最终是通过修改宪法而永久削减了上议院议员的权力。为儿童提供服务在左派那里大受欢迎,与此同时,由于这些服务违背了济贫法原则,招致了保守党和传统的自由党的共同反对。工业领域的劳资双方都对劳动力市场抱有怀疑态度,憎恨强制缴纳保费,并且将职业介绍所看作是政府对私人事务的不请自来的干涉。工会运动积极分子害怕这些改革是用来破坏罢工的。就连自由党内阁也觉得改革令人厌恶。地方政府部(Local Government Board)的负责人将改革的结果描述为:创造了"受穿着制服的装腔作势者统治的卑躬屈膝共同体里的穷人人种"。他的看法并非独树一帜。

后果

人们一直在评判这些开创性的措施——它们是否成功地保证了社会的和谐与繁荣?从总体来看,历史学家的结论是它们的影响微不足道,而且完全偏离了政策制定者的初衷。理由主要在于它们所激起的敌意,改革者往往忽视了反对力量。

第一次世界大战为倡导建立劳动力市场协调中心的人提供了证明自己提议的机会。全面战争要求严格的市场管理,以避免劳资冲突破坏军工生产,并且按照战争需求的轻重缓急分配供不应求的人力。通过对劳动力市场的"科学"分析,人们将会找到政策方案,并且由不偏不倚的管理者将它们推行下去。然而结果却是灾难性的。非正式的罢工行动极为震撼;将失业保险扩大到覆盖所有军工生产人员的尝试,由于那些保险对象拒绝参保而破产了。工会领导和经理之类的人都认为白厅低效率、消息闭塞且独断专行。1918年战争结束之际,在战前显而易见的集中管理劳动力市场的趋势被粗暴地遏制了,在恢复和平的时候,趋势发生了扭转。

两次世界大战期间,英国老工业中心出现了大量失业者,他们从根本上破坏了战前自由党的政策逻辑,完全偏离于让劳动力市场更有效率的原则,人们所追求的是将工作分配给尽可能多的人。失业救济也无法限制在每年至多允许领15周。相反,经过反复修改的规定允许大部分失业男子(不包括女性)一直领取救济,产生了长期失业者所依赖的"失业救济"。由于在20世纪30年代经济萧条时期失业状况进一步恶化,因此政府采取了更加严格的经济状况调查以控制公共支出,这一举措导致了饥饿大游行(Hunger Marches),并且人们重新开始讨论贫困与残疾、疾病之间的关系。30年代的经历可以解释为什么人们会为1942年的《贝弗里奇报告》大声喝彩,该报告承诺了"从摇篮到坟墓"的全方位的国家保障(请见第18章)。

在此期间,紧缩公共开支的影响体现在了削减学校、校园医疗和餐食服务、地方婴儿福利、公共领域薪酬和新屋项目(劳埃德·乔治所承诺的"与英雄相匹配的家园")。尽管战争期间出现了通货膨胀,但是老年人的养老金并没有增加,这迫使老年人以基于经济状况调查的补助来补贴他们的收入。之后,就像现在,人们推测应该减少政府干预,允许自由市场经济通过经济增长创造新财富和新工作岗位,从而解决贫困问题。话说回来,与今天一样,这些增长都是零零星星、断断续续的,因而无法救济社会的方方面面。主张重新分配财富的凯恩斯主义经济学的出现,破坏了福利国家制度后来的措施。凯恩斯主义解决方案在今天受到了批判,我们似乎命中注定又要重新回到两次世界大战期间的凄凉年代。

可深入阅读的参考文献

第16章结尾所列出的 B. 哈里斯、D. 弗雷泽和 P. 塞恩的著作包含了有关自由党改革(1906—1914年)的清晰阐述。更为详细的论述请见 J. R. 海的《自由福利改革的起源》(J. R. Hay, 1975, *Origins of Liberal Welfare Reforms*, Basingstoke: Macmillan)。更为专业的文献有 J. 哈里斯的《失业:一种英国政治研究》(J. Harris, 1971, *Unemployment: A Study of British Politics*, Oxford: Oxford University Press);想要了解地方政府财政的人可以阅读 A. 奥弗的《财产和政治:1870—1914年》(A. Offer, 1981, *Property and Politics 1870-1914*, Cambridge: Cambridge University Press)。E. P. 汉诺克的《英国和德国福利国家的起源(1850—1914)》(E. P. Hennock, 2007, *The Origins of the Welfare State in England and Germany, 1850-1914*, Cambridge: Cambridge University Press)详细对比了英国和德国所进行的福利改革。

复习和课外作业习题

1. 如何理解20世纪初英国的"社会问题"?
2. 自由党执政时期开发了哪些关键的福利政策?
3. 社会科学新型知识向自由党的福利政策传递了哪些信息?
4. 自由党政府的社会政策的意图是实现社会主义吗?还是它们实际上是应对资本主义问题的资本主义回答?
5. 1906年到1914年的改革奠定了福利国家制度的基础吗?

请浏览本书的辅助网站 www.wiley.com/go/alcocksocialpolicy,使用为配合本书的阅读而设计的资料链接。在那里你将会发现有专门针对每一章的深入阅读资料链接,其中包括政府、国际组织、智库、压力集团和重要的新闻机构的网站。你还会找到以《布莱克维尔社会政策辞典》为蓝本的词汇表、帮助页、有关如何管理社会政策领域中主要委派形式的指导和职业建议。

第18章
现代福利国家制度：1940—1974年

罗伯特·M. 佩奇

> ## 概　览

> - 第二次世界大战被证明是发展形式更为多样的社会福利供给的重要推动因素。
> - 战后第一届工党政府(1945—1950年)在诸如社会保险和卫生健康等领域进行了一系列重要的福利改革。人们普遍认为这届政府"创造"了现代福利国家。
> - 保守党一开始作为在野党，而后在十三年(1951—1964年)的执政期，开辟了通往福利国家的更为"先进的"道路。
> - 1964年到1970年的工党政府采用了修正主义的社会民主路径发展福利国家。他们发现，至少是由于不利的经济环境，他们难以赶超之前的艾德礼政府所取得的成就。
> - 爱德华·希思(Edward Heath)所领导的保守党政府(1970—1974年)沿着较少强调"意识形态"和"技术专家治国论"的路线，努力使福利国家制度"现代化"。

第二次世界大战：变革的催化剂

第二次世界大战所产生的影响被认为在战后福利国家制度的发展中发挥了决定性的作用。不断增强的社会团结、公众对于政府行动更为积极的态度，以及消除两次战争间的贫困和失业幽灵的渴望，为工党政府在1945年的大选中获胜铺平了道路，这任政府承诺要建立一个公平的社会。

选民们把他们的希望寄托在由克莱门特·艾德礼领导的工党身上，而不是凯旋的战争领导人温斯顿·丘吉尔和保守党身上，这个事实可以与1940年到1945年战时联合政府期间,工党作为年轻的合作伙伴对社会改革予以热切支持联系在一起。威廉·贝弗里奇于1942年提交了影响深远的《社会保险和相关服务报告》(*Report on Social Insurance and*

Allied Services），该报告承诺要与英国社会的五大恶——疾病、懒惰、无知、肮脏和贫困——作斗争；在被批评为对贝弗里奇报告反应冷淡之后，保守党确实在后方采取了更为积极的经济和社会政策。

迫于战时联合政府中工党成员的压力，保守党在 1943 年成立了重建部（Ministry of Reconstruction），并且发表了一系列白皮书（White Paper），倡议推动家庭补贴（1942 年）、失业（1944 年）、社会保险（1944 年）、卫生健康（1944 年）和住房（1945 年）等方面的改革。保守党进行了两项重大的法律改革：《1944 年教育法》为所有 15 岁以下的儿童提供接受免费而形式多样的中等教育的机会；《1945 年家庭津贴法》为家庭中第二个及后面的孩子提供经济资助（这是由丘吉尔领导的保守党战时临时政府在 1945 年 6 月颁布的）。尽管诸如艾迪生（Addison, 1977）等评论人士认为现代福利国家的创立应该归功于联合政府，但是这一荣誉往往被授予克莱门特·艾德礼的战后工党政府。

1945 年到 1951 年的工党政府和福利国家的创建

尽管经济环境恶劣，但是第一届工党政府（1945—1950 年）仍然继续推行他们雄心勃勃的福利国家计划。美国政府决定在 1945 年 9 月终止向盟国供应武器、物资、粮食的租借法案（Lend-Lease），这一法案是在 1941 年 3 月生效的；这个决定连同 1947 年上半年的煤炭和能源的供给短缺，以及同一年晚些时候发生的货币兑换危机，都被证明是难以应对的困难。尽管如此，在他们的第一个任期结束时，工党创建了福利国家，将核心工业国有化，引入了更为多样的经济管理形式，并且坚持推行累进税制，所有这些都被视作是建立更为公平、团结的社会的必要措施。

引入全面的社会保险体系是工党最引人注目的福利主张。根据《1946 年国家保险法》，投保人在需要的时候，有权利申请失业救济、疾病补助金、受抚养人的家属津贴、生育金、退休养老金和死亡补助金。按照《1948 年国家援助法》（National Assistance Act 1948），那些没有资格领取国家保险补助的人，在经过经济状况调查后，可以领到不那么慷慨的救济金。尽管工党的改革在满足公民需求的道路上迈出了重要一步，但是人们认为福利供给还应该进一步增加，并且在接下来的时间里要加以改进。

国家医疗服务体系（1948 年开始发挥作用）往往被看作是二战后工党政府的最高成就。安奈林·贝文（Aneurin Bevan）将私立医院国有化的决定，代表了对之前联合政府的医疗政策的重大偏离。贝文受到了这样的指责，即他在努力建立全面、综合、以税收为资金来源、以医疗需要而非支付能力为基础的医疗服务系统的过程中，过于迁就医疗领域的专业人士，尤其是赫赫有名的专家顾问。但是，他的支持者声称他之所以愿意做出妥协，是为了确保为所有人提供免费、高质量的医疗服务的首要目标能够实现。

工党所宣称的为所有家庭提供"高标准住所"的诺言被证明是难以实现的。当时 50 多万套住宅在战争期间被毁，贝文作为既要对卫生健康负责又要对住房负责的官员，在无论是建筑工人还是建筑材料都短缺的和平时期，面对着满足大量住房需求的棘手任务。到了 1951 年，大约 100 万套新房竣工了，这远远无法满足最开始所预计的 400 万套房屋的需求。人们批评贝文从思想上就偏向于让地方政府而不是私人部门在以可接受的租金提供高质量住房方面扮演主要角色,这是导致后来出现供给短缺的主要原因之一。

在教育领域,工党将力量都用在保证《1944年教育法》的目标顺利实现上了,该法案是以"不同但平等"的免费中等教育三重体系(文法中学、技术中学和现代中学)为基础的,在这个体系中,将根据儿童的能力和资质而不是社会背景把他们分配到不同的学校。这种"实用主义"路径令工党内部更为激进的思想家感到失望,他们认为政府应该引入综合学校,这主要是出于对工人阶级儿童难以在精英的文法学校中找到一个稳定位置的合情合理的担心。"公立"(免学费)学校继续确保那些有权势的人控制着英国社会的精英位置,而工党在改革这类学校方面的犹豫,也成为党内那些平等主义左派产生失望情绪的一个原因。

到1950年,在第一个执政期快要结束的时候,艾德礼政府中的民主社会主义者的"讨伐运动"也熄火了。工党似乎没有什么办法实现他们在第一个任期中提出的倡议。巩固现状而不是改革仿佛成了当时的风尚。尽管这个党派努力确保下一个任期继续执政(他们增加的选票只转化为5席的微弱优势),然而下一次选举正好是在一年后党内出现严重分歧、国际收支不平衡、劳资纠纷不断增多和石油危机爆发的时候。尽管在全民投票中,工党所获得的选票略微超过他们的竞争对手保守党(48.8%对48.1%),但是后者却以17个席位的优势重新上台。

1951年到1964年的现代"一国"保守主义和福利国家

保守党对于他们在1945年大选中出乎意料的惨败所做出的回应,是奋发图强,通过大量成果——尤其是发表了影响深远的《产业战略》(*The Industrial Strategy*,1947)、《英国的正确道路》(*The Right Road for Britain*,1949)来说服英国公众,他们不再是一个不愿意应对贫困和失业问题的反动党派,相反,他们是一个支持政府在经济中发挥更大作用以及福利国家制度的政党。

保守党在随后1950年的大选中遇到挫折,这促使一国派(ONG)形成,这其中包括大量新当选的议员,例如伊安·麦克劳德(Iain Macleod)、伊诺克·鲍威尔(Enoch Powell)和爱德华·希思,他们成为这个政党在接下来二十五年里的重要人物。这个基础深厚的小团体促使保守党采取了完全不同的实现福利国家制度的路径,在这里,这个党派的传统信念,例如健康的财政状况、高效率、低税率、节俭、自力更生、志愿捐助主义和慈善行动,与对经济干预主义和福利国家制度的进一步支持联合起来。

一本题为《一国:社会问题的托利式解决之道》(*One Nation. A Tory Approach to Social Problems*)的小册子产生了极其广泛的影响,一国派在这本册子里努力展现保守党独特的福利国家之路。他们声称,增加的福利支出不应该用于平等主义目的,而且福利扩张不应该威胁经济稳定。相反,国家的福利供给应该以那些最有需要的人为目标(选择性),而不是以挥霍的方式提供给所有公民(普遍主义)。

在1951年他们取得大选胜利之后,保守党有关福利国家的承诺很快就面临巨大的经济压力的考验。新首相R. A.巴特勒拒绝大规模削减社会支出,因此他能够强有力地反驳工党有关保守党将废除福利国家制度的说法。他的成本控制措施主要局限在削减学校建设项目和国家医疗服务体系的一些额外费用上。

这届政府每年建造30万套新住房的诺言到1953年得以实现,这个承诺是保守党与英国公众缔结的社会契约的一个核心要素。到了1955年大选时(保守党将他们的领先优势扩大到了100个席位),该党可以将自己展现为这样一个政党,即最有能力在高效运转的福利国家的框架下,带来经济繁荣和发展机会,同时为所有公民提供安全保障。

尽管财政部严格控制公共支出,但是无论艾登(Eden)政府(1955—1957年),还是麦克米伦政府(1957—1963年),都决定努力平衡该党经济稳定的传统要求与他们战后的福利国家和充分就业诺言。这被证明绝对不是一项可以轻而易举完成的任务。1958年,当时的财政大臣彼得·霍尼戈夫(Peter Thorneycroft)和两个年轻的同事继麦克米伦之后辞去政府职务,同时其他内阁成员拒绝批准削减一系列福利的提案,这些措施被视作是抑制通货膨胀、恢复对英国货币之信心的必要之举。

保守党从1951年到1964年的漫长执政期被其对手工党描绘为"被荒废了的十三年";在此期间,这个执政党提升了他们的声望,促使人们将他们看作是能够有效管理福利国家,同时可以避免之前或未来的工党政府的"过度"平等主义的政党。但是,政府经历的困难时期及其后果,其中包括1962年国会议员补选中令人吃惊地惨败给了自由党而导致内阁大面积改组,经济形势持续动荡不安,法国人拒绝批准英国加入欧洲经济共同体(European Economic Community),1963年普罗富莫(Profumo)臭名昭著的性丑闻和间谍案,这些都使得选民选择工党在1964年到1970年这段时间来保护这个国家的繁荣富强。

1964年到1970年的修正主义工党和福利国家

到了工党于1964年重新上台的时候,该党的民主社会主义者与修正主义社会民主派已经达成了"休战协议"。在哈罗德·威尔逊(Harold Wilson)的领导下,这个政党现在宣布自己支持以现代科学手段为基础形成的有计划且以增长为导向的经济战略,因为它能够为福利国家的进一步发展提供资源。新当选的政府认识到,为了提供更好的教育、价格可以承受且条件较好的住房、高质量的医疗服务,以及帮助领取养老金的人和鳏寡者改善生活水平,就必须对社会服务进行大刀阔斧的改革。

工党将经济效率与社会公平结合起来的企图被证明在实践中难以实现。这届政府被接二连三的经济危机所困扰——尤其是1967年发生了让工党颜面尽失的货币贬值,这使工党难以实现必要的经济增长,从而也就不可能为他们雄心勃勃的福利国家计划提供必要的资金支持。这一切导致了一系列政治上的急转弯,其中包括推迟增加补助、延缓承诺将国民义务教育年龄提高到16岁、重新收取处方药费用。

尽管工党在他们执政期间主持了许多进步性的福利改革,其中包括减少令人感到羞辱的社会保险审批程序、扩展综合性学校、增加国家医疗服务体系的支出、确保住房供给、提升住户的权利,但是这些措施却几乎没有实现工党核心支持者的平等主义愿望。到1970年大选的时候,这任政府甚至要大费周章地反驳新近成立的儿童贫困行动小组(Child Poverty Action Group,CPAG,1965)的说法,后者声称,工党执政期间,社会上最贫困群体的状况非但没有得到改善,反而日益恶化了。

不过，值得注意的是，在 1964 年到 1970 年这段时间里，工党的确进行了一些立法方面的改革，从而改善了个人的自由权。在罗伊·詹金斯担任内政大臣期间，死刑被废除了，而且在诸如离婚、堕胎、同性恋以及影视和文学审查等领域进行了一系列重要的自由化改革。尽管这些措施中有许多最初是作为普通议员议案被倡导的，但是詹金斯在确保这些有争议的立法获得通过方面，发挥了关键的作用。

1970 年到 1974 年的保守党和福利国家

与许多经验丰富的评论家的预测相反，1970 年，当保守党在爱德华·希思的领导下重新执政的时候，现代化也是这个党派的核心议题之一。与工党不同，保守党的现代化版本并不等同于进一步拓展福利国家制度。相反，其目标是提高效率、有目的地帮助那些最有需要的人、增加机会和选择，并且改善服务质量。

尽管希思偏向于实用循证的经济和社会政策路径，但是他的一些内阁同人说服了他，让他相信现在正是沿着新自由主义路线改革福利国家制度的时候。这届政府制定了许多主要起源于新自由主义的新政策，例如在 1972 年引入了家庭收入补贴（Family Income Supplement，FIS），抚养未成年子女的低收入家庭在接受经济状况调查后，可以获得额外的收入补助（请见第 9 章和第 47 章）。其他此类措施包括采取更加严格的手段以防范救济诈骗、比照更高的"市场水平"征收市政房屋租金和弱化政府在养老金领域的角色。

在社会政策的其他领域，可以说保守党一国派的思想继续发挥着广泛的影响。1971 年，政府提供了新的不必缴纳费用的"残疾人"救济，即国家付给严重伤残者亲友的护理津贴（Attendance Allowance），50% 的 3 岁儿童和 90% 的 4 岁儿童可以享受到免费托儿所，接受免费义务教育的年龄被提高到 16 岁（1972 年），所有这些都与保守党一国派的思路相吻合。

与之前的工党政府一样，保守党执政者也受困于大量的经济问题。该党最初的撤回对衰退产业的支持的决心很快就受到了考验，而且要面对不断上升的失业率。保守党的工会改革被证明是不切实际的，而且他们重新引入法定而非自愿的价格及收入控制，标志着再次回到了干预主义的老路，而这些本来是要努力放弃的。劳资纠纷和全国矿工联盟（National Union of Mineworkers）被证明是希思政府所面对的尤其重大的挑战。尽管早期的关于薪酬的罢工在 1972 年已经平息了，但是无法达成协议导致了 1973 年罢工，迫使保守党政府在三年之内五次宣布进入"紧急状态"，并且之后在 1974 年召集进行大选，以解决"谁来管理英国"这个问题。经过激烈的竞争，最后结果是由工党来组成新政府，并且一直执政到 1979 年（请见第 19 章）。

战后福利共识或和解？

1951 年到 1964 年，保守党重新回到工党所开创的战后福利改革的老路上，这使得一些评论人士认为这两个党派达成了福利共识，而且该共识一直持续到 20 世纪 70 年代中期。尽管两个政党继续强调他们各不相同的社会议程——尤其是在大选宣传期,但无论是在执政过程中,还是如同福利国家制度是现代英国社会中必不可少且合情合理的组成部分这一共同认识所体现出来的,两党的社会政策并不存在显著的区别。

然而,反共识说的批评人士认为,新当选的政府继续执行前任管理者的福利议程可能并不是因为意识形态的转变,相反,它也许是不可预料的外部因素带来的结果,例如经济衰退、难以解决的行政管理问题,或公众对政策倡议的反对等。从这个角度来看,台上的执政党所做出的妥协不应该被解读为:在工党方面,是全面、平等主义、普遍主义的福利国家制度被撤回的信号;而在保守党那边,是愿意放弃他们的选择性以及避免福利倡议带来平等主义的信念的标志。于是,"和解"这个概念应该是更恰当地形容了英国社会政策在战后的发展状况。

人们一直在讨论1945年后的时代所呈现出来的究竟是福利共识还是和解这个问题,得到较普遍认同的是洛(Lowe, 2005)的观点,即在20世纪70年代喧嚣动荡的经济和社会环境中,"典型的福利国家"受到了新自由派更加齐心一致的挑战。

可深入阅读的参考文献

有大量关于战时联合政府的令人满意的记述,例如 P. 艾迪生的《走向1945年》(P. Addison, 1977, *The Road to 1945*, London: Jonathan Cape);K. 杰弗里斯编的《战争和改革:第二次世界大战期间的英国政治》(K. Jefferys, ed., 1994, *War and Reform: British Politics during the Second World War*, Manchester: Manchester University Press);S. 布鲁克的《工党的战争:工党和第二次世界大战》(S. Brooke, 1992, *Labour's War: The Labour Party and the Second World War*, Oxford: Clarendon Press)。

M. 弗朗西斯的《1945年到1951年工党执政时期的理念和政治》(M. Francis, 1997, *Ideas and Politics Under Labour 1945–1951*, Manchester: Manchester University Press)是非常易读和易解的有关战后艾德礼政府的记述,并且对社会政策问题进行了广泛的评论。其他有关艾德礼政府的全面记述可以在下列著作中找到:K. 摩根的《执政的工党:1945年到1951年》(K. Morgan, 1984, *Labour in Power, 1945–1951*, Oxford: Clarendon);P. 亨尼西的《永不再现:1945年到1951年的英国》(P. Hennessy, 1993, *Never Again: Britain 1945–1951*, London: Vintage);S. 布鲁克编的《改革和重建:战后英国(1945—1951年)》(S. Brooke, ed., 1995, *Reform and Reconstruction: Britain after the War, 1945–1951*, Manchester: Manchester University Press)。

N. 蒂明斯的《五大恶:福利国家史(第二版)》(N. Timmins, 2001, *The Five Giants: A Biography of the Welfare State*, 2nd edn, London: HarperCollins);R. 洛的《1945年以来英国的福利国家制度(第三版)》(R. Lowe, 2005, *The Welfare State in Britain since 1945*, 3rd edn, Basingstoke: Palgrave);霍华德·格伦纳斯特的《1945年至今的英国社会政策(第三版)》(H. Glennerster, 2007, *British Social Policy 1945 to the Present*, 3rd edn, Oxford: Blackwell);罗伯特·M. 佩奇的《重新审视福利国家制度》(R. Page, 2007, *Revisiting the Welfare State*, Maidenhead: Open University Press)提供了有关社会政策议题及其在战后时代的发展的令

人满意的综述。P. 布瑞吉和 R. 洛的《1951 年到 1964 年保守党执政时期的福利政策》(P. Bridgen and R. Lowe, 1998, *Welfare Policy under the Conservatives 1951–1964*, London: Public Record Office)对从 20 世纪 50 年代到 1964 年道格拉斯-霍姆(Douglas-Home)政府下台期间的保守党社会政策进行了细致考察。休·博榭尔编的《保守党和社会政策》(H. Bochel, ed., 2011, *The Conservative Party and Social Policy*, Bristol: Policy Press)和罗伯特·M. 佩奇的《清澈的"蓝"水?保守党和 1940 年以来的福利国家制度》(R. Page, 2015, *Clear Blue Water? The Conservative Party and the Welfare State from 1940*, Bristol: Policy Press)对保守党从第二次世界大战开始至今的福利国家路径进行了广泛的考察。

战后福利国家制度的相关信息还可以在下列网站找到:www.bbc.co.uk/history 和 http://www.nationalarchives.gov.uk。

复习和课外作业习题

1. 人们将大量注意力放在战争对福利国家制度发展所产生的影响上,对此你怎么看?
2. 1945 年到 1950 年和 1964 年到 1970 年的工党政府取得了哪些最为显著的福利成就?
3. 哪些因素导致保守党在 20 世纪 40 年代后期和 60 年代中期在福利国家问题上采取更为支持的态度?
4. 是否有清晰的信号表明 1970 年到 1974 年的保守党政府对于战后福利国家制度的热情消退了?
5. 在 1945 年到 1974 年,工党和保守党在多大程度上达成了共识或和解?

请浏览本书的辅助网站 www.wiley.com/go/alcocksocialpolicy,使用为配合本书的阅读而设计的资料链接。在那里你将会发现有专门针对每一章的深入阅读资料链接,其中包括政府、国际组织、智库、压力集团和重要的新闻机构的网站。你还会找到以《布莱克维尔社会政策辞典》为蓝本的词汇表、帮助页、有关如何管理社会政策领域中主要委派形式的指导和职业建议。

第 19 章
经济危机、缩减经费以及新自由主义的影响：1976—1997 年

霍华德·格伦纳斯特

概　览

- 对于英国或其他国家来说，无论是"经济危机"，还是其所导致的社会支出"紧缩"，都不是什么新事物。这些会改变政策形成的意识形态氛围，并且会发挥持久影响。
- 源于 20 世纪 70 年代中期的石油危机的新自由主义思想产生了深远的影响，推动了私营集团参与社会福利。新自由主义者重新考察了市场的效能和减少政府投入的必要性，并且说服政府改变社会政策路径。
- 在 1976 年到 1997 年，并没有出现英国政府大规模削减福利**国家**的结果。社会政策支出继续增长，尽管速度放缓了。新自由主义思想家没有认识到，他们所指出的私有化解决方案，实际上面对的问题要比政府福利机构所面临的多得多。解决社会政策领域的困难，绝非让政府逐步减少介入那么简单。
- 但是，有一些想法的确推动了世界范围内福利制度的重要**重建**——尤其是在 1979 年到 1997 年。
  - 政府确信，无论在额度上还是期限上，都有必要限制劳动年龄阶段的救济。
  - 在国家福利机构和新加入的私人福利供给者之间引入竞争机制，希望以此提高福利国家制度的效率。
  - 公共服务机构被设定了产出或成绩目标。如果没有实现，将被广而告之，而且会受到处罚。
- 源于这一时期的新自由主义，直到今天仍然对政策的制定产生影响。

新自由主义理论和经济危机

产油国决定大幅度提高石油价格是导致 20 世纪 70 年代中期的经济危机的直接原因。

经济危机、缩减经费以及新自由主义的影响：1976—1997年

第 19 章

在英国，长期以来不断加速的通货膨胀开始愈演愈烈。其他国家则作出了限制支出和进口的反应。经济危机导致了全球性的衰退，尽管没有2007—2008年的那么严重，但这是第二次世界大战之后的第一次大规模危机。英国工党政府在一段时间内拒绝对此作出反应，但是一个国家不可能力挽全球趋势的狂澜。英国必须设法在偿还债务和应对资本外流之间实现平衡。年通货膨胀率已经超过20%。英国政府还应当请求国际货币基金组织给予援助。而这意味着缩减公共开支和限制工资支出。然而，长期以来一个更为重要的事实是，这些做法已经使越来越多的人相信许多经济学家所声称的，自第二次世界大战以来，英国经济上的失误在于实行了凯恩斯主义经济政策——依靠政府投资应对衰退、工会力量过于强大、福利国家规模日益扩大及其对工作伦理的侵蚀。

1975年，撒切尔夫人当选为保守党党魁，她承认，保守党应该为诸如此类的战后政策负责，并且承诺要对它们做出修正。

1976年以后，工党政府也在一定程度上接受了以上诊断。新上任的工党首相詹姆斯·卡拉汉（James Callaghan）在1976年工党年度大会上发表演讲，他指出，不应该继续通过增加公共支出来实现充分就业。公共开支必须削减。工会必须接受对薪金上涨的限制。这番讲话导致公共福利机构大罢工和工党在1979年大选中败北。后者宣告了保守党一直持续到1997年的执政期的开始。

这场经济危机对于那些挑战"战后协议"的人来说是一片沃土，所谓"战后协议"是指政府支持充分就业、普遍的安全网、免费且不断发展的公共服务（请见第18章）。美国新自由主义学者，如米尔顿·弗里德曼（Milton Friedman）（1962）和他的年轻追随者，向一个核心信念发起了挑战，他们怀疑社会福利机构是否能对一些显而易见的人类需求作出回应，例如儿童贫困问题。不仅如此，这些学者还声称：

- 那些主张扩大社会服务供给的人，只是试图通过增加他们所在的国家机构的预算，从而提高他们自己的收入以及扩张势力。公共部门的雇员和专业人士很大程度上是受他们自己利益的驱使，而不是他们的客户的。

- 一旦被设立，尽管出发点是好的，但是公共部门中的各种机构往往会成为垄断者。例如，它们不会面对来自其他学校或医疗服务提供者的竞争。其结果就是，公共部门的雇员会比他们面对竞争时更为懒惰、低效，因而就导致了"垄断性租金"的产生。弗里德曼说，公共机构根据其员工的利益而不是其用户的利益运转。

- 尽管现金补贴的管理规定已经非常严格了，但是为有需要的人提供现金津贴在社会救济领域仍然占有一席之地。长久以来，这使得一些"好行为"——例如工作和结婚的欲望——从根本上遭到了破坏。现在人们在没有工作和伴侣的情况下，也可能依靠国家生活下去。虽然公众习惯中的此类变化非常缓慢地落地生根，但是经过四十多年慷慨的国家福利供给，"坏行为"正逐渐成为常规。富于创新精神的公司在市场领域中实现了生产率的提高，与此同时，这些公司的雇员经由增加的工资收入部分分享了生产率提高所带来的经济收益。这些推高了整个市场经济领域中的实际工资水平。由于工会施压，公共福利领域的运营者如果要保证其员工质量，公共部门的工资增长就应该长期与私营企业保持同步。但是，公共社会服务并不能实现提高生产率，或者是具有私营企业那样的生产率；因而这些公共服务的相对价格就随着该部门雇员工资的提高而上升。私营经济部门

的生产率提高得越快,公共部门所提供的服务的相对价格也增长得越快。于是,税负往往会增加,并且纳税人最终可能会反抗。

- 人们的寿命在延长,同时出生率在下降,这些也导致了落在工作人群肩上的税务负担不断加重。工作家庭的纳税义务会促使劳动者提出增加工资的要求,这实际上是将税务负担转嫁给雇主,并且最终转移到了消费者身上。因此就产生了通货膨胀的恶性循环,并且破坏了"生产性的"工作。总的来说,这组观点发展成为针对战后社会和经济政策的难以辩驳的批判。它们基本上被1979年新上任的保守党政府所接受。每位读者都可以在当今保守党的思想中找到上述观点的强劲回音。

新自由主义计划

削减公共支出

在1979年发表的第一份公共支出白皮书中,新上台的保守党政府声明,过多的公共支出和公共所有制是英国经济表现乏善可陈的主要原因。削减公共支出是总体经济举措的一个组成部分。这段声明导致对社会支出的各个方面进行重新考察。

新组建的保守党政府早期的一个举措是,不再保持补助津贴与平均工资同步增长(1982年)。取而代之的是,补助将根据价格上涨水平增加。这意味着救济将越来越远地落后于工资水平。其中的原理是,这样做将迫使人们更快地重新开始工作,减少所谓的"乞讨行为",并且进行储蓄。新的做法经过较长的时间才能大规模地发挥作用;但是在短时间内,失业率上升可以用来"治疗"救济账单增加所导致的通货膨胀。很久之后,保守党政府才开始采取一些试探性的做法,即对那些没有"积极寻找工作"的人进行更为严厉的惩罚。这一做法被英国后来的治理者继续采用——从1997年到2010年的工党政府(请见第20章),到2010年至2015年的保守党与自由民主党联合政府,再到2015年上台的保守党政府(请见第21章)。

政府着手仔细研究社会保障问题,并且提议废除新工党提出的"国家收入关联养老金计划"(State Earnings Related Pension Scheme, SERPS)。这一提议遭到强烈的反对,原养老金计划被保留下来,不过不再那么丰厚,政府鼓励个人加入可以减免税额的私人养老金计划。

私有化

第二次世界大战刚结束就被大规模国有化的行业又开始逐步私有化,其中包括电力、天然气、煤炭、铁路、公共汽车和水务等。廉租房住户有权利根据他们在廉租房中居住的时间长短,以低价买下所住的房屋(1980年)。

首相撒切尔夫人一开始并没有认真对待学校和医院以及其他地方政府服务的私有化。但是最后,她相信她的主要举措是在社会照顾领域实现社会服务私有化。地方政府被鼓励使用私营养老院为老年人提供服务,而不是在自己运营的住院护理服务机构中雇用员工。1980年,65%的住院护理机构是由地方政府运营的。而到了1997年,这个比例下降到20%，而且在那之后仍然继续下降。同样的政策也被应用于在自己家中接受护理服务的人。

类市场

撒切尔夫人也希望发展私营健康保险，资助这种形式的保险以服务于老年人，并且通过将社会保险和私人保险组合起来为卫生健康提供资金。不过，她很快意识到这个政治性步伐在当时迈得太大了，作为替代，在医疗服务领域选择了"类市场"方式。地方卫生健康管理机构的医院与其他各种从中央财政得到资助的参与者开办的医院在吸引顾客方面展开竞争。1989年发表的白皮书提出了主要的改革方案，这些方案后来由撒切尔夫人的继任者约翰·梅杰及她的卫生大臣肯尼斯·克拉克（Kenneth Clarke）加以推行。这些方案声称，医院过去行动迟缓，是因为它们作为垄断者清楚知道自己的顾客没有别的选择，但是现在它们要为得到合同而竞争。从总体来看，在社会政策方面一直拥有一定自主行动和立法权力的苏格兰反对这些趋势。在权力下放后，这些做法被苏格兰完全否定。撒切尔夫人打算为父母引入政府资助的"学费券"，正如米尔顿·弗里德曼所倡导的那样，家长们能够用这些学费券来支付从公立到私立的任何学校的学费。在这个领域，她也再次意识到这种做法在当时过于激进了，于是她的替代方案是扩展家长们在公立学校中择校的权利。学校开始为获得学生而竞争：一旦一个学生被某个学校接收，地方政府拨给该学生的所有学费就会自动地划到这所学校。父母们可以通过考察各个公立学校7岁、11岁和14岁的学生基于全国统一课程（National Curriculum）的考试成绩，来评判这些学校的教育质量。

这些成绩和普通中等教育（GCSE）成绩以及高中课程（A-Level）考试成绩都会在全国公布。这些措施是通过《1988年教育改革法》（Education Reform Act 1988）引入的。为打算在私立学校中择校的父母提供帮助的试验方案——补助学额计划（Assisted Places Scheme）同时被引入。这个试验方案在1997年之后终止。

苏格兰一直没有跟随这些改革，并且在权力下放后，这些方案在苏格兰被完全推翻（请见第51章）。但是其他一些措施的精华部分被保留了下来，而且在英格兰各地被广泛推行（请见第51章）。

资助高等教育

用来帮助大学生完成大学学业的贷款被引入（1990年），这一举措也部分来自米尔顿·弗里德曼所提出的建议。大学自身开始面临从每个学额中得到的政府资助减少的情况，而且，之后随着越来越多的高中毕业生被拒绝给予能够获得政府补贴的学额，大学被告知，如果愿意接受从额外招收的学生那里只能得到非常少的资金补贴，那么它们可以扩大招生规模。由此带来的回应就是所谓的判断失误的狂热。大学生的数量急剧增加，并且从1979年到1996年，每个大学生可支配的教育资源实际上减少了一半。一个显而易见的现象是，大学与其他公共机构一样，它们已经不关心所生产的产品，而是更加关注它们的总体预算的增加！

新自由主义诊断出了什么问题？

新自由主义诊断的部分魅力在于它包含真相成分。这一章开头提到的各种批判都注意到了垄断性的国家供给令人担忧的特性，这是非常重要的。但是，这些批评思想没有对可供选择的市场方案也进行同样的批判性分析。

将市场力量引入公共政策领域的一个长期存在的关键问题就是，如果人们面对的是可能多年后才会出现的风险，他们不一定能够做出合理反应。在养老金和老年人长期护理领域就出现了这样的情况。我们将这些和其他一些缺陷称为"市场失灵"理论（请见第35章和第40章）。

此外，新自由主义文献也没有指出，私人部门提供福利服务时所遇到的困难，要比他们所认为的政府资助服务面临的难题更大。比起以税收作为资金来源的公共部门，私人部门通常会提供水准更高的工作人员。这是一个卖点。正因如此，20世纪80年代以来，私人部门的服务价格要比公共部门的增长得更快。

另外一个难题来自不断延长的预期寿命，这也对传统的以职业为基础的私人养老金计划产生了影响。相比公共方案，私人养老金计划更是大大低估了预期寿命的增加幅度。所谓的"养老金固定收益计划"保证雇员将会得到由其最后或者快要退休时的工资决定的养老金，也就是人们所说的"半额退休工资"。雇主们发现，如果他们要实现这一点，那么他们只能大大增加对养老基金的额外投入。大部分人不愿意这么做也不足为怪。大多数私营企业雇主开始停止执行这种养老金方案，取而代之的是，如果可以的话，向雇员承诺一个固定的援助总额，即"养老金固定缴费计划"。如果你活得比预期长很多，可能就非常不妙了。

由于公众对私人养老金市场感到失望，于是政府不得不介入，以弥补日渐衰落的私人养老金计划所造成的空缺（请见第60章）。这就迫使国家养老金支出不断增加。替代国家医疗服务体系的私人医疗服务方案也没有能够落实，于是政府也不得不在1989年之后多次增加国家医疗服务的开支。

国家供给者之间、国家和私人供给者之间都存在着某种竞争，这一点在老年人护理领域体现得尤其明显。当时的批评人士指出：

• 新加入者或其他国家供给者实际上几乎不掌握任何进入地方卫生健康或教育市场的机会。

• 如果他们得以加入，他们也只会从简单或低价的业务中，或是在投机取巧的儿童教育市场上捞上一大笔。

• 竞争可能并不是好事——只是通过聘用资质不佳的员工而让服务价格显得比较便宜，这在老年人服务领域尤其突出。

• 竞争为公共服务领域灌输了竞赛意识，毁掉了社会团结、利他主义和专业服务等福利机构应该具有的特征。同时，也使个人减少或者取消了他们觉得应该给予地方机构的支持。

经济危机、缩减经费以及新自由主义的影响：1976—1997 年
第 19 章

新议题

尽管有以上种种不足，但是新自由主义仍然是由一系列条理清晰的论点构成的，并且发挥着重要的影响。在 2010 年之后，它作为主要框架支撑着英国保守党和自由民主党联合政府所采取的社会政策路径（请见第 21 章）。**英格兰**在国家医疗服务、中小学校政策、高等教育、长期护理领域的"改革"，都带有新自由主义思想流派的特性。

2015 年及其后进行的大幅度削减社会支出，可能是由银行危机导致的，但是由此而来的政府规模的缩减，则一直是新自由主义思想的主要议题。新自由主义思想试图将"福利"描绘为给予不愿意工作的懒惰者的一些救济，而并不是用来应对我们所有人在一生中的某个时候都可能遇到的"糟糕时期"的保险政策（Hills，2014）。

能够代替新自由主义的有理有据且被普遍赞同的思想主张尚未出现。这类思想需要能够令人信服地回答下列某些或者全部问题：
- 什么是提供社会福利服务的最佳制度模式？
  - ▲ 公共、私营和非营利机构的混合形式；
  - ▲ 权力下放给地方，并且由当地使用者融资、运营；
  - ▲ 由非营利组织运营，其以专业工作人员赢得顾客；
  - ▲ 由私人商业机构运营，政府资助的使用者购买前者的服务；
  - ▲ 保留 20 世纪 40 年代的"经典"福利国家模式。
- 我们如何为老龄化人口不断增长的对高质量服务的需求提供充足的资金？
  - ▲ 单纯地从已有税种中获得更多的收入；
  - ▲ 引入与社会福利目标相关联的税种，从中获得的收入是定向使用的；
  - ▲ 鼓励人们为自己的生命风险投保；
  - ▲ 不同的服务是否应该有不同的答案？
- 为劳动年龄人群提供的现金补贴是否应该严格限制，以及是否应该根据领取救济者在短时期内接受任何工作的意愿决定救济？这样做是否公平或者现实？
- 我们是否应该让人们清楚，未来每个人只能依靠他们自己，换言之，社会安全网将不断收缩？如果他们不喜欢这个选项，那么他们就必须为这样或那样的事项多多纳税。

政治家似乎还没有准备好提供这些强有力的选择。

在接下来的五年里，一系列议题可能会成为政治争论的焦点，它们像我们正在讨论的问题一样引人注意：
- 英国和欧洲其他国家所进行的公共支出削减，是否都是"经济危机"造成的？还是经济危机只是一个借口，实际上是在贯彻 20 世纪 80 年代没有实现的被长期搁置的自由主义议程？
- 公共服务的"私有化"如果存在局限性，具体是什么？在诸如此类的政策中，谁会获益，谁将受损？
- 当候选人指出福利国家制度中包含代际合同的时候，选民会不会对他们失去信心？
- 那些关注社会契约的人应该如何回应？

可深入阅读的参考文献

许多理论文献对于非经济学专业的学生来说都难以理解,虽然很多基本的经济学原理相当简单。米尔顿·弗里德曼的《资本主义和自由》(M. Friedman, 1962, *Capitalism and Freedom*, Chicago: Chicago University Press)却是一部相当清楚易懂的作品。促进选择和竞争的社会政策的相关内容,请见 J. 勒格朗的《动机、能动性和公共政策》(J. Le Grand, 2003, *Motivation, Agency and Public Policy*, Oxford: Oxford University Press)。

认为福利补贴从根本上破坏了"好行为"的观点在美国学者劳伦斯·米德的一部著作中得到全面展现——《权利之外:公民的社会义务》(Lawrence Mead, 1986, *Beyond Entitlement: The Social Obligation of Citizenship*, New York: Free Press)。

我在《1945年至今的英国社会政策》(H. Glennerster, 2007, *British Social Policy 1945 to the Present*, Oxford: Blackwell)的第8章和第9章中,描述了1945年以来新自由主义思想观念与社会政策之间的相互作用。

关于不同国家采用的新自由主义对策的叙述请见尼克·埃利森的《福利国家的转型?》(N. Ellison, 2006, *The Transformation of Welfare State?*, London: Routledge),特别是总结性的第8章。

关于1979年到1997年久盛不衰的新自由主义思想,请见C. 克劳奇的《新自由主义不死之谜》(C. Crouch, 2011, *The Strange Non-Death of Neo-Liberalism*, Cambridge: Polity Press)。有人认为"福利"这个概念主要是为穷人这个独特的阶层设计的,约翰·希尔斯的《好时光和坏时光:他们和我们的福利神话》(J. Hills, 2015, *Good Times, Bad Times: The Welfare Myth of Them and Us*, Bristol: Policy Press)对这一看法提出了质疑。

复习和课外作业习题

1. 为什么新自由主义思想在1979年到1997年这段时间特别活跃?
2. 请概述新自由主义思想对这一时期的社会政策的各个方面所发挥的主要影响。
3. 请选择社会政策的一个领域,详细思考在1979年到1997年,新自由主义的核心观念对该领域产生了哪些影响。
4. 新自由主义思想的哪些元素对社会政策影响最大?为什么?
5. 1979年到1997年的新自由主义思想,在多大程度上塑造了后来保守党政府的社会政策?

请浏览本书的辅助网站 www.wiley.com/go/alcocksocialpolicy,使用为配合本书的阅读而设计的资料链接。在那里你将会发现有专门针对每一章的深入阅读资料链接,其中包括政府、国际组织、智库、压力集团和重要的新闻机构的网站。你还会找到以《布莱克维尔社会政策辞典》为蓝本的词汇表、帮助页、有关如何管理社会政策领域中主要委派形式的指导和职业建议。

第 20 章
现代化和第三条道路

马丁·鲍威尔

>> 概　览

- 很难定义"第三条道路",但是美国比尔·克林顿(Bill Clinton)时代的民主党政府(1992—2000年)以及英国布莱尔和戈登·布朗(Gordon Brown)时代的新工党政府(1997—2010年)是这个概念的最佳代表。
- 第三条道路可以从话语、价值观、政策目标和政策机制等几个方面进行考察。
- 实践中的第三条道路表现出差别很大的新政目标和机制,它们似乎越来越向新自由主义靠拢。
- 在许多领域里,新工党政府的慷慨陈词并未落到实处,因而"第三等级"或"范例式的"改变是有限的。
- 新工党留下的遗产可能要比艾德礼(1945年)的工党政府和撒切尔的保守党政府(1979年)留下的少。

导　论

像之前的"第三"或"中间"道路一样,那些道路与诸如戴维·劳埃德·乔治和哈罗德·麦克米伦等形形色色的个体,以及从瑞典的社会民主主义到意大利的法西斯主义等各种各样的运动联系在一起,"第三条道路"现在已经成为历史了。1997年到2010年治理英国的"新工党"政府让位给了拥有自己的"大社会"(Big Society)"高见"的保守党和自由民主党联合政府(2010—2015年)。

第三条道路通常是与安东尼·吉登斯的著作,以及美国比尔·克林顿时代的民主党政府(1992—2000年)、英国托尼·布莱尔时代的新工党政府的政策联系在一起的。吉登斯指出,第三条道路是一条新路径,它与传统的社会民主主义(请见第11章)和新自由主义（请见第9章）截然不同；不过，他也强调，第三条道路是更新的或现代化的社会民主主义，是一个中左计划。在新千年前后几年里，欧洲的许多国家是由执行"第三条道路"的左翼或中左政府掌管的。然而，左派在许多国家（如德国、瑞典）失去权势，在这样的情况下，英国的布莱尔政府长期执政实属罕见。布莱尔是英国历史上任期最长的工党首相（他在2007年6月被戈登·布朗所取代），同时，新工党政府历史性地连续执政三个任期——分别在1997年、2001年和2005年的大选中获胜。在执政期间，新工党试图"使福利国家制度现代化"，不过，正如我们将看到的，许多批评人士指出，第三条道路与新自由主义之间的界限越来越模糊了（请见第9章、19章和21章）。

这一章对这些大规模且复杂的讨论进行了简要介绍。第一部分探讨了第三条道路的维度，并且指出从话语、价值观、政策目标和政策机制等方面进行考察，有助于剖析"第三条道路"这个概念。第二部分讨论了实践中的第三条道路的各种特征，主要聚焦于新工党在英格兰的社会政策以及留给威斯敏斯特决定的英国重大社会政策事项——例如，从福利到工作计划、社会保障和就业政策（正如第22章到第25章所显示的那样，在伦敦、卡迪夫和爱丁堡的政府之间存在着一些社会政策差异）。最后一部分的目标是对新工党政策的遗产进行总结。

第三条道路的实质

关于第三条道路有许多文献，但是人们对于它的实质是什么仍然感到模糊不清，许多批评家因为这个概念的含糊、不清晰而拒绝接受它。考察"第三条道路"这个概念的困难在于，在不同的语境中它具有完全不同的含义。大量评论人士为第三条道路或新社会民主主义找到了各种各样的特性和主题。但是，这其中混合了从手段到目的等不同层面的要素。从话语、价值观、政策目标和政策方法或机制方面提炼出不同的论述，是一种简便的学习方法，有助于我们剖析"第三条道路"这个概念。

"第三条道路"催生了新的话语或新的政治语言。克林顿和布莱尔提出了许多类似的核心口号或准则，例如"严厉打击犯罪"，"消除犯罪根源"，"动起手来，而不是伸出手来"，"辛勤工作的家庭符合规范"，"工作是脱贫的最佳途径"。除了新说法之外，还有一些被重新定义的语言，从而使得旧词语被赋予了新含义。例如，第三条道路词汇表或"新工党语言"中，包含诸如"充分就业"和"平等"等概念，但是它们的意思与传统用法完全不一样。

新话语不只是收入了新的概念，而且强调了这些概念之间的关系。第三条道路是由组成其他政治话语的要素所构成的一种政治论述，用布莱尔的话来说，是政治性"变装"。第三条道路的用语是和解性修辞，例如"既要有经济灵活性，又要实现社会公平"，"既积极经营，又保持公正"。尽管新自由主义追求前者，而传统的社会民主主义追求后者，但是第三条道路并不将两者视作是矛盾的，它要同时实现这两个方面。更为激进的说法则"超出"或超越了这些主题：不是简单地平衡促进企业经营与同贫困作斗争之间的紧张关系，相反，第三条道路声称，这两者之间不再存在冲突。然而，有些概念之间的和谐统一似乎难以实现，例如包容与责任。新工党就好像是要将包容这根胡萝卜挂在每个人的面前，但是与此同时，也挥舞着大棒敲打那些"不负责任的"人。

一些评论人士列举了第三条道路的几个核心价值观。其中包括"友谊、机会、责任和义务"（CORA），以及"责任、包容和机会"（RIO）。但是，第三条道路的价值观的实现面临诸多问题。主要有两个原因：首先，对价值观的理解不是一个词就能够概括的。诸如"平等"这样从根本上就充满争议的概念，不同的人会有不同的理解。这就需要更清晰地界定这些价值观，并且应该将它们与目标联系起来（请见下文）。

其次，同时与第一个原因联系在一起的是，人们并不清楚第三条道路究竟是与"旧"价值观有关（对旧价值观的新解释或重新定义），还是新价值观。最著名的主张强调的是第一种立场。例如，布莱尔声称，第三条道路关系到社会民主主义的传统价值观。但是，批评人士指责说，布莱尔的价值观——平等价值、人人都拥有机会、责任和友谊——实际上是英国传统的社会主义价值观的集合。除此之外，有些概念被重新定义了。例如，旧的"平等"概念所强调的结果平等和再分配被弱化了。一些"新"概念似乎被偷偷加了进来。诸如"企业家精神"之类的正面导向的概念，过去并没有出现在社会民主主义的词汇表上（请见第9章和第11章）。

布莱尔主张，政策出自价值观。从这个意义上来说，目标或目的可以看作是价值观更为具体的操作化概念。例如，"平等"通常被看作一种价值观，但是也会产生各种各样的政策目标，例如机会平等或者结果平等。因此，"平等"的主张可能带来不同的目标，例如减少收入、财富、健康状况和教育资格证书方面的不公，或者只是使每个人都有同样的机会参加结果差距很大的比赛，赢者有丰厚的奖金，输者一无所获。

据称，传统的价值观和目标应该通过新途径实现。某种程度上来说，这种想法很像安东尼·克罗斯兰的修正主义；克罗斯兰是工党政治家、理论家（请见第11章和第18章），他区分了社会主义所采用的方法和最终目的，指出工党所使用的国有化手段并不是实现公平这一目的的最佳途径。与之类似，第三条道路声称，新时代呼唤新政策。世界已经发生了变化，因而福利国家制度也不得不改变。但是，新的解决方案并不是建立在已经过时的教条主义的意识形态基础之上的。新的重心落在了循证政策的制定上，并且在制定政策的过程中秉持新的实用主义，其核心座右铭是："有用的才是作数的。"

表20.1高度概括了吸收了不同派别观点的第三条道路的基本特征。无论是赞同者还是批评者，都会以夸张的手法描述"老左派"（Old Left）、"新右派"（New Right）和第三条道路，而这的确存在着某种程度上改写历史的风险（也请参见第9章到第12章）。

表20.1 第三条道路与老左派、新右派各个方面的比较

层面	老左派	第三条道路	新右派
路径	校平	投资	解除管制
公民身份	权利	既强调权利，又强调义务	义务
结果	平等	包容	不平等
福利混合经济	国家	公共和私人机构；公民社会	私营经济
模式	命令和控制	合作/伙伴关系	竞争

续表

层面	老左派	第三条道路	新右派
支出	高	讲求实效	低
收益	高	低?	低
责任归属	中央政府/上层	两者都有?	市场/基层
政治倾向	左派	中左/后意识形态	右派

实践中的第三条道路

这一部分讨论的是表20.1所提到的政策目标和实施途径。新工党是作为1979年到1997年执政的保守党的反对力量出现的(请见第19章)。工党领袖约翰·史密斯(John Smith)成立了社会公正委员会,该委员会在1994年的报告中为第三条道路的许多要素摇旗呐喊。它既反对老左派在社会和经济政策中的"校平"做法,也反对新右派的"解除管制"路径,它所倡导的是"英国作为投资型国家"的"中间道路"。这种路径的许多论断都非常有特色,并且成为新工党的核心话语:重新分配机会,而不只是重新分配收入;福利应该提供举起手劳动的机会,而不是伸出手讨要的机会;建设一个积极的、预防性的福利国家;工资公平的有偿劳动是最有保障、最根本的脱贫之路;平衡权利和义务。投资型福利国家先发制人,强调预防,重视原因而非结果,具体而言就是对致贫原因采取行动,而不是其症状,通过教育和培训而不是简单地补贴穷人来预防贫困问题。

新工党为自己确立的目标可能比此前任何英国政府都多。但是,尽管政府声称其目标具有具体、可测量、精确、确切和适时(SMART)的特点,但许多目标仍然模糊不清,而且难以操作化。宽泛地说,新工党设立了提高教育质量、减少儿童贫困和健康不平等之类的目标,而不是在"老工党"批评家看来至关重要的收入平等。新工党反对通过税收和补贴体系实现单纯的财务平等。这一党派声称,他们在寻求一种更有抱负、更具动态性的重新分配资产或捐款的方法。简言之,他们不是通过给付救济金的方式来补贴穷人,相反,他们的目标是通过提高穷人的健康水平和受教育水平,从而改善他们的机遇。认为新工党**所有的目标**都不如老工党的激进,这种批评显然是离谱的。老工党可能会为设立解决儿童贫困和健康不平等问题的目标而感到骄傲。但是,这些都是长期目标,而且一直也没有实现。

在政策措施方面,新工党强调有条件的或契约式福利。权利并不是"无义务的",通常只有履行了自己的义务的人才被授予权利。主要的义务是与劳动联系在一起的,而其他的义务涉及安置自己和家人、请专业人士检查婴儿的发育状况等。从极端的角度来看,新工党的举措可以被视为从模式化分配变为过程驱动型分配,也就是说,不再是简单地根据人们的需求,而是按照他们的行为和习惯进行分配。

服务仍然主要由政府提供资金支持,但是越来越多的私人或志愿组织参与"生产"服务,即购买者与提供者分离。在这种模式中,所强调的不再是等级制度或市场,经由"伙伴关系"或网络的合作和协作才是重点。新工党凭借私人的教育和医疗服务提供者,终结了旧有的"阶级斗争",与私营机构的合作是根据协议或"协约"展开的,因而国家医疗服务体系中的患者可以到私立医院看病。政府鼓励新的"独立的"(营利型的)医疗中心接诊加入国家医疗服务体系的病人,也允许患者在国家医疗服务体系的"选择和预定"模块中选择私立医院。除此之外,许多医院和学校都是根据(最初由保守党提出、后来经过改进的)私人融资倡议(Private Finance Initiative, PFI)建立和运营的,工党在野时将这种做法称为"私有化"。但是,在某些情况下,存在着"风险的私有化",因为政府期望人们将自己的更多资源用于未雨绸缪,比如为老年做准备。税收和服务都将从实际层面,而不只是在原则上,将健康和教育放在优于反应式、被动的"救济性"现金补贴的位置,因为前者具有预防性特征,并且能够提高人们的能力。再分配是"有目的的",并且更多地依赖捐款而不是失业救济等公共事业方面的经费,尽管仍然有一些特别针对有孩子家庭的"无声的"或"后门式"财政再分配。

工作是第三条道路的核心。第三条道路的关键政策目标体现在这些口号中——"为有劳动能力的人提供工作,为没有劳动能力的人提供保障"以及"通过工作来支付"。第三条道路重视"充分就业",但这是通过"供给侧"的"可雇性"来实现的,而不是"老"式的凯恩斯主义的需求管理。通过增加兼职岗位和临时就业,使工作变得更"有弹性"。第三条道路的以工作为中心的社会政策是胡萝卜和大棒的混合。一方面,社会工作者向人们提供的建议以及人力资本领域投资的增加都不断地强调胡萝卜的甜头。"通过工作来支付"这个口号,暗示了工作可以带来全国最低工资、税收抵免(或财政福利)形式的在职收益、高质量的儿童保育服务。另一方面,批评人士指出,在第三条道路的政策措施里,包含美国政策中通过低额且短暂的救济而"迫使快要饿死的穷人回去工作"这一要素。

有关普遍主义和选择性的辩论也不只是停留在理论层面。一方面,关注的是通过普遍服务或公民福利以实现包容;另一方面,现金补贴呈现出越来越明显的选择性,例如选取最贫穷的养老金领取者和新的基于地域的政策。

新工党留下的遗产

存在三个原因使调查新工党留下的遗产变得困难。首先,难以确定第三条道路,因为它与其说有清晰的"蓝图",不如说是一个"模糊的轮廓",或者是实实在在的"布莱尔印记";其次,难以找到清楚的分析模板;最后,现在探查持久性的遗产可能有些为时过早。

政治学家彼得·霍尔(Peter Hall)的研究可能有助于确定最清晰的分析模板——霍尔区分了政策变化的三个序列。第一序列变化是指政策工具的设定的改变(例如,增加支出)。第二序列变化是指政策工具的改变(例如,采用新工具)。第三序列变化,也称为范式变化,指的是设定、工具甚至是目标都发生改变。但是,这个框架的一个主要问题是,它可能过于偏重论述("坐而论道"),而淡化了结果的重要性("身体力行")。换言之,它可能强调了"符号政治"——词语获得了成功,政策却失败了。

在布莱尔辞职之时,出现了许多议论。大部分都是对社会政策的正面评价,尽管有些也质疑了雄辩和实际行动、支出和结果之间的鸿沟。有关所取得的成就,用托尼·布莱尔的话来说就是,"做了很多,还有很多尚待完成"——一个雄心勃勃的政策议程只是部分实现了。与比尔·克林顿类似,布莱尔用诗一样的语言进行竞选宣传,以平铺直叙的方式进行治理。在他的辞职演说里,布莱尔声称,1997年是"新的开端,在这个时刻,所有过去的残余都会被一扫而空。期望曾经很高。太高了。对于我们中的任何人而言都过高了。但是,自1945年以来,只有一任政府能够这样说:每个季度都提供了更多的工作岗位,减少了失业,改善了卫生健康状况和教育水平,降低了犯罪率,实现了经济增长"(参见 Powell,2008:259)。在戈登·布朗担任首相的短暂而时运不佳的任期(2007—2010年)内,布莱尔所宣称的情况发生了一些变化,在那段时间,人们看到了议员开支丑闻、银行危机、经济危机,以及政府要大幅度削减公共支出和国债。简言之,繁荣破产了,用板球术语来说就是布朗的球打到了后脚跟上——情况不妙。布朗宣称他(通过大量注入公共资金)"拯救了世界"(而不是拯救银行),这个错误宣言并没有帮他保住首相职位。在评论人士那里,有关布朗对于社会政策的影响众说纷纭。有人认为他部分回到了"老"工党的主题上,而另外一些人则发现政策搁浅了。不过,无论如何,很难看到清晰的布朗式社会政策议程。

根据(上文中)霍尔所提出的政策变化的序列,显然出现了"第一序列变化"(工具的设定),特别是大致从2000年开始,公共开支和就业显著增加。也出现了以新政策工具和新机构为特征的"第二序列变化",尤其表现在"打瞌睡"的监管机构上(在国家医疗服务体系和金融业发出重要警报的时候,监管机构正昏昏欲睡)。也可能有重要的"第三序列变化",例如条件性和福利多元主义、转移公共供给和责任、模糊界限以及个人选择等。但是,除了一些重大例外(例如,与私人融资倡议联系在一起的庞大的未来"分期付款"账单),大部分改变都只是振振有词,而没有显著的产出或影响。可能最重要的遗产是,不管一任政府是否为未来的政府改变了政治风景,它都使得未来的政府基本上没有可能重新回到过去的议程。从这个角度来看,有三个理由可以说明可能并不存在范式性的改变。首先,新工党的许多议题是建立在之前的保守党改革基础上的(新工党在后期比之前更有甚之)。正如前保守党首相约翰·梅杰在1999年所说的那样:"我并不欣赏盗用保守党语言、偷窃保守党政策的布莱尔。这位有魅力的候选人变成了有政治盗窃癖的人"(参见 Powell,2008:267)。其次,新工党政府与后来的保守党和自由民主党联合政府之间的差别可能并不显著,很难确定这究竟是对之前的工党政府还是保守党政府的延续(请参考 Bochel and Powell,2016)。而且,进行"反事实的"逆向推导也存在困难:很难想象,如果工党在2010年大选中再次当选,它会做些什么(请对比第19章和第21章)。它可能会削减公共开支,尽管不一定那么迅速,幅度也不会那么大。

最后,政策发展并没有在时间维度上呈现出清晰的线性,而是在不同阶段,政策变化表现出U形反转。随着时间的推移,出现了许多改变。如果说我们在1997年有了"新工党"和"第三条道路",后来我们有的就是"新新工党"或者"更新的工党"和"第四条道路"。例如,新工党最开始声称,它打算在国家医疗服务体系中废除"市场",但是不久之后,又表示要恢复一个更强大的市场。但是,"新工党的摇摆舞"包含两个跨度很大的趋势,在这个复杂的舞蹈中,先是后退一步,然后向着市场和选择又前进两步;而且"新工党的口技表演者"总是一边讨论着左边,又一边朝着右边行动。

将上述元素结合起来,可以看到,新工党的"福利改革""世界级公共服务""现代福利国家"的承诺只兑现了一部分,并且留下了不完整的新工党遗产。布莱尔的遗产可能远远不及艾德礼(1945年)或撒切尔(1979年)所留下的——至少后面两位的政府使重回以前的政策变得几乎不可能。

新议题

很难预测第三条道路会对英国未来的社会政策产生什么影响。在新工党政府和2010年至2015年的联合政府之间存在着一些共同的基础。诸如"主动"且"积极"的福利、消费主义、更为多元主义的福利国家制度等元素被保留下来,而且很难说仍然存在着重返传统的社会民主主义福利国家制度的可能性。2015年大选中,在工党遭遇了决定性的失败之后,他们任命了新的领导人及其副手,并且对政策进行了总检讨。尽管"第三条道路"这个概念不能概括这次大讨论的全部,但是在(过于简单地)向左赢得苏格兰的注意力和向右求助于英格兰之间摇摆不定,却与工党在1983年大选遭到惨败之后的做法类似——由此导致了第三条道路的出现。最后,当所有"倾向性伪装"都被剥离之后,可以看到,无论是"第三条道路"还是"大社会",富有的银行家可能都会比穷人获得更多的收益。

可深入阅读的参考文献

C. 阿尔恩特的《第三条道路的福利国家制度改革对竞选的影响》(C. Arndt, 2013, *The Electoral Consequences of Third Way Welfare State Reforms*, Amsterdam: Amsterdam University Press)考察了4个国家的情况,其中的第2章(理论背景)和第4章(英国状况)尤其有用。

托尼·布莱尔的《第三条道路》(T. Blair, 1998, *The Third Way*, London: Fabian Society)是吉登斯著作的"政坛"对应版。

H. 博榭尔和马丁·鲍威尔编的《英国的联合政府和社会政策》(H. Bochel and M. Powell, eds, 2016, *The UK Coalition Government and Social Policy*, Bristol: Policy Press)考察了联合政府的社会政策,其中也包括与第三条道路的一些对比,并且简短地讨论了2015年上台的新政府的社会政策。

安东尼·吉登斯的《第三条道路》(A. Giddens, 1998, *The Third Way*, Cambridge: Polity Press)是倡导第三条道路的学术领军人物所撰写的最早且影响深远的原创著作。

J. 霍的《第三条道路改革:黄金时代之后的社会民主主义》(J. Huo, 2009, *Third Way Reforms: Social Democracy after the Golden Age*, Cambridge: Cambridge University Press)对9个国家在第三条道路改革方面的经验进行了对比研究。探讨"第三条道路的理论"问题的第2章和有关英国情况的部分特别有用。

马丁·鲍威尔编的《福利国家的现代化:布莱尔的遗产》(M. Powell, ed., 2008, *Modernising the Welfare State: The Blair Legacy*, Bristol: Policy Press)是鲍威尔所编的"新工党三部曲"的最后一部,它考察了新工党在2007年布莱尔辞职之后继续产生的影响。M. 鲍威尔的《第三条道路》(M. Powell, 2013, 'Third Way', in B. Greve, ed., *The Routledge*

Handbook of the Welfare State，London：Routledge，202-212）描述了工党政府在 2010 年最后阶段的执政情况。

"进步治理网络"（Progressive Governance Network）通过会议和图书推动"中左"解决方案的发展，最新著作（可下载）基于 2014 年大会：www.policy-network.net/content/345/progressivegovernance。

复习和课外作业习题

1. 你如何理解"第三条道路"？
2. 为什么说"第三条道路"是既不同于"老左派"又不同于新右派的一条独特的新路径？
3. 请考察"政策变化序列"是如何应用于新工党的个人服务和救济领域的。
4. 第三条道路这种路径在 2015 年之后对英国政府的重要性如何？
5. 请细致探讨新工党政府（1997—2010 年）和保守党—自由民主党联合政府（2010—2015 年）的社会政策有哪些不同。

请浏览本书的辅助网站 www.wiley.com/go/alcocksocialpolicy，使用为配合本书的阅读而设计的资料链接。在那里你将会发现有专门针对每一章的深入阅读资料链接，其中包括政府、国际组织、智库、压力集团和重要的新闻机构的网站。你还会找到以《布莱克维尔社会政策辞典》为蓝本的词汇表、帮助页、有关如何管理社会政策领域中主要委派形式的指导和职业建议。

第 21 章
紧缩政治

杰伊·威根

> ## 概　览
>
> ➢ 紧缩政治与 2007—2008 年的金融危机有关,但不能完全归因于后者。有关紧缩的争论是建立在相互矛盾的意识形态和政治观念之上的,它们对于市场、政府和社会之间的恰当关系有着不同的倾向。
> ➢ 在英国,关于究竟是否有必要采取紧缩政策存在着分歧,并且/或者在紧缩政策应该如何贯彻这个问题上也有争论。
> ➢ 英国联合政府(2010—2015 年)引进了简单但引人入胜的紧缩叙事,该叙事跳过了相互矛盾的经济学理论和主张,相反,联合政府将其所偏爱的政策与个人"日常"财务管理经验以及有关个体自力更生及其社会义务的广泛的社会规范联系起来。
> ➢ 紧缩叙事使得与新自由主义偏好相符的福利国家制度重构具有了合法性,但是它可能会受到新出现的社会运动和政治党派的威胁——它们反对紧缩政策,并且指出紧缩叙事离题千里、不着边际。

全球金融危机和"紧缩"

紧随 2007—2008 年的全球金融危机,欧洲、美国和亚洲的政府和中央银行共同采取经济和社会政策措施,以刺激受挫的经济并且防止从严重的经济衰退演变成全面的经济崩溃。政府有意识地增加支出并且/或者削减税负和利率,以维持对商品和服务的需求,从而保证就业,在这种情况下,似乎是回到了凯恩斯主义经济学;在全球经济走下坡路的背景下,也出现了无所不在的新自由主义政治经济学取得决定性突破的征兆,并且可能会宣告社会民主主义新阶段的到来(请见第 9 章、11 章和 19 章)。正如我们现在认识到的,回到凯恩斯主义(请见第 18 章)是稳定全球经济的有局限性、讲求实效以及临时性的做法。

随着经济崩溃的直接风险降低,政府和公共支出能够推动经济增长的观念也将迅速被取代。长期存在的新自由主义倡导者恢复了沉着冷静的态势,并且齐心协力地发起了一系列宣传攻势,从而成功地将对风险的错误标价、市场失灵、异常巨大的银行危机描绘为由公共支出导致的政府债务清偿危机。紧急援助银行导致的危机从私人部门向公共部门转移,自然而然地使得英国和其他国家的公共债务迅速增加。这些改变了政治和公共讨论,因此重要的政策参数减少,集中在政府应该着手削减公共支出,以减少赤字和偿清债务这个问题上了。

这一章以英国为切入点研究了紧缩政治。第一部分解释了紧缩对于我们而言意味着什么。第二部分勾勒了从工党政府(2008—2010 年)的温和的凯恩斯主义刺激到英国联合政府(2010—2015 年)的紧缩和新自由主义重兴的转变。第三部分思考了联合政府如何通过引入一套简单但非常吸引人的紧缩叙事从而兜售上述转变,又是如何通过讨论"日常"财务管理实践和对"失业"的普遍担心,从而使履行个人义务和社会责任成为一种社会信仰。最后一部分探讨了在面对新出现的反对声音以及紧缩可能导致的结果时,紧缩政策潜在的脆弱性。

有关紧缩的理论

"紧缩"这个概念是指,在某个阶段被迫限制或者减少公共支出,并且/或者提高税负的做法。紧缩的表面原因是应对赤字和/或公共债务(请见工具箱 21.1)。支持紧缩政治的人认为高赤字是不稳定的源头,并且增加了政府债务,而公共债务在国内生产总值(GDP)中占比过高被看作是对经济增长的拖累,同时也是动荡的起因。高额赤字限制了在经济低迷时期采取应对措施的活动空间,而且增加了从投资者那里借款的成本,因为后者认为政府有信用风险,于是要求更高的利率。由此产生的结果就是,久而久之,债务偿款在公共支出中的占比不断提高。

工具箱 21.1　赤字和政府债务

- 赤字是指政府每一年的财政收入(例如税收、收费、执照费、资产出售所得等)少于财政支出(例如医疗服务、教育、养老金等)的差额。这个亏空通常通过国家发行债券来借款弥补;国债由投资者购买,它也为投资者提供了一个收入来源。
- 政府债务(或公共债务)是指没有偿还的债务总和。

在紧缩政治的当代支持者中,人们更倾向于将削减支出而不是增加税负作为"平衡账簿"的途径。例如,2010 年到 2015 年的英国保守党—自由民主党联合政府,有 80% 的调整是通过削减开支完成的,而只有 20% 是以增税的方式(请见下文)。英国的其他政治党派承诺了各种各样的一揽子紧缩计划,提出了不同的减少开支/增加税收的方法(例如,工党主张增收豪宅税,而保守党倡导削减社会保障)。削减公共开支的倡导者主张克制使用增税的手段,限制向企业和公民发出更强烈的借款信号,从而使得未来的税负保持在现有水平,甚至有所下降。这种主张的目的是有效地限制政府当前及未来索要企业和公民的收入。其中的假设是,如果这些行动者意识到他们可以保留更多的资源自主使用,就会产生能够刺激商业投资和公民消费的必要信心,从而促进经济复苏。旨在通过货币政策支持稳定公共支出的路径被称为"扩张性财政紧缩"(请见工具箱21.2)。

正如政策处方所建议的那样,政府的财政支出不应该多于财政收入,但是这个观点只是一个乍听起来颇有吸引力的说法。紧缩也属于那些其背后的假设被激烈争论的所谓"常识性"观点中的一个。

工具箱21.2　扩张性财政紧缩

- 紧缩政治将财政政策排除在恢复经济增长的途径之外,相反,政策制定者却可能动用货币政策(货币/信贷供应和货币/信贷成本)来促进经济增长。一个最直接的例子就是英格兰银行(Bank of England)、美国联邦储备银行(US Federal Reserve Bank)和欧洲中央银行(European Central Bank)将利率降到历史最低水平。
- 中央银行努力降低利率防止拖欠债务,并且通过让企业和消费者能够以更低的利率借款投资/消费,从而对紧缩措施(削减开支)进行补偿(因此实现"扩张性财政紧缩")。

质疑紧缩的理论依据

经济学家和其他社会科学家站在新自由主义传统(例如,凯恩斯主义和更为激进的观点)之外质疑紧缩经济的基础,紧缩在这里遇到了它时下最强劲的竞争对手。简言之,反对紧缩的观点指出,在经济衰退时期,企业和公民已经准备好了管理他们的支出和偿还债务,在这个时候,削减公共开支等于是移走了支持经济需求的最后一根支柱。当紧缩政策减少了公共服务支出(其中包括所支付的救济金)的时候,在一个经济体中对于商品和服务的总需求也一定会下降——直接因素是政府向企业的采购减少了(例如国家医疗服务体系所购买的服务),间接因素则有由税收抵免额度或失业救济金减少导致的个人支出的减少等。由此产生的结果就是,企业再次被迫减少它们的花费,解雇一些员工。随着投资和消费的减少在经济体中蔓延,信心崩溃和上升的失业率会向政府提出额外要求。这时政府必须做出选择,要么提高税率,要么(冒着进一步收紧经济活动的危险)进一步削减开支,要么继续借钱以弥补亏空,从而获得资金以满足新出现的需求。最后一种做法会带来赤字在短期内增加的结果,显然这与紧缩主张的目标是背道而驰的。

在紧缩政治的批评人士看来,在经济危机时期,扩大政府借贷并没有什么问题,因为这会带来更大幅度的经济增长。紧缩政治的支持者看错了借债的目的,这是一个典型的合成谬误的例子,即将个体的情况简单相加后视为社会总体的情况。在这个例子中,与紧缩相关的合成谬误就是所谓的"节俭悖论"。也就是说,尽管对于公民个人而言,在经济危机的情况下,存钱和偿还债务可能是合情合理的,但是,积聚到社会层面可能就不合理了。如果所有公民和所有企业与政府在同一时间努力减少支出,那么经济需求就会瓦解,从而衰退会加剧,因为某个人的支出实际上是另外一个人的收入。

凯恩斯主义的拥护者所提出的另一种路径(请见下文)彻底反转了紧缩的立场。政府并不削减开支,取而代之的是使用财政政策(借债以增加支出、减少税负)来推动短期内的经济扩张。一旦经济实现了持续增长,政府再开始弥补赤字、偿还政府债务——随着经济发展,债务在国内生产总值中的占比会自动下降,也自然不那么令人担忧了。

从应急的凯恩斯主义到回归新自由主义

可能在被迫实行紧缩并且因此制定和执行相应政策的过程中,最引人注目的是,这场金融危机使得人们认真地拷问新自由主义有关市场自我纠正能力和最小化政府干预等观念的正确性。在2008年到2010年期间,戈登·布朗领导的英国工党政府短暂地重新挖掘凯恩斯主义,并且执行了一揽子温和的政府刺激计划,以防止经济崩溃。政府增加了在社会保险救济方面的支出,用以回应失业或降薪所带来的个人收入的减少(这就是所谓的补贴发挥"自动稳定器"的功能),并且政府还引入了其他措施来促进经济活动。这些额外的措施包括有针对性的减税(例如,降低增值税的税率)和旧车换现金计划(个人用旧车换购新车可以得到2000英镑的补贴)。这些措施的首要目标是稳定经济,而一旦"锁定"经济复苏趋势之后,政府就开始偿还亏空和公共债务。虽然工党承诺减少财政支出,但是问题的关键在于,要等到经济增长开始加速,这个诺言才能实现;这与广义的凯恩斯主义观点相符,即在经济衰退时,允许增加公共支出和借债,而在好日子的时候还债。在2010年大选的时候,工党所提出的主张是削减开支与增税之间的比例关系是2∶1,并且以最和缓的步伐减少赤字——从2011年开始收紧开支,大概在2016年到2017年之间消灭亏空。相反,保守党在2010年大选中承诺削减开支与增税之比是4∶1,并且从2010年开始以最快的步子紧缩开支,在2015年至2016年期间消灭赤字。

联合政府重申减少赤字是头号任务,而且政策调整主要集中在削减开支而非增加税收上面。持续的经济不稳定和有意识地放缓紧缩步伐的决定(隐含对凯恩斯主义立场的让步,以求促进经济增长)意味着最初制定的2015年到2016年消灭赤字的计划落空了,并且推迟到了2018年至2019年之间。联合政府确实成功地实现了他们所设定的4∶1的比例:在2015年,经济稳定发展有82%可以归因于削减公共开支,而不是增税。因此,公共服务被持续削减,尽管在不同的政策领域(例如卫生健康、教育、社会保险、社会照顾)中削减的幅度和性质各不相同,而且由于苏格兰、威尔士、北爱尔兰拥有一定的自主权,英国各个构成部分的地方政府必须构建它们自己的政策,并且控制开支(请见第22章到第25章)。

英国联合政府(2010—2015年)的路径和保守党政府(2015年至今)的路径在某种程

度上都是对工党所执行政策的延续,但是在放开公共服务领域的竞争、加强领取救济的条件限制、减少劳动年龄人口的补贴等方面也进行了一些变革(请见第 7 章、47 章、56 章)。重要的是,紧缩作为一种手段,被用来推动新自由主义心仪已久的私营机构在公共服务领域里的扩张,并且减少面向劳动年龄人群的社会保险。这种做法符合政府所追求的一个长期目标,也就是改变人们对国家能够提供什么的期待,实现一个更精简、更有针对性的安全网福利国家。

紧缩叙事和重构福利国家制度的合法性

既不主张紧缩又不同意重构福利国家制度的反对者发现,他们被有关紧缩的话语建构所牵制,后者将紧缩看作唯一"可信的"经济政策,而且在道德上也是符合要求的。英国联合政府建构了一个强有力、深奥微妙(尽管将复杂问题过分简单化了)的紧缩叙事,将对于英国可能面对的主要挑战的忧虑都编织进来了。首先,金融危机被重新解读,因而它从私营银行业务实践和市场失灵的问题,变成了由铺张浪费、低效的政府公共支出导致的问题。支出不仅被视为过度的,而且被人们看作并没有解决它们本应纠正的社会问题——有关后面这一点,一个最清晰的例证是,英国联合政府发现,在劳动年龄人口社会保险补贴上的花费,既导致了公共支出,同时也是公共支出所带来的结果(请见第 56 章)。

从这个角度来看,紧缩叙事的有力并不只是因为它是精英政治家集团传达出来的。框定一个政策议题,以便对问题和可能的解决方案的解释符合并有利于核心意识形态的偏好,并不是简单地强加于人。它依赖于政治领域的行动者将他们喜欢的故事与公众已经拥有的观念、经验和看法等特定的丝线编织在一起的能力。联合政府将英国政府的赤字和公共债务与个人的信用卡欠债进行类比就是一个恰当的例子。

> 这就好像是一个拿着信用卡的购物狂,他完全不知道该怎么偿付利息。工党恰巧就面对这种情况。他们在过去的五年里没有学到任何东西。他们仍然在借更多的款,花更多的钱,欠更多的债(戴维·卡梅伦首相,引自 Mason, 4 January 2015)。

个人没有权征税或发行货币,而且不能以英国政府那样低的利率借贷,从这个角度来说,这段论述里有误导的成分,尽管如此,在运用信用卡的类比上却是颇具政治敏锐度的。研究表明,公众借用个人经验来理解有关债务和经济发展的政策讨论。信用卡的类比之所以能够发挥作用,是因为它将作为个人财务"放大"版本的(实际上非常复杂的)经济政策事务,改写为包含节俭元素的道德故事——挣多少,花多少。由于偿还债务被视作一项必须履行的社会义务,而且个人欠款难以通过借更多的债来解决,因而这就意味着,要解决赤字和债务问题,就需要每个人(公民和国家)都勒紧自己的裤腰带,量入为出。正是如此,紧缩叙事(请见工具箱 21.3)被证明是一个在政治上和经济上引人注意的故事,它的引入使改革具有了合法性。但是,无论年复一年的削减开支会带来什么样的累积效果,以及福利国家改革是否开始逐步破坏公众对紧缩的默许,人们都会质疑紧缩叙事。

工具箱 21.3　2010—2015 年联合政府的紧缩叙事总结

定义经济问题
- 工党执政时期,公共支出导致赤字和债务过高。
- 赤字和债务规模对英国的经济信用构成风险。
- 吸引投资的能力受到损害,而且借贷成本增加。
- 借贷"排挤"了企业和消费者的支出,因为他们预计未来税收会增加,因而"节省"开支。不应通过借钱来还债(用信用卡作类比)。

道德问题
- 国家没有理性地量入为出。现在社会被迫为来钱容易的"好时光"还债。借更多的钱只能增加债务,为后代带来负担。
- 公共支出掩盖了社会问题(例如"失业和福利依赖")的深层原因,相关社会问题导致了高额支出。
- 国家应该尽可能地减税,而不是增税,因为钱是属于个人和企业的。

政策方案
- 减少赤字和偿还债务以保护英国政府的信用。
- 减少支出将有助于恢复企业和消费者的信心。
- 防止"福利依赖"的改革既是经济事件,也是应对道德问题。政府必须通过更加严格的条件限制、救济处罚、剥夺权利、评估失业救济来鼓励自给自足。
- 工党的肆意挥霍意味着根本没有对政府的效率和经济情况进行全面研究,也没有认真思考如何对公共服务(市场)进行革新,从而节约经费、提高效率。

新议题

通过排除赤字财政并且强调削减开支优于增加税收的做法,联合政府确保紧缩政治的直接成本将由那些往往更倚重于公共服务和社会转移支付的人来承担,特别是申请领取失业补贴的处于劳动年龄的人群。由于此类补贴在政府社会保险总支出中占的比例不到 50%,进一步从这些领域节省开支,意味着大幅度削减和从根本上重构政府为劳动年龄人群提供的福利。

重构所带来的分配结果已经遭到了旧的和新的社会运动的抗议,前者如工会,后者如残疾人反对削减福利(Disabled People Against Cuts)、抵制工作福利制度(Boycott Workfare)†和反对削减公开支(UK Uncut)等(请见第 14 章)。与此同时,在保守党只是边缘性选举力量的苏格兰、威尔士和北爱尔兰,当地的选举动态环境为反紧缩的党派和观念创造了活动

---

† 工作福利制度或劳动福利制度是指失业者必须从事社区工作或学习新技能才能领取福利的制度。——译者注

空间。例如,无论是苏格兰民族党(Scottish National Party),还是威尔士民族党(Plaid Cymru),都在2015年大选中清晰地表达了反紧缩叙事。如果继续采取紧缩措施,那么苏格兰、威尔士、北爱尔兰与英格兰之间已有的政治分歧将进一步扩大,并且会对英国作为单一民族国家的结构产生威胁。

可深入阅读的参考文献

M. 布莱斯的《紧缩:一种危险思想的历史》(M. Blyth, 2013, *Austerity: The History of a Dangerous Idea*, Oxford: Oxford University Press)对关于紧缩的政治经济学的历史和当代状况进行了易懂的概括。更为新近的对紧缩效力及其在英国、爱尔兰和西班牙产生的后果的分析,请见S. 德莱皮亚内 阿韦兰尼达的《经济思想的政治力量:以"扩张性财政紧缩"为例》(S. Dellepiane-Avellaneda, 2014, 'The political power of economic ideas: the case of "expansionary fiscal contractions"', *British Journal of Politics and International Relations*, 17: 3, 391–418)。

独立智库英国财政研究所定期发表的作品中,有大量有关联合政府及其继任者的社会和经济政策的详细信息,特别是C. 埃莫森、P. 约翰逊和R. 乔伊斯的《财政研究所的绿色预算》(C. Emmerson, P. Johnson and R. Joyce, 2015, *The IFS Green Budget*, London: Institute for Fiscal Studies);A. 胡德和D. 菲利普斯的《福利支出和改革:联合政府的记录》(A. Hood and D. Phillips, 2015, *Benefit Spending and Reforms: The Coalition Government's Record*, IFS Briefing Note BN160, London: Institute for Fiscal Studies);财政研究所的《2010年选举简报总结》(Institute for Fiscal Studies, 2010, *Election Briefing* 2010 *Summery*, London: Institute for Fiscal Studies)。

有关紧缩的讨论往往充斥着和个人财务的对比、片面真理,以及将国家福利制度的各个层面的特性、规模和分配功能混为一谈。而R. 马森的《卡梅伦说保守党削减250亿英镑支出是必要且合理的》(R. Mason, 2015, 'Cameron says Tories'£25bn spending cuts are necessary and reasonable', *The Guardian*, 4 January)是一个恰当的用个人财务打比方的例子。L. 斯坦利的《我们正在自作自受》(L. Stanley, 2014, 'We're reaping what we sowed', *New Political Economy*, 19:6, 895–917)研究了公众如何理解政治精英所提出来的有关紧缩的比方。约翰·希尔斯的《好时光和坏时光:他们和我们的福利神话》(J. Hills, 2015, *Good Times, Bad Times: The Welfare Myth of Them and Us*, Bristol: Policy Press)阐述了英国福利国家制度的规模、范围和作用,以及政治家和媒体将社会分为纳税者和申领救济者的政治两分法所带来的问题。

复习和课外作业习题

1. 当我们谈论紧缩的时候,其含义是什么?
2. 紧缩政治所采取的削减公共开支措施的必要性体现在哪里?它是令人满意的吗?

3. 英国的赤字和政府债务可以与一个背负沉重信用卡债的人的状况相提并论吗？
4. 请描述节俭悖论。
5. 请仔细讨论紧缩政治对福利国家制度的影响。

请浏览本书的辅助网站 www.wiley.com/go/alcocksocialpolicy，使用为配合本书的阅读而设计的资料链接。在那里你将会发现有专门针对每一章的深入阅读资料链接，其中包括政府、国际组织、智库、压力集团和重要的新闻机构的网站。你还会找到以《布莱克维尔社会政策辞典》为蓝本的词汇表、帮助页、有关如何管理社会政策领域中主要委派形式的指导和职业建议。

第四部分
英国的权力下放和社会政策

第 22 章
社会政策和权力下放

理查德·帕里

> **概　览**

> ➢ 联合王国是一个以伦敦为中心、没有统一地方政府系统的单一制国家,因而在权力下放后,苏格兰、威尔士和北爱尔兰可以根据各自的意愿对社会政策的多个领域进行政治调整。
> ➢ 英格兰仍然在规模和意见上占主导地位,继续持有对税项利益系统的控制权,它没有将自身划分为类似于委任分权政府的区域政治实体。
> ➢ 各委任分权政府采取了一些有趣的政治举措,这些政治主张往往倾向于使福利国家制度更具有普遍主义特征、更加和谐并且较少私有化。
> ➢ 目前的局势在政治和经济上都不稳定,相关证据包括2014年苏格兰的独立公投以及在那之后要求下放更多权力的立法建议。
> ➢ 英格兰内部的权力下放重回日程,但是焦点是城市区域拥有领导经济和社会发展的权利。

联合王国是一个强大的单一制国家,在社会政策的制定、贯彻及其内容方面,都缺乏清晰的地区差别化的设想。主要的差异源自联合王国内部的苏格兰、威尔士和北爱尔兰的地位,这些民族地区从1999年开始享受作为一个国家而不再是一个州的地位,它们拥有自己的民选政府,在社会政策上具有广泛权力。这一章是后面有关苏格兰、威尔士和北爱尔兰几章(第23—25章)的引子,这里介绍了这几个民族地区的政府框架、公共财政、它们存在差异的原因,以及近年来联合王国各地的政治发展对于这些民族地区的影响。

权力下放模式

英格兰在联合王国中占据主导位置,是权力下放的起点。85%的人口生活在英格兰,英格兰的首府伦敦是政治、治理、文化和媒体活动的中心。英国拥有统一的福利救济比例，而且与其他规模类似的国家相比，在多层次政治结构方面缺乏相应的系统性。在联合王国的社会政策当中，一方面是基于多样化和选择的对差异的包容，另一方面则是对差异的怀疑，这种怀疑针对不随居住地变化而变化（用英国人的话来说，就是避免"邮编彩票"）以及在各民族之间通行（类似于一种"社会联盟"）的统一公民权利，在这两方面存在着分歧。联合王国的所有政策都将英格兰的实践和组织作为参考（顺应它或反对它），尽管英格兰缺乏一个区别于"英国"的稳定的身份定位。

苏格兰、威尔士和北爱尔兰有着特别的历史传统和政治特点：

- 苏格兰在1707年之前一直是独立的，《联合法》（Act of Union）保留了它的立法系统、长老会（Presbyterian Church）和地方政府。相比英格兰，苏格兰在教育和医疗方面有着更深厚的传统，在这些领域成为联合王国的领导者。
- 威尔士一直不是一个具有明确独立地位的国家，但是它却有着截然不同的语言和宗教模式，而且威尔士式的政治和机制模式也在20世纪发展起来。
- 爱尔兰一直到1801年都有独立的议会，之后并入大不列颠，不过在1922年分裂出一个独立的国家（后来成为爱尔兰共和国），而北爱尔兰的6个郡仍然留在联合王国，并且直到1972年都拥有地方议会。

在这三个民族地区，许多地方服务是由联合王国的政府部门（苏格兰、威尔士和北爱尔兰事务办公室）负责运营的。

1997年的工党政府创造了具有立法权的苏格兰议会，在威斯敏斯特体系框架内为威尔士的行政管理和金融服务设立了国民议会（National Assembly），在北爱尔兰地方政府中创建了强制性的"分权"联盟——北爱尔兰议会（Northern Ireland Assembly）。所有这些机构在2011年前每四年进行一次选举，但是，现在实际上是五年任期，因为其选举要在联合王国大选后的第二年进行，选举采取比例代表制。公民投票通过了以上提议，其中在苏格兰（74%）和北爱尔兰（71%）得到了绝对多数的支持，而在威尔士则刚刚到50%。63%的苏格兰人也投票给予苏格兰议会有限的调整收入所得税的权力。这些新政府计划从1999年开始执政，不过北爱尔兰政府机构从2002年推迟到2007年，而且在那里，政局一直不稳定。

将权力下放给苏格兰和威尔士是联合王国工党政府的产物，工党执政的前八年，在苏格兰，与自由民主党联合起来的工党一直占有优势地位，而在威尔士，工党占主导地位则是从2000年到2003年。2007年大选之后，更为独立的苏格兰民族党（SNP）在席位上超过了工党，并且组成了少数派政府。少数派政府在与其他党派协商之后，能够批准预算，但无权通过它的就独立问题进行全民公投的提议。在威尔士，工党保住了与威尔士民族党建立的联盟，后者的中心议题就是推动全民公投，争取公民同意授予威尔士国民议会在权力下放领域的全权立法权。2011年3月，在投票率为36%的情况下，63%的赞成票使威尔士民族党的提议得以通过。

在2011年的委任分权地区选举之后，假设发生了逆转，这种假设认为联合王国政府是一党执政的（而且非常"强大"），而委任分权政府是多党联合执政的（而且非常"弱小"）。在威尔士，工党勉强恢复了一党执政政府；而在苏格兰，苏格兰民族党以45%的选票戏剧性地获得了压倒性胜利。在2015年联合王国的大选中，苏格兰民族党的票数上升到

50%,并且在票数领先即入选的制度下,该党赢得了下议院中 59 个苏格兰席位中的 56 个,工党在下议院拥有 40 个席位。保守党在威尔士进一步加强了它的相对地位(从 1997 年不占有席位提升到 2015 年的 11 个席位),即便如此,无论是工党还是保守党,这两个在英格兰具有影响力的威斯敏斯特宫议会党对威尔士却影响甚微,而且它们以同样的视角看待权力下放问题。

联合王国的权力下放严重"不对称",下放更多的权力是对国家各个地方的环境和政治压力的回应,而不是为了推进涵盖各级地方政府的统一框架(例如,就像在美国和德国看到的那样)。尽管近几十年来,在英格兰存在着选举区域性政府的提议,但是并没有人认真地贯彻它。获得选举机会的东北部地区,在 2004 年选出了一个以微弱优势当选的议会,但是全民投票的结果是 78% 的反对票对 22% 的赞成票,该议会被"抛弃"了。在这些民族地区的政府办公室和地方发展机构也分别在 2010 年和 2012 年被关闭,一个没有统一结构的、以城市为基地的本地事业合作伙伴关系(Local Enterprise Partnerships)作为代替品出现了。与此同时,在伦敦这个多元化的世界城市中正进行着一场讨论,焦点在于这个城市是不是应该具有与它作为首都对这个国家的纳税贡献相匹配的政治裁决权。

委任分权行政机构的运转

苏格兰政府和威尔士政府,以前被称作苏格兰行政院(Scottish Executive)和威尔士议会政府(Welsh Assembly Government),是"有效结合的"前苏格兰事务办公室和威尔士事务办公室的"后裔"。自 2007 年以来,苏格兰政府由首席部长领导,没有中央部门,只有主管不同领域的内阁部长。威尔士设有非法定的中央部门。相反,北爱尔兰的中央部门是作为权力分享机制的法定存在,各党派根据其势力确定表决权,各部门的设置仿照白厅的形式,可以在白厅找到直接对应的部门,部长之间也有相似的张力关系。这三种体系在每位部长主管的领域,都设有通过公民选举出来的成员组成的常设委员会,委员会既负责立法审查,也负责政策调研。

这三个委任分权政府在社会政策组织方面采用联合王国传统的法定形式,并且回避英格兰的一些创新,例如民选市长、免费学校和健康医疗合同的商业化等。苏格兰和威尔士都设有覆盖整个民族地区的卫生局(Health Boards),并且废除了英格兰所采用的信托基金会的形式;北爱尔兰有信托基金会,但是这些信托基金会之间没有竞争关系,它们全部都向独立、综合的健康和社会服务事务局(Health and Social Services Board)汇报工作。这三个民族地区的地方政府的组织结构比英格兰的更为简洁、纯粹,只有单一的当权者。苏格兰和北爱尔兰有独立的警察部队。

联合王国里的支出模式

联合王国的社会政策体系隐含一个从西北到东南的梯度,苏格兰、威尔士、北爱尔兰和英格兰北部因为资源相对匮乏,所以可以申请额外的资源以对应当地的问题。一方面因为这些政策倾斜,另外一方面由于非英格兰地区的房屋价格较为低廉,而且卫生健康和教育等公共部门也提供了更好的服务,因此非英格兰地区让人们感觉更好,并且在主观生活质量指数中也有更高的排名。

相对公共支出的排名(请见表22.1)构成主观生活质量指数的背景。2012年到2013年的年度数字表明了北爱尔兰首屈一指的领先地位,那里人均社会开支要比联合王国的平均水平高18%,而东北地区又超过了苏格兰和威士。住宅价格的差异很突出,但是公屋的开支却非常小。更为重要的是苏格兰和北爱尔兰在卫生健康和教育上的平均支出,这些支出不只是基于需求决定的,相反,它们更具有结构性特征。伦敦的公共支出高于联合王国的平均水平(尽管在伦敦人看来,这完全可以用伦敦的税收较高来解释),而英格兰更富裕的地区却一直停留在表格靠下的地方。

由于苏格兰还没有行使它的提高收入所得税的权力,因此地方行政机构只是采用传统的当地财政收入、市政税和商业企业营业税作为资金来源。不过,在苏格兰,公共支出的主要资金来自联合王国政府的分类财政拨款,对这些资金的使用要遵照联合王国财政部对于公共支出管理和政府会计的规定。尽管在使用分类财政拨款时,地方政府拥有自行确定支出的优先顺序的自由,但是在这个已经发展成熟的政治系统中,税项和支出项的选择却已经固定下来,而不再是政治讨论的议题了。

这个模式反映了,无论是在权力下放之前,还是在那之后,都一直在使用联合王国财政部规定的必须根据人口比例分配公共开支的巴尼特公式(Barnett Formula);简言之,分类财政拨款要根据英格兰支出的变化情况每年做同比例的调整。

这样做就避免了就各条款喋喋不休地讨价还价,并且也意味着随着时间的推移,支出水平趋于一致,因为新拨款是按人口比例分配的,而不是根据历史份额或者在对相对需求进行讨论之后决定的。差距仍然存在,只是以缓慢的速度拉开的事实,导致地方政府重新呼吁更多的财政自主权。《2012年苏格兰法案》(Scotland Act 2012)创造了第一个新型地方税——土地和建筑物交易税(Land and Buildings Transactions Tax),它在2015年4月取代了印花税(Stamp Duty);并且从2016年4月开始,由于减税政策使联合王国从收入所得税获得的财政收入减少了10%,因而分类财政拨款相应减少,这迫使苏格兰议会调整地方收入所得税税率,从而使它能够实现收支平衡。《2014年威尔士法案》(Wales Act 2014)和2015年2月联合王国政府的进一步提议,赋予了威尔士政府收税的权力。北爱尔兰政府被赋予在慎重考虑爱尔兰共和国更低税收水平的情况下,自由决定收取或减免航空旅客税(Air Passenger Duty)和公司税(Corporation Tax)的权力。"财政联邦主义"的兴起,给联合王国的"社会联盟"必不可少的一体化和责任共担设置了障碍。

表22.1 2012—2013年度社会政策人均支出

指数:联合王国=100	总体社会支出	社会保护	卫生健康	教育	住房和社区设施
北爱尔兰	118	116	109	113	288
东北	110	112	111	101	137
苏格兰	109	106	109	105	185

续表

指数:联合王国=100	总体社会支出	社会保护	卫生健康	教育	住房和社区设施
威尔士	108	113	101	99	136
西北	106	107	110	99	85
伦敦	102	95	104	116	129
约克郡和亨伯河流域	100	100	102	102	81
西米德兰兹郡	100	101	100	101	75
西南	96	100	93	90	64
东米德兰兹郡	95	96	96	96	78
东部	92	93	90	95	60
东南	89	90	89	90	64
联合王国人均支出（英镑）	7 366	3 891	1 937	1 373	165

资料来源:根据英国财政部数据计算;HM Treasury, *Public Expenditure Statistical Analyses 2014* (Cm 8902, July 2014), Table 9.15 and 9.16。

委任分权政府模式的灵活性

权力下放的一个最重要理由是,可以在联合王国内部保持灵活性,并且进行各种尝试,但是,在社会政策领域,运作的空间非常有限。在社会保障领域,存在着单一的联合王国框架;虽然北爱尔兰有不同的原始立法,但是在《2012年福利改革法案》的背景下,保持结构和比率的平衡遭遇了极大的政治障碍。在权力下放之前,英格兰和威尔士在教育和住房等方面的立法基本一致,而与苏格兰和北爱尔兰的不同(特别是苏格兰的学校考试结构和北爱尔兰的主要教育结构差异更大)。后面的两个民族地区在医疗服务上也有着不同的传统,尽管都贴有共同的国家医疗服务"标签",但它们更具有弹性,根据"民族"的不同而有着很大差异。在现金补贴项目之外,社会政策领域实现了大幅度的权力下放,不过,卫生事业、堕胎和药品等方面的政策属于例外。此外,威尔士与英格兰一样,犯罪、司法、警察和监狱事务是由国家政府负责处理的,没有实行权力下放。

自从权力下放以来,政策主张趋于更加慷慨大方,更突出普遍主义,更加强调公共供给。苏格兰、威尔士和北爱尔兰这三个民族地区都废除了处方费。苏格兰为就读于苏格兰大学的苏格兰(和非联合王国的欧盟国家)大学生取消了大学学费;作为对皇家长期护理委员会1999年提出的老年人护理提案的回应,苏格兰打算取消对老年人的经济状况调查,而直接根据其需要给予补助。苏格兰的政策吸引了众多关注,但是减免费用带来的资金缺口和地方政府有必要对需求进行评估,都使得苏格兰的政策并不像它们看上去的那么自由和普遍适用。委任分权政府站在了实践《欧盟-美国跨大西洋贸易和投资伙伴关系协定》(EU-US Transatlantic Trade and Investment Partnership, TTIP)的前沿阵地上,这限制了政府防止私人医疗和教育服务供应者从国家运营的体系中获得利益的能力。

权力下放使得人们将注意力放在两个长期存在的主题上：联合王国统一的福利系统使得实施雄心勃勃的地方减贫政策困难重重；三个非英格兰民族地区对威斯敏斯特的政策漠不关心，而以自己的方式行事。矛盾的是，意味着让地方自行做出选择的权力下放政策，一方面强调了地方政策制定不同于联合王国政府政策的逻辑，但另一方面，也引起了人们对苏格兰、威尔士和北爱尔兰历史性的支出优势的怀疑。

供给结构的不同，尤其是在医疗服务组织和"终身学习"领域（提供技能培训、高等教育及深造机会、筹措和减免学费等），与其说是对当地环境的适应，不如说是一种政策设计选择。正如苏格兰民族党政府在 2007 年设定 15 项"地方结果"，希望通过当地政府建构"单一的结果共识"一样，地方行政机构试图处理其所辖地域的所有社会和经济变量，尽管它们缺乏解决这些问题的力量。这三个民族地区都在对第一原则进行了有价值的思考的基础上，设立了平等条款（性别、种族、宗教、地区、语言）。不过，权力下放体系不能反对联合王国改变税收和福利政策，尤其是包含住房津贴的通用福利方案的引入。苏格兰和北爱尔兰对"卧室税"（居住于政府提供的廉价房的住户如果占用的房屋空间比必需的空间大，就要扣除所谓的"空房间补贴"）意见极大，而且在这方面它们拥有的灵活度很小。

另一个问题是地方社会政策很容易受到联合王国削减支出的影响。地方政府能够退出英格兰的政策改革，但是这些改革所带来的任何削减支出的结果都会传导给它们。由苏格兰最初倡导的财政独立的政策方向使得税收水平必须随着支出决定而变化，哪怕这意味着更高的税负。地方政府所采取的与联合王国不一样的社会政策实际上是更为慷慨大方的政策，但是更高的税负会对这些政策构成威胁，同时也给作为单一制联合王国与民族独立中间点的权力下放制度的稳定性带来了危险。

新议题：苏格兰的独立公投和其他问题

看上去具有持久性的权力下放结构只延续了十五年。联合王国政府通过授权苏格兰议会在 2014 年底举行独立公投而消除了所有法律疑问。从国际视角来看，这种简化脱离程序的做法非常令人瞩目，但是联合王国之后在北爱尔兰的做法是，根据其意愿只允许它的公民决定他们宪法的未来。联合王国之所以热衷于迫使苏格兰民族党毫不犹豫地直接就单一问题进行全民公投，其中一个原因是他们认为投反对票的一定占多数。最后，在 2014 年 9 月 18 日，"不同意"的优势显而易见（55.3% 的反对票对 44.7% 的赞成票），但是这个过程包括非常慌乱的十天，当时有两项民意调查都显示"同意"的意见领先。这导致了"誓约"的产生——联合王国三大党的领导人在 2014 年 11 月底达成共识，一致同意首先在他们的党派内部实现更多的权力下放。在这次公投之后，英国政府提出了苏格兰政府可以接受的提议：跨党派委员会由凯尔文的史密斯勋爵（Lord Smith of Kelvin）领导——他是广受尊敬的无党派商业领袖，而且有爱丁堡和伦敦委派的官员为他效力。

史密斯的提议——也是之前苏格兰民族党所主张的立场——反映了对地方征税、救济以及公共服务领域的权力的极大兴趣（调查表明公众对此也非常支持）。这些大胆的提议是党派博弈的结果。直到最后一分钟还在讨价还价,苏格兰民族党在这个过程中只不过是一个看客,以及联合王国政府担心福利体系中的条件性和惩罚被取消,这些使得提议局限于针对工资的收入所得税的税率和起征点、通用福利计划中的住房要素和残疾人救济等方面。联合王国政府在《2015年苏格兰法案》中将上述提议变成了法律形式。大量的执行工作还有待展开,不过根据巴尼特公式划拨的财政拨款将会减少,而直接支付给苏格兰地方政府系统的税收——特别是来自工资所得税的全额转让——将会增加(大概是其财政收入的一半)。事实上,委任分权政府只能走一步看一步,而且不得不为相较于英格兰慷慨的政策和孱弱的税收买单。

这些政策产生了削弱联合王国构架之弹性的后果。所谓的"西洛锡安问题"(West Lothian question),又称为"英格兰人为英格兰法律投票"问题(EVEL),是一个长期存在的难题,即来自苏格兰、威尔士和北爱尔兰的议员们坐在威斯敏斯特宫里,他们可以在权力下放领域就只涉及英格兰的立法问题投票,却对苏格兰、威尔士和北爱尔兰的议题没有同等发言权。如果没有独立的英格兰议会和政府,也没有委任分权的英格兰地方立法机构,这个问题难以解决。在2015年大选中获胜的保守党表决通过了改变下议院议事程序的决议,在仅限英格兰(或只涉及英格兰和威尔士)的事务上,只需要与之相关的议员表示同意,但是只有在英格兰或/和威尔士议员在联合王国政府中不占多数的时候,这个决议才有机会试用。

英国保守党的英格兰地区政府的策略是,推动给予主要大都市更多支出自治权的"城市协议"(city deals),这个方案只在以曼彻斯特为中心的地区得到较好的实施。从2016年4月开始,大曼彻斯特地区的国家医疗服务预算由地方自主支配,而且(从理论上讲)能够与社会照顾预算合并。这打破了联合王国的国家医疗服务不能由地方政治家运营的基本原则,这项原则一直是三个委任分权地区政府所坚持的。《2015年城市和地方政府权力下放法令》(Cities and Local Government Devolution Bill 2015)向"市长联合政府"授予广泛的权力,但是在英格兰的许多地方,城市之间的相互提防或缺乏大型城市,使得界定诸如此类的权力机构变成了难以解决的问题。

由于大量准备工作已经在2014年完成,因此苏格兰继续将独立问题看作严肃而且现实的选择。威尔士和北爱尔兰对苏格兰的效仿,也会随着它们准备好为独立付出代价而变得越来越有力,但是这对它们而言并不一定是一个有吸引力的选择,因为这些民族地区一直认为保持与联合王国的联系对它们相对弱势的经济地位是有好处的,而且它们也需要来自联合王国的补助,以使它们能够维持达到全国水平的公共服务。英国保守党政府开始赋予地方政府更大的地方征税权,以减少它们对伦敦拨款的要求。尽管苏格兰民族党希望实现"完全财政独立"(控制苏格兰的所有税收,仅向伦敦缴纳苏格兰所享受的联合王国提供的权力尚未下放领域的服务的费用),但是,他们也非常务实地在速度和态度上采取谨慎的做法,以免只实现短暂的独立。

具有讽刺意味的是,权力下放问题开始变成英格兰的问题了。英格兰的政治利益能够在多大程度上容忍地方政府采取不同的政策,却又不用为它们的地方政治决策支付全部的成本呢?联合王国内部的多样化和团结一致,能够在多大程度上被重视并得到保障呢?地方政府和它们的政治机构应该拥有多大程度的自由裁决权和支出决定权呢?一个从来没有吸收联邦制思想的政治体系,必然会发现难以解决这些问题,特别是在这个时代的潮流使得慷慨的福利国家制度难以成为地区稳定的工具的时候。

可深入阅读的参考文献

德里克·比瑞尔的《权力下放对社会政策的影响》(D. Birrell, 2009, *The Impact of Devolution on Social Policy*, Bristol: Policy Press)是最好的相关文献之一,它的叙述全面而且具有开创性。

想要了解权力下放之后的最新发展并非易事,伦敦大学学院宪法小组(Constitution Unit)在这方面做了最出色的工作,其每个季度发表的监测报告可以在 ucl.ac.uk/constitution-unit 上获得。

J. 亚当斯和 K. 施米克尔编的《2010 年的权力下放实践》(J. Adams and K. Schmueker, eds, 2010, *Devolution in Practice 2010*, London: Institute for Research on Public Policy)是较为全面的总结性作品。

S. 格里尔的《地方政治和健康政策》(S. Greer, 2005, *Territorial Politics and Health Policy*, Manchester: Manchester University Press)进行了重要的比较研究。

2014 年联合王国政府和苏格兰政府向史密斯委员会提供的证据是分析现有和未来的权力下放实践的重要资料,请参见:www.smith-commission.scot/resources/analysis。

爱丁堡大学的宪法改革中心在 www.futureukandscotland.ac.uk/blog 上呈现了最新的讨论。

复习和课外作业习题

1. 社会政策的哪些领域的权力下放给了苏格兰、威尔士和北爱尔兰?
2. 自 2007 年以来,政府里的民族主义者带来了什么样的影响?
3. 委任分权政府实现了哪些社会政策改革和创新?
4. 权力下放的资金如何筹措?这将如何改变未来的经济环境?
5. 在英格兰是重要参考点的时候,联合王国在社会政策领域的权力下放能够发挥多大作用?

请浏览本书的辅助网站 www.wiley.com/go/alcocksocialpolicy,使用为配合本书的阅读而设计的资料链接。在那里你将会发现有专门针对每一章的深入阅读资料链接,其中包括政府、国际组织、智库、压力集团和重要的新闻机构的网站。你还会找到以《布莱克维尔社会政策辞典》为蓝本的词汇表、帮助页、有关如何管理社会政策领域中主要委派形式的指导和职业建议。

第23章
北爱尔兰的社会政策
安·玛丽·格雷和戴瑞克·比瑞尔

▶▶ 概　览

- ▷ 在经过三十多年的暴力冲突以及签署了和平协议之后,1998年在北爱尔兰开启了权力下放。这个过程还在继续,不过时有中断。
- ▷ 北爱尔兰政府是联合王国中独一无二的强制联盟。
- ▷ 北爱尔兰同联合王国的其他组成部分的社会政策既有差异,也有共同之处。
- ▷ 北爱尔兰的政府构架导致了政策制定过程中的困境和延迟。据说,社会政策在很大程度上是出于实用主义,而不是以苏格兰和威尔士所热烈讨论的价值观或原则为依据的。
- ▷ 在北爱尔兰试图解决重大的结构问题以及寻求更多的权力下放时,可能会出现对社会政策问题的更为认真的讨论,以及对政府结构和功能的改造。

导论

在北爱尔兰,联合派(Unionist)和民族派(Nationalist)经过三十多年的武装冲突之后,终于在1998年签署了和平协议,委任分权政府也随之成立。冲突的核心是北爱尔兰的宪法地位。对于联合派和占主导地位的大部分新教徒而言,他们的目标是让北爱尔兰继续作为联合王国的一部分,而民族派和属于少数派的大部分天主教徒则希望统一到爱尔兰共和国。冲突在20世纪60年代末爆发,这导致联合派所控制的委任分权政府在1972年被取消,北爱尔兰直接由威斯敏斯特宫管理,直到1998年恢复权力下放。

从很多方面来看,北爱尔兰的治理方式都与英国的其他部分有很大的不同。1998年设立的系统是对联合派和民族派之间分权状况的适应,这使得委任分权政府不可避免地与和平进程紧密相连。北爱尔兰议会选举采用的是一种比例代表制的方式。每个党派在北爱尔兰行政院中的职位,是以该党派在议会中所占席位为基础的。2008年以来,北爱尔兰民主统一党(Democratic Unionist Party,DUP)和新芬党(Sinn Féin)成为议会中两大党派,它们在首席部长办公室(First Minister's Office)中也是同样的情况:北爱尔兰民主统一党的彼得·罗宾逊(Peter Robinson)一直担任北爱尔兰自治政府首席部长一职,直到2016年退休时由阿琳·福斯特(Arlene Foster)接任。威尔福德(Wilford,2010)将北爱尔兰的政府结构称为"人为设计的治理模式",在那里,政府行政院是由五个政治党派——北爱尔兰民主统一党、新芬党、社会民主工党(Social Democratic and Labour Party,SDLP)、北爱尔兰统一党(Ulster Unionist Party,UUP)、北爱尔兰联盟党(Alliance Party)组成的强制性联盟。政府行政院的所有党派必须在政策上达成共识。集体负责原则并不正式适用于行政院的决策过程,而且部长之间通常也可以公开相互反对。

大部分社会政策责任都由联合王国下放给了北爱尔兰行政院。没有被移交权力的职能可以分为两大类:可能会在未来下放权力的保留事务,以及仍然由威斯敏斯特宫负责的除外事务。(请见表23.1)

表23.1 权力下放、除外和保留的事务

权力下放	除外事务	保留事务
医疗和社会照顾	宪法	枪支和弹药
教育和青少年服务	国际关系	广播电视
司法和警察	国防和国家安全	进出口控制
社会保障	移民和难民	航海和民用航空
就业和技能培训	选举	国际贸易和金融市场
住房	英国范围内的税收	金融服务和养老金监管
交通	货币	最低工资
地方治理	核能	基因技术
文化和体育	国际条约	数据保护
经济发展	人权	消费者权益
养老金和儿童资助	国民保险制度	
环境保护和规划		
机会平等		
农业		

有一些重叠的领域,例如儿童贫困问题和福利改革就是这方面的例子。北爱尔兰行政院必须在威斯敏斯特政府的《2010年儿童贫困法案》(2010 Child Poverty Act)的框架下确定政策方向和目标,但是其可以在这个构架内,自行开发自己的解决儿童贫困问题的战略,提出相应倡议。社会保障和社会救济领域的情况则比较复杂,因为这方面的事务从根本上看已经移交给地方政府,但是提供资金属于威斯敏斯特政府的直接职责。国际条约和协议也涉及交叉问题。宏观经济政策的制定权没有下放,但是经济发展是一个交叉领域。尽管威斯敏斯特政府是定期提交履约报告的"缔约国",也是对国际条约的实施进程负责的国际实体,但是大部分国内社会政策的责任却是由委任分权政府来承担的。当政

策或行动与契约发生抵触的时候,威斯敏斯特政府往往由于来自地方政府的反对而显得相当软弱无力,例如北爱尔兰有关堕胎的相关法案就是这方面的例子。

北爱尔兰社会政策的拨款和开支

与苏格兰和威尔士一样,北爱尔兰地方政府也是按照巴尼特公式——部分以人口规模为基础的公式——获得分类财政拨款的。这种拨款方式反映了英格兰在公共服务支出分配上的变化。现在,北爱尔兰行政院可以自主决定如何使用所得到的拨款。拨款中最大的一部分被用于医疗和社会照顾——这部分占到(100亿英镑)分类财政拨款的一半。北爱尔兰行政院拥有一定的自主获得额外收入的权力,例如征收地方和地区税,但是这些收入大约只占地区收入的4%。由于全英国范围内的人均公共支出下降,而且威斯敏斯特宫的三大党派尽管各自有偏重的公共支出项目,但一致承诺未来会进一步紧缩,结果就是公共支出将继续减少。从实践层面来看,这意味着通过分类财政拨款的途径到达地方政府手中的资金将会减少。

北爱尔兰社会政策的优先顺序:共同之处和不同之处

有关北爱尔兰社会政策的研究提出了均等、共同和不同之处的问题。当政策制定者拥有改变政策的能力时,人们往往会期望政策制定者努力根据当地的需求和优先顺序而量身定制政策。尽管如此,正如这一章所示,并不存在这种直接关系,相反,有很多因素对北爱尔兰的社会政策产生影响。

北爱尔兰同联合王国其他地方的一些政策差异是历史性的,例如北爱尔兰结构独特的医疗和社会照顾综合系统建立于1972年。自从20世纪70年代初期以来,北爱尔兰地方政府就不再担负重要的社会福利责任,住房、教育和社会照顾都由特定的半官方机构负责。其他差异是1998年之后出现的。

在社会政策的优先顺序问题上,北爱尔兰在很多方面与英国其他地方是一致的,其中包括减少医疗服务中的不平等现象、更个人化的护理模式、让更多人有工作等。但是,北爱尔兰地区的生活水平落后于联合王国的其他部分,而且近年来,在这方面出现了显而易见的令人担忧的趋势。约瑟夫·朗特里基金会(Joseph Rowntree Foundation)2014年发布的《贫困和社会排斥监测报告》(Monitoring Poverty and Social Exclusion Report)显示,从2010年到2014年,贫困率进一步上升,户均收入下降,而且年轻成人(16—20岁)的贫困率上升了8个百分点。由于更高的经济不活跃率(北爱尔兰的经济活跃率为68%,而英国的平均水平是72%),北爱尔兰的就业率低于英国平均水平。长期失业是一个难题,其中有一半的失业成年人已经有12个月或更长时间没有工作了。与联合王国的其他地方一样,年轻人的失业率已经超过了平均失业率。而在北爱尔兰,这些问题是与对受教育程度的担心联系在一起的。2011年的人口普查显示,在北爱尔兰,16岁至64岁的成年人中,有超过29%的人没有任何资格证书,在英格兰和威尔士这个比例是15%。尽管有大量的年轻人在普通中等教育阶段获得了 A 到 C 等级的好成绩——这个数据超过了英国的平均水平,但是这掩盖了不达标的问题。北爱尔兰在社会政策供给的其他一些领域中也拖了英国的后腿,例如托儿所供给和面向成年人的社会照顾。

在权力下放的制度中,北爱尔兰与苏格兰和威尔士对于社会政策的关注点不同,并不能就此认为北爱尔兰开创了独特路径。此外,还存在一些由于"政策复制"而与英国其他地方的政策趋同的例子,譬如北爱尔兰决定直接复制苏格兰、威尔士和英格兰所采用的某些政策。例如,在说明引入免费处方药的合理性时,北爱尔兰行政院直接援引苏格兰和威尔士政府官员所用的理由,北爱尔兰还从威尔士和苏格兰引入了儿童专员,从威尔士照搬了为老年人设立的专员。许多涉及贫困、儿童、青年、老年和性别平等问题的高水平跨部门战略被开发出来,但是尚未完全实施。由于行政部门各自独立——每个部门都由一位部长领导,因此人们认为北爱尔兰的政府结构妨碍了以有效结合的方式制定政策。而且这种结构也导致了所谓的"部长领地",即组成北爱尔兰行政院的各个部门的部长各自为政,而对集体负责漠不关心。

为了理解北爱尔兰的社会政策,就需要研究北爱尔兰行政院内部制定政策、做出决定的路径。正如之前所解释的那样,北爱尔兰行政院必须在政策决定上达成共识。自 2008 年开始的权力下放时期,展现了联合行政院无法在许多重要社会政策问题上达成共识的特征,因此时常会出现政策僵局或严重滞后。在最为基础的层面上显现了相应证据,例如在 2008 年选举结束后,政府计划在 10 个月之后才得到批准。而政府计划的具体内容也反映了在细节问题上很难达成共识,这些内容所涉及的范围相当广泛,而且大部分看上去都显得雄心勃勃。政策上的死胡同也表现在教育议题、人权和平等问题、解决贫困问题的途径和福利改革路径等方面。北爱尔兰的教育体系是根据宗教原则划分的,并且保留了文法学校和中等学校的体制,没有进行改革而采用英国其他地方的综合学校模式。成绩选拔多年来一直备受争议,而且,当新芬党的教育部长在 2002 年废除了 11+考试这种文法学校择优录取方式之后,遭到了文法学校,以及特别是北爱尔兰民主统一党政治家的强烈反对。用什么样的方式替代 11+考试,从而让儿童从小学升入中学,在这方面一直没有达成共识;而在缺乏统一考试的情况下,(全部由国家提供办学资金的)文法学校设立了自己的入学考试,这种局面还将持续。类似的僵局还出现在一则建议上,即北爱尔兰行政院应该提议北爱尔兰事务大臣考虑为这个地区设立新的人权法案(人权问题由威斯敏斯特政府负责)。有些人,其中包括北爱尔兰人权委员会,赞成新的人权法案应该包括社会和经济权利。但是,由于行政院中缺乏共识,这个建议被搁置了。

有关福利改革的决议不可思议地从 2012 年拖延到了 2015 年,这也形象地说明了,由于北爱尔兰联合政府中缺乏共识,以及威斯敏斯特宫和北爱尔兰政府的责任重叠,北爱尔兰所面临的巨大挑战。尽管在形式和体制规定上,社会保障属于权力下放的事务,但是实践中的社会保障几乎完全与大不列颠同步(请见第 22 章)。行政院中有些派别反对引入与威斯敏斯特宫法规中相同的条款。新芬党对此发出了强烈的反对声音,并且最先声称它不同意这种做法。北爱尔兰民主统一党完全支持从根本上进行福利改革的原则,但是主张应该努力减少对最薄弱的地方的影响。工作和养老金部(Department for Work and

Pensions，DWP）的部长，其出身于北爱尔兰民主统一党，认为该部具有相应的行政灵活性，因而通用福利应该每两周（14 天）而不是像在大不列颠那样每个月发放一次，而且为无收入或低收入人群提供的住房补贴（Housing Benefit）应该继续直接发给申请者的房东，而不是像英国其他地方那样发给申请者本人。2014 年 12 月的《斯托蒙特议会大厦协议》在某种程度上打破了这种僵局：北爱尔兰政府的两大党派同意执行现有法规，同时共同致力于为在北爱尔兰福利改革中遭受金钱损失的人提供经济支持。福利改革讨论显示，在是否实施与联合王国一样的社会保障措施的问题上的分歧，更多地局限于财政考量——因为任何额外支出都必须能够由根据巴尼特公式分配的分类财政拨款覆盖，同时，也集中在北爱尔兰在社会保障给付方面是否应该与联合王国其他地方步调一致的问题上。与大不列颠福利改革的分歧与其说是立法问题，不如说是管理问题。

迟迟不能制定政策和陷入政策制定僵局的部分原因来自这样的事实，即北爱尔兰的决策过程是建立在保护集团利益的广泛的否决制度和阻止机制基础之上的。如果没有一致的意见可供表决，由 12 位成员组成的执行委员会（Executive Committee）中任何 3 位成员可以要求就某一具体事务进行表决，以获得不同共同体的支持。这种做法实际上给了两个在执行委员会有 3 名以上成员的党派——民主统一党和新芬党——高于行政院决策权的否决权。因此，行政院不愿意进行协商和讨论，以就难以解决和充满分歧的问题达成共识。提请议会讨论的立法也会因为北爱尔兰议会中有 30 名成员签署"关注请愿书"（Petition of Concern）而被搁置。事实上，根据在议会里所拥有的席位，在北爱尔兰议会中，基本上只有两个最大的党派可以采用这些做法。这些做法被如此广泛地使用，以致人们指责它们让北爱尔兰议会无法发挥作用。

对于行政院来说，在那些被认为更平民化的措施上达成一致要容易得多，例如有关引入免费处方、年满 60 岁的人免费旅行等方面的决定，以及不在北爱尔兰引入自来水费和本地利率上限等决策。将大学学费保持在 3 600 英镑，并且在 2015 年到 2016 年学年提高到 3 805 英镑的决定也被通过。在上述领域里，北爱尔兰被认为比英格兰和威尔士有着更令人受益的安排，尽管有反对声音认为，这样做阻碍了资源从较为富裕的人到更弱势群体的更为公平的分配，这一点在行政院各党派一致同意降低企业所得税上得到了强化。企业所得税作为除外事务，应该由威斯敏斯特政府来决定，而北爱尔兰的减税措施使得其税率接近爱尔兰共和国的税率，从而有助于吸引投资，但是英国财政部将会减少分类财政拨款，以弥补税收的减少。

北爱尔兰社会政策的基础是什么？

人们认为北爱尔兰的政策制定具有实用主义特征，而非由意识形态决定的，因此其政策是执行层面所达成的共识的产物。在苏格兰和威尔士，不存在就决定其政策制定的价值观和原则进行的讨论，而在北爱尔兰，则缺乏为政策方向提供概念和价值基础的可供援引的政治文献。有些决策表现出制定政策方面的新自由主义路径，例如不愿意动用向议会放开的有限征税权力，以及对减轻企业所得税、私有化和外包某些公共服务的支持。

北爱尔兰行政院中各个党派的官方立场表现出多种多样的政治意识形态。社会民主工党是工党的姐妹组织;北爱尔兰统一党与英国保守党有着深厚的历史渊源;北爱尔兰联盟党与自由民主党情同手足;在其社会和宗教信仰上坚持原教旨主义的北爱尔兰民主统一党是行政院中唯一完全展现新自由主义价值观的政党;新芬党将它自己描述为"社会主义者"。

也可以说,北爱尔兰的社会政策是谨慎且保守的。在某些事务上,个别政党和部长的宗教信仰被认为影响着政策决定。例如,对性取向问题平等立法的极其有限的认可,2008年政府计划中承诺的性取向平等战略直到2015年都没有被公布。2013年,新芬党提出的支持同性恋伴侣享有平等婚姻权的提案,得到了北爱尔兰联盟党、社会民主工党和绿党(Green Party)的支持,但是这一提案遭到北爱尔兰民主统一党和北爱尔兰统一党的反对,最后以53票反对票对42票赞成票而失败。北爱尔兰民主统一党出身的卫生部长支持永久禁止同性恋男子在北爱尔兰献血,尽管这一禁令在联合王国的其他地方已经被取消了,这引起了极大的争议和合法性质疑。当司法部长建议修改北爱尔兰的堕胎法律的时候,例如在胎儿有严重畸形等极其有限的情况下允许堕胎,遭到了来自北爱尔兰的一些政治派别和教会的反对。

北爱尔兰的社会政策制定形式被称为刻意迎合大多数人的最小公分母路径,因为政治家们回避或者无法就有争议的问题做出决定。自2008年以来,行政院的两大主要党派在决策中占主导地位,而与此同时,较小的党派也努力修改相应的决策,以符合他们的选举诺言。北爱尔兰缺乏来自独立智库的影响,而且各个政治党派在一些议题上根深蒂固的立场,也使得许多明显的证据在很大程度上被忽略了。对于北爱尔兰政治家来说,未来的趋势是采用以共同利益为基础的解决社会政策议题的路径;他们应该在与其他社区比较的过程中,选择能为他们自己的社区带来福利的具体社会政策。

新议题

有人认为,自从1998年北爱尔兰重新获得自治权力以来,社会政策并没有被放在优先位置上。由于权力下放并没有解决所谓的"遗留问题",即在暴力冲突中产生的诸如身份认同和领土等问题,因而体制问题继续主导着政治争论。然而,由于正在执行的削减公共支出政策、有关福利改革的讨论,以及医疗和社会照顾系统所面临的重大挑战的出现,对社会政策的更为严肃认真的讨论就此展开了。

北爱尔兰政府努力让政策设计和政策执行更为一致;首席部长和首席副部长办公室都引入了主要用以解决贫困和社会排斥问题的社会改革方案实施小组(Delivering Social Change Programme),其目的是在实施大量已签署通过的计划——例如扫盲、早期教育和家庭支持计划——方面实现更有效的跨部门合作。2014年12月通过的《斯托蒙特议会大厦协议》所包含的一些措施试图解决政策制定中的难题。这其中包括承诺减少政府部门、鼓励部门联合、改变关注请愿书机制,以及启动官方反对机制的安排。《斯托蒙特议会大厦协议》也承诺建立公民咨询小组,这个小组将思考核心的社会、经济问题,并且为政府提供建议。这可能为政治讨论带来不同的声音。

苏格兰独立公投(Scottish Independence Referendum)及其后的发展可能会导致进一步的权力下放。这对北爱尔兰的社会政策意味着什么呢？在苏格兰和威尔士要求下放更多权力的背景下，很难想象北爱尔兰不这么做。到目前为止，有关福利问题的讨论还没有像在苏格兰那样融入体制讨论，但是游说机构、媒体和威斯敏斯特政府可能会推动改变这一状况。2015年在威斯敏斯特议会选举中获胜的保守党政府所宣布的政策，特别是那些与进一步的社会保障改革有关的政策，导致联合王国中各个委任分权地区在社会政策上的更大差异。由于北爱尔兰立法会成员一直没有通过2012年提出的福利改革法案，并且所有北爱尔兰政党代表在威斯敏斯特宫都投票反对《2015年福利改革法案》（新芬党议员在威斯敏斯特议会没有席位），因而有迹象表明，威斯敏斯特宫与北爱尔兰地方议会之间的关系开始变得更为紧张。

可深入阅读的参考文献

在德里克·比瑞尔的《权力下放对社会政策的影响》(D. Birrell, 2009, *The Impact of Devolution on Social Policy*, Bristol: Policy Press)中可以找到有关英国社会政策和权力下放问题的讨论。

在以下文章中可以找到在权力下放的背景下，对北爱尔兰的社会政策的讨论：A. M. 格雷和D. 比瑞尔的《北爱尔兰联合政府：社会政策和最小公分母论点》(A. M. Gray and D. Birrell, 2012, 'Coalition government in Northern Ireland: social policy and the lowest common denominator thesis', *Social Policy and Society*, 11:1, 15-25)；G. 霍尔根和A. M. 格雷的《权力下放在北爱尔兰：一个被错过的机会？》(G. Horgan and A. M. Gray, 2012, 'Devolution in Northern Ireland: a lost opportunity?', *Critical Social Policy*, 42:3, 467-478)。

有关北爱尔兰的治理模式的探讨请见R. 威尔福德的《北爱尔兰：约束政治》(R. Wilford, 2010, 'Northern Ireland: the politics of constraint', *Parliamentary Affairs*, 63:1, 134-155)。

约瑟夫·朗特里基金会定期发布的《贫困和社会排斥监测报告》，展现了英格兰、苏格兰、威尔士和北爱尔兰的情况，例如，有关北爱尔兰的《贫困和社会排斥监测报告》可以在jrf.org.uk/publications/monitoring-poverty-and-social-exclusion-northern-ireland-2014上找到。

复习和课外作业习题

1. 为什么北爱尔兰能够考虑并且改变英国联合政府的福利改革政策？这些改变是在哪些方面进行的？

2. 北爱尔兰的政府结构对政策制定有什么影响？哪些改变有助于解决决策困难？

3. 请解释北爱尔兰在制定社会政策时采用"最小公分母路径"的含义，并且举例予以说明。

4. 北爱尔兰引入社会政策的过程中反映了哪些意识形态？

5. 有关联合王国各个部分在社会政策上的差异和共同程度一直是热议话题。你认为北爱尔兰的社会政策与英国其他部分有多大差异？

请浏览本书的辅助网站 www.wiley.com/go/alcocksocialpolicy，使用为配合本书的阅读而设计的资料链接。在那里你将会发现有专门针对每一章的深入阅读资料链接，其中包括政府、国际组织、智库、压力集团和重要的新闻机构的网站。你还会找到以《布莱克维尔社会政策辞典》为蓝本的词汇表、帮助页、有关如何管理社会政策领域中主要委派形式的指导和职业建议。

第 24 章
苏格兰的社会政策

林恩·普尔

>> 概 览

> 苏格兰的社会政策和权力下放问题已经变得越来越盘根错节了。
> 围绕着英国政府和苏格兰政府之间与社会政策有关的权力划分的讨论,在 2014 年苏格兰独立公投得到否定结果后仍然在继续。
> 社会政策方面的权力下放并不只是一个行政管理或技术问题,它涉及民主、责任、社会公平和如何最好地满足福利需求等方面的讨论。
> 从 1998 年开始的权力下放进程,产生了有局限性、复杂、缺乏持续性和不稳定的福利协定。
> 尽管如此,权力下放进程还是为苏格兰的一些引人注目的社会政策方面的积极行动开创了空间,这使苏格兰在一些重要方面与英国的政策分道扬镳。

1998 年苏格兰权力下放协议

在联合王国,政策制定从历史上看一直是以威斯敏斯特/伦敦为主导的,但是即便在《1998 年苏格兰法案》通过之前,苏格兰的一些社会政策领域也已经有了完全不同的发展,这一部分反映了《1707 年统一法案》(1707 Act of Union)对苏格兰公民社会机构的独立性的承诺,同时也是自《1707 年统一法案》之后,联合王国中各个民族地区与权力中心之间周期性斗争和协商的体现。事实上,苏格兰特殊的立法、教育和地方政府系统,随着苏格兰自己的政策网络、共同体和社团持续的发展演变,产生了对同类型的社会政策立法的要求,以此承认并且适应已有的政策差异。以苏格兰事务办公室(Scottish Office)形式存在的苏格兰行政院(Scottish Executive),在根据各种协议规定实现行政权力下放的过程中扮演着关键角色。因此,苏格兰被授权通过自己的路径达成联合王国的共同政策目标,这个过程的特征就是在某些机制和组织方面呈现出差异性。但是，在一些福利领域的重大自治权也导致了明确的**政策方向**分歧，可能基尔布兰登委员会（Kilbrandon Committee）的设立就是最有力的证据，该委员会负责处理苏格兰法律中与出庭前需要得到照顾和保护的青少年相关的法律条款。这个委员会的建议，促使苏格兰在《1968年（苏格兰）社会工作法案》（Social Work[Scotland] Act 1968）之后引入了儿童听证制度（Children's Hearings System），从而相比英格兰在少年司法体系中更强调福利主义路径（请见第55章）。

然而，在1979年之后，连续执政的四届保守党政府采取了更为单边、更具倾向性的政策制定路径，甚至在某些情况下废除了苏格兰司法独立的传统，从而使得政策制定格局遭到重大挑战。例如，《1990年国家医疗服务和社区照顾法案》（1990 NHS and Community Care Act）在全国实施，从北部边疆**到**南部边疆鲜有例外。这个事件连同自1979年以来保守党在苏格兰缺少代表的情况，不仅催生了要求成立苏格兰议会的呼声，而且在某些地方，还出现了进行更为激进的体制和政治改革的呼吁。

之后，1997年上台的工党政府推出了《1998年苏格兰法案》，试图重构一个新的解决方案，主要围绕着将一些额外权力下放给依法重组的苏格兰议会，这里特别涉及教育、卫生健康和住房等政策，以及社会工作、社会照顾政策、刑事司法、警察和监狱制度等。《1998年苏格兰法案》并没有在**所有的**政策制定领域实现根本性的权力移交，核心权力仍然保留在威斯敏斯特政府手中，包括有关移民和难民以及税收和救济系统的政策制定等。但是，这个法案可以看作是当时的政府在**不剧烈改变现有的权力平衡、不危害威斯敏斯特政府的主权、不推翻现有行政移权制度的情况下**，为回应苏格兰所提出的拥有对其自身事务更大的控制权的要求而努力作出的调整。那些保留在威斯敏斯特政府手中的社会政策领域，使得联合王国范围内的社会保障和税收（一个引人注目的例外是，苏格兰在收入所得税上有3个百分点的变化余地）政策框架得以保存，而这些领域恰恰是上面所提到的威斯敏斯特思路的最有说服力的证明；权力下放只是围绕着那些苏格兰政策、机制、组织和系统的差异**已经**明确显现出来的领域展开。但是，即便在这些方面，依据通过"斯威尔惯例"（Sewel Convention）制定的条款，威斯敏斯特政府仍然可以在已下放权力的领域里，在取得苏格兰议会同意的情况下制定法律。

自1998年以来的政策差异

在考察苏格兰1998年之后在社会政策制定上的局限性之前，有必要概述改变政策格局的重要途径对苏格兰社会政策的形成产生了哪些影响。

显然，我们在社会政策的保留区看到的是继续趋同，因而全英国范围的社会保障和税收（苏格兰议会从未使用过它在所得税上浮动3个百分点的权力）政策框架，以及有关不同年龄的最低工资标准的单项规定等都保留了下来。但是，在苏格兰议会被授权负责的那些领域里，可以看到显著的政策差异。有三个重要的例子可能最为突出：

例1：卫生健康政策

在苏格兰，《1990年国家医疗服务和社区照顾法案》（请见第49章）内嵌的市场化战略在地方执行层面遭到了反对,而且由于国家医疗服务已经授权给地方实践,因而建立在苏格兰的国家医疗服务政策基础之上的组织结构和原则也出现了明显的差异。这些以过去的模式和传统为基础的差异导致了:

- 明确反对英格兰在接下来的国家医疗服务改革中所设定的核心任务,即以市场—管理—消费的联结作为**主要的**卫生健康的协调机制(尽管引人注意的行动来自私人部门,例如通过使用私人资本重新构建卫生健康计划);
- 为了给不同层级的国家医疗服务、各种卫生健康专业团体、医疗和社会照顾的各个领域提供更有力的支持,重新评估与专业团体和公共部门社会工作者之间的合作与协作。

这些举措的明确目的是产生完善的国家医疗服务议程,特别是在预算不断缩减而需求不断增加的前提条件下,努力减少健康不平等。

- 同时也引入了免费处方,这与英格兰的情况形成了对比,在那里处方是收费的,尽管会有一些例外。

例2:更高的教育资助

为了使苏格兰本地大学生能够承担日常基本花销,苏格兰政府通过学生贷款公司(Student Loans Company)为他们提供混合贷款,此外还有无须偿还的基于经济状况调查的奖学金。而且历届苏格兰政府都拒绝(预先或延迟)收取大学学费,取而代之的是2001年实行的"毕业生捐",即大学生在毕业当年的4月缴纳一笔钱(2001年到2002年度额度为2 000英镑)来作为经济困难的大学生的奖学金,不过这笔捐款也在2008年取消了。苏格兰民族党在2011年再次当选之后——这个时候该党领导的已经是多数政府了,宣布在未来不可能重新征收学费和毕业捐,尽管奖学金的额度在2013年减少了,但是与此同时,学生可获得的贷款额度也相应增加了。

例3:个人护理

在全英国范围内实施的1999年萨瑟兰调查(Sutherland Inquiry)的"多数"提议在苏格兰得以贯彻,由此导致从2002年以来,免费的长期"个人护理"成为通用条款。这方面的资金来自现有的分类财政拨款,因为英国财政部不可能额外拨款支付相应开支。当时的工党政府采取的是"少数"提议,这意味着在英格兰,"个人护理"补助是建立在经济状况调查基础之上的。

显然,根据《1998年苏格兰法案》,苏格兰特殊主义在社会政策制定的核心领域还有很大的活动空间。尽管如此,第一个政策差异的例子已经形象地表明了,由于政策制定领域的复杂性,权力下放协议面临许多限制;与此同时,后面两个例子则体现了额外的张力,尤其是财政方面的。

苏格兰的社会政策:巨大压力下的解决办法?

苏格兰的社会政策协议的特性引来了持续不断的讨论,各路评论人士热烈议论着

《1998年苏格兰法案》所包含的各种各样的矛盾。例如，权力保留领域和权力下放领域往往是以重要的方式相互关联、互相依赖的，这使得政策领域变得错综复杂，也使得在解决苏格兰的社会问题时，苏格兰政府由于直接受到外部控制，尤其要面对多种因素相互作用的挑战。持续存在的健康不平等就是上述说法的有力论据。调查研究结果明确指出，健康不平等是一个多层面的问题，牵扯到方方面面的因素和行动者，其中包含贫困和权利剥夺等问题，因而需要有效而且恰当的政策回应。但是，苏格兰政府尚没有权力控制产生和再生产健康不平等的所有政策领域。由于财政和社会保障政策以及最低工资标准保留在威斯敏斯特政府手中，因此，例如财政部与工作和养老金部就能够限制苏格兰政府采取行动，尽管存在着解决这个问题的政治意愿，而且苏格兰各级政府也将这个问题看作是它们工作议程的核心议题，并且有能力发挥它们的作用。

另一个压力中心是《1998年苏格兰法案》所带来的资金来源问题，限制了苏格兰政府的活动空间。由于分类财政拨款无法负担苏格兰政府的额外承诺，而且英国财政部也不愿意为苏格兰人而不是英格兰居民新增的福利权利（例如免收大学学费和免费个人护理）提供资助，因此必须从现有的预算里找资金。这就带来了关于以下问题的讨论，即当前的社会政策承诺要在多大程度上根据苏格兰政府自己定义的优先顺序，重新分配来自其他公共服务和使用者群体的稀有资源，而这种做法从长远来看是不可持续的。

第三个产生压力的领域可以援引两项社会政策改革作为例子来说明，这两项改革——通用福利和"未充分使用费"或"空房间津贴"（通常被称为"卧室税"）的引入——是联合王国联合政府一揽子紧缩计划的组成部分。在这里，讨论的焦点是苏格兰可能没有能力抵制苏格兰政府不支持的新救济或者救济削减。例如，住房补贴申请人如果被认为所得到的政府提供的廉价房超过他们的需要，就会被削减补贴，而苏格兰政府希望补偿申请人被削减的救济金，但要这么做，就必须重新分配预算，挪用其他领域的资源，那么，这样的回应又会再次面对可持续性的质疑。

这些压力因素和局限，导致解决方案从政治和财政的角度看都缺乏稳定性，并且无论是在苏格兰，还是在英格兰和英国的其他民族地区，都引起更多的争议和产生更大的压力。在保守党连续选举失利的背景下，民主赤字进一步彰显；而在英格兰和英国的其他民族地区，对于英国各处不均等的公民身份权利的公平性的怀疑正在显现。伴随着苏格兰民族党不断获得选举胜利，上述压力带来了新的改革推动力，而2011年苏格兰民族党当选后组建苏格兰多数政府，是确定未来苏格兰在联合王国中位置的公投的决定性动力。

苏格兰独立公投：争论和结果

2014年9月18日的公投是请选民就"苏格兰是否应该成为一个独立国家"这个问题投"是"或"否"。许多讨论都是围绕着2007—2008年的金融危机背景下的社会政策议题和英国联合政府正在执行的紧缩政策展开的。主要的担忧是削减福利和税收抵免资助对特定群体的影响，如儿童贫困水平，以及那些失业和完全依赖救济的人，还有那些从事低收入、工作时间减少、临时或没有保障工作的人，他们依靠在职福利生存。在表述这些担忧时，往往会使用满足需求、应对不平等和保障**所有**公民基本社会权利等词语，并且会暗示当前的紧缩政策限制了这些议程的实现范围。

讨论也集中在独立后的苏格兰是否有更多的资源可供支配以实现更大的社会公平,而不受英国联合政府(和未来的保守党政府)限制,以及找到不同于新自由主义工党的方案,提供更具协商性的政策制定和更为均衡、更为民主的苏格兰社会(尽管在地方政府层面上正出现越来越大的民主赤字)。在《1998年苏格兰法案》的框架下,历届苏格兰政府都致力于解决收入、财富、健康、住房和债务上的不平等,但是在税收和社会保障政策制定权保留在威斯敏斯特政府手中的背景下,政策选择不可避免会受到限制。那么独立是否是这些问题最好的解决途径呢?

这方面的论辩反过来关系到有关苏格兰独立和苏格兰人的福利体系(以及支持这个体系所必需的福利官僚机构)的可承受性的讨论。不同来源的证据表明,苏格兰的财政自治是用来与全英国范围内不断增强的社会团结唱反调的,苏格兰反对把共担风险和共享资源作为保护社会权利以及社会上最穷困和处境最危险的人的最好途径的做法。

讨论还围绕着紧缩政治的本质特性展开(请见第21章):紧缩政治是否代表着必要的、政治中立的、对经济和财政危机的技术性回应,还是相反,通过进一步破坏战后福利协议所蕴含的社会契约而减少赤字的驱动力,实际上是一种意识形态动机——为了资本积累和精英/既得利益者的利益而攻击收入、社会工资和所谓的"社会保障"概念,并且损害普通公民的利益。

由于2015年英国大选,以及2016年苏格兰选举、舆论、苏格兰经济的表现和苏格兰媒体报道的呈现,上述讨论变得更为复杂。

走向新的协议?

苏格兰独立公投的结果是55.3%的否决票对44.7%的赞成票(投票率为84.59%),苏格兰得到承诺,将获得进一步的权力下放。根据卡尔曼委员会(Calman Commission)就苏格兰权力下放问题的提议,《2012年苏格兰法案》已经授权苏格兰议会从2016年开始,在收入所得税税率上有(从原来的3%提高到)10%的浮动空间。而且在公投之后,新组建了史密斯委员会负责处理这方面进一步的立法工作。标题为《联合王国的苏格兰:一个持久的解决办法》(Scotland in the United Kingdom: An Enduring Settlement)的白皮书在2015年1月发表,其中包括集中在两个核心领域的未来立法的拟定条款:

- 提高税收:仍然保留英国全国范围内的税收体系,但是苏格兰将拥有在这个体系内设定收入所得税税率的**额外**权力和设定税收起征点(或计算所得税时的个人免税额)的**新**权力。这在税收和支出政策方面给予了苏格兰政府更大的自主权和责任,尽管在苏格兰,所有增加的收入所得税都将伴随着分类财政拨款的等值削减,分类财政拨款仍然根据巴尼特公式计算。这就确保了苏格兰地方预算承担苏格兰政府全部的政策决定——无论是减税,还是增加开支——的成本,同时也享受其带来的所有收益。包括企业所得税在内的其他重要税种,仍然掌握在威斯敏斯特政府手中。
- 福利救济:养老金、失业相关补贴、通用福利仍然是英国社会保障体系的组成部分。住房补贴作为一个整体也仍然是保留区域。服务于工作计划的行政管理工作将被移交,但是苏格兰政府既没有改变限制条件或惩罚政策的权力,也没有将社会保障、劳动力市场和经济发展政策有效地结合起来的权力。

大体上来看,新授权的现金补贴责任涉及给予某些护理人员和残疾人的补贴,其中包括付给严重伤残者亲友的护理津贴、护理人员补贴(Carer's Allowance)、残疾人生活补贴(Disability Living Allowance, DLA)、个人独立支付(Personal Independence Payments, PIP)、工伤补助(Industrial Injuries)、伤残津贴(Disablement Allowance)和严重伤残津贴(Severe Disablement Allowance)等。但是这些在苏格兰社会保障支出中只占非常小的比例。实际上,根据麦克尤恩(McEwan)(CCC, 2014—2015:1)的估算,"在新协议实施后,苏格兰福利支出中大约有87%的支出——其中包括养老金、儿童和家庭补贴、税收抵免和几乎所有的劳动年龄津贴等——仍然保留在威斯敏斯特政府手中"。

新议题

税收和社会保障补贴领域的部分权力下放,对苏格兰议会内部的职责划分产生了影响,这使得本就错综复杂的政策和政策制定领域变得更为混乱了。任何一个诸如此类的系统,都需要澄清权力分配所依据的原则是什么。但是,这样的原则似乎是缺席的。其导致的前后矛盾和不规则性,会给需要救助的人们带来实质性的后果,同样也会给未来的苏格兰政府造成影响。后者将无法决定社会福利项目和权益的性质及范围,因而其解决相关社会问题的能力也会大打折扣。由此,人们认为新的协议可能会导致政治上的不稳定。

另外一个压力区域关系到所提议法案中蕴含的"无损害"原则,该原则声称,无论是英国政府还是苏格兰政府,如果一方所通过的政策决议影响到了另一方,就必须采取补偿或补救措施以便形成新的平衡。换言之,没有一方会因为另外一方的政策决定而遭受财政损失。但是,在各项(或是被保留权力或是被下放权力的)福利服务和救济措施错综复杂地交互作用的背景下,如何做到这一点是值得怀疑的。例如,如果苏格兰的一个靠救济为生的人暂时被英国工作和养老金部停发了救济金,因此他需要动用地方支持服务,那么英国工作和养老金部需要给受到影响的苏格兰地方政府补偿吗?类似地,如果苏格兰的就业政策导致申请领取各种失业救济的人数减少,那么英国财政部需要将节约下来的救济金作为补偿性资金调拨给苏格兰预算吗?

还有一个问题是移民和难民政策属于保留领域。这个领域的决定会对苏格兰造成影响,但苏格兰政府一直**没有**直接控制权,尽管苏格兰社会对此有特殊的需要。

总而言之,1998年权力下放以来出现的问题并没有得到解决。当然,在难以预测苏格兰未来选举结果的背景下,凭借影响更加深远的权力,**很难说**与英格兰发展趋势决裂的苏格兰独特的福利会何去何从。但是,由于镶嵌在白皮书中的限制条款,苏格兰甚至丧失了在核心的社会政策领域里进行改革的**潜力**。苏格兰的社会政策在很大程度上仍将由联合王国政府来构建。

有意思的是,苏格兰的政治风景随着独立公投的讨论发生了变化。苏格兰民族党占据优势地位,诸如绿党等一些小党派获得了更大的支持,而苏格兰工党无法保持其原有的地位,在这种局势下,由英国政府提出的新福利协议的性质和范围都将继续引发争议和怀疑。事实上,在 2015 年英国大选之后,随着工党和自由民主党在苏格兰的支持率骤然下降,苏格兰民族党通过这次大选在威斯敏斯特宫获得强势地位,并且成为联合王国的第三大党,掌握了除了 3 个席位之外的苏格兰在英国议会的所有席位;在这种背景下,苏格兰民族党表示要为苏格兰议会赢得更加全面的权力,这意味着围绕着未来苏格兰体制和福利协议性质的争论还将继续。在 2016 年选举之后,苏格兰民族党第三次组阁苏格兰政府——尽管是少数派政府,这个背景意味着寻找影响更加深远的解决方案的压力仍然存在,但是,反对力量也不可低估,特别是由于现在的多数派得到了英国保守党政府的支持,而且在政党获得选举胜利之后,其在苏格兰也得到越来越多的支持。

此外,关键的问题依旧是对两个现有权力的**使用**:现在苏格兰享有更大的财政和福利自主权。在多大程度上重新制定苏格兰社会契约**可能**符合政治愿望并且能够得到公众支持,是另外一个有意思的讨论话题。例如对地方政府财政的全面研究,可能引起有关下列问题的更多讨论:苏格兰地方政府是否会征收更多的地方税并且扩大税基,采取更激进的税收方案,提高公共支出水平,导入进一步促进社会公平的议程,弥合苏格兰政府在雄辩和行动之间的鸿沟。可以**确定**的是,围绕着苏格兰社会政策的讨论,将继续把苏格兰在英国和欧洲的位置当作中心议题。

可深入阅读的参考文献

德里克·比瑞尔的《权力下放对社会政策的影响》(D. Birrell, 2009, The Impact of Devolution on Social Policy, Bristol: Policy Press)和斯科特·L. 格里尔编的《英国的权力下放和社会公民身份》(S. L. Greer, ed., 2009, Devolution and Social Citizenship in UK, Bristol: Policy Press)对权力下放头十年里苏格兰的社会政策进行了全面而详细的阐述。

G. 穆尼和 G. 斯科特编的《苏格兰的社会公正和社会政策》(G. Mooney and G. Scott, eds, 2012, Social Justice and Social Policy in Scotland, Bristol: Policy Press)提供了大量批判性讨论的信息,这些讨论是围绕着一系列与社会公正有关的社会福利问题展开的。J. 麦肯德里克、G. 穆尼、J. 迪基、G. 斯科特和 P. 凯里编的《独立公投和其他》(J. McKendrick, G. Mooney, J. Dickie, G. Scott and P. Kelley, eds, 2014, The Independence Referendum and Beyond, London/Glasgow: CPAG)集中于 2014 年独立公投之前苏格兰的贫困和不公平问题,介绍了相关讨论,并且探讨了苏格兰社会政策的未来。G. 穆尼和 G. 斯科特的《2014 年苏格兰独立讨论:社会福利和社会公正的问题》(G. Mooney and G. Scott, 2015, 'The 2014 Scottish Independence debate: questions of social welfare and social justice', Journal of Poverty and Social Justice, 23:1, special issue)研究了社会福利问题在独立公投中的特殊角色,进而指出这一问题是如何与体制改革、民主和政治责任等问题交织在一起的。

宪法改革中心的网站(futureukandscotland.ac.uk)提供了大量学术研究和分析,它们试图呈现有关独立公投的讨论,并且基于大部分苏格兰大学的学者的研究工作,分析公投之后有关体制的各种观点。

保罗·斯皮克对于设立史密斯委员会的回应和他对之后白皮书包含的潜在问题的个

人评估,都可以在 paulspicker.wordpress.com 上找到。

苏格兰议会公开发表的文件可以在它的网站上看到:scotland.gov.uk。

复习和课外作业习题

1. 有哪些主要因素和重要行动者成为推动 1998 年权力下放苏格兰的驱动力？
2. 苏格兰的社会政策与英格兰的有哪些不同？
3. 下放额外的权力给苏格兰的目的是什么？
4. 在史密斯委员会提出的新的权力下放协议中,存在着哪些矛盾和限制？
5. 苏格兰政府试图满足需求、解决不平等问题、保护苏格兰社会所有群体的社会权利,但在未来有限的权力下放的背景下,政府将如何实现这些议程？

请浏览本书的辅助网站 www.wiley.com/go/alcocksocialpolicy,使用为配合本书的阅读而设计的资料链接。在那里你将会发现有专门针对每一章的深入阅读资料链接,其中包括政府、国际组织、智库、压力集团和重要的新闻机构的网站。你还会找到以《布莱克维尔社会政策辞典》为蓝本的词汇表、帮助页、有关如何管理社会政策领域中主要委派形式的指导和职业建议。

第 25 章
威尔士的社会政策

保罗·钱尼

> **概 览**

- 自 1999 年以来,权力下放给威尔士带来了急速而且根本性的变化。早期的政策通常是微不足道的象征性提议,缺乏有效实施的机制。随着议会治理模式的改变和国民议会在 2011 年为威尔士赢得了重要的立法权,上述情况发生了改变。
- 威尔士社会政策的发展与左翼党派的力量以及一党即威尔士工党(Welsh Labour Party)占主导地位有着直接的关系。在威尔士社会政策的发展过程中,经历了对私人部门提供福利产品的抵制,并且在广泛的社会政策领域——包括卫生健康和教育领域,存在着社会民主主义的政府严控经济的导向。
- 当前威尔士"获得权力下放的"社会政策制定进程受到三个(相互冲突的)因素的影响:在 2006 年实施新的权力下放法规之后,威尔士政府的权力做了重新调整,从而拥有更大的空间以原创的革新性方式解决政策问题;福利领域(包括尚未下放权力的社会保障领域)的关键特征是持续存在的矛盾和挫败;对表现不佳的公共服务领域采取补救行动。
- 社会政策制定是以关于平等、普遍主义以及供给、可及性和机会平等的政治修辞和"一套新的公民身份权利"为框架的。一个核心问题是,面对紧缩政策,现在和未来的政府是否能够在不动用新获得的征收所得税权力和抵制私人部门介入公共服务的情况下,继续维持现有的广泛的福利和服务。
- 显而易见的是,随着重要的议题被纳入考虑,在中短期内,威尔士的权力下放还将经历更为重大的变化。例如仅有 60 名成员的规模过小的国民议会在政策审查上的有限能力,立法系统差异不断增大使得设立独立的威尔士司法系统具有必要性,以及在诸如青少年司法和警务等其他政策领域进一步下放权力等议题。

导 论

在威尔士,权力下放以飞快的速度向前发展,并且对社会政策和福利产生了意义深远的影响。当国民议会在1999年成立的时候,它还是一个相当弱小的实体。当时的国民议会在二级立法上仅有有限的权力,而且要忍受建立在多个政治党派共担政府职责基础上的臃肿结构。除此之外,国民议会在社会政策方面的根本权力相当零碎,并且与威斯敏斯特宫在这方面的权力交织在一起,这意味着常常难以区分谁应该为哪些事务负责。接下来发生的是,国民议会被赋予更多的权力和政策制定职责:从1998年开始,威斯敏斯特所颁布的涉及威尔士体制安排的三个法案带来了上述改变,并且在政府的2015年立法计划中承诺了另外一则法案。在2006年至2007年,国民议会根据议会原则进行了改组(在威尔士政府与反对党之间有了明确的界限)。更近一些时候,在2011年就一级立法权力下放给威尔士问题的全民公投中,赞成票占绝对优势,威尔士政府现在正通过威尔士立法(《威尔士国民议会法案》[Acts of the National Assembly for Wales])而按部就班地为自己的治理打下基础。

最新的权力下放法规——《2014年威尔士法案》授予威尔士国民议会意义重大的征税权力(其中包括收入所得税税率),这个权力的动用要经过公民投票决定。最近设立的威尔士税务部(Welsh Revenue Authority)负责处理威尔士政府所面对的越来越多的税务管理事务,这当中包括收取垃圾填埋税和替代印花税的所谓"威尔士土地交易税"(Welsh Land Transaction Tax)。更具里程碑意义的是,威斯敏斯特政府最近承诺了更进一步的重大体制改革,特别是走向(像苏格兰一样的)"保留权力"的移权模式。只是通过简单地列出哪些政策制定和立法权力"保留"在威斯敏斯特政府手中,而剩下的那些权力下放给威尔士的国民议会,就会大大增加责任划分的清晰度。同样值得注意的是,在1999年之前,鲜有记录表明政府在威尔士使用威尔士语。在那之后,正如权力下放法规所反映的那样,政府行为和政策及法律制定方式发生了变化,致力于在公共行政中同时使用威尔士语和英语;尽管如此,批评声音更多地集中在应该保证全面的平等。

公众对于权力下放给威尔士的态度也发生了重大变化。在1997年,18岁到35岁的群体中有28%、36岁及以上的人群中有40%反对权力下放。在同一年关于权力下放的公民投票中,投赞成票的只有不到一个百分点(或6 721票)的微弱领先优势。较新的数据所显示的显著变化表明,权力下放已经成为威尔士人民的明确意愿。在2011年就"威尔士国民议会是否应该拥有一级立法权"的公民投票中,大约有2/3(63.5%)的人投了赞成票。2011—2014年的民意调查显示,少数人(在10岁到35岁群体中只有10%)说他们希望取消国民议会。占绝对优势的多数人——几乎在成年人中占到3/4——的意见分别是希望保持现状(28%)、下放更多的权力(37%)或独立(5%)。此外,60%的受访者说,国民议会应该在社会政策的核心领域(例如卫生健康和教育等),以及现在尚未下放权力的领域(例如法律、法规和警务等方面)有最大发言权。公允地说,在不到二十年的时间里,委任分权的威尔士治理机构已经从一个虚弱的"区域性"代表大会变成了议会,享有世界各地类似机构同样拥有的制定法律和增税的职权。正如前文所指出的那样,这一变化对社会政策的制定产生了深远的影响。2015年女王演讲中所承诺的更为清晰的政府规划产生了政治结果,这也意味着威尔士政府不再能像过去那样,就不得人心或失败的政策向威斯敏斯特政府发出抱怨了。未来将要下放的征税权力,也意味着不可能再将困难的支出决定简单归咎于联合王国政府。

政治和意识形态

在威尔士,权力下放过程中一个最大的不连贯源自这样的实际情况,即威尔士的社会政策与地方政党政治以及每五年一次的威尔士国民议会选举(采用半比例投票制)联系在一起。在威尔士有一个四党政治系统,并且与威斯敏斯特的政党政治有着显著的区别。由于各个党派都要寻求选民的投票支持,因此在制定政策时,都会表明要致力于制定尤其符合威尔士需要的政策。这对在全英国范围内占有优势地位的两个大党(工党和保守党)来说是一个挑战,因为这意味着,两大党派在地方选举中可能要采取不同于英国大选中的政治立场。更为引人注目的是,威尔士工党将自己定位为"传统的"而非"新"的工党(请见第20章),并且积极拥护传统的社会主义原则。公民民族主义政党——威尔士民族党也是一个中左政党,关注推进独立国地位、身份认同和自治等问题。各党派在地方大选中的选举表现最终决定谁将当选。从这个角度来看,由于一党独大并且左翼党派强势,因而威尔士政治别具一格。与苏格兰不同,自从引入普选权,选民总是将选票投给来自威尔士各个选区的中左议员,因此在选举问题上,保守党在威尔士一直比在英格兰表现欠佳。工党自1945年以来就是威尔士的优势党,权力下放也没有改变它的地位。威尔士工党从国民议会成立以来一直当政(尽管曾经在2000年到2003年与威尔士自由民主党有非正式联盟,在2007年到2011年与威尔士民族党联合执政)。地方政治、截然不同的党派意识形态和地方选举这些要素共同塑造了威尔士的社会政策制定过程,而且正如接下来的讨论所展现的那样,其方式可能完全不同于英国其他地方所采取的路径。

教育和技能培训

权力下放带来了教育发展的重大变革,威尔士的教育系统不同于英国其他地区的。在义务教育阶段,独立的学校课程的出现反映了威尔士政府所设定的优先顺序。其他影响更为深远的改变也正在发生,它们是威尔士政府对2015年发表的两个独立的政策审议报告的回应,即《培训明天的教师》(Teaching Tomorrow's Teachers)和《成功的未来》(Successful Futures),通常被称作"弗朗评议"(Furlong Review)和"唐纳森评议"(Donaldson Review)。这些变革可能会改变教师培训系统,并且给课程设置和评价系统带来变化。对于3岁到7岁的儿童来说,到目前为止一个核心变化就是引入了"法定学前教育"(Foundation Phase)(2011年开始实行)。其中最为重要的一个政策是强调游戏、试验、"在做中学习",从而开发儿童解决问题的能力。这与较为传统的能力导向的教学方法相背离。这个政策建议成年人与学生的比例是(对于3岁到5岁的儿童)1:8和(对于5岁到7岁的儿童)

1∶15。尽管这个政策在最初的执行过程中有着各种各样的表现,但是总体来看对它的评价是积极的。不过,对直至16岁的学生的比较研究显示,威尔士在阅读、数学和科学方面的中小学教育落后于英国其他地方(尽管有其他数据显示威尔士的中小学生在认知方面——例如想办法和推理等——的表现优于其他地区学生)。批评人士声称,学生成绩不佳的一个原因是威尔士政府在2001年废除了学校排名,以及在2004年取消了(中小学)标准会考(Standard Assessment Tasks, SATS)。这导致难以对中小学生的发展情况进行专业评估。威尔士政府后来引入了国民阅读和数学测试(National Reading and Numeracy Tests)作为对这个问题的回应(2013—2014年)。权力下放还体现在引入新的合格证书系统,即威尔士中小学学分体系(Welsh Baccalaureate)。引入这个体系的目的之一是与未来的学术道路和职业道路对接。在2015年经过修正之后,它的首要目的是发展有利于未来就业的基本技能。权力下放之后威尔士的义务教育阶段的总体叙事,可以概括为独树一帜的威尔士体系的出现、从总体上反对私人部门进入中小学教育系统,以及积极革新的意愿(例如法定学前教育、威尔士中小学学分体系)。这些与一些补救性举措(例如国民阅读和数学测试)共同解决权力下放早期阶段所犯的错误,弥补当时的不足。

有两项政策是关于义务教育阶段之后的教育的:设立支持威尔士语教学的威尔士国家学院(Coleg Cymraeg Cenedlaethol),以及为威尔士大学生提供独特的资助计划。前者是通过与威尔士各地的大学合作,从而为大学生创造选修威尔士语授课课程的机会,试图纠正过去在提供以威尔士语授课的大学教育方面令人惋惜的失误。威尔士政府采取一系列措施资助以威尔士语授课的教师,并且为用威尔士语学习的本科生和研究生提供奖学金。在更大的范围内,还为所有定居在威尔士的大学生提供独特的资助项目,其中包括威尔士政府助学金(Welsh Government Learning Grant)。学生所得到的金额由其家庭收入决定。无论他们选择在英国的什么地方就读大学,大学生每年大约支付3 500英镑学费(英格兰的大学生每年最高支付9 000英镑学费),剩余部分由威尔士政府补足(目前每年最高为5 161英镑)。

卫生健康和社会照顾

今天,卫生健康支出几乎占到威尔士政府预算的一半(2015—2016年度为153亿英镑)。2000年到2010年,威尔士人均卫生健康支出翻了一番,而且在同一时期,威尔士国家医疗服务体系工作人员的数量增加了25%。处方免费是2005年威尔士政府第一个卫生健康战略计划(Welsh Government Health Strategy)中最重头的政策,这一做法沿用至今。但是,威尔士医疗服务仍然在为实现后续政府所设定的卫生健康战略中的核心目标而奋斗,其中包括与候诊时间、救护车响应时间和就近诊断化验等相关的目标。卫生健康领域进一步证明了威尔士政府与威斯敏斯特政府在意识形态方面的差异。取消(从权力下放之前的时代"继承来"的)国家医疗服务体系中的内部市场、反对(威斯敏斯特政府所使用的)私人融资倡议,以及继续支持国家提供服务等做法,都可以证明上述观点。例如,2009年,在一次重大改组中,威尔士政府成立了7个大型卫生局。尽管问题重重、挑战不断,但是纳菲尔德基金会(Nuffield Foundation)在2014年进行了一项影响广泛的研究,得出的结论是,在过去二十多年里,威尔士的卫生健康系统的表现有显著的改善,这包括缩短了漫长的医院候诊时间,以及大幅度降低了"医疗可避免的死亡率"(换言之,可以通过更好的医疗服务避免死亡)。

有两个例子可以说明权力下放是如何促使医疗政策地区化的。第一个是《2013年(威尔士)人体器官移植法案》(Human Transplantation[Wales] Act 2013)。该法案的目的是增加可供移植的器官和组织。与英国其他地区的做法不同,在威尔士去世的个体被认为同意将自己的器官用于移植,除非他们生前决定不予捐献(在英格兰、苏格兰和北爱尔兰,病人被默认为不同意移植自己的器官,除非他们有器官捐献卡)。另外一个例子是《2014年(威尔士)社会服务和福利法案》(Social Services and Wellbeing[Wales] Act 2014),这是威尔士第一次拥有完全独立的社会照顾立法。这也是伴随着权力下放而来的重新定义公民身份权利的例子,因为这个法案使得地方政府和地方卫生局承担起相应的责任,从而满足其所辖区域公民对照顾和帮助的需要。它为需要帮助的儿童和成年人以及照顾者设定了特别条款,并且强调改善福利。这部法案所带来的结果是,威尔士人民享受到了某些与英国其他地方公民不一样的权利。

住房和无家可归

有关住房和无家可归问题的政策提供了这样一个例证,说明了地方政府如何通过开发新政策,从而消除威斯敏斯特政府的福利政策所带来的被认为是负面的效果。例如,"购买权"政策(Right to Buy, RTB)是撒切尔政府在威斯敏斯特的第一个任期时所提出的旗舰政策。这个政策从1980年开始实施:根据规定,地方政府提供的公租房的租户,在其居住期间有权利按照一定的折扣购买所租住的公共房屋。反对者一直攻击该政策是对福利国家制度的一个核心层面的私有化。作为回应,同时是对威尔士独特的政治和政策意识形态导向的体现,威尔士政府推出了《2011年(威尔士)住房办法》(Housing[Wales] Measure 2011),通过设定折扣上限(16 000英镑,远低于英格兰的75 000英镑)来减缓购买权政策的影响,并且授权给地方政府,使其可以向威尔士住房部长(Housing Minister)申请在住房需求量大的地区完全停止执行购买权政策。

尽管社会保障领域属于权力不下放的范畴,但是为了减轻"卧室税"的影响(如果你住在住房协会或国家提供的公共住房里,被判定为有一个或更多的空闲卧室,那么给你的住房补贴就会减少),威尔士政府为社会住房的房东提供了新的资助,以在威尔士各地建造只有一个或两个卧室的房屋。但是,有人指出,这项政策所给予的资助并不足以建造足够的新房(在第一阶段只有357套),从而完全抵消"卧室税"的影响。暂且将这些问题放在一边,上面所提到的针对"卧室税"和"购买权"所采取的政策中更为引人注目的是,"权力下放"的政策制定权,让人们体验到了对威斯敏斯特政府所制定的社会保障/福利政策的改变,即便威尔士政府尚且缺乏直接否定关系到威尔士的措施的权力。

随着权力下放,解决无家可归问题的政策也发生了重大的改变。以前,这方面的政策是由英格兰和威尔士的立法机构制定的。根据《2014年(威尔士)住房供给法案》,地方房屋管理部门有进行无家可归问题调查的法律责任,而且应当制定和实施解决无家可归问题的计划。这些措施强调了对无家可归问题的预防，至少在人们流离失所之前，为他们提供住处和帮助。从这个角度来看，这个政策也是福利权利地方化的一个例证。特别是，这项政策的条款意味着，如果面临无家可归危险或者有资格要求帮助的个体向威尔士的地方房屋管理部门提出申请时，相关部门必须保证"不会因为申请者的职业而不为其提供合适的住房"。有些特殊的条款涉及不同类别的人群，其中包括刑满出狱人员、青年服刑人员、离开寄养中心的年轻人和离开军队的年轻人。在福利这个问题上，诸如此类的政策发展（重新）定义了公民在威尔士可以对国家有什么期待，并且在公共机构没有完成它们的职责时，提供了合法补救的机制。

交通运输

威尔士的交通运输政策受到了有限的立法权力和威斯敏斯特政府政策能力的限制。随着《2006年（威尔士）交通法案》(Transport[Wales]Act 2006)的颁布，威尔士政府在交通方面拥有了更大的权力，而且在此之后，威尔士政府实施的战略强调了减少交通运输对环境的影响、整合地方交通、改善通勤连接。早期交通运输政策的一个旗舰措施是，威尔士年满60岁的人、残疾人和受伤的服役人员/退伍军人可以"免费"乘坐公共汽车和地方火车出行。威尔士政府的严格控制经济的方针体现在三个著名的（可以称之为"半国有化"的）发展上。卡迪夫机场在2013年被收归国有，目的是将其打造为一个旅游基地，并且促进经济增长。2014年，交通部长成立了威尔士政府拥有全部产权的不分红的附属公司。这一举措的部分目的，是在2018年更新铁路特许经营权之后，使该公司能够运营威尔士铁路，从而建立更为有效的综合运输系统。此外，从2007年开始，各届政府都增加了对日常空运服务的政府资助，从而改善北威尔士和南威尔士之间的交通往来。

平等和人权

机会均等从实践上来说是一个未被下放权力的领域，这是件自相矛盾的事。尽管如此，实际情况是，历任威尔士政府都开发了一系列涉及平等和人权的政策和立法。在这里引人注目的仍然是，这些做法再次带来了不同的具有法律可行性的公民身份权利，这些权利使得公民在威尔士能够就公共机构实施社会政策的方式提出要求。因此，权力下放条款以特殊的方式，让威尔士政府担负起一视同仁地面向所有人履行其职能的责任(Government of Wales Act, 2006, s. 77)。此外，"委任分权的"公共机构，根据《2010年平等法案（法定义务）威尔士条例（2011）》，具有威尔士特色的平等职责。特别是，这些规定要求各个机构公布其平等目标，其中包括准备、发表和审查"战略平等计划"(Strategic Equality Plan)的目标，以及公布对任何导致性别工资差别的原因采取行动的计划。另外一个例子是，《2011年（威尔士）威尔士语办法》(Welsh Language[Wales]Measure 2011)对提供服务的公共机构提出了威尔士特色的责任要求。其中包括"改善或者方便威尔士语的使用，或者采取行动使得威尔士语得到的待遇不逊于英语"。除此之外，《2011年（威尔士）儿童和年轻人权利办法》(Rights of Children and Young Persons [Wales] Measure 2011)要求威尔士所有政府部门保障《联合国儿童权利公约》所规定的基本权利和责任的落实。

新议题

威尔士的政党政治以威尔士工党一党占主导而著称,该党连同中左的党派力量(工党、威尔士民族党和威尔士自由民主党)影响着决定威尔士社会政策的意识形态和目标。这一点体现为对私人部门涉足公共服务的普遍反对(与英格兰的做法相反)。取而代之的是,历届政府都努力发展符合广义的社会主义福利模式的国家福利供给。但是,在实施紧缩政策和威尔士政府声明反对利用新近得到的增税权力的背景下,威尔士各个政府部门都面临如何维护庞大的政府机构的挑战。显然,公共部门和地方政府在未来几年里要面对大规模重组的任务,同时可能要缩小其规模和效能。一个潜在的解决方案已经被打包进"合作生产"这一政治修辞当中了。这意味着公民社会组织与国家共同担负起设计和提供某些服务的责任。但是,这似乎远不能弥补前所未有的削减所带来的空缺。另外一个难解的问题是,迄今为止的一些政策和普遍的授权(例如,更多的大学生教育拨款、免费处方等)是否可以长期持续下去。

总而言之,权力下放改变了威尔士的社会政策决策。但是,宪法改革远不是一个"已完成的"项目。正如已经谈到的,宪法安排方面进一步的重大改革可能在不久的将来在威尔士发生。其中一些改革已经出现在英国政府权力下放委员会的提案当中了。这份2014年公布的提案包括进一步下放政策责任的广泛建议。例如,"我们认为,警务权力应该被下放",并且"进一步的权力下放应该涉及铁路、邮政、公共交通和出租车管理,以及限速和酒驾规定等"。重要的是,该委员会建议,"特别是随着威尔士法律的发展,法院系统和司法系统也应该属于行政权力进一步下放的范畴";而且"国民议会的规模应该进一步扩大,从而更好地履行它的监督职能"。尽管不是所有,但是许多提议将在《2015年威尔士法案》(Wales Bill 2015)中体现出来。关键的变化将在2016年成为法律,这其中包括进一步下放交通运输的权力(涉及邮政、出租车和公共交通管理、道路限速等)、批准威尔士的所有陆上石油和天然气开采(涉及批准使用液压破碎法)、设定选举法(涉及公民是否从16岁或17岁开始享有在威尔士的投票权),以及威尔士国民议会在英国法律中永远具有神圣不可侵犯的地位,并且授予其将自己改名为"威尔士议会"的合法权力。

可深入阅读的参考文献

可供参考的文献包括:德里克·比瑞尔的《权力下放对社会政策的影响》(D. Birrell, 2009, *The Impact of Devolution on Social Policy*, Bristol: Policy Press);K. 布莱克莫尔和L. 沃里克-布思的《权力下放和社会政策》(K. Blakemore and L. Warwick-Booth, 2013, 'Devolution and social policy', *Social Policy: An Introduction*, Buckingham: Open University Press, ch.13);保罗·钱尼、T. 霍尔和A. 皮图斯的《新治理—新民主?》(P. Chaney, T.

Hall and A. Pithouse, 2011, *New Governance-New Democracy？*, Cardiff：University of Wales Press）；保罗·钱尼和 M. 德雷克福德的《意识形态至上：社会政策和威尔士国民议会的第一届任期》（P. Chaney and M. Drakeford, 2004, 'The primacy of ideology：social policy and first term of the National Assembly for Wales', *Social Policy Review*, 16, 211-243）；保罗·钱尼的《平等和公共政策》（P. Chaney, 2011, *Equality and Public Policy*, Cardiff：University of Wales Press）；J. 米切尔和 A. 米切尔的《英国的权力下放》（J. Mitchell and A. Mitchell, 2011, *Devolution in the UK*, Manchester：Manchester University Press）；C. 威廉姆斯的《权力下放的威尔士之社会福利政策实践（第二版）》（C. Williams, 2011, *Social Policy for Social Welfare Practice in a Devolved Wales*, 2nd edn, Birmingham：Venture Press）；莎伦·赖特的《权力下放和社会政策》（S. Wright, 2014, 'Devolution and social policy', in H. Bochel and G. Daly, eds, *Social Policy*, London：Routledge, ch. 4）。

复习和课外作业习题

1. 自 1999 年以来，在威尔士，权力下放进展迅速。由此带来了哪些重大变化？这些变化对制定社会政策的方式产生了哪些影响？

2. 威尔士的一党（威尔士工党）独大和威尔士的中左立场对威尔士的政策制定方式产生了哪些影响？

3. 有哪些证据表明权力下放给威尔士带来了独特和地域化的特殊政策？

4. 权力下放给威尔士在多大程度上是与决定服务提供和社会政策执行方式的新的合法权利同时实现的？

5. 权力下放如何改变了政策制定方式？它如何催生了与众不同的"威尔士特制"政策？

请浏览本书的辅助网站 www.wiley.com/go/alcocksocialpolicy，使用为配合本书的阅读而设计的资料链接。在那里你将会发现有专门针对每一章的深入阅读资料链接，其中包括政府、国际组织、智库、压力集团和重要的新闻机构的网站。你还会找到以《布莱克维尔社会政策辞典》为蓝本的词汇表、帮助页、有关如何管理社会政策领域中主要委派形式的指导和职业建议。

第五部分
当代的环境和挑战

第 26 章
人口的挑战

简·福金汉姆和阿西娜·弗拉坎通尼

▶▶ 概　览

- ▷ 人口规模和构成的变化是死亡、生育和移民变化综合影响的结果。但是,人口老龄化最重要的推动力是生育率的下降。
- ▷ 在过去的一个多世纪里,英国人口的主要变化包括不断下降的人口出生率、上下浮动但总体保持低水平的死亡率,以及英国从一个向外移民的国家变成了向内移民占主导的国家。
- ▷ 今天的英国社会可以被描述为"老龄化社会",在这里,老年人(65 岁及以上的人)在总人口中所占的比例越来越大。
- ▷ 英国的死亡、生育和移民情况的变化是与人口种族构成越来越多元化、家庭结构和居住方式发生改变同时发生的。
- ▷ 理解人口结构特征变化情况是针对持续变化的人口而设计和实施社会政策的核心组成部分。

人口变化

对人口变化的原因和结果的基本了解是研究社会政策的关键。这是因为人口变化趋势决定着儿童和其他需要接受教育的学生的数量、需要住房和社会救济的家庭的构成状况,以及当前和未来将要依靠养老金度过晚年的老年人口的规模。由于死亡率降低意味着有更多的人能够活到老年,因而人口结构特征的变化也会影响对卫生健康和社会照顾的需求和供应。与此同时,家庭组建和解组模式的变化,意味着老年人可能在晚年继续与一位伴侣共同生活,但是更多的老年人可能经历一次离婚,而且很少与其成年子女和孙子女来往。

不过，人口结构特征与社会政策之间的关系并不是单向的，也就是说，社会政策也可能对人口特征产生影响。例如，19 世纪，英国迅速发展的城市引入了卫生系统和设备，在一定程度上带来了死亡率的降低，在同一个世纪末期，由于助产士的引入，新生儿死亡率下降了（请见第 16 章）。今天，诸如育儿假、儿童保育和现金补贴之类的家庭政策，对女性的就业和生育行为产生了影响；而国际移民流则直接受到移民政策的调节。在这里，我们将对生育、死亡和移民这几个人口结构关键变量进行研究（请见工具箱 26.1），同时也将考察结婚和离婚趋势，以及它们与家庭结构变化之间的关系。而所有这些变化，都是在人口老龄化的背景下发生的。

工具箱 26.1　人口变化的驱动力

任何一个时点的人口规模和结构，都是由前一个时期的出生人口减去死亡人口决定的。如果某个地区的人口是"开放性"人口，那么将移民人口计算进来也同样重要，即加上移入人口并减去移出人口。

因而，人口计算公式是一个**平衡方程**，即：

时点 2 的人口 ＝ 时点 1 的人口 ＋ 出生人口 － 死亡人口 ＋ 移入人口 － 移出人口

英国一个世纪的人口变化

在过去的一个世纪里，英国人口经历了巨大的变化。1901 年，英国的总人口约为 3 930 万；而到了 2001 年，英国人口达到 5 900 万；据估计，2014 年，英国人口将超过 6 400 万。总和生育率是指，在育龄期间，每个妇女平均的生育子女数，假设当前的出生率在其生育期内保持不变。1901 年的总和生育率是 3.5，到了 2001 年则为 1.7，而 2014 年每个女性平均生育 1.9 个孩子。

类似的，1901 年，英国男子的平均预期寿命为 45 岁，女子则为 48 岁；而到了 2001 年，英国人的平均预期寿命增加了 30 年——男性为 75 岁，女性为 78 岁。如果英国的死亡率一直保持现有水平，那么今天出生的男性新生儿预计将活到 79 岁，女婴则有望活到 83 岁（假如他们一直生活在英国）。在过去一个世纪里，死亡率的降低相当于，在 20 世纪里每十年人均寿命增加 3 年，或者说每一年增加 3.6 个月，或每周增加 2.1 天，每天增加 7 个小时。存活状况的进步可以看作是 20 世纪人类所取得的重要成就之一，但是它对政策也产生了重大影响，有关这一点我们接下来将会讨论。

图 26.1 呈现了自 1901 年以来英国所登记的年出生人数与死亡人数。在这个图中，有些事项值得关注。首先，在（除了 1976 年的）所有年份中，出生人口一直多于死亡人口，这产生了正向的人口自然增长。出生人口与死亡人口的差值，体现了排除移民情况的人口增长。其次，两次世界大战结束后出现的婴儿潮世代，明确地体现在 1920 年和 1947 年的生育峰值上，而延续时间较长的 20 世纪 60 年代的婴儿潮和最近十年来的出生人口增加，

也清晰地展现在图上。最后,从这个图也可以看到,在世界大战期间,死亡人数达到峰值。在过去的一个多世纪里,死亡人数逐年增加,这反映了人口总体规模的增大。而同比趋势也变得更加稳定,这是因为流行病和传染病的影响在减小。

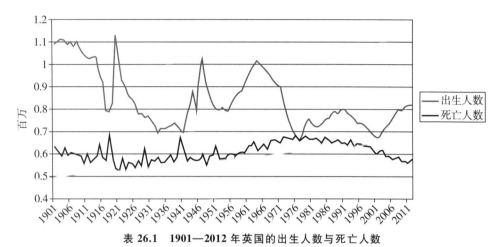

表 26.1　1901—2012 年英国的出生人数与死亡人数

资料来源:ONS Vital Statistics(人口和医疗相关表格)。

人口老龄化

生育率和死亡率的改变的一个重要影响是,在过去的一个世纪里,人口的年龄结构发生了剧烈变化。图 26.2 展示了英国人口中 65 岁及以上和 85 岁及以上的人口在总人口中所占的比例。我们可以看到,65 岁及以上的人口在总人口中的占比大幅提高。在 1901 年,在总人口中,65 岁及以上的人口大约占 5%;到了 1941 年,这个数字翻了一番,为 10%;而在 1981 年,则达到 15%。在过去的三十年间,这个比例一直相当稳定。

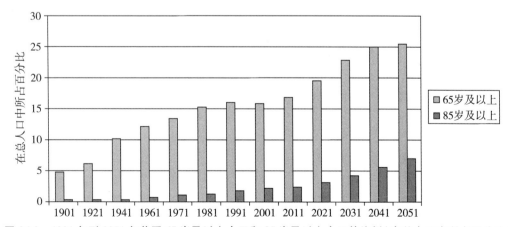

图 26.2　1901 年到 2051 年英国 65 岁及以上人口和 85 岁及以上人口的比例(在总人口中所占百分比)

资料来源:1901—2011 年数据来自英国国家统计局(ONS)的人口趋势;2021—2051 年数据为 ONS 基于 2012 年数据的预测。

在未来的二十年里，我们可以预期 65 岁及以上的人口在总人口中所占的比例将有显著的提高，那时婴儿潮世代（那些在 20 世纪 50 年代到 60 年代中期出生的人）将开始进入退休阶段。2021 年，总人口中 19% 为 65 岁及以上的人口，这个比例在 2031 年继续增加至 23%，2041 年则达到 25%。图 26.2 也呈现了老年人口自身的老龄化，也就是说体现了"高龄老人"所占比例的提升。1901 年，85 岁及以上的人口在总人口中仅占 0.2%。今天，高龄老人占总人口的 2.5%，具体数量为 150 万，而到 2041 年，这个数字将翻倍达到 380 万，也就是在总人口中所占比例超过 5%。

人口是如何老龄化的呢？对此，区分个体老化和人口老龄化非常重要。个体必然经历从出生到死亡的过程，他只能越来越老。尽管有关于生理机能的老化和延缓老化速度的讨论，但是目前的技术还不能成功地逆转老化的进程。与个体老化只能单向运行相反，人口根据其年龄结构（不同年龄群体所占的比重）而变老或者变得更年轻。

老龄化人口是指老年人（通常是指 65 岁及以上的人）所占的比例——而不是绝对数量——的增高。人口年龄往往通过三种方式中的一种进行测量：16 岁以下的人口在总人口中的比例；65 岁及以上的人口的比例；人口的中位数年龄。应该说，今天英国的人口状况是以"老龄"而不是"老龄化"为特征的，也就是说老年人占比已经显著提高。

人口的年龄结构是由生育、死亡和移民情况决定的。决定老年人在总人口中所占比例的最重要的因素，不是存活到老年的能力的提升，而是所有年龄群体的规模的变化。具体而言，一个国家的人口相对年轻还是年老，取决于该国的儿童出生数量，因为出生率水平决定了有多少人进入人口基部。因此，高生育率人口往往意味着儿童相对于其父母辈成年人占比更高，而低生育率人口通常是指当前的父母拥有少量子女，相应地，儿童相对于父母不再是数量庞大的群体。生育率的降低导致人口中年轻人数量较少，因而年长者所占的比例就相对提高了。可以说，英国人口老龄化的主要驱动力，是出生率在整个 20 世纪都呈下降趋势。

但是，这并不意味着死亡率无足轻重。死亡率的下降和预期寿命的延长，使得有望活到老年的人口比例增加。除此之外，老年人死亡率的下降，对老年人口本身的老龄化尤其影响深远，因此出现了"高龄老人"比例的增加。65 岁及以上和 85 岁及以上的人口所占比例将会增加，这给未来社会政策的设计带来了挑战，因为老年人将成为这个福利国家总体"顾客"人群的重大组成部分（请见第 60 章）。

伴随着这些变化出现的，还有其他一些影响老年人生活质量的人口特征和社会经济方面的变化。2011 年，在 65 岁及以上的人中有 9% 的人离婚了，而十年前，这个比例为 5%，并且这个群体中有 31% 的人独自生活。尽管晚年生活并不一定意味着健康状况的恶化，但是这些变化仍然牵扯到老年人在未来可能得到帮助的数量和类型，也对提供长期护理的机构产生了影响（请见第 54 章）。

移民

纵观整个 20 世纪，从英国移民到外国的人多于移入的，英国净外流人口超过 1 500 万。如果没有净外流人口，英国人口将增长到更大的规模。然而，正如我们接下来将要看到的,今天的英国是一个净移入国。图26.3展现了过去二十多年来,全球移出和移入英国的人口。媒体上有许多关于移入英国的人数增加的报道,特别是在2004年8个东欧国家(捷克共和国、爱沙尼亚、匈牙利、拉脱维亚、立陶宛、波兰、斯洛伐克、斯洛文尼亚)加入欧盟之后。英国是三个为这些国家的移民全面开放边界和劳动力市场的国家之一。

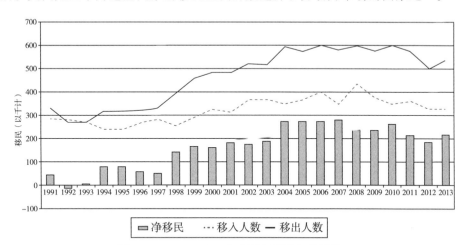

图26.3 1991—2013年英国长期国际移民状况

资料来源:ONS(2014),Long-term International Migration 2013,table 1.01。

2004年到2005年,净移入人口已有明显增加,到21世纪初,净移入人口已经达到17.5万。除此之外,在21世纪的第一个十年里,移出英国的人数也有了显著增加,在2008年,这个数字达到最高值——超过42.5万人移民离开英国。而作为对引入计点积分制(PBS)的反馈,移入人数从2010年开始下降,这一制度的目的是对那些以在英国工作和学习为由而提交的移民申请进行管理。

尽管如此,每年移入英国的人数都超过了50万。2013年,移入的人数大约比移出的多了21万,而且总人口的增加有46%是由移民增加带来的,也就是说,出生人口超出死亡人口的部分贡献了剩下54%的人口增长。

图26.1所显示的自2001年以来的出生人数的增加,要归功于非英国出生的母亲所分娩的新生儿。2000年,15.5%的新生儿来自非英国出生的母亲;到了2013年,这个比例提升至26.5%。在2013年生育的非英国出生的母亲主要来自波兰、巴基斯坦和印度这三个国家。无论是出生率的上升,还是非英国出生的母亲生育比例的提高,都关系到为英语作为第二语言(EAL)的儿童提供学习场所和帮助的问题。2013年学龄儿童调查(School Census)显示,在英格兰,每6名小学生和每8名中学生中,就有1名英语非母语的学生。

人口构成越来越多元化

在很长一段时间内,移入英国的移民所带来的结果之一是这个国家的民族构成越来越多元化。图26.4显示,2011年,在英格兰15岁到19岁的人口中,超过1/5的人来自非英国白人家庭。

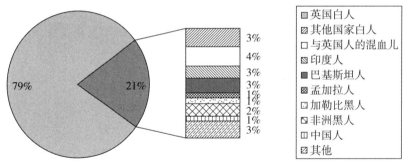

图 26.4　2011 年英格兰和威尔士 15 岁到 19 岁人口的民族构成

资料来源:ONS 2011 Census(2011 年人口普查)。

老年人中黑人和少数族裔的比例则相当低。2011 年的人口普查显示,在英国,65 岁及以上的人群中,只有不到 3%的人是少数族裔,在这个群体中最大的少数族裔是爱尔兰裔、印度裔、加勒比黑人或巴基斯坦裔。但是随着在 20 世纪 60 年代、70 年代和 80 年代来到英国的人经过人生的各个阶段,并且达到退休年龄,少数族裔在老年人中所占的比重将提高,各个领域的服务供给者必须对更加多元化的老年人口的需要作出回应。

变化中的伴侣关系和家庭组建模式

在过去的三十年里,伴侣关系和家庭组建模式发生了显著的变化。图 26.5 展示了不同年份出生的女性经历各个生命阶段大事件的比例。例如,在 1943 年到 1947 年之间出生的女性中,有 75%的人在 25 岁结婚,这与三十年后——1973 年到 1977 年——出生的人的 24%的比例形成了强烈对比。尽管结婚人数在后来的出生同期群中持续下降,但是这并不意味着反对伴侣关系本身,因为选择同居的女性的比例也在持续上升。不过,同居人数的增加并不足以抵消结婚人数的减少,而且总体来说,较少年轻女性结成伴侣关系,她们往往倾向于较晚进入这类关系。

伴随着建立伴侣关系的推迟,从 20 世纪 60 年代后期以来,首次生育的平均年龄也稳步提升。图 26.5 清晰地呈现了生育推迟现象,在 1973 年到 1977 年出生的女性中,只有 30%的人在 25 岁生育,而在 1943 年到 1947 年出生的女性中,有超出一半的人在这个年龄生了第一个孩子。2013 年,英格兰和威尔士女性首次生育的平均年龄为 28.3 岁,而在 1970 年这个年龄为 23.7 岁。但是,应该注意到这只是一个平均数,英国的少女怀孕比例在欧洲属于较高之列。2012 年,英国 20 岁以下的女性每千人生育 19.7 个孩子,而欧盟 28 个国家的平均值为 12.6 个。2012 年,欧盟 28 个国家中,15 岁到 19 岁女性中生育率最低的是丹麦(4.4),其次是斯洛文尼亚(4.5)和荷兰(4.5);相应生育率最高的是罗马尼亚和保加利亚——分别是 39.4 和 42.6(Eurostat,2014)。2010 年 2 月,英国政府发布了《预防少女怀孕战略:超越 2010》(*Teenage Pregnancy Strategy:Beyond 2010*),确定了一系列应对居高不下的少女怀孕率的措施,其中包括提高学校里有关性和关系的教育的质量,增加获得在线咨询帮助的便利性等。

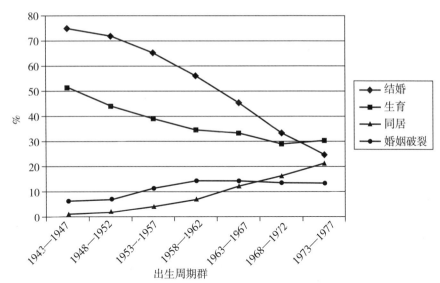

图 26.5 不同出生周期群的女性经历各个生命阶段大事件的比例

资料来源：ONS(2009) Social Trends 39(引用图 2.17)。

婚姻的衰落体现在——从他们的出生证明来看——在合法婚姻关系之外出生的孩子数量的增加。19 世纪，所有非婚生子所占比例在 7% 上下。在 20 世纪的大部分时间，这个比例一直保持不变，除了在两次世界大战期间有小幅上升之外。而从 20 世纪 70 年代开始，非婚生子比例出现了持续而且陡峭的增加，到了 2013 年，所有儿童中有 47% 的人出生在父母没有合法成婚的家庭里。

尽管许多父母会在孩子出生后结婚，但是结婚人数下降和更多的伴侣关系破裂这对组合意味着，在英国与结婚的父母生活在一起的未成年子女的比例从 1997 年的 72% 下降到 2014 年的 63%。相反，与同居父母生活在一起的受抚养子女的比例从 8% 上升到 14%；与此同时，生活在单亲家庭的未成年子女的比例相对稳定，从 22% 上升到 23%。

生活在不同类型家庭的受抚养子女的数量涉及两个问题：针对儿童的服务和福利将以什么方式提供，以及未来从亲属那里得到非正式照料的可能性。孩子是否愿意为继父母或者没有陪伴其成长的亲生父母提供照料，这是一个众说纷纭的问题。类似地，一个女子或者一个男子是否愿意在其中年阶段照料前配偶的父母，也是一个没有明确答案的问题。

新议题

诸如伴侣关系、生育子女等人口事件随着时间的推移而变化，连同平均预期寿命的延长，结果就是未来的生命历程不断发生重组。例如，根据英国国家统计局的估计，2013 年出生在英国的儿童中，将有 1/3 有望庆祝他们的百岁生日，而一些专家则认为这个比率可能会提高到 1/2。伴随着其他社会和经济变化，人口结构特征也发生了显著的改变，例如从 2008 年开始的经济衰退，对移入英国的移民模式产生了影响，由于就业机会减少，许多移民被迫返回他们的祖国。

人口在过去短短几十年里的巨大变化，也意味着越来越难以预测个体在特定年龄将会采取什么样的生活方式、从事什么工作、如何休闲,以及扮演什么样的家庭角色。最后,我们可以预期,英国年轻人口的构成将越来越多元化,例如图26.4所描绘的青少年人群中的族群多样性,将随着这个世代经历人生历程而反映在老龄人口中。

政策制定者所面临的一个核心问题是,他们如何适应人口特征的这些变化,从而能够继续解决社会问题,满足所有年龄群体的需要,并且使各个年龄人群的福祉最大化(请见第3章)。将人口结构变化纳入考虑而设计社会政策的一个关键是,理解人口的变化、不同的形式、动态特征,以及其对于政策意味着什么。

可深入阅读的参考文献

英国国家统计局每年发布的《社会趋势》是获得有关英国人口和家庭及家户信息的最佳来源。2010年以来,《社会趋势》在网上公开,可以从 www.statistics.gov.uk/socialtrends/stissue 中找到。

另外一个有关人口结构变化的有价值的信息和评论来源是英国国家统计局。它的网站是 www.ons.gov.uk,包括当前和历史性的人口预测,还有各个专题的统计数据,例如人口预期寿命、居住方式和老年人口等。

欧洲经济和社会研究理事会人口变化研究中心(ESRC Centre for Population Change)的网站也非常有用:www.cpc.ac.uk。

欧盟各国的比较数据可以从欧盟统计局(Eurostat)的网站上获得:europa.eu/documentation/statistics-polls/index_en.htm。另外有用的比较数据和对欧洲人口趋势的研究发现也可以在欧洲人口(Population Europe)的主页上找到:www.population-europe.eu。最后,全球比较资料可以在联合国统计司(Statistics Division)的网站(unstats.un.org/unsd/demographic/default.htm)上和美国人口资料局(Population Reference Bureau)的网站(www.prb.org)上获得,后者是以美国的数据为基础的,但是也包含有关全球趋势的有价值的文章和资料。

复习和课外作业习题

1. 人口变化的主要推动力是什么?
2. 在过去的一个世纪里,英国最重要的人口特征变化是什么?
3. 人口老龄化的原因是什么?
4. 我们如何测量人口老龄化?
5. 人口变化从总体上来说对于社会政策意味着什么?

请浏览本书的辅助网站 www.wiley.com/go/alcocksocialpolicy,使用为配合本书的阅读而设计的资料链接。在那里你将会发现有专门针对每一章的深入阅读资料链接,其中包括政府、国际组织、智库、压力集团和重要的新闻机构的网站。你还会找到以《布莱克维尔社会政策辞典》为蓝本的词汇表、帮助页、有关如何管理社会政策领域中主要委派形式的指导和职业建议。

第 27 章
经济背景

凯文·法恩斯沃思和佐伊·欧文

≫ 概　览

- 经济和社会政策之间存在共生关系,它们随着资本主义的发展同步前进。
- 我们可以确定将经济需求与个人需求结合起来的方式,但是仍然存在着一些相互矛盾的需求,要通过政治民主进程来满足。
- 经济增长为社会政策的发展和稳定奠定了基础,相应地,社会政策也对实现经济增长非常关键。
- 税收的增长与政府承诺的支出水平不匹配,以及政府试图过度借债弥合税收与支出之间的亏空,这些做法会给社会政策的可持续性带来问题。
- 社会政策在减轻 2008 年金融危机所带来的社会和经济影响上发挥着关键的作用,但是,在政府试图减少支出和降低债务水平时,社会政策也受到了威胁。

经济是社会政策发展和变化的最根本动力。纵观 20 世纪,从 30 年代的大萧条(Great Depression),到 40 年代的战后重建,到 70 年代的石油危机,再到 90 年代"全球经济"的兴起,在经济迅速变革的时期,一定会有福利供给的巨大变化同时出现。在未来,2007—2008 年的经济危机,可能同样被视为福利国家在 21 世纪所经历的一个分水岭。在讨论经济对社会政策效果的影响时常常忽略的一个问题是,核心的社会政策对经济环境本身的塑造作用。尽管抽象地说,社会政策是以一系列不同于经济政策原理的原则为基础的,例如秉持社会公正思想而不是追求效率,但是在实践中,通常难以区分哪些是社会方面的元素,哪些是经济要素。

人的需求和"经济"的要求

17 世纪和 18 世纪工业化和民主的兴起带来了新的社会问题,同时出现了应对这些问题的政治措施。资本主义作为一种经济制度的发展,塑造了社会需求和识别及满足它们的方式,特别是通过社会政策和福利国家制度。

经济需求和社会需求成为福利国家制度的核心(请见第一部分)。可以说,同时满足社会需求和经济要求的社会政策将创造完美的环境,从而使劳动者(或者更广泛层面上的公民)和资本(普遍意义上的商业和个体企业)能够繁荣发展,并且有助于协调其他相互冲突的需要和利益(Gough,2000)。"需求"这个概念意味着,在满足某个特定需要或一系列需要与个体公民和资本主义整体系统的存续之间,存在着某种关联。如果相应的需求不能得到满足,会导致个体受损和系统失败的后果。在最基础的层面上,人类作为生物体的生理需求应该得到满足,但是,除此之外,如果人要**茁壮成长**,他们还需要经济、政治和社会方面的生存手段。

类似地,我们也可以说,资本主义本身也有制度性或系统性的要求,包括在这个制度中运营的企业的具体要求。为了进行生产、贸易和获得利润,企业可能要求一个信用稳定的系统和健全的法律规章,此外,它们也需要得到足够的积极肯干、遵守纪律的劳动者(这些劳动者应该掌握相应的劳动技能,身体健康,适于工作),而且刚入职的新人和退休的老人的比例应趋于平衡。各个公司都要求获得更多的利润,或是通过扩大生产,或是通过降低成本。因此,更高级的经济要求对福利国家的卫生健康、教育和社会保障供给,以及有助于高效的社会再生产的一系列社会服务,产生了越来越强烈的依赖。尽管人的需求和经济的要求有时是协调一致的,但也存在着潜在的矛盾,因为满足需求需要资源,而且个体所偏好的分配原则也不一定与企业的利益相一致。此外,处于不同经济领域的不同类型的企业之间(例如制造业与服务业)、企业特定的利益与广泛的宏观经济战略之间(例如建筑公司和利率管理)也可能存在利益冲突。面对矛盾时,政治民主将决定谁的利益优先以及以什么样的形式最先实现。

对社会政策与经济背景之间复杂关系的一种理解,是将它看作"政治"与"市场"之间持续进行的斗争。从这个角度来看,经济利益将社会关系简化为不顾人类价值的纯粹的利益交换,而民选政府和代表工人集体的工会,则发挥着与这种经济利益相抗衡的作用。社会群体所提出的改善其工作和生活环境的政治要求,通过民主政府程序得以清晰表达和协商,并且通过诸如养老金、失业救济、卫生健康等社会政策的执行而被满足。诸如此类的政治斗争的结果以及由此产生的政府(国家)、雇员(劳动者)和雇主(资本)之间的力量平衡因国家而异,因为每个国家都有自己的民族历史、工业结构和政治制度,并且被看作是不同的"资本主义变体"。这并不一定意味着,在劳动者的利益推进福利国家制度的时候,雇主会阻挠它的发展。有些时候,雇主坚定地支持某些社会政策的扩张,因为它们可能有助于提高生产效率和竞争力。

工具箱 27.1　竞争力和福利国家制度

在社会政策分析中,一个重要而富有争议的问题是:福利国家制度是提升了还是降低了国家经济效能?如果福利国家制度从根本上妨碍了经济增长,那么经济领域(而不是社会领域)对这种制度的支持就会减弱。尽管这是一个有争议的领域,但是越来越多的证据表明,社会政策是稳健而有力的经济发展的基础。这是因为社会政策有助于提高雇员的生产效率,与此同时,它们也帮助缓解自然出现的经济繁荣和衰退所带来的落差。社会政策研究者和工团主义者承认福利国家制度的这些积极效果,而且商业利益集团也认同一系列福利政策对强健的经济的重要作用。在最近发表世界竞争力指数(World Competitiveness Index)时,世界经济论坛即达沃斯集团(DAVOS)宣称:"基础教育提高了每位劳动者的生产效率","更高等级的教育和培训至关重要",以及"健康的劳动者是保障一个国家的竞争力和生产力的关键"。

经济增长的承诺和实现

尽管各个国家采用了不同类型的福利国家模式(请见第十部分),但是经济的强健或虚弱,这通常以人均国内生产总值(一个经济体的生产总量除以总人口)来衡量,很大程度上决定了社会政策的规模。社会政策界限的两个核心维度是由经济条件决定的。

- 首先,一个"福利国家"得以产生的经济前提是,这个国家实现了经济长期稳定发展,并且建立了运转正常的法律体系和公共管理系统,包括拥有通过征税为公共政策提供资金的路径。这样的状况使得开发正式的公共供给系统(例如教育、卫生健康、社会保障等)成为可能,这些公共供给将改善福利,并且支持经济进一步发展。在受到自然资源匮乏、冲突或者环境不稳定限制的国家中,例如在经济缺乏保障的国家里,结构的联合遇到了阻碍,因而社会政策只能局限在来自国际金融组织和援助计划的外部贷款,国家也只能在出口商品所获得的收入范围内进行规划和干预。

- 其次,在足够稳定可以支持成熟或"制度化"的福利供给体系的国家里,经济背景仍然决定着这些福利系统在继续获得国家资源以及对国家资源进行再分配的前提下扩张或收缩的程度。而国家资源的持续可获得依赖于对福利和服务的需要(这是随着时间的推移而不断增长的)与能够持续满足需求的经济增长之间的平衡。正如上文已经谈到的那样,资源的持续再分配取决于关系到社会公平问题的政治决策。

经济增长之所以被认为是福利国家可持续性的前提条件,是因为它代表了螺旋向上的生产和消费,从而使政府能够平衡国民核算账户。经济增长创造了工作岗位,增加了就业,提高了工资,使得劳动者能够购买商品和服务,并且产生了税收,从而让政府能够为公共支出提供资金。而增长无力则可能带来相反的结果:失业和非充分就业,人们不能满足他们的基本需求而需要更多的由国家提供的救济和服务,与此同时,由于就业的人越来越少,政府税收也减少了。20世纪,各国政府在应对经济低增长时,会因所依据的经济原理的不同而采取不同的策略,其中包括从(30年代开始占主导地位的)约翰·梅纳德·凯恩斯(John Maynard Keynes,1883—1946)的经济理论,到重返新古典主义经济理论(其曾经在大萧条之前形塑政府的经济管理)。

凯恩斯主义经济原理代表着与当时的经济学正统理论的重要决裂,因为前者强调了全面的福利国家制度对战后经济增长模式的重要性。凯恩斯主义主张失业救济在经济衰退时期应该发挥强有力的逆周期刺激作用。更好的公共服务可以通过更高的税负获得资金,相应地,高税收可以通过提高生产率和增加工资来实现。与凯恩斯主义分道扬镳发生在20世纪70年代,当时的增长放缓和经济不稳定促使新自由主义增长模式出现。新自由主义经济学(请见第9章)将经济自由、限制政府干预和更多的剩余型社会政策看作是经济增长的必要组成部分。80年代以来,新自由主义战略促进了贸易的"自由化",减少或者消除了人们所认为的竞争和增长的障碍——例如高法人税和国家关税(进口和出口税)以及就业法规等。除了解除对经济的管制之外,新自由主义经济学也影响了政府以何种方式扮演其在社会政策方面的角色。

税收、支出和债务

20世纪80年代以来,主导的(新自由主义)观点认为,国家干预和为此征税扼制了私人部门的投资、发展和获利,并且因此最终破坏了经济增长和国家繁荣。新自由主义的基本假设是,出于各种各样的原因,对覆盖面更大的公共支出的需求将继续增大。更为重要的是,根据之前的自由主义和公共选择论点,新自由主义者声称,政府将不可避免地面对越来越庞大的公共服务需求,而且必然无法满足这些需求;政治家和公务员将试图在他们自己的政府部门里改善他们的利益;高额政府支出总是排挤私人部门的高效投资,破坏选择,并且打消人们努力工作和自给自足的念头。即便福利国家所取得的成就,例如预期寿命延长,也会带来更多需求,因为老龄化人口对医疗和养老金方面的支出有更多要求。正如图27.1所示,即便面对金融危机,公共支出也继续增加;而如同图27.2所展示的那样,在接下来的几十年里,公共财政的压力可能越来越大。

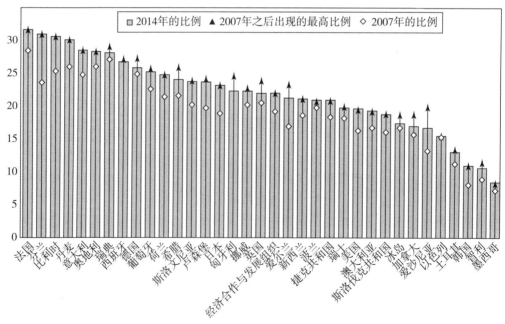

图27.1 公共支出在国内生产总值中所占的比例(2007年的比例、2007年之后出现的最高比例,以及2014年的比例)

资料来源:OECD(2014),*Social Expenditure Update*。经济合作与发展组织社会支出数据库(Social Expenditure database, SOCX)显示,一些国家的社会支出下降了,但也有许多国家仍然保持在历史最高水平。

经济背景

第 27 章

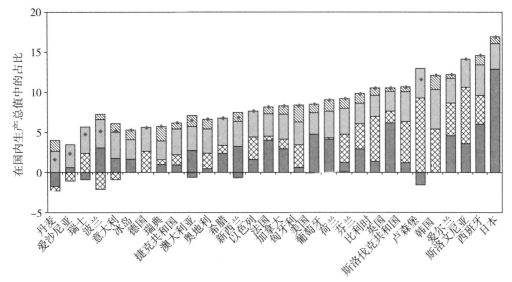

图 27.2 经济合作与发展组织对直到 2060 年的公共支出需求和财政缺口的预测
（假设债务占国内生产总值的 60%）

资料来源：OECD（2014），'Policy Challenges for the next 50 years', OECD Economic Paper No.9, July 2014。

应对不断增加的对公共服务的需求和赤字的一种方法是提高税率，但是这无论在经济上还是在政治方面都是冒险的。从经济的角度来看，增加税负会抑制需求，并且使得更多的资源离开私人部门。而从政治的角度来看，提高税率对于任何政府来说都是极其不受欢迎的做法。个人课税往往不受选民的欢迎，而企业税不受商业界的拥护，而且在全球市场以及企业避税越来越常见的背景下，这种做法也越来越不可靠了。拥护全球化的专家指出，较高的法人税会带来迫使资本转向税负较低国家的危险。因而，在当代社会，政府往往更为依靠间接税，其中包括消费税（例如增值税），这类税种旨在实现收益最大化，并且将公众和政治领域的阻力减至最小。在采取这些做法时，核心的争论集中在如何实现公平原则以及如何确立再分配结果的政治合法性等问题上，也就是说从哪里征税，以及公共资金用在什么地方（请见第 30 章）。

对于经济环境或者市场能够忍受什么样的政府干预的理解，限制着政府进行再分配的雄心。由于这些限制，所有政府都将面对财政赤字（有些国家的财政赤字会比另外一些国家的更大一些，持续的时间更长），而且政府的财政收入与支出之间的亏空，经常通过政府借债的方式弥补（借入的资金成为"国债"或者"政府债务"）。从历史上看，国家总是会负有债务，但只是在 2008 年金融危机之后的经济背景下，"债务"才成为如此重要的政治议题，以至于通过紧缩措施减少公共支出变成当务之急，而令所有其他福利讨论黯然失色。

新议题：经济危机、紧缩和公共支出的"负担"

2007—2008年的金融危机及随之而来的国家经济衰退、全球经济不景气和欧元区国家的债务危机，凸显了社会政策和经济问题在当代资本主义制度中形影不离。源于2007年美国住房信贷危机的经济不稳定，可能进一步牵制未来社会政策的发展，而这个影响比经济危机更为重大。为了努力应对金融危机及其后续的影响，诸如英国、美国、爱尔兰、希腊、塞浦路斯、冰岛、葡萄牙和西班牙等国家，都不得不将巨额资金投入银行系统，从而确保无论是银行还是国家都有清还债务的能力。这些援助措施的成本使国家债务雪上加霜，并且产生了相应的利息支出。

上述问题连同经济增长的缺席对国家财政所构成的压力，促使国家政府、诸如欧盟这样的区域组织，以及像国际货币基金组织和经济合作与发展组织之类的国际组织都将紧缩战略作为重新平衡经济的首要做法。紧缩政策或者经济学术语中的"财政重整"要求政府采取通货紧缩政策，降低公共支出（以及价格和工资），其双重目的是减少预算赤字和将公共部门的资源转到私人部门——其中既包括福利服务的资金筹措，也包括福利服务的递送。实施紧缩战略是基于这样的信念，即认为私营企业而非公共投资是经济增长的核心。后危机时代的紧缩普遍出现在发达经济体中，正如图27.3所展示的，2009年以来，经济合作与发展组织成员国家显然更倾向于选择缩减开支，而不是增加税收。

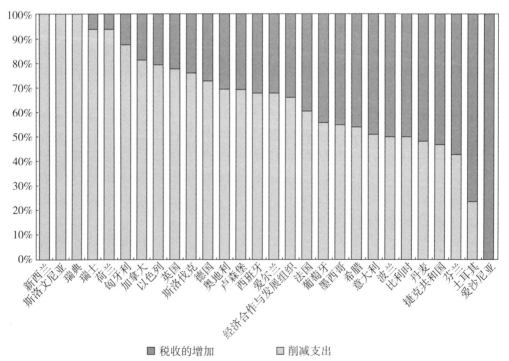

图 27.3 应对财政失衡：2009年以来增加税收与缩减支出之间的比例关系

资料来源：OECD（2012），*Restoring Public Finances*, 2012 update, OECD, Paris。

然而,在理解社会政策与经济背景之间关系的过程中,重要的是认识到就像需要经济增长来支持社会政策一样,同样也需要社会政策促进和保持经济的稳定及发展。这样的认识对于判断紧缩战略和它所依据的更宏观的假说之成就(或失误)尤其重要。社会政策具有重要的经济功能,作为经济内部的一种调控形式,或是作为对消费的一种支持,然而,除此之外,它也是发展工具。例如,劳动力市场的效率依赖于社会保障制度的保护和大众公共教育和培训系统的存在,同样也有赖于大量照顾服务的供应,这保证了高水平的参与就业。除了这些功能以外,正如联合国社会发展研究所(UN Research Institute for Social Development)所主张的,社会政策是"变革性的",即它能够推动社会前进,而不只是发展其经济。

经济学是有"背景"的,但是这一事实在理论经济学的世界里往往被忽视,经济学脱离了它在现实世界中的位置。在理论世界里,有关个体和集体行为及其可预见性的假设,决定了社会支出的价值以及为维持经济增长而提出的战略。而对于社会政策分析来说,这种状况并不令人愉快,因为"社会"远不是可预测的。对于社会政策实践而言,经济理论的抽象性缺乏积极作用,因为它轻视了生产和交换的人的层面,并且使经济目标一直凌驾于社会目标之上。

可深入阅读的参考文献

需要直接介绍社会政策的经济学作品的学生可以将 J. 勒格朗、C. 普罗佩尔和 S. 史密斯的《社会问题经济学(第四版)》(J. Le Grand, C. Propper and S. Smith, 2008, *The Economics of Social Problems*, 4th edn, Basingstoke: Palgrave)作为起点。N. 巴尔的《福利国家经济学(第五版)》(N. Barr, 2012, *The Economics of the Welfare State*, 5th edn, Oxford: Oxford University Press)对经济学理论进行了更为详细的介绍,并且细致地阐述了具体的公共领域,包括卫生健康、教育、补贴和养老金等。这本书也涉及关键的跨国比较和经济背景的全球维度。

R. 斯基德尔斯基的《重新发现凯恩斯》(R. Skidelsky, 2010, *Keynes, Return of the Master*, London: Penguin)非常有助于我们了解作为经济学家的凯恩斯是什么人,凯恩斯主义在经济政策领域意味着什么,以及为什么即便在20世纪70年代他所提倡的经济管理路径似乎遭到了普遍反对,他的著作仍然具有深远的影响。伊恩·高夫的《全球资本、人类需求和社会政策》(I. Gough, 2000, *Global Capital, Human Needs and Social Policies*, Basingstoke: Palgrave)收入了一系列论文,探讨了社会需求和经济要求之间以及经济竞争和社会政策发展之间的关系。

要理解作为一种主导经济战略的"紧缩"在英国和世界各国的出现,可以阅读 M. 布莱斯的《紧缩:一种危险思想的历史》(M. Blyth, 2013, *Austerity: The History of a Dangerous Idea*, Oxford: Oxford University Press),该书对"紧缩"政治经济战略在不同阶段的发展和实施情况进行了有价值的分析。这本书对于非经济学背景的人来说也易于理解,并且讲述了有关建立在错误假设基础上的经济学理论为什么必然失败的令人信服的故事。

W. 赫顿的《我们能有多好》(W. Hutton, 2015, *How Good We Can Be*, London: Little

Brown)是讨论在国内政治和国际市场背景下英国经济发展的系列丛书中最新出版的一本。尽管面对着增长缓慢和高度不平等之类的问题,但是该书主张通过公司治理的改革和采取承认现有优势的经济战略,有可能实现"更好的"资本主义制度。

英国预算责任办公室(UK Office for Budget Responsibility, budgetresponsibility.org.uk)成立于2010年,它为政府提供制定政策所需要的"独立的"税收和支出分析。英国预算责任办公室定期发布许多报告,包括《财政前景》(*Fiscal Outlook*)和《福利趋势报告》(*Welfare Trend Report*)等,这些报告提供了有关政府财政的演变情况和社会政策在其中的位置的统计数据及评论。类似的,英国财政研究所(www.ifs.org.uk/publication)也是权威的"智库",集中于对政策制定中税收的作用进行分析和讨论。想要了解政策行为、支出计划和经济调查,英国政府财政部特别委员会(Treasury Committee)的报告是一个有意思的资料来源,例如它对银行系统的不正当行为的调查。财政部特别委员会的网页提供了大量会议、报告和其他出版物的详细信息(www.parliament.uk/business/committees/committees-archive/treasury-committee)。

复习和课外作业习题

1. 社会政策是以什么方式推动经济发展的?
2. 社会政策在多大程度上反映了以政治手段实现的经济需求与个体需求之间的平衡?
3. 征税与政府债务之间的关系是什么?
4. 2008年的全球金融危机从根本上改变了福利国家制度的可持续性吗?
5. 请概述在20世纪和21世纪,经济背景是如何限制和支持社会政策发展的。

请浏览本书的辅助网站 www.wiley.com/go/alcocksocialpolicy,使用为配合本书的阅读而设计的资料链接。在那里你将会发现有专门针对每一章的深入阅读资料链接,其中包括政府、国际组织、智库、压力集团和重要的新闻机构的网站。你还会找到以《布莱克维尔社会政策辞典》为蓝本的词汇表、帮助页、有关如何管理社会政策领域中主要委派形式的指导和职业建议。

第28章
可持续性的挑战

托尼·菲茨帕特里克

>> 概　览

- 由于"化石燃料时代"不能永远存在,可持续性原则日益变得重要。
- 科学界的共识是气候变化正在发生,它是人类制造出来和正在面对的重大且紧急的挑战。
- 我们的社会面对着经济挑战(需要"绿色增长")、政治挑战(全球共同努力减少温室气体排放),以及道德和文化挑战。
- 社会政策也面临着根本问题。我们的福利系统是否能够应对新的风险和公共支出的要求?我们的福利系统是否能够适应与原来设想的不一样的生态环境?
- 应对气候变化的努力进展非常缓慢。

理解可持续性

可持续性意味着你的索取不应该多于你的投入。请设想一个"封闭系统"。如果宇宙飞船上的宇航员呼吸氧气的速率超过飞行器的制氧速度,那么他们就会将氧气耗尽。也可以设想一下居住在一座小岛上的居民,如果那里的人过度消耗岛上的资源,那么最终他们就不再有足够的食物、饮用水和用来取暖及做饭的树木。因而,可持续性意味着 x 的使用量与 x 的再生量之间的平衡。

这样的平衡必须是持久的,因为如果某样事物被形容为可持续的,那么这意味着它是长期的。如果宇航员的氧气箱随时会出毛病,那么它们的不可靠就会令宇航员感到不安。因此,安全和稳固的概念也非常重要。假设一艘坏了的救生船每分钟渗入 3 加仑水,船上的乘客就必须不断将这些水排出去。而这样做需要他们付出所有的时间、力气和注意力。这是非常紧张的生存战。他们很可能无法一直漂浮在水上,因为他们处在几乎没有任何犯错余地的危险境地中。简言之,可持续性至少有三个核心特征:**平衡**、**持久**和**安全**。

人类在生活在地球上的大部分时间里,都不得不小心翼翼地考虑可持续性的问题。如果一个猎人在追捕和猎杀他的猎物时所消耗的热量超出了食物本身所能提供的,那么他就会饿死。不过,在过去的两个多世纪里,我们渐渐不再考虑可持续性的问题,这大致是在我们进入化石燃料时代之后。当然,人类社会长久以来就在使用煤炭和木头。但是,一旦我们学会了如何从石油和天然气中提取巨大的能量,并且使用这些能源,似乎就有无穷无尽的能源可供永远使用。于是,工业化、城市化和现代富裕状况就都从那个时点开始了。

这对社会价值观、优先顺序和目标都产生了重大影响。我们开始认为自己栖居在"开放系统"中,在那里总是有越来越多的资源可供支配。宇航员总会得到更多的氧气,岛民永远都可以移居到别的地方。如果我们一直都能够找到更多的资源,那么为长久的安全性做打算就不那么重要了。

这些假设就是这样成了现代社会发展和组织的基础的。全球人口从 1800 年的 10 亿增加到今天的 70 多亿,而且可能会在 2024 年突破 80 亿大关。经济繁荣为许多人创造的物质财富是过去几个世纪里即便最富有的人也难以想象的。而我们已经习惯于设想这一切将永远如此:增长、扩张、资源获取、消费,永无止境。

生态挑战

但是这类信念在最近几十年受到了挑战。地球本身是一个封闭系统。在地球上,我们只能排放这么多的污染物和废品,而且这里只能提供这么多的资源。特别是,从 20 世纪 60 年代以来,越来越清晰的是,过去被看作进步标志的事物(文明所带来的诸如尘雾、被污染的河流、毒药、杀虫剂、石油泄漏、酸雨和人口增长),实际上代表的是对地球的巨大威胁。随后,又加入了对臭氧层被破坏的担忧。而到了 80 年代,各国政府才开始意识到科学家多年前就一直警告的,由于我们所排放的温室气体(GHGs),这个星球正在变暖。最主要的温室气体是二氧化碳。

这方面的科学证据没有改变什么,只是从那时开始不断增加。几乎所有的科学家都同意:(1)气候变化正在发生;(2)这是由人类行为造成的。2013 年到 2014 年之间,政府间气候变化专门委员会(Intergovernment Panel on Climate Change, IPCC)对已有证据进行了可以说是最彻底的回顾。工具箱 28.1 概括了其中的部分结论。

工具箱 28.1　政府间气候变化专门委员会

● 大气中温室气体浓度达到了过去 80 万年所未有的水平;从前工业时代到今天,温室气体增加了 40%。在北半球,1983 年到 2012 年可能是过去 1400 年里最热的三十年。

- 在下一个一百年里,全球平均温度可能会(比前工业社会水平)上升2℃,而人们普遍认为随着上限被突破,全球变暖成了不可控制的危险。
- 北极海域的冰面继续缩小。
- 到2100年,海平面可能比20世纪末的时候升高40—63厘米。这会产生沿海沉降的有害结果。
- 二氧化碳排放增加了30%,它将由海洋吸收,这导致了更强烈的酸化,由此对海洋生物和生态系统产生巨大的影响,其中包括珊瑚礁被破坏,以及海洋生物形成外壳和骨骼的能力降低。

所有这些可能会对人类产生什么影响呢?根据政府间气候变化专门委员会的观点,许多人的健康状况(特别是发展中国家的)将受到持续增加的营养不良、腹泻和传染病,以及城市里高浓度的地面臭氧导致的心肺疾病的影响。飓风、洪水、野火、干旱、森林退化、物种灭绝和酷暑期将会增多,而且造成灾难性的后果。海平面大幅上升、大冰原消失、大规模物种灭绝、面积更大且更频繁的干旱和饥荒、热带雨林快速萎缩、珊瑚礁被毁、酸性海洋,以及由于可饮用水和可耕地的减少而出现的大量生态移民,诸如此类的事件会同时发生。那些最穷困的人——他们也是对这些问题的产生应该负最小责任的人——最大限度地暴露在气候变化所带来的后果中,并且也最容易受此影响。

减缓和适应是应对上述问题的有效回应(请见工具箱28.2)。不过,减缓和适应往往应该结合起来;而且显然,无论我们采取什么策略,我们都应该意识到自然与社会的相互依赖关系。

工具箱28.2　减缓和适应

- 减缓是指减少损害,例如,首先是放缓,而后是遏制,最终甚至逆转全球变暖。二氧化碳排放不应该再增加了,而且我们必须移除这些排放。
- 适应是指减少我们不可能避免的损害所造成的影响。例如,海平面的上升需要加强对水灾的预防。

社会挑战

现代社会的许多方面都阻碍了正确的理解和恰当的行动。我们仍然是以国家为单位,而不是从全球的立场出发采取行动,我们的思考和行动都是短期的,而且我们发现很难对那些看起来相当抽象和遥远的危险作出反应。四种社会挑战尤其至关重要。

经济

绿色经济是什么模样的呢？有些人认为是"什么都不用做"。存在一种对人类创造力的信心，也就是认为我们有能力开发新的技术，从而能够"巧妙安排"，消除与环境有关的难题。有人对市场非常信任，认为绿色企业家将开发可以实现"无碳"经济的产业和产品。另外一些人认为，应对全球变暖的纠正措施比导致全球变暖的做法还要糟糕，他们辩称，经济增长自然会使我们的后代变得足够富裕，从而能够应对任何生态恶化的问题。

然而，许多经济学家指出，相比什么都不做所付出的代价，采取有效行动的成本只在国内生产总值中占很小的比例。尽管我们已经耽搁了很久，可能最终会产生高额费用，但是政府和市场必须联合起来，共同创造"绿色增长"。另外一些经济学家则走得更远，他们声称，"增长"本身就从根本上错误地理解了真正的繁荣和幸福。我们需要"恒常态"的经济。它的基本含义是，不应该消耗无法替代的资源，也不应该排放不能吸收的废物。它指的是一个自我补充的经济：我们修理、循环使用和再利用我们所拥有的，而不是不断地购买和扔掉。增长如果是，而且只有是**可持续增长**的时候，才是合理的。

政治

不过，同意一个战略是一回事，实施它又是另外一回事了。20 世纪 90 年代所提出的《京都议定书》（Kyoto Protocol）是发达国家共同签署的一项协议，各国拟定，2008 年至 2012 年，在 1990 年的基准上平均减少 5.2% 的碳排放。然而，直到 2008 年，美国和澳大利亚甚至还没有正式签署这个协议。除此之外，批评人士指出，诸如碳排放交易体系（Emissions Trading Scheme）和清洁发展机制（Clean Development Mechanism）等倡议，都使各个国家和公司看起来取得了比实际实现的更多的成绩。

发达国家与发展中国家之间的争论也具有国际谈判的特征。后者的论点是，由于全球变暖主要归咎于发达国家，因而它们有责任挑起重担。然而，前者回应说，现在所有温室气体中有一半以上来自发展中国家（其中主要是中国、印度和巴西）。因此，即便工业化国家到 2040 年将它们的排放量降至零，全球排放总量也仍然会高于今天的！

全球有关用什么代替《京都议定书》的讨论已经持续多年，2015 年，这方面的讨论在巴黎举行的一次大会上达到顶点。但是，政治层面的事情并不只是政府间规章和环境保护法律那么简单，坦率地说，大部分人对此几乎一无所知。环境保护主义在其性质尚未发生变化之前，是一项社会运动。也就是说它是草根民众通过一些非政府组织、"第三部门"集团、对等网络和社区协会发起和推动的倡议，是由下至上的行动。其部分目的是影响那些在私人或公共领域占有重要的决策位置的人。同时，它也打算促成一个欣欣向荣的全球公民社会，从而发起政治精英和商业精英一直反对的变革。"放眼全球，立足本地"，长久以来一直是一项社会运动的口号，该运动致力于推动全新的、更为绿色的公民身份的形成。

道德和文化

我们如何成为"绿色公民"？显然，在地方和国家层面，可以采取许多行动，但是，如果我们要"放眼全球"，那么我们就需要开发大都市、后国家价值观及承诺。这部分是出于利己主义。在一个相互关联的世界里，几千英里之外发生的事情可能迟早会影响到我们。但同样是因为，在承认他人的需求是我们幸福的核心之后，我们应该变得更加博爱，而不管是否与自己的利益有关。

一些人迟早会与我们分开。我们现在所做的会影响到后代所面对的机会和局限。但是，我们对未来负有多大的责任呢？而且，我们想给后代留下一个怎样的世界呢？此外，那些非人类生物会怎样呢？在这里，我们对动物、植物和生物圈本身的责任都是与自己的利益有关的。"绿色空间"不仅吸收二氧化碳、驱散污染、制造氧气，而且也对身心健康有益。但是，绿色空间的一部分是关于自然和社会以某种方式重新连接的，而这是化石燃料时代迫使我们忽视的。有些哲学家指出，我们已经变得太人类中心主义，过于关注人类自身，已经完全忘记了我们住在生命的"生态网"中，由于这个网络与生俱来的价值，我们应该为它本身的利益负责。

因此，绿色公民身份并不只是与新法规和/或税收有关；它可能从根本上提出了这样的身份对于人类的意义是什么的核心问题。这是留待人们应对的一个挑战。

社会政策

福利国家制度是化石燃料"父母"的另外一个子嗣。请思考一下它所扮演的两个核心角色：

- 首先，它影响了经济目标和组织形式。在凯恩斯主义时代，社会支出有助于刺激需求，并且创造了充分就业的条件。在"新自由主义"时代，国家福利制度被用来提高劳动力市场的灵活性和鼓励竞争，例如通过较少给予权益、更多的条件限制、更全面的经济状况调查。这两种情况最终都刺激了某种类型的经济增长，并且产生了现在看来不再具有可持续性的富裕的物质生活。
- 其次，福利国家制度影响着由增长带来的财富的分配。税收、救济和服务供给使得社会比在其他情况下更加公平。但是，社会应该实现何种程度的平等，这是左翼和右翼的分歧所在。前者倾向于强调普遍主义、集体主义、团结一致和公平分配；后者偏向于选择主义、个人主义、消费主义和市场力量。但是这两种路径都将持续的经济增长看作是理所当然的，并且没有依据传统考虑我们对未来或更广泛世界（包括非人类生物）的义务。

因而，我们需要提出工具箱 28.3 中所列出的关键问题。

气候变化为当代福利国家制度带来了各种各样的挑战（请见工具箱 28.4）。

研究者往往将干预主义路径与市场占主导的新自由主义路径进行对比。许多人认为，前者最适合于创造一个可持续发展的社会，因为它尝试着管理和协调各种市场，使它们能够实现值得追求的公共目标。采取这种路径的国家，尤其是斯堪的纳维亚国家，被普遍看作是先锋。但是，更为市场主导的英国也往往在绿色排行榜上有着很高的得分。这是为什么呢？

工具箱 28.3　关键问题

- 福利国家能够在多大程度上变成一个绿色社会?
- 福利国家制度在哪些方面有生态可持续性,在哪些方面不具备?
- 哪些社会政策改革必须进行?紧迫程度如何?
- 那些变革怎样才能适应所必需的更广泛的经济、政治、社会—文化和道德变化?

工具箱 28.4　福利国家面对的挑战

- 新的不确定性和不安全性:包括洪水、干旱和酷暑期的风险。最贫穷的人往往是最容易暴露在这些危险之下的,因为他们最可能遭遇这些灾害,几乎不拥有什么资源,缺乏应对的灵活性和从中恢复的能力。
- 新的资源冲突:为了降低碳排放,我们需要征收二氧化碳税,而这样做会减少消费。并且,此类税种往往是递减的,因此它们对最穷的人冲击最大。
- 对政策协同的要求:全球变暖带来的成本——包括采取减缓和适应战略的费用——给公共支出造成了额外的负担。我们必须通过新的投资形式,找到整合生态支出和社会支出的方法。

英国政府的政策

其中部分原因是,20世纪80年代所做出的努力改变了英国的经济,尽管那些行动并不以应对气候变化问题为目的。这个国家将"从煤炭到天然气"作为政府实现"去工业化英国"的部分举措,在这里,所强调的是服务业(金融和银行业、旅游业、零售业、咨询业等),而不是制造业。

总体而言,英国的路径是一种"生态现代化"的途径。这意味着调整现有机制,使其实现环境保护的目的,而不是对社会进行任何剧烈的改造。在社会政策领域里,这具体对应着一系列事务(请见工具箱28.5)。

工具箱 28.5　生态现代化

- 鼓励更健康的生活方式,并且使医疗服务更具有预防性。
- 例如,通过加装太阳能电池板来翻新房屋,从而促进能源使用效率的提高。
- 通过更高效地使用土地,从而创造更具可持续性的城市密度。
- 征收二氧化碳税。

人们还提出了许多更为雄心勃勃的倡议,以应对社会问题和环境问题。

- 可以向每个成年人发放定量配给卡,每年给予一定的排放额度。如果有人超出了限额,就必须购买额外的碳信用额。如果他们没有用完自己的限额,可以将剩余的信用额卖给需要购买的人。由于最穷的人通常对温室气体排放所负的责任要小于那些较为富裕的人,因此诸如此类的计划能够起到再分配的作用。这将有助于创造平等,即许多人所认为的有必要公平享受可持续性的利益,并平等地担负相关责任。
- 本地货币计划鼓励地方生产和贸易,增强社区可持续性,并且减少对国内基础设施,以及能源、食物和其他商品的国际运输的压力。这个计划也鼓励了其成员交易他们可能被正式的有偿劳动力市场所低估的技能。诸如此类的方案是对时间进行交易的方式,它们将有助于"后就业"经济的发展。
- 土地增值税(LVT)有助于解决避税问题,因为富裕人群无法隐藏他们居于其上的土地,因而它能够将由社区而不是土地拥有者本人所创造的土地价值返还给社区。该税种所产生的收益将分配给低收入家庭或者生态计划,或是同时分配给两者。

不过,到目前为止,英国政府几乎还没有采取什么具体行动,甚至连工具箱 28.5 中所列出的不那么雄心勃勃(但仍然很重要)的事项也没有完成。

新议题

社会与自然之间实现平衡,从而确保社会可以长期稳定存在,是一个可持续性社会应该具备的特征。保证社会的可持续性意味着:减少温室气体排放直至为零,同时我们可以开始消除大气中的温室气体;减少污染;更多地依赖可再生能源,并且更明智地使用不可再生能源。我们创造可持续经济的意义在于,一旦这样的经济体存在,社会政策就可以专注于它们最擅长的事情了:

- 促进公共产品、共同价值观和普遍服务,抵消资本主义对利己主义、竞争、利润和个人抱负的强调。
- 再分配,以及平等化收入、财富、机会和人生机遇。
- 通过能够平衡由市场力量形成的"商品化"现金关系的社会权利,强调生活质量的重要性。

然而,不应该将社会政策看作从属于经济政策,相反,如果要创建一个可持续发展的社会,恰恰应该将社会政策放在最重要的位置上。凯恩斯主义时代和新自由主义时代都极其强调用国内生产总值来衡量物质财富。福利国家制度也往往紧跟其后。因此就带来了这些核心问题:上文所概述的社会政策是否包含并且服务于可持续性原则,即平衡、持久和安全?如果是这样的话,那么我们要如何重新安排优先顺序、实践和制度,从而使绿色社会政策和绿色经济政策能够协同发展?

可深入阅读的参考文献

M. 卡希尔的《交通运输、环境和社会》(M. Cahill, 2010, *Transport, Environment and Society*, Maidenhead: Open University Press)细致地分析了交通运输的温室气体排放,以及如何设计开发会对社会公平产生影响的可持续交通运输计划。J. 德雷泽克、R. 内尔高和 D. 施洛斯伯格编的《牛津气候变化和社会手册》(J. Dryzek, R. Norgaard, D. Schlosberg, eds, 2010, *Oxford Handbook of Climate Change and Society*, Oxford: Oxford University Press)从不同的角度——社会、政治、哲学、经济和社会政策——对气候变化进行了全面的概括。

托尼·菲茨帕特里克编的《理解环境和社会政策》(T. Fitzpatrick, ed., 2011, *Understanding the Environment and Social Policy*, Bristol: Policy Press)是一本论文集,它对相关领域的新发展做了全面的介绍。托尼·菲茨帕特里克的《气候变化和贫困》(T. Fitzpatrick, 2014, *Climate Change and Poverty*, Bristol: Policy Press)采用"生态—社会"视角,从社会资源和自然资源两方面考察贫困问题,其中涉及广泛的领域:能源、食品、住房、土地、交通运输、废物、水和空气等。另外,托尼·菲茨帕特里克编的《全球社会政策与环境手册》(T. Fitzpatrick, ed., 2014, *International Handbook on Social Policy and the Environment*, Cheltenham: Edward Elgar)收录的都是相关领域知名学者的更为详细、深入和高深的论文。

T. 杰克逊的《无增长的繁荣》(T. Jackson, 2009, *Prosperity without Growth*, Abingdon: Earthscan)是一部影响广泛的著作,它阐释了可持续经济的含义,研究了使温室气体排放与经济活动"脱钩"的必要性。C. 斯内尔和 G. 哈克的《环境政策精要指南》(C. Snell and G. Haq, 2014, *The Short Guide to Environment Policy*, Bristol: Policy Press)令人满意地介绍了二战后英国的环境政策。J. 厄里的《气候变化和社会》(J. Urry, 2011, *Climate Change and Society*, Cambridge: Polity Press)试图再次将社会学和社会科学引入自然环境问题研究,并且阐述了自然对社会学和社会科学未来的影响。

复习和课外作业习题

1. 可持续性原则如何彻底地改变了社会政策的传统假设?
2. 在社会努力应对气候变化问题的过程中,所遭遇的最大障碍是什么?
3. 绿色社会在哪些方面剧烈地改变了现有的社会价值观、实践和组织?
4. 绿色社会政策所需要应对的主要风险是什么?
5. 我们如何才能在构建绿色福利国家的道路上取得显著进步?

请浏览本书的辅助网站 www.wiley.com/go/alcocksocialpolicy,使用为配合本书的阅读而设计的资料链接。在那里你将会发现有专门针对每一章的深入阅读资料链接,其中包括政府、国际组织、智库、压力集团和重要的新闻机构的网站。你还会找到以《布莱克维尔社会政策辞典》为蓝本的词汇表、帮助页、有关如何管理社会政策领域中主要委派形式的指导和职业建议。

第 29 章
宗教的作用

拉娜·贾瓦德

>> 概　览

- 世界上所有宗教,包括新时代(New Age)宗教,都教导人们快乐和幸福的本质是什么,以及要无私奉献。
- 宗教团体是社会福利的最早提供者,而且现在在世界上的许多国家里依然如此。
- 有关"西方"社会的社会政策发展的主流观点,对宗教所发挥的作用的关注点各有不同。
- 宗教长久以来一直对英国公共生活和社会政策发挥着影响,特别是 20 世纪 80 年代以来,它在英国焕发了新的活力。
- 宗教福利组织越来越多地参与到英国的服务供给中,并且重新开启了有关它们与国家之间关系的讨论。

背　景

宗教在社会政策中所扮演的角色可以形容为"老新伙伴",这一章的重点在于"老的"方面。出于多种原因,这样做很重要,尤其是:

- 它提醒人们注意到,当社会政策一直被视为一个学术研究主题时,人们往往没有系统地阐述宗教形象、价值观、志愿团体、慈善组织、政治党派和机构,对全世界的社会供给和福利国家制度所产生的影响。
- 它有助于减轻人们对在英国和世界上其他地方的宗教显而易见地重返公共领域的担心和怀疑。
- 它使我们开始认识到,社会政策和宗教有着某些核心关注点,而且是建立在相似的基础之上的:两者都追求"美好社会"的理想,而且都以特定的人性概念为基础。

简言之,宗教与社会政策的联系是固有的,但是在很多方面也是各自独立的,这主要是因为,在社会学论述中,社会政策已经成为现代世俗民族国家的旗舰事业的标志了,而这个事业的繁荣昌盛依赖于科学和人类的理性。相反,宗教通常被看作是文化残余,其特征是保守和落后。因而,就像我们将要在这一章里看到的,在建设性地讨论宗教在社会政策中所扮演角色的过程中,存在着一些非常实际的文化和实质性挑战。

世界五大宗教中的社会福利

社会学家罗伯特·伍斯诺(Robert Wuthnow)在他的著作《美国宗教的重建》(*The Restructuring of American Religion*,1988)中对宗教下了定义,强调了宗教与社会行动之间的密切关系。与其他许多学者一样,他认为宗教与社区归属感和社会参与的动力有关,正如它与抽象的道德信念和观点密切相关一样。因此,我们可以认为,宗教人士和宗教价值观在公共生活中自然而然地发挥作用,而且,事实上,他们也公开反对社会不公。实际上,宗教并没有局限在私人的生活领域,相反,长久以来,它一直在社会政策的发展中扮演着关键角色。

世界五大宗教——印度教(Hinduism)、佛教(Buddhism)、犹太教(Judaism)、基督教(Christianity)和伊斯兰教(Islam)的教徒几乎占了世界总人口的一半(大约30亿人)。这五大宗教又是实证研究的基础,实证研究对社会学和社会政策在20世纪初作为学科出现发挥了根本作用,此外,在历史上,它们通常以最先进的方式进行政治动员,并与贫困作斗争。这五大宗教也渗透到世界许多地方的正式国家机构中,例如,印度、伊朗、以色列和英国。尽管宗教与社会政策有许多内在差异,但是在这里,我们要强调它们的一些关键共同点。

宗教与社会政策相互交织,其中引人注目的是,宗教所追求的福利不仅受到宗教团体的拥护,而且为知识分子、政治活动家和社会改革家所支持:例如基督教社会主义运动的成员,或是像英国的西博姆·朗特里和威廉·贝弗里奇等改革家(请见第1章),或是改革派穆斯林中的赛义德·库特布(Seyyed Qutub)和阿卜杜卡里姆·索罗什(Abdolkarim Soroush)等。无论是在历史上,还是在最近,宗教团体发起政治动员和社会行动的例子比比皆是,例如,19世纪新教和逊尼派穆斯林中社会主义派别的发展,20世纪初印度教乡村服务在印度的建立,20世纪80年代基层社区在拉丁美洲的成立,以及同一时期波兰天主教会发起的团结运动。

对于这些个人和运动而言——与历史上或者当代许多个人和运动一样,宗教对于社会福利的重要教导,来自其首要关注的伦理问题(正确管理社会关系的规则)。这些转化成了有关人类生活、自尊、平等、社会公正、财产、真诚交往、法律和秩序的基本价值观。世界上的各种宗教并没有试图直接规定哪种类型的社会结构和公共制度是健康的社会所必需的。它们所提供的是有关正确的社会关系的道德标准,它们认为这是令神满意的,以及建立一个公正的社会秩序的途径。犹太教、基督教和伊斯兰教里的"十诫"(*Ten Commandments*)或"摩西十诫"(*Decalogue*),以及佛教和印度教的"世间万法"(*dharma*)所指出的人在生活中所必修的技能,都是这方面的典型案例。而且,社会福利的基本理念是(无私的)服务。正如基督教的好撒玛利亚人(Good Samaritan)的故事中所表现的那样,世界上的主要信仰都倡导人们采取无私的行动,并且帮助有需要的人;伊斯兰教训谕人们帮助孤儿、患病者和弱势的人,或是每年必须缴纳义务税即扎卡特(Zakat);犹太教强调"慈爱法"(g'millut chassadim),要人们仁慈无私、服务他人,同时也主张修复世界(tikkum olam);印度教的服务(seva)和"世间万法"是与社会不公作斗争的主要灵感来源。

尽管世界主要的宗教对社会和实质性福祉做出明谕,但是它们也强调幸福的首要条件是建立在个体的精神安宁基础之上的。因此,这些宗教不一定像一个大政府:它们提醒人们警惕尘世政治的邪恶和少数精英对大多数人的控制。尽管如此,例如基督教和伊斯兰教的某些流派,也会更倾向于将强有力的政府控制看作社会公平和正义的重要保障。因此,在某些情形下,会有对福利国家制度的怀疑,而这可以解释宗教信仰者在是否接受或者脱离世俗生活的重大关切时所必然产生的内在紧张。

宗教、精神家园和社会政策研究

因此,宗教可能在社会政策的历史和理论中都显得极不起眼。在这种情况下,在讨论宗教对社会政策的形成所发挥的作用时,其结论往往是摇摆不定的。同样,在分析西方社会和其他地区的福利安排时,也会呈现众说纷纭的状况(请见第十部分)。更具体地说,正如我们将要看到的,在第二次世界大战之后的时代,从社会学的思想角度出发对国家福利发展的论述,都受到越来越强调世俗化的研究的影响。

从更广阔的视角来看,我们会发现,直到最近,许多学者往往都将宗教看作是中世纪/后中世纪时期的社会和政治力量,尤其是在欧洲的背景下。但是,从启蒙运动时代以来(18世纪的欧洲),许多人认为,宗教开始失去了它对社会的控制力,因为科学的发展允许人类把握自己的命运。不过,即便同样是在这种思路中,学者们对于宗教在社会政策中所扮演的角色的看法,仍然是仁者见仁,智者见智。

例如,英国社会历史学家指出,在推动社会立法和促进宗教运动(如19世纪的福音主义)或者改革者(如20世纪上半叶的朗特里和贝弗里奇)发挥作用之外,它还具有持续的重要意义。因而可以说,宗教在美洲、欧洲大陆和北欧占据着相当中心的位置,那里的历史学家也非常愿意展现它在社会福利发展过程中所发挥的作用。例如,在美国有大量的文献论述志愿宗教团体的影响,以及它们的创业精神和自由选举制度,是如何推动社会政策和民主政治的发展的。同样,欧洲的学者也描述了国家宗教和既有教派(例如在荷兰、瑞典、德国等国家)扮演了哪些重要的角色,从而促使政府对社会需求和问题作出回应。

但是,除了上述分析之外,有些历史学家更进一步地论述了,为什么天主教国家无法像某些新教国家那样,开发同样类型的成熟的福利制度。他们指出,这是因为天主教会强烈地保护它的独立性,并且一直坚持辅助性原则。该原则明确提出,救助穷人的责任不属于政府控制之列,它主要属于家庭。而新教主义与之相反,它强调工作伦理,而且能够使自身更方便地与世俗国家联合起来,这为它在社会福利供给中发挥日益重要的作用开辟了道路。

实际上,直到最近,许多学者假设宗教福利和现代国家福利是相互对立的。最重要的是,在第二次世界大战后的时期,现代化理论(Modernisation Theory)变得越来越有影响力。广义上来说,现代化理论声称,随着技术的进步,社会将变得更加世俗化。由此产生的结果就是,宗教福利将被国家福利所取代,因为人们现在拥有理性的解决手段,能使他们生活得更好,所以教堂和庙宇便不再在道德和社会控制中占主导地位了。从这个角度来看,社会政策仍然是一种道德努力,只不过其价值观来自有关社会公民身份和社会权利的人文主义假设。

日益世俗化的趋势在20世纪六七十年代达到了顶峰。正如戈尔斯基(Gorski, 2005)所声称的那样,与对所谓的"第三世界"国家的研究截然不同,西方学者持双重标准,对于宗教在福利国家制度发展中所发挥的作用,只表达了有限的敬意。事实上,考虑到宗教福利主要被归入志愿领域,可以说它在很大程度上只是副产品,因而人们对它很少讨论或者几乎没有重大的讨论。

然而,近年来开始出现对于宗教和社会政策之间关系的不同于过去的研究路径。具体而言,有论点主张,已确立的国家宗教一直在发挥作用,即便是在世俗化的中心地带即北欧和西欧。除此之外,似乎较之于上一代人,现在有越来越多的人开始转向宗教,与此同时,可以看到世界各地成千上万的宗教组织,正提供着从现金资助、紧急救援到教育和卫生健康等一系列社会服务。宗教也已经进入正式的国家机构,持续影响着从北美到远东的各个国家的社会政策设计。宗教不再只是涉及"第三世界"政策时需要考虑的一个要素,现在对"西方"社会进行分析时它也是一个重要变量了。这主要有四个重大原因:

- 这些"西方"国家已经融合了多种文化,宗教对于生活在这些国家的许多人的身份认同具有重要意义。
- 诸如"9·11"之类的灾难性事件意味着宗教问题,特别是伊斯兰教及穆斯林的社会融入,现在是政府的当务之急。
- 新自由主义的不断深入和国家福利的削减,都使宗教团体能够更容易地作为服务提供者进入社会服务领域。
- 从经验的角度来看,在社会科学研究领域存在着文化/精神转向,研究者意识到了贫困分析中的货币计量思路的错误,以及应该对后物质主义关于人类幸福的理解作出切实回应。

因此,我们看到的是诸如比尔·克林顿、乔治·布什(George Bush)和托尼·布莱尔等世界大国领导人,在世纪之交积极地为宗教福利团体开辟道路,并且通过新的立法和福利改革促进宗教自由,其中最引人注目的是美国布什政府所提出的《慈善倡议法案》(Charitable Initiative Act)。

但是,批评人士立即强调了宗教参与社会福利事务对社会公民身份和公民价值观的威胁,因为这在如何最好地维持社会民主理想的问题上关系重大。其中,教会学校可能是被最热烈讨论的问题。不过,尤其是在英国的新的实证研究,开始重新界定和概念化宗教对社会和社会福利供给的贡献。

英国的情况

2011年的人口普查显示,英国人口中有58%的人认为自己是基督教徒,而大约有10%的人(其中主要是外国移民)信仰其他宗教。英国国教会/圣公会(The Church of England)、救世军(Salvation Army),以及越来越多的非基督教团体,例如关心犹太人组织(Jewish Care)、印度古吉拉特社团(Hindu Gujarati Society)和伊斯兰救济组织(Islamic Relief),现在都是这个国家社会福利的最为活跃且最大的宗教提供者。这些组织中有一些根据与国家或地方签订的合约运营,或者与后者建立了各种各样的伙伴关系,双方的合作进程是自20世纪80年代以来,由本书其他地方所讨论的福利国家制度改革所推动的。

除此之外,宗教还通过其他方式在政治讨论和政策倡议中赢得了新的重要地位。具体而言,对于宗教福利的支持一直是英国两大政党的基本特征之一,而与此同时,在玛格丽特·撒切尔政府执政时期,宗教福利又获得了额外的动力。被一些人认为具有宗教激励色彩的撒切尔的政策,坚定地反对政府介入,正如其他章节里所讨论的那样,它为非政府(其中包括宗教)的福利倡议开辟了道路。在工党那一边,托尼·布莱尔在1997年大选中获胜,是宗教重新回到英国公共生活的一个分水岭。在他2001年向基督教社会主义运动发表的重要演讲中,以及后来(2005年)有关信仰工作运动(Faith Works)的演讲中(这是由史蒂芬·查尔克[Steven Chalke]所领导的运动,查尔克创建的绿洲是英国最为积极地开展社会活动的基督教组织之一),布莱尔似乎同意宗教是英国社会政策所缺失的一个环节,宗教将福利多元主义(新的)政治修辞、社会资本、伙伴关系和社区参与各端联系了起来。这个政策新防线得到了富有影响力的学者(例如吉登斯)的支持,他们开始宣称,宗教身份认同将有助于加固被英国社会认为已经破裂的道德结构。事实上,在2007年,一位大臣——约翰·墨菲(John Murphy)甚至评论说,宗教福利应该在未来几年内成为英国社会政策的关键纲领。

联合政府政策的核心层面也产生于一些大臣(例如保守党的伊恩·邓肯-史密斯)的宗教关怀。英格兰尤其如此,它围绕着"大社会"展开的新叙事,强调了社区和社会资本,而且开始增强宗教组织在社会政策中所扮演的角色。不过,在实际操作中,削减志愿部门的资金支持产生了破坏作用,而且这种新叙事并没有得到贯彻(请见第37章)。虽说如此,但是2015年当选的保守党政府重新肯定了相关主张,在保守党政府的领导下,包括宗教团体在内的志愿组织所发挥的广泛的福利作用将继续(尤其是在英格兰)体现出来。

最近的政策制定者认为宗教福利团体主要带来三个方面的利益:
- 它们是社会福利服务的供给者,因为它们拥有宝贵的资源,例如建筑物和志愿者等。
- 它们是社会团结的推动者,因为英国现在是一个多族群和多宗教社会。
- 它们是越来越广泛的利益相关者、政治和民主政府的新参与者,特别是在地方政府层面。

然而，宗教福利政治仍在酝酿中，并且成为争论的一个源头，可能更为引人注意的是，英国圣公会作为这个国家的道德守护神的角色正在受到越来越多的质疑。英国圣公会在1985年发布了报告《城市中的信仰》(Faith in the City)，批评了撒切尔政府，并且强调了严重的社会不平等和城市贫困问题持续存在；自从那个时候开始，它日益感觉到，随着政府的资金支持转向多信仰的理事会和论坛，自己的角色越来越边缘化了。尽管如此，最近，英国圣公会与其他宗教组织一起，明确指出联合政府在全英国实施的紧缩政策的影响，并且推动最低工资立法。随着食物银行的推广，自2010年以来，诸如特拉塞尔基金会(Trussell Fund)这样的基督教或其他教会运营的组织，正以其他方式活跃在第一线，使人们认识到当代英国政治的现实情况和愈发严重的社会不平等问题。

食物银行和其他服务机构提供的社会援助也反映出人们越来越接受这一事实，即信仰团体已经成为社会政策图景的一部分了。例如，据说这些组织的年收入接近50亿英镑，这个数字无论如何都无法与英国全国的总社会支出相提并论，但是重要的是，它们为有需要的社区和个体提供了可观的帮助。尽管现在已经有与之相关的灰色文献，但是在对宗教组织的社会贡献的描述方面，仍然存在着许多空白。

此外，警惕甚至是困惑仍然无处不在；一些宗教团体一直对政府心存怀疑，担心自己被政府当工具用，成为一种廉价、方便的福利供给形式，那么其先知使命以及与地方社区的亲密关系都会被牺牲。另外，许多宗教群体规模很小，并且缺乏竞标获得政府资助、承担更为繁复的任务的专业能力。除此之外，从政策制定者的角度来看，存在着"宗教素养"的问题，即广义而言，政府官员缺乏有关宗教团体的知识，不了解他们的价值观和所使用的语言。

新议题

有关宗教和宗教福利组织在社会政策中的作用的讨论现在变得日益重要了，不断引起人们的关注。随着对诸如"9·11"这样的灾难性事件的担忧，也随着社会学界有关宗教在后现代社会(或者可称为后物质主义社会)中的位置的讨论，政策制定者和资助研究的组织对宗教在公共领域中所扮演的角色的关注日趋明显。同时，对人类幸福的非物质方面的兴趣，以及精神家园、社会凝聚力和对人类幸福的社会心理解释等议题，也可能在社会政策发展中越来越重要。

更具体地说，在英国、北美洲和欧洲的许多国家，以及澳大利亚和新西兰，福利供给所发生的根本性改变，越来越紧锣密鼓地为宗教组织发挥广泛作用铺平了道路。在英国，这可能会推动我们努力填补我们对宗教福利组织所提供的服务以及它们的范围和效率的理解上的许多空白。

这些可能也会使人们畅所欲言地讨论有关宗教团体和公众在多大程度上发挥着对社会政策的支持作用，无论是作为政府服务的承包人、补充或者辅助提供者、潜在或者实际的替代者，或是政策改革的倡议者。

可深入阅读的参考文献

M. 帕克-詹金斯等人的《出于善意：学校、宗教和公共资助》(M. Parker-Jenkins et al., 2005, *In Good Faith*: *Schools*, *Religions and Public Funding*, Surrey: Ashgate)、F. 普罗查斯卡的《现代英国的基督教和社会服务：失去灵性》(F. Prochaska, 2006, *Christianity and Social Service in Modern Britain*: *The Disinherited Spirit*, Oxford: Oxford University Press)对宗教在英国社会政策的发展中所扮演的角色进行了概括。有关宗教在欧洲社会政策的发展中的作用请见 K. 范科斯伯根和 P. 马诺夫编的《宗教、阶级联盟和福利国家》(K. Van Kersbergen and P. Manow, eds, 2009, *Religion*, *Class Coalitions and Welfare States*, Cambridge: Cambridge University Press)。P. S. 戈尔斯基的《被压抑者的回归：历史社会学中的宗教和政治无意识》(P. S. Gorski, 2005, 'The return of the repressed: religion and political unconsciousness of historical sociology', J. Adams, E. Clemens and A. S. Orloff, eds, *Remaking Modernity*: *Politics*, *History and Sociology*, Durham, NC: Dale University Press)和 A. 巴克斯特伦和 G. 戴维编的《21世纪欧洲的福利和宗教》(A. Backstrom and G. Davie, eds, 2010, *Welfare and Religion in 21st Century Europe*, vol. 1, Surrey: Ashgate)，对宗教与社会政策之间的关系进行了更深入的思考。

C. 米利根和 D. 康拉德松编的《志愿主义的风景：卫生健康、福利和治理的新空间》(C. Milligan and D. Conradson, eds, 2006, *Landscapes of Voluntarism*: *New Spaces of Health*, *Welfare and Governance*, Bristol: Policy Press)中有几个章节探讨了志愿部门中的宗教。A. 迪纳姆、R. 弗贝和 V. 朗兹编的《公共领域的信仰：争论、政策和实践》(A. Dinham, R. Furbey and V. Lowndes, eds, 2009, *Faith in the Public Realm*: *Controversies*, *Policies and Practices*, Bristol: Policy Press)介绍了在英国有关宗教所扮演角色的重要讨论。R. 贾瓦德的《服务公众或递送社会服务？英国社会政策新局面中的宗教和社会福利》(R. Jawad, 2002, 'Serving the public or delivering social service? Religion and social welfare in the new British social policy landscape', *Journal of Poverty and Social Justice*, 20:1, 55-68)思考了联合政府执政时期上述讨论的发展情况。S. 弗内斯和吉林根的《宗教、信仰和社会工作》(S. Furness and P. Gillingan, 2010, *Religion*, *Belief and Social Work*, Bristol: Policy Press)从社会工作的角度，对宗教贡献进行了实证分析。与此同时，在威斯敏斯特信仰论坛(Westminster Faith Debates)的网站(www.faithdebates.org.uk)上有许多有关这方面核心议题的研究。

复习和课外作业习题

1. 宗教福利是如何促进或阻碍社会政策的？
2. 宗教学校会对公民身份构成威胁吗？
3. 宗教福利群体应该被看作志愿部门这个更大范畴的组成部分吗？
4. 世俗化论点遭遇了什么样的挑战？

5. 对于宗教福利所发挥作用的更深入的认识将为社会政策的研究和实践带来哪些益处?

请浏览本书的辅助网站 www.wiley.com/go/alcocksocialpolicy,使用为配合本书的阅读而设计的资料链接。在那里你将会发现有专门针对每一章的深入阅读资料链接,其中包括政府、国际组织、智库、压力集团和重要的新闻机构的网站。你还会找到以《布莱克维尔社会政策辞典》为蓝本的词汇表、帮助页、有关如何管理社会政策领域中主要委派形式的指导和职业建议。

第30章
福利的分配

约翰·希尔斯

> **概 览**
>
> ➤ 资源分配是福利供给的核心,分配和再分配是通过国家、私人或志愿性的转移支付实现的。
> ➤ 有一系列各种各样的合理依据,支撑着增进福利的资源再分配。
> ➤ 存在着衡量分配及其益处的不同途径。如何支付和谁支付,是分配过程中最重要的事项。
> ➤ 福利的许多再分配效果,相当于人们在自己人生不同阶段进行资源调度的某种类型的"储蓄银行"。
> ➤ 此外,再分配也引人注目地扮演着为社会上较贫穷群体造福的"罗宾汉式绿林好汉"(Robin Hood)的角色,尤其是在考虑到费用的支付方式之后。

分配和再分配

分配是评估社会政策的中心议题;在某些情况下,它是一个社会的中心议题。社会政策的存在很大程度上是因为分配:"没有英国国家医疗服务体系提供的免费医疗,穷人将看不起病";或者"社会保障的首要目的是避免贫困"。

这一章主要围绕政府福利服务支出所产生的分配效果进行讨论。不过,再分配及其措施并不只是与政府有关的问题。例如,包括英国在内的许多国家的政府都努力(并不是一直很成功)迫使缺席的家长(通常是父亲)向"在身旁照料的"家长(通常是母亲)支付费用。类似地,从2012年起,(一开始就是绝大部分)雇主必须为他们雇员的养老金进行最小额度的投入,如果后者没有选择退出养老金计划的话。诸如此类的支付是在国家管理下进行的重要的分配行为,但是不在"福利国家制度"范围内。

是否发生了再分配,取决于你何时观察它。例如,为了预防入室盗窃,许多人每年从保险公司那里购买相应的私人保险险种(缴纳保费),但是只有很少的人收到支付款。在盗窃事件发生之后(事后),会出现从(幸运的)多数人到(不幸的)极少数人的再分配。但是,在事件没有发生之前(事前),因为不知道谁会遭遇入室盗窃,因此所有人都根据他们被盗窃的可能性乘以如果事件发生所得到的赔偿金额(加上保险公司的成本和利润)来支付保费。从"保险精算师"的角度来看,并不存在再分配,人们只是通过小额损失(保费)来规避遭受比之大得多的损失(在没有投保的情况下遭到入室盗窃)的风险。

类似地,如果你以一年为期观察养老保险,会看到有人缴费,与此同时,另外一些人收到养老保险付费。在这张"快照"上,显然存在着从前者到后者的再分配。但是如果将目光放远些,可以看到,今天领取养老保险金的人只是取回他们以前所缴纳的费用。再分配只是在他自己的生命周期里进行的,而不是在不同的人之间。

对于再分配的评估,有赖于你所设定的服务的目的是什么,而对再分配的描述则依赖于诸如时间期限之类的决定。接下来的部分讨论了第一个问题,即福利服务的目的,之后的部分探讨了在试图估量分配效果的过程中所产生的概念性问题,并且举例说明了在不同背景下的实证发现。

福利服务的目的

社会政策的目的与政府插手提供或资助福利服务的目的,几乎不存在一致性。对于一些人来说,福利服务的首要目的是从富人到穷人的再分配。因而,福利国家制度是否成功,取决于哪一个收入群体能够从中获益:富人是否比穷人使用了更多的英国国家医疗服务?或是社会保障补助是否是"针对"最低收入人群的?但是,对另一些人来说,再分配只是福利国家制度合理存在的部分依据。从政治的角度来看,其他一些目标更为重要(请见工具箱 30.1);而且各种目标之间的相对重要性,不仅影响着对具体发现的解释,而且影响着对恰当的分析方式的选择。

工具箱 30.1　社会政策的潜在目的和"再分配"

- **垂直再分配**:如果目的是从富人到穷人的再分配,那么关键的问题是,哪些收入群体应该获益:福利服务并不会像变魔术那样凭空出现,因而重要的问题应该是,谁是**净得益者**,谁是**净损失者**,也就是什么人通过缴税为福利供给提供资金。由于英国政府开始使用"税收抵免"(这可以看作是减轻纳税负担)来代替某些现金补贴,因此从分配的角度来理解补贴和税收就变得越来越重要了。
- **基于需求的水平再分配**:对于很多人来说,相对收入并不是获得服务的唯一理由。国家医疗服务是提供给有特定医疗需要的人群的:它是在收入相似但有着不同医疗需要的人群之间进行的"水平再分配"。
- **不同群体的再分配**:目的是在不以收入水平划分的社会群体之间进行再分配:例如

令某些群体受益,以抵消他们在经济其他方面的弱势。或者是,有些系统的目的是实现群体之间的非歧视待遇。无论采取哪种途径,我们都需要分析根据社会阶级、性别、族群、年龄或世代群体(代际),或者是区域类型所进行的分配,而不只是通过收入这个单一维度。

- **保险**:福利国家制度很大一部分是抵御灾难的保险系统。人们通过纳税或缴纳全国保险"投入"资金,不过只有那些生病或者失业的人才会得到这个系统的保护。因而,如果仅仅因为一个人在这一年里接受了昂贵的心脏搭桥手术,我们就将他或她看作是这个制度的重大"赢家",这是没有意义的。所有补贴是以他们面对需要诸如此类的手术这一风险为前提的。这个系统最好以保险精算师的角度来进行分析,也就是从某人可期望得到的平均收益的层面进行分析。
- **效率合理性**:大量文献探讨了这一问题,即普遍、强制性和可行的国家供给系统,是否会比任由市场自由行动要更便宜或更有效率,尤其是在诸如卫生健康、失业保险和教育等核心的福利服务领域中。之所以有这方面的讨论,是因为在国家供给中,人们并不一定期望看到不同收入群体之间的任何再分配。服务应该根据"获益原则"(相对于人们的支付,他们的所得是多少)来评估,而且不存在净再分配不一定是失败的象征。
- **缓和生命周期波动**:大部分福利服务并不是平均分布在各个生命周期阶段的。教育主要提供给青年人;医疗和养老金是给老年人的;与此同时,资助他们的税收则大部分来自正在工作的那代人。再分配快照可能会产生误导,更准确的方法应该是,将一个人在其一生中从这个系统所得到的与他支付给这个系统的进行比较。
- **弥补"家庭失败"**:当然,许多父母能够满足其子女的需要,而许多收入较高的丈夫能够与他们的收入较低的妻子平等地共享他们的现金收入。但是,在另外一些家庭中,情况会有所不同:家庭成员不能平等地共享。旨在解决这类问题的政策,仅是考虑家庭之间的分配是不够的,我们可能也需要关注个体之间,也就是家庭**内部**成员之间的分配。
- **外部收益**:最后,有些服务存在是因为它们产生了超越直接受益人的"外部"或者"溢出"收益。如果改善教育状况(甚至是使相对富裕的人受益)为所有人带来了更有活力的经济,那么这就产生了社会利益。在评估谁获益的时候,也应该将诸如此类的收益纳入考虑之列(尽管从操作上来说比较困难)。

概念问题

并不存在单一的衡量社会服务如何分配的方法。采用什么样的衡量方法取决于衡量对象,显然方法的选择会带来完全不同的发现。

在不同条件下可能出现相反的事实

在提出"如何进行福利服务分配"这个问题时,你应该补充"与什么情况相比较"这样的前提条件。你拿来与现实情况进行对比的是什么样的"相反事实"呢?某个特殊的群体可能每年得到国家提供的价值3 000英镑的医疗服务。从某种意义来说,这是他们所得到的收益。但是,如果这样的医疗服务不存在,会出现什么样的变化呢?政府的支出可能会降低,因此税款也会减少,包括它们自己的。扣除税款后,每一年的净收益可能远远少于3 000英镑。

可能有更广泛的连锁反应。在一个税负较低的经济体中,许多事情都可能会有所不同。如果没有国家医疗服务体系,人们将不得不另做安排,例如,参加私人医疗保险。没有国家医疗服务的英国,会在方方面面都区别于现在的英国;严格地说,在衡量国家医疗服务体系所产生的影响时,我们应该与上述那个假设的国家——没有国家医疗服务的英国——进行比较。在实际操作中,这是非常困难的,它限制了大部分实证研究可能得出的结论。

影响范围

与"影响范围"紧密相连的问题是,"谁**真正地**从某项服务中获益"。例如,是孩子们从免费教育中获益,还是他们的父母(如果没有免费教育就必须支付学费)?政府提供的廉租房的住户是这种住房补贴的真正受益人,还是因此能以比其他地方低的工资吸引劳动力到这个地区工作的雇主呢?在这两种情况下,有关谁是真正的获益人的假设可能都有道理,而且也会对评估结论产生影响。

估算的价值

在分析不同服务所产生的组合成果时,必须以某种方式加总它们的价值,而最可信的方法是赋予它们货币价格。而这么做就需要为所得到的服务定价。如果是现金补贴就很好办,但如果是诸如国家医疗服务或教育等以服务形式"偿付的"收益,就不那么方便了。要知道一个人从某项服务中获得多大收益,首先需要知道这项服务对于这个人**价值**几何,然而你通常观察不到这一点。许多研究采用政府提供相关服务的**成本**作为核算依据。但是,"价值"和"成本"并不一定相同。为了向人们提供某项特定的服务,可能**成本**巨大,如果可以选择,人们可能更愿意得到总额少一些的现金来按他们自己的意愿支配;因而这项服务的成本高于它对于接受者的价值。相反,集体福利可能比私人供给便宜很多,因而,例如,相对于没有国家医疗服务,人们只能自己支付医疗费用的情况,国家医疗服务的价值要**高于**由此给纳税人带来的成本。

在哪些群体之间进行分配?

根据某些收入标准设定对比群体是最为常见的,但是不同社会阶级、年龄群体、性别群体或族群之间的分配也是值得关注的。这里涉及"分析单位"的问题:是以家户或家庭,还是个体作为分析单位?一个较大的分析单位令一些事情变得容易:我们不必操心在家庭或一户内部如何分享收入。但是,这可能掩盖了我们真正感兴趣的问题,例如,男人与女人之间的家庭收入分配。它可能也影响了我们如何对不同的受益人进行分类。英国国家统计局的调查数据描述**家户**之间的福利补贴分配情况。在这项研究中,一个拥有四个子女的家庭,与退休的独居老人家庭的"分值"是一样的,也就是说对六个人的情况与一个人的情况都赋予了相同的权重。而如果对每个人赋予同样的权重,局面就会发生改变。

对什么进行分配?

分配的对象不同,衡量的标准也不同。我们在考察税收资助的服务时,可能会对公共支出总额或净公共支出感兴趣,也可能关注公共支出总额与需求之间的关系。这些显然会得出相互矛盾的答案。国家医疗服务支出或许主要集中在穷人身上,但是这可能反映的是他们糟糕的健康状况。考虑到发病率的差异,我们可能会看到,相对于需求情况,国家医疗服务体系对护理服务的分配也许根本就没有向穷人倾斜。

类似地,一项服务所得到的总收益可能呈现出"亲富人"的现象;也就是说,它对于高收入家庭的绝对价值要高于低收入家庭的——具体而言,超出了50%。但是,如果富裕家庭为这些服务所纳的税是低收入家庭的两倍,服务与税务的**组合**可能仍然产生了**再分配**的作用,在这个过程中,较贫穷的家庭是净获益者,而较富裕的家庭则是净亏损者。

时间段

几乎没有什么人在一个星期里得到的服务会多于在一年中得到的。由于服务在生命周期的不同阶段是不同的,因而一年的快照将不同于纵贯一生的图景。关于短期情况的数据较容易获得,却没有关于整个人生使用福利服务情况的调查。回答人的一生中的分配情况这个问题需要有假设模型,而从中得到的结论则在很大程度上取决于模型所采用的假定。

数据问题

最后,这个领域的研究是以抽样调查为基础的:诸如人口普查这样的对所有人进行的调查,不会询问收入和所需要的服务这类问题。但是,即便是抽样调查,可能也不会问非常具体的问题,例如,某人最近是否去看了全科医生,或者上次诊疗用了多长时间,是否进行了某种昂贵的检查等。研究结果是建立在看全科医生对于所有人具有同等价值这一基础之上的。但是,在这个问题上可能存在假象:全科医生可能在给中产阶级病人看病时用了更多的时间,而且他们更可能送这样的病人去做进一步的治疗,如果是这种情况,医疗服务的分配应该是"亲富人"的,即便不同收入群体看全科医生的次数是一样的。

一些实证研究结果

这一部分阐述了实证研究的一些重要发现,对福利服务的总体分配情况与为这些服务所缴纳的税进行了对比。

图30.1展示了英国国家统计局(ONS, 2014)所统计的,2012—2013财政年度,在不同收入群体中,家户得到的福利服务的种类和平均现金估值。家户是按收入状况排列的,收入包括现金补贴,但是扣除了诸如收入所得税之类的直接税,而且考虑到了较大型家户有更多的需求这个因素(技术处理后的"等价净收入")。最贫穷的10%的家户在最左边,最富有的在最右边。

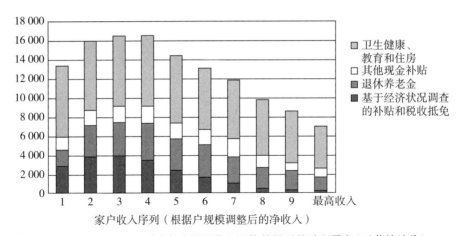

图 30.1 2012—2013 财政年度不同收入群体的福利补贴和服务（以英镑计价）

资料来源：根据英国国家统计局数据绘制（ONS, 2014）。

平均来看，从平均收入到最低收入的这 50% 的家庭得到的现金补贴（包括税收抵免），是从平均收入到最高收入的 50% 的家庭的 1.9 倍。基于经济状况调查的补贴——例如收入补助（Income Support）、住房补贴和免税额度——大部分集中在最穷的家庭上。不过，就连像退休养老金这一类的"普遍"津贴，给予较低收入家庭的也多于较高收入家庭的。

这个统计图也展示了官方所估算的诸如来自国家医疗服务、公共教育和住房补助等收益的组合价值。可以使用不同的方式进行估算，而且估算值也因具体情况的不同而有所不同，例如如何计算离开家生活的大学生所得到的补贴，或者用什么方法计算住房补贴等。而且，认为同样年龄、同一性别的人对卫生健康服务的使用是一样的，这一假设也未必正确：其他特征也会影响对服务的使用。不过，即便将这些问题纳入考虑，总体景象也是类似的，即相比现金补贴，实物福利没有那么集中于穷人，但是最低收入家庭得到的实物福利，要远远多于最高收入家庭所得到的。根据英国国家统计局的估计，在 2012—2013 财政年度，收入最低的 10% 的家庭所得到的实物福利平均为 7 400 英镑，而最富裕的 10% 的家庭只得到 4 700 英镑。根据这些估值，低收入家庭所得到的福利补贴和服务的绝对价值最大，而高收入家庭所得到的低于平均水平。相反，较高收入家庭所缴纳的税金的绝对值要大于较低收入家庭的（尽管在收入中所占的比重不一定较高）。

大部分福利支出的资金来自总体税收，因而很难确切地说出是**哪种**税为福利付费：如果国家公共教育取消了，收入所得税或者增值税会因此下调吗？

图 30.2 将图 30.1 中的福利收益总值与英国国家统计局所估算的国民保险缴纳额，以及为弥补福利支出的空缺由每一家户所缴纳的比例相同的税金（当年大概有 95% 的大额预算赤字）进行对比。低收入的 60% 的家庭获得的福利补贴多于所缴纳的税费额，因此数据显示了净收益，而高收入的 40%（尤其是顶层的 20%）的家庭纳税较多，呈现出净损失。

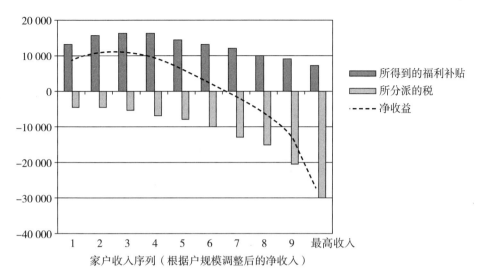

图 30.2 2012—2013 财政年度不同收入群体所得到的补贴和所分派的税（以英镑计价）

资料来源：根据英国国家统计局数据绘制（ONS, 2014）。

这些结果意味着在一个横截面基础上，福利服务和基于合理假设计算出来的对它们的资金支持之间的组合，明确地体现了从高收入群体到低收入群体的再分配，尽管这样的再分配并没有呈现收益与"需求"（例如对卫生健康的需求）之间的关系。

但是，同样应该记住的是，分配也是在个体公民的一生中进行的。在人们的一生中，他们既得到补贴，也缴纳税款。那些在一生中总收入较高的人，比低收入的人要缴纳多得多的税款。事实上，人们通过他们*自己*在一生中所支付的税额，为自己所得到的某些补贴提供资金。不过，有的人终其一生所缴纳的税款并不足以支付他们所得到的所有补贴；这些人从这个系统中得到"净终生补贴"。这些净终生补贴是由另外一些缴纳税款多于所得到的补贴的人支付的；他们为这个系统缴纳"净终生税款"。有关终生再分配的证据表明，在一生的基础上，这个系统也一直在进行从"一生富裕的人"到"一生贫穷的人"的再分配；不过在 20 世纪八九十年代，福利国家制度有将近 3/4 的行为类似于食物银行的做法，而只有 1/4 是上述的在不同人之间进行的"罗宾汉式"再分配（参见 Hills, 2015a, ch.3）。

新议题

福利服务如何分配，在很大程度上决定了我们对它们成功与否的评判。以上所呈现的结果表明，收入较低的家庭在任何时间里，从福利国家制度中所得到的都多于他们所支付的。因此可以推论出，政府通过削减福利服务和补贴，从而减少预算赤字的政策，对那些最低收入的 50% 的家庭的打击要大于最高收入的 50% 的家庭；而如果政府是通过增加税收来减少赤字，那么从绝对值来看，这样的政策对最高收入的 50% 的家庭影响更大（但从在收入中所占比重这个角度来看，则对所有家庭影响一样）。2010 年至 2015 年执政的联合政府最为强调削减开支，大部分分析表明，由于补贴和服务减少，收入较低的家庭比大部分收入高的家庭损失了更大比例的收入（Hills, 2015b; Reed and Portes, 2014；也参见

HM Treasury，2015）。

不过，分配并不只是富人和穷人之间的问题。随着人口老龄化，而且退休人口相对于劳动年龄人口所占比例不断提高，就会产生关于不同年龄群体是否被公平对待的问题，还有"婴儿潮"一代是否比起较他们年轻的人从这个体系中获利更多之类的问题。

可深入阅读的参考文献

约翰·希尔斯在《好时光和坏时光：他们和我们的福利神话》（J. Hills，2015a，*Good Times*，*Bad Times*：*The Welfare Myth of Them and Us*，Bristol：Policy Press）的第2章和第3章对福利国家制度在一年内和整个生命周期中的收入再分配效果，以及如何分析这些效果进行了较全面的讨论。

英国国家统计局每年都会公布官方对税收和大部分公共支出——包括社会保险和福利服务——的分配效果的估测。这一章所引用的数据来自英国国家统计局（ONS，2014）在 www.ons.gov.uk/ons/taxonomy/index.html？nscl = Effects + of + Taxes + and + Benefits + on + Households 上发布的《2012—2013年税收和福利对家户收入的影响》（*The Effects of Taxes and Benefits on Household Income*，2012/2013）。

英国财政研究所（www.ifs.org.uk）定期发布对税收和福利政策的变化的分配及其他效果的分析，例如在2015年预算公布后，发布了R.乔伊斯的《家户收入：税收和福利变化的趋势和影响》（R. Joyce，2015，*Household Incomes*：*Trends and the Impact of Tax and Benefit Changes*，www.ifs.org.uk/tools_and_resources/budget/502），对2010—2015年联合政府的政策进行了分析。每年在"预算和秋季财政报告"（Budget and Autumn Statement）公布后，英国财政部会发表有关其政策的分配效果的分析报告。例如，英国财政部的《对家户的影响：2015年同期预算的分配分析》（HM Treasury，2015，*Impact on Household*：*Distributional Analysis to Accompany Budget 2015*，www.gov.uk/government/publications/budget-2015-documents）。具体假设的差异会导致所推出的结论大相径庭。

有关这个时期的改革（包括它们的分配效果）的更广泛的讨论请见约翰·希尔斯的《联合政府朝向现金转移支付的政策》（J. Hills，2015b，'The Coalition's Policies towards Cash Transfers'，Social Policy in a Cold Climate Working Paper 11，LSE，London，sticerd.lse.ac.uk/case/_new/publications/series.asp？prog = SPCCWP）。

H.里德和J.波特斯的《评估累积影响》（H. Reed and J. Portes，2014，'Cumulative Impact Assessment'，EHRC Research Report 94，EHRC，London，www.equalityhumanrights.com/publication/research-report-94-cumulative-impact-assessment）探讨了削减人口中不同群体的服务和补贴所带来的分配效果。

复习和课外作业习题

1. 面向穷人的成功的再分配是否是我们用来评估福利国家制度作用的唯一或者说主要标准？

2. 中高收入群体只要通过税收系统支付更高的税额，他们就会得到现金补贴，并且享受国家医疗服务和国家教育等福利，这个问题影响大吗？

3. 得到福利补助和服务的人与为了给福利提供资金而缴纳税金的人之间的分配，向我们展示出如果选择不同的弥合公共预算赤字的路径，将会对不同的群体产生哪些不同的影响？

4. 如果福利国家制度所做的在大部分时期都类似于"小猪存钱罐"，即人们在某个时候交钱，而在他们人生后面的某个时候从中获益，那么这是一种有保障的安排吗？例如，当较为年轻的一代再也不想让这样一个慷慨的系统继续下去了，这种计划安全吗？

5. 谁从福利国家制度的存在中获益最多？谁损失最大？这个体系如何筹措运转资金？观察时间段的不同，对于上述问题的回答会有什么变化？

请浏览本书的辅助网站 www.wiley.com/go/alcocksocialpolicy，使用为配合本书的阅读而设计的资料链接。在那里你将会发现有专门针对每一章的深入阅读资料链接，其中包括政府、国际组织、智库、压力集团和重要的新闻机构的网站。你还会找到以《布莱克维尔社会政策辞典》为蓝本的词汇表、帮助页、有关如何管理社会政策领域中主要委派形式的指导和职业建议。

第 31 章
分化和差异

莎伦·赖特

> **概　览**
>
> ➢ 研究福利的社会分化，主要涉及理解不同社会群体之间根本且持久的差异，特别是在他们体验福利供给和从中得到不同类型的结果方面。
> ➢ 主要的分化可以通过已有的男性与女性、残疾人与非残疾人、不同的社会—经济阶级、族群、宗教、国籍、年龄和性取向之间的界限来确定。
> ➢ 社会分化可能是复杂且跨领域的。
> ➢ 有些社会群体有着确切且可识别的福利需求，不同于其他群体。
> ➢ 阶级就是社会分化的一个例子，它能够对福利需求、可获得的资源以及幸福与否产生影响。

为什么分化和差异是重要的？

个性化、大众消费和社会界限模糊的过程，有助于人们产生任何人都可以成就任何事的印象。但是，在决定我们自己的未来时，我们究竟有多大的选择权呢？我们可以自由选择成为自己想成为的人吗？还是我们的人生经历和人生机会，都已经由超出我们个人控制的外力建构好了？

理解当代社会关系，重要的是要注意独一无二的个体与其他人共享部分身份认同。共同的特征能够构成团体凝聚力和归属感的基础。不过，意识到我们属于某个群体的同时，也意味着我们被排除于其他某些群体的成员身份之外，例如，作为一名白人女性，我既不是黑人女子，也不是白人男子。这就为我们引入了这一章的主要论点，即不同的社会群体之间存在着差异，而这些不同之处是显著而重要的，例如：

- 从全球范围来看，如果你是一名女性而不是一名男性，那么你更可能经历贫穷。

- 在英国,如果你是一名律师而不是一个体力劳动者,那么你应该比后者多活10年。

这些例子都说明幸福体验和人生机会如何与社会群体的差异相联系,而这些差异可以通过社会政策进行调整。有一种观点认为,自我信念和个体选择能够带来长久而健康的人生并且确保幸福,然而这些由来已久的社会不平等,对这个普遍的误解发起了猛烈的挑战。与对抱负和行动的政治化强调相反,我们的确没有生活在一个任何人都能够成就任何事的社会环境中——远非如此。我们所生活的世界是被强有力的限制所建构的,是分层的,而且有深刻的区隔。从全球范围来看,我们出生时所在的地方、社会—经济地位和性别,在很大程度上决定了我们是穷是富。最后,承认社会中不同的群体之间存在着实质性的、长期的分化意味着,不同的群体可能有不同的利益,而这些利益可能就是冲突的源头。

对福利的社会分化的研究认识到,重要的是理解不同的社会群体各不相同的需求和经历,并且主张如果这些差别是根本性而且长久存在的,社会就有区隔。"三大"社会分化历来最被学术文献关注,它们分别是阶级、性别和"种族"或族群的分化。从时间顺序来看,阶级是最早被社会科学家长期关注的分类,学者们从19世纪末20世纪初就开始对其展开研究。之后,在20世纪七八十年代,女性主义者和反种族主义作家才因为定义了在此之前一直被极大忽视的另外一些社会裂痕而声名鹊起。这带来了学术研究的新领域和对新的社会运动的探讨(请见第14章)。除此之外,近年来,还有大量其他分化(例如残疾/失能、年龄、国籍、宗教和性取向)被确定下来,学者开始进行相关研究。

与我们对社会分化的讨论相关的广泛研究,从某种意义上来说都在努力识别差异并使之合理化。特别是挑战了建立福利国家制度所依据的基本假设,例如家庭的结构。认识到自第二次世界大战结束以来,生活方式、关系、家庭构成以及男人与女人的角色已经发生了巨大的变化是非常必要的。这将增强人们对差异这个问题的意识,并使人们相信有必要识别作为基础的政策假设,如何以不同的方式对社会中特定的群体产生影响。例如,我们会发现,获得政府提供的廉价房屋的前提条件一开始就具有种族主义倾向,因为根据相应的条款,那些在某个特定地理区域里居住时间最长的人将会得到政策倾斜。类似的,课税安排(例如过去只有已婚男性才能享受免税额度)和继承法都假设长期关系是在异性之间形成的,这意味着男同性恋、女同性恋和双性恋人群都被排除在这种财政补贴之外,并且在财产或资产的连带主张方面受到歧视。

因而,看上去中立的政策可能对不同类别的人产生不同的影响,认识到这一点非常关键。例如,"从工作到福利"政策和项目(例如工作计划,请见第48章)似乎是以中立的方式将有偿工作构建为满足福利需求的最好途径。但是,如果更进一步观察,我们会看到,为了获得社会保障补贴而不得不寻找有偿工作的人,可能会遭遇工作与他们的其他责任之间的冲突,特别引人注目的是他们作为照料者的角色。例如,在英国,对于已婚女性来说,如果她的配偶收入不错,最合理的做法是她在家抚养自己的孩子。但是,如果这位女性与她的伴侣分手了,那么她就需要寻找一份工作,从而能够申请社会保障补贴,因此她作为全职母亲的角色可能要受到挑战(请见第56章和57章)。

理解差异和分化

社会分化的体验与社会群体之间的差异有关。正如我们已经知道的,我们每个人都与其他人共享部分身份认同。不同群体之间的关系既复杂,又可变。社会差异可能(但不是一定)带来社会分化。同样,我们群体身份的某个层面可能比其他层面更为重要。比如说,在一个下雨的星期六午后,当苏格兰人观看他们的国家队与英格兰球队的比赛时,对于这些橄榄球观众来说,苏格兰人这个身份要比男人或女人、工人阶级或中产阶级的身份重要得多。

但是在接下来的星期一上午九点钟,当这些橄榄球迷回到他们的日常生活,苏格兰民族身份就无关紧要得多了。而性别可能对于他们是否在家照看孩子发挥着很大的影响。对于那些从事有偿工作的人来说,性别和阶级很可能关系到他们从事的工作的类型、从中得到的报酬和他们未来升迁的可能。尽管性别工资差距已经缩小了,但是女性的收入仍然比男性的少 9.4%(National Statistics, 2014)。这个例子提供了两方面的认识。首先,我们可以做一个总体设想,假设群体成员的哪些层面对于人们的身份认同最重要。其次,我们可以观察到,人们属于多个群体,而且社会分化可能是交叉或者跨领域的。不过,基本上,男性与女性之间、不同阶级的人之间的差异尤其引人注意,因为它们可能关系到人们对个人和集团资源的支配,例如财富、地位和权力。存在着人们用来保护自己免受各种风险(例如贫困)的不同方式,而性别或阶层差异直接决定了人们用以满足福利需求的手段。

有些社会类别的成员身份是动态、不固定或过渡性的,而另外一些群体的成员身份则可能更为固定。显然,对于每一个体而言,他的某些社会群体的成员身份比另外一些更为牢固——人们通常终其一生都保持着同样的性别,但是他们的年龄却在不断变化,经历了从童年到青年、壮年直至老年的不同阶段。思考这些多样化而且可能相互冲突的社会身份是如何被商议、调和和改变的,确实非常有意思。我们每个人对某些社会群体的成员身份做过某种程度的选择。我们无法选择自己出生时的性别,但是我们可能改变它。同样,我们无法控制自己生在哪片地理区域,但是我们可以(凭借所获得的资源)搬迁到另外一个城镇或者国家;我们可以选择去寻求另外一种生活方式、国家公民身份或宗教。但是,诸如此类的身份和地位特征的嵌入往往非常深刻,以至于我们从未意识到自己曾经做过选择。

另外一方面,我们可能会经历某些变化,在违背我们意志的情况下,将我们从一个类别移到另一个类别,例如,一场车祸可能使我们从非残疾人变成残疾人。因而,在发挥个体能动性或主动选择与更广泛的结构性限制之间,存在着复杂的关系。虽然个体可以做出某些选择从而决定自己的人生,但是这通常是在各种强有力的限制中进行的。社会分化路径的价值就在于,我们可以开始理解机会和限制的结构中的主要轴线。

重要的是不过分简化社会分化这个问题。在社会政策分析领域,我们感兴趣的是社会分化如何影响福祉。对分化和差异的理解关系到国家、市场和志愿组织,在创造、保持、调节或调和影响人们的人生经历和生命机会的结构与进程中所扮演的角色。由于设计社会政策就是为了干预与福祉(例如卫生健康、收入、住房或教育)有关的领域,因此理解它们如何对分化社会中的各个群体产生了不同的影响是项至关重要的任务。

对福利的社会分化的研究从根本上展示了,在不同群体之间,人们为福利国家制度分担的成本和得到的收益是参差不齐的。也就是说,福利国家制度提供的资金支持(例如为残疾人提供的社会保障金)和服务(例如医疗),以及维护这套制度所需要的成本(通过纳税或缴费)对特定的群体产生了不同的影响。

通常,这方面的文献都或明确或含蓄地指出,社会中某些群体不公平地从过去和现在的福利安排中获得了利益,而另外一些群体则受到了损害。例如,我们可以看到,来自较为富裕的社会—经济群体的人,能够比不如他们富裕的群体得到更多的像卫生健康之类的服务,但是可能从比例上来看,他们所缴纳的某类税款却比较低(但是,这是一个复杂的问题,因为考察税务负担和福利的再分配效果时,会由衡量它们的方式而得出完全不同的结论;请见第 30 章对于这个问题的分析)。

接下来的部分以阶级为例子,对社会分化分析所涉及的一些核心问题进行更为深入的阐述。阶级之所以被选择为案例分析的对象,是因为在当代社会里,它是最为根本的分化之一。而且,与许多其他类型的分化和差异不同,这本书的其他地方并没有对阶级进行明确且深入的研究(例如,性别问题可以参考第 5 章、13 章、57 章;"种族"或族群问题则是第 32 章、62 章;第 58 章、59 章、60 章讨论了年龄问题;第 61 章对应的是残疾问题;而第 29 章则是宗教和国民性问题)。

阶级:分化和差异的案例研究

阶级是一个有趣的例子,尽管它是第一个被识别出来的社会分化,但通常遭到误解,而且到了 20 世纪 90 年代末还经常被忽视。阶级理论专家卡尔·马克思(Karl Marx)和马克斯·韦伯(Max Weber)在 19 世纪末和 20 世纪初的著作,对识别社会中深刻的分隔具有极其深远的影响。他们的主要论点是,社会是分化的或(像婚礼蛋糕一样)是分层的,在不同的社会阶级之间存在清晰的分隔,不同阶级往往有着独立而且相互冲突的利益。

马克思认为,社会阶级之间的斗争将推动社会变革。韦伯(虽然接受马克思的许多分析,但是)有着不同的观点,他主张职业分类将决定社会地位和人生机遇。这些传世作品完成以来,社会已经发生了显著的变化,尽管如此,这些路径在认识阶级差异方面仍然非常重要,或者更具体地说,就是马克思的分析中所指出的阶级利益和冲突。这引导我们认识到个体通过政治过程和剥削过程,与更广大的世界联系起来。

可能部分是**因为**阶级分析的漫长历史,再谈论社会中的阶级分化是非常过时的。有些评论人士则走得更远,他们宣称阶级已经消亡了。但是,人们对阶级分析的兴趣在 21 世纪初又被重新点燃了。

对于阶级的普遍认识深受诸如大卫·贝克汉姆(David Beckham)、J. K. 罗琳(J. K. Rowling)和艾伦·休格(Alan Sugar)爵士之类社会名流的人生故事的影响。这些个体都有从卑微的起点——在学校踢足球、在咖啡馆里写作、在厢式货车后面卖菜——构建起庞大的私人财富的传奇故事。但是,这种依靠个人天赋战胜困境从而成为百万富翁的不同寻常的胜利,完全是极为奇特且个人化的。他们之所以具有新闻价值,是因为他们特殊。与一个世纪之前大致相同,生活在英国的大部分人,将一直保持他们出身的社会阶级。阶级之间的社会流动往往发生在阶级边界上,而不是非常极端地从赤贫白手起家到巨富。英国的社会流动性(改善阶级地位)比许多类似的国家要低,而且一直在下降,这意味着今天的年轻人比起过去的年轻人更不可能拥有优越于其父母的前景。由于不平等也在扩大,因而生来富有和生来贫穷的人之间的鸿沟愈加无法逾越。

因此,我们可以清晰地划分社会阶级(下文将进一步讨论在实践中如何操作),而且显然,这些阶级具有相当大的黏着性。下一个需要思考的问题是:不同阶级的利益是一致的还是相互矛盾的?然后要考虑的是:包容和排斥过程是如何运作的,从而强化了不同社会阶级群体的有利或者不利的地位?这些问题没有显而易见的答案,但值得思考,例如,阶级分化是怎样通过不易察觉的包容或者排斥过程而实现代际复制的。有关不易察觉的包容或者排斥过程的一个例子是,在从童年走向成年的过程中,年轻人在做出重要的人生决定时——例如什么时候离开学校、从事什么类型的工作、是否要去读大学等,遇到了一系列机会,体验到了各种限制。

建立在阶级基础上的分析,为思考福利国家制度问题提供了坚实的基础。一方面,思考阶级利益在国家福利发展过程中所扮演的角色令人感兴趣。例如,在19世纪和20世纪初,国家对福利事务的介入为什么会不断加深,以及为什么会在英国和其他地方建立起战后福利国家制度(请见第16章、17章和18章,以及第63章)。其中一个解释是,这是对"来自下层的压力"的回应,因为工人阶级(他们以前没有投票权)要求满足他们的福利需求。另一方面,我们可能会问,在应对建立在阶级基础上的卫生健康、教育领域的不平等或在消除贫困等问题上,为什么福利国家制度没有什么新的建树。而阶级作为一种主要的社会分化,表现得非常活跃。

社会经济分类

然而,阶级的精确定义以及它对于人们意味着什么,一直是大量争论和研究的起源。在英国,人们通常运用全国统计社会经济分类(National Statistics Socio-Economic Classification, NS-SEC)来正式界定和衡量社会—经济阶级。

这种分类方法是以职业为基础的,将组织的状况和规模、职业的类型和工作岗位的地位(例如,重复性常规职位或是专业性职位,低级监管者或者高级管理者)等纳入考虑,而且这样的分类也被应用到官方调查中,以了解英国居民的社会和经济地位。

最近有社会学著作(Savage et al., 2013)主张重新思考对英国阶级的定义和测量,从而将社会和文化方面的偏好及资源,还有职业和财力资源囊括进来。在这里,学者们使用了一项全国调查研究和英国广播公司(BBC)在线的"英国阶级调查"(Great British Class Survey)所采集的数据,来反映阶级结构的变化。研究发现,尽管传统的中产阶级和工人阶级仍然清晰可见,但是也存在无法轻易归入现有分类的新阶级(请见表31.1)。相反,研究者们发现了七个明显的类别(请见表31.2),其中包括"新富工作者""新兴服务业工作者""不稳定无产者"等新类型。不稳定无产者通常拥有低水平的经济、社会和文化资源,与没有保障的工作联系在一起。

表 31.1　英国全国统计社会经济分类

1　高级管理人员、行政人员和专业技术人员
　　1.1　大型企业雇主和高级管理人员、行政人员
　　1.2　高级专业技术人员
2　低级管理人员、行政人员和专业技术人员
3　中级职业
4　小型企业雇主和自己创业工作者
5　低级监管者和技术职业
6　半重复性常规工作
7　重复性常规工作
8　从未就业者或者长期失业者

数据来源：英国国家统计局（ONS，2015）。

表 31.2　英国的潜在阶级

1　精英
2　既有中产阶级
3　技术型中产阶级
4　新富工作者
5　传统工人阶级
6　新兴服务业工作者
7　不稳定无产者

数据来源：Savage et al.（2013：230）；ONS（2015），www.ons.gov.uk/ons/guide-method/classifications/current-standard-classifications/soc2010/soc2010-volume-3-ns-sec--rebased-on-soc2010--user-manual/index.html。

"不稳定无产者"这个概念最早是由斯坦丁（Standing，2011）提出来讨论的。他声称，全球化进程给社会带来了巨大的变化，因而产生了职业生涯的不稳定性和不确定性。随后有一系列分析围绕着这个概念延伸开来，聚焦于不稳定的雇用形式的剧增，例如临时工、小时工、短工或季节工等，它们为受雇者提供不确定的工作和微薄或不固定的收入。斯坦丁指出，这种情况是危险的，因为它与社会动荡和集体抗议联系在一起。

另外一个与之相关的重要讨论，是有关如何对不在有偿就业领域中的人进行分类的。将非劳动者归为一个单独阶级的想法，可以追溯到马克思，他将一组底层劳动者群体称为"流氓无产者"。然而，最近在关于是否存在一个"社会底层"的极其热烈的讨论中，对于这类群体的分析已经被高度政治化了。因此，现在这个议题已经不再是单纯的统计分类问题了。"社会底层"这个概念是美国学术界创造出来的，查尔斯·莫里（Charles Murray）声称存在着一个单独的、由穷人组成的危险群体，他们的行为对社会道德结构构成了威胁。莫里的研究遭到了多方面的质疑。他所运用的推导出研究最后结论的方法，呈现出了重要的缺陷。此外，他的研究被看作是出于政治动机的，而且在关于其他人应该有什么样的

举止方面存在着右翼价值观和信仰的偏见。更为严重的是,"社会底层"这个概念被视为具有攻击性,尤其是与其种族主义底色密切相关。

尽管政治家和媒体仍然普遍使用"社会底层"这个标签,但是在社会科学家看来,通过这种路径将阶级差异和贫困问题概念化的做法是无法令人接受的。取而代之的是,许多学者倾向于将那些收入极低的人视作"生活在贫困之中"或"经历社会排斥"的人(请见第33章)。这种做法的优点是使得研究不只考虑个体的行为(或发挥"力量"),而将更广泛的结构性因素也囊括进来,例如在解释诸如失业等现象时,考虑到全球性的经济衰退。我们也应该想到,"非劳动者"并不能用来定义一个与贫穷联系在一起的阶级,因为"非劳动者"可能包括许多没有工作但拥有其他来源的收入或财产的人(例如,富裕的地主)。

新议题

理解社会群体之间的差异是如何对幸福产生影响的,是理解社会如何运转以及社会政策如何作用于我们的日常生活的基础。不同个体和不同群体,在其人生机会和生活体验上都有着重大差异。学者们最初界定的分类就是阶级。20世纪70年代以来,性别、"种族"和族群也被定义为关键分化。最近,越来越多的注意力聚集到了与年龄、宗教、国籍、性取向、健康和残疾状况相关的不平等问题上。研究者和社会活动家主张,应该在设计社会政策时认识到这些分化并将之合理化。而政策制定者则一直面对如何平衡对多样性的认识与产生平等结果的公平政策供给这一挑战。对于研究社会政策的学者和分析人士来说,理解社会分化是认识社会包容和社会排斥的关键部分的重要途径。

可深入阅读的参考文献

G. 佩恩的《社会分化(第三版)》(G. Payne, 2013, *Social Divisions*, 3rd edn, Basingstoke: Palgrave)是介绍这一章所涉及议题的不可多得的著作。O. 琼斯的《低俗的人:被妖魔化的工人阶级》(O. Jones, 2012, *Chavs: The Demonization of the Working Class*, London: Verso)详细论述了为什么阶级差异非常重要。G. 斯坦丁的《不稳定无产者:新危险阶级》(G. Standing, 2011, *The Precariat: The New Dangerous Class*, London: Bloomsbury Academic)和《不稳定无产者宪章》(G. Standing, 2014, *A Precariat Charter*, London: Bloomsbury Academic)对时下热议的问题发表了启发思考的见解。

有关阶级定义和阶级测量,请见M. 萨维奇、F. 迪瓦恩、N. 坎宁安、M. 泰勒、Y. 李、J. 耶尔布莱克、B. 勒鲁、S. 弗里德曼和A. 迈尔斯的《一个新的社会阶级模型?从英国广播公司的英国阶级调查中得到的发现》(M. Savage, F. Devine, N. Cunningham, M. Taylor, Y. Li, J. Hjellbrekke, B. Le Roux, S. Friedman and A. Miles, 2013, 'A new model of social class? Findings from BBC's Great British Class Survey Experiment', *Sociology*, 47:2, 219–250);英国阶级计算器可以在 www.bbc.com/news/magazine-22000973 上找到;英国国家统计局对相关问题的研究(ONS, 2015)请见 www.ons.gov.uk/guide-method/classifications/current-standard-classifications/soc2010/soc2010-volume-3-ns-sec--rebased-on-soc2010--user-manual/index.html。

复习和课外作业习题

1. 社会是如何分化的？为什么社会分化对于理解福利需求非常重要？
2. 请选择社会分化的一个例子(例如,性别、种族/族群、阶级、失能/残疾)。相关群体在下列问题上有什么差异：
   a. 他们的福利需求的类型和程度。
   b. 满足这些需求的服务类型。
   c. 这些服务产生的结果。
3. 什么是阶级？它为什么对理解福利制度很重要？
4. "社会底层"这个概念已经被研究者认为不可信,可为什么政治家继续使用它？
5. 福利的社会分化如何为特定的群体带来好处,或使其处于不利境地？

请浏览本书的辅助网站 www.wiley.com/go/alcocksocialpolicy,使用为配合本书的阅读而设计的资料链接。在那里你将会发现有专门针对每一章的深入阅读资料链接,其中包括政府、国际组织、智库、压力集团和重要的新闻机构的网站。你还会找到以《布莱克维尔社会政策辞典》为蓝本的词汇表、帮助页、有关如何管理社会政策领域中主要委派形式的指导和职业建议。

第 32 章
"种族"、少数族群和社会福利

露辛达·普拉特

> **概　览**
>
> ➢ 种族化观念和边缘化的历史经验为我们理解是谁构成了英国的少数族群提供了信息。
> ➢ 少数族群有着各不相同的平均年龄、就业状况、收入和居住地区。
> ➢ 社会政策可以通过移民和种族关系政策直接影响少数族群,也可以通过社会保障、住房供给和就业等政策间接影响他们。
> ➢ 年纪较轻、更容易失业和贫穷等特点,意味着少数族群更多地受到与儿童、家庭和扶贫相关的政策的影响。
> ➢ 少数族群未来将在西方国家人口中占有更大的比例。因此,他们目前的福利状况有着长远的影响。

"种族"、族群和分类

定义少数族群

谁属于多数族群或者少数族群,是一个复杂且有争议的问题。建立在有关种族和族群的社会学理论之基础上的概念区分,只能大致转化为大众化的理解或者国家用来监管或测量的分类标准。尽管人们已经意识到种族实际上不具有任何影响深远的生物学意义,但是有关种族的语言还是既镶嵌在通俗话语中,也存在于政治话语中,而且人们的行动仿佛表明它是有意义的,包括通过种族主义表现出来。**种族主义**是这样的做法,即将身体特征的差异(例如肤色)作为假设某人劣等的基础,或者作为敌意和恶劣的对待方式的合理理由。**种族化**是一个占优势地位的群体基于某些特定的特征(通常是与外表有关的,但也可能是其他特点,例如另外一些身体特征、口音、族源或地域来源、宗教等)将别的群体建构为"种族"的过程。而后这个被种族化的群体,就被认为其成员都具有同样的社会地位,并且被假定每个成员都有着相同的(通常被负面评价的)特征。

在英国和欧洲,"族群"这个术语而不是"种族"的概念,被学者和政策制定者广泛使用。**族群**是一个自觉和自称的身份认同,这种共享的身份认同基于相信大家具有共同的祖先,可能经由来自同样的国家、共同语言、宗教或风俗习惯等联系起来。民族身份认同也可能是通过殖民化或移民经历而形成的。族群这个概念使得对于某个群体属于某个民族的假设得到维护,即便最开始这样的假设是由占主导地位的群体所做出的。基本上,每个人都属于某个族群,因此将族群和少数族群混为一谈是错误的。尽管如此,族群主要用来指代少数族群,而且往往是那些非白人族群;占优势地位的群体通常只会意识到他人属于某个族群,而认为自己没有被打上族群的烙印。

由于少数族群经常被种族化,而且会遭到种族歧视,因此种族和族群在概念上一直相互联系。文化种族主义也被认为起源于将个体归于某个具有文化差异而非外表差异(也就是从肤色的角度而言)的群体。而且诸如此类的文化差异越来越密切地与宗教归属而不是民族出身联系在一起,这一点在伊斯兰教徒身上体现得尤其明显,虽然往往是在宗教归属和民族出身(和"肤色")的交汇处生出文化种族主义。

英国的分类和政策焦点逐渐集中于非白人少数族群,这进一步体现了对"种族"和"族群"这两个概念的混淆。社会当中和服务供给方面的以肤色为基础的种族主义,被认为是政策发展和实施的首要挑战。但是,"白种人"的界限本身也是可锻造的,而且近年来对从东欧迁移到英国的移民的研究,也展现出这些群体是如何被"种族化"的。常识认为"种族"以白人—非白人区分为基础,然而爱尔兰人由来已久的不利地位也证明了早先历史阶段中的这种常识无法解释某些"白人"群体被区别对待和边缘化的明确进程。

英格兰和威尔士族群分类

在英国,族群最开始是在1991年的全国人口普查中进行测量的。由于在英国各个组成地区所收集的数据有所不同,英格兰和威尔士所采用的分类方法,也与苏格兰和北爱尔兰的有细微差别。英国绝大多数的少数族群都居住在英格兰和威尔士,为了简便起见,这一章里所用的大部分说明都仅限于这个区域。表32.1展现了1991年、2001年和2011年三次人口普查中分类的演变。1991年之后的关键变化包括承认白人少数族群,并且开发了"混合"类别,用以表示双重血统。群体的顺序也发生了改变。

表32.1也呈现了2011年各个群体人口在英格兰和威尔士的人口中所占的比例(也请参考第26章)。根据2011年英国人口普查数据,少数族群(那些不属于第一类即白种英格兰人/威尔士人/苏格兰人等的人)占英格兰和威尔士人口的19.5%。非白种少数族群的比例从1991年的6.5%增加到2011年的14%。

英国的族群有着独特的年龄特征,这反映了他们与社会政策之间的关系(见图32.1;也请参考第26章)。白种英国人和白种爱尔兰人以及少部分加勒比黑人,在60岁及以上的人口中占较大的比例,因而他们更可能是养老金领取者,并且是卫生健康和社会照顾的重度使用者。其他族群较为年轻,在巴基斯坦人、孟加拉人和非洲黑人群体中,儿童的比重较大；另外在数量不断增加的"混合"血统群体中，相对较多的主要是儿童。在 15 岁以下的人群中，每五个人中就有一个(21%)来自某个非白人少数族群；因此他们成了在校上学人群的重要组成部分，并且会受到教育和家庭政策的影响(请见第 51 章和第 57 章)。不管移民政策怎样改变，少数族群人数都在增加，他们在总人口中所占的比例也显著提高。

表 32.1　1991 年到 2011 年英格兰和威尔士人口普查的族群分类

1991 年	2001 年	2011 年
白种人	白种人	白种人
	英国人	英格兰人/威尔士人/苏格兰人/北爱尔兰人/英国人(80.5%)
	爱尔兰人	爱尔兰人(0.9%)
		吉卜赛人或游居者(0.1%)
	任何其他背景的白种人	任何其他背景的白种人(4.4%)
加勒比黑人	混血	混血/多重族群
非洲黑人	白人和加勒比黑人混血	白人和加勒比黑人混血(0.8%)
其他黑人	白人和非洲黑人混血	白人和非洲黑人混血(0.3%)
印度人	白人和亚洲人混血	白人和亚洲人混血(0.6%)
巴基斯坦人	任何其他混血背景	任何其他混血背景/多重族群背景(0.5%)
孟加拉人	亚洲人或亚裔英国人	亚洲人或亚裔英国人
华人	印度人	印度人(2.5%)
任何其他族群	巴基斯坦人	巴基斯坦人(2.0%)
	孟加拉人	孟加拉人(0.8%)
		华人(0.7%)
	任何其他亚洲背景	任何其他亚洲背景(1.5%)
	黑人或英国黑人	黑人/非洲裔/加勒比裔/英国黑人
	加勒比裔	非洲裔(1.8%)
	非洲裔	加勒比裔(1.1%)
	任何其他黑人背景	任何其他黑人/非洲裔/加勒比裔背景(0.5%)
	华人或其他族群	其他族群
	华人	阿拉伯人(0.4%)
	任何其他族群	任何其他族群(0.6%)

资料来源：英国国家统计局(ONS)。"其他"类别可以作为一个未具体列出名称的选项。1991 年人口普查中新添加的"任何其他亚洲背景"类别，就是从未具体列出名称的选项中分出来的，并且显示在统计报告上。

"种族"、少数族群和社会福利

第 32 章

少数族群和社会政策

人口统计对族群的分类,以及更宽泛地说,对族群数据的收集,都是为了确定不平等状况,监控在一段时间内相关情况的改变,并且为涉及不平等的政策提供信息。有两种形式的政策会对少数族群的经历产生影响:直接针对的政策和非直接针对的政策。移民政策(请见第 62 章)和种族关系政策是直接针对少数族群的,他们可以得到国家的公民身份和非公民的不同等级的权利,或是得到对不平等待遇的补偿。社会政策也能够有针对性地提供特殊支持,例如协助找工作,或是通过翻译及说明来帮助人们获得服务。非针对性政策是为全体人口设计的,但是,也会在各种程度上对不同的族群产生影响。

正如前文所提到的那样,年龄结构影响人们与社会政策特殊领域的接触和服务使用。而且,群体的更为不利或者较少不利的地位,也提供了他们在多大程度上是某些特定社会政策领域的福利(例如与收入相关的补贴、残疾人津贴、社会保障住房等)的更多或更重度使用者的信息。因而,无论是政策的设计,还是它慷慨与否,都会缓解或者加剧不同群体之间的不平等程度。

第八部分和第九部分中,有许多章节是有关少数族群的社会福利的。由于篇幅限制,本章仅聚焦于就业和收入(也请参考第 47 章、48 章)。接下来的部分首先提供一些更为广泛的背景信息。

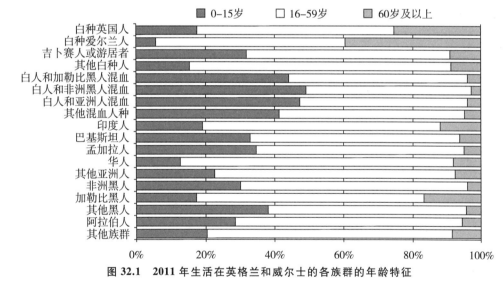

图 32.1　2011 年生活在英格兰和威尔士的各族群的年龄特征

数据来源:ONS 2011 Census(英国国家统计局 2011 年人口普查)。本章作者根据表 DC2101EW 绘制统计图。

社会政策、社会福利和少数族群

移民和族群范式及政策体系

两种不同的范式构建着国家与少数族群之间的关系。我所说的**移民范式**通常关注的是移民在个体层面的特征,这些特征可能"解释"移民(和他们的后代)相对于多数群体的不利地位。在这个范式中,我们将主要关注移民使用其目的地国语言的流利程度:语言是会对就业和报酬产生影响的个体性关键特征,移民(和他们的子女)应该掌握它。相反,**族群范式**将族群作为一个整体来关注,主要聚焦于限制机会以及局限平等参与、恰当的身份定位和消除歧视的结构性因素。

尽管这两个范式在一定程度上同时运转,但是哪一个范式占据主导地位,往往反映了社会政策对少数族群的特别关注点是什么。例如,有些国家更为强调吸收国家规范和学习目的地国语言是成为公民的途径,而另外一些国家则采取文化多元主义的立场,推动文化保护。

英国最初走的是更为"文化多元的道路",并且从很早就开始强调反歧视的立法。但是,各种路径相互交叉成错综复杂的道路,从而形成了"移民体制":约普克(Joppke, 1999)将英国形容为"对外排斥,对内包容",即在进入这个国家方面有着严格控制,但是一旦定居下来,就会强调待遇上的平等。1962年以来,入口被越来越严格地控制,而与之相伴的是早在1965年就引入了有关平等的立法,随后是1976年的《族群关系法案》(Race Relations Act)针对直接或间接歧视的非法性的更全面的声明,这远远早于其他国家采取类似措施,更早于欧盟提出相关要求(请见第62章)。

然而,欧洲各国所确立的各有特色的"移民体制",展现了随着时间的变迁,在权利和制约两个问题上的实质性分歧。各个方面的发展也改变了国家与它们的(少数族群)居民之间的关系。例如,领取社会保障津贴的条件限制、对"工作到福利"的强调(请见第56章)和欧盟在2013年增至28个成员国(请见第46章),连同欧盟跨国公民身份(从根本上承诺了以有偿工作为目的的自由迁徙),这些都既改变了针对非欧盟国家移民的政策,也强调了就业是参与的根本。

少数族群的历史和移民史

少数族群今天在英国的地位一直受到各种各样的移民史的影响。图32.2展示了那些出生在特定几个国家的移民到达英国的时间,所挑选的国家与重要的人口普查中的族群分类基本对应。波兰人绝大多数是"新"来的,甚至比尼日利亚的新来者还多,而加勒比人(尤其是那些出生在牙买加的人),还有爱尔兰人,则主要是在第二次世界大战后初期移民来到了英国。孟加拉人和巴基斯坦人具有更强烈的中间性特征,而印度人则同时展现出老移民潮和新移民潮的痕迹。

到达时间与去工业化的特殊阶段的关联程度,以及移民群体所拥有的特殊技能及资源,催生了不同的定居模式和移民群体中的职业集中模式。尽管移民群体在教育上取得了可观的成绩,而且表现出向上的流动性,但是移民的到达时间还是给后面各代人带来了不同的经历。

少数族群继续表现出不同的空间分布和(在一定程度上相关的)职业集中性。例如,2011年,58%的非洲黑人和加勒比黑人移民以及50%的孟加拉移民住在伦敦,而住在这个城市的英格兰人和威尔士人只占其总人口的14%。生活在西米德兰兹郡和约克郡的巴基斯坦人,分别占巴基斯坦移民人口的20%,而英格兰和威尔士总人口中有10%和9%住在这两个地方。在职业方面,2011年,超出1/4的孟加拉移民和华人在住宿和餐饮业工作,而在多数群体中,只有5%的人从事该行业;超出1/4的非洲黑人移民在卫生健康和社会工作领域就业,而在多数群体中,在这个领域就职的人占其总人口的12%。

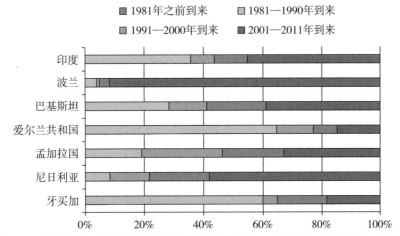

图 32.2 从出生国移民到英国的到达时间(选定国家),英格兰和威尔士地区,2011 年

资料来源:英国国家统计局(ONS)。本章作者根据2011年人口普查报告中表DC2804EWr绘制统计图。

少数族群和社会福利

就 业

在劳动年龄成年人口中呈现出不同族群在就业率和失业率上的差异(见图32.3)。大量来自英国和欧洲的研究表明,诸如此类的差异并不只体现在第一代移民身上,也并不完全能够用年龄、受教育程度或职业领域等方面的差异进行解释,尽管这些因素都发挥了一些作用。这种持续存在的、被描述为"族裔的惩罚"的差距,至少可以部分归因于歧视。那些有工作的人面对着较大的工资差距,而工资差距则部分源于地域和职业差异,但也留下了一些无法解释的要素——这可能反映了就业歧视继续存在,虽然实施了有关种族关系的法律。"其他白人"族群通常在报酬和就业方面显现出大量的优势,但是东欧人的收入仍然主要集中在接近最低工资水平的地方,这一点改变了这个"群体"的特征。

失业率在有些男性群体中特别高,尤其是加勒比黑人和非洲黑人。图32.3涉及的是所有年龄范围,这就掩盖了一些更为极端的不利状况:尽管年轻人的就业尤其受到2008年的经济衰退的影响,但是,到2014年底,年轻黑人男性的失业率一直是年轻白人男性的两倍(32%相对于16%)。在2008年之前,就业差异曾经呈现出某些缩小的迹象,这部分是目标明确的缩小差距以及(相应的)"让工作支付"的政策倡议所带来的结果。但是,这种收益并没有持续。

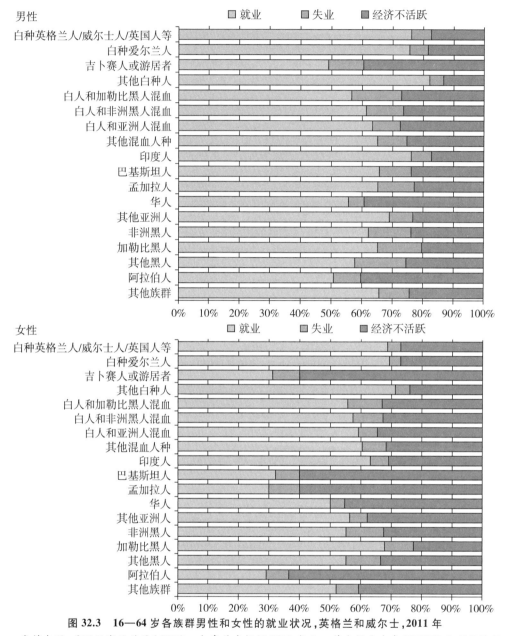

图 32.3 16—64 岁各族群男性和女性的就业状况，英格兰和威尔士，2011 年

资料来源：英国国家统计局（ONS）。本章作者根据 2011 年人口普查报告中表 BD0076 绘制统计图。

现在来看看女性，对她们的关注往往集中在经济活动的差别上，与此同时，无论她们的家庭环境如何，人们对于女性参与到劳动力市场的期望一直稳步提升（请见第 57 章）。21 世纪第一个十年的特点是经济蓬勃发展，同时政府采取了令人满意的为有孩子的工作家庭提供帮助的政策。在这种情况下，女性参与到劳动力市场似乎成为一个合理的期待，尽管巴基斯坦女性和孟加拉女性的参与率一直相当低。在经济衰退时期，更受局限的就业机会尤其使得那些就业经历较少的人，在退出经济活动和找工作两个方面都受到束缚。加勒比黑人女性和非洲黑人女性的经济活跃率往往比较高，尽管这些群体可能减少就业参与的单亲比例也很高。但是她们仍然面对更大的失业风险。

收　入

较高的失业率和经济不活跃率导致低收入,以及家庭中往往只有一个人而不是夫妇双方赚钱,这几个因素的组合带来了少数族群中普遍存在的更大的低收入风险和(儿童)贫困。人口结构特征和政策的复合体,对于那些有年幼子女的家庭、处于劳动年龄的人和居住在高房价地区的人更具有惩罚性。图 32.4 展示了所有少数族群都比多数群体要面临更高的贫困率,而在某些情况下是后者的两倍以上。

在这个世纪的第一个十年里,在儿童贫困率最高的群体(特别是巴基斯坦、孟加拉和非洲黑人儿童)中,儿童贫困率一直稳步下降。这反映了旨在提高低收入家庭收入的政策所发挥的作用(请见第 57 章、58 章)。但是,2010 年以来的政策变化,尤其沉重地打击了有年幼孩子的家庭(请见第 33 章)。

图 32.4 展示了,即便是那些"成功的"少数族群,也经历着高于平均水平的贫困风险,例如华人和印度人,他们往往更可能拥有高于平均水平的工资,这些群体内的平均收入相对较高。这令人们关注族群内部和族群之间的不平等和两极分化。英国和其他地方都呈现出收入不平等不断扩大的现象。显而易见的是,在子群体**内部**也会经历诸如此类的收入不平等。因此,对于处于不利地位的"群体"的讨论——基于平均的经验(如同这一章所体现出来的),尽管强调了值得关注的重要领域,但是可能并没有真正呈现出那些群体中大多数人的经历。个体的社会福祉并不是其所属族群的共同经验,相反,它可能在很大程度上是由个体的阶级地位、所属家庭的资源和实现向上流动的可能性等因素综合决定的。

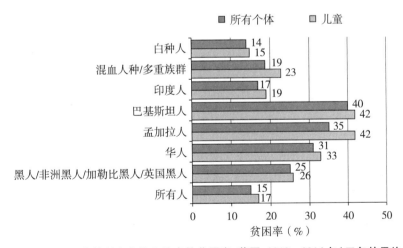

图 32.4　不同族群中的所有个体和儿童的贫困率,英国,2013—2014 年(三年的平均值)

资料来源:Households Below Average Incomes 1994/1995–2013/2014。本章作者根据表 3.5db 和 4.5db 绘制统计图。贫困率是指,以家庭收入中位数的 60% 为基准,在减除家庭开支之前,收入低于这一水平的家庭所占的比例;除了最后"所有人"这个数值之外,其他比例都是三年的平均值。

新议题

对于少数族群居民的未来社会福利而言,关键议题包括,新群体和新的被种族化的群体(例如东欧人)在总人口中占有更大比重而带来的人口构成变化,以及越来越多的少数族群定居在英国并且拥有子女等。考虑到目前常见的低工资和边缘化的就业岗位等情况,一直存在的疑问就是:他们是会追随早期白人移民群体的模式,经过一段时间后在经济上融入移民目的地国,第二代及之后的世代不再被视为单独的群体而区别对待,还是继续保持他们现在的少数群体地位?

2008年的经济衰退对年轻人的不同影响,连同与多数群体的年轻人相比,少数族群的年轻人有更高的失业风险,共同提出了有关长期影响的问题。对于那些在经济衰退时期受到劳动力市场最大负面影响的人来说,即便是在经济复苏时期,他们也可能会长期处于巨大的"恐惧感"中。

2015年之后的削减社会保障津贴,可能给少数群体带来了更大的影响,特别是那些有年幼子女以及在劳动力市场中处于不利境地的人。我们将继续看到这些变化所带来的长期后果,以及它们如何影响着后续的生活机遇。此外,如果教育投资能够持续,那么它可能减轻某些影响,最近有证据表明,许多少数族群正利用受教育的机会实现从劣势的出身向上等阶层流动。

对于那些展望这个国家在未来五十年将会变成什么样子的人来说,这些都是值得思考的重大问题。

可深入阅读的参考文献

J. 伯顿、A. 南迪和L. 普拉特的《族群测量:调查研究的挑战和机会》(J. Burton, A. Nandi and L. Platt, 2010, 'Measuring ethnicity: challenges and opportunities for survey research', *Ethnic & Racial Studies*, 33:8, 1332–1349)对种族和族群的概念化和测量类别的含义进行了概括性阐述。I. 舒特斯的《公民身份和移民》(I. Shutes, 2016, 'Citizenship and migration', in H. Dean and L. Platt, eds, *Social Advantage and Disadvantage*, Oxford: Oxford University Press)详细地描述了移民模式和移民地位的分化。K. 伯勒尔的《留下、返回、工作和生活:目前英国学术界研究东欧移民运动的核心课题》(K. Burrell, 2010, 'Staying, returning, working and living: key themes in current academic research undertaken in the UK on migration movements from eastern Europe', *Social Identities*, 16:3, 297–308)总结了自2004年以来急剧增加的有关从东欧向西方移民的研究。

C. 约普克的《移民和民族国家:美国、德国和英国》(C. Joppke, 1999, *Immigration and the Nation-State: The United States, Germany, and Great Britain*, Oxford: Oxford University Press)提供了对于特殊的移民"体制"富有洞见的早期思考。A. 南迪和L. 普拉特的《少数族群女性的贫困和经济富裕》(A. Nandi and L. Platt, 2010, *Ethnic Minority Women's Poverty and Economic Well-Being*, London：Government Equalities Office）从性别的角度出发，论述了族群内部和族群之间的收入不平等问题。I. 劳的《种族主义、族群、移民和社会保障》(I. Law, 2009, 'Racism, ethnicity, migration and social security', in J. Millar, ed., *Understanding Social Security*, 2nd edn, Bristol：Policy Press）描述了少数族群地位与社会保障政策的复杂关联方式。"经济衰退时代的社会政策"研究项目提供了有关最新政策发展及其结果的详细信息，其中包括族群类目，具体请见：www.sticerd.lse.ac.uk/case/_new/research/Social_Policy_in_a_Cold_Climate.asp。约瑟夫·朗特里基金会进行了一系列有关贫困和族群问题的研究，具体请见：www.jrf.org.uk/topic/poverty-and-ethnicity。

复习和课外作业习题

1. 谁是英国的族群？
2. 与少数族群有关的政策有哪些核心特征？
3. 综合性政策以什么方式与种族和族群发生交叉？
4. 为什么不同族群的就业率有差异？
5. 少数族群是否需要针对性的社会政策？请联系贫困和就业问题进行讨论。

请浏览本书的辅助网站 www.wiley.com/go/alcocksocialpolicy，使用为配合本书的阅读而设计的资料链接。在那里你将会发现有专门针对每一章的深入阅读资料链接，其中包括政府、国际组织、智库、压力集团和重要的新闻机构的网站。你还会找到以《布莱克维尔社会政策辞典》为蓝本的词汇表、帮助页、有关如何管理社会政策领域中主要委派形式的指导和职业建议。

第 33 章
贫困和社会排斥

皮特·阿尔科克

> ## 概　览
>
> - 贫困一直是社会政策研究者和制定者所重点关注的问题。
> - 学者和政策制定者在如何界定和测量贫困上存在着分歧。
> - 对贫困的定义和测量会延伸到有关社会排斥的问题上。
> - 贫困和社会排斥都属于复杂的多维度问题，已经有更为成熟的定义和测量方法被开发出来应用于对这些问题的研究。
> - 最近的证据表明，英国的贫困和社会排斥程度一直都维持在高水平上，而且近年来一直在上升。

贫困和社会政策

贫困在社会政策发展过程中一直是其关键问题。一些最早期的政策措施被引入英国来解决贫困问题，尤其是济贫法，它可以追溯到 17 世纪初，并且在整个 19 世纪和 20 世纪早期都是社会政策供给的核心（请见第 16 章）。贫困问题也一直是学术分析和研究的重要焦点。英国的（实际上是世界上最早的）一些社会政策研究，尝试界定贫困，并且测量 19 世纪末伦敦（查尔斯·布思）和约克（西博姆·朗特里）的贫困程度。

贫困问题之所以成为社会政策的中心，部分原因是它为学术争论和政治行动搭建了桥梁。从布思和朗特里开始，分析家们就不只是将贫困的界定和测量看作是学术研究行为，而是抱有这样的信念，即如果贫困存在，那么政策制定者就有义务对此采取行动。这是因为，贫困是一个政策问题——是事务**处于不可接受的状态**，需要某种形式的政策回应。因此，对贫困的讨论及相关证据，都不仅是学术议题，还"推动"着政策的发展。

贫困和社会排斥

不过,在贫困究竟是什么、我们如何定义和衡量它等方面,也存在大量讨论和分歧;这些都关系到贫困问题作为政策驱动力的角色。我们界定和衡量贫困的不同方式,以及由此我们所呈现的不同的贫困程度,将推导出不同的政策行动要求和不同的政策回应形式。对贫困的定义和测量方法,与政策对其的回应相关联。

界定贫困

因此,如何界定贫困是政策讨论和学术分析的核心,而且是一个没有简单或一致答案的问题。学者和政策制定者对于如何界定贫困有分歧,这主要是因为他们对于应该为此做些什么没有达成共识。撒切尔夫人执政时期的社会保障大臣(Secretary of State for Social Security)约翰·摩尔(John Moore)在20世纪80年代末曾经试图取消有关贫困的学术研究,这些研究指出了这个国家日益严重的贫困问题,摩尔所说的一段话尤其引人注意:

> 这个世纪以来,人们的生活水平得到了激动人心的改善,这是不争的事实。当压力集团说,总人口中的1/3生活在贫困当中的时候,他们并不是指1/3的人生活在布思和朗特里所采用的严苛的生存标准之下。(Moore, speech to Greater London Area CPC, 11 May 1989)

20世纪80年代,保守党政府并不认为除了已有的社会福利津贴之外,还需要引入特殊的政策来与贫困作斗争;他们的论点是,根据19世纪的标准,几乎没有人是穷人了,这意味着没有必要采取进一步的政策行动。

这场争论的中心是有关绝对贫困和相对贫困的定义区分(请见工具箱33.1)。

工具箱 33.1　绝对贫困和相对贫困

- "绝对贫困"这个概念是指,处于缺乏生活必需品的状况当中,有时也被称为"生存性贫困"。它通常令人联想到布思和朗特里早期的研究,他们的研究致力于以必需品的消费为基础确定生存水平,而后测量出有多少人的家庭收入低于这个水平,无法供养他们自己和他们的家人。然而,在实际操作中,什么是生活必需品是因个体生活的空间和时间而异的,而且,事实上,当朗特里后来在20世纪重复他的研究时,他扩充了原来的生活必需品清单(参见 Alcock, 2006, ch. 5)。不管摩尔怎么说,大部分评论家也认为19世纪"严苛的"标准,已经不能作为一百年后确定什么是贫困的有效基础了。
- "相对贫困"这个概念将贫困水平随着时间和地点的变化而变化纳入考虑。这个概念尤其与汤森(Townsend)的研究相关,汤森在20世纪五六十年代开发了新的界定和测量贫困的方法,将之与社会保障补贴标准联系起来;研究显示,尽管总体富裕水平在提高,社会保障的保护措施也不断改善,但是英国人口中仍然有相当可观的部分,无法达到社会中"惯常的"生活水平。根据这种研究方法,由于总体生活水平不断提高,对什么是贫困产生了影响,因此任何有关贫困的定义应该与社会中所有成员的平均生活水平相关。相对贫困有时是以平均收入水平的某个比例来加以界定的,正如我们将要看到的,这个比例被作为贫困标准而在英国和其他许多发达国家中广泛应用。

尽管如此,参照平均收入来定义贫困可能是一种通行方式。这暗示了,尽管收入有大幅度提高,但是在国家人口中仍然有恒定比例的人一直都处于贫困之中;这也正是摩尔在1989年试图攻击的不合逻辑的相对主义。贫困的含义可能随着时间的推移而变化;但是对贫困的定义,应该不只是在平均收入中所占的比重那么简单。

当然,收入在任何情况下都只是对贫困的间接测量。的确,我们用自己的收入能够购买什么,决定了我们的实际生活水平。汤森意识到了这一点,他尝试确定能够用来探明某人是否缺乏生活必需品的指标。在他之后,又有各个领域的其他研究者展开了进一步的研究,以开发**贫困指标**研究路径,其中包括通过全国性的调查研究,确定大部分人所认为的现代生活的必需品是什么,而后测量没有能力负担大部分或者所有必需品的人的数量。接下来我们就要讨论这些。

剥夺和排斥

在开发贫困研究相对路径的过程中,汤森意识到,维持通行的生活标准不只是关系到足够高的收入。他认识到,人们的健康状况、住房情况和工作条件,也都影响着生活水平,而这些可能是当前收入水平之外的群体因素所决定的。汤森在他有关贫困的重要研究报告即《英国的贫困问题》(*Poverty in the United Kingdom*,1979)中,讨论了剥夺的其他维度,并且指出"剥夺"这个概念而不是单纯收入意义上的贫困,更能捕捉到当代社会未达标的生活水平这个问题的本质。

20世纪80年代,儿童贫困行动小组(CPAG)出版物的撰稿人(Golding,1986)在其研究中采用了这种涉及面更广泛的研究路径,并且越来越多地关注可能导致剥夺的生活其他层面,这些使人们被社会排斥在外。包括信息和通信技术、银行和金融服务以及休闲活动,所有这些都已经被承认为现代生活的基本要素了。儿童贫困行动小组出版的作品是《排斥穷人》(*Excluding the Poor*),该书指出,被排斥在社会活动之外是导致贫困的一个重要因素。并不是我们**拥有**什么,而是我们**做了**什么(或者**没有**做什么),才可能是社会问题;而且正是"社会排斥"这个概念与贫困一起,肩并肩地使社会政策的核心驱动器被更广泛地概念化了。

社会排斥是英国学术界和政治领域争论的更为核心的焦点,这部分是因为英国深受欧洲政治决策的影响——在一段时间里,解决社会排斥问题是欧洲一些政策提议的目标所在。而且在1997年,一个公共资助的研究中心——社会排斥分析中心(CASE)在英国伦敦政治经济学院成立。学者们(Hills et al.,2002)指出,"被排斥"意味着不能参与到核心的社会活动中,这里所说的核心的社会活动包括:

- **消费活动**：购买商品和服务。
- **生产活动**：参与有经济或社会价值的活动。
- **政治参与**：参与地方或国家的决策。
- **社会互动**：与家人、朋友和社区的互动。

儿童贫困行动小组的著作所开发的路径在20世纪80年代得到拓展，并且引导研究者关注测量社会排斥的各种方法——定量和定性的测量方法，这些研究显示出被排斥的经历随着时间和地点的改变而变化，不同的人在不同的时间里所体验的问题侧面也有所不同。

工党政府在1998年之后也采用了更为宽泛的研究路径，他们特地成立了直接向内阁办公室汇报的社会排斥局（Social Exclusion Unit，SEU）——虽然它后来被降格为一个特别工作小组。这个部门的目标并不是与上文提到的社会排斥的所有层面作斗争，而是关注少数核心政策的优先事项，例如露宿街头、校园排斥和少女怀孕等。设立这个部门是希望它能够对政府各部门的决策产生影响；不过，它只取得了有限的成绩，而且在2010年，联合政府取消了这个部门。

测量贫困和社会排斥

学者们努力开发对社会排斥这个宽泛的概念进行测量的方法，致力于将不同的维度纳入考虑。例如，约瑟夫·朗特里基金会和新政策研究所（New Policy Institute）在十多年的时间里一直资助涉及金钱、住房、工作、补贴和服务等不同维度的一系列指标的研究（MacInnes et al., 2014）。然而，这些多样化的测量方法所提供的复杂而且不断变化的信息，并没有使确立普遍的贫困和社会排斥水平或是追踪它们的变化变得容易。

戈登（Gordon）所领导的"贫困和社会排斥"（Poverty and Social Exclusion，PSE）研究进行了更为成熟的尝试。这项研究是以一系列居民调查为基础的：在调查中，研究者请受访者定义他们所认为的需求指标，然后计算出由于无力支付而缺乏大部分物品的人的数量。最新的调查是在2012年展开的，工具箱33.2中总结了调查结果（相关讨论参见Mack and Lansley, 2015）。

工具箱33.2　贫困和社会排斥调查

超过90%的受访者同意以下是对于成年人而言的三大排斥指标：
- 可用的暖气设备；
- 不潮湿的住处；
- 一天两餐。

对于儿童而言则有四大排斥指标：
- 一件暖和的冬装；
- 每天可以吃到一次新鲜的水果或蔬菜；

- 新的合脚的鞋子；
- 一天三餐。

此外，还有类似的更为通用的生活方式指标，例如看望家庭成员、休闲活动和（提供给孩子的）学习和玩耍的地方。

1983年的调查显示，人口中有14%的人缺少三件或者三件以上的基本必需品。而到了2012年，这个比例翻了一倍还多，升至33%。2012年，将近1 800万人无法负担差强人意的住房；大约1 400万人买不起家庭生活必需品中的某一件或多件；400万儿童缺少两件或两件以上的生活必需品——这个数字是1999年的两倍。

这些对贫困和社会排斥更为精巧的测量描绘的图景令人沮丧，但也相当复杂。然而，某些时候人们需要简单的综合测量方法，它们在一定程度上能够同时得到学者和政策制定者的认同。因而，也有一些较为简单的贫困和社会排斥测量（替代）方法被研究者和政治家广泛采用，这些方法为贫困和社会排斥问题的规模提供了重要证据。

在这里最为重要的是每年发布的《未达到平均收入水平的家户》（Households Below Average Income，HBAI）报告中有关收入水平的数据，可以在工作和养老金部（DWP）的网站上读到该报告。在这里，对贫困的测量是以平均收入中位数（收入分布的中间点）的60%为基准的，分别考虑不计入和计入这些家庭的住房支出两种情况，因为这些通常是家庭无法控制的开支的重要部分。这种测量方式被广为应用。它被官方用来确定儿童贫困状况——我们将在下文讨论这个问题，而且也在许多发达国家，尤其是在欧盟各国被采用。

2013—2014年度的最新数据表明，在没有考虑住房支出的情况下，有960万家户（15%）属于贫困家户，而在将住房支出纳入计算之后，贫困家户的数量为1 320万（21%）。儿童的情况则更为黯淡：没有计入住房支出时的贫困儿童为230万（17%），考虑住房支出之后是370万（28%）。贫困程度很高——至少从这种收入测量方式来看；而且儿童的情况尤其糟糕，有超过1/4的儿童处于相对贫困状况中。《未达到平均收入水平的家户》报告也包含不同社会群体具有不同致贫风险的信息，其中包括残疾人群体和少数族群，以及来自不同地区的人群。

当然，对这些模式做出解释是相当困难的，而希尔斯和他的同事在他们有关不平等问题研究的著作中，对其他一些模式进行了分析。无论如何，这些数据都表明，处于低收入水平的贫困人口自20世纪80年代以来，比例一直居高不下，这种状况只是在21世纪初有些改善。这使托尼·布莱尔领导的工党政府将解决儿童贫困问题作为特殊的政策目标，承诺到2020年完全根除这种现象；相关诺言以立法的形式被铭刻在《2010年儿童贫困法案》当中（请见第57章）。

该法案也引入了更全面的儿童贫困的正式定义，既测量了收入，也测量了匮乏状况，具体包括：

- 相对低收入：以平均收入中位数的60%为基准，将住房支出纳入计算之前，生活在收入低于这一水平的家庭中的儿童比例。

- 绝对低收入：以2010—2011年度平均收入中位数的60%为基准，生活在收入低于这一水平的家庭的儿童比例，其中对物价上涨因素进行了调整。
- 低收入和物质剥夺：以平均收入中位数的70%为基准，生活在收入低于这一水平并且处于物质匮乏的家庭中的儿童比例。
- 持续贫困：以平均收入中位数的60%为基准，在过去的四年中至少有三年生活在收入低于这一水平的家庭中的儿童比例。

但是，最近的《未达到平均收入水平的家户》报告中的数据显示，到2020年消除儿童贫困的目标将是一个极其苛刻的目标。尽管工党政府开发了税收抵免并且提高了补贴，但是在21世纪初到2020年之间的时间中点——2010年，中期目标也没有实现。而未来的行动可能需要改变政策，采取一些超越已有做法的措施。不过，联合政府也缩减了儿童津贴（Child Benefit）和儿童税收抵免（Child Tax Credits）；2015年当选的保守党政府同样打算进一步削减开支，这是他们从社会保障预算中减少120亿英镑开支计划的一部分（请见第47章）。

新议题

尽管工党的努力在根除儿童贫困现象、解决更为广泛的社会排斥问题上收效有限，但是工党政府仍然作出了要制定强有力的反贫困政策的政治承诺，而且减少社会排斥一直是其公共政策的核心目标，这些也都从社会排斥局的创办体现出来。相反，保守党对工党的业绩提出了批判，并且声称除去不断增加的政府支出之外，工党并没有在修复他们所谓的"破碎的英国"上取得成功。

因而，联合政府终止了工党的诸如建立社会排斥局之类的积极举措，并且尝试改变政策发展的核心。他们首要的政治诺言是消除公共部门的赤字，而这意味着将进一步削减公共开支。尤其是，联合政府发起了大规模削减福利补助方面支出的行动：儿童津贴被冻结、基于经济状况调查的补助和税收抵免额度都被削减，并且失业津贴的增加不及通货膨胀，所有这些都为贫困家庭带来了更大的压力（请见第21章和第47章）。

这个趋势在保守党政府那里仍将继续，尽管他们没有正式放弃工党的预定到2020年消除儿童贫困的目标，但是也在计划废除《2010年儿童贫困法案》，并且重新定义儿童贫困，因为他们认为儿童贫困并不是低收入所导致的，而是个体和家庭无法对社会问题做出回应所带来的更广泛的后果。因此，焦点将转向其他因素，例如生活在无业家庭中的儿童的比例、在校学生所取得的教育成绩，并且将对家庭破裂、债务和毒品成瘾等现象进行测量。

正如上文中的证据所显示的那样，在英国，贫困和社会排斥程度都比较高。与欧盟其他一些国家（例如法国、荷兰）相比，这些情况也令人不快；而且在2009年，英国的低收入家户比例甚至要高于欧盟的平均水平。另外一些国家则有着更高的贫困和社会排斥水平，例如欧盟成员国中的意大利和希腊，以及欧洲之外的日本和美国等国。

当然，贫困和社会排斥在很大程度上是世界上所有国家都要面对的重大问题。但是，如果将发展中国家纳入考虑，特别是那些非洲和印度次大陆的国家，这些问题则要严峻得多。在这些地方,解决贫困和社会排斥问题尤其迫在眉睫,因为上百万的非洲人正处于饥饿和早逝的境地。

贫困和社会排斥因此是国际性(或者更确切地说是全球性)难题(也请参考第70章、71章)。2005年的"让贫困成为历史"(Make Poverty History)运动带来了强有力的救援,该运动努力向发达国家施加压力,促使它们致力于缓解非洲和其他地区的贫困状况。这带来了增加对发展中国家的国际援助、"注销"阻碍未来经济发展的债务及贸易赤字的承诺;此外,联合国(UN)在《2000年千年发展目标》(Millennium Development Goals 2000)中设定了一系列具体目标,其中包括到2015年使赤贫人口减少一半,尽管实际上,在这些方面并没有什么进展。一些国际机构,例如联合国开发计划署(UN Development Programme)、世界卫生组织(World Health Organization)和世界银行也都在一系列减轻贫困、推动全世界经济发展的国际项目中发挥着重要作用。

在具有重要影响力的政治家和政策制定者中,越来越多的人认识到贫困和社会排斥是全球性的,而非只是某个国家的问题;而且人们也一致认为,需要采取国际行动应对这些问题,尽管很多人在承诺的力度和所需要的资源、取得重大成功所花费的时间上并没有完全达成共识。这个国际性挑战的规模现在也是学术界研究的对象,其中以汤森最为著名,他一直致力于撰写必须与"世界贫困"作斗争的文章。因而,在贫困和社会排斥问题上,未来的政治气氛可能更具国际性特点,而在这些事务上,国家政府只能发挥有限的作用。

可深入阅读的参考文献

皮特·阿尔科克的《理解贫困(第三版)》(P. Alcock, 2006, *Understanding Poverty*, 3rd edn, Basingstoke: Palgrave)是最全面的有关贫困和社会排斥研究及政策的导论性作品。R. 利斯特的《贫困》(R. Lister, 2004, *Poverty*, Cambridge: Polity Press)和 P. 斯皮克的《有关贫困的观点》(P. Spicker, 2007, *The Idea of Poverty*, Bristol: Policy Press)令人信服地解释了为什么贫困是个社会问题,以及我们应该如何应对它。T. 里奇和 S. 赖特编的《理解不平等、贫困和财富:政策和展望》(T. Ridge and S. Wright, eds, 2008, *Understanding Inequality, Poverty and Wealth: Policies and Prospects*, Bristol: Policy Press)收录了从不同维度讨论贫困和社会排斥问题的论文。

约翰·希尔斯、F. 巴斯塔利、F. 考埃尔、霍华德·格伦纳斯特、E. 卡拉吉奈奇和 A. 麦克奈特的《英国的财富:分配、积累和政策》(J. Hills, F. Bastagli, F. Cowell, H. Glennerster, E. Karagiannaki and A. McKnight, 2013, *Wealth in the UK: Distribution, Accumulation and Policy*, Oxford: Oxford University Press)对财富、贫困和不平等的水平的发展趋势进行了概述。H. 麦金尼斯、H. 奥尔德里奇、S. 布希、A. 廷松和 T. 巴里博恩的《2014年贫困和社会排斥监测报告》(H. MacInnes, H. Aldridge, S. Bushe, A. Tinson and T. Barryborn, 2014, *Monitoring Poverty and Social Exclusion 2014*, York: JR Foundation/New Policy Institute)报告了他们所采用指标的最新数据。

早期有关社会排斥维度的讨论可以在 P. 戈尔丁编的《排斥穷人》（P. Golding, ed., 1986, *Excluding the Poor*, London：CPAG）中找到；约翰·希尔斯、J. 勒格朗和 D. 匹亚肖德编的《理解社会排斥》（J. Hills, J. Le Grand and D. Piachaud, eds, 1986, *Understanding Social Exclusion*, Oxford：Oxford University Press）是对儿童贫困行动小组早期研究的总结。J. 马克和 S. 兰斯利的《贫困英国：大众贫困的兴起》（J. Mack and S. Lansley, 2015, *Breadline Britain：The Rise of Mass Poverty*, London：One World Books）对贫困和社会排斥项目的最新研究数据进行了探讨。

政府网站是获得官方政策和研究报告的重要来源，特别是工作和养老金部的主页：www.dwp.gov.uk。在贫困和社会排斥调查的网站（www.poverty.ac.uk）可以找相关研究数据。

在约瑟夫·朗特里基金会的网站（www.jrf.org.uk）可以找到大量相关领域的研究报告。儿童贫困行动小组的网站（www.cpag.org.uk）收集了大量有关活动的信息、政策简报和最新调查数据的总结。

复习和课外作业习题

1. 为什么贫困研究对社会政策学科的发展如此重要？
2. **绝对贫困**与**相对贫困**的区别是什么？
3. 贫困和社会排斥调查研究是如何定义和衡量社会排斥的？
4. 为什么英国工党政府将消除儿童贫困作为政策目标？他们在这一方面取得了多大成效？
5. 贫困在多大程度上仍然主要是收入不足的问题？

请浏览本书的辅助网站 www.wiley.com/go/alcocksocialpolicy，使用为配合本书的阅读而设计的资料链接。在那里你将会发现有专门针对每一章的深入阅读资料链接，其中包括政府、国际组织、智库、压力集团和重要的新闻机构的网站。你还会找到以《布莱克维尔社会政策辞典》为蓝本的词汇表、帮助页、有关如何管理社会政策领域中主要委派形式的指导和职业建议。

第六部分
福利产品和供给

第 34 章
国家福利

凯瑟琳·博榭尔

>> 概　览

> 在20世纪的大部分时间里,国家都在福利供给中发挥着越来越显著的作用,而它介入的程度和形式也一直都是争论的焦点。
> 主要的争论围绕着公共、商业、志愿和非正式供给之间的平衡,以及个体与国家之间的关系和各种责任展开,并且所有这些也都体现在政府所采取的路径中。
> 20世纪70年代末以来,保守党政府想方设法缩减国家供给的规模,并且使公共部门的运作方式更类似于商业部门的方式。
> 1997年到2010年,工党更愿意接受国家在福利供给中的角色,并且公共支出有了显著的增长。
> 2010年上台的联合政府和2015年之后的保守党政府所采取的政策,都意味着国家在福利供给中的规模和角色的重大变化。

定义国家

现代国家很复杂,而且由多种多样的要素构成。很难以简单的术语为国家下定义。有关"国家"存在着多种观点和理解。例如,有人看到的是国家提供了保护和安全;而在有些人看来,这个概念具有保密和控制的含义;另外一些人则认为国家的权力及其行使权力的方式是最为重要的。尽管关于国家有着各种各样的看法,而且它们影响着我们对国家及其与群体实体之间的关系的理解,但是由于篇幅的限制,我们在这里必须采取更为集中的路径。也就是说,国家对我们的生活产生了巨大的影响,仅仅这个理由就足以让我们对国家进行研究了;因此,国家与社会之间、国家与个体之间的关系构成了大量相关讨论的重要基础维度。

国家和福利混合经济

"福利国家制度"术语在社会政策中被广泛使用。这意味着大部分福利是由国家提供的,这个印象可能被大部分人所使用的某些服务(例如卫生保健和教育)大多与公共部门有关这样的事实进一步强化了,因而人们普遍认为国家是福利服务的主要供给机构也就不足为怪了。

但是,即便曾经有过这种情况,现在也不再是这样了(请见第三部分)。福利服务以不同的方式支付和提供,其中包括个体本身和来自公共、商业、志愿和非正式部门的各种机构。在诸如卫生健康和教育等领域里有多种提供者,而在与儿童照料、住房和养老有关的领域中,甚至有更为多样化的提供者,这种局面往往被称为"福利混合经济"。

近年来有关社会政策的主要讨论,是围绕着不同领域的相对规模和角色展开的,其中包括国家为福利提供资金和供给福利这两个方面。服务供给的责任平衡随着时间的推移已经发生了显著的变化,例如,我们可以看到,国家福利供给从1945年到20世纪70年代中期一直在持续增长,而自80年代以来则转变为商业、志愿及非正式供给扮演越来越重要的角色。从90年代末期以来,"国家"福利服务越来越多地是通过与来自这些部门的机构合作的方式提供的;而且自2010年起,联合政府和保守党政府的许多政策,都以让"非政府"提供者发挥更广泛的作用为目标,特别是在英格兰,公共开支的削减也意味着公共部门的规模和角色的显著收缩。

分析国家

尽管存在着许多描述和分析国家的路径,但是其中一种是将国家看作拥有至高无上统治权的机制,它行使法定权力,并且其他国家承认其可以这样行动;国家是由组成政府的各个机构通过开发和执行各种政策和法律来进行治理的(不过,由于超国家组织的出现,例如欧盟,国家是否具有至高无上统治权的问题被提出来了;请见第46章、71章)。

另外一些关于国家的不同观点,也能够帮助我们理解国家行使权力的方式。例如,在自由民主主义者那里,多元主义理论指出权力被广泛分配,因而许多群体和组织能够影响政策。相反,其他一些观点,例如精英主义或者马克思主义的路径,则意味着国家权力更大限度地集中在某些群体手中。

由于难以界定和分析国家,以及本章的特定焦点,因此我们可能应该集中在国家福利层面的"政府"功能。在英国,组成政府的机构包括:

- 中央政府:威斯敏斯特议会(Westminster Parliament)或英国议会、首相(Prime Minister)、内阁和中央政府各部门。在各部门之间可以做一些区分,例如存在着财政部和"支出部门"之间的区别,前者负责管理英国全国的公共支出,而后者包括多个部门,有负责英国的养老金和津贴的,有负责英格兰的教育、培训和卫生健康服务的,还有委任分权的行政部门。也可以做进一步的划分,比如一些部门主要发挥政策制定的作用,确定由其他组织提供的服务的方向和框架,另一些部门则更直接地提供服务(例如卫生健康、国家养老金和其他津贴等)。

- 苏格兰议会(Scottish Parliament)、威尔士国民议会和北爱尔兰议会:这些机构能够在其管辖地区,就福利政策和福利供给行使不同级别的权力(请见第四部分)。
- 地方政府:历史上,地方政府在直接提供服务方面扮演着核心角色,但是20世纪80年代以来,这些权力被分散了。由此带来的结果是,曾经由地方政府提供的服务现在由其他领域提供了(请见第45章)。
- 各级政府层面上的各种机构,其所涵盖的范围非常广泛,从准自治的非政府组织(半官方机构)、非政府部门公共机构(NDPBs)、专家委员会到"下一步"机构(Next Step)和政府外组织(EGO)。这些机构履行部分政府职能,但是与它们为之承担责任的部门保持"一臂之遥"的距离。尽管新上台的政府总是试图减少此类机构的数量,而且它们也容易受到重组和改名的影响,但是它们一直都在发挥一定的作用,同时总是引人注目。权力下放也在英国各地发挥着不同的影响。例如2015年初得到下放权力的机构,包括平等和人权委员会与北爱尔兰人权委员会,英格兰的教育资助局(Education Funding Agency)与住房和社区局(Homes and Communities Agency),苏格兰技能开发局(Skills Development Scotland),威尔士的高等教育资助委员会(Higher Education Funding Council),以及(北爱尔兰)社会保障局(Social Security Agency)。

国家介入福利事务

我们能够对国家所履行的职能(诸如防御、收税、提供服务和治理等)进行分析。但是从上文的讨论和本书其他章节可以明确看到,国家是以不同的方式介入福利事务的(请见工具箱34.1)。

由于国家在社会政策各方面扮演着不同的角色,以及福利混合经济的存在,因此国家介入福利事务会出现各种各样的组合也就不足为怪了。例如,教育服务可能由商业机构提供,相关资金却来自个人,也可能由非政府组织和公共机构共同提供服务和出资,或者单独由公共机构提供服务和出资。在英国的所谓私人医疗领域,服务既不由国家提供,也不由国家提供资金支持,但是其基本部分却受国家管理,而且在某些情况下,国家会为公立医院的患者购买特定的服务。在福利服务和供给的各个领域里有大量类似案例。因而,显而易见,在福利混合经济中存在着巨大的复杂性。

正如上述讨论所展示的,由于大量各种类型的机构参与到福利供给中来,因而可以看到,政府在福利生产和福利递送方面扮演着错综复杂的角色。由此,一个令人深思的论题就是,国家应该扮演什么样的角色。例如,有人声称,现在国家所扮演的角色和所发挥的职能的数量过于庞大了,以至于它不再能够顺利地承担这一切,因此有必要引入一系列群体组织参与到服务递送和管理中来。有些人相信,一个大型国家机构在回应它的公民的需要时是低效、官僚主义和缺乏响应的,而且减少了自由度和选择性。另外一些人主张,国家应该保留它的许多角色,但是它需要更加高效地履行它的职能。而且,还有人建议,国家在社会政策领域中还有进一步扩大其作用的空间,特别是在减少不平等的问题上。所有这些论点不仅在这里有所体现,而且反映在本书其他章节和社会上更广泛的讨论中。

国家角色的变化

本书的其他部分考虑了福利国家制度的历史发展过程(请见第三部分和第42章),这部分内容则旨在介绍1979年以来国家角色的主要变化和发展。

从1979年开始,深受新右翼思想影响的保守党执行了减少国家在福利中的作用的策略。当时强调的是"管理主义",并且人们相信在公共部门中引入私人部门的商业措施,将会带来更高的效率;1998年以来,一系列各式各样的——通常被称为"新公共管理"的政策工具被引入(请见第43章)。包括:更多地利用市场,如私有化(例如出售政府提供的公有住房);强制性竞标(比如医院里的保洁服务);在福利供给中(例如在卫生健康和教育领域)引入市场类型机制;将国家视为福利服务的促成者而非提供者的观念的发展,使得更多的服务由商业和志愿部门以及个体本身提供;非本质功能的权力下放,例如政策实施和服务递送,以前由中央和地方政府承担的事务现在转给了非政府部门公共机构、"下一步"机构和其他组织。随着时间的推移,上述发展带来了更碎片化、更加复杂的组织和服务递送,与此同时,评论人士对这些发展是否成功以及它们对社会的影响几乎没有形成什么共识。

工具箱34.1　国家在福利领域的主要功能

- **制定政策和通过立法**:国家在许多领域的政策形成方面扮演着重要角色,如在中央政府、委任分权行政机构和地方政府;前两个较高级别的层级,也在某些情况下能够指挥地方当局和其他机构执行它们所制定的政策。国家机构、法律和政策也限定了服务递送的框架。

- **提供资金**:中央政府提供了国家福利的大部分资金。这是通过多种多样的渠道实现的,其中包括中央政府作为服务的直接提供者,例如国家医疗服务体系;为个人提供直接的资金资助,例如通过国家养老金和儿童津贴给予资助;通过地方政府、"臂距"机构和商业或志愿部门的供应者,或者以补助金或者以服务供应承包合同的方式间接提供资金。除此之外,国家也通过减税、税收抵免和其他形式的帮助(例如免费或得到补贴的处方)来为一些个体提供经济资助。

- **递送**:从上文的讨论中我们可以清晰地看到,国家在资助福利方面扮演着主要的角色,例如国家医疗服务、国家教育和社会照顾的许多领域,而且国家也在很大程度上决定着福利的形式,尽管有些服务的职责是通过地方政府或者非国家供应者履行的。

- **促成**:自20世纪80年代以来,国家发展了其在促成和监管商业、志愿组织提供服务方面的角色,而不是自己提供服务。

- **协作和合作**:这在福利服务的递送中变得越来越重要;所有层级的政府都开始强调,不同领域中各种各样的组织聚集在一起,共同以某些方式回应问题和递送服务;相比单独行动或者在互相竞争中运作的机构,相互合作的组织能够提供更加灵活、全面的服务。

- **管理和指导**:近年来,国家的监管角色被越来越强烈地意识到,而且这在社会政策领域体现得尤其明显。2015年初成立的照顾质量委员会(Care Quality Commission)就是一个这方面的例子,它负责对卫生健康和社会照顾服务进行登记、监督和汇报;教育、儿童服务和技能标准办公室(Office for Standards in Education, Children's Services and Skills, OFSTED)负责管理有关照料儿童和年轻人的服务,以及英格兰提供教育和技能培训服务的机构,还有英国其他地方的相应机构,例如苏格兰卫生健康促进委员会(Healthcare Improvement Scotland)和威尔士照顾委员会(Care Council for Wales)等;另外,还有负责管理公司并且为英国全国范围内的金融服务业提供咨询的金融服务监管局(Financial Conduct Authority)。

从1997年开始,即工党执政时期,在国家与福利的关系中出现了大量时而重叠时而相互冲突的成分。

作为促成者的国家,越来越广泛且更大规模地将非法定机构作为服务递送者,并且将建立伙伴关系看作是对商业和志愿部门在满足社会需求方面的优势的充分利用。高效率且高效能地递送公共服务被看作至高无上的目标,为了实现这个目标,多种多样的管理、审计和监督机制被采用(请见第43章、44章)。一些国家福利供给领域(尤其是社会保障、教育和国家医疗服务)的公共支出有所增加,同时,工党也扩大了间接性的"财税福利",特别是通过针对低收入群体的税收抵免措施。国家与个人的关系被看作是公民在国家那里能够享受到与其义务相匹配的权利。例如,这一点反映在补贴与工作之间的关系中,在这个领域一直存在着关于条件性以及如何激励那些没有能够履行其义务的个体承担起自己的责任的讨论(请见第56章)。

对北爱尔兰、苏格兰和威尔士的权力下放,在英国全国范围内创造了更多样化的国家介入福利领域的途径。例如,苏格兰行政院在2000年决定为老年人提供免费个人护理,威尔士国民议会从2007年4月开始取消了处方费,而且在高等教育学费方面,各地也有不同的做法(请见第四部分)。

在2010年到2015年联合政府执政期间,所强调的重点是削减公共开支。尽管部分是对2007—2008年金融危机所导致的财政赤字的回应,但更多的是因为这届政府内部存在着减少国家作用的意识形态动力。"大政府"从根本上变为"大社会"的思想,也是首相戴维·卡梅伦和其他保守党人的愿景。这一思想的基础来自这些信念,即政府过多地干涉个体的生活,国家在福利中的作用过于巨大,福利国家制度已经变得低效率、浪费、过度官僚作风了。这种思想与自由民主主义的思想接近,后者试图将经济自由主义的思想部分应用到社会福利供给中。

保守党政府在2015年大选中重申了上述许多观点,并且提出要进一步大幅度削减公共支出。除了裁减公共支出(目标是从占2010—2011年国内生产总值的42.3%下降到2015—2016年的38.7%)之外,这届政府还将想方设法省下另外的300亿英镑,其中包括从社会保障预算中减少120亿英镑。

可以感受到的福利国家的衰落,与在英格兰出现的对由志愿部门、社会企业和地方社区提供的福利的需求增多,以及个体与国家之间新关系的建立等因素结合起来,意味着国家在许多领域不断萎缩甚至是剩余化,尽管像联合政府一样,保守党政府承诺将维持甚至增加国家医疗服务和学龄教育方面的支出。卡梅伦用"大社会"取代大部分国家的角色的想法,没有能够在联合政府那里赢得广泛的支持,但是它是保守党政府在2015年发表的宣言的特色所在。更普遍的是,联合政府和保守党政府都力图向更多样化的供给者开放英格兰的公共领域,例如,允许中小学转变为学院学校,直接对白厅而不是地方议会负责,设立由父母或者其他组织运营的"免费"学校,给予商业或志愿提供者在国家医疗服务中更大的发挥余地。

新议题

在过去的三十年里,个体、社会和国家之间的关系是社会政策发展的核心问题。新右翼思想在20世纪八九十年代对保守党政府的影响,反映在该党努力减少政府的影响和缩小规模,并且强调由个人为他们自己和家庭提供福利。尽管这些也体现在工党政府制定的社会政策的某些领域中,但是工党侧重于个体的权利和义务,而且公民的参与和介入决策是工党路径的核心维度;在工党政府那里,也有关于福利国家制度以及特别是国家资助福利的明确承诺。

2010年以来,联合政府和保守党政府特别强调了减少国家的影响及重塑国家的角色,因而在英格兰,更多的职责被放在了个人、社区群体、志愿组织和作为"大社会"组成部分的社会企业的肩膀上,而且公共部门的非国家供给者正在不断增加。尽管有一系列想法开始得到讨论,其中包括互助服务、推动提供者的多样化和多元化、将各个机构从国家控制中解放出来,但是变革的首要动力可以说是公共支出的减少,特别是在社会保障领域和地方政府层面上,不过在教育和国家医疗服务领域,节约的压力也相当大。

福利混合经济的特性和平衡,似乎仍是社会政策的核心特征,而关于国家在不同领域里扮演什么形式的角色、在多大范围内发挥影响是恰当的之类的争论也将继续,并且随着保守党追求更进一步的削减公共支出而凸显。

此外,至少部分因为连续政府所引入的变化,包括福利供给系统的框架,以及随之而来的对于更多监管和新的协作方式的需求,中央政府与所有领域的各种福利供给者之间的关系将会变得更为复杂。上述挑战,连同对于现实状况的清晰认识和对那些执行社会政策的机构进行监管,意味着责任和管理应该是国家的核心议题(请见第44章)。除此之外,鉴于英国各立法机构的权力和政治控制随着时间的推移而发生改变,有关社会政策的分歧在未来将进一步扩大。

可深入阅读的参考文献

休·博榭尔和马丁·鲍威尔编的《英国联合政府和社会政策》(H. Bochel and M. Powell, eds, 2016, *The UK Coalition Government and Social Policy*, Bristol: Policy Press)详

细分析了自 2010 年以来社会政策的发展;而马丁·鲍威尔编的《福利国家现代化:布莱尔的遗产》(M. Powell, ed., 2008, *Modernising the Welfare State: The Blair Legacy*, Bristol: Policy Press)反映的是此前工党政府在社会政策方面的发展。约翰·希尔斯的《好时光和坏时光:他们和我们的福利神话》(J. Hills, 2014, *Good Times, Bad Times: The Welfare Myth of Them and Us*, Bristol: Policy Press)分析了我们在一生中从福利国家得到的所有福利。C. 海、M. 利斯特和 D. 马什编的《国家:理论和议题》(C. Hay, M. Lister and D. Marsh, eds, 2006, *The State: Theories and Issue*, Basingstoke: Palgrave Macmillan)思考了从多元主义到治理再到全球化等有关国家的各个方面的问题。T. 博瓦尔德和 E. 洛福勒编的《公共管理和治理》(T. Bovaird and E. Loffler, eds, 2009, *Public Management and Governance*, London: Routledge)从不同的途径详细分析了本章所思考的一些问题,例如伙伴关系的运作、公共领域的规模和范围等。C. 皮尔森、F. G. 卡斯尔斯和 I. K. 瑙曼编的《福利国家读本》(C. Pierson, F. G. Castles and I. K. Naumann, eds, 2013, *The Welfare State Reader*, Cambridge: Polity)涉及了福利国家的各种前景、争论和挑战。

英国财政部(www.gov.uk/government/organisations/hm-treasury)是统计信息和其他出版物的丰富来源,而与此同时,英国财政研究所(www.ifs.org.uk)提供了可能与政府观点不一致的权威作品。

复习和课外作业习题

1. 现代社会的国家在多大程度上是福利供给的首要来源?
2. 自 1979 年以来,英国在福利供给方面发生了哪些变化?
3. 为什么就社会政策而言,个体的义务和国家的责任之间的关系充满了争议?
4. 在福利混合经济中,国家的角色应该是什么?
5. 你认为在下一个十年,国家福利所面对的核心议题是什么?你认为这些问题怎样才能得到最佳应对?

请浏览本书的辅助网站 www.wiley.com/go/alcocksocialpolicy,使用为配合本书的阅读而设计的资料链接。在那里你将会发现有专门针对每一章的深入阅读资料链接,其中包括政府、国际组织、智库、压力集团和重要的新闻机构的网站。你还会找到以《布莱克维尔社会政策辞典》为蓝本的词汇表、帮助页、有关如何管理社会政策领域中主要委派形式的指导和职业建议。

第35章
商业福利

克里斯·霍尔登

>> 概　览

- 许多不同类型的营利性公司进入了福利递送领域。
- 在发达的福利国家中，国家福利行为的范围和类型在决定商业福利服务的规模方面扮演着核心角色。
- 在发达的福利国家中，最近的改革带来了公共和私人部门之间的"界限模糊"。
- 福利服务供给越是依赖于市场和非国家供给者，对于它们的监管在社会政策目标中就变得愈加重要。

福利领域的市场和企业

商业福利涉及在不同类型的市场中出售和购买福利服务和产品。这些服务的销售者通常以为其所有者带来利润为目的，尽管如此，非营利性供给者，例如志愿组织、互济会（严格来说，它们属于非营利组织）或社会企业（它们将收益再次投入组织或社区），也都可能参与到福利市场中来。不过，所有这些类型的供给者如果要保持竞争力，通常必须使自己的收入最大化。这些服务的消费者是个人，尽管支付者可能是个人自己（或他们的家人）（请见第40章）、保险公司（凭借个人或他们的雇主为保险计划缴纳的保金；请见第36章）或是国家机构。一般来说，在市场上销售和购买满足人类福利要求所必需的服务，采用的是与买卖任何家用品一样的方式。然而，有两方面的核心原因，使得福利服务应该与其他商品和服务有所不同。

第一个原因是，根据定义，福利服务对于满足人类的基本需求至关重要，因而政府通常决定，要采取行动保证所有公民都至少能够得到某种最低水平的福利服务。如果政府不采取相应的行动，那么公民中就有许多人无法满足自己的基本需求，因此导致巨大的不平等。像英国这样的国家,在整个20世纪一般都采取由国家机构直接提供福利服务的方式,同时存在国家给予资金资助并且加以管理的服务(请见第34章)。国家的直接供给,通常被视为能够确保所提供的服务符合政府所认为的必需水平和标准的最佳途径。例如,在卫生健康服务领域,由于国家医疗服务体系的创立,私人供给被挤到了边缘,前者是通过总体税收获得运营资金的,而公民在有需要时可以免费使用相应服务。但是,政府也越来越多地质疑这种观点,即为了满足公民的需求,政府自己有必要作为福利服务的供给者。

福利服务区别于其他商品和服务的第二个关键原因是,市场往往不能高效地提供福利服务(请见第6章和第40章)。出现这种情况是有多种原因的。例如,决定自己需要哪种类型的医疗服务不同于挑选一台新电视,你要更多地依赖于专家的知识。因此,即便市场和营利性供给者在福利服务递送中扮演着某种角色,但是也应该小心监管它们,以确保它们有助于社会政策目标的实现。

在大部分国家,诸如卫生健康和社会照顾、儿童照料、教育、养老金、其他金融产品和(当然也包括)住房等福利服务的商业供给,一直存在于所有公司能够从中获利的地方。不过,在先进的福利国家中,国家福利供给的规模和类型,往往是商业供给的活动范围最重要的决定因素。国家供给越少的地方,在那里其他供给者的活动范围就越大。尽管如此,在很多国家(包括英国),一直存在着许多从国家支付中获利或者代表政府提供服务的公司,而且自20世纪80年代以来,由于政府的政策,这类公司的数量增加非常可观。除此之外,生产诸如药品这样对于福利服务供给至关重要的商品的公司,也从国家资助中获得巨大的收益。

在国家福利服务供给或资助少的地方,市场的规模和形式主要是由有效需求的程度决定的,也就是说,取决于有多少人愿意而且能够为相关服务付费。由于人们不一定有能力"自掏腰包"支付其所需要的服务,这往往推动了商业保险计划的发展。例如,在像英国这样通过税收资助医疗服务的国家里,那些其雇主将保险作为工资之外的补助而为他们缴纳保险金的人(请见第36章),还有一些比较富裕而能够支付保险金的人,通常相对于那些只是从公共系统中获取医疗服务的人,能够得到更及时的治疗,或是在更舒适的环境中接受治疗。

事实上,有大量种类各异的营利性公司,以某种方式参与到福利服务的递送中来(请见工具箱35.1)。这些公司有的可能是完全由私人拥有的——由一到两个人或者为数不多的投资者所有,它们也可能已在股票交易市场上市,因而人们可以购买其股票,从这个角度来看,它们是"公共的"。这些福利服务的供给者包括从家庭教师、个人所有的护理中心、日托中心和其他小型公司,一直到大型跨国企业(TCNs)等多种多样的形式。近年来,大部分生产福利相关**商品**(例如药品)的跨国公司随着业务的发展,也开始提供福利**服务**,而且这些公司可能会越来越多地参与到国家与国家之间的福利服务的跨国和国际贸易中。如果希望福利政策的目标得到保障,并且进一步扩展,那么就需要仔细研究这些发展变化。

工具箱35.1描述了在福利领域中扮演着不同角色的供给者,即便其核心业务活动与直接的福利供给关系不大甚至没有关系的公司也可能对福利政策发挥影响。例如,公司可能通过不同类型的董事会协议或赞助协议,从而比较间接地参与到国家福利服务的管理中来,例如英格兰的学院学校就是这种情况。商业组织也可能采取政治行动,例如就社会政策议题游说政客,从而保护或者扩大它们的利益。

因而,我们可以看到,一直有大量公司以某种方式参与到福利递送中来,它们往往通过向国家福利供给者出售商品或服务,从而获得其主要收入,它们也直接向公众销售私人支付的商品或服务。而服务的直接提供者对于实现社会政策的目标是最为重要的。近年来在英国,商业公司以最快的速度,越来越多地参与到福利递送中来了。

工具箱 35.1　福利递送中营利性公司的类型

- 直接向公众提供福利服务的公司,其中包括医疗和社会照顾、儿童照料、教育以及许多其他服务。这类公司对社会政策而言是最为重要的企业。
- 生产福利服务递送中必不可少的商品的公司,例如药品和教育资料等。这种类型的公司有时在社会政策研究中会被忽略,但是它们的运营通常会对福利产出发挥重要影响。
- 为直接提供福利服务的(国家的和非国家的)组织提供服务的公司。例如,无论是国家机构还是商业企业运营的医院,都无一例外地依赖于向它们供应药品、清洁工作场所以及为它们的病人和工作人员提供餐饮服务的公司。这一类公司也可能为直接供给者提供咨询或管理服务,例如在公立学校或医院现有的管理被认为是失败的时候,接手对那里的管理。
- 提供保险或金融服务的公司,例如健康和残疾保险、养老金或按揭贷款。
- 负责对提供福利服务的场所——例如医院和学校以及监狱和安置房进行设计、建造和维护的公司。作为私人融资倡议所带来的结果,这类公司近年来在英国变得越来越重要了。
- 无论其业务领域是什么,会为自己的员工提供某些职业福利服务的公司。

政府政策和福利市场

我们已经谈到过,在发达的福利国家中,政府福利行为的范围和类型是决定商业福利范围最重要的因素。政府行为的**类型**尤其重要,因为政府可能选择付费给公司,由后者提供服务,或者授权其他组织管理福利服务,而不是自己供给。政府授权的社会保障计划就是一个例子。因而,例如,欧洲的许多国家都有社会医疗保险计划,公民(或他们的雇主代表他们)缴纳保费给独立的基金管理机构(由政府监管),这些机构在公民有需要时为他们所享受的医疗服务付费(请见第65章)。这些国家的政府往往会为那些无力自己缴纳保费的人付费,以保证每个人都能够得到最低水平的医疗服务。这种设置通常意味着公民能够选择使用非国家供给者或是公共供给者的服务,而他们的账单将由社会保险基金支付。在这种方式下,商业和其他供给者并不只是从私人支付(或是私人保险,或是个人自付费用)中获得收益,而且从政府授权的保险基金中赚取利润。因而,政府为了实现社会政策的目的而采取的行动,究竟是支持了还是限制了商业供应者,取决于其行动的形式。

在美国,福利国家制度不像大部分其他高收入国家那么广泛,但是许多公民能够支付得起他们需要的服务,而且商业福利比其他任何国家都要发达(请见第66章)。因此,在医疗和其他服务领域里存在一个巨大的市场,例如,在那里有大型连锁营利性医院。于是,获得福利服务方面的不平等,也必然比大部分高收入国家严重很多,因为并不是所有的人都支付得起他们所需要的服务。

不过,即便在美国,政府也会为最贫穷的人提供帮助,即政府资助的医疗保险服务,例如面向穷人的医疗补助项目(Medicaid),以及类似的面向老年人和残疾人的联邦医疗保险(Medicare)。奥巴马(Obama)总统在2010年开始推进的医疗服务立法,可能将进一步为收入较低的人提供更多的帮助。参与医疗补助项目或联邦医疗保险的人,将从商业供给者那里得到与其他患者一样的治疗,只是供给者会要求从政府计划中得到这些服务的费用。

正如我们已经讨论过的那样,在像英国这样的国家里,由于第二次世界大战结束以后,诸如此类的医疗服务主要由国家供给,因而对于商业福利来说,机会比较少。然而,20世纪80年代以来,两方面的原因导致这种现象发生了改变。首先,出现了个人为他们自己的需求负责的相关转变,例如,人们不再能依靠国家为他们支付养老金,而必须通过职业年金或私人养老金计划来为自己养老。其次,出现了国家向私营公司付费,由后者提供以前由国家供给的服务的相关变化。

第二个变化涉及"准市场"被引入福利服务领域,而在此之前,福利服务几乎完全由国家机构供给。国家医疗服务体系的改革就是一个有说服力的例证,表明这些变化怎样为商业供给者带来了更多机会。玛格丽特·撒切尔在担任首相期间,将"内部市场"引入国家医疗服务体系,从而使服务的购买与它们的供给分离开来了。所涉及的医院和其他服务机构(供给者)被重组到独立的信托基金中,然后按照与卫生主管机构和"持有资金"的全科医生(购买者)的合同提供服务。在这里,几乎没有来自私人部门的服务采购,然而,人们期望国家医疗服务信托基金能够更像独立的公司那样,向购买者"出售它们的服务",因此提出了"内部市场"这个概念(第34章和第49章)。

除此之外,购买者—供给者分离模式也被引入诸如为老年人提供的住宿、护理和居家照顾等社会照顾服务中,因而地方政府的社会服务部门成了购买者,而商业、志愿和国家机构的"混合经济"是供给者。在这里,市场已经不是"内部的"了,外部的营利性供给者也加入进来,并且迅速占据主导地位。大型跨国公司与小一些的商业机构一起进入到新的市场中,它们按照与当地政府的合同提供护理服务,从中获得大量收益。

撒切尔所提出的购买者—供给者分离模式,允许服务的使用者有更多的选择,而且比国家供给服务更有效率,尽管在合同管理方面带来了额外的成本。新的"照顾混合经济"最终在1997—2010年工党执政期间成为英格兰的公共服务模式。商业供给者与国家医疗服务信托基金一起被引入国家医疗服务计划,它们根据与基础医疗基金会(Primary Care

Trusts，PCTs）——为英格兰采购国家医疗服务的新的购买者——的合同提供相应的服务。2010—2015年的联合政府（以及它的保守党继任者）将这样的改革继续深化下去，它们用以全科医生为主导的临床委托小组（Clinical Commissioning Groups）代替了基础医疗基金会，并且扩大了公司涉足英格兰的国家医疗服务的范围。而更进一步且尤其引起争议的是，联合政府还提出外包其他服务给非国家供给者，其中包括与公司签订管理其"从工作到福利"项目的合同，委托公司审查对某些补助的申请。然而，苏格兰和威尔士的委任分权行政机构，在市场机制方面却不那么热心；在英国全国范围内，社会照顾领域里"个人化"趋势的出现，使得非政府供给者可以发挥更大的作用（请见第四部分和第54章）。

商业公司也通过诸如私人融资倡议等途径，开创了管理诸如学校和医院等福利机构的新路径。私人融资倡议中有营利性财团的加入，它们负责各种福利设施的融资、维护甚至建设。这种做法引起了争议，因为这意味着，在二十年或三十年的时间里，相关福利设施为财团所有，因此，诸如国家医疗服务信托基金等福利机构，就被锁定在缺乏灵活性（可能不划算）的长期租赁当中，尽管其对外宣称的目标是令政府采购更有效率。

平等、质量和国家

以上述方式将商业企业引入福利国家制度的核心，导致了公共与私人部门之间的"界限模糊"。这既带来了也反映了全世界发达国家政策制定者普遍追求的国家应该"少划船，多掌舵"的设想。换言之，社会政策目标的实现，并不一定需要国家直接供给服务；相反，政府的角色应该是通过任何看上去有效的方法确保这些目标得以实现。从这个立场出发，政府付费给提供服务的其他机构和组织是更好的做法，包括营利性公司，也可以简单地要求其公民，例如通过缴纳养老基金的方式，为自己提供恰当的供给（请见第40章）。然而，政府只是为服务提供资金，或者确保公民为自己支付是不够的，如果想有效地"掌舵"服务，它还需要认真地考虑另外两个问题。

首先，当国家为非国家供给提供资金时，国家有必要思考支付系统会促进什么样的行为。任何支付系统都会生成特定的行为动机。营利性供给者、志愿组织和像医院信托基金会之类的自治公共机构，往往都会以使它们的收入最大化的方式行事，即便其他目标对它们也很重要。包括由政府创造的"准市场"在内的市场，都是以收入最大化为前提的，而且恰恰鼓励了这样的行为。因此，政府需要非常谨慎地设计它的支付系统，以尽力激励公司以最优方式运作。这也需要非常清晰地制定详细的合同，以使公司明白对它们的期待是什么。

其次，国家需要确保它对供给者有恰当的管理。这意味着政府必须制定一套所有提供者必须遵循的规则，监督对法规的遵守情况，并且对违反者进行惩罚。应该使用不同类型的管理"工具"来保证不同的政策目标得以实现（请见第44章）。例如，政府通常希望确保达到最低质量标准。在由国家机构直接供给的分层级的组织化服务中，至少能够通过机构的内部管理结构部分实现。但是，当服务由其他机构供给的时候，国家就需要成立特殊的监管机构，其职责就是监控服务的质量，并且在没有达到标准的情况下采取有效行动。这意味着，相应机构必须清晰而且详细地说明应该达到怎样的标准、监控的方式，以及对于那些没有达到标准的组织将会采取什么行动。

然而,对于将市场应用于福利领域最大的担忧,可能在于其对平等的影响。平等原则是福利国家制度的核心,而市场可能会对平等地得到服务和得到平等的结果这两个方面同时产生根本性的影响。市场乃是基于竞争和对激励因素的响应,而不是受公共服务伦理鼓舞的,因而它往往会改变福利系统的性质。因此,需要认真思考社会政策的目标是什么,以及实现它们的最恰当的途径是什么。

新议题

平等、质量和监管等议题至关重要,虽然英国主要的政治党派都认可非国家供给者的重要角色,但是企业的介入在英格兰比在其他地方得到了更多的鼓励(请见第四部分)。自从2008年金融危机以来,紧缩政策开始执行(请见第21章),在这样的背景下,平等问题变得尤其重要。政府对私人部门中经营失败的银行的援助,带来了巨大的公共债务赤字,政府随后以更大幅度地削减公共服务作为回应。如此大面积地裁减公共部门支出,可能迫使更多的人在市场上购买服务,而那些支付不起相应费用的人则受害最大。

除此之外,在越来越自由化和世界经济不断融合的背景下,福利市场本身也日益国际化,因而与福利有关的公司、实践者和服务使用者,也以更大的步伐跨越了国家的界限。这样的发展或许能够增进国家之间的知识与技能的共享,但是也会使对服务的管理变得更加困难,而且有可能对平等——无论是一个国家内部的,还是国家与国家之间的——产生更大的影响。此外,这些服务越是跨越国家边界进行交易,那么它们就越可能成为国际贸易和投资协议的对象(请见第71章)。诸如此类的协议复杂且难以处理,而且它们也日益限制着国家政府能够实施的社会政策,与此同时,私人企业则被给予了更大的权力。

可深入阅读的参考文献

马丁·鲍威尔编的《理解福利混合经济》(M. Powell, ed., 2007, *Understanding the Mixed Economy of Welfare*, Bristol: Policy Press)有几章分析了福利混合经济的不同层面。K. 法恩斯沃思和C. 霍尔登的《商业——社会政策联结:公司权力和公司对社会政策的投入》(K. Farnsworth and C. Holden, 'The business-social policy nexus: corporate power and corporate inputs into social policy', *Journal of Social Policy*, 35: 3, 473-494)提供了一种区分公司在社会政策中的贡献的有用途径;与此同时,K. 法恩斯沃思的《全球经济中的公司权力和社会政策:受其影响的英国福利》(K. Farnsworth, 2004, *Corporate Power and Social Policy in a Global Economy: British Welfare under the Influence*, Bristol: Policy Press)则详细分析了公司如何从政治层面对社会政策施加影响。

C. 霍尔登的《国际贸易和福利》(C. Holden, 2014, 'International trade and welfare', in N. Yeates, ed., *Understanding Global Social Policy*, Bristol: Policy Press)一文考察了国际贸易的程序,包括贸易和投资协议对社会政策的影响。R. 史密斯、R. 钱达和V. 唐查洛萨提

恩的《卫生健康相关服务领域的贸易》(R. Smith, R. Chanda and V. Tangcharoensathien, 2009, 'Trade in health-related services', *The Lancet*, 373: 9663)概述了与卫生健康服务领域的国际贸易相关的主要议题，以此说明福利服务如何进行跨国交易。世界卫生组织拥有大量有关贸易和卫生健康的资料，请查询 www.who.int/trade/trade_and_health/en。C. 霍尔登的《在卫生健康领域输出公共—私人伙伴关系：战略输出和政策移植》(C. Holden, 2009, 'Exporting public-private partnerships in healthcare: export strategy and policy transfer', *Policy Studies*, 30: 3, 313-332)对私人融资倡议进行了介绍，并且分析了英国的"卫生健康产业战略"。

复习和课外作业习题

1. 福利服务的商业提供者与志愿组织和国家组织有什么不同？
2. 有哪些不同类型的营利性公司在福利服务递送领域发挥着作用？
3. 为什么英国政府自20世纪80年代以来，决定让非政府供给者在福利服务递送中扮演更重要的角色？
4. "少划船，多掌舵"这种说法的含义是什么？
5. 请分析随着商业供给者在福利服务递送中发挥更重要的作用，会有哪些潜在的益处和问题，并基于你的分析，为政府政策提出建议。

请浏览本书的辅助网站 www.wiley.com/go/alcocksocialpolicy，使用为配合本书的阅读而设计的资料链接。在那里你将会发现有专门针对每一章的深入阅读资料链接，其中包括政府、国际组织、智库、压力集团和重要的新闻机构的网站。你还会找到以《布莱克维尔社会政策辞典》为蓝本的词汇表、帮助页、有关如何管理社会政策领域中主要委派形式的指导和职业建议。

第36章
职业福利

爱德华·布伦斯登和玛格丽特·梅

▶▶ 概 览

- ▶ 职业福利或工作场所福利包括由雇主提供的强制性(法定)和志愿性福利。
- ▶ 强制性福利是政府/欧盟法律和规章所要求的,而志愿性福利则由单独的雇主自发提供。
- ▶ 有些志愿福利计划是用来增强或者代替英国法定福利的某些方面的;另外一些则是组织特别为其雇员做出的单方面安排。
- ▶ 纵观职业福利的历史,在组织内部和组织之间的福利供给以及对象方面,存在着重大的不平等。
- ▶ 近年来,我们可以看到对这些不平等进行的各种相互矛盾的修改。

背 景

在英国有个别调查项目涉及上一个十年里职业福利的生产和消费情况,详细的调查呈现了职业福利的供给和分配、资金资助和成本状况。尽管如此,这其中存在着一些令人失望之处:不只是因为如此少的调查研究,与职业福利在国家福利混合中的中心地位不符(理查德·蒂特马斯在20世纪50年代最早开始关注它的重要性),而且一直缺乏组织、行业、区域和国家层面上的详细的国际比较。例如,在美国和日本,职业福利早已普遍成为"员工价值主张"和社会保障的核心。随着国家福利被削减,它在许多欧洲国家也变得愈发重要了。

那么,为什么它在英国几乎没有引起人们的注意呢?其中一个论点是,因为它被认为对于总体供给影响有限。但是,更可能的原因是,研究者在难以收集到一手数据或获得高质量的二手信息的困难面前生畏了,尤其是难以得到来自企业的数据。员工福利是薪酬待遇中的一个重要元素,而在竞争环境下,组织往往不愿意透露它们是用什么招募和留住员工的。但是,仍然有研究者不顾这些障碍,坚持不懈地(通常通过间接资源)进行调查研究,这些分析让人们了解到职业福利对英国的福利混合有多大贡献,也让人们认识到为什么值得对它进行思考。

什么是"职业福利"?

在这个只有少量研究的领域里,相关研究对于工作场所福利的定义,却存在大得令人惊讶的分歧。尽管人们普遍认同,它是通过就业而供应的福利,其中既有强制性的,也有志愿性的补助,雇主为这些福利提供全部或者部分资金,并且负责福利递送和/或管理,但是对于它应该包括些什么则没有共识。基本上,存在着两种思想流派,一派倾向于"有限的"定义,另一派则支持"广泛的"构想。

狭窄定义将福利供给限定在雇主赞助的补贴上,其目的是回应等同于或类似于国家福利所满足的需求。相反,广义构想则覆盖了所有强制性和志愿性的非工资补助,或以现金形式,或以其他形式,依据的是员工的地位、表现、成绩,以及被承认的需要。原因已在其他地方解释过了,本章的作者倾向于这种广义的观点,认为它是更为精确的概念。它意味着这是一个更多元化、更错综复杂的研究领域,其中不仅包含补充或替代公共供给的福利,也将组织所提议的独立于任何国家网络的福利措施纳入其中。

简短的历史回顾

在过去的两百多年里,有三个主要的机构决定着英国职业福利的发展和结构:雇主(和代表雇主的组织)、工会(和它们所代表的雇员)和政府。尽管在分析的过程中会一一解析,但是它们在历史上的影响错综复杂,个中原因,包括它们的主张随着时间的推移而不断改变,而且重要的是,每一方往往都支持某些特定观点,同时反对另外一些观点。

个体雇主和雇主组织

几乎没有强制性干预是超出卫生和安全领域的,因而各方雇主在19世纪和20世纪初的职场福利的特性和水平方面,扮演着关键性角色。福利供给的主要动力来自较大型的企业。在某些案例中,大型企业会基于慈善和业务两方面的综合原因提供福利,例如利华公司(Lever)和吉百利公司(Cadbury)为工人建造住房和社会福利设施;在另外一些情况下,企业只是为了获得经济优势。例如,天然气和铁路公司主要将提供养老金、住房和医院作为吸引和留住员工的途径。

进入20世纪之后,公司发展壮大起来,提供职业福利的理由也增多了。在第一次世界大战期间,政府鼓励雇主通过改善卫生健康和安全状况、开发特别的福利、提供诸如餐厅和公共卫生间等服务设施来增加产出,并且降低员工的缺勤率和流失率。在两次世界大战之间,雇主的工业福利运动不断发展,尽管这并没有改善20世纪20年代敌对的劳资关系,但是这一运动通过养老金、病假工资计划、人寿保险和现场医疗服务等改进了公司福利。不过,增加收入和替代性福利主要局限在监管、文职和经理层级的雇员范围内。在第二次世界大战期间,再一次出现了劳资双方共同扩大福利覆盖面的努力,目的是进一步提高生产率。更多的增长和变化出现在二战之后,那时员工福利与国家福利供给共同发展,诸如住房补助、公司配车以及其他支付替代和补充项目,成为薪酬待遇的组成部分。

这些改善出于各种各样的原因。战前的趋势延续了下来,即向更大型公司和新产业领域转变,这需要更为正规的人力资源战略,而这个进程也随着海外企业进入英国而大大加快了(许多公司带来了它们自己的职场福利实践)。供不应求的劳动力市场,也使得这些福利变得更为重要,因为雇主觉得自己买到了忠诚,并且使技术革新变得容易。在20世纪70年代,职业福利尤其是一种重要的规避限薪政策而给予员工奖励的方式。

尽管职业福利仍然集中在较大型商业组织和公共服务中,但随着20世纪八九十年代美国和日本公司的进入,许多福利都发生了改变,而且美国和日本公司的职业福利的版本也成为公司战略的一部分。对于英国的企业来说,采用日、美的企业哲学,包含职业福利的企业战略和经营价值观,不只是为了对员工的招募、保留、业绩和退出进行管理,也是为了更有效地控制劳动进程,并防止与生病和缺勤联系在一起的经济损失。换言之,这是一种将福利看作核心行为和有价值的投资的强有力的商业案例。

这种观点一直持续到进入21世纪,尽管2001—2002年的经济下滑迫使许多公司的雇主重新审视他们的福利,并且寻找在严格控制支出的同时,将他们所提供的待遇最大化的方法。具体而言,这导致了从养老金固定收益计划向养老金固定缴费计划(defined contribution pensions)的转变(请见第60章),而且影响更为广泛的是,采用了工资交换计划(salary sacrifice schemes)†,重新协商志愿福利组合。公共部门的供给在很大程度上没有受到这些压力的影响,不过,正如下文所讨论的,这只是暂时的。

工 会

工会对于职业福利的看法,在过去的两百多年里呈现出显著的多变性。例如,19世纪末和20世纪初,工会普遍反对雇主提供的养老保险和医疗保险安排,它们将这些视为对工资水平和工会以及互助会所提供的类似计划的威胁。显而易见的是,一些雇主,特别是煤矿和天然气工业领域里的雇主,在工人加入工会之前,使用工作场所福利以抢占先机,保证劳动者接受有威胁的工作环境。然而,对卫生健康和安全条件的强制改善,伴随着两次战争之间在许多行业中工会代表工人进行谈判的权力被接受,导致工会越来越多地向职场福利施加压力。

工会保留了某些干预的权利,与此同时,它们普遍努力保护,而且在可能的时候改善这些已经成为某些成员酬劳重要构成部分的要素。福利在劳资双方集体谈判中成为关键的讨价还价工具,特别是出现在:

---

† 该计划又称工资牺牲计划,即指作为部分现金工资的交换,员工可以得到补偿福利,如带薪假期、使用公司配车、节日的礼物(礼金、礼券)等。——译者注

- 当所提供的福利不是法律或合同规定的,因而雇主可能撤销它们的时候;
- 当对改变工作方式或内容作出回应的时候;
- 当作为补偿低工资的手段的时候。

然而,自20世纪80年代中期以来,商业领域的工会成员数量出现了剧烈的下跌,因此工会对福利供给的影响变得更多地集中在公共部门;并且在21世纪最初几年的普遍经济环境下,工会越来越多地致力于保护已有的福利水平,而不是提高它们。但是,它们也开展了大量跨领域的宣传活动,以提升人们对于多样化和老龄化的劳动者的不同需求的认识。

政 府

秉持不同政治信仰的英国政府通过以下不同的组合对职场福利作出贡献:
- 强制性干预;
- 财政支持和补贴;
- 促进活动。

强制性干预可以追溯到19世纪有关卫生健康和安全的立法,这些立法旨在应对某些特定行业或劳动人群中的问题。19世纪的许多相关法律在20世纪和21世纪被更为广泛的国家性法律(近年来则是欧盟措施)所替代,从而超出了防范风险的范围,而扩大到更为一般性的劳动环境中。20世纪也出现了以税收抵免和补贴作为减少执行和递送的支出的激励或做法。特别是在20世纪后半叶,政府既采用立法也运用税收手段来改变福利的发展方向和成本,其中涉及病假工资、与家庭有关的休假、带薪假期、儿童看护、养老金和公司配车等,但这些做法并没有得到雇主或工会的一致欢迎。

政府通过促进活动敦促雇主接受/发展福利倡议,带来了更为两相情愿的福利增长。无论是通过财政刺激而负担部分费用,还是仅通过宣传成功的实践来给予支持,到了20世纪末和21世纪的最初几年,政府都认识到雇主赞助的福利有着多重潜在优势。它们能够:
- 为现有的国家福利服务提供划算的供给,或者在某些情况下,它们是积极的替代品;
- 大大提高了雇员的业绩、生产效率和参与程度;
- (通过降低缺勤率和流失率)提高了就业水平,从而减少了病假津贴和失业费用;
- 对老龄化的劳动力所带来的福利议题作出回应;
- 通过为雇员家庭提供福利,为更广泛的社会福祉作出贡献。

布莱尔和布朗政府将工作场所福利看作他们使英国经济和福利系统现代化、增加市场参与、改善生产率和应对全球化挑战的核心尝试。针对家庭友好实践的立法和财政支持,其中包括休假安排、儿童看护代金券等,与推进"工作—生活平衡""弹性工作",以及雇主提供的预防服务、生活方式和"身心健康"补贴等系列员工福利,都被看作是这个战略的组成部分。

福利供给的最新发展

到了联合政府执掌政权的时候,职业福利已经演进为一系列极其复杂的收益了,其中包括财务支持、社会照顾、医疗服务、教育和培训、住房、交通、休闲、礼宾服务以及社区参与的机会等(有关更详细的分类请见表 36.1)。

表 36.1 英国当代志愿性和强制性职业福利的形式

供给的形式	案 例
财务支持	职业养老金(退休、遗属、病退);法定的社会保险缴费;强制性和超过法定标准的支付替代品(例如,病假津贴和解雇费、带薪产假、育儿假和领养假);志愿性的支付替代品(例如,生育补贴、儿童照顾补助、生活补贴、重大疾病补贴、残疾补贴、个人意外险和工作中死亡保险);志愿性的支付补充(例如,专门职业责任保险、无息贷款、亲和性福利);企业储蓄计划;员工持股计划和长期激励制度;个人贷款
社会照顾	强制性和超过法定标准的休假权利(例如,因节假日、作为父母或照顾者、公民义务、亲人丧亡而休假);志愿性的支持服务(例如,咨询、学前班、学龄儿童和成年人看护、工作与生活的平衡、退休前/后的服务、改善生活方式的补贴、债务顾问)
医疗服务	强制性和超过法定标准的安全措施;志愿性的健康保险(例如,个人医疗保险、覆盖牙科和眼科的保险和现金计划);志愿性预防服务(例如,身心健康、健康教育、健康宣传、筛查、注射流感疫苗、健身计划、压力管理、诊断和转诊服务);志愿性的康复服务(例如,为那些具有长期生理和心理问题的人,以及继续就业或重返职场的人提供服务)
教育和培训	强制性和强制之外的卫生健康、安全及青年劳动者的培训;雇主提供的培训;雇主资助的培训(例如,带薪学习假、带薪或不带薪学术休假、专业书刊订阅、培训/职业领域的导师项目/个人发展计划、儿童教育);财务和养老金教育
住房	雇主提供的宿舍;志愿性经济支持(例如,在分期付款/租金、搬家费、保险方面的资助)
交通	公司配车;志愿性经济支持(例如,在购车款/租赁、拥堵费、火车票、驾驶课程、税金、燃油、保险方面的资助);"骑车去工作"计划借款
休闲	机构内部的娱乐设施(例如,操场、社交俱乐部);志愿性支持(例如,参加体育或社会活动的门票、圣诞节午餐、公司组织观看戏剧表演和音乐会)
礼宾服务	志愿性福利(例如,信息和指南服务、自助餐厅、膳食津贴/代金券、家政服务)
社区参与	支持员工的社区参与行为(例如担任学校理事、委员会工作、募集捐款、辅导和借调)

由于非强制性福利很大程度上都是雇主决定的,并不是所有的雇主都打算进行投资,因此在分配中就出现了明显的不平等。这包括不同的领域之间的差异,因为国家或者地方政府的机构,可能比商业或第三部门的组织更加慷慨和更有包容性。在后两者中,大型企业的雇主往往为他们的员工提供特定方案,而许多中小型企业则可能什么都不提供。特别是在商业部门里,还存在着特定密集型制造业、金融业和专业服务业、高端零售业对

福利项目更有力的投入所带来的悬殊行业差别。在这三个部门里,特别是商业部门,即便在同一个机构中,由于地位、表现和履历的不同,提供给不同群体的福利在内容和水平上也会有差异。

最近几年,出现了一些针对这种不平等的相互矛盾的改善措施。通过强制性改变实现了一些向上调整,并且大型企业雇主通过扩大他们现有的福利计划来回应财政激励措施和劳动者的需求。然而,2007—2008年的银行危机和随之而来的经济衰退,带来了巨大的反补贴经济压力,这导致许多雇主砍掉或者削减某些较为昂贵的福利。面对迅速增加的政府赤字,英国联合政府从2010年开始实施五年期的紧缩计划,紧随其后的,就是类似的严格限制为公共部门雇员提供非合同规定福利的模式。

财务支持方面出现了影响最深远的跨领域变化,特别是对现有职业养老金的重构,并且引进了新的以就业为基础的强制性退休储蓄计划。随着人们越来越长寿,职业养老金覆盖面开始缩小,对于这个问题的日益强烈的担忧,导致之前的工党政府开始采纳特纳委员会(Turner Commission)所提出的自动注册进入养老金计划的提议(请见第40章、47章和60章)。根据《2008年养老金法》(2008 Pensions Act),所有雇主都有义务保证在英国工作的22岁至法定退休年龄的劳动者,当其年收入超过5 035英镑的时候,必须加入退休储蓄计划。员工可以选择退出,但是雇主必须要么通过新成立的国家就业储蓄信托基金(National Employment Savings Trust, NEST),要么采用经过批准的机构提供的同等或者更好的福利项目,从而为雇员提供加入养老金计划的机会。尽管有税收支持,但是养老金计划的资金主要来自雇主和雇员强制性缴费,这项政策在2012年到2017年首先从大型组织开始执行。

在经济衰退的背景下,联合政府重新审视了这些改革,并且进行了大量调整,其中包括将试行期限延长到2018年,将雇员缴费水平分成不同的区间,并且在2015—2016财税年度将缴费门槛提高到1万英镑。联合政府也采纳了工党愿景中的另外一些要素,例如,取消了预设的退休年龄,并且通过到2018年将女性法定退休年龄提高至65岁(无论男性还是女性其退休年龄在2020年都将延长到66岁),从而延长了劳动生涯。引起更大争议的可能是,该届政府引入了《2014年养老金征税法》(2014 Taxation of Pensions Act),以更灵活的方式管理职业计划,并且带来了储蓄额的减少。

在这些强制性的改动之外,联合政府继续工党的谈判工作,以改变现有的公共部门的养老计划,最终与大部分工会达成共识,员工不再领取最终薪资养老金,而是转向更经济的职业平均养老金安排。

雇主所提供的财务支持也发生了一系列变化。为了达到竞争对手的福利水平,许多较大型的组织都提供超过法定标准的病假、产假和育儿假工资,以及裁员费;大型企业还会给予管理层和群体核心员工长期激励和持股计划。但是,许多企业也发现有必要纳入受欢迎的"风险"保险支出,例如工作中死亡保险和人寿保险、重大疾病和个人意外保险;同时很多企业也裁减了贷款和亲和性福利。

迫使财务支持减少的经济压力,也带来了其他志愿性福利形式上的变化。雇主采取提供更广泛福利的政策,但也关注对支出的控制。他们通过砍掉一些较昂贵的和/或不使用的项目、转向(与雇员)共同提供资金、引入成本上限和扩大对工资交换计划的使用,来实现上述追求。医疗福利选择的增多体现在,例如针对有常见精神障碍(诸如紧张和焦虑)的人士的预防性医疗服务增加,更广泛地使用健康教育和健康筛查、个人疾病管理计划和康复护理服务等。成本限制方面的措施,主要是重新商讨供给方的保险金和共同出资。

预算上的担忧也对社会照顾的发展产生了重要影响。一些雇主增加了休假权利,通常是通过添加与服务有关的休假,另外一些则减少了为新入职者提供的超过法定标准的假期。帮助员工在工作与照料儿童/老人的义务之间取得平衡的支持网络有了稳定的发展,并且拓展成为弹性工作制度,不过对于"员工帮助计划"(Employee Assistance Programmes)的外包支出被严格控制。然而,后者当中的某些特别服务有了一定的发展,特别是咨询、债务顾问和退休计划等。

因为费用问题,很少有雇主在工作场所设置保育室,但是儿童照顾代金券一直广受雇员和组织的欢迎,尽管从2011年以来,它会减少高税率纳税人的免税额度。但是,在政府议程中,这种代金券计划在2015年(随后被推迟到了2017年)被向新晋父母提供的国家免税儿童照料方案所取代,新的方案被认为对缴纳基础税率税金的雇员更有利。这种变化可能对那些不再能通过工资交换安排节约开支的雇主产生负面影响。联合政府改进了另一个家庭友好福利,以2015年的"共享育儿假"替代2010年的"带薪额外陪产假"。这允许父母或伴侣对产假/陪产假和薪酬进行更具弹性的安排。

福利发展与预算之间的紧张关系,在教育和培训领域被以不同的方式应对。强制性的义务经由卫生健康和安全立法,产生了对相关培训的资金要求。但是,这方面的大部分供给,包括志愿性倡议,都给予组织一定的成本控制权。所赞助的学习囊括了从学徒制度到最低等级的职业资格培训(英国各个地区政府对战略和资金支持等问题进行监管),一直到高级学徒制度、研究生和专业职业培训等(请见第52章)。

除了从教育机构购买培训课程之外,雇主还被鼓励通过创办自己的课程来解决技能不足问题。在与延续教育和高等教育机构合作的同时,企业课程普遍采用更灵活的、非全日制的和在线模块的形式(通常在内部授课),并且对重要的以工作为基础的活动进行资格认证。联合政府通过它的"雇主自主管理试点"(Employer Ownership Pilot)计划,拥护这种量身定制的方法,该计划于2012年在英格兰全面铺开。这种做法被视为对员工需求和生活环境的变化的回应,也为雇主提供了较低廉的单位成本,而且可能有机会将有限的资金用在更多员工的培训上。

住房、教育、休闲和礼宾服务勉强实现了与其预算的平衡。在住房问题上,出现了减少对搬迁和家庭保险费的补贴的做法(有时是不随花费的上涨而增加补贴),从数量和规模上裁减了按揭贷款,但是在租金定金方面增加了资助。在交通方面,涉及从对直接购买车辆的补贴变为根据合同使用公司配车,或者通过"绿色汽车"工资交换协议而开展的雇员自主计划。体育比赛的门票作为无法负担的福利大多被删去,午餐会代金券和膳食津贴的价值也减少了,而其他礼宾服务,大多成了只提供给高级管理层的福利。

新议题

尽管出现了经济复苏的迹象,这可能会鼓励政府进行更多的强制性和财政方面的改变,但是,无法确定的是,许多有职场福利计划的机构,或那些没有采取福利计划的组织,在不远的将来是否会扩大它们的志愿性福利。在经过一段时间的重新调查后,对非合同规定的福利供给逐项进行调整倒是更有可能。在重视平等和社会包容的公共部门和第三部门里,诸如此类的变化应该对所有或大部分雇员产生影响。在私人部门,公司更可能首先计算它们能够负担什么,而后将资源投到可能带来最大商业优势的地方。换言之,私人企业可能通过奖励经理和业绩好的人,而不是那些拿低工资的人,从而继续强化现有的不平等。

可深入阅读的参考文献

一些文献对本章所涉及的问题进行了更全面的探讨,包括:R. M. 蒂特马斯的《论福利国家制度》(R. M. Titmuss, 1958, *Essays on the Welfare State*, London: Allen & Unwin),E. 布伦斯顿和玛格丽特·梅(即将出版)的《英国的职场福利:探索性分析》(E. Brunsdon and M. May, *Workplace Welfare in the UK: An Exploratory Analysis*),E. 布伦斯顿和玛格丽特·梅的《职业福利》(E. Brunsdon and M. May, 2007, 'Occupational welfare', in M. Powell, ed., *Understanding the Mixed Economy of Welfare*, Bristol: Policy Press),以及 K. 法恩斯沃思的《职业福利》(K. Farnsworth, 2013, 'Occupational welfare', in B. Greve, ed., *The Routledge Handbook of the Welfare State*, Abingdon: Routledge)。有关英国的强制性和志愿性福利的发展变化可以通过《员工福利》(*Employee Benefits*)杂志了解。

复习和课外作业习题

1. "强制性"与"志愿性"职业福利有哪些主要区别?
2. 为什么有些雇主投资职业福利,而另外一些没有?
3. 职业福利的费用和收益都是什么?
4. 基于什么理由(如果有的话),职业福利中现存的不平等将被证明是合理的?
5. 作为英国一家大型公司里负责员工福利的专员,请向你的财务经理写一份简短的报告,说明你们公司为什么应该投资预防性医疗福利。

请浏览本书的辅助网站 www.wiley.com/go/alcocksocialpolicy,使用为配合本书的阅读而设计的资料链接。在那里你将会发现有专门针对每一章的深入阅读资料链接,其中包括政府、国际组织、智库、压力集团和重要的新闻机构的网站。你还会找到以《布莱克维尔社会政策辞典》为蓝本的词汇表、帮助页、有关如何管理社会政策领域中主要委派形式的指导和职业建议。

第37章
志愿性福利

杰里米·肯达尔

>> 概　览

- ➢ "志愿性福利"是由大量处于市场和国家之间的组织培育和提供的。
- ➢ 这些组织的业务范围、规模、结构和多样性是实证研究和理论阐述的焦点。
- ➢ 人们不断加深对于社会资本的兴趣，也增强了对其在社会、政治和经济生活中所扮演角色的兴趣。
- ➢ 通常由志愿机构促成的志愿行动，日益被理解为涉及一系列动机和社会结构。
- ➢ 志愿组织与国家越来越明显的相似性是被热议的话题。

背　景

"志愿性福利"涉及极其多元化的组织，它们既不是政府也不是市场的组成部分，却为个体和社区的福祉作出了至关重要的贡献。结果是，在其他地方被忽视或未被满足的社会需求，以多种方式被承认和实现了。这个领域的规模和类别数量非常大：从提供儿童照顾和弱势老人护理的地方机构，到房屋协会和地方层级及全国层面的儿童贫困行动小组，再到国际舞台上的天主教海外发展基金会(The Catholic Agency for Overseas Development, CAFOD)和乐施会(Oxfam)。

正如上文的例子所显示的，志愿性福利可能通过法律承认的慈善机构提供，也可以由没有这种身份的团体供给，其中包括不属于慈善组织的大量小型和"微型"协会、担保有限公司，以及在规模上较大的社区利益公司。

从历史上来看，与当代人的预测相反，志愿行动没有与福利国家制度中的机构订立某些协议，而是在一旁独立扩张起来。20世纪70年代以来，这种发展日益得到了政策制定者的认可，获得了政府拨款的支持，而且呈现出越来越多地雇用受薪员工的特点。这个进程在1979年至1997年保守党政府执政期间聚集了力量,是保守党政府"逐步结束"国家福利努力的一部分,政府增加资金资助,同时既促进志愿机构的工作,又鼓励志愿行为。然而,在新的发展中,资金资助(尤其是社会照顾领域里的)越来越多地以签订合同的方式为基础,而不是使用财政拨款,因而开始朝向预先指定服务这个方向发展。

从1997年开始,工党政府继续支持志愿机构在社会照顾和其他领域提供公共服务,越来越多地表现为"委托"的过程,强调购买某些特定的服务。但是,它也试图从总体上开发与这个部门的战略"伙伴关系",在福利事务和其他事务中开展合作,它的具体做法包括更为普遍地以各种投资来促进更多的志愿行为。

事实上,政府对这个领域日益增加的兴趣和支持,的确产生了使该领域成为"主流"的效果(Kendall,2003)。本章的主要焦点是英格兰的情况,在那里,可以认为对于志愿性福利的关注,为2010年到2015年执政的联合政府的某些"大社会"政策扫清了道路。而且,现在政府不再像过去那样强调与这个领域的"伙伴关系",而是更希望志愿部门在公共预算受到极大限制的背景下,能够继续与商业运营者并肩供应公共服务。由此产生的一个结果就是,资金提供必然要从国家转向资金募集和市场交易。

为什么我们会看到志愿性福利被"再发现"？最近,2007—2008年的经济危机带来了紧缩的氛围,由此寻求裁减公共支出成了志愿性福利被"再发现"的一个原因。但是,我们已经看到,这个现象早在经济危机之前就出现了,而且更为积极的因素已经在相当漫长的时期里积累了动能。特别是,在政治和政策圈子里产生了一些信念,即这些组织不仅在成本上是合算的,而且相比其他团体,它们也更为负责,对各种各样的社会需求更为敏感,并且更有利于创造社会资本和鼓励社会奉献。

这些信念有些有充分的理由,有些则不那么充分。但是无论如何,在丧失了对市场和国家解决方案的信任的背景下,它们具有了政治意义,志愿性活动越来越被看作是必要的附加成分,无论是政治左翼所支持的似乎已经筋疲力尽的狭隘"国家主义"模式,还是政治右翼所倡导的"市场规则",都需要这样的补充。从这个角度来看,它能得到支持部分是因为它不是什么——既非"国家主义"又非"市场主义",同样,这也反映了它必定能够实现的成就。

概念性问题

有些学者建议,这些组织和行为非常多样化和多元化,而且目前在很多时候,在关系和业务层面上已经融入国家和市场,因此,我们根本不应该将它们视为一个"部门"(Sector)。但是,这样的评论也出现在对商业和政府系统的讨论中。因此,合理的做法是,在我们使用这个概念时,应该一直想到它的多样性,并且将它作为一种简略的表达方式,从而保持对福利活动的空间的关注。

那么这个部门有什么共同特点呢？有关"志愿部门"这个概念的一个具有国际影响力的定义是,作为**正式组织**的实体,它：

- 在本质上和法律上独立于国家和企业；
- 不能随意地将盈余("利润")分配给所有者；

- 从一定的金钱或时间的志愿捐助（捐款行为和志愿者的义工活动）中得到明确的收益。

一旦我们界定了整体领域，在这之后，我们通常就可以用多种方式比较这个部门中的各种组织，以推动理论的发展，并且提供启发式参照框架。我们尤其要根据志愿组织的**功能和行为**，将它们分成不同的类别，即区分它们在服务递送、开展活动、表达、社区建设及发展方面的角色。有些机构从事某些专门的业务，基本上聚焦于上述角色中的一个。但是，许多团体将这些角色中的一部分或者全部组合起来，因为这被认为是对那些试图满足或展现其需要的人产生影响的最佳途径。

另外一种分类是根据组织的价值观、规范和动机的不同划分类别。在这样的分类中，往往会依据特定的规范性假设，即认为某些比另外一些对于公民社会更有益。我们也可以根据它们的治理/控制/权利的分配、它们的规模和业务范围，以及它们的资源基础（资金或人力）进行分类。

此外，还可以区分**"三级团体"**和**"次级团体"**。前者是被动的、以"间接相关"或"支票簿"会员关系为基础的团体，而后者基于明显活跃的会员关系，拥有充满活力的参与、互惠和网络文化。（而家庭和朋友圈子是"初级团体"。）

根据志愿组织活动的区域或**政策领域**的不同对其进行分析也非常有价值。"非营利组织的国际分类"被开发出来，特别用于对重要的福利运营领域的区分，其中的类别包括个人社会服务（Personal Social Services）（社会照顾）、卫生健康（Health）、发展和住房（Development & Housing），此外，还有诸如文化与休闲（Culture & Recreation）和环境保护行动（Environmental Action）等。另外，还有对宗教领域的志愿组织的分类，这在英格兰非常重要。但是从实证角度来看，这种分类不如在美国和欧洲大陆的一些国家那么引人注目。

理论性问题

在过去的三四十年里，我们对于英格兰和周围地区的志愿性福利的经验特征的认识有了极大增加。与此同时，概念发展和理论建设也向前推进，以试图回答为什么在发达的资本主义经济体中，除了市场和国家，还需要"第三部门或志愿部门"，这些机构有哪些功能、怎么运作、如何对社会政策作出贡献，它们怎样既对经济方面的生产率又对政治表现产生影响等诸如此类的问题。

在解决这些问题的过程中，经济学家扮演了引领性的角色。有一种理论是建立在久已有之的**"市场失灵"**（请见第40章）这个概念的基础之上的。这一在20世纪70年代中期发展起来的理论，将志愿组织视作对市场和国家没有能力提供公共产品的回应（这种服务不能仅惠及付费消费者，与此同时，消费公共产品不具有排他性）。

另外一种理论——**契约失效**理论，在80年代发展起来。该理论强调了当投资者独立于使用者，而使用者处于弱势地位且无法对质量做出评估的时候，志愿部门如何可以被看作是对信息不对称问题的值得信赖的回应。这里给出的解释是，这是因为根据定义，这样的机构没有期待收获经济利益的股东，它们没有通过削减服务、牺牲使用者的利益来获得利润的动机。同样出现于80年代的第三种理论，从供应方的角度强调了在创建和维护诸如此类的组织时,**创办人的意识形态**(包括宗教方面和政治方面)所扮演的至关重要的角色。

这种理论化因为多种理由而受到批判,特别是它无法解释随着时间的推移而出现的变化,也不能将志愿部门和其他部门之间的基本合作模式(而不是替代方式)概念化。它只关注服务递送,而忽视其他角色,以及志愿部门对市场交易之外的社会—政治进程的贡献,这些都使该理论受到质疑。

面对这些批评,诸如埃弗斯(Evers)等分析家强调了**福利混合理论**以及市场驱动逻辑、政府驱动逻辑和社区驱动逻辑之间的张力。在类似的思路中,萨拉蒙(Salamon)和安海尔(Anheier)提出了**社会起源框架**(请见 Anheier, 2014),他们指出,在政策设计的关键时刻如何与强有力的政治机构互动,深刻地塑造了为这些组织提供的国家空间,而且从根本上决定了这些组织在福利系统里的角色。

在进行这些分析的过程中,**社会资本**这个概念被广泛使用,这种说法主要经由罗伯特·帕特南(Robert Putnam)而变得普及。这一概念不仅涉及福利服务的递送,而且与社区中更普遍的纽带、习惯、关系和互动相关。社会资本理论声称,当包含信任、互惠、稳定和尊重的时候,一切会运转得更顺利。换言之,"社会资本"这个词组,意味着信任关系和互惠规则不仅在关系到社会生活的时候发挥作用,而且会对经济生产效率和支持基本的民主规范产生影响。这种广受欢迎的解释,促使社会科学家的兴趣集中到志愿部门;而且,正如我们在下文将要看到的,它也推动了之前所谈到的各个政治党派对志愿部门的支持。

如同前文所解释的那样,有组织的志愿主义,意味着其捐献钱财和时间的行为并不直接受到国家强制或市场规则的限制,而且不属于非正式部门(请见第 38 章);这种定义下的有组织的志愿主义,是一些理论的重要元素。据说,任何研究志愿部门与社会政策之间关系的尝试,都是以这个元素为基础的。但是,随着国家与它的合作不断增加,公共资金也持续增多(特别是对较大型机构的拨款),私人捐赠则在比例上下降,成为相当有限的资源。因此,现在志愿主义的一个主要途径,显然是通过**义务劳动**的方式,尽管在这个领域里,受薪劳动力不断增加,但义务劳动仍然是核心资源。

那么,人们为什么当志愿者呢?在第二次世界大战刚刚结束的时代,这种行为被广泛地看作是利他主义宣言,与市场所培育的自私自利截然不同。但是,现在对志愿贡献时间的动机有了更成熟、更全面的解释。做志愿者的动机被认为是利他主义和利己主义的混合,具体包括:

- 有意地或者不经意地提升"社会资本";
- 开发人力资本,通过培训以及在劳动生活中获得有价值的经历,从而既为个人也为更广泛的社会带来利益;
- 从志愿活动和由此与他人建立关系的过程中,获得"内在"满足感;
- 从志愿行为的结果中获得"外在"满足感;
- 心理收益,包括增强自我价值和得到更多的敬意。

试图培育志愿服务态度和行为的国家政策及资金支持项目,在实践中直接或间接地影响着人们的兴趣,同时促进或阻碍志愿组织招募和留住志愿者的战略。但是,社会政策的干预,也能够以其他方式塑造对于志愿服务的兴趣。例如,教育经历和管理教育政策影响了个体对他们的天资和能力的感知以及对世界的理解,并且作用于他们对于志愿者所持的基本立场。同样显而易见的是,对于志愿服务的态度,也与族群、性别和社会阶层有着系统性的关系;与此同时,有偿工作、照料活动和其他承诺,也影响人们投入志愿服务行为的程度。

新议题

正如本章开头所指出的那样,2010年至2015年的联合政府积极鼓励英格兰的志愿部门的发展,但是着重强调了该领域应独立获得资金,并且将它作为取消国家福利的部分推动力。特别是,联合政府将志愿性福利与它最重要的"大社会"议程联系在一起,在紧缩的背景下,出于意识形态和经济原因,它对国家抱有敌意,并试图削弱国家的力量。事实上,在"大社会"这个概念下构建社会政策的努力,一直嵌入和贯穿这届联合政府的整个任期。然而,正如其声明所表达的那样,这个想法被2015年当选的的保守党政府恢复了,作为政府福利改革和重构战略的组成部分。

大量评论人士称"大社会"结构是无意义的,其存在只是从战术上对公共福利不可思议的削减做出辩护,否则政府难以自圆其说(请见第21章)。然而,在最基本的层面上,"大社会"的概念似乎得到了赞同,即便它的批评者不喜欢它的断言——它用新奇的语言声称,志愿行动只有在"大政府"规模变小之后,才能迎来真正的繁荣。因此,这个概念将社会定义为国家的必然对立面,而后者的定义常常与一系列固定搭配相联系,即行为不可靠、过度官僚主义、政策实施刻板僵化、不恰当的干预和"干涉"等。

因而,当这些有关国家功能失调的主张与(由于紧缩环境下的经济条件)必须严格限制福利支出的主流政策话语交织在一起的时候,无论是联合政府还是后来的保守党执政者的核心理念,都是限制公共拨款流入社会项目。随着国家资金支持的规模缩减,志愿部门被认为应该被激励与营利性商业公司一起"填补这个空缺"。这牵扯到被战后福利国家制度的理论家和设计者(包括马歇尔、蒂特马斯和贝弗里奇等)奉为核心的观点将被抛弃,他们认为,国家处在直接推动社会发展的合适位置上(请见第18章)。

我们看到,在联合政府执政时期,根据其方针,国家对这些方面的财政支持大规模缩减,在英格兰,尽管公共资金还在资助志愿机构,但是急剧加快了向市场风格的委托和采购的转变。来自研究机构和基础设施部门的报告,努力展现这些新出现的模式,并且分析它们所存在的问题。多篇报告用不同的方式指出新资金环境具有僵化死板、缺乏敏锐性的特性,这似乎在一定程度上破坏了许多组织的运行模式。

此外,国家拨款撤销之后,需求无法被满足,弱势社群受到影响,然而,却没有任何证据表明,志愿部门已经能够"填补这个空缺"。其中的原因似乎是,这个部门通常缺乏必要的资金、技能和资源、基本的基础设施容纳能力,而且可能有时也缺乏相应的行动动机,而与此同时,市场正在失灵。

总体来看,近年来的政策发展与从工党政府那里承袭而来的丰厚的主流思想遗产组合在一起,由此产生了破碎而且变化多端的景观,不同的分析人士由于理论偏好不同,对这样的风景有着截然不同的解释。激进的学者（通常吸收了马克思的社会经济分析，并且有些受到福柯传统的影响）和那些从根本上反对政府任何形式的干涉的右翼理论家（请见第9章和第12章），强调了这种组合对志愿组织价值观、使命的扭曲，以及对这个领域自主行动能力的威胁。极端的观点声称，志愿组织不仅被削弱了，而且甚至被破坏了。然而，正如之前所强调的那样，归纳得出结论必须符合严格的要求，而那些以更为实用的方法展开的研究，指向的是多种多样的经历。

在这样的背景下，我们可以标出政策分析中的两个核心问题：

- 第一个问题是第一线执行层面的：当志愿组织努力满足社会需求、保护弱势者的利益的时候，现有的政策环境在多大程度上帮助或者阻碍了这些机构？在这里，言辞上的承认现在已经达到极限，而重要的是，在例行公事的政策支持声明之外，分析到底采取了什么实际行动。一个普遍的担忧是，当国家拨款减少或者撤回，市场或志愿部门本身的资源难以或者不可能调用的时候，那些在解决社会问题方面发挥重要作用的志愿机构会发生什么。最新的分析往往对这些问题持负面观点，因此需要持续且非常密切地关注未来几年里这种局面的演变。

- 第二个问题是：重要的政策开发是否是以更平衡的方式展开的？建立机构和结成关系是否考虑到了功能和角色定位的差别，并且根据规模、领域和关注点的不同，推动志愿组织多样化的行动？而从迄今为止的研究所得到的总体印象，远不是政策发挥了激励志愿部门的作用。因而，社会政策研究所面对的一个关键挑战是继续研究这个问题，即持续推动志愿部门在公共服务递送中扮演更多的角色，会不会对它的其他角色造成破坏，特别是与发起运动、社区发展、建立健康的社会和政治关系有关的角色；这个问题在地方层面尤其重要，因为大部分志愿活动集中于此。

可深入阅读的参考文献

H. K. 安海尔的《非营利组织：理论、管理和政策（第二版）》（H. K. Anheier, 2014, *Nonprofit Organizations: Theory, Management, Policy*, 2nd edn, London: Routledge），是这位著名的比较分析家为学生准备的一本内容全面、激发思考的著作。S. 布里奇、B. 默塔和K. 奥尼尔的《理解社会经济和第三部门（第二版）》（S. Bridge, B. Murtag and K. O'Neil, 2015, *Understanding the Social Economy and the Third Sector*, 2nd edn, Basingstoke: Palgrave Macmillan），理论性不是那么强，但将大量不同的路径汇聚在一起。罗伯特·帕特南的《流变中的民主国家》（R. Putnam, 2002, *Democracies in Flux*, Oxford: Oxford University Press）收集了帕特南探讨社会资本的文章，清晰易懂且非常有用。

T. 克拉克和A. 希思的《艰难时期：经济下滑带来的分裂恶果》（T. Clark and A. Heath, 2014, *Hard Times: The Divisive Toll of the Economic Slump*, New Haven, CT: Yale University Press）对近年来英国和美国的紧缩政策与社会政策之间的关系进行了全面考察。在这里，重要的是对"社会衰退"主张的解剖式分析，这种主张解释了社会衰退与志愿性福利的实践之间的关系。

迈克尔·爱德华兹（Michael Edwards）编纂了一本权威手册，涵盖了公民社会及志愿组织在其中的位置等议题,此外,他也在一本可读性很强的著作中呈现了他自己的分析。请见迈克尔·爱德华兹编的《牛津公民社会手册》(M. Edwards, ed., 2011, *The Oxford Handbook of Civil Society*, Oxford: Oxford University Press)和迈克尔·爱德华兹的《公民社会(第三版)》(M. Edwards, 2014, *Civil Society*, 3rd edn, Cambridge: Polity)。

J. 肯德尔的《志愿部门:英国的比较视角》(J. Kendall, 2003, *The Voluntary Sector: Comparative Perspectives in the UK*, London: Routledge)对英国志愿部门进行了最系统和最新的分析性阐述;这本书的焦点是英格兰的情况,同时关注英国志愿部门中主要的协调和基础设施机构——全国志愿组织理事会(National Council for Voluntary Organisations)。全国志愿组织理事会的网站(www.ncvo-vol.org.uk)可以作为政策和研究资料的来源;但是也有一些人认为这个组织,另外还有国家独立行动联盟(National Coalition for Independent Action, www.independentaction.net),正对最近的政策方向进行有限的挑战。思汇政策研究所(Civic Exchange)发表的一些作品是最近对"大社会"议程效果的最深入的评估(www.civicexchange.org.uk)。

对于委任分权政府(请见第四部分)通常各不相同的发展的研究,主要的统括机构的网站是有益的起点:北爱尔兰志愿行动理事会(Northern Ireland Council for Voluntary Action)的网站www.nicva.org.uk;苏格兰志愿行动理事会(Scottish Council for Voluntary Action)的网站www.scva.org.uk;威尔士志愿行动理事会(Wales Council for Voluntary Action)的网站www.wcva.org.uk。更多、更全面的简报、研究论文和其他出版物,可以在第三部门研究中心(Third Sector Research Center)的网站(www.tsrc.ac.uk)上找到。

复习和课外作业习题

1. 为什么当代政治家和社会政策制定者对志愿性福利如此热衷?
2. 志愿行动最为重要的影响是什么?
3. 人们为什么要做志愿组织的志愿者?
4. 这个部门是否能够在英国"填补"国家后撤留下的空缺?
5. 在当代资本主义民主社会中,志愿性福利对社会政策的贡献是什么?

请浏览本书的辅助网站www.wiley.com/go/alcocksocialpolicy,使用为配合本书的阅读而设计的资料链接。在那里你将会发现有专门针对每一章的深入阅读资料链接,其中包括政府、国际组织、智库、压力集团和重要的新闻机构的网站。你还会找到以《布莱克维尔社会政策辞典》为蓝本的词汇表、帮助页、有关如何管理社会政策领域中主要委派形式的指导和职业建议。

第38章
非正式福利

琳达·皮卡德

>> 概 览

- 非正式或者无偿照料是为家人或朋友提供的帮助,因为被照顾者长期患有身体/精神疾病或残疾或有与年老相关的问题。
- 在人口老龄化的背景下,英国社会政策中的无偿照料问题越来越受重视。
- 在无偿照料供给中存在着性别不平等:女性比男性更可能照料他人。
- 无偿照料和就业是政策制定者面对的一个重大的两难境地。
- 有证据表明,无偿"照料缺口"越来越大,未来可能需要从无偿照料转向有偿服务。

非正式福利和无偿照料

在英国,残疾人和老年人的福利中,最重要的来源是家人和朋友。据估算,在英国,照看亲戚或朋友的照料者,每年为这个国家省下了1 190亿英镑,比国家医疗服务的费用还多。可以用不同的术语来形容这种形式的福利,其中包括"非正式"和"无偿"照料。这一章将主要使用"无偿照料"这个概念,它是指对长期患有身体/精神疾病或残疾或有与年老相关问题的家庭成员、朋友、邻居或其他人的照顾。

在过去的二十五年里,无偿照料在英国的社会政策中越来越受到重视。它通常与倡导社区照顾的政策联系在一起,因为这些政策极其依赖无偿照料(请见第54章)。对于无偿照料的强调也产生于老龄人口不断增多这样的背景中,许多老年人只能依靠家人或朋友给予帮助。

无偿照料的特征

2001年的人口普查询问人们是否为他人提供过无偿照料,而这个问题在2011年的人口普查中再次被提出。后面这次普查的数据显示,在英国有650万照料者,其中英格兰为540万,苏格兰为50万,威尔士为40万,北爱尔兰为20万。照料者构成了英格兰人口的10%,苏格兰人口的9%,威尔士人口和北爱尔兰人口的12%。英国照料者的数量增加了,从2001年的将近600万到2011年的650万。

无偿照料者并不是一个同质化的群体。在"非正式帮助"和"深度参与照料"之间存在着明确的界限。深度参与照料者可能是最需要支持的。深度参与照料者通常以长时间照料为基本特征。2011年的人口普查显示,在英国650万照料者中,将近250万人每周提供20个小时或更多时间的照料服务,有150万人每周为50个小时或更多时间。每周用20个小时或更多时间照顾他人的照料者,自2001年以来有所增加,从当时的将近190万到2011年的将近250万。

在无偿照料供给中存在着性别不平等:女性比男性更可能照料他人(请见图38.1)。在英格兰,女性在所有照料者中占58%。有310万女性提供无偿照料,而男性为230万人。相比大约9%的英格兰男性向他人提供无偿照料,英格兰女性的这个比例为12%。照顾领域里的性别不平等是女性主义者在社会政策中特别关注的一个议题,并且与家庭政策和对儿童的无偿照护等更为广泛的议题联系在一起(请见第57章、58章)。

提供照料在中年人群中最为普遍(请见图38.1)。对于女性而言,提供照料最多的年龄段是55岁到59岁;而对于男性则是60岁到64岁。中年人通常要照料他们自己的父母和配偶的父母,为老年人提供"代际照料"。但是,也有越来越多的照料他人的老年人。在英格兰,大约有75万照料者年龄为70岁或70岁以上。老年照料者通常与一位伴侣共同生活并照顾对方,因而常常向另外一位老人提供"配偶照料"。

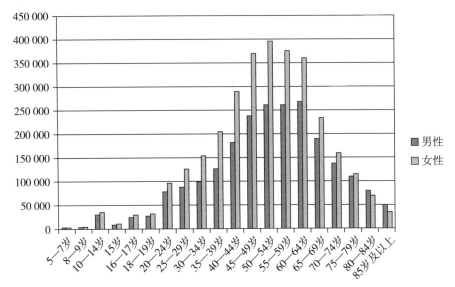

图38.1 2011年,英国不同性别和年龄的人群中提供无偿照料的人数

资料来源:英国2011年人口普查。

围绕着无偿照料的核心议题

无偿照料者的健康状况

有大量的证据表明,照料行为会损害照料者的健康,尤其是他们的心理健康。2011 年的人口普查显示,在英格兰,29%的 25 岁及以上的成年照料者说他们自己也并非十分健康(被定义为健康状况尚可、糟糕和非常糟糕)。当提供更长时间的照料时,或者当照料者年龄为 65 岁或以上时,这个比例则更高。大部分(59%)65 岁及以上的老年照料者和每周提供 20 个小时或更多时间照料的人都不十分健康,而且他们本人可能也需要帮助。

工作和照料

大部分无偿照料者处于"劳动年龄"(16 岁到 64 岁)。根据 2011 年的人口普查数据,在英格兰,劳动年龄的照料者大约为 410 万人,其中的 230 万有付薪工作。然而,照料可能会对就业造成负面影响。照料者出现离职"风险"的关键临界值是,每周要提供 10 个小时或更多时间的照料,这个临界值比之前人们预想的要低。据估计,在英格兰大约有 31.5 万劳动年龄的无偿照料者(其中主要是女性)为了照料他人而离开职场。考虑到照料人员补贴的费用(请见下文)和所放弃的收入造成的税收损失,这些离职的照料者的公共支出成本至少为每年 10 亿英镑(National Institute for Health Research, School for Social Care Research[NIHR SSCR], 2012)。

来自黑人和少数族裔背景的照料者

在英国,来自一些少数族裔背景的人,相比来自白人背景的人更可能提供长时间的无偿照料。特别是,来自亚洲背景的人相比来自所有其他族裔背景的人,更可能提供每周 20 个小时或更多时间的照料服务,在年轻群体中,这种差异尤其明显。是否日常提供长时间照顾服务,一部分与家庭和家户结构的差异有关,一部分也涉及对女性和成年子女在照料中扮演的角色的文化期待,另外还部分与被照料者在获取文化认可的服务过程中遇到的困难相关。英国的少数族裔人口逐渐老去,而与此同时,越来越多的少数族裔女性参与到劳动力市场中,这给家庭支持体系带来了压力。

儿童和青少年给予的照料

2011 年的人口普查显示,在英格兰,大约有 16.5 万儿童和 18 岁以下的青少年提供无偿照料,其中大约有 3.5 万人每周的护理时间为 20 小时或更多;相比 2001 年的 13.9 万儿童和青少年提供无偿照料,这个数字总体上增加了。儿童和青少年长时间提供照料,会对他们接受教育产生影响,并且因此改变他们的人生机遇。政府政策也日益意识到,应该保护这个群体,不让他们从事"不合适的"或"过度的"照料活动(请见下文所阐述的"照料者战略"),尽管有观点认为任何无偿照料活动对于儿童和青少年来说都是不合适的。

有关无偿照料的社会政策

社会政策中的无偿照料模型

有四种模型或者"理想类型",展现了政策制定者如何回应照料者(请见工具箱38.1)。在英国,主流的现实情况是国家视这些照料者为理所当然,并且将他们当作免费资源("**作为资源的照料者**")。然而,从1999年开始,出现了有关照料者的明确的政府政策,为英格兰设定了一系列照料者战略,后来在英国的其他地区也出现了类似的条款。所有这些主要关注的是确保照料活动的持续性,并且保证照料者的福祉。因此,政策将确保照料服务持续性("**作为合作者的照料者**")的措施与确保照料者本人利益("**作为共同客户的照料者**")的措施结合在一起。短时间内中止照料活动去休假,被强调为合算的机制,能够使照料者继续长时间进行照顾。政府政策很少考虑到**替代**或取代照料者,除了最近的一个例外(下文将讨论),英国全国范围内的政府政策一直关注避免用有偿服务代替无偿照料。

对照料者的评估

1986年以来通过的法律所带来的一个结果是,在英格兰,地方政府下设的社会服务部门(也称为市政服务机构)有评估照料者的法定责任,而成年人社会照料是由152个市政服务机构与成年人社会服务责任委员会(Adult Social Services Responsibilities)(请见工具箱38.2)共同评估的。《1995年照料者(承认和服务)法案》(Carers[Recognition and Services]Act 1995)(该法案在英格兰、威尔士和苏格兰获得批准)使得照料者有权利要求对他们常规提供的大量照料服务进行评估,地方政府负责对受照顾者进行评定。这项权利通过《2000年照料者和残疾儿童法案》(Carers and Disabled Children Act 2000)得以扩展,该法案在英格兰和威尔士引入了没有任何附加条件的照料者评估权利,其他地区也颁布了类似的法律。这两个法案在英格兰和威尔士同时实施,并且都通过《2004年照料者(机会平等)法案》(Carers[Equal Opportunities]Act 2004)被加以修订,该项法案规定,任何评估都必须包括有关照料者是否工作或者是否愿意工作的讨论。

工具箱 38.1　无偿照料者的政策模型

- "**作为资源的照料者**":反映的是英国的社会照顾的主要现实情况。国家视这些照料者为理所当然,并且将他们当作无偿资源。
- "**作为合作者的照料者**":政策的目标是与照料者并肩工作。在共同的照顾事业中,照料者被看作是合作者,或者"专业的照料伙伴"。照料者被善加对待,社会政策只介入为照料者提供支持,以保障照料活动的持续性。
- "**作为共同客户的照料者**":照料者被当作有权得到帮助的客户。照料者的利益和福祉本身就是有价值的成果,而提供支持的目的,是使得照料者能够更方便地进行照顾。

- "被替代的照料者":其目的是不再支持给予照料的关系,而是改变或者替代它。在这里同时关注照料者和被照料者。进行干涉的目标是通过不同的方式,让被照料者不再依赖照料者。

工具箱 38.2　英格兰有关照料者的政策的时间表*

- 1995 年:《照料者(承认和服务)法案》
- 1999 年:《国家照料者战略》
- 2000 年:《照料者和残疾儿童法案》
- 2004 年:《照料者(机会平等)法案》
- 2008 年:《国家照料者战略(修订)》
- 2010 年:《下一步照料者战略》
- 2014 年:《照顾法案》
- 2014 年:《照料者战略:2014—2016 年第二次全国行动计划》

* 医疗服务和社会服务领域在 1999 年进行了权力下放,有些法规在英国其他地区被广泛采用,或者一些地区有类似的立法。

但是,在英格兰,法律委员会(Law Commission)在 2011 年批评说,有关照料者评估的立法,对地方政府和照料者来说都是破碎、重叠并且令人困惑的,同时它建议这些评估照料者的责任应该合并为单一职责。此外,这个委员会还批评了这项立法的某些具体层面,特别是"数量和定期性测试",它被描述为模糊、混乱和复杂的。委员会建议取消这个测试,而且只要在看上去需要照料者的情况下,所有照顾他人的照料者都应该有被评估的权利。

政府接受了法律委员会所提出的大量建议。2014 年的《照顾法案》为英格兰的地方政府设定了承担照料者评估的单独责任。这则法案代替了之前的法律,并且取消了照料者必须定期提供大量照料服务这一前提条件。这意味着照料者评估的标准放宽了,更多的照料者能够得到评估。除此之外,《照顾法案》也为地方政府规定了新的责任,它们帮助满足照料者的需求,而照料者评估是照料者享有获得支持的合法权利的入口。政府计划在英格兰每年增加 2 500 万英镑的拨款,从而为新法律带来的额外的照料者评估提供资金,并且再另外一年投入 1.5 亿英镑支持为照料者提供更多帮助,尽管这些资金被批评为过少(Pickard et al., 2015)。

中止照料的短假

在英国全国实施的照料者战略中,有一个核心要素是提供中止照料的短假,以帮助照料者继续给予照顾。在英格兰,1999 年的《国家照料者战略》引入了照料者特别拨款(Carers Special Grant),规定在三年后向地方政府提供 1.4 亿英镑拨款,以开发给予照料者假期的服务。2008年的《国家照料者战略》规定为休假服务增加1.5亿英镑拨款;此外,2010年,联合政府承诺四年后将在这方面对英格兰增加4亿英镑的资金支持。2014年的全国行动计划提出,更佳护理基金(Better Care Fund),包括国家医疗服务体系提供的1.3亿英镑,将在2015—2016年度资助照料者休假。但是,多年以来,政府所承诺的给予照料者休假的资金支持一直被诟病为过少。然而,2015—2016年度划拨1.3亿英镑这个最新数字,并没有显示出英格兰的152个市政服务机构共同承担的资助结构将有重大变化。

为在职的照料者提供帮助

在英格兰,过去二十五年里,政府政策一直强调要让人们能够将无偿照料和就业结合起来。这里及英国其他地区,同一些别的国家一样,与在职的照料者有关的政策主要聚焦于作为工作—生活平衡议程一部分的"弹性工作方式";而且,从2014年《儿童与家庭法案》(Children and Families Act)实施以来,英国的所有雇员都有权利向雇主要求弹性工作方式。但是,照料者没有权利因为照顾而延长请假时间,或者要求雇主在请假期内支付工资(但是,如果他们没有其他收入,他们能够申请照顾人员补贴;请见下文)。

如同对弹性工作方式的强调一样,在英格兰,用来帮助有工作的照料者的"替代照料"也越来越得到重视。这个概念最初被用在2008年《国家照料者战略》中,涉及有关照料者和就业问题的政府政策,包括承诺为那些参加被认可的培训的人提供"替代照料"资金支持,从而帮助他们重新回到就业市场。在2010年的照料者战略中,一个新的重点是发展社会照顾市场,以部分满足照料者对"替代照料"的需求,从而使他们能够继续工作。这则法案比之前的政策走得更远,因为它意味着对有工作的照料者的**持续**支持,而不只是为他们重返劳动力市场提供暂时的帮助。

对于"替代照料"的日益重视是一个重大的发展,因为它体现了对以前的政府政策的重大改变。之前的政府和委任分权地区行政部门一致反对任何有关用有偿服务代替或更换无偿照顾的说法。从服务系统里的照料者类型来看,对"代替照料"的强调,符合被替代的照料者模型(请见工具箱38.1)。不过,值得重视的是,2010年的照料者战略将"替代照料"看作是采用"社会照顾市场"提供的服务,而另外一些人则主张,可能需要更多由**公共资金资助**的"替代照料"。

为照料者提供经济援助

在英国全国范围内为无偿照料提供的经济援助,最开始采用的是照顾人员补贴的形式,这是支付给长时间护理他人的照料者的现金津贴。得到这种补贴的照料者,每周至少提供35个小时的无偿照料,而且收入低于低收入标准(在2015—2016年度为每周110英镑),同时,照料者本人并没有在接受全日制教育,而照料对象正领取经过认证的残疾人津贴。照顾人员补贴建立在社会保险中的照顾支付模式基础上,工作和养老金部将它看作抵消收入方面的损失,而不是为照料支付的工资。2014年,在英国有超过67.5万人领取照顾人员补贴,在2013—2014年度,英国在这项津贴上的支出大约为21亿英镑。照顾人员补贴长久以来一直是社会政策文献中被诟病的主题,特别是因为它额度低、没有全面覆盖大量投入的照料者以及程序很复杂,而且无法促进就业和支持照料活动。

新议题

英国和其他经济更发达的国家的人口老龄化,意味着在未来二十年里,对长期护理的需要将出现出人意料的增加。但是,在无偿照料未来的供给中,存在着相当大的不确定性。皮卡德(Pickard,2015)的研究显示了,在英格兰,由成年子女为残疾老年人提供的无偿照护,可能跟不上未来需要的步伐(请见图38.2)。根据目前的情况可以测算出,到2032年,在英格兰将出现16万照料者的缺口。对无偿照料的需求将从2017年开始远远超出供给量,而且无偿"照料缺口"将从那之后迅速增大。推动照料缺口扩大的一个重要动力,是老年人数量(特别是高龄老人的数量)的增加速度快于年轻一代人的数量增加(请见第26章)。

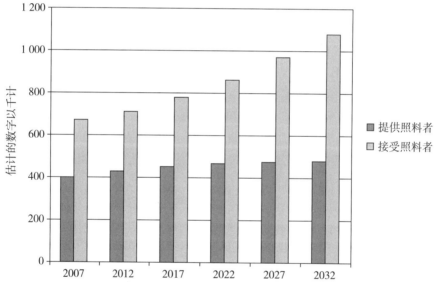

图38.2 不断增大的照料缺口:成年子女("提供照料者")每周为其年老父母提供20个小时或更多时间的无偿照料的供给情况,以及残疾老年人("接受照料者")对子女无偿照料的需求情况,英格兰,2007—2032年

资料来源:L. Pickard (2015), 'A growing care gap? The supply of unpaid care for older people by their adult children in England to 2032', *Ageing & Society*, 35: 1, 96–123, available at: eprints.lse.ac.uk/51955。

围绕着照料和就业的政策困境

除此之外,在人口老龄化的背景下,存在围绕着无偿照料和就业的越来越复杂的两难情况。对于照料的需求增多了,而且许多政府也热心支持无偿照料以满足这样的需要。与此同时,部分由于减少了对养老金的公共拨款,政府延长了工作年限,鼓励年老的工作者继续就业。然而,年纪较大的劳动年龄的人,正是最有可能提供无偿照料的人,而无偿照料通常与就业不兼容。在这样的背景下,帮助照料者将照顾与付薪工作结合起来,在包括英国在内的许多国家都成了核心的政策目标。正如我们已经看到的那样,在英格兰,旨在帮助在职照料者继续工作的"替代照料"越来越受到重视。如果围绕着无偿照料和就业的两难问题能得到解决,那么这种类型的政策似乎在未来能得到更广泛的应用。

长期护理政策可能带来的结果

无论是不断增大的照料缺口,还是围绕着无偿照料和就业的困境,都为长期护理政策提出了越来越广泛的问题。如果照料缺口在未来被填补了,而且在职照料者得到了帮助,那么很可能需要提供更多的有偿服务。这意味着需要从无偿照料向有偿服务转变,而且长期护理系统也需要减少对无偿照料的依赖。因此,在英格兰出现了对长期护理系统进行改革的要求,其中包括在2014年颁布了可能会减少无偿照料依赖的《照顾法案》(Pickard, 2015)。如果长期护理政策将减少对无偿照料的依赖,那么就需要更多地采用通用的长期护理制度。这些制度对于资格的确定主要是基于残疾情况,并且往往较少地依赖于无偿照料。在英格兰,在过去十五年左右的时间里,出现了大量有关建立更为通用的社会照顾制度的提议,其中包括1999年由长期护理皇家委员会提出的无偿个人照料的建议,和2010年由工党政府提出的全国照顾服务(National Care Service)提案。在英国其他地方,在有关长期护理的资金供给问题上,也有类似的议题被提出(请见第四部分)。最终,似乎只有通过更为通用的长期护理系统,才能在未来避免照料缺口的问题,并且规避无偿照料和就业问题上的困境。

可深入阅读的参考文献

2011年人口普查中有关英格兰和威尔士的无偿照料的信息可以在 www.nomisweb.co.uk/census/2011/data_finder 上获得;有关苏格兰的信息可参见 www.scotlandscensus.gov.uk/documents/censusresults/release2a/healthboard/KS301SCa_HB.pdf;有关北爱尔兰的信息请见 www.niassembly.gov.uk/globalassets/documents/raise/publictaions/2013/general/3013.pdf。

有关英格兰的就业和照顾问题的研究成果,请见英国国家卫生研究所资助的社会照顾研究院(NIHR SSCR)的报告(2012),sscr.nihr.ac.uk/PDF/Findings/Findings_10_carers-employment_web.pdf。

对儿童提供的照料的重要评述请见 S. 贝克尔、C. 迪尔登和 J. 奥尔德里奇的《儿童为爱劳作?年轻照料者和照料工作》(S. Becker, C. Dearden and J. Aldridge, 2001, 'Children's labour of love? Young carers and care work', in P. Mizen, C. Pole and A. Bolton, eds, *Hidden Hands. International Perspectives on Children's Work and Labour*, Brighton: Falmer Press)。对于《2014年照顾法案》的评估请见 L. 皮卡德、D. 金和 M. 纳普的《英格兰无偿照料的"可见性"》(L. Pickard, D. King and M. Knapp, 2015, 'The "visibility" of unpaid care in England', *Journal of Social Work*, doi:10.1177/1468017315569645)。

复习和课外作业习题

1. 为什么社会政策领域的女性主义者尤其关心无偿照料问题？

2. 儿童和18岁以下的青少年是否应该为家庭中的残疾成员（例如他们的父母）提供无偿照料？

3. 你将如何概括英国近年来历届政府在无偿照料方面所采用的政策的特征？

4. 为什么在未来二十年里，无偿照料供给存在着不确定性？

5. 政府相关政策在无偿照料和就业方面存在着两难困境。请描述这个困境，并且解释其在英国或者英国某个地区出现的可能原因。

请浏览本书的辅助网站 www.wiley.com/go/alcocksocialpolicy，使用为配合本书的阅读而设计的资料链接。在那里你将会发现有专门针对每一章的深入阅读资料链接，其中包括政府、国际组织、智库、压力集团和重要的新闻机构的网站。你还会找到以《布莱克维尔社会政策辞典》为蓝本的词汇表、帮助页、有关如何管理社会政策领域中主要委派形式的指导和职业建议。

第39章
福利使用者和社会政策

凯瑟琳·尼达姆

>> 概　览

> 福利国家制度过去是建立在消极福利的观点之基础上的,但是自20世纪70年代以来,人们越来越多地采取行动,从而在福利服务中扮演更为积极的角色。
> 自1979年以来,历届政府都致力于让人们更方便地成为积极的消费者。
> 在"紧缩政治"时代,公民—消费者模式变成了期望人们在构造和生产服务中扮演"共同生产者"的模式。
> 福利服务的许多使用者并不满足于政府期待他们承担的角色,他们要求在公民身份的基础上发挥更为积极的作用。

背　景

在英国,第二次世界大战之后出现的福利国家制度,其所背靠的社会与21世纪的社会截然不同。当时,移入人口少,几乎没有女性就业,大部分男性从事手工劳动,而且在去世前只能度过短暂的退休时光。在那时的社会里,阶级体系在某些方面比今天更为明显,而且人们认为从事不同职业的人是存在差异的。人们谈论和对待福利服务使用者的方式反映了世界的面貌。那些因为长期失业需要社会保障补贴的人,或者那些因为残疾或体弱而需要社会照顾服务的人,被人们同情并且受到福利国家安全网的照顾。当时并不存在所谓的积极公民,即不管他们的经济状况如何,他们都会得到作为普遍权利的通用医疗和教育服务。使用福利服务的人,是在一定程度上没有把握住战后英国所提供的机会而陷入贫困的人。服务是围绕着专业把关原则而不是使用者的可及性或选择权设计的。

残疾人和有精神问题的人被迫与家人分开,并被送到大型寄宿机构,他们在那里受到了苛刻甚至是侮辱性的管制。失去了家园的家庭可能面临被拆散的危险,而不是重新生活在同一个屋檐下。伴随着大部分福利分配的是需求测试("你为什么需要这项服务?")和经济状况测试("你是否能够养活你自己?"),这两种测试的组合意味着人们不得不与社会工作者、房屋管理官员和失业中心的工作人员分享有关他们个人生活和职业生涯的隐私细节。

奋斗者和偷懒者

20世纪60年代,当英国社会开始发生变革的时候,围绕着福利服务的消极和顺从的文化也出现了改变。新兴的富裕阶层创造了更为独立、主张更明晰的青年文化;对于劳动力的需求鼓励更多的女性加入劳动大军,同时刺激了来自英国以前殖民地的大规模移民潮。预期寿命延长了。在70年代,被称为"新左派"(New Left)的运动,批判了福利国家专业人士监督和规训工人阶级的倾向。同时,新左派也指出了标准化服务难以回应女性、少数族群和残疾人的多样化的需要的弊病。女性主义者反对家庭而非个人是重要的单元这一假设。更具参与性的民主从新的社会运动中获得了支持,它强调服务使用者的需求在服务设计和运行中应该扮演更重要的角色(请见第13章、14章和61章)。

然而,在新左派发起的运动在一些内陆城市留下它们的印记的时候,在20世纪70年代末,伴随着玛格丽特·撒切尔的保守党政府的当选(请见第19章),出现了新右派(New Right)的胜利。撒切尔议程中的一个核心主题是收缩国家在福利事务上的支出,并且指责那些仍然依靠国家的人。保守党政府没有对日益多元化的社会需求作出更为全面的回应,也没有采用参与式民主和民主本土化方式以提倡积极的福利公民,相反,它们赞扬那些依赖市场而不是政治权力的个体消费者。房屋所有权和投资入股为个体提供了不再依赖国家的机会。梅杰政府(1992—1997年)为那些继续使用公共服务的人提供了新的"宪章",它力图模仿消费者选择和私人部门的控制方式。商业领袖被邀请来向政府建议怎样才能更好地满足公共服务消费者的需求。国家医疗服务体系中的患者获得选择医院的权利,而且病人满意情况调查成为衡量成功与否的重要依据。保守党政府的假设是,在私人部门的消费者市场中占主导地位的选择和用户反馈机制,将提升公共服务的质量。

然而,与二战后的时代一样,大量诸如此类的消费者修辞,主要是针对有工作的公民的,他们使用医疗和教育服务主要是为了家人,并没有要求福利支持。福利领取人群,例如单身父母和寻求庇护者是被指责的对象,而不是拥有新宪章权利的主体。从那个时候开始,成功的公民—消费者与失败的福利使用者之间泾渭分明的界限,就一直是英国福利政策讨论的一个主题,即便后来的保守党、工党和联合政府分别上台和下台。每一任政府都以自己的方式努力削减福利预算,并且责怪福利使用者,尽管每一任政府在实现第二个目标上,都比第一个取得了更大的成功。

1997年到2010年执政的工党政府继续重视公民—消费者模式,为公共服务的使用者创造了更多行使选择权的机会。但是,工党的公共服务主要被塑造成互惠协议,在这当中,那些为自己的人生承担了更多责任的人被奖励了更多的机会和控制权。工党政府的"从福利到工作"(welfare to work, WTW)政策是建立在各种战略基础之上的,这些战略使得福利权利日益成为重返职场的压力。例如,单身父母是改革的焦点之一,让这些人回到工作岗位的胡萝卜是儿童保育,而大棒则是减少补贴(请见第47章、56章)。

2010年至2015年执政的联合政府进一步强化了这个议程,非常明确地区分了"奋斗者"和"偷懒者"(努力工作的人和不努力工作的人)。补贴上限被引入,这是因为政府部长们认为,那些领取国家救济的人没有权利比工作的人更富裕。人们似乎没有意识到,只有生活在这个国家高消费地区的大家庭,才会收到令善于哗众取宠的通俗小报震惊的高额救济金。政府官员们也不太关心福利上限对儿童贫困水平的影响,以及它可能会加剧与"问题家庭"的相关问题——对于"问题家庭",政府正通过其他行动给予帮助。

残疾人也越来越多地被贴上偷懒者的标签,因为针对残疾补贴而进行的新的资格审查似乎发现,有很大一部分领取国家经济补贴的人实际上有工作能力。但是这些决定正被要求进行修改,而且被专家认定为"适于工作"的人的引人注目的死亡事件,也导致了对这些政策的强烈谴责。

工党进行的权力下放改革,意味着这里讨论的这些变化和将公民重新塑造为福利服务的消费者,更多只是英格兰独有的而非全英国范围的议程。威尔士政府和苏格兰政府对英格兰的市场化方式以及将消费者力量作为公民赋权和改善服务的路径尤其警惕(请见第四部分)。

共同生产者

21世纪第二个十年的"紧缩政治"(请见第21章)似乎抛弃了某些公民—消费者修辞,并且将理想的福利使用者定义为"共同生产者"。消费者处于由国家开发出来的服务生产线的终端,而共同生产者则被期望积极参与到那些服务的生产中。例如,公民在废品回收利用、报告犯罪行为、递送纳税申报单中发挥着作用。教育和医疗服务只有在学生努力学习、病人根据医嘱服用药物的时候才能够发挥作用。在福利服务方面,人们必须积极投入到寻找工作的行动中,并且参加他所在地区的维持社区的志愿活动,以此来减少对国家服务的需求。

"共同生产者"这个议程能够与"大社会"联系起来。正如在其他章节中所讨论的,戴维·卡梅伦在2010年开始他的首相任期时,谈到了需要一个"大社会"。社区和个体被期待实现自力更生,减少对国家帮助的依赖。尽管"大社会"这个概念继续作为保守党为政府贡献的"妙招",但是总有一些针对这个标签下的政治议程的讥讽之词,人们认为它被用来掩盖服务裁撤,而且这似乎在很大程度上被遗忘的概念,在保守党2015年的竞选宣言中又复活了。

不过,公民作为积极的参与者而非被动的消费者的观点,引起了广泛得多的关注。它使人们意识到,可以利用个体和社区的专长来解决一些根深蒂固的问题。正是出于这一原因,这个主张被苏格兰政府和威尔士政府热情拥抱,两者都在它们的公共服务改革中旗帜鲜明地支持共同生产(请见第四部分)。共同生产也是公共服务中向以资产为基础的路径全面转变的一部分,这种转变基于这样的信念,即所有人和社区都拥有资产(例如,技能、时间、关系和空间),而不应该总是谈论它们有缺陷的方面(疾病、疏离、犯罪、贫困)。

英格兰推广的专家型病人项目(Expert Patient Programme)是说明更加强调共同生产的路径如何改变服务的一个例子。在这个项目中,长期患有某种疾病的人,为其他患有同样疾病的人承担起同伴支持的角色,他们在长期与疾病作斗争中所获得的经验得到承认。在英格兰,由照顾质量委员会(CQC)运作的经验成就专家项目(Expert by Experience Programme)也为服务使用者塑造了更为积极主动的角色(请见工具箱39.1)。

在政府和大学所开展的研究中,让使用服务的人作为合作伙伴参与到研究活动中来,也再次流行起来。在这种方式下,服务的使用者不再只是研究活动和政策改革的目标,而是被邀请来在设计问题和提问方式上发挥作用。这反映了一个广泛的转向,即从知识只能来自专业人士的假设,转变为承认来自经历过贫困、残障以及精神疾病问题的人的专门知识的有效性。

工具箱 39.1　经验成就专家

负责制定英格兰的医疗和社会照顾服务标准的照顾质量委员会,招募了一批服务使用者加入经验成就专家项目。这些人参与对照顾质量委员会所制定政策的检验,并且提出相应的建议;他们拥有使用医疗和社会照顾服务的经验,或者是正负责照料医疗和社会照顾服务系统中的某个人。

取得控制权

正如前面部分已经指出的,1945年以来的福利制度在演化过程中,根据政治议程和经济周期的不同,对福利服务的使用者所扮演的角色提出了不同的要求。服务使用者从被动地接受专业人士强制规定的服务,到被要求成为消费者,而后又成为共同生产者。

但是,重要的是认识到,许多福利服务的使用者并不只是被普遍的政治气氛支配得团团转,他们的积极性是自我主张的结果,他们质疑国家所给予他们的福利。例如,在精神健康服务领域,"使用者和幸存者运动"对精神病学中主导的正常化模型提出了疑问。在残疾人服务领域,残疾的社会模型(请见工具箱39.2和第61章)催生了更为包容和以人为中心的帮助模式。家庭照料者成功地展开运动,从而借助诸如英国照顾者(Carers UK)和照顾者公主皇家信托基金(Princess Royal Trust for Carers)等组织的努力,使他们的贡献得到承认。对于这些运动参加者而言,他们所追求的一个核心目标是重新塑造一些价值观及身份认同,涉及例如有学习障碍、使用精神健康服务或照料患有痴呆症的配偶等。旨在改善支持的运动要求人们必须被作为完整的公民得到承认,从而具有合法的使用公共空间和资源的权利,有缺陷的人不应该只能藏在家里或者被送到残疾人服务机构。

工具箱 39.2　残疾的社会模型

残疾的社会模型（Social Model of Disability）是在20世纪80年代发展出来的，它有力地重塑了"残疾"这个概念。新概念所依据的思想是，残疾并不是个体的问题或"悲剧"，而是社会强加给他们的，通过不让一些人进入公共空间，或者不授予他们完整的公民身份。与其"修复"残疾人身体上的问题，不如说更必要的是解决社会问题，从而消除使人失能的障碍。

从争取残疾人权益的活动中产生的社会运动，在必要的情况下使用破坏性战术有效地推动了政治改革（请见第14章和第61章）。例如，20世纪90年代，参加争取残疾人权利运动的人将自己绑在公共汽车上，以反对公共交通工具的缺乏。有些团体愿意与政府紧密合作以实现变革，而且许多残疾人慈善机构承担了服务递送者的角色。另外一些团体抵制与政府的合作，认为如果他们与政府保持距离，他们能够最有效地倡导变革。

残疾人发起运动从而带来大规模的政策变化的一个例子是直接支付。直接支付是国家通过现金拨款，从而使多病的老年人、残疾人和有精神问题的人能够管理自己的护理需求，并且购买合适的服务。根据《1948年国家援助法》，这样的支付是不合法的，但是残疾人组织的持续运动，特别是调查研究显示直接支付具有潜在的节约开支的效果，最终导致该法案在20世纪90年代中期被加以修改（请见第61章）。

包括直接支付在内的个人预算，现在是英国全国的成年人和儿童服务的主流路径。如果一个人被认证有获得社会照顾服务的资格（也就是说他通过了需求测试和经济状况测试），那么他能够得到直接支付的现金，或者他也可以请求某个人帮助他管理这些拨款（请见第54章）。这些钱可以用于任何经过核准的途径，而且许多地方政府都鼓励使用者创造性地使用这笔资助。服务使用者能够选择雇一个私人助手，并且/或者将这些钱用在正式护理领域之外。例如，人们可以选择去欧洲中央公园（Centre Parcs）度假，而不是去地方政府提供的"休息"场所，或者购买天空电视（Sky TV）的套餐，而不是将钱用在老年人日间护理中心。

诸如此类的变化在一定程度上是广受争议的。许多争取残疾人权益的活动家声称，这是将钱恰当而且划算地花在了能够改善残障人士状况的地方。而批评者则指出，支付诸如天空电视节目费之类的额外津贴不是政府的职责范围，而且如果这些措施不能普及更广泛的人群，这么做是不公平的。也有观点认为，个性化的金钱分配将人们重新塑造为消费者，而且导致了诸如日间护理中心这样的共享空间的关闭。人们封闭在自己的家中，并且承担着做出"糟糕的"选择的风险，这在一些人看来，是极其不合适的赋权形式。但是，对于那些享受到直接支付提供的自由而改善了生活的人来说，这些批评观点为现在这些真正的重要改善的可能性错误地设想了一个理想化的未来。

这些争论触及福利使用者的权利与义务之间的平衡以及个体权利与社区权利之间的平衡的核心。争取残疾人权益的活动家所取得的成就之一，是拒绝个体主义与集体主义的二元对立论，并且主张身份的集体表达需要与个体能够更好地获得以个人为中心的帮助联系在一起。独立生活中心(Centres for Independent Living)是由使用者掌管的,既致力于改善支持,又是集结集体运动的空间。许多提倡社会护理个人化路径的早期倡议,都来自这项集体运动,它们继续主张个性化理应置于这样的话语中,公民身份和人格性,都应该在重塑服务中作为合法的集体声音的基础,而不应该是使人们作为照顾消费者而相互隔离的工具。

新议题

这里所确定的趋势,在未来可能会变得更加显著。紧缩给社会照顾服务、住房的可获得性和有保障的就业造成了巨大的限制,而且继任政府可能继续指责和边缘化福利使用者,而不是去处理任何导致福利依赖的根本诱因。

诸如直接支付和个人医疗预算等个性化的资金资助形式,引起了各个政治派别的各种想象,而且它们似乎还将继续作为福利风景的特征。正如前文所勾勒的那样,这些形式都是备受争议的。它们也催生了一些新的两难困境:福利服务使用者是否能够做出比专业人士或国家更好的支出选择?如果使用者做出了糟糕的选择,会发生什么——国家是否仍然有义务介入并且照管他们?

更进一步的权力下放的可能性,意味着福利个性化即便只在英格兰推广都更加困难,更不用说在联合王国的范围内了。2015年宣布的大曼彻斯特城市协议,下放医疗支出决定权和实现地区自治,这在一定程度上反映了苏格兰、威尔士和北爱尔兰的权力下放,给英格兰带来了让地方拥有更大控制权的压力(请见第45章)。这些变化可能会为地方公民注入新的能量,并且促使城市政府负责它们辖区的公共服务的质量和类型。但是,这也会破坏人们对于英国作为共享政治共同体的感觉,曾经在这个共同体里,不同区域的公民享有同样的服务。英国的媒体在过去一直对公共服务中的"邮编彩票"理念抱有敌意,也就是地方边界两侧的居民享有不一样的服务。现在仍然不清楚福利的使用者是愿意作为不同地区的公民而拥抱多样性,还是更喜欢成为有权利得到标准化产品的消费者(无论是在布拉德福德还是布莱顿)。

可深入阅读的参考文献

有关"紧缩的英国"的失业和贫困问题的阐述请见 T. 希尔德里克、R. 麦克唐纳、C. 韦伯斯特和 K. 加思韦思的《贫困和无保障:英国低收入者和无收入者的生活》(T. Shildrick, R. MacDonald, C. Webster and K. Garthwaite, 2012, *Poverty and Insecurity: Life in Low-pay, No-pay Britain*, Bristol: Policy Press)。L. 福斯特、A. 布伦顿、C. 迪明和 T. 豪克斯编的《维护福利 II》(L. Foster, A. Brunton, C. Deeming and T. Haux, eds, 2015, *In Defence of Welfare* II, Bristol: Policy Press)收录了一系列分析最近的福利政策和福利国家制度在未来可能发生的变化的简短论文。英国人的社会态度(British Social Attitudes)系列调查提供了关于公众对福利使用者不断改变的态度的全面综述,具体内容请见 A. 帕克、J. 柯蒂斯和 C. 布

莱森编的《英国人的社会态度：第 31 次调查》（A. Park，J. Curtice and C. Bryson，eds，2014，*British Social Attitudes：The 31st Report*，London：Sage）。

J. 克拉克、J. 纽曼、N. 史密斯、E. 维德勒和 E. 威斯特马兰的《创造公民—消费者》（J. Clarke，J. Newman，N. Smith，E. Vidler and E. Westmarland，2007，*Creating Citizen-Consumers*，London：Sage）是以这样的研究为基础的，它们考察在医疗服务、社会照顾服务和政策制定背景下，公共服务和公众之间的关系。从欧洲视角对积极公民身份的分析请见 J. E. 纽曼和 E. 汤肯斯编的《欧洲的积极公民身份》（J. E. Newman and E. Tonkens，eds，2011，*Active Citizenship in Europe*，Amsterdam：University of Amsterdam Press）。关于个人化和直接支付的优点及缺点的讨论，请见 C. 尼达姆和 J. 格拉斯比编的《关于个人化的讨论》（C. Needham and J. Glasby，eds，2014，*Debates in Personalisation*，Bristol：Policy Press）。

残疾人社会运动的相关网站有"残疾人权利"（Disability Rights，www.disabilityrightsuk.org）和国家幸存者网络（National Survivor User Network，www.nsun.org.uk）。斯巴达克斯网络（Spartacus Network）是反对削减残疾人补贴的残疾人群体与社会活动家的联盟，其主页地址为 www.spartacusnetwork.org.uk。

复习和课外作业习题

1. 为什么福利服务（例如社会保障援助和社会照顾服务）的使用者比教育和医疗服务的使用者会受到更多的指责？
2. 成为公共服务的共同生产者意味着什么？
3. 赞成和反对向残疾人提供直接支付的论点各是什么？
4. 为什么残疾的社会模型在残疾人权利方面如此重要？
5. 为什么有些残疾人不愿意与政府紧密合作以改善社会照顾服务？

请浏览本书的辅助网站 www.wiley.com/go/alcocksocialpolicy，使用为配合本书的阅读而设计的资料链接。在那里你将会发现有专门针对每一章的深入阅读资料链接，其中包括政府、国际组织、智库、压力集团和重要的新闻机构的网站。你还会找到以《布莱克维尔社会政策辞典》为蓝本的词汇表、帮助页、有关如何管理社会政策领域中主要委派形式的指导和职业建议。

第40章
为福利付费

霍华德·格伦纳斯特

>> 概 览

> 我们在一生中要通过国家集体资金为很多最为重要的事物付费,部分原因在于市场失灵的经济理论。
> 另外一个原因是,人在一生中各个阶段的需求是不同的,福利在很多方面是一种代际契约。
> 尽管如此,许多基本需求是私人支付的,通过用钱购买的形式,以及照料者和家庭成员花费时间的形式。
> 政府正努力找到新的路径,以回应人口老龄化所带来的需求不断增多的挑战。
> 福利机构的预算永远存在上限,但是这个界限是如何确定的、这些资源来自什么地方,以及如何分配供给,这些问题在今天比以往更具争议性。

谁付费很重要

本书其他地方讨论的任何理想都是不现实的,除非有资金支持实现它们的手段。谁付费和如何支付是社会政策中的重中之重。如果我们有一套慷慨大方的公共服务,但是我们需要通过向穷人征收重税来为这些服务付费,那么我们并没有帮助到那些穷困的人,而是在严重地伤害他们。

我们怎样才能保证没有人,包括我们自己的家庭成员,会跌落到可接受的最低生活水平之下?我们如何确保所有公民,包括未来的自己,能够得到足够的食物、住房、教育和达标的健康护理?我们怎样才能够不论顺境逆境,特别是在遭遇意料之外的个人灾难时,都实现这些理想?

市场失灵

初看上去,我们没有理由不自己购买这些服务,或者通过私人保险保障自己在困难时期的生活。有些经济学家的观点正是如此。但是,人类需求和满足需求的服务的某些基本特征,意味着这两者都不完全适合市场空间。有大量的经济学理论致力于对这些问题进行探讨(Barr,2012)。我们无法购买瓶装的新鲜空气,而后将它像私人用品那样消费。如果空气是无污染的,那么所有人都能够享有它。这种"**非排他性**"(non-excludability)是经济学家所谓的"公共"或"社会"产品的特征。尽管如此,公共产品并不是"免费"的。我们通过购买安装了过滤装置或燃烧无烟煤的工厂以环保方式生产出来的产品,从而为无污染的空气的管理成本支付了费用。

尽管社会政策的某些方面涉及纯粹公共产品的生产,如果没有国家行为就无法生产出来,但是大部分社会政策并非如此。如果我们有钱,我们可以购买医疗护理服务。但是,作为私人消费者,我们可能会做出低效率的选择,因为我们可能得不到或者无法理解购买医疗护理服务所需要的信息。在购买者与出售者之间存在着信息不对称。经济学家将这种现象称为"**信息失灵**"(information failure)问题。

除此之外,我们打算购买的服务可能在很久以后才用得上。大部分人都不善于做这样的事情。有多少年轻人会花时间担心他们住到老人之家后如何支付的问题?养老金是另外一个略有不同的例子。人们会推迟行动,即便他们知道从理论上来说应该行动了。新生代行为经济学家所研究的这种类型的市场失灵,为英国养老金委员会(Pension Commission)2004年的工作提供了相关信息。

市场失灵、信息失灵和"**行为失灵**"(behavioural failure)等概念,有助于解释为什么即便在这样一个主要由市场交换驱动的世界里,许多人类服务仍然需要通过集体募集的资金(例如税收、社会保险缴纳金),或是政府强制的个人行动而得以支付。国家要求我们购买第三方汽车事故险,并不是出于友好对待穷人的动机。国家进行干预是因为在这些特殊领域里,这样做更有效率。

储蓄银行

存在另外一个原因(如果相关),使我们愿意以集体缴费的方式支付诸如此类的服务。我们需要的很多东西,例如我们子女所接受的教育、一个正在扩大的家庭的新房子、早年的长期健康护理等,都是我们在当下可能支付不起的。儿童教育相对于一个年轻家庭的收入而言是非常昂贵的。只有当一个家庭有富裕的父母,或是有牢靠的遗产,或是有相对可靠的资产(如房子)可以从银行贷到款,才能够在现在支付这个账单。因此,总体来看,福利国家就是扮演了一个巨大的全国储蓄银行的角色。即便是富裕人家,也能够在他们人生的不同阶段以所得到的政府补贴和免费服务的形式,收回他们所缴纳税额的5/6(请见第30章;Hills,2015)。

在不同的国家,选民在多大程度上愿意分担各种人生风险也有所不同。斯堪的纳维亚国家和法国的选民打算付出他们收入的一半,以支持一系列慷慨大方的公共服务。在英国可能没有这么高的支持水平,但是英国在经济合作与发展组织2014年公布的预期政府收入占国民总收入的比例的排名中列第20名。这些持续存在的差异背后的原因,是比较研究感兴趣的主题(请见第63章、65章)。

谁支付?

尽管这本书的自然焦点是税收资助的社会服务,但是社会政策所涉及的许多服务,都是直接由个人的收入、储蓄或私人借款支付的。政府可能对某些个体减免一些税,从而鼓励他们用私人积蓄养老、购买房屋或进行慈善捐助。经济学家将这种资金流称为由税收优惠而产生的"**税收支出**"(tax expenditures)。蒂特马斯在他的《福利国家论》(*Essays on the Welfare State*,1958)(请见第41章)中,将它们称为"**财政福利**"(fiscal welfare)。企业也可以将员工纳入它们自己的养老金计划中,不过,今天除了公共部门之外,已经鲜有这样做的企业了。但是,雇主们可以建立一个与他们的员工缴纳的保费相匹配或部分匹配的独立养老金计划。现在根据法律规定,企业主们需要提供这个选项。蒂特马斯将这种福利称为"**职业福利**"(occupational welfare)(请见第36章)。

同行们计算出了我们为每种"福利"分别支出了多少,以及发生了哪些变化(Burchardt, Hills and Propper, 1999; Edmiston, 2011)。他们将教育、医疗、住房、收入维持、养老金、个人社会服务和长期护理的支出都囊括在内。所得出的结果是,超出2/5的国民收入(在2007—2008年度是42.3%,今天可能更高),包括私人资金和公共资金,用于上述各种目的。(应该注意,在这当中没有将个人投入的照料**时间**的价值列入计算。)这些支出在国民收入蛋糕中所占的份额比1979—1980年度的1/3有所增加。大部分增长是因为学者们所划分的"**纯粹私人活动**"(pure private activity)范畴的支出的增加。这个范畴指的是个体所购买的私人服务,对此国家既没有通过补助的形式,也没有通过决定资金分配的方式进行干预。2007—2008年度这个类别的支出,大约占到国内生产总值的13%,而在1979—1980年度为8%。

财政福利在过去的三十年间也发生了变化。给予私人养老计划的税收补贴增加了,但是为购房贷款提供的大量税收减免在2000年被取消了。总体来看,这导致财政福利走向萎缩。也许令人吃惊的是,经历了撒切尔夫人执政期,对公众服务的公共投资水平一直保持在略低于今天所有福利活动的一半,仅比1977年的水平稍微低一些(当年略微超出现在水平的一半)。总而言之,**纳税人**支持福利活动的资金占国内生产总值的比例,在过去的一个世纪里稳步上升。只是在最近,由于英国联合政府所采取的"紧缩措施"才有所下降(请见图40.1)。

哪个层级的政府应该负责?

与其他发达工业国家不同,英国在极大程度上依赖威斯敏斯特中央政府的征税,以此为方方面面的政府活动提供资金，其中也包括福利。政府活动中只有不到5%是由地方政府收入提供运行资金的。在英格兰的联合政府为地方政府征收市政税（Council Tax）设置了各种限制。正如我的同事托尼·特拉弗斯（Tony Travers）所指出的，这个政策相当于百分之百地采用中央税收制度。这在世界上绝对是特立独行的。在类似的经济体中，只有荷兰更少在地方层面征税，但它是一个比英国小得多的国家。即便是以中央集权制国家著称的法国，也有13%的税收是地方征得的。尽管威斯敏斯特政府向苏格兰、威尔士和北爱尔兰的议会机构下放了福利事务方面的立法权和行政管理权，但是它一直负责征收资助这些服务所需要的几乎所有的税收。而后，它根据一个公式，向这些委任分权的议会分配现金（请见第四部分）。后者又根据其他公式，将这些资金交给它们的地方政府和医疗机构。最终，在苏格兰地区人均获得的资金要多于英格兰地区的，这种结果导致了激烈的争论。

在下放法定权力的过程中向地方议会授予最小的征税权力的做法，自2000年开始下放权力以来，不断积攒麻烦。苏格兰议会拥有有限的改变国民收入税率的权力，但是它一直没有动用过。在苏格兰独立公投的背景下，英国委任分权地区的资助服务的整体基础，以及更准确地说，英格兰地方政府投资服务的根基，都开始被重新审查（请见第四部分）。委任分权地区的行政权力机构应该共同行动争取税收权力的下放，这一原则最终得到了越来越强有力的支持。地方政府也是如此。但是，有些地区和区域的人更贫穷和更为年老，因此每一个英国人都有权利得到与其他公民一样的医疗和教育服务的原则也被广泛拥护。在这里，决定性的讨论是围绕着社会政策的资金来源展开的，这个问题也是2015年当选的保守党政府的核心关注点。

谁来决定额度？

中央政府的财政部负责向内阁建议应该给公共项目分配多少资金。财政部也负责与英格兰各支出部门的复杂协商。通过协商所做出的决议，包括在未来几年里向医疗服务、学校和国防投入多少经费。这个程序现在被称为"综合支出调查"（Comprehensive Spending Review）。财政部也通过所谓的"巴尼特公式"来决定苏格兰政府和其他委任分权政府能够得到多少经费（请见第22章）。

这些协商所得到的最终结果要经过内阁批准，然后以非常详细的形式公布出来。例如，2010年，在联合政府上任之初所进行的综合支出调查，确定了2014—2015年度公共支出的限额。这个限额在2013年进行了修改，并且将时间延迟到2015—2016年度。联合政府继续执行嵌入了"紧缩"战略的各种文件。在此之前，分别在1998年、2000年、2002年、2004年和2007年开展过综合支出调查，不过，这种做法最早可以追溯到20世纪60年代初的某种方式。在很长一段时间里，英国的国民收入中越来越大的一部分被用于社会政策，但是这个趋势在2010年后发生了改变（请见图40.1）。

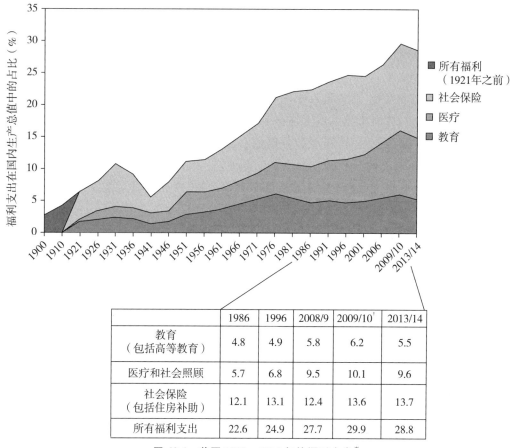

图 40.1 英国 1900—2014 年的福利支出※

※ 这包括过去的济贫支出、当代社会保险、住房补贴及后来的津贴形式。1987 年之后,有些小项目被从例如刑事司法机构中移出,计入福利支出。这些小项目占 1987 年国内生产总值的 0.5%。社会照顾支出从社会保护的官方数据中移出,增添到医疗支出当中,从而与以前的数据口径保持一致。住房资本被排除在外了。教育包括对高等教育的公共支出,但是不包括学费收入。

† 受到经济衰退影响最大的年份。

资料来源:H. Glennerster (2007), *British Social Policy: 1945 to the Present*, 3rd edn, Oxford: Blackwell; 2014 年英国财政部公共支出统计分析 (2014 HM Treasury Public Expenditure Statistical Analysis 2014)。

被需要或被鼓励的行为

正如我们已经了解到的那样,政府用税收减免或税收补贴的形式,努力激励个人为自己提供福利——购买房屋或者为自己的养老金储蓄。不过,养老金委员会(Pension Commission)(2005)根据最近行为经济学领域的研究,建议引入另外一种激励人们为自己的退休生活储蓄的措施。来自其他国家的证据表明,如果员工被自动纳入某个养老金计划,大部分人都不会退出。如果雇主和政府都被要求缴纳费用,那么情况更是如此。这个推理思路最开始为当时执政的工党政府所接受,后来被联合政府遵循,现在它构成了英国养老金制度的基础(请见第 36 章、47 章和 60 章)。

应对灾难的保险

另外一条原则在过去五年里被采纳为实践性政策,即人们应当承担照料自己的成本,直到这些费用成为"灾难",也就是对任何家庭来说都是不合理的,而且不可能支付。当迪尔诺特委员会(Dilnot Commission)(Commission on Funding Care and Support, 2011)被请求就更有效地支付英格兰社会照顾费用的途径提供建议的时候,该委员会提出,每个家庭都应该有足够的储蓄,或者为家庭成员购买保险,从而能够在未来的某个时候支付大部分必要的照料费用。只有当我们的终生支出高于某个"合理的"水平,或者我们穷困时,国家才介入。英国政府根据2015年的价格水平,将这个界限定在总计75 000英镑。这是一个新原则——"共同支付"的案例,即部分个人的,部分集体的(Glennerster, 2013),尽管到目前为止,对长期护理的支持方式在英国的其他地方各有不同(请见第四部分)。

代金券和准代金券

一些经济学家主张,如果用户可以对糟糕的服务或者不符合他们预期的表现给予惩罚,那么诸如学校或医院这样的机构将能够更好地发挥作用。个体应该拥有"退出权"(请见第19章),能够决定不再光顾某些服务机构。因此,经济学家建议,可以给使用者一些等价的代金券,让他们能够在自己所选择的任何一家学校或护理中心里支付服务。目前在英格兰,中小学校和医院会得到一定比例的国家拨款,拨款主要用于在那里就学的学生或就医的患者。这可以称为"准代金券"方式。

赠予

个体会向志愿组织和法定公营机构(例如医院)贡献大量金钱和时间。慈善捐款可能是受税收减免的吸引。然而贡献时间却不是。蒂特马斯在他对献血的经典研究——《馈赠关系》(*The Gift Relationship*, 1970)中展现的人们向全国输血服务中心(National Blood Transfusion Service)无偿献血,就是一个切实的、可以感知的例子,它说明了个体在为一个更大的社会体系做出贡献的时候,会令这个社会变得富裕,与此同时,在这个过程中也会使社会变得高效。献血者没有动机对他的就医历史说谎,因而将受感染的血液引入输血系统的危险也就大大降低了。更精密的筛查设备可能会削弱上述论点的力量,但是社会从一个激励利他行为的系统中所获得的利益,却是精密仪器所不能带来的。女性主义学者(请见第13章)让我们更清楚地意识到,当女性,以及部分男性承担照料任务的时候,家庭中会产生一定规模的赠予活动。

定量配给

当服务是免费的,就不会将需要挡在门外,因此无论供给还是需求都是平等的。这是诸如医疗等服务的主要优点。但其后果是,服务供给者必须确立优先顺序,将照料分配给那些最迫切需要的人。

正如第7章所讨论的那样,配给可以采取规则和授予福利权利的形式,或者是由专业人员根据固定预算进行判断。因此,对于较为稀缺的社会政策资源的分配,是各种各样的决定中的一部分,从内阁所作出的每项服务应该得到什么资源的相当明确的判断,到根据公众同意的公式对地方卫生服务、地方议会和学校进行的清晰分配。即便是这些明确、公开的分配后面,也会有一些不那么清晰的判断,例如哪个孩子被分到哪个班级,哪位社会工作案主得到了专业社工最多的关注,等等(Glennerster,2009)。

新议题

如何支付我们的公共服务已经成为核心的政治议题,而且这个问题愈发重要:
- "大衰退"带来的经济后果还将持续。国家负债越来越多,偿还这些债务及其利息可能需要动用原本用于其他方面的税收。
- 我们将活得更长,而且大批二战刚结束时出生的人现在要退休了,并将很快进入其健康护理支出大幅上升的阶段。
- 对于什么是"好服务"的期望不断提高。
- 气候变化对公共钱袋提出新的要求。
- 所有这些结合在一起,意味着要通过更高的税收或者其他渠道支付社会服务。

但是:
- 社会变得越来越不公平,普通人的生活水平停滞不前或有所下降。
- 因而,选民自然不会为更高的税收投赞成票。
- 富裕的人和公司似乎能够规避其支付义务。

因此,对于更多的社会政策行动的需求增加了,但是我们支付的潜力和意愿却在不断下降。几乎没有什么政治家准备面对这些议题。特别是:
- 与"多少"的问题不同的是"谁支付"这个问题:
  - 是否应该向老年人支付更多?他们已经免受近年来许多福利削减所带来的损失。
  - 富人应该多支付多少呢?
  - 是否应该更多地收取财产税,较少收取收入所得税?
- 应该在多大程度上将资助服务的责任从威斯敏斯特政府那里移交出去?苏格兰独立公投将这个问题推上了议事日程。
- 地方服务是否应该很大程度上由地方税收提供资金?如果应该,那么是哪种税?

- 或者,平等地得到同样优秀的服务是否需要国家资金支持?如果是的话,那么是哪个"国家/民族"?

可深入阅读的参考文献

H. 格伦纳斯特的《理解福利的财务问题:福利成本是什么和如何支付》(H. Glennerster, 2009, *Understanding the Finance of Welfare: What Welfare Costs and How to Pay for It*, Bristol: Policy Press)以简明易懂的语言概括了经济学文献,描述并且评论了英国的社会服务获得资金的实际路径。这本书也包括一些比较性资料。N. 巴尔的《福利国家经济学》(N. Barr, 2012, *Economics of the Welfare State*, Oxford: Oxford University Press)对基本的经济学原理进行了更全面的论述。

J. 希尔斯的《好时光和坏时光:他们和我们的福利神话》(J. Hills, 2015, *Good Times, Bad Times: The Welfare Myth of Them and Us*, Bristol: Policy Press)展现了福利国家在多大程度上扮演了终生储蓄银行的角色,无论是对于较为富裕的人,还是对于贫穷的人来说。T. 伯查特、J. 希尔斯和 C. 普罗佩尔的《私人福利和公共政策》(T. Burchardt, J. Hills and C. Propper, 1999, *Private Welfare and Public Policy*, York: Joseph Rowntree Foundation)提供了思考"私有化"的框架。D. 埃德米斯顿的《1979—2007 年英国私人和公共福利活动之间的动态平衡》(D. Edmiston, 2011, 'The Shifting Balance of Private and Public Welfare Activity in the United Kingdom 1979 to 2007', CASE Paper 155, London: London School of Economics, Centre for Analysis of Social Exclusion)探寻了近年来公共和私人部门中对社会福利的投资趋势。

对于养老金财务变化的思考,可以在养老金委员会第一份报告(2004)——《养老金:挑战和选择》(*Pensions: Challenges and Choices*, London: Stationery Office)和第二份报告(2005)——《21 世纪养老金的新偿付方式》(*A New Pensions Settlement for the Twenty-First Century*, London: Stationery Office)中找到。对于紧缩时期公共服务所面临的资金困境,霍华德·格伦纳斯特的《为未来福利国家提供资金:一种新的伙伴模型?》(H. Glennerster, 2013, 'Financing future welfare states: a new partnership model?')和 C. 胡德的《对紧缩财政氛围中的公共服务改革的思考》(C. Hood, 2013, 'Reflections on public service reform in a cold fiscal climate')进行了讨论(两篇文章均收录于 S. Griffiths, H. Krippin and G. Stoker, eds, *Public Services: A New Reform Agenda*, London: Bloomsbury)。跨党派的上议院公共服务和人口变化专责委员会发表了 2012—2013 年度报告,题为《为老龄化做好准备了吗?》(*Ready for Ageing?*, HL Paper 140, London: Stationery Office),其附录、语言表达和呈现的证据,为思考人口老龄化所带来的后果提供了丰富的资料。

英国财政部对政府支出的中期限制是基于定期的综合支出审查设定的。《公共支出统计分析》(*Public Expenditure Statistical Analyses*)每年都会公布实际的支出数据和长期趋势,该报告可以在财政部网站(www.hm-treasury.gov.uk)上读到。

英国财政研究所定期考察财政和支出问题,请见 www.ifs.org.uk。

复习和课外作业习题

1. 如何回应老龄化人口不断增多的需求和所带来的机会？请为英国议会下院管理委员会(House of Commons Committee)准备主要聚焦于我们如何为老龄化人口支付费用的问题的材料。

2. 为各种类型的社会服务提供资金的职责，应该在多大程度上下放给苏格兰、威尔士和北爱尔兰以及英格兰的地方政府？代表你所选的某项服务的使用者的压力集团准备一篇游说词。

3. 为某份大众报纸写一篇文章，以说服其读者："福利"并不只是为"不愿意工作的人"提供资助的。

4. 向即将上任的财政部长简短地汇报未来五年公共支出可能的优先顺序。

5. 英国还能继续负担福利国家制度吗？如果能的话，我们如何为它付费？

请浏览本书的辅助网站 www.wiley.com/go/alcocksocialpolicy，使用为配合本书的阅读而设计的资料链接。在那里你将会发现有专门针对每一章的深入阅读资料链接，其中包括政府、国际组织、智库、压力集团和重要的新闻机构的网站。你还会找到以《布莱克维尔社会政策辞典》为蓝本的词汇表、帮助页、有关如何管理社会政策领域中主要委派形式的指导和职业建议。

第41章
征税和福利

斯图尔特·亚当和巴拉·朗特里

>> 概 览

> ➢ 征税在社会中扮演着重要的角色,而税收政策则是被多种多样且时常相互矛盾的目的所驱动的。
> ➢ 区分税负的法定或正式归宿和它的经济或有效归宿很重要。
> ➢ 中立性是评判税收政策的可靠基准,但是这个标准并不总是受欢迎的。
> ➢ 税收政策要把握平衡,在从较富裕的个体到不那么富裕的个体的资源再分配与保持对个体提高其收入的激励之间。
> ➢ 课税基础不断增强的国际流动性为税收政策带来了挑战。

导论

在英国经济中,每赚3英镑就有1英镑要用来纳税。税收在国家收入中所占的份额如此之大,使它能够对社会产生巨大的影响,无论是在减少人们的收入,还是在改变他们的行为方面。税收所支持的类似数额的政府支出也有着非常大的影响。

征税有三个主要目的:

- 第一个目的是获得收入,从而为政府在公共服务和社会保障福利方面的支出提供资金。
- 第二个目的是再分配,例如,由此缩小富人与穷人之间的差距。在获得收入的时候,政府必须考虑应该分别从社会的不同部分征收多少税。
- 第三个目的是改变人们的行为。尽管自然的出发点是征税应尽可能少地插手人们对生活方式的选择,但是,政府有时会积极地利用征税影响人们的行为。

这三个目标是相互联系在一起的。征税既直接分配资源,例如从纳税人那里获得金钱,又间接再分配资源,通过它所资助的社会保障福利和公共服务。

在征税的过程中也存在着矛盾。越是成功地抑制有害行为的税种,它所征得的收入就越少。政府越是致力于从富人到穷人的再分配,对于穷人来说,他们就越没有动机致富,那么可以课税的收入和财富也将减少。

英国的税收系统

英国在2015—2016年度的税收总额估计是6 220亿英镑,占国民收入的1/3;这相当于分摊到每个成年人身上为11 700英镑,或者人均9 600英镑。英国的税收在国际上处于中等水平:比大部分西欧和斯堪的纳维亚国家要低,但是通常高于东欧国家、北美、爱尔兰、日本和澳大利亚。

税收政策主要由英国财政部制定(请见第40章),并且由英国税务海关总署(HM Revenue and Customs)负责管理。地方政府和委任分权的北爱尔兰、威尔士和(尤其是)苏格兰政府拥有一些征税权,这些权力正不断扩大(请见第四部分)。

收入所得税(income tax)是对就业收入、自雇收入和其他收入(例如从地产和某些收益中获得的收入)征税。来自储蓄的收入也要被征税,尽管各种各样的特别处理方法意味着,许多存款的利息收入是免税的,例如以养老金、个人储蓄账户(Individual Savings Accounts, ISAs)的形式,另外,个人的主要居所和从2016年起的普通银行账户所得收入也免税。

每个人(在1990年之前,已婚夫妇是组合在一起评估的)都有个人的免税额度;超出这个额度的按照基础税率征税,如果再有超出基础税率额度的,则按照一个或多个更高的税率征税。对于大部分雇员而言,从他们的工资收入中征收的税额由雇主代为扣除,但是,如果有人有着复杂的税务事项,他们就必须以年度为单位提交自我评估纳税申报表。

国民保险税(National Insurance contributions, NICs)类似于工资税,但是支付该税使得个体有权利享受特定的("需要受益人付款的")社会保障津贴(请见第47章)。不过,在实际操作中,现在缴纳的税额和得到的津贴之间并不存在直接对应关系,因而有些观点主张应该将它开发成真正的社会保障制度,而与此同时,国民保险税实际上是第二收入所得税。但是与收入所得税不一样的是,它只针对就业收入,而且无论雇主和雇员都必须缴纳,如果是自雇者的话则税率较低。

国民保险税只征工资收入的税,同时存在着其他的特别针对储蓄和财产的税种。**资本利得税**(capital gains tax)的征收对象是资产在买卖中所增加的价值,而**遗产税**(inheritance tax)则是针对某人死后(或死前不久)所传递的财产,尽管这两个税种都分别有着比重较大的免税额,但是它们还是对其所征收的收益起到了极大的限制作用。**印花税**(stamp duties)是每一次收购或出售某些资产(特别是土地、不动产和公司股票)时都必须缴纳的税,不过,令人不解的是,为什么被频繁换手的财产,通常会被征以更高的印花税。**市政税**是每年根据个人住房的价值(在英格兰和苏格兰是按照1991年的估价)所征收的税;这项税收主要用于为地方服务提供资金,它是英国唯一重要的地方税;虽然它是由各地方政府独立征收的,但是它的结构是由中央政府和委任分权地区政府决定的。

公司所得税（corporation tax）的征税对象是公司所获得的利润；所谓利润，是用收入减去诸如工资、原材料、贷款利息等成本后得到的。企业还有责任缴纳**营业房产税**（business rates），非常类似于针对住房的市政税，这个税种是对企业经营所使用的房屋与土地征税（不过与市政税不同的是，营业房产税的税率是由中央政府和委任分权地区政府确定的，而非地方政府）。

间接税（indirect taxes）是附加在物品和服务之上的，而不是从人们的收入中拿走一部分。间接税中占比最大的是**增值税**（value added tax，VAT），该税种对大部分出售的商品和服务收取20%的税，不过，大部分食品、房屋、图书、儿童服装和另外一些商品的增值税税率没有那么高，并且家用燃料和电力的增值税税率被降至5%。

另外，对于一些特殊商品和服务，其中大多数被认为在某种程度上是有害的，要征收另外一些间接税。其中最重要的是对汽油和柴油征收的**特殊消费税**（excise duties），同时，也会对汽车购买及保有征税，以及对酒类、烟草、飞行收税，还存在着一些数额较小的环境类税种。

收入所得税、国民保险税和增值税一起构成了大约60%的政府收入（请见图41.1）。相比其他发达国家，英国的税负水平比那些主要通过社会保险缴费获得政府收入的国家要略微低一些，而比那些主要通过财产征税的国家又稍微高一些；不过总体而言，英国的税负水平稳稳当当地处在正常范围内。

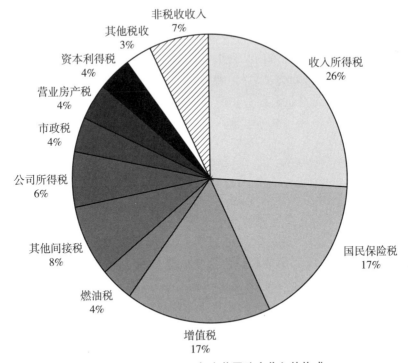

图41.1 2015—2016年度英国政府收入的构成

资料来源：Office for Budget Responsibility, *Economic and Fiscal Outlook December 2014*, at: budget-responsibility.org.uk/economic-fiscal-outlook-december-2014。

关键概念和讨论

归宿

税务学者区分某种税的**法定或正式归宿**(incidence),即讨论谁有缴纳它的法律义务,以及它的**经济或有效归宿**,即讨论它最终使什么人的情况变得糟糕。这两个层面通常是有区别的,例如,营业税的征税对象往往是公司所进行的销售,但是毋庸置疑,实际上大部分税款都通过更高的价格转嫁给了消费者。

事实上,从长远来看,一种税的正式归宿相对于有效归宿应该是无足轻重的。购买者考虑的是他们必须支付的总额,出售者考虑的是他们得到的总额,两者都不关心有多少构成了税额。因此,如果一种税是正式或依法律规定从销售者而非购买者那里征收的,那么,我们会预想到,价格将相应上涨,购买者支付了税额,而销售者所得到的收入与之前的相同。但是,在短期内,一种赋税的法定归宿影响会比较大,因为它决定了第二天谁来纳税,而在价格和工资(使得效率归宿得以传导的机制)上做出调整则要假以时日。

由于一种税的正式归宿(从长期来看)并不对其有效归宿产生作用,因而它能够被选来将行政管理的成本降至最低,而且正因如此,许多税的正式归宿在公司。但是,有效归宿却没有落在公司上。公司是一个法人实体,而非真正的个人,后者能够变得更加富裕或者变得穷困。最终的负担一定是由公司所有者、雇员、消费者(分别通过减少的利润、降低的工资或提高的价格)或是这三者的某种组合来承担。因此,如果不调查人们最终支付了哪些税,是无法理解企业支付它们"应付"税金这个概念的。

实际上,税负归宿通常是被共同分担的,而不是完全落在某个参与者身上。这其中的规律是,它往往对那些难以通过其他事物补偿纳税行为的参与者影响更大。

中立性

税务设计中的**中立性**意味着以类似的方式对待类似的行为。总而言之,中立的税务往往趋于简明化,避免不公平地区别对待有类似行为的人,并且有助于将对人们行为的扭曲降至最小。

偏离中立性就必须在不同的应税行为中划出分界线。由于通常存在灰色区域,这些部分的界限往往难以确定及管理,特别是当纳税人努力"伪装"他们的行为,从而使得自己被归于更受欢迎的应税区域的时候。由此产生的法律规定往往都极其错综复杂。

中立性是评判现实世界的可靠基准,但是这个标准并不总是受欢迎的。有的时候,有足够的理由对人们自由做出的决定进行干涉。显而易见的例子包括劝阻有害的行为,例如污染或抽烟,或者是鼓励有益的活动,例如研发或储蓄养老金。但是,无论是评估这些政策目标自身的价值,还是衡量偏离中立性所带来的益处,都必须对灰色区域所导致的复杂性和不公平进行权衡。主流政策不能总被允许依赖非典型案例,而且偏离中立性所带来的障碍会非常大。

再分配和激励

第30章(在对影响范围做出了某种假设的情况下)显示出,收入较高的群体在某一特定时间点上支付更多的税额,尤其是扣除了福利的税额(至少是以现金计算的)。**累进税**(progressive tax)或**累退税**(regressive tax),或者更为重要的累进税制或累退税制,是指从较高收入者的收入中抽取较大或较小比例的税。

但是,重要的是要考虑到评估累进性的时间范围。例如,增值税占当前收入的比例看起来是累退的,因为在任何一个给定的时间点上,相对于其收入,低收入家庭通常会花很多钱(并且因此要缴纳许多增值税)。但是,一个家庭不可能无限期地超出其收入而透支。从一生的时间范围来看,收入和支出应该是相等的(除了赠予或收到遗产以及去世时负债累累的情况);在任何一个给定的时间点,相对于其收入,花费很多的家庭往往都是那些暂时经历低收入的,他们要么借债,要么动用积蓄,从而将他们的支出维持在高于他们的终生资源收益的水平上。一生所缴纳的增值税基本是与一生的收入/花费成比例的,事实上,略有累进性,因为适用零税率或降低税率的项目被一生贫穷者不成比例地消费了。因此,只要能够得到快照数据,那么将增值税作为当前支出(而不是收入)的一部分进行测算的话,就可以更好地了解到增值税潜在的再分配效果。

税收对某些行为方式产生了经济奖励或经济惩罚的作用,尤其是当它偏离中立性的时候。激励依赖于整个税收和福利体系。例如,抑制要起作用,不仅通过收入所得税,而且通过取消基于经济状况调查的福利补贴,同时会通过间接税。具体而言,工作的吸引力可能在于净工资所得能够购买优质商品和服务,那么减少收入的税负就会产生与价格上涨一样的效果。

毫无疑问,激励是一个(当然远不是唯一的)影响人们在各个领域行为的要素:是否以及如何努力工作,什么时候离开学校或者退休,买什么东西,存多少钱及通过什么形式,如何经营自己的事业,等等。

但是,有些群体和某些类型的行为,会比另外一些受到激励的影响更大。有大量的经济学文献试图估算这些回应的规模,不过这很困难。政策如何改变了人们的行为,是许多关于税务和福利讨论的基础,其中存在着或含蓄或直言不讳的分歧。总体而言,政治右翼往往强调征税阻碍劳动、减小国际竞争力等方面的危险,而与此同时,左派则倾向于认为这些危险相比再分配、公共服务等来说并不重要。政治上的优先顺序和价值观也是讨论的一部分:例如,是将蛋糕不断做大,还是更为公平地分配蛋糕。此外,人们也在争论更为公平地分蛋糕,在多大程度上会减小它的尺寸。

对收入、支出和储蓄征税

人们往往误解了对收入征税和对支出征税之间的选择。正如我们已经看到的那样,对支出征税是递减的以及它不会妨碍劳动积极性等普遍看法都是错误的理解。事实上,对收入征税和对支出征税之间的主要差别在于对储蓄征税:毕竟,支出是收入减去净储蓄额。同样,直接税与间接税之间的选择也是不一样的。间接税能够轻而易举地在不同的商品和服务之间变化（例如，对酒类征重税，对儿童服装收较少的税），直接税却做不到这一点；但是，直接税能够根据个体掌握的总资源而有所区别对待（例如通过较高的收入所得税税率），而这又是间接税无法实现的。

但是，最可能的做法，是对人们的总支出而不是他们的总收入征税，也就是在使用累进税率表（包括免税额度和较高税率）之前，简单地将他们的净储蓄从他们的收入中扣除（以计算支出），就可以得到应税额。

对所有收入（无论是赚得的还是存下来的）一视同仁地进行征税的做法也很有吸引力。但是，存下来的部分只有今天还是明天消费的差别，无论我今天花这笔钱还是明天花，都将被征同样的税。而且对节约所得收税会产生（可能是人们不希望的）阻碍储蓄的效果，反之，如果不对储蓄收入征税，会促使人产生将所赚得的收入伪装成储蓄收入的动机（企业的所有者和经理人往往会采用这样的战略，这样他们能够以分红的形式而不是给他们自己发工资的形式从公司取走利润）。

各地政府都在这个困境中挣扎着，因而最后的政策通常是混乱的妥协：既在一定程度上阻碍节约，又在一定程度上避免这种阻碍行为的发生。"米尔利斯评估报告"（Mirrlees Review）提出了一种解决方案：对所有来源的收入全部征税，但是对一定数量的储蓄和投资（不考虑它所产生的收入）给予税收减免，以免阻碍储蓄。

税收减免和"财政福利"

政府会提供税收减免以支持特定的群体或行为。在英国有超过1 000种税收减免，覆盖的范围从针对储蓄和慈善捐款的收入税收减免，到降低家用能源和儿童汽车座椅的增值税税率。从收入角度来看，大部分税收减免的额度都非常小，但是这个领域所带来的最大花费也高达几十亿英镑。蒂特马斯（Titmuss, 1958）引入了"财政福利"这个概念，用来强调这样一个事实，即许多个人税收减免实现了类似于政府在社会保障津贴或公共服务上的支出所发挥的功能。最近，公司的税收减免（与财政拨款和补贴）也引起了人们的关注，并被贴上"**企业福利**"（corporate welfare）[†]的标签。

许多税收减免都有合理的理由，例如，产生应税收入的成本应该进行税前扣除，以避免对高成本高回报的行为比对同样有价值的低支出低回报的行为产生更大的阻碍效果。但是，经常引起质疑的是，税收减免究竟是不是鼓励某些行为的最有效的工具，还有，例如，某种行为是否比那些面对更高税率的行为更应该得到促进。如同蒂特马斯所强调的那样，财政福利往往偏爱那些较高收入者。

应该考虑每一种税收减免措施的价值。但是，正如辛菲尔德（Sinfield, 2013）所强调的，财政福利的透明度很低，很少被探讨，而且由于减税具有比额外支出更大的政治吸引力，而不是更适合手中的任务，因而它有时更受欢迎。

[†] 即由政府提供给企业的、使其获得各种特殊待遇的优惠措施，包括直接的资金补助、显著的税收优惠以及游说购买等。——译者注

专款专用

专款专用指特定的税收用于特定领域的支出,它有很强的吸引力。如果人们想到他们所缴纳的税款被用在有价值的事业上,那么他们在纳税时就不会那么不开心。而且可以这么说,当从酒类和烟草中所征得的税收被用于支付公共医疗项目的时候,会产生非常直观的吸引力。

但是,经济学家和政府往往反对专款专用。其中一个原因是,并不是所有的税收都会被指定用于最受欢迎的事业。如果用某些税收支付医疗和教育,则必须用另外一些来支付那些不那么振奋人心的项目,例如地方政府的行政支出和为犯罪嫌疑人合法辩护。

更关键的是,没有什么理由规定某个特定领域的某些支出,必须依赖于从某个特定领域里征税所得的收入:如果收入所得税因为经济衰退而减少,那么我们是否应该同等数额地减少在医疗和教育上的支出呢?而且,由于专款专用并没有设定有约束力的支出限制,因而它充其量只是毫无意义且引起争论的误导,使得选民认为他们的纳税行为控制着政府的支出方式,而事实却并非如此。

逃税和避税

遵守税务管理法律已经成了重要的政治议题。在逃税与避税之间存在着重要的区别,即合法性的问题。**逃税**(tax evasion)是使用非法手段减少纳税,例如在纳税申报单上弄虚作假,而**避税**(tax avoidance)是通过合法的渠道减轻纳税责任,例如,成立一家公司,这样自雇收入(收入所得税的征税对象)就能够重新贴上"利润"(公司所得税的征税对象)的标签。逃税行为如果被发现,将会受到罚款和监禁的惩罚;因而逃税从根本上来看涉及的是执法问题。而在另外一方面,避税则是有关税基的问题,即确定哪些是应税的以及哪些有可能变为较低税率的征税对象。

征税和公民身份

对于一些社会政策分析人士来说,公众对于所感知到的课税中的不公平的担忧——特别是逃税和避税现象——可能会破坏人们对于税务系统的合法性的认知,而且会破坏公众的纳税责任感。另外一些分析家也有类似的观点,他们认为,随着公众对于税收负担的讨论与他们有关税收所资助的补贴及服务的讨论"脱钩",公民身份和纳税之间的联系也变得模糊不清了。加强这个联系的一个充满争议的建议是专款专用。"财政福利"是另外一种改变讨论中所用术语的努力,在那些讨论中,补贴申请人往往被放到纳税人的对立面,尽管事实上许多领取补贴的人也缴纳收入所得税,并且这类人群中每个人都缴纳间接税。

新议题

政府所面临的如何回应收入集中化的挑战正日益变得难以对付。那些处于最高收入分配层的人,其收入在最近几十年里继续突飞猛进:在1978年到2012年,那些收入最高的

1%的家庭的净收入,是收入最高的3%—7%的家庭的两倍还多。政府想通过向富裕的人增税以及减轻不那么富有的人的负担来解决这个问题。

日益增强的不平等所带来的另外一个结果是,政府收入也相当依赖于少数富裕的纳税人。例如,在2014—2015年度,收入所得税收入中,有1/4是仅仅占到成年人口的0.5%的个体(大约25万人)缴纳的。这样的依赖状况,使得公共财政非常容易受到一小群人的行为改变的影响,这个群体被认为在面对税收变化时,比人口中的其他群体更有灵活性、更善于应对。在再分配的目标与公共财政依赖于少数极富裕个体的风险之间的平衡,并不是能够轻而易举掌握的。

高净值个体和他们收入的流动性是各种各样挑战中的一个例子:全球经济的特性不断改变,使得课税基础越来越难以确定。无论我们是打算对销售商品征收增值税,还是对利润收取公司所得税,对数字服务(例如音乐下载)课税,都比对轻易可以确定生产与销售地点的有形商品的征税要困难得多。

全球化和科技变化并非新事物,而且与一些预测相反,这些并没有对政府获取大量税收构成非常大的障碍。尽管如此,挑战是确确实实存在的,而且不断发生变化。各个国家可能会单方面作出回应,但是国际合作才是最关键的,多国应该采取协调行动,例如增加信息交流、获得更多的对低税管辖区的控制,以及改革对跨境行为征税的法规。这些措施是否能够获得成功,以及它们如何继续向前发展,是政府应对新变化的关键。

回到家乡,英国政府需要成功地实现前文所谈到的税收设置权力的下放。有关英国宪制的未来的讨论一直没有间断过,而税收政策则是其中的一个组成部分。

可深入阅读的参考文献

在英国政府的官方网站(www.gov.uk/government/organisations/hm-revenue-customs/about/statistics)和英国财政研究所有关财政信息的网页(www.ifs.org.uk/tools_and_resources/fiscal_facts)上可以找到大量有关英国税务系统的信息和数据。关于国际比较的最全面的资料来自经济合作与发展组织(www.oecd.org/tax/tax-policy)。

米尔利斯等人的《税务设计:米尔利斯评估报告》(Mirrlees et al., 2011, *Tax by Design: The Mirrlees Review*,可以在www.ifs.org.uk/publications/mirrleesreview上找到)是对税收政策的全面而且权威的最新分析。J. 凯和M. 金的《英国税务系统》(J. Kay and M. King, 1990, *The British Tax System*,可以通过www.ifs.org.uk/docs/kay_king.pdf获取)虽然时间有些久远,但仍然是出色且非常清晰易读的分析。

有关财政福利的讨论请见R. M. 蒂特马斯的《福利的社会分化:对于平等研究的反思》(R. M. Titmuss, 1958, 'The social division of welfare: some reflections on a search for equity', in *Essays on the Welfare State*, London: Allen & Unwin)和A. 辛菲尔德的《财政福利》(A. Sinfield, 2013, 'Fiscal welfare', in B. Greve, ed., *The Routledge Handbook of the Welfare State*, London: Routledge)。

复习和课外作业习题

1. 征税是怎样影响福利的？
2. 政策制定者在设定税率的时候要权衡哪些事宜？
3. 是否应该通过税收政策鼓励或者抑制某些行为？
4. 特定的税收是否应该被指定用于特定方面？
5. 英国税收政策怎样才能更好地支持社会政策？

请浏览本书的辅助网站 www.wiley.com/go/alcocksocialpolicy，使用为配合本书的阅读而设计的资料链接。在那里你将会发现有专门针对每一章的深入阅读资料链接，其中包括政府、国际组织、智库、压力集团和重要的新闻机构的网站。你还会找到以《布莱克维尔社会政策辞典》为蓝本的词汇表、帮助页、有关如何管理社会政策领域中主要委派形式的指导和职业建议。

第七部分
福利管理

第42章
政策过程

休·博榭尔

≫ 概　览

> 研究政策过程有助于我们理解政策如何被制定和执行、某些政策被采用或不被采用的原因,以及政策是如何发挥作用的。
> 就社会政策而言,有关权力与不平等之间关系的思考也是非常重要的。
> 有多种多样的模型和策略可以用于分析政策过程。
> 不同政府采用不同的路径制定和执行政策,这些路径会对现有的政策产生影响。
> 近些年来,人们越来越强烈地意识到社会的复杂性,分析和理解政策过程的新方法也被开发出来。

背　景

"政策过程"这个概念形容的是政策制定(或否定)、执行和评估的方式。从最广泛的意义上说,这个过程是"政治性的",即其中涉及各种各样的参与者和进程,而且对于社会政策尤其重要的是,这个过程最终关系到如何分配、行使权力以及由谁来分配和行使的问题。在这里,关于国家、民主和资源分配的讨论,经常与各种不同的观点联系在一起,例如是否存在多元化的权力分配,即根据公众和组织的利益广泛地分配参与机会,或者是政策制定是否向某些利益或团体倾斜,或由他们占主导。类似地,我们不仅可以(而且也许是应该)思考政府的决策和行动,也能够(而且也许是应该)思索没有被纳入考虑和讨论的选项,以及个中原因可能是什么。最重要的是,这样做使得我们能够理解社会政策是如何被引入的,以及为什么会被引入。

对于政策过程的考察通常被描述为**政策分析**(policy analysis),但是存在多种不同类型的政策分析。政策分析可以广泛地(尽管有些刻意)分为**对政策进行分析**和**为制定政策**

而做的分析(请见工具箱42.1)。

有多种多样的模型可应用于特定政策和政策领域,从而帮助我们更好地理解在政策过程中,不同群体所扮演的角色和所掌握的权力,以及某些作为和不作为背后的动机。但是,重要的是应该认识到,尽管有些模型寻求成为规范性模型,但是政策制定者却可能在政策开发过程中不使用任何模型,因此一般最好只把模型看作分析工具。

工具箱 42.1　政策分析的类型

对政策进行分析:
- 关系到理解政策的尝试;
- 可能聚焦于政策内容,像许多学术研究那样,描述和解释某些政策是如何被引入和执行的、背后的原因是什么,并且评估它们的影响;
- 通常包括有关政策效果的思考,例如尝试解释特定的资源分配结果。

为制定政策而做的分析:
- 改进过程:试图改变政策制定和执行系统;
- 改进政策:像许多智库的做法那样,通过分析,支持政策过程中的某个特定想法或选择。

有关政策过程的观点

虽然我们在日常生活中经常会提到"政策"这个词,但我们是在以各种各样的方式使用它。例如,我们可能用它来描述政府的决定、经由立法等形式的正式授权、各种活动领域的决策(例如教育政策、养老金政策)、特定的项目,以及政府行为的产出和结果。与此同时,政策和政策过程一直在与其他因素(例如文化、经济、社会和政治以及其他政策)不断互动和相互影响。因此,我们需要认识政策制定和执行的环境。

静态和动态的路径

在描述和讨论政策过程的时候,经常会将其视为一系列阶段。这种路径,连同它所描述的静态和区块化的过程,都有很强的误导性。另外一种观点是将政策过程看作动态且连续的,不同阶段可能会出现重合,环境和反馈也是持续变化的,并且反过来作用于政策发展(例如,评估指出了应该被重视的弱点,从而带来了对现有政策进行完善或开发新政策的结果)。传统的决策观体现的是静态路径,它们认为某些政治家制定政策,而后另外一些人负责实施;相反,动态连续模型更贴近这样一些观点,它们强调了政策制定者在政策执行过程中的连续影响,以及那些根据自己的构想执行政策的人的投入。

分析政策制定过程最常见的方法,是按照工具箱 42.2 中所呈现的方式将其分为不同阶段,尽管这种做法存在着局限性,但是它有助于我们理解政策过程。

工具箱 42.2	政策过程的阶段

- 形成
- 执行
- 评估

后来,这些阶段时常会被英国财政部提出的 ROAMEF 模式所打破,这个模式包含一个循环过程,它体现了政策制定过程的循环特性:

- 理论依据(Rationale)
- 目标设定(Objectives)
- 选择方案(Appraisal)
- 过程监控(Monitoring)
- 评估(Evaluation)
- 反馈(Feedback)

政策形成

第一个"阶段"通常是"形成"阶段,在这里,一个政策创意会被提出。要想成为一项政策,所提出的这个想法必须被列入政策制定者的议程当中。这可能源于某些团体的观点的发展,例如政治党派、智库或媒体;也可能是为了应对某些被意识到的问题,例如贫困或犯罪;或是为了回应特定的挑战或需求,例如人口老龄化对医疗服务或养老金形成的压力。压力集团和媒体通常被认为能够在这个阶段发挥一定的影响力,主要是引起政策制定者对相关议题或想法的关注。

尽管有些人主张,在多元化的自由民主社会中,各种各样的群体和利益集团都应该对政策制定有一定影响,但是事实上,议程设置往往是偏向那些握有最大权力的群体的,因此有些想法可能从来不会进入议程。某些议题被排除在讨论之外的现象,有时被称为"**政策沉默**"(policy silence)或"非决策",这形象地说明了设置议程的能力是行使权力的根本方式。

一旦某个想法被列入决策者的议程,那么它就成为讨论和开发的对象。赫伯特·西蒙(Herbert Simon)在他 20 世纪四五十年代的著作中,提出了旨在改善决策的"**理性**"(rational)模型。他主张,在理想的情况下,应该仔细思考所有可能的政策选项,最终选择最可能实现政策目标的方案。然而,这种路径往往是不现实的,因为政策制定者通常是在现有的政策背景下进行决策的,与此同时,他们要受到财政和行政管理界限的制约,另外,考察所有选项所需的时间和资源本身也很可能构成阻碍。

因而，政策制定者通常被认为是采取了更具限制性的路径，即有时被称作"有限理性"（bounded rationality）的途径：将诸如现有的政策、资源限制以及在非常有限的选项中进行选择等因素纳入考虑。尽管如此，在某些环境下，我们仍然可以看到，政策制定者采用了反映西蒙观点的路径，例如，他们有时会聘请专家进行调查和仔细研究，将这些作为政策开发的组成部分。

然而，可以说，大部分政府政策都是建立在已有政策的基础上的，只是略有改进。"**渐进主义**"（incrementalism）这个概念与查尔斯·林德布洛姆（Charles Lindblom）的研究密切相关，林德布洛姆指出，政策制定是政策制定者在问题出现时解决问题的过程，而且政策制定者往往坚持可管理和熟悉的原则，因此新政策与老政策经常只有细微的差别。

林德布洛姆声称，因此，相比理性主义，渐进主义（"摸索前进"）是更为现实可行的政策制定模式。批评家认为，这样的路径可能从本质上来说是保守主义的，而且由于只关注短期变化，可能有忽略根本问题或重大政策挑战的风险，这意味着，比如，由于现状只有微小的改变，弱势群体可能持续受损。但是也有人主张，尽管渐进主义与剧烈的政策改革相反，但一系列小步改进经过一段时间之后，也能积跬步以至千里，而成为重大的政策变化。

回应新问题和新需求所带来的挑战，以及现代社会显然不断增加的复杂性和不确定性，是政策制定者从其他国家吸取教训的部分原因，有时我们将这种向其他国家学习的行为称为"政策移植"（policy transfer）（请见第63章、64章）。对其他国家进行考察，看看它们是否有能够被引进的政策，这种在执政者那里受欢迎的做法提供了政策创造的捷径。例如，1997年上台的工党政府在开发它的福利改革政策时，借鉴了澳大利亚和美国的做法；而联合政府中的保守党在"免费"学校方面以瑞典和美国为榜样。但是，在这个过程中，可能存在着不恰当的引入和没有考虑到国家之间差异的危险，比如，保守党政府在1993年引入的儿童支援局（Child Support Agency），采纳了美国的经验，往往被看作是一个政策失误的例子。

政策执行

政策执行通常被认为在政策过程中紧随政策形成之后，尽管如同前面所指出的，这样的划分按理说是人为的。政府动用各种各样的资源（包括法律、财政、组织和信息供给等"权威"）以实施政策，而且"政策执行"可以使用不同的"政策工具"或它们的组合。对政策执行方式的选择，不只基于路径的有效性，而且反映了其他政策压力或权力关系。

来自不同层级政府和不同领域（公共、商业和志愿部门）的参与者，可能会介入政策执行的过程。一项政策在多大程度上得以成功执行是多种因素影响的结果，这中间包括政策自身的清晰度、参与其中的机构的数量和类型，以及是否能够得到合适的资源。例如，如果某个机构负责某项政策的实施，它应该非常明确，想要成功地执行政策依赖于大量自治组织，它们可能有不同的目标、价值观和资源，甚至相互之间还存在着竞争。在这样的情况下，由于具有高度复杂性，很可能一项政策只是部分得以实施。

"执行赤字"通常与自上而下的政策制定路径联系在一起。在这种情况下，政策是由处在等级结构最高层的人制定的，而那些处于"基层"的人（例如医生、住房管理部门官员、警察或教师）在政策制定中没有任何发言权，只是言听计从地执行。但是，在政策过程中不仅存在着人为划分的阶段,在不同的参与者中间也存在着差别。那些在基层提供服务的人,也希望确保适当且可操作的政策被引入,并且他们通常能够酌情处理,从而对政策执行的方式产生影响。

因而,自上而下的政策制定路径可能无法认识到,成功的政策执行往往有赖于多个机构和个体,而且政策制定通常是个双向过程,即同时有自上而下和自下而上的流动,而不是单向系统。有人主张,更为现实和成功的路径,应该将那些政策会对其产生影响的人和那些负责政策执行的人纳入考虑。从这个观点出发,正确的政策制定应该从底部开始,并且逐步向上移动。近年来,多种其他类型的路径(例如那些聚焦于政策网络的路径)也有助于彰显政策制定和执行过程中的复杂性,以及在政策过程中许多参与者的互动。最后,有必要注意到,并不是所有的政策都得到了实际执行,因为政府有时会作出政策声明,甚至是通过立法,但却没有付诸实施。

政策评估

政策评估往往被看作是最后阶段,在这个阶段,会对政策是否成功进行评判。与政策或项目实施过程中的监控结合在一起的政策评估,通常被视作政策过程中必不可少的组成部分,它可能会导致对现有政策的改变,或者引入新政策。这种观点显然是与动态连续的政策过程的观念联系在一起的。

最近的发展和路径

近年来,不同层面的分析家以极大的兴趣、从不同的角度研究政策过程,例如约翰·赫德森和洛(Hudson and Lowe, 2009)分别采用了宏观、中观和微观的分析层面。从宏观层面展开的分析关心构成政策制定和执行背景的多种多样的主题和议题,例如"全球化"这个议题就是一个经常被列举的例子。但是,对于各种宏观主题是否塑造了政策及其结果以及是如何塑造的,几乎没有形成什么共识。中观层面介于微观和宏观层面之间,它考虑的是政策是如何制定的、问题是如何被列入政策议程(或被挡在政策议程之外)的,以及确定和执行政策的制度安排有什么特点。最后,微观层面将我们的关注引向个体,他们或者是政治家,或者是公务员,或者是提供服务的专业人士,或者是服务的使用者。

分析家也意识到了政治和社会的日益复杂,特别是,他们认识到,如果政府想要成功地实施政策,它们需要与各种各样的组织和利益集团合作。与此同时,在知识界和政界的讨论中,还有许多与之相关的问题被热议,例如从管理到治理的转变,全球化的程度和可能的影响,技术变革,日益增强的"风险"意识(无论是对个体还是国家而言)及其对政策制定和执行的影响,所有这些都丰富了论述政策过程的文献。最近几十年的发展也意味着,各个层级的政府(包括地方政府、委任分权政府、国家政府、超国家政府),越来越有意识地参与到政策制定和政策执行过程中(请见第四部分和第45章、46章及71章)。

有许多其他模式和概念能够被用来分析政策制定、执行和评估(请见"可深入阅读的参考文献")。但是,有一个领域可能一直被人们所忽略,那就是为什么相比其他群体,特定群体(诸如儿童、部分黑人和少数族群,可能还有较贫穷的人等)往往行使较少的权力。

1979年以来的政府和政策过程

制定和执行政策所依赖的理论,可能影响政策所呈现出来的面目。正如其他章节所讨论的,1979年到1997年执政的保守党政府,深受强调个体责任的观点以及对市场而非国家的偏好的影响,而这些又对它们的政策制定和执行的路径产生作用。

例如,保守党政府在公共部门强调管理主义、绩效评估、竞争和私有化,从而努力改善该领域对于消费者的有效性和回应性,同时,以前由中央政府和地方政府承担的各种各样的执行及供给功能,都纷纷移交给非官方组织和非政府部门公共机构,不过中央政府保留了对政策制定的控制权。在其他国家也出现了类似的发展,人们普遍将这种变化看作是从"管理"向"治理"的转变,即从由国家承担所有的政策责任,转向建立在网络基础上的供给形式,而政府有一定的监管权。

1997年到2010年,即工党政府在任期间,可以看到政府努力"改进"政策过程的许多方面(从制定到执行再到评估)。这使得诸如"循证"(可能更准确的是"从证据中获取信息")、政策制定和"联合"路径等术语,都成了社会政策辞典中的常用部分。与此同时,这里强调的是不同机构在政策执行和实现政府目标过程中的"伙伴关系",而非竞争关系,这是在社会政策的许多领域都特别值得注意的一个发展。

尽管努力开发"更好的"政策制定路径是人们所希望的,但重要的是不应该低估价值观在政策决策中的重要性,而且应该认识到政策的目标和产出几乎不可避免会受到质疑。政策制定必定是政治性的,这样的话,价值观和价值冲突就成了政策过程的组成部分,于是,高度强调技术官僚的路径或实实在在的市场路径,就会带来使有关资源分配的决定去政治化和合法化的风险。因此,可以说改进政策过程的目的,应该是改善政治互动的质量而非取消它。

工党也引入了大量对政策制定和执行产生影响的根本性和结构性改变,其中包括向北爱尔兰、苏格兰和威尔士下放权力(请见第四部分),在英国全国进一步提高政策制定(和政策)的路径的多样化程度,通过《1988年人权法案》将《欧洲人权公约》引入英国的法律,从而使那些认为自己的权利受到侵犯的人,可以向国内法院申诉他们的不满。

与其前任一样,2010年成立的联合政府也将它的特定偏好带入政策过程,尤其是在英格兰。而且,毫不出人意料,其中大部分被2015年当选的保守党政府沿袭下来。包括对于更小的政府以及公民、商业部门和志愿部门更多参与服务递送的偏好,这些在很多方面都回应了20世纪八九十年代的保守党政府所采用的路径。此外,从2010年开始的对减少赤字以及特别是削减公共支出的强调,都为诸如此类的政策发展提供了合理理由,同时强化了这样的需求。

新议题

最近几十年来,出现了从管理到治理的转变,而且与政策过程相关的复杂性和风险性的增强也日益被人们意识到。例如,人们愈发认识到,政府需要与多种多样的机构和利益集团合作,以便成功地执行社会政策。由此带来的结果是,现在人们难以预测通过什么方式能够设计出简单清晰、产生鲜明效果的政策。

此外,相对晚近发生的事件,特别是全球层面的,例如与全球变暖、2007—2008年金融危机及从中恢复过来的努力相关的事件,都显示出政府似乎相当软弱无力,尽管存在着相反的观点,认为民族国家在作出政策选择方面仍然至关重要(请见第27章)。另外,人们也在讨论,随着时间的推移,不同国家的政策将在多大程度上趋同(这可能是因为许多国家现在都经历着类似的压力,或者采用了类似的政策工具,或者这是更大规模的政策移植所带来的结果)。不过,对于这种发展的程度,甚至是否会出现这样的发展,都没有形成一致意见。

可供深入阅读的参考文献

H. 博榭尔和S. 邓肯编的《政策制定的理论与实践》(H. Bochel and S. Duncan, eds, 2007, *Making Policy in Theory and Practice*, Bristol: Policy Press)在考察1997年开始执政的工党政府的政策过程的路径时,将学术界和实践者的视角组合了起来。A. 多兹的《比较公共政策》(A. Dodds, 2013, *Comparative Public Policy*, Basingstoke: Palgrave Macmillan)对政策制定做了详细介绍,包括在比较框架下对社会政策的某些领域进行分析。

B. 霍格伍德和L. 冈恩的《现实世界的政策分析》(B. Hogwood and L. Gunn, 1984, *Policy Analysis for the Real World*, Oxford: Oxford University Press)尽管有些年头了,但依然有益于我们理解政策分析,并且涵盖了在今天仍然重要的某些路径的一系列核心议题。J. 赫德森和S. 洛的《理解政策过程(第二版)》(J. Hudson and S. Lowe, 2009, *Understanding the Policy Process*, 2nd edn, Bristol: Policy Press)描述并且突出了社会政策的不同层面,尤其是聚焦于宏观、中观和微观层面的分析,从而帮助我们理解其中所发生的变化。

M. 希尔的《公共政策过程(第六版)》(M. Hill, 2013, *The Public Policy Process*, 6th edn, Harlow: Pearson)提供了有关理论和实践路径的详细讨论和批判。这本书援引了许多社会政策作为例子,从而简明地介绍了政策制定和执行过程的不同层面。W. 帕森斯的《社会政策:政策分析的理论与实践》(W. Parsons, 1995, *Public Policy: An Introduction to the Theory and Practice of Policy Analysis*, Aldershot: Edward Elgar)全面论述了政策制定研究的发展,并且将对不同观点的讨论和批判收录进来。

英国政府的"绿皮书"(www.gov.uk/government/publications/the-green-book-appraisal-and-evaluation-in-central-governent)和"紫皮书"(www.gov.uk/government/publications/the-magenta-book),提供了中央政府对政策过程的某些方面(特别是评估过程)的观点。

复习和课外作业习题

1. 为什么"自上而下"的政策执行路径对决策者具有吸引力,但是在实践中却被证明缺乏可行性?

2. 如何看待有些群体被排除在政策议程之外?

3. 权力从威斯敏斯特政府转移到委任分权的北爱尔兰、苏格兰和威尔士行政机构,以及移交给欧盟,对英国的政策制定与执行产生了什么影响?

4. 为什么在政策制定中使用"证据"和"专家意见"有时是有问题的?

5. 请举例讨论,为什么说1997年之后执政的政府采用的政策制定路径体现了"理性"或"渐进"的特点。

请浏览本书的辅助网站 www.wiley.com/go/alcocksocialpolicy,使用为配合本书的阅读而设计的资料链接。在那里你将会发现有专门针对每一章的深入阅读资料链接,其中包括政府、国际组织、智库、压力集团和重要的新闻机构的网站。你还会找到以《布莱克维尔社会政策辞典》为蓝本的词汇表、帮助页、有关如何管理社会政策领域中主要委派形式的指导和职业建议。

第43章
管理和递送福利

伊恩·格林纳

>> 概 览

> 20世纪80年代以来,我们管理和递送福利的方式已经发生了巨大的改变。
> "新公共管理"(new public management, NPM)的出现,使得绩效管理日益受到重视,而且私人部门里的管理方法也被更多地移用到公共部门管理中。
> 在新公共管理出现的同一时期,公共部门管理与私人部门管理之间的界限也开始模糊了。
> 2010年之后,新公共管理的一些核心观念开始被质疑。
> 展望未来,我们需要拥抱心理学和其他领域研究,它们为我们提供了有关组织生活的丰富见解,与此同时,我们也有必要接受一些公共管理形式。

福利服务中的反派角色?

在热门电视剧和电影中,我们可以看到英雄般的医生、护士和消防队员,鼓舞人心的教师,甚至有时还有大学讲师,但是这些服务的管理者却鲜有受人欢迎的形象。经常出现的是相反的情况:管理者通过设置规则并且要求削减预算,从而阻止医护人员和老师做他们的工作。他们是福利国家中的反面人物。

但是,稍微思考一下,我们就会否定这些陈词滥调。我们大部分人都不愿受到过多管理,或者当各种机构开始谈论"战略"的时候,我们可能会把头扭向一边,但是,如果事情变得无序,而且最终我们似乎不仅要做自己的工作还要做他人的工作的时候,我们同样也会沮丧。

大部分福利服务都很错综复杂,比如学校需要做大量的协调工作,从而在正确的时间将学生和老师带到正确的地点(这就是为什么很多时候我们要制定课程表),而且福利补助系统需要根据一系列标准进行资格检查,还要通过复杂的计算,从而将从政府那里得来的几十亿英镑分配给各个家庭。

从旧公共行政到新公共管理

有关公共服务的组织和管理的学术文献,通常被描述为展现了从"旧公共行政"(old public administration, OPA)到"新公共管理"的术语转变,这一变化出现在20世纪80年代。旧公共行政将公共服务领域的专业人士视为主导者,同时,这些服务的"行政管理者"被刻画为给予专业人士支持,并且以相当灵活的方式处理出现的问题。公共服务的专业人士有时被指责为忽视他们的服务使用者的需求,而且不重视他们所提供的服务的质量。重要的是公共服务并不都是这样:有的人做了可圈可点的工作,而另外一些人却不符合这个模式。但在现在这个时代,许多事情已经截然不同了,行政管理、缺乏评估和专业人士主导的服务,这样的组合显然已经有些落伍了。

20世纪80年代,变化开始出现。尤其是美国和英国的政府呼吁,公共服务应该变得与商业部门的更类似,要以用户为关注的焦点,政府也经常邀请私人部门的经理人设法提出一些改善公共服务的建议。信息技术的改进使得更大规模地收集公共服务的数据成为可能,而且能够及时更新排行榜。这意味着一些人不得不为其所在组织的业绩担起责任了,行政管理者变成了经理人,监督者变成了首席执行官。公共服务部门要与作为备选者的商业和志愿部门的服务提供者为合同而竞争,而不再对服务供给拥有有效的垄断权了,这是因为竞争可以提高标准,而且促进对服务使用者的响应。这些变化组合在一起,形成了新公共管理(请见表43.1)。

表 43.1　旧公共行政和新公共管理

旧公共行政	新公共管理
平等和公平:每个人都被同等对待	根据消费者的需求提供不同的服务
公共供给	混合供给(公共、商业、志愿/非营利机构)
等级体系、规则	企业活动、灵活性
标准化雇用	有弹性的雇用和绩效管理
民主问责	市场问责
专业人士主导	经理人主导

这些变化意味着,那些曾经处于支配地位的专业人士发现,他们受到了越来越多的监管。如同我们前面谈到的那样,公共服务的管理者很容易被刻画为妨碍这个领域的专业人士开展其工作的形象,尽管这是一种陈词滥调,但这里有一个真实的元素,即前者以前所未有的方式促进效率成为公共服务的目标。同样地,几乎在公共服务的各个领域,数据测量都不断加强,这意味着专业人士发现,他们不得不以新的方式对他们的工作负责。

一些公共服务的专业人士通过自己承担管理责任,从而对新公共管理带来的挑战做出回应。但是,他们似乎经常在这些角色中挣扎,发现难以同时维持管理者和专业人士的身份定位,特别是在这两种身份发生冲突以及他们必须质疑其专业同人的时候。有一些出身于专业人士而后成为成功的公共管理者的例子,但是在这两种身份之间把握平衡看起来极其困难。

21世纪第一个十年的公共管理

我们进入21世纪的时候,在技术方面能够实现扩大福利服务测量和监督范围,从而可以根据特定标准控制福利服务。因此,产生了一系列结果。首先,绩效管理在定量测量和以目标为基础方面已经非常完善了,政治家们以绩效说话,通过它向公众承诺其在任期内将做出的改善。这推动政治家制订更加详细缜密的新计划,当政治家声明他们将要做出哪些改善的时候,可以启用"事实检验"公示系统。

但这也有负面影响,政治家意识到他们处于更严格的监管之下,从而对福利经理人施加压力,迫使经理人以数据向公众展示政治家所承诺的改进兑现了多少。等待服务的时间必须减少,而产出必须增加。

日益强调对服务进行测量,导致经理人承受着"锁定目标"的压力,因而他们会更为集中在他们的服务中那些将被定量测量的层面,而非不那么重要或者根本不会被测量的方面。如果绩效评估能够抓住服务最重要的一些方面,那么它们就是有应用价值的,但是福利服务的绩效通常难以捕捉,因而也就难以用可信的标准进行衡量了。我们是用一个学校学生的考试成绩来衡量这个学校呢,还是用学校教育是否可以帮助年轻人成为能够参与公共生活的负责且有学识的公民这样的标准呢(如果用后者作为标准,那么又该如何衡量呢)?

同样,我们知道至少有一些福利经理人面对着要在某些指标上做出改善的压力,因为这些指标是评判他们的基础,因此他们通过应付评估而不是真正改善服务来"愚弄"这个系统。有的医院的管理者在特定的目标时间内不断接收患者,但因为床位不够而把他们放在担架车上,这似乎就是"击中了目标却脱了靶"。有些经理人则走得更远,他们发现了在向政府递交的统计报表上作假这条简单的捷径(请见表43.2)。

有一些福利领域的绩效管理似乎进展顺利。大部分出现在这种状况下,即目标不是由政治家或者管理者设定的,而是与参与实现目标的人共同决定的,这样的话,目标本身看起来是建立在普遍认为必要的或基于证据的需要或目的之基础上的。例如,当医生看到他们正朝着一个建立在充分临床证据基础上的目标而努力的时候,他们更有可能改变他们的业务方式,以促进这个目标的达成。但是,政治家在一定的压力下承诺实现某些特定的目标,这种压力也经由承诺传递给了管理者和一线工作人员,这意味着就目标达成一致,并作为一个团队来实现目标,这看上去更像是一种例外而非普遍规则。

表 43.2　绩效管理的一些问题

棘轮效应	目标是根据前一年的业绩水平设定的，因而管理者会故意表现不好，从而获得一个能够轻松实现的目标
阈值效应	设定一个适用于所有人的统一目标，没有人有动力追求超越这个目标的更高成就
输出失真	对汇报结果的操纵：经理人管理数据而不是服务，服务没有得到真正的改善
欺诈	故意错误地报告结果：在系统中输入不准确的记录，从而看上去似乎实现了目标（是输出失真的极端版）
不断改变目标	每年都改变目标，因而无法看出相比上一年是否有进步
目标被认为更具政治意义，而不是被设计来改进服务的	政治家所做的承诺在公共服务管理者看来扭曲了他们所设定的优先顺序，导致后者用前面所描述的方式"愚弄"这个系统（例如随心所欲地减少等待时间）

公共服务市场

如果说目标管理和绩效管理是尝试改善福利服务递送的一种战略，那么另外一个与之相关的路径，就是增加对市场机制的运用。如同其他章节讨论过的，对准市场、公共市场或内部市场的运用至少经历了三个阶段。20世纪80年代，"外包"服务是将非实质性服务（例如保洁）从公共部门移交给商业承包者的尝试，从而努力提高经济性和效率，而且促进公共服务管理者将注意力集中于服务递送，而不是操心那些看上去不属于"核心"的问题。

90年代，公共服务部门被鼓励为合同而相互竞争，与此同时，出现了"购买者—供给者分离"；在这个阶段，合同关系被引入，管理者从而能够更严密地监控服务提供者是否提供了优质的服务，而且现有提供者面临着由于效率或者其他公共服务供给者能够提供更好的服务而被取代的风险。

到了21世纪，由于允许非公共供给者更全面地进入服务市场，以市场为基础的路径被进一步推广，这完全是基于这样的观点，即竞争越激烈越能提高标准和效率。有些服务引领了这一潮流，例如社会照顾，在80年代广泛私有化，但是另外一些则相当滞后，例如高等教育，即便在21世纪的第二个十年里，仍然只有极少数私人供给者。

20世纪90年代和21世纪初的改革中的市场驱动型尝试的问题是，这些努力似乎是基于有关市场将如何运作的经济学理论假设，而不是以研究所展现的市场实际如何运作为依据的。为公共服务引入合同的想法，意味着促使类似服务的供给者相互竞争，从而改善服务的质量并且降低服务的价格。

但是，当诸如保洁这样的"外包"服务有效地降低了价格的时候，这些服务的质量也可能随之下降了,或者只能得到合同所明文规定的服务。医院似乎尤其艰难地与合同外包的清洁服务作斗争,此外考虑到它们在应对和控制 MRSA(耐甲氧西林金黄色葡萄球菌)感染过程中遇到的问题,可能应该质疑诸如保洁这样的服务究竟是不是"非核心的",或者这件事情可能并不像人们之前所考虑的那样简单。

以市场为基础的重组,目的是为公共服务的使用者提供更多的选择,看起来道理很简单:公众为自己选择最好的服务,而供给者将根据选择他们服务的人数得到相应的拨款。从这个角度出发,公共服务是由公共机构、商业公司还是志愿组织提供并不重要,重要的是供给者完成了令人满意的工作,并且得到了相应的报酬。管理者和负责递送服务的员工都有动力向公众提供高质量的服务,从而保证他们继续被选中。

然而,实际情况同样不是那么简单。首先,我们需要公众能够分辨哪项服务对他们来说是最合适的,这就要求人们能够做出仔细而且明智的选择。许多人都不愿意更换福利服务的供给者,因为他们觉得变化将带来大量的工作或者过于冒险。另外,可能还有其他合理原因,例如,在医疗服务的例子中,大部分城市只有一两家医院,或者交通便利的医院为数不多,因此有意义的可选项是有限的。同样,在不同的服务供给者之间做出选择,可能是完全错误的思考服务的思路,例如,在乘火车出行这种情况下,大部分人预订符合他们出行安排的火车车次,而没有特别地想到究竟是哪个公司在运营。

此外,基于市场组织福利服务的路径还必须回答这样的问题,即当非公共供给者遭遇商业失败或者决定退出市场的时候,我们要怎么做。当一家私营铁路公司或一个医疗服务的私人供给者决定不再提供服务的时候,就会出现发疯一般地寻找其他供给者以填补市场缺口的现象,而且这可能加速对这些服务国有化(将这些服务重新带回公共部门)的进程。

如果服务供给保障在很多情况下都依赖于公共提供者,那么我们首先会问:为什么要让非公共机构提供诸如此类的服务?而后,我们会问:它们作为完全的公共服务,是否能够更好地运转?

公共服务递送的危机

同样非常引人注目的是,在 21 世纪初,在公共服务递送中暴露出一系列问题。这些问题名目繁多,从无法应对严重的自然灾害(例如新奥尔良洪水,在那里,极其有限的以国家为基础的保障和福利系统似乎完全失灵了),到布里斯托尔的温特伯恩景观医院失败的社会照顾(据报道,那里的员工虐待身心孱弱的住院患者),再到属于国家医疗服务体系的斯塔福德医院无法提供护理服务,以及工具箱 43.1 中所描述的那个 PIP 的案例。

这些危机看起来有一些值得注意的共同方面,即有必要在各地保留公共服务供给以处理当地的极端事件(新奥尔良),或是私营机构(PIP、温特伯恩景观医院)的失灵,或是将关注的焦点放在按评估标准而不是真正的需要提供服务上所产生的问题(温特伯恩景观医院、斯塔福德医院)。而且应该认识到,无论公共供给还是私人供给,都不能从根本上防止那些接受服务的人受到虐待(温特伯恩景观医院、斯塔福德医院),我们需要的是真正给予人们照料的系统。

| 工具箱 43.1 | PIP 乳房植入丑闻 |

PIP 是一家出售医用硅胶移植体的法国公司。2010 年,该公司被发现使用较为便宜的工业标准硅胶而非医用标准硅胶,继而破产。

PIP 移植假体给接受移植的妇女(指进行乳房移植的案例)带来了一定程度的不确定性,英国医疗业的"监管机构"指出这些假体的"破裂"率是 5%(而医疗移植允许的"破裂"率为 1%),但是人们无法得到确切的数据。妇女可能为了美形或是在做了乳房切除术后植入该公司生产的假体。

在英国,据估计有 3 万到 4 万的女性受此影响。大型私营治疗中心表现出不愿意或者没有能力解决这个问题,而国家医疗服务体系为那些在私立机构接受治疗的妇女提供检查的机会,并且如果发现移植的假体有问题,可以将它们移除,但是不再为这些妇女移植新的假体。在国家医疗服务体系里接受治疗的女性在必要时,可以得到新的移植假体。

许多私立医院不愿意替换有问题的移植假体,这个事件所产生的结果是,国家医疗服务体系医疗主管(Medical Director)承诺展开调查,以确定是否有必要对美容整形业进行更有效的监管。许多在私立医院进行手术的妇女需要找到更换移植假体的资助,而且可能还有必要进行进一步的手术。

这个案例提出了一些深刻的问题:当医疗服务的私人供给者失败的时候,应该怎么办?是让公共部门来收拾这个烂摊子吗?

新议题

现在对新公共管理的批评主要是认为它有决定性的破坏作用。绩效管理制度在很大程度上被"愚弄"了,用于管理私人供给者往往进展不顺,而且如果提供的经济条件太严苛,福利服务的私人供给者通常会从公共福利递送领域撤出。不过,新公共管理似乎仍然主导着英国所有主要政治党派的思想,而且它显然在 2015 年上台的英国保守党政府的思想中占有中心位置,尽管我们现在可能需要不同类型的公共管理。

放眼未来,一个有益的起点是关注有关人们在组织情境中究竟如何行动的研究,这些调查既没有将人们看作"骑士"(总是做正确事情的人),也不把他们当作"无赖"(总是努力让事情对他们而且只对他们有利)。最近的研究采用了更注重细微差别的视角,尝试从内在(出于个人原因而做某项工作)和外在角度(为了获得奖赏而做某项工作)对行为做出解释,并且寻求能够利用内在动机实现组织目标的组织系统。相关的观点就是,如果我们能够利用人们的内在动机改善公共服务,我们就能够改进公共服务递送。这个领域的研究为如何改善公共服务及公共管理者怎样完成令人满意的工作提供了积极建议,但是诸如此类的思路,与目前仍然占主导地位的新公共管理格格不入。

总而言之,我们所需要做的是,停止为复杂问题寻找简单的解决方案。许多公共服务是面向社会中最为弱势的群体的,这些人有着错综复杂的需求,而为他们提供服务要求我们不要再去寻找一刀切的方案,相反,我们既需要接受服务递送的复杂性,也应该开始相信那些递送服务的机构,在合理的监管下能够令人满意地完成工作。在这个连环杀人的家庭医生的幽灵仍然徘徊在我们身边的时代里,上述观点似乎是个奇怪的主张。但是,除非我们学会重新信任福利领域的专业人士,否则,我们无法调动他们的内在动机,从而激励他们出色地完成工作,提供可能是最好的公共服务。当然,我们需要对公共服务进行管理,不过,这并不意味着我们必须对专业人员所做的每一项工作的每一个方面进行评估,这样会使得员工不再费心思考他们所提供的服务,而只是考虑他们需要完成的目标。

可深入阅读的参考文献

最早对新公共管理进行分析的经典作品之一是 C. 胡德的《全天候的公共管理?》(C. Hood, 1991, 'A public management for all seasons?', *Public Administration*, 69: 1, 3-19);而 J. 克拉克和 J. 纽曼的《管理型国家》(J. Clarke and J. Newman, 1997, *The Managerial State*, London: Sage)则是这个方面的核心著作之一。

M. 巴伯的《服务递送指南:托尼·布莱尔、公共服务和实现目标过程中的挑战》(M. Barber, 2007, *Instruction to Deliver: Tony Blair, the Public Services and the Challenge of Achieving Targets*, London: Portoco's Publishing)是由托尼·布莱尔的"福利递送部门"的负责人撰写的,提供了有关进入21世纪之后政府和公共管理的变化的深刻见解。C. 胡德的《目标世界的游戏:管理英国公共服务的目标法》(C. Hood, 2006, 'Gaming in Targetworld: the targets approach to managing British public services', *Public Administration Review*, 66: 4, 515-521)是关于绩效管理为什么会误入歧途的最有说服力的论述之一。B. 弗雷和 M. 奥斯特洛编的《激励促成的成功管理:平衡内在动机和外在动机》(B. Frey and M. Osterloh, eds, 2001, *Successful Management by Motivation: Balancing Intrinsic and Extrinsic Incentives*, London: Springer)是一本展现了有关新公共管理的各种截然不同的观点的文集。

H. 玛格丽特斯和 C. 胡德编的《现代化的矛盾:公共政策改革的意外后果》(H. Margretts and C. Hood, eds, 2012, *Paradoxes of Modernization: Unintended Consequences of Public Policy Reform*, Oxford: Oxford University Press)是一本论证有力的论文集,探讨了福利服务改革的尝试所遇到的各种矛盾;而马丁·鲍威尔和 R. 米勒的《构造英格兰国家医疗服务的私有化》(M. Powell and R. Miller, 2014, 'Framing Privatization in English National Health Service', *Journal of Social Policy*, 43: 3, 575-594)提供了关于在福利服务背景下"私有化"意味着什么的最清楚的解释。

复习和课外作业习题

1. 旧公共行政与新公共管理之间的主要区别是什么?
2. 如果管理者对于公共服务如此重要,为什么他们还经常被刻画为"反派人物"?

3. 20世纪90年代以来,新公共管理所遇到的主要难题是什么?

4. 请列举两个21世纪以来公共服务失败的例子。这些失败告诉了我们福利服务面对着哪些压力?

5. 公共服务的管理者所面对的主要挑战之一是,这个领域存在着专业人士(例如医生、城市规划师)群体,为了向公众提供公共服务,管理者需要与专业人士合作。你认为,在管理那些比你(作为公共服务管理者)更了解服务的专业人士时,所面对的挑战有哪些?

请浏览本书的辅助网站 www.wiley.com/go/alcocksocialpolicy,使用为配合本书的阅读而设计的资料链接。在那里你将会发现有专门针对每一章的深入阅读资料链接,其中包括政府、国际组织、智库、压力集团和重要的新闻机构的网站。你还会找到以《布莱克维尔社会政策辞典》为蓝本的词汇表、帮助页、有关如何管理社会政策领域中主要委派形式的指导和职业建议。

第44章
福利问责

雅姬·古兰德

>> 概　览

- 福利问责是关于福利机构如何解释说明它们的活动的。
- 问责既与**罗列事实**有关,也关系到对过程的**解说**。
- 问责是一个**关系性**概念,可以用在**许多**层面。
- 尽管机构应该对它们的活动负责,但是问责机制也会带来一些弊端。
- 问责并不是中立的,它是一个与规范相关的概念,与权力和政治偏好等问题密切联系在一起。

什么是福利问责?

当我们读到有关失败或代价高昂的政策的丑闻,或是有关某人在接受公共护理服务期间死亡或受到伤害的报道时,首先就会呼吁有人应该对此"负责"。问责被认为是一件有益的事情,但是这些呼吁很少考虑到其中所涉及的许多压力。问责制是一个与规范相关的概念,隐含着关于政策如何运作的深层假设。

问责最好被当作一个**关系性**术语,它涉及国家行动者、商业机构和志愿组织、服务使用者和公民。博温斯等(Bovens et al., 2014)提醒我们,尽管问责看上去是对实际情况的清点,但是它也关系到"讲故事"——运用数字和"事实"解释有些事是怎么发生的以及为什么。问责制提出了有关权力和政治偏好等各种各样的问题,我们会在下文中讨论它们。

社会政策分析通过考虑下列事项来回答有关责任的问题:

- **哪些**类型的事务应该被问责?
- **谁**应该承担责任?
- 向**谁**负责?
- 什么样的**机制**能够用来确保问责?

哪些类型的事务应该被问责？

财务责任

公共部门的问责首先聚焦于财务方面。它令人们想起检查财务记录的"会计人员"。我们可以将英国国家审计署(National Audit Office)看作是财务问责的例子，这个机构负责严格审查威斯敏斯特政府的公共支出。其他一些机构（请见"可深入阅读的参考文献"）则负责地方政府和委任分权地区政府的财务审计。这些审计机构的主要职责是对公共资金募集和支出的记录的准确性进行审查。但是，20 世纪 80 年代以来，财务审计机构的权限扩大了，也要查看公共机构是否提供了"物有所值"的服务。它们所扮演的角色的扩展，使得"审计"这个概念超出了显而易见的客观活动，即确认资金没有被浪费或者用于不恰当的地方，而延伸至充满大量争议的政策优先顺序的领域。随着更多的非公共供给者参与公共服务的提供（其他章节讨论过这样的现象），国家审计署和其他审计机构的作用进一步扩大。

实现政策目标

除了要确保资金被恰当地支出，并且服务达到可接受的标准之外，同样合理的是，公共拨款资助的服务，还被期望应该做到政策制定者所希望它们做到的。这是另外一个困难重重的领域，因为政策之间可能是相互冲突的。例如，削减公共支出的基本政策，可能与某一项改善服务的政策相矛盾。在更宏观的层面，政府也许有一系列增进平等和人权的政策，而这与公共支出或保障领域的其他优先顺序相悖。地方政府和服务提供者也会有一系列可能相互冲突的政策目标。这意味着对政策目标实现情况的问责并不是一项容易完成的任务，它在很大程度上属于政治努力。

规避风险

出现问题时，就需要问责了。当一名儿童死于地方机构的监护之下，或一家医院被曝出过去的医疗事故，抑或一项政策"没有实现"目标或是预算大大超支的时候，公众就要求更加严格全面的问责。这种情况可能导致公共机构将注意力放在规避风险上，受媒体曝光的丑闻的影响而从根本上改变政策的优先顺序。

谁应该承担责任？

为了理解问责制，我们必须知道什么人（或哪个机构）被期望对他们的行为负责。最简单的确定方式出现在等级制度中，通常是由处于上层的政治家负责。我们通过投票的方式选举出了代表，因而我们期望政治家特别是政府部门的部长对政府的行为负责。但是，实际情况不总是那么简单，因为日常决策和各种各样的政策活动都授权给了高级官员、服务管理者和一线员工。确保问责的层级性，从而使那些处在顶层的人为那些处于基层的人的行为负责,是一项复杂而且耗费时间的活动。

在由不同层级的政府组成的系统中,当委任分权政府和地方政府各自为多种公共服务负责时,复杂性进一步增加了。另外一些政策决定会受到诸如欧盟(请见第46章)等超国家机构的影响。"国家空洞化"(国家职能被掏空),连同大量的福利供给外包给来自志愿和商业部门的第三方供给者(请见第35章、37章),以及"臂距"政府机构,都挑战了问责中的层级观念。

无论是哪一层的管理,都存在着一线服务人员应该为他们自己的行为负多少责任的问题。对于这个问题的回答,取决于服务的特性和员工的专业身份。例如,我们期待诸如教师和医生之类的专业人士承担的个体责任,不同于我们对支持人员如清洁工和接待员的看法。

有些人主张问责不应该止步于服务的一线供给者,服务使用者和社区的责任越来越被关注。有关使用者责任的例子,包括救济金申请人必须汇报他们为找工作所付出的努力,父母需要为子女的教育负责,医疗服务的使用者在管理他们自己的健康上,相比以前要负更大的责任。在这些情况中,服务使用者要对他们的行为负责,这样才有资格享有服务(请见第39章)。

向谁负责?

有关问责的第三个方面是,我们必须考虑服务提供者应该向谁负责。我们可以将问责制想象成一个圆,政府部门或公共机构在圆心,问责的轮辐向外辐射:向上指向议会、当选代表、法院和超国家实体;向侧面指向同行、专业组织和网络;向下指向选民、服务使用者和其他利益集团(请见图44.1)。

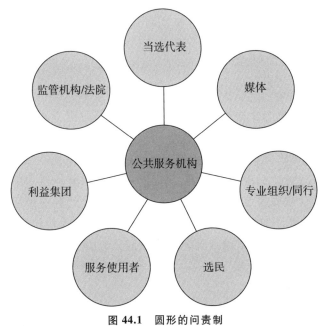

图44.1 圆形的问责制

博温斯(Bovens,2007)将这描述为"多头监管的问题"。问责圆表明张力的产生取决于行动者在这个圆中的位置。圆的上面和下面部分代表了不同层次的权力,在这里,位置更高的层次被认为比位置较低的层次有更大的权力,层次越低权力越小。当我们观察问责机制的时候,我们会看到这个圆的不同部分瞄准不同的机制。每一种机制的有效性和重要性,随着这个圆的不同部分所被赋予的优先权的不同而不同。

大部分问责的观念都假设受益者最终是"公众"。社会学家描述了既能够代表个体又能够代表集体利益的众多"公众"概念。公众既包括选民,他们从理论上来说,以民主的方式控制着民选机构,也包括那些直接受到公共服务影响的人,他们中的一些人(例如,儿童和那些没有公民身份的人)还不能参加投票,另外一些人拥有选举权,但是由于其他结构性不利条件而无法或不愿意使用这一权利。

政治家们经常讨论向纳税人负责,但是人们是以多种多样的方式——作为服务使用者、潜在使用者或者他们的亲属,作为雇员或企业经营者,作为服务运营于其中的社区的成员——体验公共资助的服务的。使用服务并不一定都是自愿的。由于出发点不同,人们对于服务的供给和成本的兴趣存在着很大的差异。与服务的关系会因为人们的性别、族源、年龄、健康问题或失能状况的不同而不同。"公众"的概念并非看起来那么简单。

问责机制

博温斯(Bovens,2007)将问责过程分成三个阶段:
- 首先,负有责任的人应该感到有义务(正式的或非正式的)为他(她)的行为负责;
- 其次,所提供的任何信息都是可以审议或提出质疑的;
- 最后,应该能够对问责对象的责任做出判断,可以接受结果,或是提出指控要求得到恰当的解决,比如采用民主机制、罚款、惩罚行动、解除政府合同,或非正式行动如媒体曝光。

民主机制

议会或者其他经选举产生的机构往往被看作是问责的第一站。在民主国家,当选的政治家应该知道以他们的名义都做了什么,而且应该改变那些看上去过于昂贵或运行不畅的政策或实践。因此,当选代表应该向他们的选民负责。这一点适用于威斯敏斯特宫的政治家、委任分权行政机构中的代表、地方议会议员和其他机构中选举产生的代表。其中的原理是,当选代表要为他们的选民负责,如果后者对前者的做法不满意,能够剥夺他们的权力。近年来,人们通过选出更多的地方代表,从而努力使相关机构负起更大的责任。然而,民主机制的基础是对"公众"负责,而我们已经看到,"公众"是一个备受争议的概念。

法律机制

法院可以传唤服务提供者,让他们为不符合法律要求的行为负责。例如,当有人因为医疗事故受伤或死亡的时候，法院可以受理对于人身伤害的索赔案件。当公共机构被控诉没有达到行政法所规定的某些标准的时候，例如，这些机构没有遵守法律，或没有节制地动用自由裁量权，或表现"不当"，或做出了超出其权力范围的举动，可以引入**司法审查**（judicial review），这是另外一种用来要求公共机构负责的法律机制。

司法审查的原理非常复杂，而且它是一个技术性强且昂贵的程序。尽管如此，在过去的三十年里，司法审查行动如雨后春笋般不断涌现，而且在公共服务运作方面，例如，在涉及无家可归的流浪人员、社会照顾服务的供给、寻求庇护者和监狱囚犯的权利等领域，产生了许多重要的决定。公共服务也受制于人权方面的考虑，要接受欧洲人权法院的问责（请见第 5 章）。

与法院有关的**公众调查**（public inquiries）也是用于问责的法律机制。有些调查是根据法律规定展开的，有些是在灾难或金融丑闻发生之后，应政治方面或公众的要求展开的。公众调查被有关其独立性、职权范围和权力的问题所困扰，不过，它仍然是问责领域中重要的组成部分。

申诉专员

有时被称为"人民的捍卫者"的申诉专员（Ombudsman），有权力对有关公共服务中渎职的投诉展开调查。英国第一个申诉专员是 1967 年特别设立的议会行政监察专员，这向议会提供了额外的问责手段。议会行政监察专员负责调查针对威斯敏斯特议会管理的公共服务的投诉。其他申诉专员调查对委任分权行政机构和英格兰地方政府的投诉。申诉专员在处理公共服务的问题方面变得越来越重要，很多人将这种方式看作是相对于法院的一种更为便宜、更为用户友好型的替代方案。

信息自由

2000 年引入的《信息自由法》为问责开辟了新的渠道，它促使公众对例如全科医生费用等重要事项展开讨论。

但是，它也有自身的局限性，与此同时，学者们批评了在公共机构中盛行的保密文化，以及对实现了私有化和外包的公共服务运用法律武器变得越来越复杂了。

监管、审计和检查

自从许多福利服务——如同其他章节所讨论的那样——从国家转移到商业或第三部门的提供者手中以后，监管、审计和检查等问责机制就变得尤其重要了。这些机制的日益发达被描述为"监管型国家"的发展或"审计爆炸"（Power，2007；也请见第 34 章）。

监管包括设定服务应该符合的规则或标准，以及如果受监管的机构无法达到这些标准或者没有遵守相关规则，将要采取的惩罚措施。检查往往是监管的支撑手段，即派遣检查员查验是否达标。检查机构包括各领域的组织，例如教育标准办公室，该机构负责监管英格兰的中小学校，在英国的其他地方有类似的机构。在某些公共服务领域里，监管者和检查者合二为一，而在另外一些领域中，这两个角色是分开的。为了拥有一定的力量，监管和检查必须具有对没有达到标准的服务提供者进行罚款、改变服务实践、向公众公开质量糟糕的服务、解除政府合同,以及最终取消服务的权力。监管和检查制度也依赖于独立审查人员所提供的信息。收集和评估有关公共服务机构的活动的信息,有时被称作"审计"。通常,审计主要关注财务活动,但是近年来也扩大到将诸如服务质量和是否物有所值等问题纳入考虑。

专业机制

诸如医生、护士、教师和社会工作者之类的专业人士,传统上多通过自我管理和专业标准而接受他们同行的问责。自律组织的作用是,凭借同行或精英的学识确保专业标准得以执行。近年来,由于对专业人士的信任降低,专业人士的纯粹的自我管理面临越来越大的压力。压力既来自管理主义者,他们怀疑专业人士不会集中关注"物有所值"的问题,也来自服务的使用者,他们认为专业人士没有充分地将用户的想法纳入考虑。这样的压力又与少量备受关注的案件——例如全科医生哈罗德·希普曼(Harold Shipman)连环杀人案——结合在一起,这导致专业人士自我管理的衰落,取而代之的是越来越多地由独立或者半独立的管理机构进行管理,这些机构覆盖了各种各样的专业实践领域,并且吸收了大量的业外人士。

市场机制

市场可能看上去并不是一种显而易见的问责形式,但是许多福利服务的外包和私有化,都依赖于市场作为一种可能的问责机制。其原理是向消费者或者市场上的采购者负责。由于消费者在市场系统中的选择依赖于信息,因此可以通过引入诸如医疗、教育等领域的排行榜之类的方法帮助人们做出选择。对排行榜的使用与监管、审计和检查的延伸有着密切的关系,但是后面这些机制所需要的信息,可能与消费者所希望或所要求的信息有很大的区别。另外一些市场机制,例如社会照顾领域的个性化和个人预算,将服务使用者变成了消费者,从理论上来说,后者能够通过行使更大的选择权而使供应者负起责任(请见第 39 章、54 章)。

使用者机制

服务使用者在公共福利服务供给中发挥作用正日益成为社会政策的显著特征,有大量的提议都致力于给予使用者更多的问责权利。这一点可以通过在决策机构中引入使用者讨论小组或用户代表,或者通过扩展前文所讨论的专业机制和市场机制而实现。除了这些改革之外,投诉机制也变得越来越便于人们使用了,它使得不满意服务的使用者能够说出他们的牢骚。与之相伴的往往是"公共服务应该从抱怨中学习"之类的慷慨陈词。尽管有些投诉程序能够有效地将问题曝光,但是没有多少证据表明,公共服务提供者普遍将它作为一种改善服务的机制。

问责所带来的问题

问责和权力

问责可以采取多种多样的形式,而且它与权力密切联系在一起。正如问责圆模式所展示的那样,在公共服务应该向其负责的人群中,有些人比另外一些人拥有更大的权力。使用者运动通过在公共服务中引入问责机制(包括能够产生最直接的影响的机制),从而努力增加服务使用者的权力。但是,批评人士认为,这些运动大部分只是给使用者带来了口惠而非实惠,由于根深蒂固的权力差异,它们基本不会带来真正的变化。另外一些评论者主张,公民问责活动的增多是以牺牲民主问责为代价的,前者把权力交给了社会中更有特权的人,因为他们更有能力获得信息和进行投诉,以及在诸如中小学和社区服务的地方管理等事务上采取行动。

问责的成本

越来越多的问责尽管带来了益处,但是也产生了负面结果。问责机制相当昂贵:公共资金被用于保存记录、审计、检查、法院和支持申诉专员,这会牺牲服务的直接供给。除此之外,研究显示,公共服务机构倾向于通过"博弈"、扭曲它们的行为、使它们的记录符合监管者的要求等方式,来应对不断增强的监管,这是以放弃更为重要而需要优先考虑的事情为代价的。人们应该将不断增强的问责所带来的好处,与这些成本放在一起进行权衡。

问责与信任

问责通常令人们想到合法性和信任。有些学者指出,在信任度低的地方,往往更可能需要问责。如果我们普遍相信国家行动者能够做好他们的工作,相比我们不信任他们的情况,我们不太可能要求问责。学者们认为,在过去的三十年里,不断增强的对问责的需要,是与这个国家的公众信任度和政治信任度不断下降同时发生的。评论人士的一个担忧是,越来越多地采用问责管理,导致监管、审计和检查活动增加,从而进一步降低信任度,而这些反过来会造成员工道德水平和专业人士责任感下降以及扼杀创造力的结果。

问责与民主

各种各样的问责路径激增,所蕴含的本质问题是国家与公民之间的关系。正如我们已经知道的,公民既以个人的方式,也通过集体的形式与国家产生联系。管理主义者和消费主义者有关公共服务的观点,强调了个人价值而轻视集体价值。服务外包以及向社区运营服务的转变,解除了直接民主控制。每一次中央政府试图将公共服务移出它的直接控制范围,就会相应出现更多的监管。直接控制服务和通过监管不断增强集中化之间的矛盾,是问责的一个本质特征。

新议题

刚上台的新政府不断发出改变问责制的呼吁,其中包括减少未经选举的公共机构的数量。这一主张被证明是难以实现的,问责制的一些固有矛盾——例如成本平衡、独立性和民主制度等方面的问题——在这个过程中凸显出来。对于削减成本和福利服务私有化的持续关注,连同福利政策许多领域的个人化,意味着问责的复杂性将增加。数字媒体的发展为公众问责开辟了一条新路径,这既给了服务使用者和广大的公众直接评论服务供给的机会,也促进政策制定者与各个领域的公众一起商讨政策发展。尽管这些机制使得更广泛的问责成为可能,但是进行问责的通道及权力,以及"谁应该为哪些事务向谁负责"这个基本问题,仍然非常重要。

可深入阅读的参考文献

E. 费利耶、L. 林恩和 C. 波利特编的《牛津公共管理手册》(E. Ferlie, L. Lynn and C. Pollitt, eds, 2007, *The Oxford Handbook of the Public Management*, Oxford: Oxford University Press)从管理的角度分析了多个问题,其中包括博温斯和鲍尔的研究。M. 博温斯、T. 席勒曼斯和 R. 古丁编的《牛津公共问责手册》(M. Bovens, T. Schillemans and R. Goodin, eds, 2014, *The Oxford Handbook of the Public Accountability*, Oxford: Oxford University Press)对公共服务多个领域的问责机制和国际议题进行了详细的描述。

对于包括法律机制在内的多种问责机制的细致讨论,请见 C. 哈洛和 R. 罗林斯的《法律和行政(第三版)》(C. Harlow and R. Rawlings, 2009, *Law and Administration*, 3rd edn, Cambridge: Cambridge University Press)、M. 阿德勒编的《不同语境下的行政公正》(M. Adler, ed., 2010, *Administrative Justice in Context*, London: Hart),以及 J. 乔威尔与 D. 奥利弗编的《变化中的宪法》(J. Jowell and D. Oliver, eds, 2011, *The Changing Constitution*, Oxford: Oxford University Press)。有关"公众"这个概念的讨论请见 N. 马奥尼、J. 纽曼和 C. 巴尼特编的《重新思考公众:研究、理论和政治中的革新》(N. Mahony, J. Newman and C. Barnett, eds, 2010, *Rethinking the Public: Innovations in Research, Theory and Politics*, Bristol: Policy Press)。

本文写作时的主要审计机构的信息请见 www.nao.org.uk(英国国家审计署),各委任分权地区的审计机构的信息请见 www.audit-scotland.gov.uk(苏格兰)、www.wao.gov.uk(威尔士)、www.niauditoffice.gov.uk(北爱尔兰)。

有关主要的公共部门申诉专员的信息,请见 www.ombudsman.org.uk(英国议会和英格兰健康服务系统)、www.lgo.org.uk(英格兰地方政府)、www.spso.org.uk(苏格兰)、www.ombudsman-wales.org.uk(威尔士)和 www.ni-ombudsman.org.uk(北爱尔兰)。

复习和课外作业习题

1. 请思考一项具体的福利服务(例如教育、医疗、社会照顾等)。对于这项服务,**谁**应该负责?他们应该对**谁**负责?不同群体的需求之间会出现哪些矛盾?

2. 针对这项具体福利服务,你能够界定哪些问责机制?这些机制之间会有哪些重合?它们是否相互冲突?

3. 越来越被广泛使用的问责机制有哪些优点,哪些缺点?

4. 请列举近年来对增加问责和/或削减问责支出的提议。这些提议与本章所讨论的议题有什么联系?

5. 民主问责机制和聚集于"使用者"的问责机制有哪些相互矛盾的地方?怎样改进这些问责机制,才能够将民主和使用者同时纳入考虑?

请浏览本书的辅助网站 www.wiley.com/go/alcocksocialpolicy,使用为配合本书的阅读而设计的资料链接。在那里你将会发现有专门针对每一章的深入阅读资料链接,其中包括政府、国际组织、智库、压力集团和重要的新闻机构的网站。你还会找到以《布莱克维尔社会政策辞典》为蓝本的词汇表、帮助页、有关如何管理社会政策领域中主要委派形式的指导和职业建议。

第45章
地方治理

盖伊·达利和霍华德·戴维斯

> **概　览**

> ➢ 对地方福利供给的分析包含对地方政府和地方治理的研究。
> ➢ 两者都是社会政策形成和供给的关键要素。
> ➢ 地方政府的结构不断重组,在中央与地方所关心的问题之间一直存在着矛盾。
> ➢ 最好将地方政府的发展过程分为五个阶段进行研究,最后一个阶段包括其角色和资源的重大变化。
> ➢ 地方政府的格局面临着新的挑战和困难。

地方政府和地方治理的发展

　　无论对"地方"(local)的定义是什么,它都一如既往地形塑社会政策和福利供给。正如本书其他地方所发现的,社会政策可以按传统的贝弗里奇的方法下定义,其关注点是诸如医疗、社会照顾、教育、住房、收入保障和就业等福利服务,也可以采用一个更为广泛的定义,将休闲、交通和环境也包括进来,或者采用更现代的结构,即关注社区安全和社会融入。

　　无论用哪种方式下定义,地方政府和地方治理都是社会政策和福利供给的关键部分。这两个不同的术语——地方政府(local government)和地方治理(local governance)——通常被用来区分被选举出来的地方议会或市政委员会和各种各样的地方公共服务机构。

　　相比其他欧盟成员国,英国有着更为集中的政府设置和治理方式,尽管如此,中央政府需要与地方的、次国家的和委任分权地区(苏格兰、威尔士和北爱尔兰)的政策制定及执行结构一起制定法律,对其进行说服,并且展开合作(请见第四部分)。如果有人将英国的政府结构与欧洲其他国家的进行对比,那么他会发现,地方政府从宪法来看比较弱势,而且虽然地方政府的部门都相当庞大,但是另一方面,平均每个部门所对应的议员的数量却相当少。

这意味着,首先,在英国,地方政府的影响力往往来自它的运行范围和特性,而不是宪法上的优势;其次,它总是很容易不断经历改组,从而使得它的职责、结构和治理安排发生变革,并且自权力下放以来,这些方面变得越来越复杂和多样。

历史经常影响处理事务的方式以及当时的结构和机构。地方社区的管理和治理也不例外。这里所说的历史可以追溯到几个世纪之前。但是,当今的地方政府实际上起源于19世纪,并且在很多方面都与工业革命的进程有着密切的联系。具体而言,随着城市化和工业化的发展,对于多种多样的服务的需求也变得日益显著了。

卫生系统、基础教育、公共医疗、法律和秩序,以及实体基础设施,是建设成功的商业和经济体系必不可少的前提条件。在地方"要人"倡导开明利己主义的时期,地方公共团体纷纷从商业和慈善组织手中接过了服务供给。

关键的立法包括《1835年议会组织法令》(Municipal Corporations Act 1835)、《1834年济贫法修正案》,以及1888年、1894年和1929年《地方政府法案》(Local Government Act)等,还有为伦敦、苏格兰、威尔士和爱尔兰颁布的类似法案。第二次世界大战期间,大部分城市地区的地方议会已经在负责并且运营大部分地方公共服务,真正实现了从摇篮到坟墓。在农村地区,这种情况并不普遍,福利供给远远没有发展起来。

二战后共识中的地方治理

从1945年直到撒切尔的保守党政府在1979年上台这个时期,往往被看作是各个主要政治党派达成共识的时期,而且据说无论是对地方治理,还是对地方政府,或是对其他社会政策领域,都形成了一致意见。这一时期,地方政府在福利国家建设中乃是作为主要合作伙伴,体现为地方政府支出显著增长。英格兰和威尔士的地方议会负责重要的福利供给:

- 社会保障住房;
- 教育;
- 个人社会服务和为儿童及成人提供社会照顾;
- 以社区为基础的医疗(在1974年转交给国家医疗服务体系);
- 公共卫生(在1974年转交给国家医疗服务体系);
- 公共保护:警察和消防服务、急救系统(在1974年转交给国家医疗服务体系),以及消费者保护。

苏格兰的地方议会有着非常类似的职责,而在1973年之后,北爱尔兰的地方议会比英国其他地区的议会职权范围要小得多,诸如教育、社会服务和住房保障等核心职能,都转交给北爱尔兰当地的公共机构了。

1979年到1997年的地方治理和新右翼

在20世纪70年代,尽管共识期还在延续,但是对国家福利供给(包括由地方政府提供的福利)的信念开始受到质疑,1979年撒切尔政府上台则标志着与战后共识决定性的分道扬镳(请见第 19 章)。事实上,可以说地方政府是新右翼进行社会政策改革的基本场所之一。对地方政府进行的改革可以分为以下几个阶段:

- 20 世纪 80 年代初期:焦点在于控制地方政府的支出;
- 80 年代中期:通过取消大伦敦议会(Greater London Council, GLC)和都市郡议会而进行的改组,将社会政策职责从当选的地方政府那里移交给政府所指定的地方机构("非政府组织");
- 80 年代中后期:通过私有化以及鼓励政府成为服务的促成者而非直接供给者,从而挑战了地方政府作为服务的直接供应者的角色;
- 90 年代初期:通过推动公民宪章、排行榜、检查和审计等的发展,从而走上新管理主义道路。

地方政府的主要公共服务都受到了影响,其中包括:

- 教育:控制集中化,包括削弱地方教育部门的权力,执行全国统一的课程大纲,中小学校的地方管理以及延续教育及高等教育的独立性;
- 住房:"购买权"计划鼓励廉租房的住户以一定折扣购买他们租住的房屋,通过创设住房行动信托基金(Housing Action Trusts)转移所有的房产,并且,在 90 年代,设立了第一个大规模的存量转让计划;
- 社会照顾:促进地方当局的社会服务部门成为住院护理和居家护理的促成者;
- 通过强制性竞标(compulsory competitive tendering, CCT)为许多服务引入竞争压力,并且出现购买者与供给者的分离;
- 创办城市发展公司(Urban Development Corporations),使其接管关键的城市再生职责。

总而言之,撒切尔和梅杰当政时期被描述为通过私有化某些职责、将一些职能移交给地方的非政府组织和增加对剩下服务的集中化压力,从而使得地方政府开始被"掏空"。

即便如此,地方政府并没有一味地被动顺从。相反,作为回应新右翼政治的一部分,在地方政府中出现了所谓的"城市左派"(Urban Left)。在许多城市,例如利物浦、谢菲尔德、伦敦的部分地区和大伦敦议会,工党控制的地方议会采用了激进的左派议程,其中涉及交通运输、住房保障、公共安全、教育、就业和基本服务,并且对残疾人群体、同性恋群体采取多元文化主义或积极行动。地方政府往往是新右翼和左派发生政治争论的场所,而有关"人头税"的斗争则是争论的缩影。

尽管地方政府中的保守党支持力量随着工党在 1997 年执掌政权而最终被清除出去,但是城市左派的许多议程都被保守党中央政府的立法击败了。似是而非的是,那些议程中有许多(例如弱势群体的权利)却在今天被吸收到社会政策的主流当中。不过,在那里也继续体现了中央政府与地方政府之间的紧张关系。一方面,中央政府(无论是英国政府及议会,还是委任分权地区政府和议会)希望有统一的政策,但是另一方面,由于不平等之类的情况在各个地方并不相同,因而在地方层面上,可能需要特殊的解决办法来应对当地的特定问题。

1997 年到 2010 年的地方治理和工党

工党很快就开始使用诸如国家政府和地方政府之间的伙伴关系之类的语言和修辞。工党也很快就撤销了保守党地方政府立法中最遭反对的一个规定,即强行要求地方公共服务(通过强制性竞标)向私人部门开放竞争,取而代之的是地方政府具有不断推进公共服务的新职责。

工党也为苏格兰、威尔士建立了委任分权行政机构,并为北爱尔兰作出了新的安排,授权它们监管其辖区内的地方政府(请见第四部分)。但是,在英格兰,与其前任一样,工党也不信任这里的地方政府。不能再回到旧的(保守党政府之前的)工作方式上。工党没有简单地撤销对地方政府和地方公共服务产生影响的保守党立法,而且很快就发现了它所认为的当前地方政府所面临的诸多问题。

工党的议程双管齐下。一方面,对核心服务进行大规模投资;另一方面,中央政府强调地方政府的重要角色。而且,与此同时,工党强调并且实施了一些重大改革项目,以实现它的重新振兴英格兰地方政府的愿景。

尽管工党的抱负有许多方面都得到了广泛认同,但是它的解决方案不总是被热情拥抱的。在这里面争议较大的是要求地方议会精简它们的决策过程,这将导致地方议员的执行性角色和代表性角色的分离。这个提案迫使成立地方政府类内阁机构和行政部门,并且使执行权力集中在更少数的人手中。少部分英格兰地方政府有直选市长。

立法也给了工党政府针对地方政府服务失败采取行动的新权力,并且引入了对所有地方政府服务进行检查的理念。尽管检查使得注意力越来越多地集中在改善服务上,但是这样的过程却对应着相应的代价。这使得转向更为均衡及以风险为基础的检查路径成为当务之急。

2010 年到 2015 年的地方主义和英国联合政府

在上任之初,联合政府就将它给予英格兰的地方政府和地方治理的优先权定义为"地方主义"。但是,这里的"地方主义"并不简单地等同于(地理意义上的)地方或地方政府。它被视为将权力下放和外移到尽可能低的层级的方法。这包括社区有权就运营服务进行竞标,也有权援助可能倒闭的服务机构。这届政府的目标是创建"大社会",即一个被赋权的社会,其中社区和志愿行动走在最前方,要"大社会"而非"大政府"(请见第37章)。

与此同时,它最重要的战略着重强调削减英国财政赤字。有些削减额度转交给了委任分权的组织和行政机构。在英格兰,这导致大幅度减少针对地方政府和地方公共服务的拨款,带来了服务以及受雇于地方政府和其他公共部门的人员数量的大幅度裁减。地方政府面临着尤其大比例的削减,地方议会经历了 2010 年到 2015 年重要的中央拨款减少 40% 的艰辛。同一时期,地方议会节约了大约 200 亿英镑。

例如,考文垂市议会从中央政府得到的财政拨款,由 2010 年的 2.14 亿英镑减少到 2015 年的 1.35 亿英镑。在伯明翰,市议会在 2010 年到 2015 年削减了 4.6 亿英镑的开支,其员工数量从 2010 年的 2 万人减少到 2014 年的 1.3 万人。在写这篇文章的时候,伯明翰市议会计划到2018年还要再减少3.6亿英镑的支出,而工作人员精减到仅仅7 000人。这样的削减规模和速度使得该议会负责人说:"正如我们所知,这是地方政府的终结。"——这句话成了被广泛引用的名言。因此,在英格兰,特别是作为联合政府的主要遗产,地方政府和地方公共服务供给被进一步掏空了,而与此同时,不断增强的期待是,个人和社区自己照顾好自己吧。

除此之外,尽管有"地方主义"这样的话语,但是联合政府的行为却往往是非常集中主义的。地方财政依然被牢牢地控制在中央政府手中。政府部门的部长们也继续公开对非常地方化的服务供给细节发表鲜明的主张,例如有关地方垃圾收集的频率,并且通过派驻专员或改进委员会而正式插手地方议会的运作。

在操作层面,教育正日益被移出地方政府的控制范围,而为成年人和儿童提供的社会照顾则成了地方政府最受瞩目的责任领域,地方政府要对支出水平、服务意识和名誉负责。不过,国家医疗服务在2013年重回地方政府的控制。与此同时,地方公共服务的日常运营和供给,则越来越多地外包给私营公司,由它们负责递送。地方政府和其他地方公共服务机构也日益紧密合作,共享服务、官员和工作场所,以保证向公众提供无缝对接的服务,而且,重要的是以此削减支出。

另外,工党创建的地区结构大部分被废除,并逐渐被一系列复杂形式所代替,其中有企业合作伙伴关系、城市区域和跨地区联合政府,它们的权利和责任极具多样性。促使英格兰的主要城市直接选举市长的尝试,在大部分地方都没有赢得支持,尽管这是联合政府强力推动的。

很难对这个时期多样化的政策进行概括,在这一时期,中央政府继续经历并且完成了对地区政府的权力下放。各种政策在路径上有许多相似之处,而且从总体来看,它们往往都较少采取市场化方法。在威尔士和苏格兰,地方政府保留了在教育、社会保障住房和社会照顾领域的职责,尽管在苏格兰,其他一些职能(例如消防和警务)明显丧失。

地方政府和地方治理的结构

如果讨论地方政府结构,那么大部分英国人由所谓的"单一的"地方政府提供服务。也就是在特定的地方只存在一个地方政府,该政府在这个地区提供所有或大部分的地方管理服务。这些地方政府有着不同的面目,而且名称各有不同,但是都发展监管各种各样的地方服务——从道路景观到图书馆,从贸易标准到护理服务。

不符合这条普遍规则的例外出现在英格兰的一些地方,在主要的城市区域之外,那里存在着由一个郡议会和大量区议会构成的两层地方政府系统。在这些地区,郡议会负责那些被认为要在更大范围内运营的服务,例如社会照顾和战略计划;而另一方面,区议会则负责大部分当地环境方面的服务(例如清理垃圾和清扫街道等),还有住房、休闲服务和当地开发控制。

这里提到的所有议会都是由当地选民直接选出来的,无论它们是在单一体系还是两层系统中。不过,在不同类型的议会之间存在着选举程序上的差异。

在伦敦,除了伦敦地方政府(伦敦行政区和伦敦市法团)之外,还有直接选举出来的地区政府——大伦敦政府（Greater London Authority，GLA），它是由伦敦议会（Assembly of London）和伦敦市长（Mayor of London）组成的。大伦敦政府负责大伦敦各地的核心职能，例如公众安全、交通和经济发展。

另外一个应该提及的由选民直接选出的政府是郡以下的行政区，即教区。教区、镇或社区的议会或政务委员会，在地方代表链条中是关键的连接点。在英格兰，大约有9 500个教区和镇委员会，在威尔士大概有730个社区委员会，在苏格兰则有约1 200个社区委员会。并不是所有地区都是如此，特别值得注意的是它们在主要城市区域的缺席，尽管这种情况正开始发生改变，另外，在北爱尔兰没有对应的机构。在大多数情况下，这些政务委员会拥有的是权力而不是义务，它们表达村庄、小镇和街区的声音，而且在必要的时候，让这些声音被其他层级的政府听到。它们几乎没有提供福利服务的义务。

一些重要的地方服务完全不是由当选的地方政府提供的。这其中核心的服务是大部分医疗服务，这些服务由各种各样的部门负责，它们属于遍及英国各地的国家医疗服务体系中的一部分；还有警务在英格兰和威尔士是由直接选举出来的警察和犯罪专员（Police and Crime Commissioner）负责管理的，而在苏格兰和北爱尔兰则是委任分权政府的职责。

为了克服地方政府与其他机构之间的地方公共服务缺乏衔接的问题，伙伴式合作日益被强调。在英格兰，工党政府规定了一系列法定的伙伴关系，目的是将各个地方政府辖区内所有重要的地方公共服务机构整合起来，例如地方议会（政务委员会）、警察和医疗等事务，使它们都服从于共同的核心目标和为该地区所有公共服务设定的优先顺序。在联合政府执政时期，强调的重点从法律规定的合作关系转向了基于地方需要和愿望的更为自愿的安排。不过，无论是哪个政治派别掌握权力，不可避免地都需要某种形式的地方治理——即便不需要地方政府。

新议题

如同我们已经了解到的，地方政府和地方公共服务对于构造和递送社会政策一直很重要。从工业革命以来，包括在战后福利国家建设期间以及各任政府执政的过程中，人们都期待地方政府成为在社会政策中发挥领导、协调和递送作用的元素。

而且，在英国各地，人们也一直在讨论，对于地方和次国家的治理安排的需要，如何有效进入社会政策议程，包括各地的不平等和地方需求。如何保证更多的公民参与和公共精神复兴——其中包括公民和服务使用者更多地参与到地方决策中——应该也是需要继续关注和讨论的议题。这些论题也带来了这样的问题，即在为地方服务及设施提供工作人员和资金等方面，应该如何恰当地划出志愿行动和社区行动与（地方）国家职责之间的界限。这个问题在公共财政持续收紧的时代尤其值得关注。

另外一个一直引发争议的问题是，地方政府和地方公共服务的财务机制是否合适，特别是英国各地的地方政府都是通过几个有限的渠道获得资金的：市政税（北爱尔兰自行确定税率）、非本地税、国家财政拨款、某些服务的收费。其中国家政府的拨款是主要部分。

除此之外，关于地方政府和地方治理结构及安排的有效性（包括对绩效评估和问责安排的效率或其他方面的看法),以及其他形式的领导体制结构(例如英格兰和威尔士的民选警务专员,以及英格兰的大量直选市长和新城市及郡区)的有效性,可以预期会有持续的争议。

不管这些具体讨论的结果是什么,遍及英国各地的地方服务的规模和特性说明,仍然存在着对地方服务递送和地方治理结构的需要。它们应该为地方政府和地方选民负多少责任,则一直是政治和政策讨论的核心问题。

可深入阅读的参考文献

T. 博瓦尔德和 E. 洛福勒编的《公共管理和治理(第三版)》(T. Bovaird and E. Loffler, eds, 2015, *Public Management and Governance*, 3rd edn, London: Routledge)对公共服务的管理和治理进行了较全面的综述。B. 登特斯和 L. E. 罗斯的《地方治理比较研究:趋势和发展》(B. Denters and L. E. Rose, 2005, *Comparing Local Governance: Trends and Development*, Basingstoke: Palgrave Macmillan)是一部优秀的导论性著作,将英国的地方治理与欧洲一些国家、美国、澳大利亚和新西兰的进行对比。C. 迪罗塞、S. 格里斯利和 L. 理查森的《改变地方治理:改变公民》(C. Durose, S. Greaseley and L. Richardson, 2009, *Changing Local Governance: Changing Citizens*, Bristol: Policy Press)是对改变公民与地方政策制定者之间关系的有益探索。

R. A. W. 罗兹的《在威斯敏斯特和白厅之外:英国的次中央政府》(R. A. W. Rhodes, 1988, *Beyond Westminster and Whitehall: Sub-Central Governments of Britain*, London: Unwin Hyman)一直是论述中央政府和地方治理体系之间关系的影响深远的著作。J. 斯图尔特的《英国地方政府的特性》(J. Stewart, 2000, *The Nature of British Local Government*, Basingstoke: Palgrave Macmillan)也是一本有助于掌握英国地方政府历史基础的优秀作品。D. 威尔逊和 C. 盖姆编的《英国的地方政府(第五版)》(D. Wilson and C. Game, eds, 2011, *Local Government in the United Kingdom*, 5th edn, Basingstoke: Palgrave Macmillan)提供了全面的基本介绍。

有价值的网站包括:www.local.gov.uk,即地方政府协会(the Local Government Association)的网站,苏格兰、威尔士和北爱尔兰也有相应机构;www.gov.uk,是涵盖所有公共服务和政府部门的门户网站。

复习和课外作业习题

1. 在你所在的地区,地方议会或政务委员会都负责监管哪些服务?
2. 你所在地区的地方议会或者政务委员会的政治特征如何?是经过什么样的程序选举出来的?
3. 你认为怎样才能够提高地方选举、公民参与和地方政治决策的参与程度?

4. 你认为直选市长在管理地方议会方面分别具有哪些优势和劣势？
5. 请讨论你所认为的英国各地民选政府在未来应该扮演的角色和承担的职责。

请浏览本书的辅助网站 www.wiley.com/go/alcocksocialpolicy，使用为配合本书的阅读而设计的资料链接。在那里你将会发现有专门针对每一章的深入阅读资料链接，其中包括政府、国际组织、智库、压力集团和重要的新闻机构的网站。你还会找到以《布莱克维尔社会政策辞典》为蓝本的词汇表、帮助页、有关如何管理社会政策领域中主要委派形式的指导和职业建议。

第46章
欧 盟

琳达·汉特瑞斯

▶▶ 概　览

- ➢ 自1957年欧洲经济共同体成立以来，社会政策就进入了欧洲议程。
- ➢ 欧盟在社会层面首先考虑的就是为劳动者提供社会保障。
- ➢ 欧盟不断拓展它的社会政策职权，并且引入了更灵活、更积极主动的政策制定和实施工具。
- ➢ 欧盟和国家层面的治理之间存在着相互影响的关系，与此同时，各国政府对社会保障系统的内容、组织和供给负责。
- ➢ 在人口减少和老龄化的背景下，以及经济衰退的余波中，欧盟的社会政策职权受到了重大挑战。

欧盟的社会政策职权范围的发展

1957年，在《罗马条约》(Treaty of Rome)签署后，欧洲经济共同体成立了，它主要关注经济事务。但是，自成立之始，欧洲经济共同体就拥有一定的社会政策权限，以增强地理和职业方面的流动性。《罗马条约》中关于社会政策的第117条到第128条，倡导成员国之间密切合作，尤其是在培训、就业、劳动条件、社会保障和劳资双方的集体谈判等领域协作。这些条款支持同工同酬原则，调整社会保障措施以为移民劳动者提供帮助，并且通过欧洲社会基金(European Social Fund)为就业和再就业项目提供资助。

在战后经济迅速发展的背景下，欧洲社会政策的基本目标是避免竞争所带来的变形，并且促进劳动力在共同体内部自由流动。由于创始成员国的福利体系都主要是以保险原则为基础的，如果有国家向就业人员征收较高的社会保险费，就会产生不公平竞争，使得企业搬迁到劳动力成本较低的地区，即导致"社会倾销"出现。人们预期共同市场正常运转将自然而然地带来社会发展,这意味着欧洲经济共同体不必直接干预再分配性福利。

英国不是欧洲经济共同体的六个创始成员国之一。在 1973 年正式加入之后,英国政府反对共同体在社会领域的做法。在经济由于石油危机而放缓增长的时候,对于社会协调会自动实现的信念受到了质疑,同时人们也越来越关注更为主动的社会改革。1974 年的社会行动计划提出,欧洲经济共同体应该为国家社会政策开发共同目标,但各国不必采取标准化的解决方案来应对共同问题,共同体也不会将社会政策职权从成员国政府手中拿走。20 世纪 80 年代的标志是迫于压力开发"社会空间",前提是工会和雇主(社会伙伴)之间展开社会性对话,从而使他们能够就一些目标达成共识,并且建立一个能够保障雇员社会权利的简易平台,由各成员国采用以增强一致性。

《1986 年单一欧洲法案》(Single European Act 1986)的出台及经济和货币同盟计划的发展,使得协调社会保障的目标变得引人注目。在大量商讨中,在为劳动者提供最低限度的保护方面一直难以形成共识,这导致 1989 年的《欧洲共同体劳动者基本社会权利宪章》(Community Charter of the Fundamental Social Rights of Workers)的颁布,该宪章并不具有法律效力。这部宪章的行动方案承认关注各个国家的差异性非常重要。到了 90 年代,各国出现了一些一致情况,例如削减福利的共同趋势(这是经济衰退所带来的必然要求),以及转向福利的混合体系。

英国政府试图推迟有关劳动者权利的立法进程,声称这会侵犯国家主权,并且对就业产生有害影响,最终的结果是有关社会事务的协议被降级为《社会政策议定书和协定》(Protocol and Agreement on Social Policy),该协议作为关于欧盟的《马斯特里赫特条约》(Maastricht Treaty)的附件在 1993 年公布。《马斯特里赫特条约》正式规定了辅助性原则,从而为未来的社会立法定下了基调。辅助意味着,只有当目标在欧盟层面比在国家层面能够得到更有效实现的情况下,欧盟才有权采取行动。这限制了欧盟各成员国在社会保障领域里采取协调一致的行动的机会。

无论是《马斯特里赫特条约》还是 1997 年的卢森堡峰会都支持优先考虑就业,这导致了第一个就业指导纲要的出现。同一年,英国工党政府签署了《社会政策协定》(Agreement on Social Policy)和包含在《阿姆斯特丹条约》(Treaty of Amsterdam)中的"社会宪章"[†],由此为社会政策打下了更有力的法律基础,然而,欧盟在这个领域的职权一直在英国备受争议。

后来依次出现了五波加入欧盟的浪潮,每一次都使得社会政策条款的协调性甚至一致性变得越来越难以实现。欧洲经济共同体最初的六个成员国(比利时、法国、联邦德国、意大利、卢森堡和荷兰)的社会保障系统是俾斯麦或大陆福利模型的变体,是以就业保险为基础的。20 世纪 70 年代加入的成员国家(丹麦、爱尔兰、英国)采用的是从税收中获得资金的社会保障制度,并且为广泛覆盖的人口提供通用保障。80 年代初加入的欧洲南部国家(希腊、葡萄牙、西班牙)的福利体系较不发达,而与丹麦和奥地利在 1995 年一起成为成员国的斯堪的纳维亚国家(芬兰、瑞典)拥有与德国非常相近的模式。两个岛屿国家和十一个苏联解体后独立的国家(保加利亚、克罗地亚、塞浦路斯、捷克共和国、爱沙尼亚、匈

[†] "社会宪章"是欧盟成员国签订的一项有关个人权利和工作条件的协议。——译者注

牙利、拉脱维亚、立陶宛、马耳他、波兰、罗马尼亚、斯洛伐克、斯洛文尼亚）先后在2004年、2007年和2013年加入欧盟，它们带来了更为多样的福利制度。

欧盟东扩后促进了对非正式路径的研究，以此替代统一方案。欧洲社会模式出现了：神圣不可侵犯的《欧盟基本权利宪章》（Charter of Fundamental Rights of the European Union）在2000年的尼斯峰会上获得通过，它包含了公民身份权利和所有成员国都承诺追求的核心价值。

随着婴儿潮一代开始进入退休阶段，人口老龄化趋势日益显著，为了回应这个趋势带来的越来越严重的威胁，在2005年汉普顿宫峰会上，欧盟社会政策讨论的焦点发生了改变。2014年，在许多成员国实施紧缩政策的背景下，新的欧盟委员会被任命。工具箱46.1里总结了该委员会所负责的非常广泛的社会事务，这反映了这些年来社会政策的发展，尽管就业和劳动力流动仍然被放在最重要的位置上。

工具箱 46.1　欧盟就业、社会事务、技能和劳动力流动专员的任务（2014年）

- 为工作、增长和投资方案作出贡献，将年轻一代放在优先位置上。
- 推动劳动力市场和社会保障制度的现代化，其中包括实现欧洲2020战略（Europe 2020）中所设定的有关就业和社会包容方面的目标。
- 推动经济和货币联盟（Economic and Monetary Union）的发展，推进各个层面的社会对话。
- 通过改善欧洲范围内的地域性和专业性流动的条件，以及改进资格认证，从而增进劳动力的自由迁徙。
- 通过推进职业培训和终身学习，包括实行一项吸引合法移民来欧洲以解决技术人才短缺问题的欧洲新政策，从而提高欧洲劳动力的技术水平。
- 支持各种形式的社会创新，加强诸如"地平线2020"（Horizon 2020）等各个项目之间的协同配合，以服务于各国和欧盟的政策制定。
- 确保欧盟所有提案和行动都考虑到就业问题以及老龄化、技术人才短缺等社会问题。

欧盟社会政策制定过程

尽管经过五十多年的运行，根据各项基础条约，欧盟在社会政策方面的职权范围仍然相当有限，但是它开发出了多层级的管理体系，并且根据2009年生效的《里斯本条约》（Lisbon Treaty）开始着手建立这样的制度（请见工具箱46.2）。

随着成员数量的增加，决策程序也有一定改进。为了便于通过有争议的立法，《1986年单一欧洲法案》引入了**有限性多数表决制**（qualified majority voting, QMV），以替代在诸如工作场所的健康与安全、劳动环境、劳动者的信息和咨询权、性别平等、被劳动力市场排除在外的人的融入等问题上原先采用的全票通过制。《阿姆斯特丹条约》将有限性多数表决制扩展至积极的就业政策。《尼斯条约》增加了反歧视措施、促进经济和社会团结的流动和特别行动,以及根据人口规模对投票重新加权的方法。《里斯本条约》进一步将有限性多数表决制引入有关气候变化、能源安全和紧急人道主义援助等有争议的问题的裁决,暂时搁置了双重多数表决制,但是在社会安全和社会保障问题上,对所有试图实现协调一致的决定则仍然采取全票通过制。

欧盟的法律资源包括形成条约的**一级立法**(primary legislation),以及从形成规章、指令和决定等最有约束力的文件,到建议、决议和意见(仅作为建议书、通讯文件和备忘录,表明对某个议题的初步思考)的**二级立法**(secondary legislation)。

只有相当少的**规章**(regulation)被用在社会领域,其中众所周知的例外是协调移民劳动的社会保障安排和结构基金(Structural Funds)。**指令**(directive)为立法设定了目标,但是由各个国家自行选择最合适的实施方式;指令通常在平等待遇、工作场所的健康和安全等领域发挥显著的作用。**建议**(recommendation)在开发有关协调行动和社会政策融合的框架方面扮演着重要的角色。

2000年,在里斯本峰会上,**开放协调方法**(open method of coordination, OMC)被正式引荐为介入就业政策的方式,这种方法提供了灵活的法律选择,从而鼓励成员国之间展开合作、交换最佳实践经验、就共同目标和准则达成共识,并且通过国家行动计划在就业歧视和社会排斥问题上互相帮助。开放协调方法依赖于对实现目标过程的日常监控,这使得成员国能够对比它们的尝试,并且从其他地方学习经验和优秀的实践做法。

工具箱 46.2　欧盟的管理系统

- **欧洲理事会**是由成员国的国家元首或政府首脑组成的,每半年召开两次会议以决定政策方向。作为最重要的管理机构,**欧盟理事会**(前身是部长理事会)代表各个国家的利益,并且负责决定在整个欧盟范围内执行的法律。欧盟理事会实行轮值主席国制,由各成员国每6个月轮换一次,它负责欧盟立法机构的运行。欧洲理事会通过双重多数表决制提名欧盟的全职主席("总统"),每任主席任期为两年半,可以连任一次。

- **欧盟委员会**是欧盟的常设执行机构,它正式提议、实施和监督欧洲的法律。根据《里斯本条约》,每个成员国指派一名委员。欧洲议会根据欧洲理事会的提名选出欧盟委员会主席,任期为五年。委员是政治任命人员,但是应该独立于国家利益行事。委员会各下属部门通常负责准备提案和提请理事会考虑的文件,因而在设定欧盟政策议程中扮演重要的角色。《里斯本条约》要求委员会监控并且汇报社会状况,包括人口发展趋势、社会政策开发、就业数据,并且为成员国设定指导原则,以帮助它们拟定就业政策。2014年,委员会采用了跨领域协同路径,从而使所有政策领域的就业和社会维度回归主流。

- **欧洲议会**是每五年由成员国的公民直接选举形成的,拥有与欧盟理事会的立法权力相当的广泛的预算和监督方面的权力。不过,欧洲议会成员构成的是政治模块,而非国家模块。欧洲议会不能提出法案,但是它能够拒绝对委员会的提案采取某个立场,而且它能够迫使委员会放弃提案。被提名的欧盟委员会委员必须顺利通过欧洲议会的听证,才可能当选。

- **欧洲法院**(Court of Justice)总部在卢森堡,它是欧盟的法律之音、条约的捍卫者和法律的执行者。它的主要任务是确保在欧盟范围内采用的是合法手段,而且使国家层面的法律与欧洲法律相协调。通过对立法的解释,欧洲法院在社会领域中逐渐形成了重要及影响深远的判例法体系。

今天,欧盟拥有一系列多层级、分段化的政策制定机构、程序和工具,这些逐步拓展了它的职权范围和权威。政策制定过程依赖于国家和超国家参与者共同合作以设定目标、提出倡议、采取行动和执行法律的能力。共同的责任感使得欧盟的结构与其他大多数国际组织有显著差异。像联邦制国家一样,欧盟必须为其成员国的更大的利益而努力,与此同时,还要注意不过度侵犯各个国家的主权或破坏辅助性原则。虽然欧盟作为社会政策领域里的超国家权威机构尚未获得充分的合法性,但是,其成员国家的职权毫无疑问已经受到了侵蚀。因而,微妙的平衡被欧盟不同层级机构的利益反复撞击着,这中间涉及复杂的协商、妥协、分配利益和权衡过程。

欧盟社会政策干预

欧盟清除劳动力自由迁徙障碍的初衷,是使一系列协调社会保障制度的政策能够在行动计划、行动网络和行动观测的支持下有效实施,促进社会政策领域的倡议和监督进程。

在**教育和培训**领域,欧盟并不是寻求对各国体系作出改变,而是主要将注意力放在对欧盟各国教育培训内容和资格水平的比较上,以促成各成员国之间的转换。欧盟发布了各国互相承认文凭同等的基本指令。从20世纪70年代中期以来,欧盟提出了一系列行动计划,用以开发职业培训、鼓励大学生和年轻劳动者的流动性,并且促进教育领域与工业界的合作。21世纪初,欧盟通过倡导优质教育和终身学习,对人力资源进行投资。合作和对成员国的支持是《里斯本条约》中的首要考虑事项,与此同时,决定教授内容和教育系统的组织则属于各成员国的职责。

《欧洲经济共同体条约》(EEC Treaty)的一些条款已经致力于对**居住和劳动条件**的改善,将此作为提供平等的机会和促进流动的手段。这些条款特别重视劳动场所的卫生健康和安全,由此产生了一系列立法。在卫生健康和安全领域的立法中引入有限性多数表决制,催生了一些旨在确保劳动者人身安全的指令,例如对怀孕妇女的保护、对劳动时间安排的控制,以及其他在公共卫生领域的大量行动。在这个领域,《里斯本条约》努力对国家政策作出补充,并且与跨国的健康威胁作斗争。

为了遵循就业政策和工作环境是欧盟层面上最优先考虑的事务这个原则,同时不顾一些成员国(特别是丹麦和英国,它们担心这可能影响到就业实践和机会平等)的反对,欧盟发起立法活动,并设定了行动方案,以保护女性作为劳动者的权利。这些政策连同一些指令推动了同工同酬、同等待遇和平等享受与就业有关的社会保险的权利,并且采取平衡职业与家庭生活的措施。90年代,性别平等主流化思想被引入来解决无所不在的不平等问题,并且在2010年,欧盟通过了一部《妇女宪章》(Women's Charter),以促使在它的所有政策中加入性别维度。

20世纪70年代,经济衰退、不断提高的**失业率**和人口老龄化都成为政策议题。日益增强的流动性强化了人们对成员国之间的福利旅游和贫困输出的担忧——失业者及其家人可能会跨过边境寻求更慷慨的福利供应。欧盟制订了一系列行动计划,与贫困和社会排斥作斗争,结构基金被用来消除经济差距的根源,从而为区域政策提供强有力的支撑。就业纲要是欧盟战略中的主要政纲,它强调通过积极的政策措施提高劳动者的受雇能力,从而解决劳动力市场中的排斥问题,即便在21世纪第二个十年的后经济危机时期,在社会政策议程上它仍然排在优先位置。

预期寿命的延长对养老金供给、医疗和护理服务提出了大量需求。欧盟需要监控**提供给老人和残疾人的福利**,特别是关系到生活费和照料、流动劳动者和退休者的权利转移以及政策对生活水平的总体影响等问题。

欧盟在1999年到2006年发布的通讯文件,提出了加强代际团结和平等的战略思想。到了2010年,婴儿潮一代进入退休阶段,这个趋势强有力地推动欧盟政策转向促进实现积极而健康的老龄化。

尽管有大量针对迁徙自由的法律,但是有关欧洲内部流动性的信息表明,成员国之间的移民一直相当少,尽管欧盟东扩在最初触发了意料之外的欧洲内部的来自中欧和东欧的西进潮。人们越来越关注在协调国家政策和对待难民及寻求庇护者的过程中**第三国移民**所带来的挑战。当人们不分种族、肤色、族群、国籍、文化或宗教信仰,均享有平等的机会和待遇的权利被写入《阿姆斯特丹条约》的时候,这些事项的合法性得到了承认,基于诸如此类原因的所有歧视,在《基本权利宪章》(Charter of Fundamental Rights)中都被认为是不合法的。为解决技术人才短缺问题,欧盟需要长期性的人员流动,同时需要相应的政策应对这个问题,作为对这些需要的承认,欧盟在2014年任命一名专员负责处理欧盟移民与内部事务(Migration and Home Affairs)。

尽管人们怀疑欧盟社会政策的连贯性,但是上述例子表明了,欧盟的各个机构如何发展出广泛的管理社会事务的能力,从而成为主要的(虽然是充满争议的)社会政策行动者。尽管一些成员国采取了某些阻碍性策略,但是相当可观的立法和实践都带来了成效,促使国家政府服从相关法律和欧盟的做法,并且限制了它们的活动空间。不过,欧盟的各项条约所包含的变化,连同社会领域中朝向减少约束性立法的转变,可能导致寻求即便最不发达的国家也能达到的标准——最小公分母,这又为每个成员国在政策执行中留下了相当大的自主权。

新议题

在21世纪的前二十年里,欧盟的各项条约一直正式承认成员国应该保留对自己的社会保障体系的责任。欧盟通过更为密切的合作以及采用社会绩效评估方法的监督程序推动共同目标的实现。欧盟继续追求社会保障系统的"现代化",以此对社会—经济、人口和环境变化作出回应,也一直通过增强宏观(社会的)层面和微观(家庭的)层面的代际团结,支持蕴含在欧洲社会模式中的价值观。

虽然欧盟成员国反对欧盟对社会政策的干预程度或它所采用的方式,但是它们普遍承认福利制度的新压力,以及开发可以承受且可持续的解决方案的必要性。人口老龄化连同技术及结构的变化,带来了长期的老龄依赖、决定退休年龄和获得养老金权利的条件,以及在家庭和家户结构、两性关系发生变化的背景下的医疗和社会照顾供给等问题。居高不下的失业率(尤其是年轻人的),连同技术劳动力短缺的问题,给社会保障体系、教育和培训供给系统带来了重大挑战。气候变化所带来的社会影响,属于2014年新委派的气候行动和能源(Climate Action and Energy)专员的职责范围,而且对于管理"社会—生态转型"的政策的需要也得到了承认。

在21世纪的全球经济危机的背景下,消化欧盟进一步东扩及其不断扩大的影响范围的过程极具挑战性,特别是对于欧元区19个经济体中那些急需社会改革的弱势经济体。在"紧缩时代",成员国都在奋力确保它们的社会保障体系的财政活力和持续性、限制提供高质量服务的成本、保障就业和促进社会融入,与此同时,还要满足不断增加的来自战乱地区难民的人道主义需要。各个国家根据自身的政治—经济条件,尝试着不同的解决方案组合:更有针对性地确定福利、收紧资格标准、更加强调积极的"从福利到工作"措施、引入长期社会护理保险计划、提供私有化服务和促进志愿者文化等。

在英国政府重新讨论其欧盟成员国身份,以努力恢复在社会和就业立法中的国家主权的时候,有必要找到回应这些新出现的社会—经济挑战的协调一致的对策。尽管英国的未来在很大程度上取决于商讨和公投的结果,但是"英国退出欧盟"(Brexit)的倡议者主张,脱离欧盟,英国才能够真正有成效地重新审视欧盟成员国身份给社会政策带来的所谓更繁重、更有争议的方面,这当中包括人员的自由流动、生活与工作条件、决定移民劳动力能得到的福利和服务、工作时间安排、工作场所的卫生健康与安全、社会权利和性别平等问题。

可深入阅读的参考文献

琳达·汉特瑞斯的《欧盟的社会政策(第三版)》(L. Hantrais, 2007, *Social Policy in the European Union*, 3rd edn, London and New York: Palgrave and St Martin's Press)分析了欧盟在社会领域的政策发展。欧盟的网站定期更新人口统计趋势、社会状况、社会保障和就业方面的信息,请见 ec.europa.eu/social;对教育、培训、青少年与体育运动、就业与社会政策以及公共健康等方面的欧洲法律、政策和行动的简明扼要的概括,请见 eur-lex.europa.eu/browse/summaries.html;社会保障互助信息系统(Mutual Information System on Social Protection, MISSOC)的对比表格,每年更新各国社会保障系统的福利供给状况信息,请见 www.missoc.org。

复习和课外作业习题

1. 自 1957 年欧洲经济共同体成立以来,经济与社会政策之间的关系发生了哪些变化?
2. 欧盟社会政策职权的增加对各个国家的社会保障系统的自主性产生了哪些损害?
3. 欧盟的几次扩张对它的社会政策职权产生了哪些影响?
4. 各个国家的社会政策模式在多大程度上是与欧盟的社会模式兼容的?
5. 从成员国的角度分析欧盟不断增大的社会政策职权所带来的益处和弊端。

请浏览本书的辅助网站 www.wiley.com/go/alcocksocialpolicy,使用为配合本书的阅读而设计的资料链接。在那里你将会发现有专门针对每一章的深入阅读资料链接,其中包括政府、国际组织、智库、压力集团和重要的新闻机构的网站。你还会找到以《布莱克维尔社会政策辞典》为蓝本的词汇表、帮助页、有关如何管理社会政策领域中主要委派形式的指导和职业建议。

第八部分
福利范畴

第 47 章
收入维持和社会保障

斯蒂芬·麦凯和卡伦·罗林森

▶▶ 概　览

- 社会保障支出几乎占到所有政府支出的1/3，相当于教育与医疗支出的总和。津贴领取者中的最大群体是儿童（领取津贴的儿童超过1 200万，由他们的父母代为领取）和退休人士（大约1 300万人领取国家退休养老金）。
- 社会保障的定义多种多样，从指称所有保证收入的措施的广泛定义，到聚焦于国家收入维持制度的狭窄定义。
- 社会保障体系也有多种目的。英国体系的焦点是扶贫，因而相当依赖根据经济状况调查结果而给予福利。欧洲大陆系统更为关注建立在保险基础上的体系和从富人到穷人的再分配。
- 国家津贴通常分为**缴费型福利**（contributory benefits），例如国家退休养老金，和**基于经济状况调查的福利**（means-tested benefits），例如收入补助（还有税收抵免），以及**专项津贴**（contingent benefits）或**分类福利**（categorical benefits），例如儿童津贴。
- 在英国，无论是保守党政府（包括联合政府）还是工党政府，都强调个体的责任而非国家供给。这一点明确地体现在最近的养老金、残疾人津贴和儿童资助的改革上。

导　论

个体和家庭的收入来自几个渠道：从私人部门获得工资或薪水、其他家庭成员的资助，以及来自国家的支持（常常以现金补助的形式）。有关社会保障的讨论以收入为起点，偶尔会广泛考察各种收入来源，不过通常会大大限定观察范围，将之局限在国家在维持收入方面所扮演的角色。不同的福利国家在收入维持上扮演的角色也各有不同，从只适用于穷人的最低限度计划（遵循"如果……，就……"的逻辑），到覆盖各种各样可能的收入风险且包含重大再分配的综合系统。

社会保障的重要性

本章将对英国的社会保障进行综述。大部分人在一生中,有很多时候或是在领取社会保险金,或是在缴纳社会保险费用,通常是两项活动同时进行。但是,这个系统绝不简单,而我们大部分人对于它的目的是什么、它是如何运转的、它产生了什么效果,都知之甚少。许多事实有力地说明了社会保障系统在英国的重要性:

- 英国政府2014—2015年度在社会保障津贴和税收抵免上的支出大约为2 000亿英镑,几乎是所有政府支出的1/3,相当于教育与医疗支出的总和。这意味着在这个国家里,每个家庭每年得到6 000英镑。
- 大约60%的英国家庭至少得到一项社会保障津贴,21%的家庭获得一项与收入有关的津贴(基于经济状况调查的福利),12%的家庭享受税收抵免(FRS,2012—2013)。廉租房的住户中,大约有60%得到至少一项基于经济状况调查的补助。在2015年夏天的预算中,对税收抵免额度的修改可能导致这个比例有所降低。

这些福利支出主要是国家退休养老金(State Retirement Pension)、收入补贴/养老金补贴(Pension Credit)、住房补贴、儿童津贴、残疾人生活补贴(对于65岁以下人士则是个人独立支付)和就业收入补助。社会保障津贴主要来自各种税收和特定的社会保障(也就是我们所说的国民保险制度)缴费。

什么是"社会保障"?

显然社会保障在人们的生活中扮演着核心角色。但是,社会保障的含义是什么?"社会保障"并没有一个被普遍接受的、简洁的定义,它拥有多种形式的定义。

让我们先看一看最广泛的定义,"社会保障"通常指人们用来组织其生活以确保得到足够收入的所有方式。这个定义囊括了确保所有来源的收入,例如从雇主和自雇那里获得的收入,从慈善组织得到的经济援助,从家庭成员手中得到的金钱,从国家那里得到的现金补贴。如果我们采用最广的定义,那么私营部门是收入维持的最主要的提供者,因为对于大部分劳动年龄的人来说,从雇主那里得到的工资和从自雇中获得的利润是收入的主要来源,而退休后的养老金也往往是以此类收入为基础的。

有关社会保障的较为狭窄一些的定义,包括除由市场系统提供的经济支持之外的所有类型的经济资助。在这种定义中,依赖于直系家庭或者大家庭,也被归类为获得社会保障。但是,较为频繁用到的是更加狭窄的定义,即将社会保障视为由国家直接提供的各种经济支持。

这种将"社会保障"看作是政府向不同个体支付现金补贴的制度的定义相当简单,而且没有什么争议。但是,它是不周全的,特别是有些"津贴"并不是国家给予的,或者没有这样的必要。例如,法律规定的病假工资过去是由政府支付的,它一直是一项法定权利,但是现在大多数情况下是由雇主来承担。同时,在企业中也存在有关疾病、丧偶和退休的职业福利计划,它们类似于国家津贴,也发挥着相同的功能,却是由雇主组织安排的。我们也可以预测,政府正逐步找到对当前的国家补贴进行"私有化"的方式,或者鼓励新的私人福利供给补充进来,比如在养老金领域里。因此,无论是雇主的志愿性福利计划,还是政府强制要求的某些项目,都应该被归到社会保障之列,而这两者中没有哪一个恰好符合前面的定义。

另外一个灰色地带是现金给付与由英国税务海关总署(HMRC)(之前是国内税务局)负责的免税额系统以及"税收抵免"制度之间的差别。税收抵免已经成为"社会保障"系统中重要性不断增强的一个部分。政府更愿意将它看作是非社会保障福利,尤其因为它是为就业人群而不是为那些没有工作的人设计的。但是,认为税收抵免与社会保障福利非常相似的想法是有充分理由的,因为在许多重要的福利领域里,税收抵免和补贴都扮演着类似的角色。实际上,通用福利(UC)的引入,将税收抵免和某些基于经济状况调查的补助合并到一个单独的系统中了。

正如上文所提到的原因,为社会保障下一个精确的定义很困难,而不同的人和组织也会偏向于不同的定义。在这一章,我们将采用相当实用的路径,将注意力放在收入维持系统上:(由工作和养老金部负责的)大部分补助和税收抵免(由税务海关总署负责)。不过,随着通用福利的引入,税务海关总署的作用将被削弱。

社会保障的目的

在定义了社会保障之后,我们现在要问:这个系统的目的是什么?答案是复杂的。与其他地方一样,英国的社会保障系统随着时间的推移不断演变,如果政策制定者现在从头开始,就不会有这样的设计了。而且,这个系统的不同部分也有着不同的目的,因而不可能确定单一的目的,甚至连主要的目的也难以界定。虑及这些情况,工具箱47.1列出了社会保障可能追求的一些目标。

英国的社会保障体系被设计出来以实现下列基本目标:
- 保持对自我供给(通过收入和储蓄)的鼓励;
- 保持高效益;
- 与可能的欺诈作斗争;
- 确保行政管理成本低廉。

通常,英国的社会保障系统的目标相比欧洲其他国家的更为有限,但是比其他英语国家的要广泛。减少贫困这一目标在英国体系中非常重要,它解释了为什么在这里相当依赖**经济状况调查**。接受基于经济状况调查的福利的个人或者家庭所拥有的资源(主要是收入,经常也包括储蓄)应该低于一定的标准,这样才能领取补贴。基于经济状况调查的福利在美国、新西兰和澳大利亚也较为普遍,但是在其他地方却没有被广泛采用,特别是在欧洲大陆,在那里,社会保障往往不那么集中化,而且更多地涉及收入维持和经济补偿(请见第65章、66章)。

> **工具箱 47.1　社会保障系统可能的目标**
>
> - 防御生活中某些特定事件所带来的风险,例如退休、失业和生病。
> - 扶贫或减少低收入。
> - 在个体的生命周期中进行资源的再分配,特别是从劳动年龄阶段到退休阶段。
> - 从富人到穷人的资源再分配。
> - 对某些额外花费给予补偿(例如给予儿童、残疾人的补贴)。
> - 当"传统的"家庭破裂时,提供经济援助。

当前体系的概览

今天的社会保障制度是非常复杂的有机体,它随着时间的变迁而不断演化,现在几乎没有人能够理解它的所有细节。任何有关这个系统的概括,都需要在旁边写上大量的附加说明。因而,如果不过度简化,是无法对这个系统做一个简短介绍的,而且在这个过程中,也非常容易产生误导性的信息。尽管如此,这一章还是尝试着提供这样一段简短概览。对英国社会保障体系中各种不同的福利存在着多种分类方式。例如,福利可以分为两类:普遍福利和基于经济状况调查的福利;缴费型福利和非缴费型福利。如果我们将享有的权利作为规则,社会保障可以分为三个组成部分:缴费型福利(依据缴纳的费用所获得的补贴)、基于经济状况调查的福利和抵税减免(根据收入所得到的补贴),以及专项津贴(根据你的地位或者所属类别所获得的补贴)。

缴费型福利

发表于20世纪40年代初的《贝弗里奇报告》是今天的社会保障系统的主要根基,尽管以保险为基础的福利和其他福利在这个时间以前就被引入了。贝弗里奇的缴费型福利或是"社会保险"路径的核心是这样一个观点:人们会面对各种各样的导致生活水平大幅度降低的风险。这里的风险包括失业、失去或不具备劳动能力、退休或失去家庭中主要的收入来源等。有些风险不普遍,而且与经济状况没有直接的联系,例如失去配偶。但是有些风险,比如退休,则非常普遍而且可以预见。

伴随着社会保障而来的主要问题有:
- 为什么应该由国家而非私人保险来提供这些服务?国家与私人保险之间应该形成什么样的关系?
- 应该覆盖哪些风险?
- 缴费应该以什么为基础,或者为什么应该以此为基础?

获得社会保险待遇的权利,是建立在已经缴纳国民保险税(是受雇或自雇收入超过最低收入标准的人应缴纳的)的基础之上的。这些待遇是个人化的,也就是伴侣的收入通常不会影响获得此项待遇的权利。这一类待遇中最主要的是国家养老金。其他的缴费型福利还包括部分就业支持津贴和以缴费为基础的求职者津贴。

基于经济状况调查的福利和税收抵免

基于经济状况调查的福利,通常是为了提高个人或家庭的可利用资源水平,这些个体或家庭的可用资源被认为是不足的。领取此类补贴的资格,往往是由收入和积蓄两者共同决定的。英国社会保障体系中这类补贴的4个主要例子包括:收入补助(和为超过退休年龄的人发放的养老金补助)、在职者税收抵免(Working Tax Credit)、住房补贴和市政税补贴(Council Tax Support)。第一个要求领取者每周的工作时间不超过16个小时,第二个也有同样的要求,而后面两个对于工作情况没有要求。但是,这些要求已经不重要了,因为其中一些(不包括养老金补助和市政税补贴)将被合并到正逐步推出的通用福利中(请见工具箱47.2)。

特别针对低收入人群的基于经济状况调查的补贴,有时被称作"社会救济"。在英国,社会救济几乎是收入补助(以及为老年人提供的同等补助——养老金补助)和为失业人群发放的基于收入的求职者津贴的同义词。这些补助发放给那些收入和储蓄低于特定水平的人,在这个过程中,会将他的家庭规模和类型纳入考量。

各个国家在这类福利上有着很大的差别。在澳大利亚和新西兰,几乎所有的福利都含有"经济状况调查"这个要素(请见关于社会需求、社会问题和社会福利的第5章)。但是,这并不意味着只有最穷的人才能得到补贴,在某些情况下,经济状况调查是为了排除最富裕的人,而不是只覆盖最穷的人。儿童税收抵免在英国就扮演着类似的角色,现在大部分有孩子的家庭都有权利领取,而当家庭中有一个成年人的年收入超过5万英镑,这样的家庭就无权领取儿童津贴。在许多北欧国家,社会救济发挥着比较小的作用,只为那些主要的社会保障系统没有覆盖到的人提供帮助。此外,它们通常是由地方管理的,地方组织拥有自行决定具体细则的权利。

得到社会救济经常要满足一些附带条件。处于劳动年龄的人如果不负有照顾子女或成年残疾人的全部责任,就必须在工作,或者能够根据需要去工作,或是在积极地寻找工作。过去,他们可能还必须进入济贫院,以获得领取社会救济的资格。

工具箱 47.2　通用福利

- 采用通用福利之前,在无业人群的基于经济状况调查的补贴(例如收入补贴)与有工作人群获得的税收抵免之间有着明确的界限,其中每周16个小时的有偿劳动是两者的清晰分界线。
- 通用福利将这两者归入单一系统,消除了一些特例和妨碍就业的因素。
- 通用福利被用来替代求职者津贴、住房补助、儿童税收抵免、就业支持津贴和收入补助。
- 它实现了已经存在几十年的所谓"负收入所得税"的想法。

- 通用福利所带来的诸如按月支付和住房补助直接支付给申请者等变化，引起了很大争议。

专项津贴

专项津贴有时被称为"分类福利"，或"非基于经济状况调查的福利"，或"非缴费型福利"。领取这类津贴的资格取决于特定的条件（或有意外情况出现），例如有子女（儿童津贴）或处于失能状态（残疾人生活补贴、个人独立支付）。

在英国的社会保障体系中，有些补贴实际上是源于认为一些群体所面临的额外支出应该由国家分担的看法。最显而易见的例子就是对未成年子女的补助和儿童津贴。在这种补贴中不存在对缴纳情况的考察。但是，如果父母中有一个人年收入超过了5万英镑，领取资格就会被取消。此外，领取该津贴还需要通过对住处的一些考察。残疾人津贴是另外一个例子，在这里有些因素完全是偶然的，因而既不体现经济状况，也不反映之前的缴纳情况。

值得强调的是，这种分成三类的做法，其实是将各种福利之间的差异简单化了。基于经济状况调查的福利，并不只是取决于经济资源；它往往也是由处于某些特殊条件或特定类型的家庭决定的。例如，体格健全的单身人士只有在他符合与失业相关的各项条件时才能申请收入补助。有些收入来源可能会对缴费型福利产生影响，例如，当某人从个人养老金或职业养老金那里得到收入的时候，他的求职者津贴和就业支持津贴（两者都是以缴费为基础的）就会减少。

除了发放给不同群体的补贴之外，还存在着帮助人们支付生活中特殊额外开支的津贴。这些津贴的支出在过去的三十年里有了巨幅增加，这是因为计划已久的从补贴"砖头和水泥"（通过公有住房的低租金给予补助）到补贴个人（提高房租，而后向那些低收入者支付津贴）的政策转向。低收入租房者能够得到帮助，那些有房屋贷款的人在他们的房屋支出上却往往得不到援助。那些低收入者也能够在市政税上得到援助。

社会保障如何交付

2001年，社会保障部（Department of Social Security）与就业和技能部（Department of Employment and Skills）的部分合并组成了工作和养老金部。这个行动进一步强调了"工作是最佳的福利形式"。新部门增强了对劳动年龄以上和以下以及拥有有偿工作和没有工作的不同情况的区分。所有处于劳动年龄但没有有偿工作的补助申请者，都必须进行"工作第一"面谈，在谈话中，首先讨论的是就业问题，而不是所申请的经济资助。

就业服务中心（Jobcentre Plus，JCP）是一个提供补助和寻找工作服务的机构，而养老金服务中心（Pension Service）则负责处理养老金和给予老年人的补助。残疾人和照顾者服务中心（Disability and Carers Service）为残疾人和他们的照料者提供补助。工作和养老金部下设的儿童抚养小组(Child Maintenance Group)负责儿童资助系统。地方政府仍然对住房补贴和市政税补贴负责。

福利水平、贫困和充分性

在过去的二十五年间,福利支出不断增加。但是福利支出的增加基本上不是由真正的福利水平的提高带来的,事实上,各处的证据表明,福利水平并不足以满足人们的基本需求。贝弗里奇最初的设想是根据20世纪30年代的预算研究,确定能够维持生存的福利水平,但是对于这个目标是否能实现,人们没有达成共识。价格上涨意味着补助水平每年都应该提高("增加定额"),否则它的实际价值就会降低。有证据证明,无论是最初设定的补贴水平,还是根据40年代的价格进行向上调整后的水平,两个标准都不合适。近些年来,有些补贴冻结不变,另外一些则与物价上涨而不是工资上涨(如果它更高的话)挂钩。这意味着领取补贴的人相对于有工作的人会越来越贫穷。除此之外,80年代初以来,有更多的津贴——例如国家养老金、求职者津贴和丧失工作能力津贴(Incapacity Benefit)被纳入收入所得税的计税范围,这种做法影响了这些福利的慷慨度。对可能得到的补贴金额引入"上限",也限制了那些有很大需求的家庭领取津贴的权利(请见第53章)。

现金和实物形式的福利

在大多数情况下,社会保障的目标是通过支付现金津贴实现的。但是,并不是所有的情况都是如此。补贴也可以"实物"的形式供给:或者是提供服务,或者是给予领取人购买特定商品的代金券。在美国,为贫困家庭提供帮助的一个重要途径就是食品券(Food Stamps)计划(请见第66章)。这种代金券只能用于换取食品。在英国,获得收入补助和其他一些福利的同时,也享有免费得到某些服务的权利,例如免费看牙医、做眼科检查和得到法律援助("通行福利")。

英国的社会保障系统在两条路线上发展:全国社会保障系统一般提供现金福利,以满足对诸如食品、服装、支付账单的金钱之类的需求;与此同时,其他一些需求,特别是对社会照顾的需求,则是由地方社会服务部门以非现金服务的形式满足的。

新议题

过去二十五年里日益明显的是,责任从政府身上转移到个体身上,而不再强调国家供给。这个趋势看起来还将继续,而且惩罚津贴申领人的事件数量也呈增加趋势。2010年到2015年在任的联合政府采取大胆的措施,创立了单一津贴(通用福利),从而努力简化那些给予处于劳动年龄的人的补助,将许多现有的福利合并,而且用一个工作计划项目代替了以前各种各样的"从福利到工作"计划。2015年当选的保守党政府继续执行这些政策。

英国的社会保障系统依旧采取国家支持最小化的新自由主义路线,它偏向于通过劳动力市场和个人储蓄实现收入维持。但是,这种路径似乎注定无法在2020年实现《2010年儿童贫困法案》所设定的消除儿童贫困的目标,而且在2015年的审议中,人们开始考虑用其他措施代替这条路径(请见有关儿童和儿童贫困的第58章)。

2015年夏季预算的一个关键变化是,从2017年开始执行的新规定将申请基于经济状况调查的福利(和通用福利)的条件限定在两个孩子之内†。这展现了一条新颖且备受争议的限制社会保障福利的道路。

可深入阅读的参考文献

J. 米勒编的《理解社会保障(第二版)》(J. Millar, ed., 2009, *Understanding Social Security*, 2nd edn, Bristol: Policy Press)是了解社会保障体系的最佳起点,这本文集涵盖了社会保障的主要受益群体和基本议题。它主要关注英国,而且它对主要问题提供了易于读者理解的介绍。R. 沃克的《社会保障和福利:概念与比较》(R. Walker, 2005, *Social Security and Welfare: Concepts and Comparisons*, Maidenhead: Open University Press)面向的是对关键议题已有基本了解的读者。这本书通过跨国比较而聚焦于社会保障系统的目标和效果。另外一本有帮助的导论性教科书(很遗憾已经绝版了,但是许多图书馆有收藏)是 S. 麦凯和 K. 罗林森的《英国的社会保障》(S. McKay and K. Rowlingson, 1999, *Social Security in Britain*, London: Macmillan)。约翰·希尔斯的《好时光和坏时光:他们和我们的福利神话》(J. Hills, 2014, *Good Times, Bad Times: The Welfare Myth of Them and Us*, Bristol: Policy Press)观察了各种类型补贴的领取者。N. 蒂明斯的《五大恶:福利国家史》(N. Timmins, 2001, *The Five Giants: A Biography of the Welfare State*, London: HarperCollins)提供了更多有关历史发展的情况。

想要了解最新情况的人应该阅读《贫困和社会公正期刊》(*Journal of Poverty & Social Justice*),具体细节请查询 www.policypress.org.uk。英国财政研究所(www.ifs.org.uk)从经济学的角度研究社会保障制度改革,并及时发表相关评论。

复习和课外作业习题

1. 社会保障的覆盖范围是什么?
2. 用基于经济状况调查的福利来减贫的益处和弊端各是什么?
3. 为人们提供代金券(例如美国的食品券)好,还是现金好?

---

† 即家庭中第三个孩子不再享受儿童税收抵免。——译者注

4. 是各种形式的补贴更合理,还是"通用福利"更受欢迎?
5. 经济和社会环境的变化是否使得贝弗里奇对福利系统的设计过时了?

请浏览本书的辅助网站 www.wiley.com/go/alcocksocialpolicy,使用为配合本书的阅读而设计的资料链接。在那里你将会发现有专门针对每一章的深入阅读资料链接,其中包括政府、国际组织、智库、压力集团和重要的新闻机构的网站。你还会找到以《布莱克维尔社会政策辞典》为蓝本的词汇表、帮助页、有关如何管理社会政策领域中主要委派形式的指导和职业建议。

第48章
就 业

亚当·惠特沃思和埃莉诺·卡特

> **概 览**

- 英国的劳动力市场和社会在战后年代都发生了剧烈的改变,有偿劳动成为履行公民义务的关键路径,也是保证获得资源和避免贫困的核心政策工具。
- 从社会政策的视角来看,英国就业局面的关键问题是长期存在的(特别是残疾人的)结构性失业、普遍出现的在职贫困、就业不稳定和不充分就业等现象。
- 迅速减少劳动力市场的不平等和消除近于中期的"溃疡"希望不大,相反,这些趋势更可能继续蔓延。
- 从20世纪90年代以来,失业人员在获取失业救济时要满足更为苛刻的条件。与工作有关的责任变得越来越重要,而且延伸到传统上的"闲置"人群,例如单身父母和残疾人。
- 通用福利通过增加对从事低收入工作者的监管和制约,从而第一次大幅度强化了已有的使用条件限制的趋势,这既对那些从事低收入工作的人产生了显著影响,也更广泛地作用于关于"值得帮助的"穷人与"不值得帮助的"穷人的叙事。

英国就业环境的特性不断变化:新机会、新风险

　　大约六十年前,T. H. 马歇尔的著作勾勒了一个公民身份的模型,在那里,国民集中拥有各种各样的有关福利的公民、政治和社会权利,从而确保他们能够享受得体、被社会接受的生活,即具有"同样的社会价值",而且"过上根据社会普遍通行的标准来看是文明人的生活"。公民对于这些权利"应该"做出的回报就是就业的义务,这也是布莱尔主义(Blairite)的第三条道路在半个世纪后所勾勒的框架。更确切地说,在20世纪中期的英国背景下,马歇尔的讨论聚焦于核心家庭结构,那时,男人的责任是从事一份全职工作,而女

就业

第 48 章

人则应该承担家中照料者的角色。

在快速向前的 60 年代,无论是经济还是社会都变得面目全非了:有关性别角色和家庭结构的期待和现实都发生了根本性动摇,更多的女性拥有了有偿工作(请见第 57 章)。与此同时,由于结构性失业(劳动力供需方面长期存在结构性不匹配)成为常态,被马歇尔视为毋庸置疑的经济背景的充分就业,已经淡化为遥不可及的梦想了:与战后在英国出现的女性就业率不断提高的情况相反,在 2013 年,劳动年龄的男性就业率为 76%,而在 1971 年,这个比率是 92%。随着公民身份"契约"——公民应该承担的义务和所享受的权利之间微妙而不断变化的平衡——的改变,有偿劳动实际上对于所有的成年人来说都变成了**一项核心义务**。从"男性养家糊口"模式到"成年劳动者"模式的转变,也促使政策制定者不断增强对条件设置和惩罚措施的管理(获得社会保障津贴越来越以表现出工作意愿为前提条件了)。认为从事有偿劳动是公民身份的一项**权利**的想法已经慢慢消失。而且,有偿就业仍然是大量社会保障福利所要求的申领前提条件,例如失业保险、疾病保险和生育保险(请见第 47 章)。

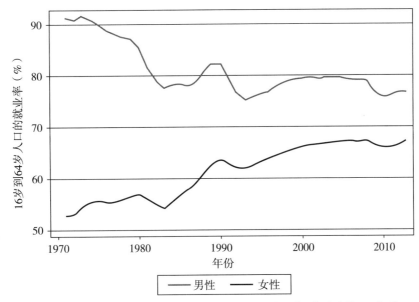

图 48.1　1971 年到 2003 年,英国男性和女性的就业率(就业率是 16 岁到 64 岁人口中就业者所占的比例)

数据来源:英国国家统计局(ONS)。

有关英国劳动力市场的最新数据,展现了自 20 世纪 80 年代以来的**两极分化**和出现**不稳定无产者**的趋势(请见工具箱 48.1),它们反映出英国劳动力市场的形态和经验发生了根本性的改变。雇用关系的制度和管理也发生了根本变化。工会在过去二十五年里日渐式微(参加工会的雇员比例从 1980 年的 55% 垂直下落到 2007 年的 30% 以下),也重新规划着雇主与雇员之间的动态关系,今天的雇主采用一系列多样化且非常灵活随意的劳动合同。

这些趋势让人更加关注社会政策,并且创造了探讨社会政策和进行政策干预的新领域。尽管极少数幸运儿仍然享受着有保障、有乐趣且待遇优厚的工作(英国收入最高的10%的劳动者所得到的收入相当于收入最低的50%的劳动者的收入总和),但是劳动力市场所面临的重大挑战也是无所不在的:对一些人来说,失业是个难题;对另一些人来说,岌岌可危、缺乏稳定性的就业令人担忧;对有的人来说,虽然可以得到报酬,但是劳动时间或环境方面问题重重;与此同时,实际上对于所有人来说,高强度的劳动已然成为常态了。

工具箱 48.1　英国劳动力市场的核心趋势

两极分化是随着这种状况产生的,即从事高技能和低技能工作的人数增加,与此同时,从事中等技能工作的人所占比例下降。

古斯和曼宁(Goos and Manning, 2003)描绘了英国就业领域里出现的"可爱的"和"可恶的"工作的两极分化。从20世纪80年代以来,"可恶的"工作(通常是服务领域的低收入职位)增多了,与此同时,"可爱的"工作(主要是金融和商业领域的专业性和管理性职位)也大大增加。同一时期,需要中等技能且收入中等的工作相应减少了。

危险且**不确定的工作**是指收入低、没有保障、不稳定的就业。它通常与非全日制和灵活就业、临时或固定期限的工作联系在一起,这些就业方式都偏离了"标准"的劳动关系(全日制、付薪水、长期且连续受雇于一个雇主的工作)。

为了更准确地捕捉这个日益显著的趋势,盖伊·斯坦丁(Standing, 2011)使用了"不稳定无产者"(precariat)这个概念,即将"不确定"(precarious)这个形容词和"无产阶级"(proletariat)这个名词组合起来,以描述这样的现象,即越来越多的人从事着缺乏稳定性的工作,在一系列短期、不牢靠、没有长期劳动合同、没有稳固的职业身份或职业生涯的工作中时进时出。

就业作为实现社会政策目标的途径:手段与目的是否匹配?

有偿工作往往与较好的身心健康联系在一起,而失业者所体验到的不幸福感,不仅是因为失去收入,而且是由于失去社交网络、目标感、控制感和身份定位,以上这些都是通过就业获得的。在某些社会群体中,失业水平一直居高不下,在英国这种现象主要出现在青年和残疾人群体中。年轻的成年人(17岁到24岁)的失业率是其他工作人群的3倍,而且对于这个群体来说,失业会带来令人惊恐的后果,因为它会降低未来受雇的可能性和收入水平。尽管最近几十年里,残疾人群体的就业率有所改善,但是这个群体的就业率仍然比非残疾人群的低30个百分点(46%相较于76%),有超过200万的成年残疾人申请领取失业救济,这个数字在过去二十年左右的时间里一直没有什么变化(请见第59章和第61章)。

与此同时,众所周知,从有偿工作中得到的幸福感,因就业的特征和性质的不同而有很大差异,而且就业是出于自愿选择还是为失业者设计的就业行动计划强制安排的结果,也会带来不同。如果有偿劳动的所有好处都能够实现,那么事实上为那些在劳动力市场上处在较弱势地位的人所展开的社会政策干预,就应该集中在三个关键的就业维度上。

第一个且最显而易见的维度是工资。随着有偿工作被定义为公民义务中的"合理合法"行为,它走到了舞台的中央,正是因为如此,在英国的各个政治派别中,就业都成了扶贫的核心手段。然而,以就业为中心的扶贫战略,如今在英国劳动力市场的背景下,显得越来越困难重重,所面临的问题似乎也日益增多。马歇尔在20世纪中期将履行义务和有足够的资源进行"正常的"社会消费和社会活动联系在一起,与之相反,这样的关系经过几十年的时间已经走向破裂。说到大量"被挤压的中产阶级",以及顺着就业阶梯向下、长久以来一直无法摆脱生活贫困的人,我们可以看看这组数据:今天在英国,每六个工作的成年人中就有一个是穷人,而贫困的劳动者中有一半每周要从事40个小时或者更长时间的有偿劳动,尽管英国已经采用了全国最低工资(National Minimum Wage,NMW)(请见工具箱48.2)。

工具箱 48.2　全国最低工资:一项促进"工有其酬"的政策?

全国最低工资,以法律的形式规定英国几乎所有劳动者在每小时的劳动中应该得到的最低收入。大约每十个劳动者中有一个获得最低工资,2015年成年劳动者(年满20岁)的最低工资为每小时6.7英镑。全国最低工资是在1999年由工党政府引入的,这项政策的目标是"工有其酬",并且缩小工资不平等的差距。

重要的是,全国最低工资尽管在2015年7月的预算中被更名为"全国最低生活工资"(National Living Wage),但是在活动家和学者看来,它与"生活工资"仍然完全不是一回事,因为从细节来看,最低生活工资要保障不同类型的家户能够实现可接受的最低生活水平。

第二个维度是**不充分就业**,也就是一种个体被认为没有达到最佳标准的就业状况,它反映了人力资源的错误分配和未能有效利用。最经常被讨论的不充分就业,是无法保障劳动者按照他们所希望的时长工作,但是也可以理解为劳动者无法在工作中有效地运用他们的技能并且所得的劳动报酬过低,或者是无法令人满意地促进、挑战或者开发他们的职业生涯。

以人们无法按所希望的时长工作和存在匹配问题为基础来衡量,今天在英国大约有300万劳动者可以算作不充分就业者,估计2008年到2012年增加了100万人。仅仅是因为无法找到合适的全日制工作,而不得已从事非全日制工作的劳动者的比例,在同一时期内翻了一番——从10%上升到20%;找不到永久性工作而接受临时工作的人所占的比例,从2008年的43%上升到2011年几乎称得上峰值的60%。而且,尽管大学学费提高了,但是越来越多年轻的大学毕业生可能只能找到没有上过大学的人就能从事的工作。

第三个令人担心的维度是**就业的不稳定性和不稳定无产者**。低收入和与之相关的不稳定的工作越来越成为英国经济的一个特征。将穷人分为"值得帮助的"和"不值得帮助的"的二分法在英国的社会政策中由来已久，而近年来英国政府的所有政治游说，都致力于叙述"失业者由于其自身行为的局限性而失去工作，成为'不值得帮助的乞讨者'"这样的话语。不断有证据反驳这类观点，即认为失业者中存在着离经叛道的道德观或不工作的文化，但是上述叙事仍然试图在那些有工作的人（"值得帮助的人"）和没有工作的人（"不值得帮助的人"）之间划出清晰的界线。然而，从政策的角度来看，这种尽力构建二元结构的做法，于事无补地体现了劳动力市场中存在的引人注目的不稳定无产者的问题。事实上，这两个群体之间的界限随时都会改变，是动态的，尤其是在劳动力市场上处于低端位置的人，更是随着时间的推移不断进入或离开职场（而且常常还会再回来）。在新申请求职者津贴的人中，大约有70%是之前因为找到工作而不再领取这项补贴，而之后由于失业又重新申请领取的。对于这个人群中的大部分人来说，就业与失业没有太大的差别，在收入更低、工作更没有保障的劳动者中则尤其如此。

在英国，低质量的工作继续飞速变化：它已经扩展到相当大的规模，出现在各个职业领域中，并且经由合同随意化变得越来越强有力了。零工时工作合同（zero hours contracts）[†]就是各种各样弹性劳动合同的一个例证，随着雇主想方设法为自己创造最大的灵活性，向雇员做出最少的承诺，这种雇用方式已经常规化了。在2008年到2014年，英国的总就业人口增加了90万，而其中有大约40万人是以零工时工作合同的方式受雇的。诸如此类的超级弹性化的劳动合同极其迅速地遍及英国各地，因此很容易理解为什么这个问题立即攀升到政治议程中最重要的位置。

就业和社会政策：在重大的经济数据中加入伦理思考

尽管有关国内生产总值和工作岗位增长的总体经济统计数据非常重要，但是即便是对此最热衷的新自由主义者，也认为仅凭它们不足以衡量一个社会的发展状况。斯图尔特·怀特（Stuart White）引入的"公平互惠"评估框架，提出了有关当代公民身份契约的伦理可接受性的重要问题，在当代公民身份契约中，有偿劳动被当作核心职责，也是通往公民身份的唯一道路。当聚焦于公民与国家之间的契约化关系的"互惠性"的时候，这种双面动力就成为评估国家与公民各自的权利与义务平衡的核心了。而由此在工作政策与福利政策之间的关系结构中，就产生了一系列问题：

1. 如何定义"生产性"贡献？

各种各样广泛的"生产活动"是否应该被看作履行公民义务的法定任务？公民是否应该拥有一定的定义那些活动属性的权利？例如，无偿照料或志愿活动，是否应该"算作"对某人公民义务的履行呢？

[†] 零工时工作合同是雇主要求雇员根据需要随叫随到，工作内容、时间、工作量都不固定，雇员按工作时数领取报酬，雇主与雇员之间的劳动协议没有任何保障，雇员也没有相应的职业福利。——译者注

2. 是否可以得到足够的资源作为回报？

个体在履行了他们的公民义务之后，作为回报，是否能够得到相应的社会和经济产品呢？那些从事低收入工作的人经过自己的努力，是否可以摆脱贫困？我们要求失业者开始工作，是否足以让他们摆脱贫困呢？

3. 是否所有人都要履行义务？

是否**所有的**公民都需要履行他们的公民义务？那些"无所事事的富人"依靠资产或遗产带来的收入生活，在伦理上是否可以接受？

这些问题中，哪些在什么程度上被关注，哪些被拒之门外，当然取决于不同版本的社会政策及其背后的意识形态、目的及对象。但是显而易见的是，英国离满足诸如此类的伦理条件还有很长的路要走。

政策可能性：就业作为社会政策？

社会政策不仅关注重要的就业统计数据，而且更深入地考虑个人、家庭和社区的幸福，而从它的角度来看，工作与幸福之间关系的多层面以及似乎日益严重的破裂，体现了当代英国就业环境中的一个关键难题。

最近几十年里，人们一直秉持的经济和政治方面的正统观念，是将**总体上的**宏观经济健康发展看作是最重要的，因而经济增长和创造就业岗位被普遍作为优先追求的目标。而在另外一种框架下，社会政策的成效（例如扶贫、给予福利、满足需求）而不是经济目标居于第一位，那么，在这种情况下，经济政策是否应该相应地服务于这些社会政策目标，并且基于上述理由使强力的劳动力市场干预合法化呢？如果答案是肯定的，那么诸如设立最低生活工资和规范合同（例如，阻止或者管理零工时工作合同）的政策，就成为社会政策工具包中合法的组成部分了；否则就不会如此。20世纪90年代后期，当时的工党政府在托尼·布莱尔的领导下进行了一些重大改革，以寻求改善人们在有偿工作中的体验，增加从那里得到的回报：该届政府设立了全国最低工资和全国儿童保育战略（National Childcare Strategy）；致力于消除儿童贫困；扩大在职者的税收抵免（并且与儿童保育津贴结合起来），从而改善低收入工作的报酬。与此同时，所有这些先进的改革只被人们看作是对市场产出的调节和缓和，而没有从根本上改变就业和劳动力市场。

如果我们对英国目前和未来可能的政策轨迹进行深入考察，我们几乎看不到任何根本性改革的迹象。实际上，如果存在任何趋势，那就是两极分化和出现不稳定无产者的现象将继续。英国软弱无力的就业立法、虚弱的工会、低经济价值和条件严苛的失业补助，以及大量低收入工作机会，仍然会被许多人看作是开发和经营一个高度灵活的劳动力市场的正面典范。经过十五年时间，工党（受限于自身）改革背后的动力已经逐渐流逝、减弱和消失了。作为联合政府紧缩政策的一个组成部分，为低工资家庭提供的儿童保育津贴被削减了，而由于跟不上通货膨胀的步伐，全国最低工资的价值自2008年以来不断下降。保守党政府在2015年7月的预算中，宣布了新的"全国最低生活工资"，但是这个强调改善就业条件的新举措，实际上是在转移人们的注意力，因为新宣布的"全国最低生活工资"

并没有与真正过上可接受的生活需要多少资源的经验估值联系起来,与此同时,保守党政府还宣布要大幅度削减免税额度,而减免的税额对于许多家庭来说远比引入"全国最低生活工资"所带来的收益要多。不稳定的工作和可能会广泛普及的零工时工作合同等问题,似乎在中期内也不可能得到解决,因为保守党部长们正不断地将这类合同形式描述为对雇员来说是有益的、充满弹性的工作安排。

新议题

观察英国联合政府(2010—2015年)所采取的政策,将失业福利和在职福利以及税收抵免进行重大整合的通用福利,可能就会看到未来将走向何方的最清晰的信号(也请见第47章)。通用福利政策在保守党政府的领导下继续缓慢推进,而且2015年大选结果似乎没有给它带来任何影响。各个党派一致支持将劳动年龄福利简化和合理化,这意味着批评被局限在技术和方法层面了,因而几乎没有什么批判涉及通用福利可能带来的非常剧烈的变化。积极寻找工作是领取失业津贴的一个前提条件,而自世纪之交以来,这个条件无论在广度还是深度上都逐渐扩张,涉及越来越多的失业个体(例如残疾人和单身父母),对他们提出了更多的要求(从必须参加以工作为核心的谈话到必须找工作,再到必须从事所分配的无偿工作,步步升级);而且通过越来越严厉的惩罚制度,迫使人们达到上述要求。

尽管这些"不知不觉增多的条件"发展到了一个新的层次,但是通用福利政策第一次将那些对失业者提出的要求扩大到**有工作的人群**中,领取通用福利的工作家庭中的个体被要求工作更长时间和/或获得更多收入,这些家庭一直无法达到设定的收入标准(是以全国最低工资标准下的全日制工作为基础的)。在马歇尔的世界里,体面的工作是公民义务得以履行的标志,而今天,即便是低收入、导致贫困的工作都再也不够,更不要说得体的工作了。对于那些在低收入、缺乏稳定性的工作中挣扎的人来说,通用福利的新世界所传递的信息非常明确:这项政策并不是试图从根本上改善工作前景、薪酬或劳动环境,它将矛头指向劳动者和失业者,他们才是应该为改善负责的人。社会政策分析令人沮丧的一点(但也是社会政策永远充满魅力的一点)是,政策讨论是建立在意识形态、信仰、直觉和事实的基础之上的。那么,需要回答的问题就是:究竟是从事低收入、不稳定工作的人,还是英国的劳动力市场,或是英国长期存在的依靠供给侧路径的从福利到工作政策在逃避责任?

可深入阅读的参考文献

T. H. 马歇尔和T. 博托莫尔的《公民身份和社会阶级》(T. H. Marshall and T. Bottomore, 1992, *Citizenship and Social Class*, London: Pluto Press)探讨了公民身份的问题。有关公平互惠请见S. 怀特和G. 库克的《承担责任:公平的福利契约》(S. White and G. Cooke, 2007, 'Taking responsibility: a fair welfare contract', in J. Bennett and G. Cooke, eds, *It's All About You*: *Citizen-centred Welfare*, London: IPPR)。

有关工作与幸福的讨论请见 G. 沃德尔和 A. 伯顿的《工作对你的健康和幸福有益吗?》(G. Waddell and A. Burton, 2006, *Is Work Good for Your Health and Well-being*?, London: Stationery Office),以及 P. 多兰、T. 皮斯古德和 M. 怀特的《我们真的知道什么令我们幸福吗？重新审视经济文献中与主观幸福感有关的要素》(P. Dolan, T. Peasgood and M. White, 2008, 'Do we really know what makes us happy? A review of the economic literature on the factors associated with subjective wellbeing', *Journal of Economic Psychology*, 29, 94–122)。

有关 2008 年经济危机和之后的经济衰退对就业的影响,请见 S. 麦凯和 R. 史密斯的《经济衰退之前和之后的劳动力市场》(S. McKay and R. Smith, 2014, 'The labour market before and after the recession', in *In Defence of Welfare* II, Social Policy Association)。

关于失业的叙述请见 J. 威根的《讲述 21 世纪的福利故事:英国联合政府与关于无业和依赖的新自由主义话语》(J. Wiggan, 2012, 'Telling stories of 21st century welfare: the UK Coalition government and the neo-liberal discourse of worklessness and dependency', *Critical Social Policy*, 32: 3, 383–405);和 T. 斯莱特的《"破碎英国"的迷思:福利改革和无知的产物》(T. Slater, 2012, 'The myth of "Broken Britain": welfare reform and the production of ignorance', *Antipode*, 46: 4, 948–969)。

有关"不知不觉增多的条件"的讨论,请见彼得·德怀尔的《英国不知不觉增多的条件:从福利权利到有条件的授权?》(P. Dwyer, 2004, 'Creeping conditionality in the UK: from welfare rights to conditional entitlements?', *Canadian Journal of Sociology*, 29: 2, 265–287),以及亚当·惠特沃思和 J. 格里格斯的《单身父母和从福利到工作的限制条件:必要,公正,有效?》(A. Whitworth and J. Griggs, 2013, 'Lone parents and welfare-to-work conditionality: necessary, just, effective?', *Ethics and Social Welfare*, 7: 2, 124–140)。关于通用福利的讨论请特别参考 H. 迪安的《英国所倡导的通用福利的道德缺陷:导致不稳定无产者出现?》(H. Dean, 2012, 'The ethical deficit of the United Kingdom's proposed universal credit: pimping the precariat?', *Political Quarterly*, 83: 2, 353–359)。

关于劳动力市场两极分化的讨论,请见 M. 古斯和 A. 曼宁的《可恶和可爱的工作:英国工作中越来越显著的阶级分化》(M. Goos and A. Manning, 2003, *Lousy and Lovely Jobs*: *The Rising Polarization of Work in Britain*, 可以通过 eprints.lse.ac.uk/20002/1/Lousy_and_Lovely_Jobs_the_Rising_Polarization_of_Work_in_Britain.pdf 获得)。

关于不稳定的工作和不稳定无产者的讨论,请见盖伊·斯坦丁的《不稳定无产者:新危险阶级》(Guy Standing, 2011, *The Precariat*: *The New Dangerous Class*, London: Bloomsbury)。

复习和课外作业习题

1. 在二战后年代,英国的就业特征发生了哪些最大的变化,为什么会有这些改变?
2. 围绕着"公平互惠"的前提条件,我们是否应该向失业者提出新的寻找工作的要求?

3. 在英国能够采取什么样的政策干预以从根本上改善就业状况?
4. 人们从事全日制工作却依旧贫穷的现象是可以接受的吗?
5. 英国的就业领域面临着哪些关键挑战?哪些政策干预能够回应这些挑战?

请浏览本书的辅助网站 www.wiley.com/go/alcocksocialpolicy,使用为配合本书的阅读而设计的资料链接。在那里你将会发现有专门针对每一章的深入阅读资料链接,其中包括政府、国际组织、智库、压力集团和重要的新闻机构的网站。你还会找到以《布莱克维尔社会政策辞典》为蓝本的词汇表、帮助页、有关如何管理社会政策领域中主要委派形式的指导和职业建议。

第 49 章
医疗服务

罗布·巴戈特

>> 概　览

> 医疗问题在大多数工业国家中都非常重要,医疗花去了大量纳税人的收入,而且引起了媒体的巨大关注。
> 医疗行业在医疗服务系统中一直具有巨大的影响力,尽管患者、使用者和照料者的想法也越来越多地得到承认。
> 主要有三种为医疗服务提供资金的模式:以税收为基础、国家保险和私人支出。英国主要采取的是以税收为基础的模式。近年来,大量金钱被投入到国家医疗服务体系中,但是在提供资金方面一直存在着经济难题和不平等。
> 随着私人部门和志愿部门被鼓励进入国家医疗服务"市场",在医疗服务供给方面的竞争不断增强。
> 政府再次努力促成国家医疗服务体系、地方政府、志愿团体和私人部门之间的合作关系。

健康和医疗服务的重要性

在现代社会,国家为国民的身心健康承担了大量责任。这反映在大多数工业国家都在医疗服务上有高额的财政支出。国家也想方设法保护和改善国民的健康状况,并且预防疾病的发生(请见第 50 章)。医疗服务不同于其他大多数商品和服务,在这个领域,需求往往是由供应创造出来的。因此,技术方面的重大突破——例如一种治疗乳腺癌的新药物的问世——会在那些认为这些新发明能够救他们命的人身上激发需求,哪怕最后的结果是希望落空。与此同时,人们还缺乏购买合适的医疗服务的专业技术知识。另外,建立在私人购买力基础上的医疗服务市场往往将真正需要治疗的人排除在外。较贫困的人、残疾人、儿童和老人有着最大的医疗需求,但他们也是最无力承担私人保险或直接支付护理服务的人群。

在大多数工业国家,人们都认为医疗服务是社会团结和公民身份的推动器,并且应该将它看作一项基本人权,而不是一种商品。尽管人们能够容忍经济和社会层面的不平等,但是人们一致认为,所有的人都应该得到良好的医疗服务,人们的健康状况不应该由他们的社会—经济地位或他们生活在哪里来决定。

截至撰写这篇文章的时点,英国国家医疗服务体系每年的预算已经超过 1 300 万英镑,这个领域的从业人员为 160 万人。英国的国家医疗服务体系是全球第五大雇主(其他的大雇主包括沃尔玛、麦当劳和印度铁路等)。医疗保障议题经常引起媒体的关注,也是为某个单独议题展开游说的压力群体讨论的主题。同时,该政策领域被强有力的利益集团所占据,例如专业医务人员和医疗健康行业(例如制药企业),它们非常擅长影响政治议程。另外,健康议题也是选民的关注重点,同时是各党派政治讨论的重要焦点。

什么是医疗服务?

医疗服务通常分为初级、次级和三级服务。初级医疗通常是与健康服务领域接触的第一点,包括全科医生和临床、门诊及社区机构的其他专业人士所提供的医疗服务。次级医疗是指由医院提供的一系列重要且专业的服务。被称为"三级服务"的高度专业的服务处理非常复杂且高难度的情况。另外一个术语——"社区医疗服务"——用来指代在人们家中、当地门诊和社区里提供的各种服务。它包括社区照护、卫生访视员、康复服务和管理慢性病症(例如糖尿病)的特殊服务。医疗服务越来越多地由社区机构提供,而且这种方式有望在未来得到进一步的发展。

医疗服务通常通过专业工作的界限进行界定。健康行业,尤其是医疗行业,往往影响力非常大,并且根据它们自身的经验和兴趣构造服务。由此而来的一个结果就是相应的服务以家长式的方式发展。但是,在这个领域里也存在着反向的削弱力量。数量相当大的照料是由非正式的照料者提供的,在英国大约存在 700 万这样的照料人员。人们也在进行自我帮助和自我治疗(例如购买非处方药),而且患有慢性病的人长期以来也在不断提高对自己疾病的自我管理能力。事实上,患有诸如哮喘、关节炎和糖尿病之类疾病的人,正渐渐被看作是"专家患者",他们与专业人士携手对自己的健康进行管理。有些病人分配到了个人预算,一开始是用于社会照顾,现在扩展到了医疗服务。更为普遍的情况是,在今天,人们越来越强调从患者、使用者及照料者的角度和偏好出发。历届政府都在建立地方机构,由它们代表和实现患者、照料者和更广泛的公众的主张。最近的相关措施就是英国联合政府(2010—2015 年)建立了地方性的健康照管机构(由国家机构"英格兰健康观察"负责管理)。尽管如此,专业人员无论在个人就诊过程中,还是在医疗服务系统中仍然保持着强大的影响力。他们可以通过多种方式发挥他们的影响,其中包括控制信息、塑造有关健康和医疗的价值观及想法,他们也会对健康政策的制定者直接施加影响。

为医疗服务提供资金

未来医疗服务所需要的资金,显然是由国民的基本健康状况决定的。因而,与生活方式相关的疾病的发病情况便成为关注的焦点(请见第 50 章)。不断增多的老年人口也将给医疗预算带来更大的压力。在 2010 年到 2035 年,年满 65 岁的人口所占比例将从不足 20% 上升到将近 25% 的水平。在同一时期,85 岁及以上的人口所占比例有望从 2% 升至 5%。但是,到目前为止还没有人知道,满足新增加的需求需要花多少钱。有可能未来的老年人会比前几代人更加健康、有活力,因而也许不需要之前那么多的医疗服务。尽管如此,由于有更多的人会更加长寿,因此可能需要增加额外的社会照顾和帮助。虽然在短期内可能出现费用增加的情况,但是从长期来看,新技术能够带来更高的成本效率。例如,内镜检查术和"微创手术",都使得当日手术当日出院的治疗方式被更广泛地采用,并且相比长期住院,当日手术也大大减少了费用。借助那些帮助人们处理日常任务和对人们的健康状况进行远程监控的技术,患有重病的人或残疾人能够独立地在家中生活,节省了大量金钱。

在 21 世纪第一个十年,布莱尔和布朗领导的工党政府(1997—2010 年)将更多的经费投入到国家医疗服务体系中。英国曾经是工业国家中在医疗服务系统中投入最少的国家之一,而现在的支出仅略低于类似国家的平均支出水平(近年来,国家医疗服务体系的支出,加上私人在医疗上的花费,大约占到国内生产总值的 9%)。英国联合政府开创了公共部门的紧缩时代,尽管如此,它仍然承诺,在国家医疗服务体系上增加的投入将超过通货膨胀的水平。不过,增长的幅度仍然非常小,无法匹配需求的增加。在撰写这篇文章的时候,国家医疗服务体系的财政状况比较糟糕,这个体系中的许多服务提供都陷入了经济困难。据预测,到 2021 年,在国家医疗服务体系的预算中会出现 300 亿英镑的缺口(NHS England, 2013)。

联合政府通过冻结薪资、有效节约和承诺额外投入资金而努力缩小需求与资源之间的差距。工党联合保守党及自由党就增加财政拨款作出承诺。但是,持续存在的资金短缺,迫使人们考虑其他的投资模式(请见工具箱 49.1),并且为国家医疗服务体系及护理服务寻求新的收入来源(请见 Commission on the Future of Health and Social Care, 2014)。

工具箱 49.1　为医疗服务提供资金的模式

存在着三种为医疗服务提供资金的主要模式:以税收为基础、国家保险和私人支出(包括私人保险)。在实际操作中,医疗服务系统从多个渠道获得资金。英国主要是通过第一种方式,不过有少数人——略微超过 10% 的人口——拥有私人健康保险。也存在着共同支付的模式,例如以处方费的形式。此外,许多人选择直接为医疗服务付款的方式(例如为替代疗法、非处方药品以及在某些情况下的医院治疗付费)。慈善渠道为医疗服务提供了额外的资金。

在国家医疗服务体系中，分配资金也是一个重要议题。一直以来的做法是以之前的分配额度为基础，剔除通货膨胀因素后，将预算分配给医疗服务管理部门。对于这种做法的主要批评是，它没有体现出国内各个地区对医疗服务的不同需求，因而需要设立一个新公式，它应该以公平地为健康服务提供资金为目的。一些地区对资金的分配方式进行了修正，从而使其与需求更紧密地联系在一起。尽管如此，在不同地区、在不同的社会—经济群体中，人们所得到的待遇仍然存在着可观的不平等。值得一提的是，根据《2012年健康和社会照顾法案》，国家卫生大臣和国家医疗服务体系中的管理机构，将负责减少医疗服务中的不平等。

需求无法得到满足也是一个持续存在的问题。有关人们无法得到药品和其他治疗（通常是新推出且昂贵的治疗）的案例频繁在媒体上曝光。不过，诸如此类的事例并非英国独有，或者说，也不是以税收为基础的医疗服务系统所特有的问题。所有医疗服务系统在面临预算压力的背景下，都不得不区分轻重缓急，对治疗进行限定。

组织、规划和运行

正如工具箱49.2所指出的那样，英国各个地区在如何组织和管理医疗服务方面各有不同。本章接下来的部分主要聚焦于英格兰的情况，这个地区的医疗服务会定期进行改组（Baggott, 2005, 2015）。目前的格局是在联合政府颁布了《2012年健康和社会照顾法案》之后形成的，接下来我们将对它进行阐述。

工具箱 49.2　　在苏格兰、威尔士和北爱尔兰的国家医疗服务体系

多年来，在苏格兰、威尔士和北爱尔兰的国家医疗服务体系的组织方式各有不同。例如，北爱尔兰在20世纪70年代成立了一体化的医疗服务和社会照顾管理机构。权力下放促进了进一步的多元化。比如，除了英格兰之外，英国的其他地区都取消了处方费。苏格兰和威尔士撤销了国家医疗服务体系的地方信托基金，而将所有的医疗服务统一交给卫生局管理。苏格兰为老年人提供免费的长期个人护理服务。英国各个地区在如何组织和管理医疗服务上，存在着显著且重大的差异，并且采用不同的业绩管理措施。除了英格兰，在其他地方，对发展私营医疗服务以及增强国家医疗服务领域的竞争性的支持也相当少。

国家卫生大臣是卫生部（Department of Health）的政治首脑，他就医疗卫生政策和英格兰的国家医疗服务体系（以及英国全国的卫生事务）向国会负责。国家卫生大臣在改善综合性医疗服务以提高人们的身体和心理健康水平，以及预防、诊断和治疗疾病方面负有全面责任，此外，他还负有一些特殊职责（例如上文提到的减少不平等的责任）。国家卫生大臣负责发布任务规定，确定国家医疗服务体系的主要优先事项，以及（在得到财政部批准的情况下)安排总体预算。任务规定由一个独立的机构(英格兰国家医疗服务体系,NHS England)执行,该机构负责监管医疗服务的运行状况,向地方运营机构即临床委托小组(Clinical Commissioning Groups, CCGs)分配资源,并且自己也直接提供一些服务(例如特殊治疗、一些公共卫生服务和初级保健服务等)。由全科医生和其他临床医生以及业外人士共同管理的临床委托小组,负责为当地居民提供次级住院治疗、急救和急诊、精神健康服务以及社区卫生服务。这些服务的资金是由各种国家医疗服务基金会和基础信托(Foundation Trusts)(下文将讨论)以及独立机构(私营的"营利性"企业和志愿组织)提供的。

近年来,政府鼓励由国家医疗服务体系投资独立机构以提供服务。托尼·布莱尔领导下的前任工党政府创办了新型的治疗中心,由独立机构代表国家医疗服务体系提供针对非急症的外科诊疗。而且该届政府也鼓励第三方机构竞争国家医疗服务体系中的其他医疗和护理服务。商业资本通过私人融资倡议大量投入资产项目中,其中包括建立医院、根据所签订的长期合同运营护理服务(在初级保健中也存在着其他类似的框架)。独立机构也签订提供初级保健服务的合同,这当中包含了"工作时间之外的"全科医生服务。允许患者自行选择接受治疗的地方——包括独立机构和国家医疗服务体系中的提供者,这一措施刺激了私营和志愿型卫生服务机构的发展。这些政策在英国联合政府手中得到进一步拓展。《2012年健康和社会照顾法案》为独立机构提供了更多的竞争国家医疗服务的机会。该法规明白无误地创造了一个国家医疗服务提供者的市场,监管机构(其中包括"监管者"即基础信托管理机构,请见下文)负责在这个市场中执行竞争规则。

近几十年来,英格兰的国家医疗服务体系越来越受到市场力量和竞争的影响。在撒切尔和梅杰政府的主导下,一个内部市场被引入国家医疗服务体系。在这个过程中涉及区分委托人(全科医生基金持有人和医疗服务管理部门)和提供者(受托基金机构)的身份,后者能够签订提供医疗服务的合同。而布莱尔政府取消了这个市场,却保留了服务委托人和服务提供者之间的区分。该届政府后来引入了按结果付费制度(Payment by Results, PbR),即根据诊疗工作量向服务提供者支付酬劳的系统。英国联合政府扩大了按结果付费制度的应用范围,并且通过临床委托小组,让全科医生在服务委托中扮演主要角色,从而进一步拓展了布莱尔政府的这个举措。

管理和规范

各届政府都想方设法加强对国家医疗服务体系的管理。在这个领域里采取的是更强有力的各级负责的线性管理方式,包括更为严苛的业绩目标(例如减少等待时间和降低医院感染率等),以及"自上而下"的绩效评估制度。英国联合政府开始尝试减少业绩目标,它取消了其中一些目标,并降低了另外一些的重要性。不过,后来它又重新恢复了一些目标(例如就诊等待时间的目标)。

国家医疗服务的提供者也经历了一些重大改革。2003年,布莱尔政府创建了基础信托。尽管基础信托仍然属于国家医疗服务体系,但是政府承诺它们在财务、组织和管理方面拥有更大的自主权。它们还有望吸纳当地居民和患者,并且对他们负有更大的责任。

然而,基础信托对地方所负的责任比预期的要少。几乎没有什么人真正参与到基础信托的决策中来,高级管理人员和临床医生仍然握有重要的权力。基础信托的自主性也受到限制,它们接受一个全国性机构(监管者)的监管,该机构为基础信托规定运行条款,如果无法做到,它就会出面干涉。基础信托也必须达到国家医疗服务标准,满足一些全国性协议的要求(例如有关工资和环境的要求)。英国联合政府试图将国家医疗服务体系中的所有基金都变成基础信托的形式。不过,截至撰写这篇文章的时候,很大比例的基金会还没有转为基础信托的形态,而且它们中的大部分永远都不可能变成那种形式。值得注意的是,英国联合政府也提高了允许基础信托从私人来源获得利润的比例(可达49%),这导致人们担心未来它们会依赖于私人收入。

尽管在言论上强调医疗服务的去中心化、给予国家医疗服务体系中的地方机构以更大的自主权,但是实际上却更加集中化了。工党政府设立了一系列新的全国性管理机构。这些机构的核心关注点是改善质量和安全性,例如照顾质量委员会负责监督、检查和规范医疗和照料服务,从而确保它们达到基本的质量和安全标准。另外一个重要的机构是国家卓越医疗与照顾研究所(National Institute for Health and Care Excellence)(人们将它称为"NICE"),它指导英格兰和威尔士的国家医疗服务体系如何低成本地介入公共卫生、医疗和社会照顾事务,如何为这些服务开发质量标准和绩效评价指标。

受一些备受瞩目的低质量服务案例的影响,英国联合政府一直关注如何提高医疗和护理服务的质量和安全性。尤其是针对斯塔福德郡中部国家医疗服务体系信托基金(Mid-Staffordshire NHS Trust)的弗朗西斯公开调查(Francis Public Inquiry),暴露了护理质量低劣和粗暴对待病人、缺乏关怀和同情心、领导和管理无方,以及过度关注经济事务而不是护理工作等问题。该项调查所提出的建议,旨在促使国家医疗服务体系将关怀和同情放在第一位,同时加强对质量和安全性的管理,建立一个更加开放和负责的组织。政府以大量措施作为回应,推出新法规迫使国家医疗服务组织公开临床失误、新出现的刑事犯罪行为和虐待行为(例如故意无视或者折磨患者),并且提出了新的、必须遵守的护理标准和更为严苛的对医疗及护理服务质量进行检查和监督的制度。

合作伙伴关系

有效的医疗服务在很大程度上依赖于其他服务,例如社会照顾和住房供给。但是,国家医疗服务体系和其他服务,以及与健康相关服务的提供者之间的关系往往并不融洽。这是由糟糕的协调系统,以及国家医疗服务体系与地方政府(还有其他机构,例如志愿和私人部门)在财务、管理和文化上的差异导致的。

许多努力——例如共同制订计划、签署财务协议等——都是为了解决这个问题。在这方面,工党政府的目标是加强国家医疗服务体系与地方政府合作的法律基础,包括要求国家医疗服务体系与地方议会共同制定共用预算。为数不多的地区试验了将卫生健康和社会照顾机构正式整合为护理信托的做法。其他努力包括组成合作机构、联手规划、建立由来自国家医疗服务体系和地方政府的员工共同组成的整合团队,以及更加紧密地与独立机构合作、共同制订计划、建立一体化绩效评估系统等。

总而言之，有关公共卫生、医疗和社会照顾领域的整合话题，近些年来不断地被媒体报道。英国联合政府推出了更佳护理基金，这是为各个地区提供的共用预算（请见第54章）。它还在地方层级上创建了新的联合委员会——健康与福祉委员会（Health and Well-being Boards），该委员会承担一系列职责，包括开展整合工作。运行的方向显示出在国家医疗服务体系与地方政府（地方政府现在还增加了负责公共卫生的新职责，请见第50章）间培育更为紧密的合作关系的努力，与此同时，还将有更多的权力下放给地方。

新议题

2015年，保守党在大选中赢得单独组建政府的多数席位，取代了英国联合政府。尽管新政府承诺直至2020年它的任期结束，都将增加全国医疗服务方面的支出（大约增加80亿英镑），但是人们担心它可能会转向更加以市场为导向的医疗服务体系，从而将有更多的私人供给者提供医疗服务。不过，目前国家医疗服务方面的政策仍然沿袭之前政府的政策。从这个角度来看，保守党政府加倍努力实现"每周7天、每天24小时"全天候获得国家医疗服务的目标，进一步采取各种措施提高效率、减少成本，并且宣布对管理和绩效评估体系进行一些微小改变。

与其他医疗服务系统一样，英国的国家医疗服务体系面临着一些重大挑战，不管是哪个党派执政，它们都将继续塑造政府议程。

首先，国家医疗服务体系仍然处于这样的压力之下，即在控制成本的同时，满足公民对医疗服务的需求。提高效率仍然是关注的重点。只为那些被证明有效的介入措施提供资金将变得越来越重要，而且要让那些能够获得最大收益的人得到治疗。

其次，应该更高效地对使用者、照料者以及广大公众的偏好和看法作出回应，这实际上认可了不应再以家长主义的方式供给医疗服务。事实上，公众通过负责地使用医疗服务、承担起照料自己身体健康的部分责任，以及提出有关服务质量和标准的相关问题，能够对高效率和高效能地提供服务做出重大贡献。但是，并不是所有人都拥有相同的实现自己的偏好、让别人知道自己观点的能力与资源，必须采取行动确保倡导人们参与服务提供的努力不会导致更大的不平等。

最后，当代医疗服务（和更广义的健康和照顾系统）包括大量各不相同的组织，其中有公共的和私营的。因此必须避免碎片化的可能。尤其是需要一个更加一体化的健康与照顾系统，并且更加强调预防的重要性。此外，特别重要的是，需要注意确保在商业组织参与服务提供的地方，不会出现对健康与照顾系统的基本伦理的破坏。

可深入阅读的参考文献

对战后卫生健康政策的全面概览请见R. 巴戈特的《英国的卫生健康和医疗服务》（R. Baggott, 2005, *Health and Health Care in Britain*, Basingstoke: Palgrave）。R. 巴戈特的《理解卫生健康政策》（R. Baggott, 2015, *Understanding Health Policy*, Bristol: Policy Press）分

析了国家医疗服务体系的政策和发展进程。弗朗西斯公开调查报告(The Francis Report,2013)——《中斯塔福德郡国家医疗服务体系信托基金公开调查报告》(*The Report of the Mid-Staffordshire NHS Foundation Trust Public Inquiry*, London: Stationery Office)强调了信托基金的重大失误和国家医疗服务体系中存在的各种问题,并且提出了一些重要建议。英格兰健康和社会照顾的未来委员会(也称巴克尔委员会)(2014)的《健康和社会照顾的新安排:最终报告》(*A New Settlement for Health and Social Care-Final Report*, London: King's Fund)探讨了未来向医疗和社会照顾系统提供资金的可能方式。英格兰国家医疗服务体系(2013)的《国家医疗服务体系属于人民:行动号召》(*The NHS Belongs to the People: A Call to Action*, London, NHS England)和英格兰国家医疗服务体系(2014)的《五年远期展望》(*Five Year Forward View*, London, NHS England)阐述了国家医疗服务体系所面临的关键挑战和未来的计划。

复习和课外作业习题

1. 为什么医疗服务是重要的政治议题?
2. 政府保障公民平等地获得医疗服务为什么是重要的?
3. 我们应该在医疗方面有更多的支出吗?如果是的话,那么额外的投入从哪里来?
4. 为什么在卫生健康和社会照顾领域,合作是重要的?
5. 由国家医疗服务体系资助的独立机构,在供应医疗服务方面扮演着越来越重要的角色,这将加强还是削弱国家医疗服务体系?

请浏览本书的辅助网站 www.wiley.com/go/alcocksocialpolicy,使用为配合本书的阅读而设计的资料链接。在那里你将会发现有专门针对每一章的深入阅读资料链接,其中包括政府、国际组织、智库、压力集团和重要的新闻机构的网站。你还会找到以《布莱克维尔社会政策辞典》为蓝本的词汇表、帮助页、有关如何管理社会政策领域中主要委派形式的指导和职业建议。

第 50 章
公共卫生

罗布·巴戈特

> **概　览**
>
> ➢ 公共卫生一直是一个重要议题,但是相比医疗服务,它却缺乏优先性。
> ➢ 今天,公共卫生的核心议题包括肥胖、吸烟、酒精滥用和健康不平等。
> ➢ 新工党设法提高公共卫生问题的优先性,并且减少健康不平等;虽然有些目标实现了,但是有些仍然没有完成。
> ➢ 联合政府对英格兰的公共卫生系统进行了改革,将责任移交给地方政府,建立了健康与福祉委员会,并且将健康与增进福祉战略结合起来。
> ➢ 批评意见认为,联合政府的政策和改革没有给予公共卫生系统足够的生产能力和资源,过度依赖企业责任,而且没有对导致不健康状态的社会—经济根源采取措施。

什么是公共卫生?

根据英国前首席医疗官唐纳德·艾奇逊(Donald Acheson)的观点,公共卫生是"通过社会有组织的努力,预防疾病、延长寿命以及改善健康状况的科学和艺术"(引自 Baggott,2011:4)。公共卫生包含三个领域的活动:**健康促进**(例如劝导人们戒烟)、**卫生防护**(例如防止肺结核之类疾病的传染)和**卫生服务**(在早期阶段诊断发现病灶,提供恰当且及时的治疗)。不过,公共卫生的实质,远不止是提供高质量的治疗,还包括在健康问题显现之前就组织集体行动展开预防,参与集体行动的有政府、志愿和私人部门、社区和公众自身。公共卫生的所有活动都"聚焦于上游",找到导致健康问题的原因,并且尽可能早地进行干预。它体现了众所周知的至理名言——"预防胜过治疗"。工具箱50.1列举了当今影响英国的重大公共卫生问题。

> **工具箱 50.1　今天的主要公共卫生问题**
>
> 今天,英国面对的主要公共卫生问题有:
>
> - **肥胖**:据估算,在英国有 7 万例过早死亡要归咎于饮食问题。68% 的成年男性和 57% 的成年女性体重超过正常标准,甚至过于肥胖。超过 25% 的儿童超重或肥胖。
> - **抽烟**:在英国,超过 10 万例过早死亡是与吸烟联系在一起的。仅在英格兰和威尔士,抽烟就导致了超过 50 万例的住院病例。
> - **酒精滥用**:在英国,饮酒是导致 15 岁到 49 岁年龄组人群过早死亡的主要风险因素,该项风险同样是可以预防的。仅在英格兰一地,就有 32.6 万住院病例主要是由滥用酒精造成的。在英格兰,有 900 万成年人的饮酒量达到了损害其身体健康的水平,有 160 万成年人有酒精依赖症。
> - **健康不平等**:健康不平等问题在英国各地都存在。例如生活在英格兰贫困地区的人预计将比富裕地区的居民少活 7 年。居住在较贫穷地区的人享有健康人生的时间也要少几年,他们比生活在富裕地区的人大概少了 17 年的健康人生。
>
> 值得注意的是,英国并不是唯一面对与生活方式和社会环境关联的健康问题的国家。例如,烟草每年在全球范围内导致 600 万例死亡。在某些领域英国有着相对良好的记录(比如,控烟),但是在另外一些领域有着更为糟糕的表现(例如,肥胖问题)。
>
> 资料来源:Marmot Review, 2010; Public Health England, 2014; Murray et al., 2013; 英国医学会(British Medical Association, BMA)吸烟情况统计(bma.org.uk)。

为什么公共卫生非常重要?

公共卫生干预非常重要,因为它应对的是造成不健康的原因。相应的干预行为能够帮助人们确保应有的健康状况,并且改善整个社会的健康水平。正如之前已经提到的,卫生服务对于公共健康非常重要。尽管综合性、全体公民可享用且大多数情况下免费的国家医疗服务体系的建立是公共卫生领域的重大进步,但该体系由于主要提供疾病治疗方面的服务而受到诟病。从 20 世纪 70 年代以来,慢性病和(与生活方式、环境和社会—经济因素联系在一起的)长期性疾病越来越被人们所关注,加上医疗服务费用的不断增加,导致政策制定者对疾病预防和健康促进投入了更多的关注。

正如我们将要阐述的,近年来政府将预防和健康促进放在优先位置上。但是,这个努力方向在实践中遇到一些因素的限制。第一,政府在制定有关公共卫生的政策时,担心因此而不得人心。尽管偶尔有些政府会大胆地采取行动,但是总体来看,它们更倾向于避免被贴上"保姆国家"的标签。第二,主张进行公共卫生干预的政治力量,相比那些从不健康行为中获得利益的政治势力来说,要弱势得多。今天,导致疾病(例如,肥胖、酒精和烟草相关疾病)的许多主要风险因素,都来自大型跨国集团的获利活动,而这些利益集团都是长袖善舞的政治操控者。第三,对医疗服务的偏好由来已久,该领域占去了健康预算中最大的份额。第四,协调公共卫生领域的各种问题,通常要比组织医疗服务复杂得多。这是因为公共卫生问题往往是多层面的,并且受到各种各样的因素的影响。因此,解决公共卫生领域的问题经常牵扯到一系列机构。但是,这些组织常常有着各不相同的价值观、优先顺序安排、结构和流程。这种状况阻碍了高水平的合作与协调,而这些是回应复杂的公共卫生问题所必不可少的(Baggott, 2013)。例如,工具箱 50.2 列举了制定地方减少有害使用酒精战略可能涉及的各种各样的组织。

工具箱 50.2　制定地方减少有害使用酒精战略可能涉及的组织

- 警察和刑事司法组织;
- 消防及救援服务;
- 急救服务;
- 临床委托小组;
- 国家医疗服务体系初级医疗服务;
- 国家医疗服务体系精神健康服务;
- 急诊部门;
- 酒精治疗服务;
- 大学、中小学和学院;
- 感化服务;
- 社会服务;
- 志愿组织;
- 酒类问题咨询服务;
- 地方售酒企业(例如,超市、售酒专营店、酒馆、俱乐部和酒吧,以及其他销售酒水的渠道,比如餐馆,还有所有地方酿酒公司);
- 住房服务;
- 公共卫生部门;
- 颁发执照的部门;
- 市长、类内阁机构和议员。

英国的公共卫生系统

苏格兰、威尔士和北爱尔兰有着自己独特的公共卫生管理结构(请见 Baggott, 2013)。在权力下放之后,它们在设定自己的公共卫生事务优先顺序方面享有更大的自主权。例如,苏格兰比英国其他地区更早引入禁烟规定,并且是英国第一个设定酒类产品最低价的地区(以抑制酒精的过度消费)。威尔士常常活跃在提出公共卫生方面新做法的前沿阵地,也是英国最早开发出自己的国民健康促进战略的地区。北爱尔兰也很重视公共卫生,在那里,一系列健康战略致力于应对导致不健康状况的社会—经济根源。不过,这章接下来的部分将只聚焦于英格兰近期的公共卫生政策。

前工党政府和公共卫生

1997年到2010年执政的工党政府声明,它打算把公共卫生事务放在最重要的位置上,并且将减少健康不平等现象。该届政府设立了一个新的负责公共卫生事务的部长职务,也成立了几个新机构,其中包括英国食品标准局(Food Standards Agency)和卫生防护局(Health Protection Agency),并且(分别在1999年和2004年)发布了两本公共卫生白皮书。此外,工党政府还就具体问题——例如吸烟、饮酒、肥胖、性健康和健康不平等等——发布了战略文件。更广泛的在各个机构之间建立合作关系以改善服务和成效(包括卫生成果)的努力也进一步巩固了上述举措。后来大量与公共卫生有关的倡议都来源于工党制定的战略和改革(请见Baggott,2011,2013)。

从各种类型的提案中大致可以归纳出这样几个主题。第一,是努力使其他政府机构的决策纳入卫生方面的考虑,特别是地方层级的政府,也包括区域层面或全国层面的政府机构。通过引入试验性的卫生行动区来推动地方联手,就卫生问题采取联合行动。稳健起步(Sure Start)项目为健康服务、地方政府和志愿部门之间的合作关系打下了基础。地方战略合作伙伴关系将国家医疗服务体系组织(和诸如志愿组织之类的其他对卫生健康感兴趣的机构)纳入,并且将包含卫生健康目标和指标的地区协议囊括其中。与此同时,地方政府也在卫生健康领域发挥全面的作用,包括新的监督力量,促进健康和福祉的力量,以及为提升社区健康水平的伙伴关系提供资金支持。值得指出的是,在2007年,地方政府和国家医疗服务体系中的初级医疗信托有了一项共同任务——对公民的卫生健康需求进行评估,即所谓的联合战略性需求评估(Joint Strategic Needs Assessment, JSNA)。

第二,预期国家医疗服务体系采取更具预防性的路径。为医疗服务(例如为心脏病患者和老年人提供的服务)设立标准和模式的全国性服务框架,强调了在护理和治疗过程中的预防措施。而对于国家医疗服务体系的地方计划,人们则期望它们与全国性框架相匹配,并且以改善健康状况、减少健康不平等为目标。公共卫生标准被引入绩效管理系统,包括降低由癌症、心脏病、吸烟、自杀和事故导致的死亡率,与此同时,减少健康不平等和导致不健康的风险因素(例如与吸烟、饮酒有关的住院治疗及肥胖)。尽管人们欢迎这些作为改革核心驱动力的目标,但是支持它们得以实现的额外资源却是有限和暂时的,这制约了国家医疗服务体系向预防转型的能力。除此之外,尽管人们发现了业绩不佳且面临重重困难的领域,但是在现实中,为这些乏善可陈的表现承担责任的机制却相当薄弱。公共卫生目标从来没有被国家医疗服务体系的高级管理者放在"必须要做"这个优先等级上,因而它们肯定无法与诸如等待时间这一类的目标和财务指标相提并论。

第三,人们对社会营销风格的健康促进项目抱有很大的期望。在工党时代快要结束的时候,该届政府发起了一项昂贵的运动,即"改变生活"(Change4Life)。不过,通常只有在环境中的风险因素得到有效控制,以及改变生活方式获得高质量的社区支持的时候,诸如此类的模式才可能发挥作用。在某些政策领域,这些条件的确得到了满足。国家医疗服务体系的戒烟项目得到了推广,这些项目为希望戒烟的人提供帮助,并且与公共场合限制吸烟、禁止烟草广告与赞助以及大幅度提高烟草税等措施相结合。与之相反的是,日益增加的可及性(更多的销售渠道、更长的营业时间)、低价格以及向有饮酒问题的人提供的帮助不足,破坏了关于饮酒的健康教育信息的传播。在其他一些领域,政策呈现出混杂的局面。例如,在与食品、营养和肥胖问题相关的领域里,政府出台了措施,以限制向儿童播放有关高脂肪、高盐和高糖食品的广告。由于工业领域的合作伙伴赞同降低含盐量的规划,该计划获得了一定成效。有一些项目是为了推动对健康食品的消费,例如水果和蔬菜,比如中小学的"每日五份蔬果"(Five a Day)计划。此外,有各种各样的项目以促进身体锻炼和运动为目标。不过,政府一直不愿意采取更严厉的管制手段,例如向不健康的食品征收更高的税。而且政府也无力阻止一些有可能提高体育活动水平的设施被关闭(例如学校的操场被出售)。

无论如何,工党取得了一些胜利:心脏和循环系统疾病导致的死亡减少了一半,癌症死亡减少了超过1/5——这两个领域都实现了对外宣布的目标。无论是成年人还是儿童的吸烟率都下降了。自杀率和事故死亡人数也降低了,但是没有达到政府所设定的目标。与此同时,肥胖率在成年人和儿童中都升高了。新的证据表明,酒精问题是卫生服务的包袱,这个问题仍然是公共卫生中的重大难题。在减少健康不平等方面,工党政府取得了喜忧参半的成绩。虽然它实现了自己设定的某些核心目标,例如降低了新生儿死亡率,但是没有能够弥合在最贫困地区与普通区域之间存在的预期寿命方面的差距(目标是降低10%)。事实上,差距在男性群体中还上升了7%,而在女性群体中上升的比例是男性群体的两倍还多。

联合政府和公共卫生

英国联合政府(2010—2015年)计划对公共卫生系统的结构进行大幅度改造。2013年,公共卫生的法定责任从国家医疗服务体系转移到了那些已经开始负责社会服务的地方机构手中。相关的责任包括推广健康促进服务(例如给予健康和生活方式方面的咨询)、帮助人们预防疾病的服务(例如戒烟服务),以及着手减少环境中的健康风险因素。地方政府每年将得到大约28亿英镑的定向拨款,这笔新款项用于帮助地方政府支付其新增的额外职能。除此之外,公共卫生主管(Directors of Public Health, DPHs)和他们的团队,从国家医疗服务体系转移到了地方政府机构。

为了实现公共卫生、医疗服务和社会照顾战略之间更和谐的合作,并且促进这些服务以及它们与健康相关服务、社会照顾相关服务(例如住房供给)更紧密的整合,一系列新的以地方政府为依托的委员会成立了。这些机构(健康与福祉委员会)包括地方上选举出来的代表,负责儿童服务、成年人社会服务和公共卫生的首席官,国家医疗服务体系执行机构的代表,以及地方患者和公众参与机构(地方健康照管部门,请见第49章)。健康与福祉委员会具有法定权力和责任,包括评估公众的需求、制定健康与福祉战略(这是健康和社会照顾专员必须考虑的问题)。

其他重大变化发生在国家层面。新的国家级机构——英格兰公共卫生局成立了,它是卫生部的执行机构,所承担的职责包括监控健康趋势、提供专家建议和支持,并且监管地方的公共卫生系统。除此之外,英国联合政府制定了公共卫生成果框架,以此为基础衡量地方政府的政策和项目的影响。

联合政府也引入了促进健康生活方式的政策,延续了工党政府所推出的政策。它推动了以"改变生活"为核心的大规模的社会营销活动,旨在促使国民改善饮食、增加体育运动和减少酒精滥用。这项运动是涵盖面更广的积极行动的组成部分,该行动的目的在于通过有效激励和改变社会规范,从而"助推"人们接受更为健康的生活方式(和其他更具社会责任的习惯)。此外,该届政府支持"责任协议",即企业和其他组织签署促进健康的承诺书(例如广泛接受减少所生产食品中的饱和脂肪、糖和盐等成分的责任)。

这任政府也更为支持将公共卫生职责移交给地方政府(换言之,是将直到1974年都由地方政府负责的这些职能重新还给它们)。人们相信,地方政府将在不同的政策领域(例如社会服务、儿童服务、休闲、城市规划和交通运输等)综合采取更具战略性的路径,而且有能力协调各类服务以改善公共卫生。地方政府也被视为能够将地方性努力整合在一起(与诸如国家医疗服务体系、警察和志愿部门合作)以解决困难的"地方塑造者"。提升地方政府所扮演角色的重要性的另外一个原因是,将权力交到民选代表的手中,能够加强对公共卫生的民主问责。

对联合政府政策的批评

在某些领域,人们担心将公共卫生职能移交给地方政府可能导致一些服务的进一步碎片化。例如,在新制度下,地方政府和国家医疗服务体系中的多个运行机构,对性健康服务的运行职责进行了令人困惑的分工。人们也忧心处于两层议会制区域的地方政府如何展开合作(与健康有关的重要职责——例如环境卫生和住房供给——由区议会承担)。许多郡议会试图将区议会纳入它们的公共卫生战略和行动,以此来解决上述问题。

与此相关的是,人们怀疑地方政府是否有能力承担这些职责。这当中包括由公共卫生主管职位的空缺所引发的担忧(在实施改革一年之后,每六个地方政府中就有一个没有任命长期主管)。有些人指出地方政府可能会将公共卫生的资源用于填补其他预算漏洞,而且的确存在这方面的证据。也有人焦虑于公共卫生主管在地方政府中可能缺乏足够的影响力,无法指出公共卫生领域中的关键问题,不过,为了反驳批评,一系列措施被引入以加强他们的地位。

尽管人们注意到,健康与福祉委员会缺乏正式的权力和资源,但是它的成立还是受到了普遍的欢迎(Humphries and Galea, 2013)。它在成立之后被赋予监管更佳护理基金的职责,后者负责管理发展整合性社会照顾的预算(请见第49章、54章)。而且,健康与福祉委员会也被认为将在未来的健康和照顾活动中发挥更重要的作用。对于问责问题,大部分地方政府确保其健康与福祉委员会由当地资深的民选代表担任主席。尽管如此,健康与福祉委员会仍然需要进一步的发展,而且它们也意识到有必要提升自己的形象,并且更紧密地与其他委员会以及能代表它们的利益的机构——例如志愿组织和地方健康照管部门——合作(请见第49章)。

对于更广泛的政策事务,人们强烈感觉到既得利益集团对联合政府施加了过多的影响。"责任协议"饱受指责,因为允许企业界过多影响政策。与此同时,代表企业利益的游说集团应该为英国食品标准局失去了在营养政策中的影响力负责。同样,人们也怀疑游说集团要为在设定英格兰酒水的最低单位价格过程中出现的"U"形反转负部分责任。而且,在一段时期内,烟草政策也显得软弱无力。对于这样的批评,联合政府制定了一些关键政策:如推行吸烟有害的警示包装、禁止在搭载儿童的小型汽车中吸烟等。

另外一则批评指出,尽管联合政府的政策承认了健康不平等问题的存在(通过规定国务大臣和其他机构的法定职责而得到背书),但是实际上却鲜有行动针对导致这个问题的根本原因(Social Mobility and Child Poverty Commission,2014)。例如,在联合政府执政期间,处于绝对贫困状况中的儿童比例上升了,而在减少处于相对贫困状况的儿童的数量方面,也几乎没有什么成效。稳健起步中心的核心职责是改善低龄儿童的健康和福利,但是许多中心由于财务状况不得不减少服务,有些甚至关闭了(请见第58章)。

随着2015年大选的结束,人们开始担心现在独自执掌政权的保守党政府可能找机会减少在公共卫生方面的支出。在撰写这篇文章的时候,新政府正在研究是否要削减2亿英镑(约7%)的地方公共卫生预算。不过即便如此,这一章中所描述的主要公共卫生问题不会就此被忽略。事实上,已经有迹象表明,保守党政府意识到应该在公共卫生领域的一些关键问题上,尤其是儿童肥胖问题,采取更多的措施。

新议题

无论哪一个党派执政,有关公共卫生议题的讨论都将继续下去。但是,一些根本性的问题将决定这些讨论的背景。首先,在对健康服务的需求不断增加的背景下,医疗服务系统如何持续发展?这个问题的答案一定是,必须在预防环节(尤其是早期阶段)增加投资。但这个答案会带来令人不安的疑问,即如何平衡在预防和治疗这两方面的投资。另外一个议题关系到有助于改善健康状况的不同机构和组织之间的合作问题。公共卫生在很大程度上需要所有与之相关的机构共同努力,而这中间的核心问题就是:采取什么措施才能进一步支持和鼓励这样的协作呢?此外,还有关于政府责任与个体责任之间的平衡的议题。"保姆国家"不是一个令人满意的说法,而且它抑制了关于如何分担健康责任的共同探讨。与这个问题有关的是对于政府在监管公共卫生方面的能力有限的讨论。尽管法律、税收和其他政府工具往往至关重要,但是仅凭它们无法改善健康状况。在恰当的支持和信息系统之外,公民自身的努力也是必不可少的。未来的公共卫生政策应该帮助人们更有效地利用社区自身的资源。

可深入阅读的参考文献

R. 巴戈特的《公共卫生:政策和政治》(R. Baggott,2011,*Public Health:Policy and Politics*,Basingstoke:Palgrave Macmillan)是一本以公共卫生为主题的颇有人气的作品,它

聚焦于英国公共卫生政策的发展与执行情况。

R. 巴戈特的《公共卫生与福利的合作伙伴关系》(R. Baggott, 2013, *Partnerships for Public Health and Wellbeing*, Basingstoke: Palgrave Macmillan)探讨了公共卫生领域里的合作问题。

英国卫生部的《健康的生活,健康的人:英格兰公共卫生战略》(Department of Health, 2010, *Healthy Lives, Healthy People: Our Strategy for Public Health in England*, London: Stationery Office, Cm 7985)阐述了联合政府有关公共卫生事务的核心政策。

R. 汉弗莱斯和A. 加利亚的《健康和福祉委员会的一年》(R. Humphries and A. Galea, 2014, *Health and Well-being Board: One Year on*, London: King's Fund)探讨了新成立的旨在制定公共卫生计划和协调地方机构的健康和福祉委员会所发挥的作用。

C. 莫里等人的《英国的卫生服务绩效》(C. Murray et al., 2013, 'UK health performance', *The Lancet*, 381:23, 997-1019)是有益的文章。

马默特调查报告(Marmot Review, 2010),即《公平的社会:健康的人生》(*Fair Society: Healthy Lives*, London: Department of Health),这一战略调查报告仔细地观察了英格兰的健康不平等问题,并洞察了其中的原因。它针对如何减少健康不平等提出了一系列建议。

英格兰公共卫生局的《从证据到行动:保护和促进国民健康》(Public Health England, 2014, *From Evidence into Action: Opportunities to Protect and Improve the Nation's Health*, London: Public Health England)指出了至关重要的公共卫生挑战以及可能的应对之道。

社会流动和儿童贫困委员会的《2014年国家报告:英国的社会流动和儿童贫困状况》(Social Mobility and Child Poverty Commission, 2014, *State of the Nation 2014: Social Mobility and Child Poverty in Great Britain*, London: Social Mobility and Child Poverty Commission)展现了英国的社会流动和儿童贫困情况。

复习和课外作业习题

1. 什么是公共卫生?为什么它应该被政府放在优先关注的位置上?
2. 英国工党政府在公共卫生方面的主要政策是什么?它们是否被成功执行?
3. 英国联合政府在公共卫生方面的主要政策是什么?
4. 对于联合政府主要的公共卫生政策有哪些批评?
5. 请对比工党政府和联合政府所采取的公共卫生政策。

请浏览本书的辅助网站 www.wiley.com/go/alcocksocialpolicy,使用为配合本书的阅读而设计的资料链接。在那里你将会发现有专门针对每一章的深入阅读资料链接,其中包括政府、国际组织、智库、压力集团和重要的新闻机构的网站。你还会找到以《布莱克维尔社会政策辞典》为蓝本的词汇表、帮助页、有关如何管理社会政策领域中主要委派形式的指导和职业建议。

第 51 章
学校教育

安妮·韦斯特

▶▶ 概　览

- 英国各个地区的中小学制度存在着法律框架和政策方面的差异。不同地区学校的结构、资金来源、课程和评估都各有不同。
- 在英格兰,以市场为导向的政策和学校的自主性都引人注目,而在英国的其他地区却并非如此。
- 在英国各地,提高来自弱势家庭的儿童的成绩成为关注的焦点。英格兰和威尔士采取措施减少不同地区之间的成绩差异,并且为来自弱势背景的中小学生提供额外的学生补助。
- 在英国各地,3 岁和 4 岁的儿童、来自弱势家庭的 2 岁儿童有权享受免费的非全日制教育。

背　景

教育的重要性,特别是对于增加人力资本和经济竞争力而言,无论在国家层面还是在超国家层次都得到了承认。教育也在认知及技能开发、个人和社会发展中扮演着至关重要的角色。对于一个社会而言,教育也在更广泛的层面上,体现出它在社会化、促进社会公正和增强社会团结方面的功能。目标的多重性和教育所具有的义务性特质,使得政治家和政策制定者往往将教育放在优先考虑的位置上。

这一章讨论的是英国的学校教育。尽管主要聚焦于英格兰,但是也会提及其他地区,特别是苏格兰。第一部分是对历史背景的简短介绍,并且对英国目前的学校系统进行了归纳。第二部分的焦点是人们当下关心的两个议题:以市场为导向的政策和学校的自主性,以及成绩水平和减少不同学生群体之间的成绩差异。最后一部分总结并强调了一些新议题。

英国的学校教育：过去和现在

历史背景

英国各个地区在教育供给方面遵循着不同的发展轨迹，然而教会在历史上一直扮演着重要的角色。在英格兰和威尔士，颁布《1870 年初等教育法》的目的在于创办学校以填补当时由教会主导的教育事业存在的缺口。《1902 年教育法》设立了地方教育行政管理部门和中等教育系统。《1918 年教育法》的出台使小学学费被取消，而且直到 14 岁的教育都属于义务教育。在北爱尔兰，具有宗教背景的学校系统可以追溯到 19 世纪 30 年代。在苏格兰，可以回溯到 17 世纪甚至更早，有关教育的立法建立了教会学校体系。这个系统从 19 世纪 30 年代以来一直不断拓展，直到《1872 年（苏格兰）教育法》创建了教育委员会 (Board of Education)。从此以后，教育成为地方民选机构的职责，而地方的不动产税的收入为教育系统提供资金。尽管最初学生是要缴纳学费的，但是在 1890 年，实行了免费小学教育，而到了 1901 年，义务教育持续到 14 岁。

引入选拔

在英格兰和威尔士，《1944 年教育法》规定了普遍适用的、从 5 岁到 15 岁（在 1972 年提高到 16 岁）的免费义务教育制度。地方政府和教会学校继续提供国家资助的学校教育。《1944 年教育法》并没有规定中学教育的结构，却使"三重"中学系统得以推行，这个体系包括文法学校、技术学校和为剩下的人提供的"现代中学"。

在英格兰引入了选拔系统之后，人们开始对文法学校的主要受益人都是中产阶级这种现象产生担忧。在 20 世纪 60 年代，出现了政策变化，并且工党政府在 1965 年要求地方政府提交引入综合教育的计划。更为全面的教育（"全部本领"）体系最终被引入英格兰和威尔士的大部分地区，也被苏格兰采用，与此同时，北爱尔兰仍然保留选拔体系。

聚焦于家长的选择

在保守党政府执政期间（1979—1997 年），教育政策发生了重大改变。家长对学校的选择被政治领域高度重视。在英格兰和威尔士，《1980 年教育法》使得父母可以在为子女选择学校时表达某种偏好；北爱尔兰也颁布了类似的法律。在苏格兰，根据《1981 年（苏格兰）教育法》，如果家长想让子女就读家附近学校之外的其他学校，他们有权利提名希望子女就读的学校（提出"转校申请"）。

之后，随着英格兰、威尔士和苏格兰实行了一项关键政策，至少在理论上出现了学校多样化。在英格兰和威尔士的《1988 年教育改革法》以及《1989 年（苏格兰）学校自治法》等颁布之后，学校可以选择不受地方政府的约束。这样一来，学校可以直接从国家政府那里获得资金，并且相比以前拥有了更大的自主权。在英格兰，大量学校摆脱了地方政府的管理，而在威尔士只有非常少的学校这样做，在苏格兰甚至更少。在英格兰，随着非营利机构建立起了 15 所独立的城市技术学校,出现了进一步的分化。这些学校的资本基金是由私人部门的赞助者有针对性地提供的,而收入成本则根据一份有法律效力的资助合同由政府投资。

排名表的出现

在英格兰和威尔士,《1988 年教育改革法》引入了公式拨款,每个学校的预算经费主要由注册学生数决定(一种准代金券制度)。以统考成绩为基础的正式学校排名表也被公布出来。这激励学校通过新建立的准市场,尽可能地增加它们的收入、提高学生的考试成绩(Le Grand and Bartlett, 1993)。这些改革所依据的观点是,父母将根据所获得的信息——特别是考试成绩——为他们的子女选择"最好的"学校,以及促使学校之间展开竞争将带来教育水准提升这样的结果。

尽管如此,人们还是担心公布考试成绩的做法过于鲁莽。由于社会—经济背景和成绩之间存在着一定的关联,生源更好的学校,相比生源较差的学校,可能取得更优的成绩。不过,就学校质量而言,重要的是学校在社会背景因素之外和之上所添加的价值。人们也担心某些学校所带来的选取精华的"吸脂效应",即主要的教会学校和直接拨款公立学校(可以控制招生)有意识地选取那些可能取得好成绩的学生,从而提高它们在学校排名表上的位次。

私立收费学校和国家资助学校

在英国,绝大多数处于义务教育年龄的学生在国家资助学校读书,不过,这样的学生在英格兰(93%)要比在英国其他地区少一些。其他人上的是私立收费学校,这类学校大部分会进行学业选拔,并且需要学生家长支付高额学费,这些限制了那些来自较贫穷家庭的孩子进入这样的学校。

在英国,国家资助学校体系存在着不同的形式。英格兰和威尔士有着类似的法律框架,而北爱尔兰的形式也与前两者相当类似。在苏格兰,采用的是完全不同的立法框架,而且在实行权力下放之后,又发生了一些变化。

除了北爱尔兰义务教育从 4 岁开始之外,其他地方都从 5 岁开始。除了苏格兰从 12 岁开始中学教育之外,其他地方都是 11 岁。除了英格兰在 18 岁结束义务教育之外,其他地方都是 16 岁。16 岁到 19 岁的中等教育,是由中学、第六学级学院和延续教育学院提供的。

小学教育照顾到具有不同能力的儿童。但是,在中学层次,出现了不同的体系和结构。在英格兰,中学更具综合性,虽然大约 5% 的中学是要对所有学生进行学业选拔的文法学校。此外,极少数普通的综合中学——主要是那些自己控制招生的学校——采用了各不相同的方法,在一定范围内挑选学生(例如,根据学生在某个学科领域里的资质和才能,挑选出一定比例的人);而且事实上,所有宗教学校都会根据儿童的宗教信仰优先选择相应群体(West et al., 2011)。在北爱尔兰,存在着文法中学和非选择性中学都加入其中的学业选拔系统。

课程大纲和评估

《1988年教育改革法》在英格兰和威尔士引入了中小学国家课程大纲和评估方案，《1989年教育改革（北爱尔兰）令》也在1989年开展了类似的工作。在苏格兰，"卓越课程"（Curriculum for Excellence）包含了为3岁到18岁中小学生制定的课程纲要，但是它们并不是强制性的。为了衡量所有中小学生的成绩，苏格兰对学生进行了抽样调查，即所谓的苏格兰成绩调查（Scottish Survey of Achievement）。

在中学教育即将结束的时候，在英国各地都会举行统考；不过，参加考试的年龄和考试的性质都因地区而不同（请见工具箱51.1）。在英格兰，政府将在媒体上公布成绩排行榜（"排名表"）。有关16岁这个年龄的关键指标是，有5门或更多的普通中等教育证书考试科目取得C到A*成绩的学生所占比例，以及通过英格兰文凭考试（English Baccalaureate，EBacc）的学生的占比，在核心学术科目考试中达到C或C以上成绩的学生被视作通过了该项考核。

工具箱51.1　英国的选拔性统考

英格兰、威尔士和北爱尔兰：
- 大部分学生（16岁）参加普通中等教育证书考试（或职前等效考试），分科举行。
- 普通教育准高级证书（GCE Advanced Subsidiary levels）（17岁）。
- 普通教育高级证书（GCE Advanced levels）（18岁）（通常是进入大学所必需的）。

苏格兰：
- 国家4级（National 4）和国家5级证书；
- 准高级证书（Highers）和高级证书（Advanced Highers）（通常是进入大学所必需的）。

学校管理、治理和检查

随着《1988年教育改革法》出台，英格兰和威尔士开始采取由地方政府管理学校的做法（北爱尔兰也采取了这种做法）。学校自主决定如何使用地方政府拨给它们的预算（预算主要是根据学生人数确定的）。在苏格兰，地方政府决定为学校提供多少资助。地方政府根据拨款公式向学校分配双方共同通过的预算，同样，注册学生人数被视为主要的决策标准。各个学校行使移交给它们的管理权力，负责处理自己的日常开支，但是与英格兰不一样的是，学校的"正规编制"员工是由地方政府支付薪酬的。

在英格兰、威尔士和北爱尔兰，学校的治理组织由地方政府负责管理，包括家长、学校代表和地方社区组成的团体，他们主要扮演战略性角色，包含管理学校预算的职责。在苏格兰，根据《2006年苏格兰学校（家长参与）法案》，家长委员会代替了学校董事会，它们类似于学校治理机构,负责帮助学校提高教育质量并且开发儿童的潜力。各个郡的监督机构负责确保学校提供质量合格的教育(请见工具箱51.2)。

工具箱51.2　学校监督检查机构

- 英格兰:教育、儿童服务和技能标准办公室(Ofsted)
- 威尔士:教育标准办公室(Estyn)
- 苏格兰:督学署(HMIE)
- 北爱尔兰:教育与训练署(ETI)

核心议题

从政策的角度来看,当前有两个议题尤其令人关注。第一个是以市场为导向的改革和学校自治,它们被政府视为提高总体教育标准的途径。第二个议题关系到减少不同群体学生之间的成绩差异。

以市场为导向的改革和学校自治

1997年到2010年执政的工党政府取消了直接拨款公立学校。在《1998年学校标准和框架法》颁布之后,直接拨款公立学校改变了自己的身份,大多成为基金会学校,而另外一些成了民办学校。在苏格兰,《2000年苏格兰学校标准等法》废除了学校自治地位。在各个地区与选择和多样化相关的政策方面,也出现了差异,权力下放之后,则更是如此。而对比英格兰和苏格兰的情况时,差异是最显著的。

在英格兰,以市场为导向的改革一直持续。政府继续制作官方的学校成绩排名表,并且在媒体上发布。学校的形式也越来越多样化。为数不多的新教会学校也成为国家资助体系中的组成部分。最为突出的是,独立学院被引入。独立学院最初是由工党政府在21世纪初引进的,并且建立在城市技术学院项目基础上。在工党政府执政期间,主要目标是提高落后地区的教育质量。随着保守党与自由民主党组成的联合政府实施了《2010年学院法案》(2010 Academies Act),地方政府运营的学校能够申请转变为学院身份和新自由学校,也就是说成立新类型的学院学校。学院学校为非营利信托所有,与政府签署了资助协议(有法律效力的合同),政府提供运营资金。学院学校不必依照全国统一的课程大纲,教师也不需要取得教师资格证书,教师工资和聘用条件都不由地方政府负责。自由学校是学院学校的一种类型,它们不进行入学选拔,是由诸如慈善机构、家长群体和宗教团体之类的组织创办的(请见工具箱51.3)。

工具箱 51.3　　学院学校和自由学校

学院学校是公共资助的独立学校。它们不必遵从全国统一课程大纲,可以自行决定员工的工资和聘用条件。它们必须遵守与其他国家资助学校一样的招生、特殊教育需求和排除规则。它们直接从中央政府而非地方政府那里获得资金,并且由一家学院信托(属于非营利机构)负责运营,该信托也负责雇用学校的员工。

自由学校是"全部本领"型学校,不能(像文法学校那样)以学生的才能为基础对他们进行选择。自由学校可以由慈善组织、独立学校、社区和宗教团体、教师、家长和企业建立。

长期以来的各项立法都试图缓解人们对学校的"吸脂效应"的担忧;《1998年学校标准和框架法》和《2006年教育与督学法》,连同《中小学入学规定》(School Admissions Code),都可以看作是努力规范原本在很大程度上缺乏管理的录取系统。

成绩排名表和学校多样性一直在英格兰的政治议程中处于重要地位,英国其他地区的情况却有所不同。威尔士、苏格兰和北爱尔兰都没有公布官方的成绩排名表。而且,在苏格兰,《2000年苏格兰学校标准等法》给予了地方政府更大的权力,使之能够通过拒绝"转校申请"而限制家长挑选学校。引人注意的是,在这里没有什么政策使得家长在选择学校方面拥有更多的权利(请见工具箱51.4)。

工具箱 51.4　　苏格兰的综合性中小学

在苏格兰,人们不必通过择校以获得他们应该或有权得到的一流教育。在苏格兰的学校中,进行选择不能实现我们所追求的以及苏格兰各社区所要求的普遍优秀。

Scottish Executive, *Ambitions*, *Excellent Schools*, 2004:1.

人们只能得到非常有限的数据,以对英国各地的教育成果进行对比。然而,经济合作与发展组织开展的国际学生评估项目(Programme for International Student Assessment, PISA)的结果展现了阅读、数学和科学的平均得分,这些科目的平均分数在英格兰、北爱尔兰和苏格兰相当相近,这意味着尽管这些地区在学校选择和多样化等方面的政策各有不同,但是不同的教育系统带来了类似的成绩;威尔士的成绩要比另外三个地区的低一些。这说明是其他因素导致了成绩方面的差异。

学习成绩和缩小差距

在英格兰,一个重大的担忧是关于来自不同社会群体的儿童在成绩水平上的差异的。贫困和学习成绩差之间的关联,是一个令人担心的重要且持续的问题。在英格兰,从平均水平来看,来自低收入家庭的中小学生的统考成绩,要低于来自其他背景的学生。

在女孩与男孩的成绩方面,则存在由来已久的差别:相比男生,有更多的女生在5门或更多的普通中等教育证书考试(或同等水平的考试)科目中取得了高分(A^*到C的成绩),包括在16岁时参加的英语和数学考试。这个领域呈现出来的差异,在英国之外的其他国家中也很明显,例如,2012年国际学生评估项目的结果显示,几乎在所有国家中,女孩都比男孩阅读成绩好。不过,社会背景带来的差距更要大(DfE, 2012)。

有证据显示,来自不同族群的儿童——他们大部分生活在英格兰——在学习成绩方面的差异相当复杂。更多来自中国和印度的儿童在普通中等教育证书考试中取得好成绩。更普遍的情况是,被归类于白人的中小学生通常能够取得全国的平均成绩,而那些来自加勒比黑人和巴基斯坦背景的学生的成绩低于全国平均水平。

总体差异应该在很大程度上归因于不利地位。另外一些儿童群体的学习成绩也相当糟糕,特别是有特殊教育需求和由地方政府照管的孩子。这同样带来了如何减少成绩差异这样的问题。

在英格兰,越是落后地区的地方政府,中央政府的拨款往往越多。此外,保守党与自由民主党组成的联合政府设立了学童津贴计划(Pupil Premium)。这是为公共资助学校划拨的额外款项,资助英格兰的中小学,以期能够实现提高来自弱势背景的中小学生的成绩并且弥合成绩差异等目标。在2014—2015年度,相应的学校得到了每个学生(5岁到11岁)1 300英镑的拨款,而11岁到16岁的学生的人均拨款为935英镑,这其中包括注册的学生有权在就学的前六年中的任何时间里享用免费的学校餐。

此外,英国各地都一直关注提供免费早期教育的问题。高质量的学前教育将带来一系列的认知方面的成效。现在,3岁到4岁的儿童有权享受非全日制的免费早教,而对于来自弱势群体家庭的儿童,则提前至2岁。在英国各个地区,免费早期教育的细节和操作都各有不同,不过,在各地,非营利(志愿)机构和营利性私人供给者都扮演着重要的角色。有证据表明,某些类型的早期教育机构提供的早教质量要更高一些,特别是幼儿园和提供教育与照顾的综合中心;质量差异可能与员工素质有关,那些雇用取得资格证书的教师的机构,更可能提供高质量的教育。

新议题

有关学校的政策在英国各个地区都各有不同。但是,共同的目标是通过提高整体素质,提升人力资本和经济竞争力,并且减少成绩方面的差异。实现这些目标的途径在各地也不相同。在英格兰,以市场为导向的政策和学校自治,被中央政府视为提高教育水平举措的重中之重。而在英国的其他地区则不是这种情况。

英格兰的中小学基础教育与英国其他地区最引人注目的差别是学院项目的开发。到了2015年,英格兰有2/3的中学是学院学校,它们由非营利信托(而非地方政府)所有,凭借与中央政府签订的合同获得资金。在2015年5月,保守党政府履任后,设定了至少开办500所新自由学校(请见工具箱51.3)的目标。在英格兰,随着学院学校和自由学校数量的增加,地方政府作为中小学基础教育提供者的角色就变得越来越不重要了(West,2015)。

至于免费早期教育供给问题,在英国各地,所有3岁到4岁的儿童以及来自弱势家庭的2岁儿童,每周都可以得到15个小时的非全日制免费教育。在英格兰,保守党政府立法规定,父母都要上班的3岁到4岁儿童,每周有权得到至多30个小时的免费儿童看护。

可能对中小学基础教育产生最重大影响的是紧缩政策和上升的出生率:尽管至少英格兰对学校有一些保护措施,但是预算仍然有可能被削减。这些问题将对教育供给产生什么样的影响,还要拭目以待。

可深入阅读的参考文献

英国政府公布的英格兰教育统计数据可以通过在www.gov.uk上搜索"education statistics"(教育数据)找到。

经济合作与发展组织开展的国际学生评估项目提供的2012年的学生成绩数据可以在www.oecd.org/pisa/keyfindings/pisa-2012-results.htm上获得。

英国教育部的《2009年国际学生评估项目:英格兰与世界其他国家相比,社会性成绩差距如何?》(Department for Education, 2012, 'PISA 2009: how does the social attainment gap in England compare with countries internationally?', London: DfE, dera.ioe.ac.uk/14208/1/DFE-RR206.pdf)提供了对由社会因素导致的成绩差距的分析。

苏格兰行政院的《雄心勃勃、卓尔不群的中小学校:我们的行动议程》(Scottish Executive, 2004, *Ambitious, Excellent Schools: Our Agenda for Action*)确定了苏格兰中小学的改革议程。"卓越课程"(2004)是这个议程的核心,具体请见www.gov.scot/Publications/2004/11/20176/45852。

欧洲教育信息网络(Eurydice Network)在webgate.ec.europa.eu/fpfis/mwikis/eurydice/index.php/Countries上提供了有关欧洲各种教育系统和政策的信息。

J. 勒格朗和W. 巴特利特编的《准市场和社会政策》(J. Le Grand and W. Bartlett, eds, 1993, *Quasi-Markets and Social Policy*, Basingstoke: Palgrave Macmillan)讨论了不同政策领域(包括中小学政策)中的准市场。

A. 韦斯特和E. 贝利的《学院项目的开发:1986—2013年英格兰中小学教育的"私有化"》(A. West and E. Bailey, 2013, 'The development of the academies programme: "privatising" school-based education in England 1986-2013', *British Journal of Educational Studies*, 61: 2, 137-159)聚焦于联合政府执政时期英格兰中小学教育的变化。

A. 韦斯特等人的《中学招生:立法对政策及实践的影响》(A. West et al., 2011, 'Secondary school admissions: impact of legislation on policy and practice', *Oxford Review of Education*, 37: 1, 1-20)讨论了入学选拔和法律方面的变化。

A. 韦斯特的《联合政府执政时期(2010—2015年)的教育政策与治理:学院学校、学生津贴和免费早期教育》(A. West, 2015, 'Education policy and governance in England under the Coalition government [2010-2015]: academies, the pupil premium and free early education', *London Review of Education*, eprints.lse.ac.uk/62528）聚焦于联合政府执政时期的政策变化。

复习和课外作业习题

1. 英国各地的中小学系统有什么不同？
2. 英国采取了哪些以市场为导向的政策？
3. 在减少不同群体学生的成绩差距方面采取过哪些措施？
4. 为什么早期教育被认为很重要？
5. 中小学基础教育的供给在英国各个地区有什么差异？

请浏览本书的辅助网站 www.wiley.com/go/alcocksocialpolicy，使用为配合本书的阅读而设计的资料链接。在那里你将会发现有专门针对每一章的深入阅读资料链接，其中包括政府、国际组织、智库、压力集团和重要的新闻机构的网站。你还会找到以《布莱克维尔社会政策辞典》为蓝本的词汇表、帮助页、有关如何管理社会政策领域中主要委派形式的指导和职业建议。

第52章
终身学习和培训

克莱尔·卡伦德

▶▶ 概　览

- ➢ 终身学习包括不同年龄的人出于各种原因的学习活动。受全球化和劳动力市场的变化的推动,终身学习这个理念促进了后义务教育和培训政策的提出。
- ➢ 这些政策对经济增长和社会繁荣非常重要,但优先考虑的是它们的经济目标。
- ➢ 相关政策聚焦于改善当今和未来的劳动力的技能水平和技能组合,从而实现对熟练劳动者的需求与供给的平衡。
- ➢ 1997年以来,工党政府努力通过发展后义务教育、鼓励更多的参与,并且帮助人们获得更多或者更高级的技能,从而增加熟练工作者的供应。
- ➢ 英国联合政府拓展了学徒制,与此同时,削减了——特别是为成年人提供的——后义务教育的公共支出。大量学习费用转移到学习者身上,因而有更多的人必须为他们的学习付费。
- ➢ 后义务教育的参与一直是不平等的,那些来自不利的社会、经济背景的群体需求最大,却往往被遗漏。教育不平等导致生命周期中各个阶段的不平等,而且不平等带来的差距会不断累积。

导　言

本章从解释什么是终身学习、谁提供这样的机会、为什么要这么做开始。接下来,是对推动相关政策的"终身学习"这一理念的探讨。而后,本章会讨论英格兰的后义务教育政策,考察那些旨在提高当今和未来劳动力的素质和技能的政策。最后,以阐述某些新出现的议题作为本章的结束。

终身学习和培训

第52章

什么是终身学习？

终身学习这个理念的核心是，人生的各个阶段都应该学习，学习应该包含在人们的生活之中。学习可以在任何地方进行：中小学、学院、大学里，或工作中、家里，以及社区里。终身学习主要聚焦于成年人重返有组织的学习，而不是最初的教育阶段（Schuller and Watson, 2009）。

终身学习需要一个学习系统，使每个人在任何他们想学的时候，都有机会习得不同层次水平的知识，而不是因为他们到了某个特定的年龄而必须去学些什么。这些机会应该既满足拥有大学学历的人的需要，也适用于没有任何毕业文凭的人；既提供给那些从事需要高级技能的工作、希望在专业上有所发展的人，也提供给那些从事非技术性工作的或者没有工作经验、在读写方面有困难的人，以及那些已经退休或者想要学习些新东西的人。对于教育和培训会有各种各样的看法，通常人们会将它们限定在主要针对年轻人的、在专业教育机构进行的正规学习。终身学习是一个为教育和培训政策提供信息和奠定基础的**理念**，它带来了一系列政策。

大部分与终身学习联系在一起的政策，往往都聚焦于义务教育或学习结束之后的时期，从2015年以来，这个时期从18岁开始。18岁之后的教育阶段，经常被称为后义务教育阶段。

有各种组织提供后义务教育：国家所有的教育学院、高等教育机构和大学；私人和志愿部门；提供以工作为基础的课程的雇主；等等。大部分后义务教育在延续教育学院、大学和工作场所展开。在成年人学习方面也出现了不断扩大的私人市场。

后义务教育的资格证书通常与大学和研究生文凭或毕业证书一样，都高于英国高中毕业证书。但是，对于那些在中学没有得到普通教育高级水平证书或者没有毕业就离开学校的人，他们的终身学习也许只能取得较低等级的证书。他们可以获得职业资格证书，这类证书与工作有关，并且包含实操技能和能力的学习，目的是帮助人们为特定的职业（如水暖工）做好准备。相反，学院类证书通常需要学习与具体工作没有直接关系的内容，例如历史学。有些终身学习聚焦于基本技能，例如如何阅读、写作和使用信息技术。另外一些终身教育纯粹是兴趣使然，可能与人们的工作和职业抱负没有关系。并不是所有的终身学习都一定通向某种资格认证。

与义务教育不同，除了一些专业人士应该更新他们的技能之外，人们并不是必须接受后义务教育和培训。国家会介入失业者和大部分弱势人群在这个阶段的学习，除此以外，通常是个体自己而不是政府对后义务教育和培训负责。这就带来了国家、雇主和个体谁为此付费的问题。直到2010年以及缩减公共开支之前，大部分终身教育是由中央政府和纳税人买单的。现在，越来越多的学习者和他们的雇主不得不为此付费。

为什么要终身学习？

20世纪70年代初，随着"终身学习"这个术语出现在政治议程中，全球开始对后义务教育与培训进行彻底的反思。产生这一现象的原因是什么呢？核心推动力是全球化和劳动力市场中的变化。这两者有助于我们理解为什么会引入终身学习政策，以及这些政策的特性是什么(Field, 2006)。

全球化（请见第71章）对英国的经济和社会政策以及教育政策具有根本性的影响。由此产生的结果是，英国转向了以高级技能、高等知识为基础的"知识经济"。现在，知识，而不是土地、劳动力或资本，被看作是构造生产和经济发展的最重要元素。因而，技能和知识是英国在全球经济中展开竞争、推动经济增长和经济复苏的核心能力。

加剧了国家之间竞争的全球化和科学技术的迅猛发展，正导致工作场所、劳动组织方式、每个人工作的特性发生改变。在今天，几乎没有人能指望一辈子都做同样的工作。相反，他们可能在一生中拥有多个更缺乏连续性、更没有保障的工作模式，而在经济衰退时则更是如此（请见第48章）。

这些发展变化影响到劳动者要想完成、保住他们的工作以及得到新的工作而必须具备的素质、技能和能力。渐渐地，非技术性工作的数量减少了，而与此同时，需要较高资格水平的技术性工作在增加。有些技术已经不再被人们需要，同时新的技术涌现出来（请见第48章）。因此，许多人需要重新充实技能或是提高技能。所以人们的学习不能只局限在他们人生中的某个时点，特别是离开学校之后。这样的学习经常是非全日制的，要适合现有的家庭和工作安排。

终身学习的观念

1997年至2010年执政的工党政府，将其社会政策——特别是在后义务教育领域——的核心目标设定为经济繁荣和社会融入。工党政府相信，成功的知识经济有赖于技术发展和革新所带来的创造和生产，以及受过良好教育、拥有高技能、合适或灵活的劳动力。

对于工党政府来说，技术能力是提升劳动生产率的关键杠杆。它承认，教育是提高社会流动性和社会公正水平的主要途径，与此同时，就业是促进社会融入和解决贫困问题的手段。简而言之，它提出："我们学得越多，我们就赚得越多。"

工党的后义务教育政策既有经济目标，也有社会目标，它们将市场原则和机会平等理念结合在一起。不过，大部分终身教育政策都致力于培养生产率更高、更有效的劳动力，也就是说，更加强调终身学习在经济方面的必要性。工党政府在终身学习方面的投入，主要集中在25岁以下的人身上。

2010年到2015年执政的保守党与自由民主党的联合政府，同样将教育和技能视作经济成功、增长和复苏的基础。联合政府也认为，教育和培训是确保人们就业、赚取工资和高效率工作的关键。与其前任完全一样，经济和雇主的技能需求主导着英国联合政府的政策，这些政策的中心是以牺牲年长的人为代价，加强16岁到24岁群体对教育、学习和就业的参与。不过，不同于工党政府的是，英国联合政府很少讨论终身学习，因此终身学习被排挤出了政策日程。

英国联合政府与工党政府执政时期的经济环境完全不同。由于全球性经济衰退，联合政府削减了后义务教育方面的公共支出，并且视之为其综合的减少财政赤字、刺激经济增长的战略的组成部分。2015年上台的保守党政府进行了进一步削减。相比之下,在工党政府执政时期,从1997年到2010年,对后义务教育的公共支出呈增加态势。

促使后义务教育政策产生的整体思想和哲学观,在英国联合政府和工党政府那里存在着差异。英国联合政府和2015年履任的保守党政府的版本,更为坚实地扎根于新自由主义经济学(请见第6章)和市场至高无上的观点,因而更为强调消费者的选择和供应者之间的竞争。

终身学习、培训和技能政策

后义务教育和培训政策的总体目标,是平衡熟练工作者的供应与需求(OECD,2012)。这些政策必须确保劳动力的技术水平符合雇主的要求,而且人才供应能够满足市场需求。

如果这些平衡被打破了,那么就会出现两种类型的不匹配。第一种是没有足够的拥有合格技能的求职者时出现的人才短缺。第二种是现有的劳动力缺乏企业所必需的技能时出现的技能缺口。因此,技能政策必须确保雇主为他们的劳动力投资,而人们为他们自己的学习和技能投资。但是,与欧洲的许多国家不同,英格兰几乎没有后义务职业教育和培训,只是依赖高等教育提供技术劳动力。

终身学习、培训和技能政策可以分为旨在提升未来劳动力技能的政策和目的在于提高当今劳动力技能的政策。

提升未来劳动力的素质和技能

针对18—24岁人口的政策

受教育程度和资格证书的等级,经常被用来衡量人口和劳动力所掌握的技能。推行针对18—24岁人口的政策主要出于双重目的。第一重目的是鼓励更多的人在延续教育机构或高等教育机构继续他们的学业,或者接受培训,从而具备劳动力市场所需要的能力和技能,并且能够找到工作。一个人受教育程度越高,他被雇用的可能性就越大。

针对18—24岁人口的政策所设定的第二重目的,是帮助他们顺利地进入劳动力市场或者转型为技能性职员,这些政策特别针对不升学、不就业、不进修或不参加就业培训的年轻人(NEET,尼特族)和失业者。但是,现在年轻人的失业率是有史以来最高的,对于年轻人来说,找工作已经变得越来越困难了。

截至2014年底,在所有18岁到24岁的人当中只有一半人有工作,31%的人接受全日制教育,3%的人参加政府的培训项目,而16%为尼特族。大部分离开学校时在普通中等教育证书考试中没有5门科目取得A*到C成绩的学生,以及一些来自弱势家庭的人最可能成为尼特族;而常年当尼特族会导致一生中就业、收入和总体人生机会的减少(OECD,2014)。

在过去的十年里,特别是在2008年经济下滑之后,18岁到24岁群体中参加全日制教育的人数增加了,而就业比例降低了。在2002年到2012年,18岁到24岁群体中的尼特族增加了,但是之后,随着就业比例的升高,尼特族所占比例有少许下降。这与经济合作与发展组织中各个国家的趋势类似。

2013年，在经济合作与发展组织的成员国当中，15岁到19岁群体中有87%的人在上学，在20岁到24岁群体中这个比例为46%，而25岁到29岁群体中则为16%。对于那些没有上学的人（15岁到19岁群体中有13%，20岁到24岁群体中有54%，25岁到29岁群体中有84%）来说，认识到他们在劳动力市场中的处境非常重要。图52.1展示了，在20岁到24岁的所有人当中，有36%的人没有升学而在就业，有9%的人没有升学并且失业，有9%的人没有升学并且不活跃（也就是说，没有就业，也没有主动寻找工作）（OECD，2015）。

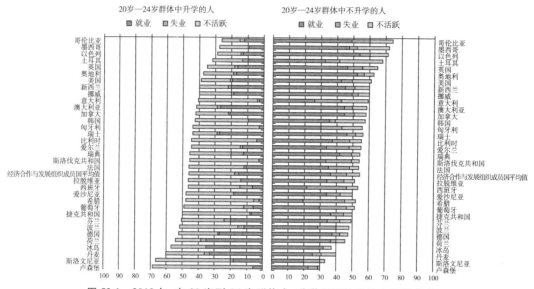

图 52.1 2013年，在20岁到24岁群体中，升学和不升学的人的就业状况

资料来源：OECD（2015），*Education at a Glance Interim Report*，Table 3.3，available at：www.oecd.org/education/eag-interim-report.htm（最后访问时间：2015年5月21日）。

学徒制

学徒制是英国联合政府的旗舰技能项目，它被当作解决人才短缺问题的一项核心政策，也是在大学之外的另外一种选项。2015年上台的保守党政府承诺将拓展针对年轻人的学徒制，并且让雇主对学徒课程有更大的控制权。

年满16岁的人可以参加的学徒项目，是在岗培训与离岗培训相结合的有偿工作。成功的学徒在合同期满时会得到国家承认的职业资格证书，学徒期至少为一年。政府支付一部分学徒培训费用，这取决于学徒的年龄，而培训费用的剩余部分通常由雇主负担。

2013—2014年度，在英格兰的所有16—24岁人口中，只有约5%的人参与学徒项目，而在德国，这个比例大约为50%（OECD，2014）。因此，只有很少一部分年轻人将学徒项目作为就业的一个途径，虽然在英国联合政府执政期间，这个比例在增加。

高等教育

英国政府认为高等教育（HE）和大学在满足劳动力市场的需求方面发挥着主要作用，尤其是在对高技能劳动者的需求不断增大的今天。在过去的十多年里，英国的17岁到30

岁群体中,进入高校的人所占的比例第一次出现了增长,在 2012—2013 年度,这个比例达到了 43%(OECD,2014)。在年轻人当中,参加全日制学习的比例一直较高,但是,在较年长的人中,由于许多人将读大学与就业组合起来而参加非全日制学习,这一比例出现了巨幅下降。

尽管高校扩招了,但是入学方面仍然呈现出不平等(Vignoles,2013)。来自不同社会阶层的群体在参与高等教育方面存在着巨大差异,这主要是由于学生先前的教育成绩,即他们在普通中等教育证书考试和高中课程考试中的表现。来自弱势家庭的青少年在上述考试中的表现,没有拥有优势社会—经济背景的年轻人那么好。因此,前者进入高校的机会也只是后者的 1/3,进入最好的大学的机会则是 1/6。工党政府的政策聚焦于提高高等教育的参与率,为来自弱势背景的人增加进入高校的机会,并且与这个领域中的不平等作斗争。英国联合政府的政策强调提高社会流动性,使得更多来自弱势家庭的年轻人能够进入最好的大学。

另外一种分析接受高等教育方面的不平等的方法,是考察目前在读大学生的父母的教育背景。图 52.2 清晰地展现了,在经济合作与发展组织的各个成员国中,如果学生的父母也接受过高等教育,那么他们参与第三级教育或是大学教育的可能性就会大大增加。在接受第三级教育或是大学教育的 20 岁到 34 岁群体中,超出半数(56%)的学生,其父母中至少有一个人拥有同等的受教育水平,略多于 1/3(36%)的学生,其父母中至少有一个人的最高学历是高中。相反,在接受第三级教育或是大学教育的 20 岁到 34 岁学生中,其父母没有读完高中(等同于普通中等教育)的比例很低:大约每十个参加第三级教育或就读大学的学生中,只有一个人的父母没有接受过高中教育(9%)。

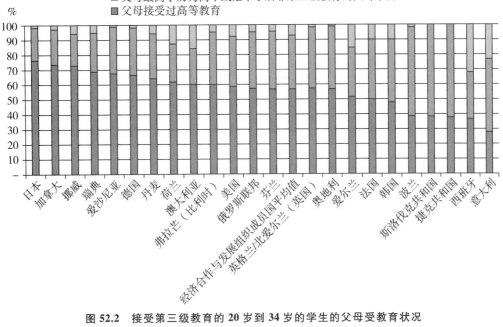

图 52.2 接受第三级教育的 20 岁到 34 岁的学生的父母受教育状况

资料来源:OECD(2014),*Education at a Glance*,table A4.1a。

高等教育的重要性不断提升,对其的需求也日益增加,随着20世纪80年代中期以来高校的扩张,高等教育领域开支不断增多。政府通过将更多的费用从其自身和纳税人那里转移到学生和他们的家庭身上,从而努力降低成本和高等教育公共支出。它们采取了提高学费的做法。大学毕业生的收益来自此处,即比起那些没有大学毕业文凭的人来说,他们更可能找到工作,特别是高技能、高薪水的工作。不过,社会也从大学毕业生增多中获益(Brennan et al., 2013)。

工党政府于1998年最早在英格兰收取大学学费,并且在2006年将它提高到最多每年3 000英镑。该届政府为学生提供与其家庭的收入挂钩的补助性贷款,以帮助他们支付学费,学生则在毕业后偿还这些贷款。英国联合政府也提高了英格兰的学费,在2012年最高学费为每年9 000英镑。与此同时,这任政府取消了大部分为大学提供的用于本科教学的经费资助,因此教学经费主要来自学生缴纳的学费。一旦是学生而非国家负责支付高等教育,高等教育就变成了私有商品和投资,而不再是主要由国家资助的公共产品了。

英国联合政府也努力通过为消费者提供更多的选择,以及推动供给者之间的竞争,从而在高等教育领域里创建一个准市场(Brown and Carasso, 2013)。由于大部分大学都收取政府限定的最高学费,因此在价格上没有什么区别,尽管私立学校正不断增多。2010年以来的学费和资助的变化,也许并没有产生一个能够有效运转的市场,但是它们一定推动了在大学里采用管理主义行为和实践,并且可能正改变着大学的价值观。

由于学生能够用政府提供的贷款支付他们的学费和生活开支,因此在就读大学的时期,学生是没有花费的。但是,人们越来越担心包括贷款在内的学生经济资助系统,是否在财政方面具有可持续性,因为这个系统支出庞大,并且许多学生可能无法偿还全部贷款。即便如此,保守党政府还是取消了生活补助,用贷款作为替代,目的是在短期内节省经费。

提高现有劳动力的素质和技能

工党政府曾经率先为受教育程度低或是没有资格证书及技能的成年人引入全国性的"技能战略"。该战略使成年人能够享受免费教育和培训。但是,英国联合政府将这项权利限定在23岁以下的人群。年龄较大的人现在必须支付学费,与此同时,有些人有资格得到中央政府提供的贷款,如24岁及以上人士高阶学习贷款(24+ Advanced Learning Loans)。这些变化连同成人教育公共支出的削减,将使延续教育(Further Education)处于危险之中(Keep, 2015),并且限制了终身学习的机会。而新上任的保守党政府可能还会继续采取这些削减支出的举措。

与其他形式的后义务教育非常类似,在获得雇主提供的培训机会方面,同样存在着不平等。显然,低技能雇员和那些从事地位较低职业的人得到的培训较少;相较于年轻劳动者,年长雇员得到的培训更少;以及相对于大型企业的雇员,在小型或中型企业工作的人得到的培训也很少。因此,教育不平等是在个人一生中随着时间的推移而不断累积的(Janmaat and Green, 2013)。

新议题

由于义务教育被认为无法提供经济所需要的技能人才,也无法确保人们符合工作要求,因此政府一直都将后义务教育领域看作是扭转这种局面的手段。但是,在经费非常有限的情况下,人们对哪些群体、哪类培训应该放在优先位置的看法,一直充满了分歧:是优先年轻人还是年长者,是那些已经掌握技能的人还是没有技能的人,是有工作的人还是失业的人,是满足雇员的短期技能需求还是个体的长期要求。未来,政府可能较少资助技能培训,相反,它们将帮助雇主和个体成为技能的购买者。政府已经将更多的教育和培训成本转移到了个体身上。然而问题是,高等教育经费改革从长期来看是否具有经济上的可持续性,这将导致更进一步的改革。在未来,人们还会继续讨论个体、国家和包括雇主在内的私人部门,在后义务教育供给和投资方面应该扮演什么角色(Keep, 2015)。

可深入阅读的参考文献

R. 布朗和 H. 卡拉索的《一切都出售？英国高等教育的市场化》(R. Brown and H. Carasso, 2013, *Everything for Sale? The Marketisation of UK Higher Education*, Abingdon: Routledge)分析了 2010 年到 2015 年执政的联合政府对高等教育进行的改革。

J. 布伦南、N. 杜拉齐和 T. 塞内的《我们所知晓和不知晓的高等教育的广泛益处》(J. Brennan, N. Durazzi and T. Sene, 2013, 'Things We Know and Don't Know about the Wider Benefits of Higher Education: A Review of the Recent Literature', BIS Research Paper No. 120, Department for Business, Innovation and Skills, London)值得一读。

J. 菲尔德的《终身学习和新教育秩序》(J. Field, 2006, *Lifelong Learning and the New Educational Order*, Stoke-on-Trent: Trentham)分析了发展最兴旺时期的终身教育,描述了参与模式,评估了用来推动终身学习的措施,并且展望了真正实现学习型社会的前景。

J. 詹马特和 A. 格林的《英国的技能不平等、成人学习和社会凝聚力》(J. Janmaat and A. Green, 2013, 'Skills inequality, adult learning and social cohesion in the United Kingdom', *British Journal of Educational Studies*, 61: 1, 7-24)谈及了本章的论题。

E. 基普的《在资金枯竭的今天,技能政策呈现出何种面目？》(E. Keep, 2015, 'What does Skills Policy Look Like now the Money has Run Out?', ESRC Centre on Skills, Knowledge & Organisational Performance, Oxford University, www.skope.ox.ac.uk/?person=what-does-skills-policy-look-like-now-the-money-has-run-out)探讨了教育和培训系统在未来可能呈现出来的形态。

经济合作与发展组织的《经济合作与发展组织教育指标概览》(OECD, 2014, *Education at a Glance OECD Indicators*, www.oecd.org/edu/Education-at-a-Glance-2014.pdf)提供了关于经济合作与发展组织各成员国在教育方面的大量数据。

经济合作与发展组织的《更好的技能,更好的工作,更好的生活:策略路径的技能政策》(OECD，2012，*Better Skills, Better Jobs, Better Lives. A Strategic Approach to Skills Policies*，Paris：OECD)提供了一个整合的跨政府策略框架,帮助各国理解怎样对技能进行投资。

T. 舒勒和 D. 沃森的《终身学习：对终身学习的未来的探讨》(T. Schuller and D. Watson，2009，*Learning Through Life: Inquiry into the Future of Lifelong Learning*，Leicester：National Institute of Adult and Continuing Education)对终身学习的情况以及在这个领域进行了哪些改革做了概括性的介绍。

A. 维尼奥尔斯的《增强参与和社会流动》(A. Vignoles，2013，'Widening participation and social mobility'，in C. Callender and P. Scott, eds，*Browne and Beyond: Modernizing English Higher Education*，London：Institute of Education Press，Bedford Way Papers，112-129)研究了高等教育的扩张和为什么入学不平等一直存在。

复习和课外作业习题

1. 什么人应该参加终身学习？
2. 谁应该支付后义务教育和培训的费用,是政府和纳税人,还是学习者本人和雇主？
3. 后义务教育和培训是私有产品还是公共产品？
4. 谁来确定应该为什么人提供哪些后义务教育和培训？
5. 终身学习重要吗？如果重要,为什么？

请浏览本书的辅助网站 www.wiley.com/go/alcocksocialpolicy,使用为配合本书的阅读而设计的资料链接。在那里你将会发现有专门针对每一章的深入阅读资料链接,其中包括政府、国际组织、智库、压力集团和重要的新闻机构的网站。你还会找到以《布莱克维尔社会政策辞典》为蓝本的词汇表、帮助页、有关如何管理社会政策领域中主要委派形式的指导和职业建议。

第53章
住房供给

戴维·马林斯

>> 概 览

- 住房供给政策在福利领域扮演着重要的角色,但是这个领域的政府直接供给却远没有医疗、教育或社会照顾领域的政府供给那么重要。
- 在1919年到1979年,廉租公有住房成为重要而且受人欢迎的住房形式。在1979年之后,它变得过时,所得补贴也有所减少,并且不再那么受人欢迎了。
- 房屋的混合所有权正发生改变;拥有房屋产权的比例在2002年达到峰值,从那之后开始降低。私人租赁从1995年开始增长,在2012年取代了社会住房成为主要的租赁方式。
- 1979年之后,供给侧补贴(针对房屋建造)是公共支出削减的重要对象,而需求侧补贴(针对房租)则明显增加。
- 针对无家可归者的政策和获得社会住房的渠道,曾经是社会福利网的重要组成部分。随着限制条件的设定,地方获得自由裁量权,私人提供导致缺乏保障,租金较高而补助无法完全覆盖,社会保障从此变弱。
- 在2008年全球经济危机之后,住房供给面临大幅削减公共支出的问题。在英国联合政府执政时期,供给侧补助减少超过50%。由于申请者增多,从总体上来看,需求侧补贴增加了,但是个人分到的金额减少了。

背景

住房供给在社会政策和福利领域扮演着重要的角色。它涉及市场、国家和第三部门,以及生产、交换、占有和控制的过程。与一些社会政策领域不同,住房供给从来不是国家垄断的,但是对住房困难作出回应一直都是政府的重要职责。从1919年到1979年,(廉租)公有住房(council housing)是英国改善住房条件的主要机制。1979年之后,社会住房(social housing)成为将公共服务转移给第三部门组织(住房协会)的一个部分。但是,大部分住房仍然是由市场(通过房屋所有权和私人租赁的形式)供给的。住房供给受财政、税收、补贴和政府监管干预的支配。

随着政府的直接供给减少,市场与社区对住房供给的影响存在持续紧张。英格兰、苏格兰、威尔士和北爱尔兰的住房供给政策和立法(特别是从1997年开始)时常相互背离。这一章主要聚焦于英格兰,涉及所有形式的改变、无家可归和获得住房、当前的情况,以及2008年全球金融危机(GFC)后,在保守党领导的联合政府执政期间(2010年到2015年)和2015年大选以来新出现的问题。

历史遗留问题

实行住房供给政策最初是为了对19世纪的工业化作出回应。公共卫生措施被引入以私人地主所有制为主的市场,目的是对威胁人们健康的因素加以控制。19世纪的慈善家——如皮博迪(Peabody)和吉尼斯(Guinness)——所做的一些努力,满足了人们对住房的需求,但是远远不够。在第一次世界大战爆发之前,供给侧补贴是为了帮助地方政府建造工人阶级家庭能够负担得起的住房。一战时的房租控制防止了价格暴涨,而在一战结束之后,随着建造"适合英雄们的家园"的诺言,大量廉租房应运而生。

住房供给政策的关键发展,是财政部从1919年开始为廉租房提供补贴。在那之后的六十多年里,地方政府在房屋供给方面发挥着广泛且如枢轴般的作用。在同一段时间里,私人租赁减少了,拥有自己房屋的人增加了(在有些地区增长相当迅速),产生了大量的富有家庭。

第二次世界大战阻碍了房屋建造,并且战争对房地产的摧毁带来了严重的住房短缺。这里涉及被各个党派所支持的增加供应的"数字游戏",包括大规模的廉租房的建设,因为这比私营机构建造房屋更便于控制。尽管如此,由于市场一直发挥着影响,因而房屋供给并不完全属于战后福利国家制度领域,也就是说不存在国家住房服务(National Housing Service)。在以私人所有为主导的系统中,地方议会一直扮演着社会住房的重要供应者的角色。因此,住房供给被称为福利体系中"摇摇晃晃的支柱"。但是,贝弗里奇意识到"肮脏"是应该采取措施应对的五大恶之一:"对付肮脏意味着规划城镇和乡村,并且提供更多、更宜居的房屋"(Beveridge, 1943:86)。二战之后的福利制度包含更强有力的规划、新的城镇项目和对私人租赁的管控。地方政府和新兴城镇得到了补贴,从而以前所未有的规模建造房屋。

在1919年到1979年,廉租房和业主自住的房屋不断增加,与此同时,私人租赁在很长一段时间里都面临着不断衰退的局面。政府一直都在鼓励人们成为业主,租金控制、贫民窟拆迁和引导出售房屋给自住者,都阻碍了私人房屋的出租。较为富有的群体购买了自己的房屋,吸引人的廉租房领域通过供给侧补贴得到发展,从而以人们能够负担得起的租金价格出租安全、质量合格的房屋。

在1970年之后,人们认为住房供给问题在很大程度上已经得到了解决,各个政治派别竞相宣传人们应该拥有自己的房子。1979年上台的保守党政府推出了"购买权"政策,其结果是(650万套寓所中)超过200万套房子被卖给了原来的租户。政府对廉租房的看法发生了变化。地方政府已经不再能够在大规模建设方面得到资助了,从1974年开始实行的对住房协会(House Association)的较小规模的资金支持,只能部分填补地方政府的资金缺口。解除对私人租赁的租金管制及住房供给财政方面的变化,加快了向以市场为基础的系统的转变。

20世纪的最后二十五年,公有住房开始从由国家供给转向由第三部门供给。住房协会(独立的非营利机构)成为最受欢迎的社会住房供应者。出租房屋存量转让给住房协会是从1988年开始的,到了1996年,"购买权"政策成为减少廉租房的主要机制。到2012年,在所有地方政府中,超过一半已经将自己手中的存量房屋出售给住房协会,只有1/4的社会住房存量仍然为地方市政服务机构所有,并由其管理。住房协会和所谓的"臂距管理组织"负责满足剩下的社会住房需求。

私有化改变了福利国家制度的界限。许多富裕的租户在"购买权"政策下,以非常大的折扣买下了他们租住的廉租房。存量转让本身无法私有化,随着住房协会的战略以商业计划和贷款合约为主导,存量转让也就导致了一个在更大程度上嵌入市场的社会住房供给系统的形成。不过,住房供给系统仍然服从于政府的监管和财政规则。

所有方式的改变

在20世纪80年代,英国从"私人租户的国家"变成了"房屋拥有者的国家",但是之后,随着私人租赁再度增加,而房屋拥有率重新下降,这样的趋势又开始发生逆转。房屋所有模式在英国四个管辖区域有着相当大的差异,各个地方也存在着巨大的区别,有的地方以社会住房为主,有的地方则是私人租赁占主导,而在另外一些地方,拥有房屋产权成为主流。

拥有房屋的人增多或减少,也会带来所有权特性方面的变化。直到20世纪中期,私人租赁部门由残破的存量房构成,那里有长期租住的年老租户,也有更为混杂的、临时居住的人群。从90年代中期开始,长期趋势发生了逆转。这中间涉及一系列复杂的变化,包括"以租养房"(buy to let)的投资者转向为退休而储蓄、"租房一代"(generation rent)的需求不断增加、出现买不起房却没有资格申请社会住房的家庭,以及私人房东在为低收入群体(包括那些被看作无家可归者的人群)提供住房方面扮演着越来越重要的角色。

开发自有住宅和廉租房这两种形式最初是为了照顾年轻家庭,但是后来发生了改变,并偏离了初衷。房屋管理部门继续为富裕的人群提供住房,但它也为包括许多老年人在内的贫困家庭提供住房。拥有房产通常与财富积累联系在一起,但是房地产价格有时会下跌(例如,在20世纪90年代初和21世纪第一个十年的后期)。由边际购买者的高风险贷款所导致的2008年全球金融危机爆发之前,获得购房贷款往往都比较容易。在这场危机之后,更为小心谨慎的放贷者需要更多的抵押存款,这就阻碍了潜在的首次购房者从一直以来都非常低的利率中获益。抵押贷款的预付不断下降,首次购买年龄却在持续提高。通过分期付款购买房屋的所有者(主要是年轻的房屋所有者)的比例降至战后最低水平,与此同时，一次性付清房款的（主要是年长的）房屋所有者的比例升高了。

在1979年，（由地方市政服务机构和住房协会管理的）社会住房几乎为1/3的家庭提供了住房，包括一些收入较高的家庭；而现在这类房屋主要供应给低收入群体。租户不再以年轻家庭为主，也包括年龄较大的人、长期患病的人或残疾人群体，以及单亲家庭。住房配给留给了那些最不具议价能力的人，他们将分配到很少有人问津的房屋。有关少数族裔群体住房状况的调查，显示了正式和非正式的分配程序所带来的歧视性结果。人口中最贫穷的群体，越来越多地租住社会住房，尤其是主要消化最不受欢迎的存量房屋，这些变化被看作是"剩余化"。穷人和失业人群集中在社会住房中，已经构成了一个"社会问题"。

无家可归者和获得社会住房

关于无家可归者的立法，使其可以通过合法的渠道得到社会住房以及住房补贴，房屋供给由此构成福利保障网的重要组成部分。了解这个领域的政策变化，有助于理解社会住房构成的改变。廉租房最早是用以解决经济状况较好、有稳定收入、能够负担房租的工人阶级的住房问题的；事实上，尽管伦敦第一处廉租房——边界村（1897年）是用来替代臭名昭著的旧尼科尔区贫民窟的，但由于房租太高、旧尼科尔区原住户的收入太没有保障，这处房产几乎没有解决贫民窟居民的住房问题。20世纪30年代，对于住房需求的强调不断升级，这是因为受贫民窟拆迁影响的住户第一次拥有了获得新住房的权利。后来，《1977年（无家可归者）住房供给法案》规定为遭受无家可归威胁的弱势群体提供住房。地方政府可以在法律和规章制度的指导下自由决定租赁的操作细节；与此同时，地方政府不断面对住房短缺的局面，也越来越认识到区别对待和自行决定所面临的难题。为了合法地分配出租房，无家可归作为"合理倾斜"而成为评判标准之一。诸如居住地点、"儿女"政策以及地方出租计划等地方标准，平衡着当地重大的关切（例如社区的稳定性）与住房需求。

2000年之后，"以选择为基础的出租方案"，将努力得到住房的重任放在了申请者的肩上，他们不再能坐等供给。对于"失业者"集中在某些房产中的担忧，导致政策倾向于打造多种收入水平混合型社区，尽管仅仅凭借分配政策难以实现这一点。2010年上任的政府将"社会住房更为公平的未来"作为目标，其中包括减少租住权保障和提高新租户的租金等措施，并且在分配政策中给予地方政府和房东更大的灵活性。《2011年地方主义法案》（Localism Act 2011）所带来的变化，导致对新租户采用一系列限制条件（要求他们寻找工作、参加培训或者参与志愿服务等），并且对外国人申请社会住房的资格设定了更多的限制。地方政府也被允许自行决定当地住房登记机关的相关工作。

针对无家可归现象的研究发现，普通家庭面临着由于住房市场的运作而无家可归的风险。其他风险与个人因素有关，例如吸毒、酗酒、失业、有犯罪前科等问题和曾经服兵役的经历，在单身无家可归者身上比较普遍。因此，针对"流落街头"的倡议提出，开发支持性的无家可归者收容所作为"改变场所"和获得住房、重新就业的帮助之路，包含社会企业解决方案。这类倡议试图降低"露宿街头"现象的发生率。总体来看，从1998年到2009

年,露宿街头者的数量在主要的城市有所减少,但是在2010年之后,又开始增加,并且至少比2000年的人数翻了一番。

英格兰地区关于无家可归者的官方统计数据,从2003年的峰值14.8万人,下降到了2009年的4.9万人,2013年再次增加到6.1万人。临时安置点的使用人数,2003年到2009年,从9.5万人下降到5.3万人。这个趋势与"预防议程"、提供"住房选择"建议和引导潜在的无家可归者进入私人租赁市场等措施有关。但是,70%被视为无家可归的家庭,仍然继续迁入社会住房。

《2011年地方主义法案》使得英格兰地方政府在履行其安置无家可归者的义务方面具有更大的灵活性,因为它们可以调动相关地区的私人部门的供应者提供面积、条件、地点和可负担性都"合适"的房屋。这项法案是前任政府的政策方向的延伸,但是所谓"合适的"供应已经不再需要申请者的认同了。当住房补贴的租金上限开始产生影响的时候(请见下文),伦敦地方政府将无家可归者"输出"到伦敦城外房租较低地区的旧趋势重现,这既是为了临时安置,又是为了日后"卸下"为无家可归家庭提供住房的责任。

当前的房屋供给状况

在住房供给研究中,一个合理的怀疑是:住房供给很大程度上是受市场因素和全球性因素(例如2008年的全球金融危机)驱动的,那么在这种情况下,政府和政策到底能够对房屋供给产生多大影响?无论如何,在过去的二十多年里,住房政策、花费和结果都发生了显著的改变,这些都反映出政策一直具有一定的重要性。

工党政府(1997—2010年)在开启任期的时候,对于前任的保守党政府传承下来的政策只做了最微小的改变。到了1997年,已经不存在满足基本需求或低收入家庭需求的大型新建房屋项目了,而且对于房屋供给的管理也越来越分散化。政策转为取消国家干预、依靠私人市场提供房屋,并且通过福利津贴为解决住房问题提供资金支持。不过,在21世纪的第一个十年,出现了一些方向上的改变。"社区计划"(Communities Plan)(ODPM,2003)试图改变住房供给领域的投资不足以及经济表现和住房需求方面的区域差异。一个十年期的存量转让和地区振兴计划(其中包括一项街区更新国家战略和一项住房市场改造区计划),是工党政府改善住房条件、提供"体面住宅"和对失灵的住房供给市场作出反应的一系列措施的基石。在2008年金融危机之后,工党政府资助了一个"重新启动"项目,以支持房屋建造,暂时从出售房屋回到出租房屋。尽管这个项目能够使许多原先计划的社会住房项目得以继续进行,但它却无法阻止新建房屋开工率的整体下跌,在2009年跌至20世纪20年代以来的最低水平。

保守党领导的联合政府必须采取政策应对经济危机所导致的公共财政问题,为银行以及工党的逆经济周期投资项目提供紧急贷款。与之前的经济危机一样,在削减公共开支的过程中,住房问题显得尤其迫在眉睫,而且这一次,无论在阻止需求侧补贴的增长,还是在裁减供给侧补贴方面,都投入了更多的关注。

"2010年支出审查"(2010 Spending Review)将住房供给资金预算削减了一半,并且引入了新的"可负担住房"的投资框架。所有新供应的社会住房,都以至高可达市场租金的80%这种"可负担的租金"水平出租(相比而言,2007—2008年度的社会住房租金是市场租金的55%—75%)。人们期待住房协会通过对所有新房屋和一些续租房屋收取更高的租金,以及将它的大量盈余和储备金投入进来,从而为这些新开发项目提供资助;人们也希望住房协会通过出售现有资产、改变所有形式、出租现有房产,从而为这些提供补贴。新租户的房屋租赁将是"弹性的"(较少保障的),租赁合同每两年要重新审核,这样做是鼓励那些未来不再需要补贴的人搬走。通过将平均补贴降低到建造成本的20%之下,并且收取更高的租金,联合政府暂时能够做成一件几乎不可能办到的事情——用大幅度减少的政府补贴建造更多的"可负担住房"。

220亿英镑的住房补贴支出已经达到了住房资金预算的3倍到4倍,住房福利系统承诺将进行更大幅度的节约,从而阻止需求侧补贴的增长。对于租住私人房产的租户,政府根据地区的不同,对住房补贴设置了相应的上限,并且将其下限定在当地市场房租的1/3的水平。社会住房领域最广为人知的补贴削减措施是征收所谓的"卧室税",政府将其称为"空房间附加费"(spare room supplement)。这种做法是根据一个家庭所真正需要的房间数而不是实际占有的房间数给予补贴,并且迫使没有充分使用住房的家庭要么搬家,要么以自己的收入支付没有得到补贴的房租。政府也为一个家庭所得到的总体福利补贴设定了上限——一开始是26 000英镑,这为居住在高房租地区、规模较大的家庭带来了难以解决的困难。35岁以下的单身人士只能得到单间租金补贴,如果这类人不以自己的积蓄或其他收入来源补足没有得到补贴的租金,他们就必须将多余的房间拿出来分享。随着低收入家庭普遍被"赶出"住房补贴计划,住房补贴实际上已经被打包到更为简洁的通用福利计划中(请见第47章)。根据通用福利计划,住房补贴直接支付给申请者而非房东,这迫使低收入家庭要小心经营紧张的预算,以免被赶出所租的房屋。

政府希望房租补贴上限能够产生促使私人房屋租金下降的压力。然而,申请者数量的增加,导致社会住房不能满足需求,因此政府更多地利用私人部门以履行其安置无家可归者的职责。在伦敦的许多区,只有非常有限的其租金水平在补贴范围之内的私人出租房,这种状况带来了一些问题。首先,目前依靠住房补贴租住私人房屋的租户不得不搬家。其次,为无家可归的家庭寻找临时住所的难题,导致将这些人"输出"到伦敦之外租金低廉的地区。与此同时,为新投入使用的社会住房和续租房屋支付更高的租金,与人们所得到的住房补贴并不匹配(这个问题最终在2015年紧急预算中得到承认;请见下文)。

在联合政府执政时期,区域性的住房供给和基础设施规划机构被取消了,区域性的空间战略和住房供给目标被废除了,而且住房管理举措也大幅度减少。新的安排(街区计划和社区权利)被用以促进"地方主义",不过,尽管"社区主导型住房供给"(community-led housing)有一定的增长(例如,在将空房投入使用的"自助住房供给"项目中,以及在社区土地信托的起步阶段),但是,总体而言,这些新规划都是慢热型政策。

相反,《2011年地方主义法案》中有关社会住房的条款,带来了稳定性和保障都有所降低的社区,并且在增加社区对房屋供应者的影响方面没有任何成效(住房协会继续被免除

"社区管理权利")。

在此期间,人们达成了一个新的共识,即各个领域的投资不足导致大规模的住房短缺,并且对于拥有自有住房者不断减少极为担心。联合政府在重新使"购买权"政策焕发活力的同时,也开发了新的政府资助项目以刺激购房需求。这项新的"购房援助计划"(Help to Buy)用以应对2008年全球金融危机之后,将"租房一代"排除在拥有自有房屋之外的"抵押缺口"。这个缺口通过一系列途径得以填补,例如为首次购房者提供额度为房产总值20%的净值贷款,或是提供等于房产总值30%的抵押担保帮助获得额度为房产总值95%的购房分期付款贷款,这两种做法的限制条件是房屋总值不超过60万英镑。这项重大的政府资助的房屋拥有补贴,是联合政府执政时期住房供给预算中唯一增加的项目,它保证超过150亿英镑的贷款资金为房屋抵押贷款提供帮助。此外,还有针对供给侧采取的措施,以刺激地区住房供给目标之外的房屋建设,相应的举措包括"新住宅津贴"(new home bonus),这是一项支付给地方政府的为期五年的补贴,用于地方服务支出,它相当于每所新屋的市政税收入,并且可以消除规划障碍以促进新的开发。

新议题

从2015年大选可以看到,所有主要党派都建议将住房供给增加到每年至少20万套的水平。但是,与战后的数字游戏不同,没有哪一个党派表现出对新增社会住房的任何热情。事实上,保守党在其宣言中提出将购买权政策延伸到住房协会的200万租户中,通过向住房协会支付补偿费,以及置换其失去的租赁住房(数量匹配于在不断减少的存量中强制出售的高价值公有住房)。在大选中,其他与住房相关的关键承诺包括,工党候选人宣布将对价值超过200万英镑的房产征收"豪宅税"(mansion tax),而保守党候选人则提议取消价值在100万英镑以下房产的遗产税。工党还提出了针对私人房东的登记计划。

结果,是"购买权"和减少遗产税,而不是豪宅税和房东登记方案,成了新上任政府住房议程的组成部分。不过,在大选之后,一项紧急预算带来了两个与住房供给相关的惊喜。第一个出乎意料的事件是,与为了资助新开发项目而实施的连续四年的房租上涨措施相反,在未来的四年里,向各个住房协会征收的房租每年将下降1个百分点。第二个惊喜是从2017年4月开始逐渐减少以租养房的房东的房屋抵押贷款利息扣除,从而使得对私人房东的慷慨大方的课税部分发生逆转。内阁还在预算中提出了减少遗产税的承诺,认为"将一些东西留给子女的想法是最基本、人性化且自然而然的愿望"。2011年的《迪尔诺特审查报告》(Dilnot Review)将人均长期护理费用的上限设定为75 000英镑,然而,这一上限标准在2020年之前不会落实,由于人们要为长期护理自掏一些腰包,许多遗产在传递给下一代之前会受到侵蚀。

对社会住房而言,其有保障、可负担及体面的居住条件等传统优势,都受到近年来的各种政策的挑战。削减福利仍然在新上台的政府的计划中占据核心位置,与之相伴的是转向提供房租可达市场价格80%水平的"可负担住房",从而继续只将社会住房当作其他占有形式的"跳板"。除了不断增多的无家可归者之外,降低房租和即将到来的"购买权"都构成了住房协会的挑战性议题。尽管市场对它们的影响力日益增大,但是并不能简单地将它们看作独立的私营机构。政府的各项政策仍然是它们的主要驱动力。

可深入阅读的参考文献

《住房供给》(*Inside Housing*)杂志每周提供最新资讯和深入报道。

住房供给领域的学术期刊包括《住房供给研究》(*Housing Studies*)、《住房供给、理论和社会》(*Housing, Theory and Society*)、《国际住房供给政策杂志》(*International Journal of Housing Policy*)和《住房供给和建设环境杂志》(*Journal of Housing and the Built Environment*)。

威廉·贝弗里奇的《保障的支柱》(W. Beveridge, 1943, *Pillars of Security*, London: Allen & Unwin)探讨了住房供给问题。

D. 马林斯和 A. 米里的《英国的住房供给政策》(D. Mullins and A. Murie, 2006, *Housing Policy in the UK*, Basingstoke: Macmillan)介绍了英国的住房供给政策,包括历史发展、主要的房屋所有方式和关键的政策问题。

D. 马林斯和 H. 波森的《廉租房之后:英国社会福利房的新房东》(D. Mullins and H. Pawson, 2010, *After Council Housing. Britain's New Social Landlords*, Basingstoke: Palgrave Macmillan)分析了从廉租房供给转向住房协会的原因和影响。

P. 马尔帕斯的《住房供给与福利国家:住房供给政策的发展》(P. Malpass, 2005, *Housing and the Welfare State: The Development of Housing Policy*, Basingstoke: Palgrave Macmillan)记述了住房供给在福利国家制度中所扮演的角色的变化。

R. 滕斯托尔的《2010—2015年联合政府的住房供给政策、支出和成效》(R. Tunstall, 2015, *The Coalition's Record on Housing Policy, Spending and Outcomes 2010–2015*, York: Centre for Housing Policy),介绍了联合政府的住房供给政策。

S. 威尔科克斯(S. Wilcox)每年都出版《英国住房供给评论》(*UK Housing Review*, Chartered Institute of Housing and Centre for Housing Policy, University of York),也是有益的资料。

复习和课外作业习题

1. 住房供给的哪些方面与英国的福利国家制度相匹配?相对于市场驱动力,政府政策对住房供给产生了哪些影响?

2. 供给侧(建造补贴)和需求侧(住房补贴)的补助对私人房东和社会住房所扮演的角色产生了哪些影响?

3. 存量转让等同于私有化吗?

4. 在联合政府执政时期,"地方主义"对主流的住房供给政策产生了哪些影响?

5. 政府如何能够增加房屋供给,并且重振低迷的置业市场?"购房援助计划"适用于什么地方?

请浏览本书的辅助网站 www.wiley.com/go/alcocksocialpolicy,使用为配合本书的阅读而设计的资料链接。在那里你将会发现有专门针对每一章的深入阅读资料链接,其中包括政府、国际组织、智库、压力集团和重要的新闻机构的网站。你还会找到以《布莱克维尔社会政策辞典》为蓝本的词汇表、帮助页、有关如何管理社会政策领域中主要委派形式的指导和职业建议。

第54章
社会照顾

乔恩·格拉斯比

> **概　览**
>
> ➢ 社会照顾有着复杂的历史,而且今天的实践仍然部分受到关于人们究竟是否"值得"帮助的历史张力的影响。
> ➢ 当前的服务一方面要努力应对重大的经济挑战,另一方面又面临着不断增加的需求和要求。
> ➢ 目前的挑战包括开发更具预防性路径的需求、一体化照料的重要性,以及让人们得到个性化照顾的要求。
> ➢ 尽管"辞藻华丽",但是 2010 年至 2015 年当政的联合政府,应该说在社会照顾的各个方面都没有取得什么进展,该领域的主要矛盾依旧存在。
> ➢ 尽管这一章大部分内容都聚焦于英国各地的总体状况,但是涉及具体的政策和机构名称的时候,主要都是英格兰的政策及组织。

背　景

1942 年,威廉·贝弗里奇在他的《社会保险和相关服务报告》中规划了战后福利服务的蓝图(请见第 18 章)。这篇报告中最经常被引用的部分,是贝弗里奇对"五大恶"或社会问题的描写,而这些正是未来的服务试图去解决的。尽管"五大恶"是用 20 世纪 40 年代的语言表达出来的,但是它们在当下的社会议题中仍然四处可见,甚至还体现在今天的政府部门的主题中(请见表 54.1)。举个例子来说,40 年代的"恶"之一"贫穷"(want)在今天是指贫困或社会排斥,它通常属于社会保障系统的管辖范围。虽然本书的其他章节涉及各种不同类型的服务(请见第 47 章—55 章),但是在表 54.1 中主要欠缺的是社会照顾和社会工作。社会照顾是用来应对贝弗里奇未曾定义的第六恶的吗?它是将其他五项服务联合起来的黏合剂吗？或者它是当人们无法得到其他五项服务时的紧急服务吗？

表 54.1 英国的福利服务

贝弗里奇定义的巨恶	现代的对应
贫穷	社会保障
疾病	国家医疗服务体系
愚昧	教育和终身学习
肮脏	住房供给/重建
懒惰	就业/休闲

社会照顾

理解社会照顾的关键是对几个核心概念进行区分，这些术语通常可以交换使用。"社会照顾"（social care）是一系列服务和各种工作人员的总称，他们给予面对人生重大变故的成年人和儿童以帮助。尽管这是一个宽泛的概念，但是其焦点通常集中在为各种特定的服务使用群体提供实际支持，受援助的群体包括被虐待的儿童、体弱的老年人、有精神疾病的人、有学习障碍的人以及残疾人等。21 世纪初，有大约 160 万人接受社会照顾服务，在社会照顾领域工作的员工约为 140 万人。虽然这个领域的就业人数比国家医疗服务体系的员工总数要多，不过，社会照顾领域的职员分别被大约 3 万个公共、私营和志愿机构所雇用。

与社会照顾领域的一部分员工不同，"社会工作者"（social worker）都是受过训练的专业人士（是与医生、护士或教师对应的社会照顾领域的专业工作人员）；今天的社会工作者都接受过大学教育，并且在正式的专业"委员会"中注册，接受职业行为规范的约束。伴随着 1990 年的社区改革，面向成年人的社会工作者通常负责评估个体需求，并且在公共、私营和志愿机构中寻找合适的社会照顾提供者，安排个体在那里获得满足其需要的服务。许多社会工作者往往受雇于地方政府的"社会服务部门"（social services departments，SSD），不过，在英格兰，这个部门被分为新的儿童服务和成年人服务部门（请见下文进一步的讨论）。在社会照顾领域的 140 万名员工中，大约有 6 万人是取得了资格证书的社会工作者。

社会照顾的历史和演变

尽管社会照顾有着复杂的历史，但是推动社会照顾发展的，主要是 19 世纪的各种志愿组织和慈善家。在此之前，大量社会支持是由家庭提供的（在今天依然如此），也有来自当地社区的。在都铎王朝时期†，人们可以获得的许多帮助都具有宗教性质，通常是由修道院提供的。随着修道院的解散，以及受到迅猛的城市化和工业化的刺激，通过在今天名声不佳的济贫法，大量更为正规的服务得以开发。尽管新发展的服务包括院外救济（outdoor relief）（向有经济困难的人提供金钱帮助），但是主要的"支持"往往来自济贫院。获得帮助的条件被特意规定得尽可能严苛，以确保只有最穷困的人才能够申请国家帮助（这就是所谓的"济贫院检验法"和"劣等处置"原则）。随着时间的推移，济贫院开始更多地关注各类群体，用不同的方法向体格健全的穷人（通常被看作是有能力养活自己的懒人），以及体弱的老人、有精神健康问题的人、有学习障碍的人（人们越来越多地认为这类人深陷困境不是他们自己的错，因而他们应该得到帮助）提供支持。

在19世纪后半叶，两个著名的志愿组织对开发新的扶贫路径起到了重要的作用，并且开创了在日后与现代社会工作联系起来的方法：

- 慈善组织会社（COS）是在19世纪60年代末的大萧条之后创建的，主要是为了回应不断增加的救济需求。它推动了"科学慈善"原则的发展，即帮助那些需要帮助的人，并且只为那些被认为值得帮助的人提供慈善资助（而那些被认为不值得帮助的人，则任由他们依赖济贫法和济贫院）。通过这种方式，慈善组织会社希望协调地分配经济资助，并且鼓励个体实现自给自足（严防慷慨资助只是增加了不负责任和浪费这种危险）。从许多方面而言，这里涉及与今天关于是否应给予沿街乞讨者帮助的讨论类似的几种观点，即给予帮助究竟是为有需要者提供了支持，还是鼓励人们依赖这些形式的帮助呢？
- 1844年，汤恩比馆（Toynbee Hall）在伦敦白教堂成立，同一时期开展的睦邻运动（Settlement Movement）与慈善组织会社的活动有很大的重合（而且同一个人往往同时参加了这两项运动），但是，随着时间的推移这两者的差异越来越大。受过良好教育的人移居到大城市贫困地区，将那里作为他们的"拓殖地"以实现双重目的：利用"殖民者"所受的教育和特权帮助穷人，同时，通过与穷人做邻居来了解他们的生活，并且因此对贫困的性质有更深刻的理解。随着时间流逝，许多"殖民者"越来越清晰地看到，贫困并不是个体的失误所导致的结果，而是多种社会力量的产物。许多移居到贫困区的人（例如克莱门特·艾德礼和威廉·贝弗里奇等）后来对福利国家的产生做出了显著的贡献。

这两项社会运动的不同观念，在今天仍然以多种方式影响着当下的实践。当诸如"照顾管理"（care management）（请见下文进一步的讨论）之类的概念聚焦于评估个体需求以确定其是否有资格得到帮助的时候，社区发展路径则更多地集中于社区赋权和处于不同社会背景下的个体。两项社会运动也影响着早期社会工作的发展，并且共同帮助一流大学设立早期的社会工作课程，也为学生提供了实习场所。

第二次世界大战之后，数量不断增加的社会工作活动被归入地方政府的两个部门：专业儿童部门和卫生健康及福利部门。后来，随着1968年《西博姆报告》（Seebohm Report）的发表，这两个部门又合并为综合性的社会服务部门。对于将多种多样的成年人和儿童社会照顾服务集中到一起，西博姆论证说，这样才有机会创新更全面、更协调的路径，从而吸引更多的资源，并且能够事先制订计划，以更有效地确定并满足当地的需求。随着国家

---

† 都铎王朝时期从1485年开始，至1603年结束。——译者注

基础设施的增加，社会服务部门很快蓬勃发展起来，其中包括更为统一的社会工作教育体系——艾琳·扬哈斯本（Eileen Younghusband）在多个报告中都倡导发展社会工作教育体系，以及新的国家社会工作训练研究所（National Institute of Social Work Training）的创建，其后来被并入新成立的卓越社会照顾研究所（Social Care Institute for Excellence）。

"管理社会照顾服务"

从多个方面来看，上述体系一直运转到20世纪80年代末；（塞恩斯伯里超市总裁）罗伊·格里菲斯（Roy Griffiths）在那时对社区照顾服务进行了审查，这导致《1990年国家医疗服务和社区照顾法案》的出台。从那以后，面向成年人的社会工作者开始成为"照顾经理"，他们负责评估个体的需求，并且安排由公共、私营和志愿服务机构提供的服务组合包。与当时执政的保守党政府的思想信念相一致，这样的改变使社会工作者成了服务的"购买者"，而不是提供者，并且随着这些改变，新的资助资金被用于独立部门。

在工党执政的1997年到2010年，之前的许多做法延续下来，只是增加了对"现代化"的强调。所谓的现代化往往被描述为处于新右翼以市场为基础的思想和工党对公共领域的重视之间的"第三条道路"。遗憾的是，这样一个概念通常能够更有效地定义"第三条道路"不是什么（也就是说，它不是市场，也不是政府），却不能确定它是或能够成为什么样子，因而其结果就是对一系列政策和路径的相当含糊不清的折中。不过，工党路径所强调的中心是：

- 更多的**选择**和**控制**：使用服务的人要更详细地说明他们得到了哪些服务，以及钱是怎样用在他们身上的。可能最有说服力的例子是直接支付扮演着日益重要的角色，即社会照顾服务的使用者得到与直接提供的服务等值的现金，他们可以用这笔资金购买自己所需要的照料服务或者自己雇用照料人员。从21世纪第一个十年的中段开始，直接支付通过个人预算（提前分配的资金，这样个人和工作人员就能够在决定如何最好地满足需求上表现得更有创造性）构想得到推广。这种做法现在还是与由社会保障体系支付给个人的残疾补贴相分离的，不过，各笔单独的资助资金在未来有可能会更进一步整合。

- 更密切的**伙伴式合作**：随着时间的推移，医疗和社会照顾将越来越紧密地联系在一起。2000年，这种合作伙伴关系导致一个新形式的组织——护理信托（Care Trust）（在英格兰）宣告成立，该机构被视作促使医疗与社会照顾完全整合在一起的载体。尽管这种模式还没有被证明在实践中广受欢迎，但是相关政策一直在强调医疗与社会照顾领域的联合作业的重要性。

- 更加强调**公民身份**和**社会融入**（一个日益明显的趋势是——虽然最初进展缓慢，但是放眼未来可以看到——传统的医疗和社会照顾将发展为更为普遍的服务，而且人们正进行着各种各样的努力，以应对歧视问题，并且改善人权）。例如，2001年有关学习障碍的白皮书——《重视人的价值》（*Valuing People*），强调了四个重要的原则（权利、包容、选择和独立），从社会照顾和医疗能够为学习障碍者的生活做出什么贡献来分析它们，而不是将它们本身视作最终目的。

从结构来看，新工党领导下的核心变化是（在英格兰）取消了综合性的社会服务部门，并且创办了面向儿童和成年人的新的一体化服务。因而,新设立的儿童服务主管(Directors of Children's Services)既要对儿童教育,也要对面向儿童的社会照顾负责,通过儿童基金会(Children's Trusts)将更广泛的合作伙伴汇聚在一起。与之相类似的是,成年人社会服务主管(Directors of Adult Social Services)负责开发与国家医疗服务体系的同行以及更广泛的服务领域之间的合作关系,并且经常要对面向成年人的社会照顾和其他服务(例如住房供给、休闲或成人教育等)进行监管(请见第49章)。在认识到这些变化之后,英格兰的许多综合性的社会服务部门被拆分成儿童服务局(Directorate of Children's Services)和各种各样的成年人照顾部门,分别被冠以"社会照顾与卫生健康"(Social Care and Health)、"社会融入与卫生健康"(Social Inclusion and Health)、"社会照顾与住房供给"(Social Care and Housing)、"成年人与社区"(Adults and Communities)等名称。随着英格兰在卫生部与教育部(Department of Education)中分别采取差异越来越大的政策,类似的改变也出现在社会服务系统的其他地方。从很多方面来看,这些变化将社会照顾带回到了西博姆时代之前的模样,尽管西博姆不一定声明了设立综合性的社会服务部门的必要性,但是这类部门是他所设计的社会照顾愿景的核心,而现在这类部门已经不再重要了。近年来,对于一些全国性的社会照顾机构而言,用综合性方法应对社会照顾问题变得困难了,因为更为新近的一系列变化,似乎主要是由改革儿童保护服务的需要引起的,而不是更为综合地发展社会照顾和社会工作职业的需要所推动的。

英国联合政府执政时期的社会照顾服务

2010年以来,地方政府努力在大幅度削减资金投入和应对不断增加的要求及需求之间挣扎。在儿童服务领域,一系列儿童保护丑闻浮出水面,此外还有对服务失灵的谴责,这些都持续导致对提供援助的组织的质量和未来的怀疑。许多人都指出,之前整合社会照顾和教育的努力已经失败了,并且带来了社会照顾和儿童保护领域被更为关注成绩的教育领域所主导的风险。由此而来的结果是,许多地方政府又开始重新整合它们的儿童与成年人服务,用单一的"公民服务主管"(Director of People)代替儿童服务主管和成年人服务主管。

在成年人社会照顾领域,2014年出台的《照顾法案》对混乱的法律框架进行了整理。不过,该法案也在长期护理资金支持方面带来了一些重大改变,并且使市政管理机构在提升福利方面承担更大的责任。尽管这些主要都是积极的改变,但是在许多人看来,为长期护理提供资金支持的做法,只是试图用贴膏药的方法来解决相当根本性的问题。而且,大幅度削减财政支出,很可能意味着需要帮助的人所面对的现实与《照顾法案》的修辞大相径庭。在联合政府执政期间,焦点又重新转向在国家医疗服务体系的不同部分之间,以及在卫生健康与社会照顾系统之间,开发更为一体化的照料服务,尽管批评人士指出,一体化的说法只是以非常松散的方式应用在各个系统之中,而这些系统比2010年之前还要碎片化。虽然个人化仍然是被强调的抱负,但是人们一直都对政府的潜在动机有所怀疑(许多人担心个人化的主要目的是侵蚀公共服务的价值,以及凌厉地削减公共服务,而不是提升公民权利)。这些讨论的主题和担忧看上去不会随着2015年大选而发生改变,可能出现的是,为国家医疗服务体系提供额外资金导致其他地方更多及更深入的开支削减,例如对地方政府的拨款,并且由此带来对社会照顾领域的资助减少。

新议题

社会照顾和社会工作对于那些有需要的人来说,一直都是某种紧急服务,而这两者都有跌宕起伏的历史。尽管一直存在着援助社会上最弱势者的必要性,但是同样存在的是,对于怎样做才是最好的方式的不确定性,从决定19世纪志愿行为的有关贫困的各种各样的概念,到贝弗里奇、西博姆和格里菲斯、1997—2010年执政的工党政府和2010 2015年当政的英国联合政府有关社会照顾的愿景。而且,在不断增强的财政和人口压力之下,之前的方法也越来越难以为继。同样无法确定的是,如何最妥善地重新聚焦于更具预防性的路径,如何通过更高效的跨机构运作提供增值的保障,以及如何将使用服务的人置于决策的中心。无论发生了什么,历史都告诉人们,援助社会上最需要帮助的人势在必行,而且某些形式的社会支持——无论它被冠以什么样的名称,不管是由哪个部门提供的——似乎永远都是必不可少的。这一点似乎在2010年和2015年大选之后体现得尤其明显,因为需求在不断增加,而能够利用的资源有可能正在减少。

21世纪初,社会照顾服务试图回应社会、经济和人口结构等多方面的综合变化,因此这个领域正面对着一系列挑战。第一个也是最重大的挑战是,人口老龄化、医学进步和可获得的家庭支持方面的变化,意味着越来越多孱弱的老年人以及数量不断增加的、有着极其严重且复杂的生理缺陷和学习障碍的年轻人需要帮助。面对着极富挑战性的经济背景,未来要满足新的需求就必须进行根本性的变革,而且各种各样的国家政策强调,应该从紧急援助系统,转向更具预防性、更能够增进福祉的系统。然而,在实践中如何去做(以及如何一边继续满足处于危机中的人们的需求,一边对长期性的预防系统进行投资)则一直悬而未决。近年来,这种状况带来了日益热烈的讨论,其主题就是怎样最有效地资助为病弱的老年人提供的长期护理;而作为2014年颁布的《照顾法案》一部分的有限改变,并不能避免未来的公共焦虑和对这个关键议题的政治争论。

同样与之相关,人们日益强调伙伴式合作或"一体化照顾",因为社会照顾、卫生健康、教育和其他地区服务,越来越多地被要求共同运作以满足人们复杂且交叉的需求。似乎所有人都有这样的共识,即与多重合作伙伴一起工作、调和不同的优先顺序和文化是极具挑战性的。此外,还存在着这样一些问题,例如伙伴式合作将带来多大的成本、在实际操作中会产生什么样的结果,以及是否值得在这里投入时间和精力等。与此同时,儿童服务和成年人服务领域中的结构性变化,据说给人们留下了社会照顾领域非常脆弱、不堪一击的印象,这个领域面临着被更大、资源更多且更受公众欢迎的服务(例如国家医疗服务或者教育领域的服务)所主导的风险。而且,结构性变革似乎也没有解决问题——北爱尔兰的实践一直让人感觉非常"不整体化",尽管多年以来(至少在纸面上)已经拥有了相当成熟的服务。

最后,直接支付和个人预算的构想,将为当前的做法和目前的力量平衡带来显著且剧烈的挑战,它们可能预示着,将产生自慈善组织会社创办以来最根本性的变革。成年人社会照顾领域一直都是改革先锋,诸如直接支付和个人预算等概念,已经从这里扩散到其他领域了(例如卫生健康和某些儿童服务领域),而且它们可能广泛地成为福利服务领域中更为通用的组织原则。但是,排除这些路径最初的价值观基础(主要聚焦于公民身份、选择和控制),在紧缩时代的现实是,同样的机制可能被用作裁撤和减少服务的幌子。类似的风险也存在于 2014 年《照顾法案》所强调的"福利"议程当中。大量的评论人士认为,目前的服务一方面过于关注"亏空"(人们不能为他们自己做的),而另一方面,对人们的"资产"(人们能做的事情、他们的长处、他们的网络和他们的社区)的重视和开发都不够。这种状况可能带来令人激动的尝试,即人们围绕着现有的社会资本和社区资源包装正规的援助,因而就会产生用正面、积极的语言粉饰巨幅的资金削减,以及首先砍掉帮助支撑现有社区网络的低层级服务的风险。

由于社会照顾领域的计划横跨 2015 年到 2020 年,因此一些可能发挥积极作用的工具将尝试解决大量根本问题,不过,仍然有许多令人担心的问题存在。

可深入阅读的参考文献

有用的网站包括卓越社会照顾研究所的主页(www.scie.org.uk),卓越社会照顾研究所是一个全国性机构,它分析英格兰、威尔士、北爱尔兰的社会照顾领域是如何运转的,并且推广好的做法;还有社会工作学院(College of Social Work)的主页(www.tcsw.org.uk),作为独立的全国性机构的社会工作学院展现了社会工作的专业性;以及《社区照顾》(*Community Care*)杂志的主页(www.communitycare.co.uk),《社区照顾》是以社会照顾(包括面向儿童和成年人的服务)为主题的期刊(在线销售)。

导论性读物包括:J. 格拉斯比的《理解卫生健康和社会照顾(第二版)》(J. Glasby, 2012, *Understanding Health and Social Care*, 2nd edn, Bristol: Policy Press),这本书介绍了卫生健康和成年人社会照顾服务的历史、特性和目前的困境;M. 凯利特的《儿童视角下的一体化服务》(M. Kellett, 2011, *Children's Perspectives on Integrated Services*, Basingstoke: Palgrave Macmillan)是一本介绍跨机构儿童服务的教科书,它强调了从儿童的视角分析近年的改革;R. 米恩斯、S. 理查兹和 R. 史密斯的《社区照顾:政策与实践(第四版)》(R. Means, S. Richards and R. Smith, 2008, *Community Care: Policy and Practice*, 4th edn, Basingstoke: Palgrave Macmillan)分析了社区照顾福利的历史;C. 尼达姆和 J. 格拉斯比编的《有关个人化的讨论》(C. Needham and J. Glasby, eds, 2014, *Debates in Personalisation*, Bristol: Policy Press)收录了从不同角度探讨个人化的特性和含义的文章;此外,还有 M. 佩恩的《社会工作的起源:延续与改变》(M. Payne, 2005, *The Origins of Social Work: Continuity and Change*, Basingstoke: Palgrave)回顾了社会工作的历史及演变。

复习和课外作业习题

1. 如何促进社会照顾服务在不丧失其独特的贡献和价值的情况下,与其他服务(例如教育或卫生健康)有效合作?

2. 如何一方面提供服务以满足处于危急情况中的人们的需求,另一方面对长期的预防性路径进行投资?

3. 个人预算对社会照顾服务的特性和供给会产生了哪些影响?

4. 削减资金会对成年人社会照顾服务、社会工作者和使用服务的人产生哪些影响?

5. 21世纪初的社会照顾服务是否能够实现其目标?在前进的过程中社会照顾服务需要做出哪些改变?

请浏览本书的辅助网站 www.wiley.com/go/alcocksocialpolicy,使用为配合本书的阅读而设计的资料链接。在那里你将会发现有专门针对每一章的深入阅读资料链接,其中包括政府、国际组织、智库、压力集团和重要的新闻机构的网站。你还会找到以《布莱克维尔社会政策辞典》为蓝本的词汇表、帮助页、有关如何管理社会政策领域中主要委派形式的指导和职业建议。

第55章
刑事司法

蒂姆·纽伯恩

> **概　览**

- 传统上,刑事司法和刑罚政策并不是社会政策学者主要的研究对象,但是现在这种状况正在发生显著改变。
- 我们的"现代"刑事司法系统的主要制度/机构,是在19世纪到20世纪初这段时间形成的。
- 在20世纪最后三十年里,出现了重心从福利和改造移开的根本性转变。
- 当代刑事司法的主要特征是强调惩罚、政治化和民粹主义。
- 20世纪后期,对监禁和其他刑罚管制方式的使用大大增加。

司法公正和社会政策

基本上,社会政策和公共政策的学者往往都忽视刑事司法领域。相比卫生健康、教育、福利和文化领域,刑事司法相当不引人注意。但是,正如马克斯·韦伯所指出的,创造和维护防止内部社会秩序崩溃的系统,往往可以被看作定义当代民族国家的关键特征和功能。第二次世界大战以来,犯罪现象大幅度增加(尽管最近出现了下降的趋势),而且人们越来越意识到,这是当代较为急迫的政治和政策议题。

在过去的两个多世纪里,刑事司法和刑罚程序都不断走向理性化和官僚化。巨大的国家管理机构和大量旨在控制犯罪的法律、规则和规章,从地方化且建立在社区基础上的治安和惩罚系统中发展起来了。首先值得注意的是,在英国不存在单一的刑事司法系统。在英格兰和威尔士,在苏格兰,以及在北爱尔兰,存在着三种各不相同的系统。我在这里主要集中于英格兰和威尔士的刑事司法系统。英格兰和威尔士的刑事司法系统主要是由以下几个重要机构和组织组成的：

- **警务部门（Police）**：在英格兰和威尔士一共有 43 支地区警察部队（加上苏格兰和北爱尔兰的单独的警察部队）。
- **英国皇家检察署（Crown Prosecution Service）**：成立于 1985 年，现在管辖 13 个地理区域。
- **治安法院（Magistrates' Courts）和刑事法院（Crown Court）**：大部分（往往是较轻微的）案件都由治安法院审理，而更为重大的案件则交由刑事法院，在法官和陪审团面前审理。
- **国家监狱管理局（National Offender Management Service，NOMS）**：是英国司法部（Ministry of Justice）的执行机构，该机构将监狱服务系统（HM Prison Service）和全国缓刑服务系统（National Probation Service）以及社区改造组织（这些组织负责在社区中监管罪犯，并且向刑事法院提交报告）联系在一起。
- **减少犯罪和扰乱秩序行为合作伙伴关系（Crime and Disorder Reduction Partnerships）和社区安全合作伙伴关系（Community Safety Partnerships）**：根据《1998 年犯罪和扰乱秩序法》（Crime and Disorder Act 1998）成立，是由来自警务部门、地方政府、缓刑服务部门、卫生健康等部门的代表组成的跨机构伙伴关系，其任务是监控地方的犯罪问题，公布降低当地犯罪率的计划，并且监督该计划的执行。

犯罪模式

一般来说，衡量和考察犯罪趋势有两种主要的方法。第一种渠道是获取执法机构定期收集的有关犯罪情况的数据，相应的犯罪现象或是由公众自主报告，或是以其他方式引起当局注意。在英国，这类数据由警务部门收集，它们往往被称为"记录在案的犯罪情况统计数据"（recorded crime statistics）。第二种方法是使用调查研究方法，从有代表性的人口样本中收集关于（通常是在过去的 12 个月内）他们所遭遇的犯罪事件的信息，主要是作为受害者的经历。在英格兰和威尔士，这项调查被称为英格兰和威尔士犯罪调查（Crime Survey for England and Wales，CSEW）。第一次调查是在 1981 年进行的，从那之后，这项调查一直断断续续地展开，而现在，它成为每年一次的定期调查。

两种来源不同的数据均有各自的短处。记录在案的犯罪情况统计数据几乎无法告诉我们那些从未报告给警务部门的"犯罪"事件，据估计，至少有一半的犯罪案件属于这种情况。相反，英格兰和威尔士犯罪调查不能涵盖所有的犯罪类型（包括公司犯罪或有组织犯罪，以及诸如持有毒品之类"没有受害者"的犯罪行为）。值得推荐的做法往往是，在试图理解和考察犯罪率和趋势时，收集并且比较这两类数据。

人们普遍认为，我们生活在犯罪率空前高的时代中。这样的想法是否正确，很大程度上取决于所采用的时间框架。如果与 20 世纪 40 年代、50 年代和 60 年代的情况相比，显然我们可以说当前的犯罪率相当高。但是，如果我们采用更长远的历史视角，那么有非常可信的证据表明，即便是以当代的标准来看，以前的时代具有犯罪率和扰乱秩序行为的比例居高不下的特征。我们可以清晰地看到，在20世纪50年代中期，犯罪率开始显著提高，在1955年到1960年，有记录的犯罪案件几乎增加了75%。为什么会出现这样的现象？首先值得注意的一点是，在这个时期，可获得的大众市场消费品极为丰富，其中的许多商品都轻便、易于携带。第二点是劳动力市场的变化，女性的就业比例出现了大幅度提升，带来的结果是，相比过去，会有相当长的一段时间家中空无一人。第三点是，也有可能警务部门在这个时期内更为兢兢业业地记录犯罪事件。从图55.1可以看到，从那个时候开始，犯罪案件相当显著地持续增长，90年代中期之后才开始下降。

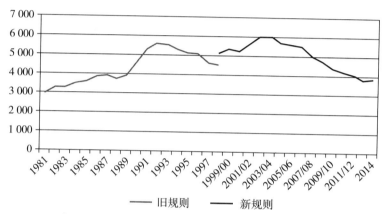

图55.1　英格兰和威尔士1981年到2014年记录在案的总体犯罪率

资料来源：英格兰和威尔士（分别的）犯罪情况统计数据（Criminal statistics），基于Flatley et al., 2010。

图55.1展示了过去三十年间记录在案的犯罪案件的数量。警务部门记录的犯罪数据显示，在80年代犯罪数量稳步增长，而后从80年代末到1992年，犯罪数量出现了大幅度增长。从1992年开始直到引入新的"计数规则"（警务部门记录犯罪案件的方式）的1998—1999年度，犯罪数量呈下降趋势。1998—1999年度的两套数据，展现了计数规则的不同所带来的差异，而这一年开始采用的新规则导致犯罪记录即刻增加，数据显示直到2003—2004年度，犯罪数量一直呈上升趋势，而后开始出现下降。

来自不同轮次犯罪调查的数据，在很多方面都与80年代到90年代初期警务部门记录在案的犯罪情况统计数据所呈现出来的趋势相吻合，不过，从90年代末开始，两种统计数据出现了相当大的分歧。与警务部门记录在案的犯罪情况统计数据一样，英格兰和威尔士犯罪调查显示，犯罪案件到90年代都在增加，直至1995年，之后犯罪案件就开始减少。与警务部门记录在案的犯罪情况统计数据相反，英格兰和威尔士犯罪调查数据显示的下降趋势自1995年出现之后就几乎没有中断。事实上，根据英格兰和威尔士犯罪调查数据，现在的犯罪数量应该是自开始进行英格兰和威尔士犯罪调查以来的最低水平了（请见图55.2）。

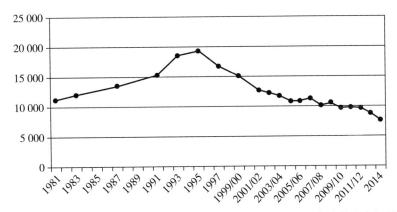

图 55.2 英国犯罪调查(British Crime Survey),1981—2013/2014 年度的所有犯罪案件
资料来源:英国国家统计局(ONS,2014)。

刑事司法的简要历史

尽管在中世纪,死刑是刑罚系统的核心,死刑率相当高,而且在 17 世纪后半叶,死刑又经历了短暂的繁荣时期,但是在 18 世纪的许多时候,都是以寻求切实可行的次级惩罚为特征的。流放(犯人被运送到流放地去服刑,主要是被送往美洲和澳大利亚)是英国的另外一种主要的刑罚,到了 18 世纪 60 年代,坐落在伦敦的中央刑事法院(Central Criminal Court)所宣判的所有案件中,至少有 70% 是判流放。不过,从那时起,判流放的数量开始下降,而开始更多地使用监禁作为惩罚手段。

维多利亚时代的英国刑罚系统与 18 世纪末期的有着相当显著的差异。在整个 19 世纪,将死刑作为刑罚措施的案件数量一直在大幅度下降,从 1868 年开始,公开执行死刑的做法被废除了,对成年人进行挞罚也在这个世纪的后半叶变得非常罕见。简言之,监禁(牢房)从 16 世纪和 17 世纪只是暂时关押等候审讯、判决或执行死刑的犯人的地方,变成了 18 世纪和 19 世纪不断增加的各种类型的罪犯接受惩罚的场所了。

在前工业时代,"维持治安"是以社区为基础的一系列并不那么正式的活动。在英国,以社区为基础的治安体系是警察制度的前身,例如"大声示警"(hue and cry)就属于这类治安系统,即当地居民担起发出警报并努力抓到罪犯的职责。18 世纪的英格兰以人们日益对犯罪现象感到担忧为特点。到了这个世纪的中后期,犯罪和扰乱秩序的行为被视为对社会稳定的威胁,也就是在这一时期(伦敦是在 1829 年)出现了我们今天所谓的"警察"。

19 世纪和 20 世纪初,现代刑事司法系统中的一些基本机构纷纷创建,其中包括监狱、警务部门、法院和与之相关的刑事诉讼系统及缓刑系统;没过多久,一系列越来越复杂的非监禁性刑罚(罚款、缓刑、社区服务等)也出现了。在 19 世纪走入尾声的时候,处理青少年犯罪的独立系统确立了。20 世纪上半叶,现代刑事司法系统得到了进一步巩固,并且发生了一系列改革。这个阶段持续到 20 世纪中期前后,那个时候,所谓的"团结项目"——政府是完整的公民身份和所有人的安全的保障者——在市场力量的挤压下日益黯淡。在最近的几十年里,混合经济在刑事司法的许多领域快速扩散,而且,至关重要的是,在许多人看来,这种现象可能会从根本上改变人们对刑事司法系统和刑罚政策的目标及抱负的认识。

惩罚的目的

在前工业社会和殖民时期,许多惩罚具有公开性,这样设计是为了产生羞辱的效果,并且表现罪恶、自责和悔恨。通过监禁使人失去自由并不是刑罚的常见做法,而且人们也不认为它是促进改造的有效手段。不过,到了19世纪中期,所有的事情都发生了改变,在英国,公共讨论的一个主要议题是有关监禁制度的。人们认为,监狱一方面不能实现阻止犯罪的目的,而在另外一方面又过于严厉。于是新的惩罚制度出现了,在那里,**威慑因素**仍然存在,但是刑事司法政策的重要目标发生了改变,**改造**成为该制度的核心。刑事法庭可以采用的制裁措施大大增加了,缓刑和其他教养方式被确立下来,而且一系列新机构成立了,或者进行合并,在这些机构中,有许多被人们看作是监狱的直接替代者。

刑罚—福利战略是在19世纪末发展起来的,并且在20世纪中期刚刚结束的时候达到其顶峰。从那之后,这个战略进行了大幅度的改组和重新定位。变化的核心是越来越不信任刑事司法系统具有福利和改造的功能,一系列更具惩罚性、更为政治化和更加民粹主义的论述和实践逐渐上升到主导位置。到了70年代末,人们明显不再信任国家改变犯罪状况或者通过改革降低犯罪率的能力了。

这一时期的刑事司法政策,体现了有关国家应扮演何种角色的两种相互矛盾的意见之争。第一种版本强调的是福利和公民权利以及减少社会不平等。第二种版本尽管反对"大政府",并且力图在大部分领域限制国家对公民生活的干预,却将刑事司法领域作为例外。在第二个模式中,国家在管理和保障社会福利上发挥着微不足道的作用,将更多的事务留给市场去处理,但是国家在社会秩序的管理上所扮演的角色却是日益增强的。事实上,在查尔斯·莫里等批评家看来,犯罪和扰乱社会秩序事件不断增多,正是福利依赖的产物。

第二种模式所带来的结果是,有效的刑事司法和刑罚政策"被看作是实施更多的控制,遏制违法犯罪活动,而且如果有必要,将人群中的危险分子分离出来"(Garland, 2001: 102)。在过去二十多年的时间里,诸如此类的惩罚主义成为不同政治派别在犯罪和违法问题上的标准政治立场。由此,在刑事司法政治化的相关领域也产生了其他重大改变。

刑事司法和刑罚政策

现在,犯罪问题是选举政治和政治话语的主要组成部分。尽管这并不令人感到惊讶,但是它的确是一个相当新的政治现象。直到20世纪70年代初期,比如说在英国,刑事司法政策几乎不会在重大的选举中被重点提及,显然在那个时候,它远不是"可分化对方支持者的议题",而从那之后,它就经常扮演争议性话题的角色了。

在刑事司法领域,政治家关注人们将如何看待他们,这对近年来的政策制定产生了深远的影响。在这里,至关重要的是,正如许多评论者所指出的那样,到了20世纪90年代,在犯罪问题上"保守的"和"自由的"政治立场之间旧有的分歧消失了,取而代之的是"严惩犯罪"的直白信息。在过去的二十多年间,主要政治派别之间日益激烈的竞争,可以被看作是不同流派的法律和规则之间的斗争。"严惩犯罪"的立场已经与选举胜利联系起来,而它的对立面即"对待犯罪心慈手软",则与选举失利相伴。

在整个80年代,保守党长期在英国政坛占据主导位置,这在英国工党内部引起了激烈讨论,主要围绕着随着时代的变化,什么可能是获得大选胜利的根本原因。工党试图改变它过去的各种冒险行为,特别是以前在控制犯罪方面非常自由主义的政策。英国的"新工党"接受了所谓的第三条道路策略。在刑事司法领域,第三条道路意味着,努力将当今被认为是成功的选举政治所必不可少的要素混合添加进来,即强硬的惩罚修辞以及采取相应的惩罚政策的诺言,从而修正过时的、自由主义的刑罚—福利主义,这是工党在整个80年代和90年代初一直抱紧不放的立场。这种混合策略最成功博人眼球的时刻,是托尼·布莱尔在1993年一次演讲中宣称"严惩犯罪,并且坚决消除犯罪根源"。

当代的刑罚政策

刑罚政策最显而易见的改变,与采用监禁这种惩罚措施有关。图55.3展示了在过去半个多世纪的时间里,关押在英格兰和威尔士监狱里的罪犯人数。在19世纪与20世纪之交,监狱囚犯的数量大约为2万;从第一次世界大战开始到第二次世界大战期间,监狱囚犯的数量呈下降态势,而后这个数字开始上升。到了20世纪50年代末,监狱囚犯的数量再次回到五十多年前世纪之交的水平;在80年代初,这个数量创了截至那时的历史新高——监禁的囚犯人数将近4万。80年代末,监狱囚犯人数达到5万,也是从这个时候开始,国家成功地运用多种多样的策略,从而使囚犯人数开始下降。然而,在英格兰和威尔士的监狱犯人人数到达历史高点后不久,它们又开始再度攀升,而且其增长速度比二战以来的任何时期都要快。

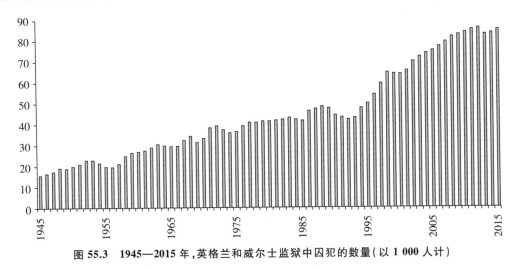

图55.3　1945—2015年,英格兰和威尔士监狱中囚犯的数量(以1 000人计)

资料来源:监狱服务统计数据(HM Prison Services Statistics)。

监狱囚犯数量的增加有着复杂的缘由。其中可能有三个主要原因：被逮捕和判刑的人数增加了；被起诉的犯罪的严重性增强了；被重判的案件增多了。

只有非常少或者几乎没有证据表明，监狱囚犯数量的变化反映了被逮捕或被定罪的犯人数量的增加，后面这个数据一直相当稳定。事实上，从总体来看，被提交法院审判的犯罪案件的严重性并没有实质增强。相反，最大的变化似乎体现在法院判决的严厉程度上：某些罪行更可能被判处监禁，而且所判的监禁时间也比以前要长。

1997年至2010年执政的工党政府，引入了一个相当庞大的刑事司法机构，其主要任务是增加对刑事犯罪的处罚力度，并且扩大刑罚系统的覆盖面。在增加诸如社区刑罚和监禁刑罚之类的正式刑事处罚之外，还有大量的新的契约化社会控制形式被采用（最著名的是《反社会行为法令》），所有这些措施所产生的效果，就是使更多的人被牵扯到刑事司法系统中，而且在许多案件中，他们都要在那里待上更长时间。

2010年，由保守党和自由民主党所组成的政府在半个多世纪以来第一次开始亲自管理刑事司法和刑罚政策。很快就出现了形形色色的信息。最初，最具有新闻价值的信息是司法部的政策转向，起因是司法部对短期监禁的效果产生怀疑，从而设定了从总体上减少监禁人数的目标，而且主张要重新强调改造的作用。对于刑罚政策的研究者来说，这是将发生其他的360度大转变的信号。这个时候，出身于保守党的司法大臣（Justice Secretary）开始回避此前二十多年里一直是主要政治话语的严厉措辞。后来人们发现，这些新提议的主要批判者，来自保守党中的右翼分子和工党政府时期的历任内政大臣（Home Secretary）的组合。新提案似乎并没有一如既往地成为政策。很多方面都证明了这一点，即所谓的"改造革命"最终被认为并没有实现其预期目的，虽然监禁人数有了温和的下降，但是监狱里人满为患依然没有发生任何改变。

不过，另外一些地方则发生了剧烈的改变。警务部门的治理程序成为彻底变革的对象：在英格兰和威尔士，引入了由选民直接选举的警察和犯罪事务专员（Police and Crime Commissioner），与此同时，各种武装力量汇聚在一起，形成驻扎在苏格兰北部边界的单一国家部队。追求激进改革的内政大臣特蕾莎·梅（Theresa May）也开始介入警务服务，大幅度削减其预算，批评它的低效率和自鸣得意，并且任命了第一个从未有过任何相关经验的人担任警察总督察（Chief Inspector of Constabulary）。可能最令人意外的是，在2011年英国骚乱之后，特蕾莎·梅声称警察的拦截和搜查权是英国警务部门最神圣的权力。2012年以来，刑事司法的市场化不仅速度加快，而且程度亦不断加深。缓刑服务因此受到了最剧烈的影响，到2014年6月，它最终被分为两部分：一部分是全国缓刑服务系统，管理"风险较高的"当事人，并向法院提供建议；另一部分，大约20个社区改造组织对大量处于缓刑期的当事人进行日常监管。

在所有这些变化中，可能有两个要点可以算作2010年以来的刑事司法政策和刑罚政策的主要特征。第一个要点是，尽管英国联合政府的政策无论如何都不是没有争议的，但是相比之前的时期，刑事司法政策领域显然不再具有那么大的政治"热度"了。事实上，无论在2010年大选还是2015年大选中，犯罪和刑罚问题都扮演着微不足道的角色。而无论是恐怖主义还是移民问题，都成了非常引人注意的选举议题，并且在一定程度上反映了某些犯罪问题;但是,总体而言,主要党派大多数时候都避而不谈法律和法令问题。第二点是,今天在英国,当涉及犯罪和处罚问题的时候,至少存在三个——如果不是四个——完全不同的政治性司法辖区。无论是苏格兰还是北爱尔兰,现在都拥有在许多方面与英格兰和威尔士完全不同的刑事司法和刑罚体系,而且这些体系也正朝着不同的方向发展。此外,尽管英格兰和威尔士采用的是单一法律体系,但是随着威尔士国民议会获得更多下放权力,覆盖这两个地区的警察服务和监狱服务也出现了越来越大的差异,这一点可能在青少年司法方面体现得最明显。最后,显而易见的是,英格兰、威尔士、苏格兰和北爱尔兰的刑事和刑罚政策在许多方面都存在着相当大的差异,而未来的趋势可能是差异进一步扩大。

可深入阅读的参考文献

在网络上,我们可以找到大量非常有用的信息。无论是英国内政部还是司法部的网站,都收录了非常丰富的资料。犯罪情况统计数据现在由英国国家统计局提供,在 www.ons.gov.uk/ons/taxonomy/index.html? nscl=Crime+in+England+and+Wales 上可以找到最新的数据。

国际监狱研究中心(International Centre for Prison Studies)的网站(www.prisonstudies.org)上有大量关于全球监禁措施使用趋势的有用数据;而有关英国国内情况的有用(有时甚至具有争议性)的资料,可以在刑事和司法研究中心(Centre for Crime and Justice Studies)的网站(www.crimeandjustice.org.uk)上找到。

这个领域近年来最有影响力的著作是 D. 加兰的《控制的文化》(D. Garland, 2001, *The Culture of Control*, Oxford: Oxford University Press),这部作品探讨了美国和英国的刑事和刑罚政策及文化不断改变的特性。M. 马圭尔、R. 摩根和 R. 赖纳编的《牛津犯罪学手册(第五版)》(M. Maguire, R. Morgan and R. Reiner, eds, 2012, *The Oxford Handbook of Criminology*, 5th edn, Oxford: Oxford University Press)是一本重要且影响深远的著作。这本书收录了许多著名的犯罪学家对其常年专注的特定研究领域的论述文章。具体而言,那些希望更深入了解刑事政策的人,应该读一读收入其中的 D. 唐斯和 R. 摩根的《不归路:新世纪的法律与秩序政治》一文(D. Downes and R. Morgan, 'No turning back: the politics of law and order into the millennium')。T. 纽伯恩的《犯罪学(第三版)》(T. Newburn, 2016, *Criminology*, 3rd edn, London: Routledge)是涵盖了犯罪学的大量主题的导论性教科书,其目标读者是刚刚进入这个专业领域的大学本科生。最后,R. 赖纳的《法律与秩序:诚实公民的犯罪控制指南》(R. Reiner, 2007, *Law and Order: An Honest Citizen's Guide to Crime Control*, Cambridge: Polity Press)是一部激发思考、考虑全面和极富说服力的作品,探讨了为什么在当代英国需要改变犯罪控制的性质。

复习和课外作业习题

1. 在英国,有关犯罪情况的数据有哪两个主要的来源?
2. 在过去的四十年里,犯罪活动的总体趋势是什么?
3. 在过去的四十年里,刑事司法政策的主要特征是什么?
4. 从 1990 年到 2015 年,监狱里囚犯数量增加的原因是什么?
5. 近年来,刑罚政策在哪些方面发生了变化?

请浏览本书的辅助网站 www.wiley.com/go/alcocksocialpolicy,使用为配合本书的阅读而设计的资料链接。在那里你将会发现有专门针对每一章的深入阅读资料链接,其中包括政府、国际组织、智库、压力集团和重要的新闻机构的网站。你还会找到以《布莱克维尔社会政策辞典》为蓝本的词汇表、帮助页、有关如何管理社会政策领域中主要委派形式的指导和职业建议。

第九部分
福利体验

第56章
接受失业救济的经历

鲁思·帕特里克

概　览

> 失业政策以努力"促使"个体从"福利"走向"工作"的福利条件限制(将行为条件与获得补贴联系起来)为基础。
> (在2015年大选后上台的)英国保守党政府继续推广和加强条件限制,由此给那些受到直接影响的人带来了不可避免的后果。
> 关于条件限制如何被体验还需要更多的研究,但是已经有证据表明,条件限制造成了严重的困苦。
> 沿着就业和失业这个轴线将人们分为两个部分的话语,会将污名和耻辱与福利依赖联系在一起。
> 人们批评说,对条件限制的关注,忽略了限制人们进入有偿劳动市场的更广泛的社会性障碍。

失业和国家干预

社会政策所关注的核心问题是就业与失业,即谁进入了有偿劳动市场、谁没有,以及原因是什么。失业问题之所以重大,是因为它不仅伤害个体,而且增加了经济和社会成本。失业会给个体的自尊、自信、身心健康和未来的可雇性造成负面影响。高失业率会让经济陷入困境,并且对政府的税收和福利支出水平产生负面作用。因此,许多政策都聚焦于促进人们就业的福利,采取措施给予支持、鼓励甚至是迫使那些领取失业救济的人做出改变,开始从事有偿劳动。

失业这个概念描述了那些处于劳动年龄的成年人希望实现有偿就业,但目前没有工作的状况。那些处于失业状况的人所获得的主要社会保障是求职者津贴,获得领取资格的条件是个体能够工作,并且正在积极地寻找工作。应该注意的是,领取求职者津贴的人并不是某一个同质化的群体,其中包括数量不断增加的单身父母和残疾人。在英国,主要有两种方法测量失业情况。"申领失业救济的人数"测量了在某个时间里申领求职者津贴的总人数,而在未来,申请领取通用福利的失业人数也将包括在其中。通用福利是一种新补助,最终将替代求职者津贴。在近些年里,这个数字要比另一种渠道即独立劳工组织(Independent Labour Organisation,ILO)统计的失业率低很多,后一个数据是以调查证据为基础来估计正在寻找以及能够去工作的人数。这两个数字之所以有差别,是因为并不是每一个失业者都有资格或选择去申请救济金。在2014年12月之前的3个月里,申领失业救济的人数为823 900人,而独立劳工组织的统计数据显示2014年11月为190万(DWP,2015)。重要的是应该知道,媒体的注意力和政治言辞,可能引导人们认为津贴支出中有很高比例用于失业救济,而事实上,它只在总体中占非常小的份额。在2011—2012年度,49.1亿英镑被用于求职者津贴,这相当于所有津贴支出的3%。

这一章聚焦于针对英国失业者的社会政策措施,并且批判性地思考了那些直接受到这些措施影响的人在其中的经历。这里试图更确切地解析所采取的政策路径,以及它对个体生活所产生的影响。在分析的过程中,集中讨论的是求职者津贴申领者的经历,但是也试图理解所探讨的政策改革(例如增加福利条件限制)对更广泛的"经济不活跃"人群的影响。福利条件限制是指将与工作有关的行为与领取补贴联系起来的做法,例如人们被要求每周用35个小时寻找工作,这样他们才有资格申请通用福利(请见第8章、47章、48章)。

政策路径

近年来,政策从专注于鼓励领取救济金的失业者找工作,转向更广泛的焦点,即开始关注各类经济不活跃的人群,以及所有领取非在职福利的人。今天,大量残疾人和单身父母也被要求采取行动寻找工作,以此作为继续领取失业救济的前提条件,甚至是在他们领取残疾人津贴或收入补助金的时候,也有类似要求。与此同时,领取补贴的资格要求发生了改变,这意味着越来越多的单身父母和残疾人要转向求职者津贴,在那里,他们必须符合与工作有关的条件,其中包括寻找工作和展开各种形式的工作相关活动,例如参加技能和雇用能力培训、获得强制要求的工作经验等。对这种政策转向的最恰当的理解,是从相对狭隘的对"失业"的担心,转向更为广泛的对"无工作"的关注。

政治领域和媒体所强调的重点,从始至终都是将"福利依赖"当作"问题",而将"就业"作为解决方案。在本文的分析中,有偿就业被看作是具有变革能力的,因为它不仅能够带来经济上的报酬,还能够改善健康状况和家庭生活,并且提高幸福度。另外,有偿就业被认为是负责任的公民的首要义务,而政府将它们在"从福利到工作"方面的努力,看作是确保公民的这项首要义务得以履行。在英国,"工作优先"路径被采用,从而导致了这样的转向,即将任何形式的就业(比如说零工时工作合同),而不是对通过培训改善人们前途的"人力资本"的关注(其他许多国家是这样做的)放在第一位。

无论是保守党政府,还是其不同政治派别的前任(2010—2015年执政的英国保守党与自由民主党联合政府和1997—2010年在任的工党政府),都主张政府干预是帮助人们自助,是给予那些没有工作的人"以帮助,而不是施舍"(a hand up, not a hand out)。"工作是最好的福利形式"这一赞歌被广为传播,并且被用来证明同时借助激励和惩罚措施(例如,如果约定没有实现,就会取消一个月的基本补贴)能够改善"工作行为"。另外,持续关注"让工作支付",也确保那些有偿就业的人比依靠非在职福利的人经济状况更好。不过,值得注意的是,有两种方式可以实现劳有所得。第一种可能的途径是,提高与有偿就业联系在一起的报酬,这是工党偏爱的方式。在这方面,工党在其执政期间引入了一些最先进的社会性措施,比如1999年实行的全国最低工资制度,并且通过税收抵免落实相当慷慨的就业支持措施(关键的改革发生在1999年和2003年)。第二种方式是通过减少非在职福利,使"让工作支付"成为可能,从而拉大有工作和没有工作的人的收入差距。这是英国联合政府所喜爱的路径,这为各种支出的大幅度削减,以及减少有资格领取非在职福利的人数留下了余地。福利国家紧缩开支依赖的是"领取救济是自己选择的一种生活方式"的观点,新的言辞强力指责、羞辱所有那些将救济当作所有或大部分收入来源的人。

在补救"福利依赖"的"问题"的努力中,无论是英国还是经济合作与发展组织的各个国家,都将福利条件限制作为最受欢迎的政策。尽管福利条件限制在很久以前就已经是政策图景的一个组成部分了,但是在过去的三十五年里,它被越来越频繁地用到,不仅使用范围扩大,而且使用强度亦有增加(Welfare Conditionality, 2015)。首先,它被扩大到许多残疾人和单身父母身上。其次,条件性显著加强了,这既体现在对不遵守该制度的人的潜在惩罚上,也表现在对申请者提出了寻找工作的范围和性质以及其他方面的相关要求。今天,求职者被要求在申请之初签署一份个性化的"申请者承诺书",这份承诺书将相关要求以准合同的形式确定下来。附加在非在职福利之上的要求包括:

- 积极寻找工作;
- 加入"从福利到工作"计划,例如工作计划;
- 参加强制性的无偿劳动实习,该项目有时被描述为"工作福利制"[†]。

2010年以来实行的一系列改革,使得失业的救济申领人现在必须在离家90分钟车程的范围内寻找工作,而且他们被要求将寻找工作的活动当作全职工作来对待。无法满足这些要求的人可能会受到一系列惩罚,并且反复"违反"的情况以及次数都是判断严重性的依据,由此会导致惩罚升级。其中包括对那些连续三次不接受工作邀请的人所实施的停发三年补贴的"终极惩罚",或是只允许申请某个特定职位,或是要求参加某种义务性劳动,即所谓的"强制性的工作活动"。数据显示,英国联合政府执政期间(2010—2015年),与英国工党政府在任时期(1997—2010年)相比,受到减免福利的惩罚的人的数量大幅度增加。

[†] 即失业者必须从事社区工作或者学习新技能才能领取福利金的制度。——译者注

体验"从福利到工作"

就直接产生的影响而言,条件限制是促使个体表现得如同政府所期望的那样的一种方法,否则他们就可能失去补贴。条件限制通常被视为一种福利合同,即以承担责任换取支持,然而,没有工作的救济申请者,显然除了签订这样的合同之外别无选择,因为在这里尤其弥漫着家长主义和权威主义的气息(请见第 10 章)。研究表明,福利限制条件会对身体和精神健康产生负面影响,会引起更强烈的焦虑感,并且降低幸福感(Watts et al.,2014)。如果个体对自己的工作意愿及动机的评估与国家对他们寻找工作的要求之间存在冲突,条件限制就很可能会以消极的方式发挥作用。

国际上有关惩罚的证据显示,这种做法会使更多的人退出救济申领,同时可能在短期内增加就业人数,但是从收入、工作质量和就业稳定性等长期效果来看,情况则糟糕得多(Watts et al., 2014)。实施惩罚不可避免地会给受罚的救济申领者、他们的家庭成员(包括其子女)带来困苦的生活,而且越来越多的研究证据表明,人们在生活困难时无法养活自己,有时甚至会到商店里偷窃食品,以此勉强糊口。

在说明采取限制条件和惩罚措施的理由时,政府经常强调,提供帮助和支持是为了协助人们实现从福利到工作的转变。2010 年,英国联合政府采用了工作计划(WP),这个独立的支持重返工作计划是由第三部门和私营机构执行的,政府为将人们"转移"到有偿就业的结果付费(请见第 48 章)。但是,这里可能存在的问题是,工作计划无法有效地支持那些面临最大的走入职场障碍的人,例如残疾人和那些面对根深蒂固的就业阻碍的人。工作计划的参与者有时无法得到有意义或有用的支持(Dole Animators, 2013;Patrick, 2014)。对包括工作计划在内的福利改革经历的研究,发现了人们的长期就业期望得不到支持的案例,这可能是工作优先路径所带来的结果之一(Patrick, 2014)。参与者说,他们被鼓励随便找个什么工作,而没有人关注他们最感兴趣、最擅长和最有经验的那些领域。

"奋斗者和偷懒者":分化言论所带来的结果

人们往往依据"努力工作的家庭"与"福利依赖者"、"奋斗者"与"偷懒者"等静态的群体特征描述,为从福利到工作的政策路径进行辩解。这种二元划分再现和再造了过去"值得帮助"和"不值得帮助"的人之间的区分,并且将包容或排斥、有责任心或不负责任与个体是否从事有偿工作联系起来。政治家成为让"福利"污名化的积极参与者,与此同时,媒体在这个方面也扮演着越来越具主导性的角色。近年来,越来越多的、承诺展现领取救济者生活"真相"的"纪录片"涌现出来。例如被称为"贫困色情"的《救济英国》(*Benefits Britain*),就非常煽情地描绘了那些依赖失业救济的人的生活。这些节目起到了使失业救济领取者蒙上污名的作用。在 21 世纪的英国,申请救济的经历一直带有令人感到羞愧和耻辱的特征。

今天,那些经常带着羞愧与贫困作斗争的个体,还不得不面对日益固执地将没有工作与不负责任及失败联系在一起的污名化言论。研究发现,个体正在将围绕着救济申领的负面叙事内化,因为有些人为自己贴上了诸如"乞讨者"之类的标签,以描述他们当前的状况(Dole Animators,2013;Patrick,2014)。更重要的是,影响人们如何看待他们自身的言辞,将会伤害他们的自信、自尊,而且富有讽刺意味的是,而后得到有保障的有偿工作的机会也会因此受到损害。尽管上述二元区分仍然发挥着强有力的影响,但是也有人开始质疑这样的区分是否真的反映了生活现实,因为静态的特征描述无法捕捉到人们在低收入工作与失业之间的来回流动,而对于许多人来说,这种变动是常态。

应对失业救济系统

想要理解附着在福利依赖上的污名,非常关键的一点是弄清楚就业服务中心、工作和养老金部及其他相关部门(例如"从福利到工作"的提供者),是怎样导致"制度性污名"的。这种制度性污名可以定义为在申请救济的过程中产生的污名。对福利限制条件的强调,使得申请者在咨询如何才能获得持续帮助,以及如何符合所有与工作有关的条件的过程中,与就业服务中心的顾问互动时,将后者放到管制者和监督者的位置上。这会对申请者与顾问之间的关系造成负面影响,因为限制条件所带来的不同可能性,会使申请者与福利国家制度打交道这个过程产生"创伤效应"。

当不符合条件时,申请者觉得自己被怀疑,他们必须表明并且证明自己是"值得帮助"的。这会阻碍信任和有效沟通的关系的形成,因为申请者经常报告说,他们在这样的互动中,觉得自己被评判和被看不起,没有得到基本的尊重。与就业服务中心的顾问见面通常有等候时间长、缺乏隐私性、谈话者高高在上的特征,所有这些都进一步使经历者产生被羞辱的感觉。

在应对失业救济系统的过程中,申请者不得不与官僚体系打交道,人们经常指责这样的系统,特别是在提供清晰、即时和有用的信息方面服务质量低劣。人们所报告的问题包括误导、信息矛盾、难以理解官方信息发布,这些不可避免会影响到个体对自身权利的领会。申领者指出,他们发现,当他们尝试取出批准给他们的救济款时,却只看到了零结余。有关即将到来的福利改革的糟糕宣传,导致了更多的焦虑和担忧,并且令人们对失业救济系统的变化感到害怕和不安。

对于非在职福利的申领人来说,与官员打交道既要花去大量时间,也令人情绪紧张,并且从根本上破坏他们的自尊。这种互动关系中令人感到痛苦的家长作风带来的危险是,申请者可能无法将这些官员看作能够为他们提供有意义的支持,进而帮助他们找到有偿工作的人。就业服务中心的作用被认为是检查领取救济的资格,而不是帮助人们找到工作。这种看法延伸到了失业救济申请者与工作计划顾问之间的关系中,前者将工作计划的服务描述为没有人情味且很不友好。这种状况显然与根据结果付费的模式有关,因为人们怀疑工作计划的服务提供者只是对能够确保带来收入的结果感兴趣,是以个人业绩为目标的。

总而言之，失业救济领取者与福利系统中的官员之间的关系往往存在着诸多问题，而且浸染着申请补贴的制度性污名。许多人都认为这样的关系深受整体政策路径及叙事、对福利限制条件和惩罚的强调，以及本章接下来要探讨的新议题的影响。

新议题

应对失业问题的政策路径暗示，需要条件限制和一定的处罚，才可能刺激个体去就业，也就是说，应该聚焦于个体申请者。从这个角度来看，政策问题就落在了个体层面，即劳动力市场的供给侧，以及个体为实现从福利到工作而应该做出的行为改变上。这种路径可以被描述为"责任的个人化"，即失业"问题"可以归于**个人**问题的范畴，从而需要**个人**做出改变。但是，研究表明，个体通常在寻找工作中受挫，并不是因为他们缺少就业的动机和决心，而是由诸如没有职位或者缺乏合适的儿童保育等需求侧障碍造成的。将关注点放在劳动力市场供给侧的逻辑，显然与这些研究发现是相矛盾的，相关研究一再发现失业者中存在着强烈的就业愿望，他们常常非常努力地寻找工作，尽管没有成功。

2015年5月，保守党在威斯敏斯特宫的大选中获胜，并且承诺他们的政府将继续推进福利改革，努力确保工作带来报偿，没有人能够"选择"以救济作为一种生活方式。他们还承诺，通过增加强制性的工作形式，并且减少有资格获得补贴的人数，从而展开旨在鼓励年轻人实现从教育到就业的转变的特殊改革。这些改革进一步加强了对条件限制、减少社会福利供给，以及必须进行严格的监管的强调。

对近年来英国政府所采用的路径的批评声音指出，政策集中于将有偿就业作为公民个体的首要义务，从本质上来说是排他的，并且忽视了其他各种各样的贡献形式，而这些可能正是许多经济"不活跃"的人所参与的。其他的贡献形式包括做志愿者、照料他人、养育孩子，以及低收入社区中常见的非正式护理和帮助。批评人士强调，将人口根据他们是否从事有偿工作而分成两个静态群体的叙事必然造成隔阂，并且会进一步贬低和破坏那些目前没有处于有偿就业领域的人的贡献。采用这样的分类被认为是在挑动公民相互对立，从而产生敌意，威胁社会团结。

与之前的联合政府和工党政府一样，2015年上台的保守党政府在为他们所采用的路径辩护时，将焦点放在有偿就业所带来的变革性奖赏上，并且指出，他们的目标是让更多的劳动年龄人口分享到这样的奖励。但是，这样的政策辩护往往不承认持续存在的有工作的贫困者的现象，这是英国顽固而持久的问题。超过半数的贫困儿童生活在至少有一个成人工作的家庭中。除此之外，有偿就业所带来的非金钱报偿，并不存在于所有类型的就业中。在这里，应特别关注近年来不断增加的缺乏稳定性、临时、低收入且没有弹性的雇用方式，因为有证据表明，从事这些形式的工作会带来极其负面的后果，特别是在精神健康和幸福感方面。

对政府的政策路径产生怀疑的人声称，对"福利依赖"的"问题"的强调，以及将"就业"作为推荐的解决方案等做法，产生于对政策议题简单化且肤浅化的分析。这样的路径暗含"福利依赖"一直而且绝对是负面的这样的言外之意，并且没有考虑到我们所有人都以不同的方式依赖着国家，并且相互依赖。给予和得到照料是人类之所以成为人类的固有组成部分，依赖并不必然或完全是一种负面特征。如果我们从更广泛的角度理解"福利"，不仅将提供给失业救济领取者的"社会福利"包含在内，而且纳入我们所有人都依靠的各种形式的国家支持，比如说教育、卫生健康和税收抵免等，那么我们对谁是福利依赖者的认识就会发生改变。由此会形成一幅更为包容的图景，而且人们能够更准确地捕捉到公民与国家之间错综复杂的关系。然而，目前的政策路径几乎没有展现出改变的迹象，因为各个主要政治党派都继续致力于将福利限制条件和激活"懒散者"放在优先位置。面对这样的情况，继续追踪和研究失业救济申领者本人在这样的政策路径中有怎样的经历非常重要。

可深入阅读的参考文献

工作和养老金部的主页是获得政府演讲、政策文献和统计数据的真正有价值的来源；点击 www.gov.uk/government/organisations/department-for-work-pensions 可以阅读工作和养老金部的报告《工作和养老金部》(DWP, 2015, *Department for Work and Pensions*)。

R. 帕特里克的《为福利而工作：有关英国福利改革的亲身体验的定性纵向研究》(R. Patrick, 2014, 'Working on welfare: findings from a qualitative longitudinal study into the lived experiences of welfare reform in the UK', *Journal of Social Policy*, 43: 4, 705-725)详细地记录了失业救济领取者的亲身经历。几位这项研究的参与者也制作了一部与之相关的短片(Dole Animators, 2013, *Dole Animators*, www.doleanimators.org.uk)。

R. 沃克的《贫困之耻》(R. Walker, 2014, *The Shame of Poverty*, Oxford: Oxford University Press)讨论了与贫困和救济联系在一起的污名和耻辱。

有一个大型研究项目是关于直接受福利限制条件影响的人在这方面的亲身经历的。相关细节可以在该项目的网站上找到；在这个网站上还有一些简报和幻灯片的链接；请见福利限制条件研究项目的《福利限制条件：惩罚、支持和行为改变》(Welfare Conditionality, 2015, *Welfare Conditionality: Sanctions, Support and Behaviour Change*, www.welfareconditionality.ac.uk)。

B. 瓦茨、S. 菲茨帕特里克、G. 布拉姆利和 D. 沃特金斯的《英国的福利惩罚和条件限制》(B. Watts, S. Fitzpatrick, G. Bramley and D. Watkins, 2014, *Welfare Sanctions and Conditionality in the UK*, York: Joseph Rowntree Foundation)总结了英国如何采用福利条件限制的做法，并且展现了有关福利条件限制产生的影响的研究证据。

复习和课外作业习题

1. 当前的失业政策路径有哪些关键特征？
2. 有什么证据展现了限制条件和惩罚所产生的作用？

3. 对有工作的人和没有工作的人的区分,在失业救济申领者那里产生了哪些影响?
4. 对于当前的失业政策路径都有哪些批评?
5. 从那些直接受失业救济政策影响的人的经历里,我们获得了哪些认识?

请浏览本书的辅助网站 www.wiley.com/go/alcocksocialpolicy,使用为配合本书的阅读而设计的资料链接。在那里你将会发现有专门针对每一章的深入阅读资料链接,其中包括政府、国际组织、智库、压力集团和重要的新闻机构的网站。你还会找到以《布莱克维尔社会政策辞典》为蓝本的词汇表、帮助页、有关如何管理社会政策领域中主要委派形式的指导和职业建议。

第 57 章
家庭政策

蒂娜·豪克斯

>> 概　览

- 过去的半个多世纪里,英国家庭的组建和解体模式发生了显著的改变。就业模式也出现了变化,因而大部分母亲(特别是子女较大的母亲)现在都从事付薪工作了。
- 有关"做正确的事情"的家庭价值观和规范变得越来越复杂,而且随着具体情况而发生变化。但是,这并不意味着对家庭的投入减少,尽管家庭责任是反思和讨论的主题。
- 家庭政策可以从政策目标、活动领域和制度性结构几个角度加以定义。核心的活动领域包括对家庭行为的监管,现金补贴、税收抵免或转移支付,以及各种服务的提供。
- 在过去的二十多年里,英国的家庭政策变得越来越明晰,在这个过程中,一系列新政策被采用,已有的条款得到进一步发展。
- 家庭政策在有关福利国家未来发展方向的重大讨论中占据核心地位,尤其关系到有偿劳动和无偿照料之间的协调问题。

家庭的变化和社会政策

如今在许多工业化国家中,家庭政策都成了政治和政策风景中重要且公认的组成部分。人们通常认为,家庭政策包括对家庭行为的监管、为家庭提供的现金转移支付和一系列面向家庭的服务(请见工具箱 57.1)。近年来,英国的家庭政策变得更加清晰、连贯和全面。这些发展背后的政治话语,强调家庭所扮演的社会"基石"的角色,也就是家庭作为社会的基础单位,传承着价值观,抚育着后代,并且维系着地方社区。

因此,家庭在英国当代政治和政策讨论中处于中心位置。所有政治党派都宣称有支持家庭和维护家庭生活的政策。家庭生活和人际关系是媒体所关注的焦点,这些议题不仅出现在报纸和电视上,而且体现在诸如"妈妈网"(mumsnet)这类吸引上百万人的网站上。对于家庭与国家之间关系的学术兴趣,使得这个领域产生了大量研究和出版物。

许多社会政策都关系到家庭和家庭生活,而且在制定政策的过程中,一定要考虑到某些有关家庭和家庭角色的假定。例如,经常有人指出,战后英国福利国家制度的供给,是建立在一个非常明确的家庭生活模式之上的,在这个模式中,男人有一份全职工作,而女人则是全职照料者。家庭被认为是稳定而且持久的,男性与女性的家庭角色被视为完全不同。

即便在20世纪50年代——一个家庭结构异常稳定且同质化的年代里,现实存在的家庭在多大程度上符合这个理想化的模式都是有争议的。而今天的家庭则易变得多,而且更加多元化。虽然60年代经常被描述为"自由放任的十年",但是,事实上,英国的家庭生活模式是从70年代才开始日新月异的。1971年实施的《1969年离婚改革法案》(1969 Divorce Reform Act)对于更广泛的群体来说,使离婚成为可能。未婚同居现象在这个时候开始增多,同时非婚生子的比例也提高了。表57.1总结了20世纪70年代以来家庭形成和家庭结构的一些核心趋势。正如我们所看到的,在这段时间内,发生了一些非常重大的变化。更多的孩子在婚外出生,更多的情侣未婚同居,初婚的年龄推后了,堕胎变得更稀松平常了,女人生养的孩子减少了,而且离婚的风险增大了。

表57.1 三十多年里英格兰和威尔士的家庭形成和家庭结构的变化

	20世纪70年代初期和中期	21世纪第二个十年的初期
非婚生子的比例	8%	47%
未婚女性同居比例	8%(1979年)	31%
女性/男性的平均初婚年龄	21岁/24岁	30岁/32岁
在15岁到44岁的女性中堕胎的人次	161 000	190 800
生育率(每千名女性分娩的活产婴儿)	84‰	93‰
离婚人次	79 000	118 140
每1 000个已婚者中的离婚率	5.9‰	10.8‰
由单身父母掌管的家庭的比例	8%	25%*
单人户的比例	18%	28%*
家庭的平均规模	3.1人	2.4人*
不满16岁的人在总人口中所占的比例	25%	19%*
年满65岁的人在总人口中所占的比例	13%	17%*

* 这是英国全国的数据;其他都只是英格兰和威尔士地区的数据。

数据来源:"家庭与家户"(Families and Households),2014年(2015年);英格兰和威尔士地区母亲的安全分娩,2013年(2014年);英国出生和非英国出生但生活在英国的女性的生育情况,来自2011年人口普查数据(2014年);英格兰和威尔士的离婚情况,2012年(2014年);结婚和未婚同居(2013年);英格兰和威尔士的堕胎统计数据,2013年(2014年);英格兰和威尔士的怀孕情况,2013年(2015年);年度年中人口估计,2013年(2014年);全国人口预测,以2012年为基础(2013年)。

家庭政策

第57章

由此而来的结果是,出现了更多的单身父母(每四个有未成年子女的家庭中就有一个是由单身父母操持的)、更多的继亲家庭(每十对有未成年子女的夫妇中,就大约有一对属于再婚),而且更多的人独自生活,家庭的平均规模越来越小了。人口也开始老龄化。这中间包括更多的高龄人口,即比起以前,今天有更多的人活到85岁或超过85岁。

有未成年子女的家庭的就业模式在这个时期也发生了变化。在70年代初,只有大约一半的已婚母亲有工作,通常其子女年龄较大,因为那个年代的母亲一般都会离开劳动力市场几年,为她的丈夫和子女提供全职照料。2010年,大约有3/4的已婚母亲外出工作,其中超过半数是学龄前儿童的母亲。如同图57.1所展示的,单身母亲的就业率比已婚母亲的低,不过前者在近年来迅速升高,而与此同时,已婚的、拥有5岁以下子女的母亲的就业率也在快速攀升,无论是已婚的还是单身的母亲,往往都从事兼职工作。大部分从事非全日制工作的女性都表示她们愿意这样做,因为这能够更方便地兼顾工作和照料,但是兼职工作往往只局限在劳动力市场的某些部分,而且工资较低。尽管如此,女性对家庭收入的贡献,在维持家庭生活水平和避免陷入贫困方面发挥着日益重要的作用。没有赚钱养家者、一个人赚钱和两个人都有收入的家庭之间的收入差异,是经济不平等扩大的关键因素之一。近年来,"有工作的穷人"的比例大幅提升,这成为所有层面的政策制定者应该考虑的关键议题(请见第48章)。

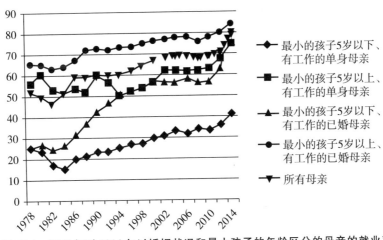

图57.1 1977年到2014年以婚姻状况和最小孩子的年龄区分的母亲的就业率

资料来源:Living in Great Britain(1997);A. Walling(2015),*Families and Employment*,Labour Market Trends,July;ONS(2014),Families in Labour Market,www.statistics.gov.uk;ONS(2011),Mothers in Labour Market。

如同上文已经提到的,今天的家庭和就业趋势可以被描绘为"男性养家糊口"的家庭不断减少,而这种家庭模式原本是20世纪福利国家制度的核心。而且,重要的是应该意识到,家庭情况也随着时间的推移发生变化。家庭组建、破裂和变革,与此同时,人们在职场中进进出出。因此,尽管单人(传统上通常是男性)赚钱养家的家庭在今天已经是少数了,但是这种状况对于许多人来说,仍然是家庭的"生命历程"中的一个重要阶段。在单身父母身上也是如此。成为单身母亲的女性(和在较不常见的情况下成为单身父亲的男性)

不会永远独自养育孩子,因为许多人会再婚或与新的伴侣组建家庭,而且即便这些人没有这样做,他们的孩子也会长大并且离家。因此,单身父母应该说是家庭历程的一个阶段,而不是一种固定的、单独的家庭类型。

关于家庭关系和家庭生活的价值观及规范,在多大程度上随着家庭结构的变化而发生改变,则是社会学文献中经常讨论的主题。有人主张,家庭责任已经被削弱了,因为今天的人们更加"个体化",并且被他们的个人目标和抱负所激励。由于人们更关注他们个人的需要和自我实现,因此他们在维系家庭上的付出减少了。然而,这种个体主义命题,无论是在理论还是在实证方面都受到了挑战。例如,斯马特(Smart,2007:189)指出,个体化的概念将注意力集中在"碎片化、差异化、隔离和独立自主"等方面,而不是聚焦于人们跨越时空将家庭和其他关系"连接"起来的途径。基于一个重大的研究项目——该项目探索了人际关系、私密性、家庭价值观和义务、家庭和朋友圈中的爱与照料等议题,威廉姆斯(Williams,2005:83)声称,尽管变动性更大、更为复杂的家庭结构和工作/照顾模式中的"新情况","改变了人们之间的责任承诺的形式,但是并没有破坏责任本身"。最新的生物学发展,例如越来越便利、越来越广泛应用的捐精,也带来了大量新的挑战。努德奎斯特和斯马特(Nordquist and Smart,2013)研究了接受捐精的夫妇所构成的家庭。在另外一个层面上,与国内捐献不同,使用来自其他国家的生物捐献,向政策制定者提出了更大的挑战,而且这样的家庭涉及不同文化和不同的管理构架的相互碰撞。

与此同时,"主动选择的家庭",即"家人"是志趣相投的朋友,而不是(生物意义上的)亲属或"出生决定的家庭",在人们的生活中扮演着重要的角色。无论是出生的家庭还是选择的家庭,家庭仍然重要,但是家庭义务却是值得磋商的,并非固定不变;家庭价值观也变得复杂了,对于身为父母、提供照料和有偿就业应该做哪些"正确的事情",不再能简单地达成一致了。总而言之,人们不能继续假定所有的家庭总体上是一样的,有着同种类型的需求和资源。人们也不能认定每个人对家庭生活都有相同的价值观。因此,政府是否应该以及如何对家庭变化作出回应,也是正在热议的话题。有些人认为福利国家制度削弱并且破坏了家庭,因而呼吁政府向回拨转时钟,重回"传统的"家庭结构和角色。另外一些人则更为务实,他们主张政策应该反映这些变化,并且努力确保其结果不会使人们处于不利的态势。

英国的家庭政策

定义家庭政策有多种方式。有些定义包括(无论是有意的还是无意的)影响家庭的所有政策。另外一些只包括直接针对家庭、有着具体目标的政策。不过,对于国家在与家庭的互动中所扮演的角色,则有着不同的政治和意识形态观点。许多政府并没有明确地将家庭定义为政策目标,也没有试图去影响家庭结构。因此,如同工具箱57.1所展示的那样,根据活动范围定义家庭政策可能更有效。

工具箱 57.1　定义家庭政策

家庭政策可以通过三个主要的活动领域来定义：

1. **针对家庭行为的法律规制**：关系到结婚和离婚、性行为、节育和堕胎、父母权利和义务以及儿童保护的法律。
2. **资助家庭收入的政策**：免税额度、家庭和儿童津贴、父母育儿假和补贴、儿童援助行动。
3. **为家庭提供的服务**：儿童保育服务、补贴性住房供给、社会服务、社区照顾等。

正如上文所指出的，英国的家庭政策在近年来变得更加全面和清晰。特别是1997—2010年执政的工党政府，引入或者说拓展了几个方面的家庭政策。戴利（Daly，2010）将这些政策归为以下六个主要方面：

1. 早期教育和儿童保育（发展儿童保育和幼年服务是全国儿童保育战略的组成部分）；
2. 向有孩子的家庭提供经济支援（为有孩子的家庭引入税收抵免，并且增加经济资助）；
3. 为幼小的儿童和他们的家庭提供服务（引入稳健起步计划）；
4. 就业促进（单身父母责任和从福利到工作的改革）；
5. 工作与家庭的协调（延长产假、引入陪产假和要求弹性工作的权利）；
6. 父母的责任和行为（更多地干预家庭生活，例如提供父母课程）。

人们热烈讨论这些政策在多大程度上体现了根本性的转向。戴利（Daly，2010：433）的结论是，存在着政策工具方面的改变，但是"在大量变化和革新面具后面，隐藏的是根深蒂固的连续性"。"以市场为导向的家庭政策模型"作为基础范式保留了下来。但是，如果聚焦于具体的政策领域，可以清楚地看到更为强有力的改变。例如，刘易斯（Lewis，2009）关注工作与家庭的协调问题，他指出，这一政策领域的发展和革新将英国带往新的政策方向，并且接近欧洲的做法（请见工具箱57.2）。豪克斯（Haux，2012）考察了对单身父母本人产生影响的重大政策变化，即单身父母责任的引入，该政策要求，一旦最小的孩子到了上学年龄，单身父母就要去工作。利斯特（Lister，2006）认为之前执政的工党政府的与儿童有关的"社会投资路径"（所有成年人都是或者应该是劳动者，儿童将是未来的劳动者）确实是新政策，因为它设定了减少儿童贫困的目标（请见第58章）。

工具箱 57.2　成年劳动者模式和工作—家庭平衡

有关家庭以及家庭行为的假设，是福利国家制度的根本基础。简·刘易斯（Jane Lewis）分析了英国是如何从"男性养家糊口"模式转变为个性化的"成年劳动者"模式的。新的模式假设，所有成年人都有责任和义务从事有偿工作，而且诸如此类的付薪劳动能够且应该与照料责任兼容。这显然提出了一个挑战，即照料工作如何与有偿就业相结合，以及应该采取什么措施使人们能够兼顾照料与就业。

在1997年工党执政之前,在采取政策帮助家庭兼顾有偿劳动和家庭照料责任方面,英国落后于欧洲的其他国家。刘易斯论证指出,1997—2010年执政的工党政府所采取的工作—家庭政策可以分为三个维度,即儿童保育服务、弹性工作安排和父母育儿假,这些都标志着英国的家庭政策发生了方向性的改变(请见上文)。不过,尽管这些政策声称讲求性别平等,并且旨在给予父母更多的选择,但是许多政策实际上仍然是针对母亲的。

联合政府(2010—2015年)进一步发展了这三个领域的政策供给,尤其是最近引入了共享式父母育儿假,这使得父母中的任何一方——而不像之前那样只是母亲——都能够享受新增的假期。

从2010年5月到2015年5月,保守党和自由民主党组成了联合政府。其前任政府围绕六个主题进行了家庭政策改革,联合政府则集中收缩了前三个领域的范围(早期教育和儿童保育、向有孩子的家庭提供经济支援、为幼小的儿童和他们的家庭提供服务),并且扩展了后三个领域(促进单身父母就业、工作—家庭平衡政策,以及父母的责任和行为)。总体而言,焦点从确保所有家庭都过上小康生活,转向支持(潜在的)困难家庭(经常被当作"问题重重的家庭")。新的政策举措(例如"问题家庭计划")针对一些有意改变某些特定行为——例如孕期吸烟、子女逃课和没有工作等——的特殊家庭。然而,联合政府以紧缩为标志的政策,尤其沉重地打击了有孩子的家庭。尽管存在着如何平衡关系到收入水平的紧缩政策的相关讨论,但是显而易见的是,诸如家庭津贴上限(对每个家庭在一年之内得到的补助总额的限定;请见第47章)等措施,意味着处于收入分配底部且有孩子的家庭,在2015年将比在2010年的时候境况更糟糕。此外,英国联合政府通过基于经济状况调查的儿童津贴(之前人人有份),取消为领取社会救济的单身父母提供儿童养育捐款,应用所有新政策时都要求进行"家庭测试"(Family Test)(对家庭组建、变化、解体和家庭成员参与家庭生活的能力等方面的情况进行评估),以及推进通用福利措施的落实,从而带来了许多重大的改变(请见第47章)。

据说将对一些(新的)关系产生影响的通用福利计划可能扩大条件限制和惩罚措施的应用面,这些会影响到女性获取社会保障,并且将使这样的事实更加恶化,即女性更可能成为当前社会保障和税收抵免之削减的主要输家(请见第47章和56章)。首先,因为通用福利是以家庭而非个体为单位的,因而只有假设支付给家庭的补贴将在家庭内部公平分配而且家庭中有着平等的权利关系,通用福利才可能对于男性和女性有同等益处,但是这两个假设没有一个是必然存在的。其次,在通用福利政策下,家中潜在的第二个赚钱养家者走入职场在经济上不一定合算。由于家中的第二个赚钱养家者往往是女性,因而通用福利政策可能强化了传统的男性赚钱养家的模式。最后,通用福利政策扩大了条件限制的使用范围,由于目标是促使诸如有年长子女的单身父母之类的群体从事全职工作,因而那些从事兼职工作的人的生活将被牵连进来。

新议题

由全球金融危机(2007—2008年)引发的英国近年来的经济衰退,为家庭预算带来了额外的压力,而且在职贫困现象也成为家庭和政策制定者的重大关切和挑战。人们越来越聚焦于英国在儿童保育方面的高支出以及它对女性参与劳动力市场的影响。然而,由于公共资金仍然紧张,保守党政府可以闪转腾挪的空间相当有限。前些年里对于养育子女和长期贫困以及改善婚姻质量的关注,似乎在政策议程中保留了下来。家庭破裂和糟糕的养育被认为是导致诸多社会问题的原因,尽管有证据表明,社会问题是各种因素交织而产生的错综复杂的结果。2015年上台的保守党政府似乎打算继续推行之前的联合政府留下来的许多与家庭有关的议程。总而言之,政府希望为特殊的家庭和特定的经济行为(结婚和工作)提供更多的经济资助和支持。从更广泛的层面来看,家庭政策的关键议题依旧是有关福利国家制度未来发展方向的讨论的核心。一种长期得到人们赞同的女性主义观点,强调了使女性能够兼顾付薪工作和无偿照料的国家政策的重要性,而这个问题已经出现在关于未来政策的讨论的舞台中央。

可深入阅读的参考文献

M. 戴利的《新工党领导下的英国家庭政策的转变》(M. Daly, 2010, 'Shifts in family policy in the UK under New Labour', *Journal of European Social Policy*, 20:5, 433-443)讨论了1997年到2010年工党执政时期家庭政策的主要发展变化,并且指出,工党政府并没有带来范式性改变。

戈斯塔·埃斯平-安德森的《未完成的革命:适应女性的新角色》(G. Esping-Andersen, 2009, *The Incomplete Revolution: Adapting to Women's New Roles*, Cambridge: Polity Press)分析了经济、社会和人口特征方面的变化,并且声称福利国家制度尚未给女性的角色带来革命性改变。有人认为,家庭政策应该"促使女性革命走向成熟"。

J. 刘易斯的《工作—家庭平衡、性别和政策》(J. Lewis, 2009, *Work-Family Balance, Gender and Policy*, Cheltenham: Edward Elgar)详细论述了英国的工作—家庭平衡政策的出现和成就,并且将英国的政策与法国、德国和荷兰的进行了对比。

C. 亨里克松的《家庭政策的革命:我们应该从这里前往何处》(C. Henricson, 2012, *A Revolution in Family Policy: Where We Should Go from Here*, Bristol: Policy Press)分析了过去二十年的家庭政策,并且以此为基础,为未来家庭政策的发展提出了建议。

R. 利斯特的《儿童(而不是女士)优先:新工党、儿童福利和性别》(R. Lister, 2006, 'Children[but not women] first: New Labour, child welfare and gender', *Critical Social Policy*, 26:2, 315-335)讨论了1997—2010年工党政府在家庭政策中采用的将儿童视为"社会投资"的路径的特性和内涵。

T. 豪克斯的《激活单身父母:对英国从福利到工作改革的循证评价》(T. Haux, 2012,

'Activating lone parents: an evidence-based appraisal of the welfare-to-work reform in Britain', *Social Policy and Society*, 11: 1, 1-14)考察了引入单身父母责任项目的背景及这一项目背后的假设。

P. 努德奎斯特和 C. 斯马特的《相关的陌生人：家庭生活、基因和受精》(P. Nordquist and C. Smart, 2014, *Relative Strangers. Family Life, Genes and Conception*, Basingstoke: Palgrave Macmillan)以接受精子捐献而生育子女的夫妇为研究对象，探讨了他们的经历和故事。

英国国家统计局提供了有关社会趋势、人口趋势等方面的资料，还有各种各样可生成表格和统计图的数据，请访问 www.statistics.gov.uk。

复习和课外作业习题

1. 在过去的三十年里，英国的家庭模式发生了哪些重大变化？
2. 母亲越来越多地走入职场为社会政策带来了哪些挑战？
3. 请定义家庭政策。
4. 工党政府自1997年以来是否改变了家庭政策？如果是，那么是如何改变的？
5. 今天英国的家庭政策面对着哪些重大挑战？

请浏览本书的辅助网站 www.wiley.com/go/alcocksocialpolicy，使用为配合本书的阅读而设计的资料链接。在那里你将会发现有专门针对每一章的深入阅读资料链接，其中包括政府、国际组织、智库、压力集团和重要的新闻机构的网站。你还会找到以《布莱克维尔社会政策辞典》为蓝本的词汇表、帮助页、有关如何管理社会政策领域中主要委派形式的指导和职业建议。

第58章
儿　童

特丝·里奇

>> 概　览

- 儿童是广泛的政策领域中的福利服务的主要领受人,而且他们的生活在很大程度上是可及的福利系统的类型和质量塑造的。
- 现代的童年正经历重大的社会和经济变革,而且21世纪的儿童在多元化的家庭环境中过着越来越复杂的生活。
- 儿童福利政策随着时间的推移而改变,并且以有关儿童的需求与权利、父母的需求与权利以及国家在儿童的生活中所扮演的角色等不断变化的假设为基础。
- 越来越多的政策承认儿童是社会行动者和拥有权利的人。同时社会政策也朝着"社会投资政策"的方向发展,这种政策将儿童看作是未来的"公民劳动者"。
- 本章考察了儿童政策领域的一个关键问题——儿童贫困问题。研究了实施《儿童贫困法案》的起起落落,观察了各种各样的政策举措对儿童的影响,以及当政府发生变化的时候,儿童政策的改变和延续状况。

导　论

2015年,英国16岁以下的儿童大约为1 200万人,他们在总人口中约占19%。大部分儿童生活在家庭中,他们的福利需求由各种各样的正式或非正式供给来满足。因此,应该在这种正式与非正式福利混合的背景下理解与儿童相关的社会政策。儿童是广泛的政策领域——包括教育、卫生健康、住房与环境、儿童保育、社会服务,以及通过社会保障与税收系统提供的经济资助等——中的福利服务的主要领受人。

儿童非常依赖旨在增进他们现在和未来福祉的福利服务,而且他们的生活受到地方、国家(包括委任分权行政区)和跨国层面的政策的影响。毋庸置疑,在诸如教育、儿童保

育、儿童保护和卫生健康政策等领域中,服务的类型和质量与儿童的福祉有着显而易见的关联;但是,另外一些领域,例如环境和交通运输,也可能会有意或无意地影响儿童的生活。政策制定者对待儿童的方式,取决于不同时代人们对童年的理解。这一章将考察正在发生改变的童年环境对政策产生了哪些影响,并且阐述这一领域的重要讨论和发展。

21 世纪的童年

21 世纪,在英国,童年时代正在经历着巨大的社会和经济变迁。这些变化影响着针对儿童和他们的家庭的政策的发展方式。

人口结构和社会在 20 世纪下半叶所发生的改变,也在很大程度上改变了家庭的组建方式和结构。在经济发达的西方国家,减少生育和推迟生育时间的趋势,导致儿童总体数量减少。家庭生活日益变得不稳定,使得不婚同居的数量增加和家庭解体的比率上升,而这些反过来又带来了家庭形式更加多元化和更加复杂的结果(请见第 57 章)。因此,儿童的生活也越来越多层面,他们生活在多种多样的家庭环境之中。显然,对于国家而言,为过着日益多样化且复杂的生活的儿童提供通用或有针对性的政策变得很困难。

儿童权利

儿童权利是社会政策中的一个重要议题,正如工具箱 58.1 所展示的那样,社会政策越来越明确地承认,儿童是社会行动者和拥有权利的人。在制定政策的时候考虑服务使用者的意见,并且在研究、实践和政策形成过程中增加儿童的参与,都属于新的趋势。英国拥有一系列基于权利的法律条例,例如 1989 年和 2006 年的《儿童法案》(Children's Act),还有涵盖广泛的国际公约,例如《联合国儿童权利公约》(United Nations Convention on the Rights of the Child, UNCRC)。为了与不断变化的儿童权益要求步调一致,在各个委任分权行政区都任命了儿童专员(Children's Commissioner),威尔士在 2001 年率先采取这一行动,而英格兰则是最后一个,其在 2005 年设置了儿童专员。儿童专员在《联合国儿童权利公约》所提供的以权利为基础的框架下,在全国和委任分权行政区层面上,负责扩大所有儿童和青少年的视野,促进其利益得以实现。

工具箱 58.1　20 世纪末期的童年和社会变化

20 世纪最后二十五年里对童年产生了影响的重大社会变化包括:
- 出生率降低和人口日益老龄化:这两者与政策的关系尚不清晰,但是有可能意味着资源从儿童身上转移到老年人身上。
- 随着社会和人口结构的变化,儿童之间的生活环境和经济条件的差异越来越大:这导致儿童中的收入不平等日益扩大(请见下文有关儿童贫困的讨论)。

- 儿童在面对全球流动的人口、产品、信息和影像时所受到的全球化影响;这也涉及儿童在跨越国界的家庭中移动时所产生的"跨国童年"。
- 儿童生活受到的机构化控制日益增多的趋势,是儿童在诸如学校和儿童保育机构等制度化环境中度过更长时间的结果。
- 在决策制定过程中出现了儿童的声音。这导致了有关儿童权利的进一步探讨。

资料来源:Prout(in Hallett and Prout, 2003)。

虽然有这些发展,但是在有关儿童权利的政策中仍然存在着许多压力地带。例如,尽管存在着与《联合国儿童权利公约》第 26 条和第 27 条相一致的消除儿童贫困的积极政策,但是处于边缘地位的儿童,例如寻求庇护者的子女,往往很少有人关注他们的福利权利。

权力下放带来了在英国不同地区差异很大的政策开发,针对儿童和青年人的政策似乎尤其体现了这种差异性。在英国,你出生在哪个区域,决定了你将面对怎样的政策和法律,它们将影响你的童年,甚至你的成年生活。这些变化也体现在诸如"儿童是拥有权利的人"和"儿童是公民"等不同的概念当中(请见工具箱 58.2)。

工具箱 58.2　各个委任分权行政区中儿童的公民身份、权利和资格

儿童的权利和资格与公民身份有一定的关联。
- 在英格兰,儿童的权利是与责任而非公民身份资格联系在一起的,而且儿童被视为需要受到保护。在成年之前,他们的任何公民身份都由他们的家庭"代理"。
- 在苏格兰,福利权利很重要,但是儿童实际上是"形成中的公民"。
- 北爱尔兰采用以权利为基础的路径,但其效果模型认为公民身份并不是权益和资格,而是"良好供给的副产品"。
- 在威尔士,儿童的权益是不可动摇的,威尔士国民议会将《联合国儿童权利公约》作为其所有儿童和青少年工作的基础,儿童被看作是拥有自身权利的公民。

资料来源:Clutton(in Invernizzi and Williams, 2008:179)。

在承担刑事责任的年龄方面,各个委任分权行政区有着不同的法律规定。在英格兰、北爱尔兰和威尔士,儿童被认为年满 10 岁就具有刑事责任能力,并且能够在成人法庭接受审判。而在苏格兰,开始承担刑事责任的年龄为 8 岁,但是,在儿童未满 12 岁之前,并不是由成人系统审判,而是儿童听证系统。在 2014 年苏格兰独立公投期间,也发生了一个巨大的变化,即 16 岁和 17 岁的青年第一次被允许投票,尽管在 2015 年英国大选期间,这项权利并没有扩大到所有的英国青年,在这次投票活动中,公民仍然是年满 18 岁才拥有投票权。

儿童、家庭和社会政策

想理解政策如何对儿童的生活产生影响,最重要的是要意识到——正如我们知道的那样——童年是一个相当时髦的社会建构,而且随着时间的推移不断变化。与童年一样,儿童福利政策也在变化,并且取决于不断改变的假设,主要关于儿童的需要和权利、父母的需要和权利以及国家在儿童的生活中所扮演的角色。

儿童福利政策也受到福利政治经济学以及所处时代普遍流行的有关儿童的观念和思想的影响。在形成政策的过程中,国家对于童年和家庭生活的价值立场是一个重要的影响因子。历史上,儿童的需要和利益一直被隐藏在家庭的私密领域中,因此,它们往往在政策过程中不可见。儿童的利益主要由针对家庭利益的社会政策来实现。这种儿童"家庭化"的做法,意味着直接回应儿童需求的政策不可能被开发出来。例如,很明显的,在儿童保育服务中,几乎不会以怎样做对儿童最好为出发点,相反,儿童保育被看作是为家庭提供的一项重要服务,而且具体而言,它被视为鼓励母亲重返劳动力市场的工具。

认为儿童的最大利益与他们家庭的最大利益一致的假设值得怀疑,而且,由此产生的结果是,存在着儿童的利益被归入家庭和国家的需求和利益的危险。在国家与家庭之间也存在着巨大的"矛盾和冲突",这一点体现在正在进行的讨论当中,其聚焦于父母对子女的权利和义务,以及国家有义务为儿童提供服务并在其处于危险的时候干预其生活(请见下文有关保护儿童的讨论)等问题。导致这些矛盾的根本问题是,儿童是否应该被当作私人物品,或者社会为儿童投资和确保他们的幸福,是否符合真正的集体利益。

作为一种"社会投资"的儿童

虽然在历史上儿童的需求被隐藏在家庭中,但是儿童和家庭在福利政策中的位置正发生改变。鲁思·利斯特(Lister, 2006)声称,在工党执政期间,政府真正开始尝试集中对儿童进行投资。这一点预示着,随着国家朝着"社会投资型国家"的方向前进,儿童和家庭在福利组合中的地位正发生根本性改变。"社会投资型国家"势必导致从传统的福利政策转向以对社会和人力资本的投资为基础的政策。在这样的福利战略中,儿童是未来经济成功的核心;他们是"未来的公民劳动者"(ibid.)。在"社会投资型国家"中,儿童的重要性体现在他们将要成为成年人上,因而政策明确定位于确保儿童的潜力得到开发,以此保证国家的经济在未来蓬勃发展,以及在竞争激烈的全球市场中保持国家的繁荣。因此,童年和健康且受过良好教育/掌握技能的儿童的发展,对于国家的经济未来太重要了,以至于不能留给父母单独去做。从很多方面来看,社会投资政策的发展为英国的儿童带来了益处。例如,在1997年到2010年英国工党政府执政期间,通过消除儿童贫困的政策,对儿童的投资有了显著的增加(请见下文)。尽管有这些提升,但是在将儿童视为未来的成年人的政策与聚焦于他们童年生活的质量的政策之间存在着矛盾。这一点突出体现在这样的重要讨论中,即关于儿童在政策中应该被当作"存在的人"(处于童年的孩子),还是"生成的人"(未来的成年人和公民劳动者)。如果不同样关心儿童的童年幸福、他们社会生活的质量和自我实现的机会,而过于强调儿童作为未来的成年人这个方面,将会导致失衡(Prout,引自 Lister,2006)。

保卫儿童

对儿童保护和儿童安全防卫的关心,是儿童相关政策的核心层面。基于这方面的关切,儿童保育和安全成为多个机构和专业领域的责任,因而构成了政策中一个复杂而敏感的区域(请见第 54 章)。儿童和家庭在一系列法定设置中得到安全保护并受到干预,包括社会服务、健康服务和学校。面向儿童和家庭的社会工作尤其具有挑战性。工具箱 58.3 列出了令人满意的社会工作实践所遵循的一些基本原则。

工具箱 58.3　儿童和家庭社会工作所遵循的基于关系的实践原则

- 认识"儿童的内心"。
- 倾听儿童的声音,尊重他们的观点,并且促进他们的最大利益得以实现。
- 在面对儿童和家庭开展工作时:理解并且承认,要想在聚焦于儿童的需要的同时不忽视家庭环境,这有一定困难。
- 认识到自己的权力和目标:包括社会工作者将孩子从他们的家中带走的法定权力。

资料来源:引自 Wilson, Ruch and Lymbery, 2011:461。

除了在家庭内部出现的儿童忽视和儿童保护问题之外,由于一系列公共丑闻,对历史上和当代儿童虐待和性剥削的前所未有的调查,占据了 21 世纪第一个十年的大部分时间。2015 年,在英国各地至少举行了 13 场公众听证会以及进行中的程序审查,涉及诸如国家医疗服务体系、教育部、英国广播公司、社会服务部门和内政部之类的核心服务提供者。调查覆盖了广泛的范围,既包括过去的涉及社会名流和政客的儿童性侵案件,也包括过去及当前的在公共保育系统、儿童福利院、学校和其他公共机构内部发生的虐待儿童事件。此外,许多庭审案件也暴露出发生在英国各地小镇和城市中的严重的儿童虐待和儿童性剥削问题。面对暴露出来的如此多的问题,在丑闻频发时期担任英国首相的戴维·卡梅伦将性剥削(特别是关系到年轻女孩被一群男子性侵的事件)形容为已经达到"产业规模"。这些令人震惊的事件,引发了人们对公共机构如何处理儿童性虐待指控的迫切关注。对政府最高层掩盖此类问题的谴责,使得人们进一步失去了对法律机构、警察和检察部门的信心。尽管在丑闻频发和道德恐慌时期,必定有新的法律和政策被开发出来,但是在为了回应不断增加的对儿童安全防护服务的需求而设计出来的政策与执行这些政策的现实世界之间不可避免存在矛盾,因为实际条件是,在地方政府层面上用于社会服务的资源,被国家政府层面所执行的预算削减和紧缩措施紧紧地束缚着。英国教育标准办公室

(Ofsted)在 2015 年对儿童社会照顾的回顾中发现,2013—2014 年度,在被调查的 43 个地方儿童保护部门中,超过 3/4 的部门不合格或者需要改进,而且一方面对儿童保护服务的需求正显著增加,另一方面中央政府的预算削减导致压力不断加剧和安全防卫服务日益薄弱。

执行中的政策:终结儿童贫困

儿童尤其容易受到贫困的影响,因而国家通过卫生健康、教育、社会服务以及税收和社会保障系统,为儿童和他们的家庭提供资助,在保障儿童的生活方面具有至关重要的作用,这一点在那些生活在单亲家庭和/或存在失业、低收入、长期疾病和残疾问题的家庭里的儿童身上体现得尤其突出。政府所提供的经济援助的水平是保证儿童的经济福祉的关键。

1999 年,面对超过 400 万的贫困儿童,工党政府承诺将用二十年的时间消除儿童贫困。为了实现这个诺言,该任政府进行了一项重大的福利改革,其包含三个相互联系的核心组成部分:使工作成为可能和让工作支付、增加对有子女的家庭的经济支持,以及投资儿童。

将儿童视为"存在的人"和"生成的人"之间的矛盾,在工党的早期教育(Early Years)项目中尤其突出,该项目纳入了在贫困地区开展的"稳健起步"项目和各地的儿童活动中心(Children's Centres),以提供儿童保育和一系列面向父母的帮助。相应的政策建立在这样的认知基础之上,即尽早介入儿童生活能够非常有效地帮助他们为日后走入学校做好准备,因而这些政策拥有强有力的"社会投资"议程。但是,在早期教育项目方案与政府的从福利到工作政策之间,存在着实实在在的矛盾,而且该项目一直没有分清其焦点是为父母和儿童提供支持,还是应对更广泛的经济方面的问题和担忧。

尽管工党政府做了许多努力,但是最终没有实现它的减贫目标,这个目标变成了该届政府在执政时期所颁布的最后一部独特的法案,在法案的约束下,未来无论哪个政治派别执政,都要信守有关消除儿童贫困的诺言,并且到 2020 年根除儿童贫困。《2010 年儿童贫困法案》确定了一系列职责,包括要求将来的政府开发针对儿童贫困问题的战略、每三年向国会提交一个相关战略计划,以及每年就进展情况进行汇报(请见工具箱 58.4)。

工具箱 58.4 　《2010 年儿童贫困法案》

这部法案的目标:
将英国政府到 2020 年根除儿童贫困的承诺用法律的形式固定下来。
该法案的核心元素包括:
- 未来历届政府每三年都要根据到 2020 年根除儿童贫困的目标制定儿童贫困战略。该战略要提交国会。
- 每年要向国会报告战略执行情况,将该战略作为现任政府的施政计划之一。

- 设立独立儿童贫困委员会（Independent Child Poverty Commission）为政府提供政策咨询，并且监督政府的政策执行情况。
- 确定地方政府、委任分权政府和它们在应对儿童贫困问题上的合作伙伴的职责。

针对工党反贫困项目的批评声音指出，"从福利到工作"议程占据了主导地位，而该议程对扶贫政策造成损害。例如，鼓励母亲特别是单身母亲就业的政策，将影响儿童的生活（请见第57章）。虽然"从福利到工作"议程旨在凭借母亲的工作收入，使儿童获得更多的经济安全，但这会破坏家庭内部的工作与照料之间的平衡，还会对孩子的儿童保育和课后照管经历，以及他们与母亲相处的时间和质量产生影响。另外一些人主张，从富裕人群到贫困人群的更大规模的收入再分配，是帮助较为贫穷的家庭脱贫的必要措施。

联合政府在2010年接替了工党政府，尽管受到《2010年儿童贫困法案》的约束，但是新政府在儿童贫困问题上采取了完全不同的路径，认为收入转移并不是他们希望用来减少儿童贫困的必然途径。第一期和第二期儿童贫困战略（Child Poverty Strategy）是在严格的"紧缩"措施中开发出来的，其结果是大幅度削减为低收入家庭提供的社会保障、儿童服务和住房供给。委任分权政府（请见第22—25章）都有自己的儿童贫困战略，但是诸如"紧缩"措施和削减津贴及服务的总体政策，对保护儿童的能力产生了有害影响。研究表明，削减措施对低收入儿童和他们的家庭影响尤其大，而且英国社会流动与儿童贫困委员会发布的一份报告指出，到2020年根除儿童贫困的目标可能无法实现。2015年，保守党政府在赢得大选胜利后，要求政府致力于消除儿童贫困的《2010年儿童贫困法案》可能会被取而代之，而且帮助儿童摆脱相对贫困的目标也被放弃。这使得英国成为经济合作与发展组织中唯一不采用相对贫困指标衡量儿童贫困状况的国家。保守党政府开发了新的法律来取代《2010年儿童贫困法案》，并且通过测量生活在无业家庭中的儿童所占的比例，以及来自弱势家庭的16岁儿童的受教育情况，来评估儿童贫困的状况。这种做法受到了英格兰儿童专员和其他人的强烈批判。

显然，在经济、社会和政治价值观不断变化的背景下，低收入家庭儿童的未来福祉，在很大程度上取决于在未来几年里将有什么样的经济和社会福利提供给他们。

新议题

由于社会、人口结构和经济变化影响儿童和他们家庭的日常生活，因而童年正经历巨大的变迁。制定适当且有效的社会政策以回应儿童的需求和关切，这对政府提出了巨大的挑战，因为政府要努力协调往往存在着分歧的国家、家庭和儿童的需要。尽管《儿童贫困法案》和其他法律约束，使得未来任何政治派别的政府都持有到2020年消除儿童贫困的共同政治立场，但是显而易见的是，政府的更替将带来政策方向的改变，2015年由联合政府换为保守党政府就证实了这一点。因此，伴随着正在进行的大幅度福利削减和废除《儿童贫困法案》的提议，在可见的将来，对于许多儿童来说，他们很可能继续体验贫困和低下的社会地位。足够的补贴和政府对有工作的家庭以及（最重要的是）对失业家庭的帮助,将成为人们主要关注的问题。一些非常敏感的政策议题直接切中儿童—父母—国家这个福利三角的核心。面向儿童的收入支持政策,反映了在确保儿童福祉方面,父母的责任和义务与国家的职责之间的矛盾关系。

在21世纪初,儿童的权益逐渐从政策的边缘地带走到正中央的位置。但是,并不能保证他们的需求和关切将一直处于政策中心。儿童非常容易受到政府更迭以及由此产生的新的政治优先顺序所带来的新政策方向的影响。在政府的当务之急不断改变和长期执行"紧缩"政策的背景下,福利风景被重新绘制,对儿童贫困问题的关注也已经被重新定义。浮出水面的新的关注点,是对被暴露出来的广泛存在的儿童性虐待和儿童性剥削的回应。将有哪些政策应对这些事件尚不明朗,但是新的政策更有可能基于道德恐慌而不是儿童的需求与关切本身。

可深入阅读的参考文献

H. 亨德里克的《儿童福利和社会政策基础读本》(H. Hendrick, 2005, *Child Welfare and Social Policy, An Essential Reader*, Bristol: Policy Press)是介绍儿童政策议题的核心读物。C. 哈利特和A. 普劳特的《聆听儿童的声音》(C. Hallett and A. Prout, 2003, *Hearing the Voices of Children*, London: Routledge/Falmer)整理了有关童年的最新的社会研究;它是一本社会学著作,但聚焦于社会政策问题,特别是政策领域中出现的儿童的声音。在H. 蒙哥马利和M. 凯利特编的《儿童和青少年的世界:整合实践的发展框架》(H. Montgomery and M. Kellett, eds, 2009, *Children and Young People's Worlds: Developing Frameworks for Integrated Practice*, Bristol: Policy Press),以及A. 因韦尔尼齐和J. 威廉姆斯的《儿童和公民身份》(A. Invernizzi and J. Williams, 2008, *Children and Citizenship*, London: Sage)当中,可以找到关于儿童权利和公民身份的有价值的文章。在R. 利斯特的《儿童(而不是女士)优先:新工党、儿童福利和性别》(R. Lister, 2006, 'Children (but not women) first: New Labour, child welfare and gender', *Critical Social Policy*, 26: 2, 315–335)当中可以找到对社会投资政策的介绍。

K. 威尔逊、G. 鲁赫和M. 林贝里的《社会工作:当代实践导论》(K. Wilson, G. Ruch and M. Lymbery, 2011, *Social Work: An Introduction to Contemporary Practice*, New York: Pearson Longman)是介绍社会工作的重要著作,其中第16章讨论了面向儿童和家庭的社会工作。

R. 埃克、H. 布彻和M. 李的《这是谁的童年?儿童、成年人和政策制定者的角色》(R. Eke, H. Butcher and M. Lee, 2009, *Whose Childhood Is It? The Roles of Children, Adults and Policy Makers*, London: Continuum)对早年的政策、有关"存在的人"和"生成的人"的讨论以及它们对儿童的影响进行了富有启发的分析。

从委任分权地区的儿童专员的网站上可以收集到从权利的角度对政策进行研究和分析的令人满意的资料。英格兰的儿童专员探讨了儿童保护问题和儿童所面临的性剥削及帮派团伙的危险。

儿童贫困办公室(Child Poverty Unit)、工作和养老金部与教育部等政府部门的网站提供了有价值的政策文献和研究资料。想要获得有关儿童贫困的进一步信息,请见 J. 瓦尔德福格尔的《英国与贫困的战争》(J. Waldfogel, 2010, *Britain's War on Poverty*, New York: Russell Sage)。

约瑟夫·朗特里基金会的主页(www.jrf.org.uk)和儿童贫困行动小组的主页(cpag.org.uk)也值得关注,后一个网站上有定期更新的有关儿童贫困现象的统计数据。

《儿童贫困法案》的内容可以在 www.legislation.gov.uk/ukpga/2010/9/contents 上找到。

在更宽广的舞台上,联合国儿童基金会的主页(unicef.org)收录了《联合国儿童权利公约》的相关信息,以及其他许多影响到儿童的议题。

复习和课外作业习题

1. 在过去的三十年里,英国人的童年发生了哪些变化?
2. 儿童权利在政策中扮演什么样的角色?
3. 什么是《2010 年儿童贫困法案》?这部法案对儿童产生了哪些影响?
4. 英国的权力下放对有关儿童的政策产生了哪些影响?
5. 什么是"社会投资"政策?它们如何影响儿童?

请浏览本书的辅助网站 www.wiley.com/go/alcocksocialpolicy,使用为配合本书的阅读而设计的资料链接。在那里你将会发现有专门针对每一章的深入阅读资料链接,其中包括政府、国际组织、智库、压力集团和重要的新闻机构的网站。你还会找到以《布莱克维尔社会政策辞典》为蓝本的词汇表、帮助页、有关如何管理社会政策领域中主要委派形式的指导和职业建议。

第59章
青 年

鲍勃·科尔斯和阿尼拉·韦纳姆

▶▶ 概 览

这一章记述了历任政府在五个主要阶段所采取的多种不同的立场。

- 第一个阶段是从1997年到2000年,其间青年政策出现,这主要是受社会排斥局的影响。
- 第二个阶段(2000—2005年)见证了"联结战略"(Connexions Strategy)的出生、存活和"死亡",当时的英国首相描述这个战略为"我们为年轻人提供的前沿政策"。
- 在第三个阶段,由于2003年绿皮书《每个孩子都重要》(Every Child Matters)的影响,青年政策被并入"儿童与年轻人"政策当中。
- 第四个阶段,重点是2010—2015年联合政府所采用的青年政策,这个时期的政策放弃了2010年之前的政策构架。
- 最后,也就是第五个阶段,我们将注意力转到欧盟的政策发展上,并且指出欧盟的做法可以继续捍卫并且推进工党旧有的青年政策的原则。

有关青年期和青年转型的观点

用具体的年龄段来定义青年期通常会产生误导,而且是备受争议的。"青年期"被描述为在儿童期和成年期之间的生命阶段可能更准确,因此"青年"就是处于这个生命阶段的人。不同门类的社会科学强调的侧面不同。"青春期"这个术语通常用在心理学当中,是从生理和心理的角度,描述个体从13岁到19岁的生理、情绪和性的成熟过程。社会学家在定义青年时期的时候,常常将之与制度性转型联系在一起,这中间有三个主要组成部分。第一个部分涉及完成教育和进入劳动力市场,即从学校到工作的转型。第二个部分牵涉到从原生家庭中独立出来(包括结成伴侣关系和构建家庭),即家庭转型。第三个牵涉到从父母家中搬出来,有时会先住在暂时的过渡性住所中,但是最终会打造一个独立于父母的"家园",即住房转型。政治学者和另外一些人将焦点放在青年在他们十多岁的时候如何获得权利和义务。有些分析谈到了实际上青年期的公民身份不同于成年人的完全公民身份。作为一门应用社会科学,社会政策关注所有层面,从而批判性地评估年轻人有哪些需求,他们的需求以什么方式及在多大程度上得到满足。

青年转型的两极分化

"青年转型模型"被证明尤其有益于理解青年期的"重构",其出现于20世纪最后二十五年,并且在21世纪继续进行。它有助于清晰地展现"传统的转型"是以什么方式被"延长的"且"断裂的"转型所取代的。直到20世纪70年代中期,"传统的转型"都很普遍,涉及的青年几乎都在正常年龄离校,并且在离开学校后马上就实现了就业。年轻人在青春期后期开始工作,大部分人仍然住在父母家中。他们攒钱,找到伴侣,订婚,而后结婚,在结婚后,他们搬到了自己的家中,建立了一个新家庭——通常人们都是按照这样的顺序进行的。进入21世纪,尽管在青年中仍然有数量可观的人努力在他们的青春期完成一些重大转型,但是传统的转型已经在很大程度上被"延长的转型"所取代。这当中涉及16岁之后接受延续教育和高等教育的时间被拉长了、更长的家庭依赖期、为人父母的时间被推迟了(现在女性生育头胎的平均年龄为30岁)、更加复杂的伴侣关系(往往包括不婚同居),还有更复杂且被延长的居住在"过渡房"里的时期。

"断裂的"转型涉及离开学校却没有找到工作和/或离开家却没有寻得稳定的替代住所等情况。这些情况可以与失业、无家可归和社会排斥联系起来。它们既与社会地位低下的早前经历(或者是在受教育过程中,或是在家庭生活中,或者两者都有)有关,也关系到其他转型体验,例如成为青少年父母、离家出走(通常是出于例如家庭争吵等负面理由),或是参与犯罪活动、滥用毒品和/或卷入刑事司法系统中。这里涉及的是政府在1997年提到的"社会排斥"问题。这些"成问题的"转型是许多社会政策所关注的焦点。

1997—2001年:青年政策在英国出现

人们可以轻而易举地证明,在工党政府于1997年执政之前,英国没有青年政策。不过,社会政策确实会影响到青年人的生活。例如,在80年代中期,有50万16岁的青年人(占到这个年龄总人数的1/4)被拒绝给予失业补贴,并被招募到青年培训计划(Youth Training Scheme)当中。但是这些政策由不同的政府部门制定,它们各自对应福利国家制度中的大型机构(就业、社会保障、卫生健康、教育和刑事司法系统),从总体上来说,这里不存在任何事物(没有相应的政策构架或机制)可以形成针对某些特定客户群体(比如年轻人)的连贯性路径。一些学者主张发展连贯性措施,他们举例说明了不同部门的政策难以协调一致,各自向相反的方向发展,尽管它们面对的往往是同一群年轻人。

在布莱尔政府第一个任期的前期,社会排斥局是推动青年政策产生的主要机构,该机构是在1997年大选之后不久成立的。社会排斥局是内阁办公室的组成部分,完成首相分配下来的任务,并且直接向他汇报。2000年,社会排斥局在早期的一份报告中指出,英国没有一位部长、没有一个政府部门、没有一个国会委员会为青年人负责,或者事实上没有任何跨部门展开青年事务讨论的途径,这在欧洲是绝无仅有的。该部门形成了在政府部门间为青年政策创造更好条件的全新设想。

1999—2005年:联结战略

社会排斥局在1999年发表了它的第五份报告《缩小差距》(*Bridging the Gap*),涉及16岁到18岁的不升学、不就业、不进修或不参加就业辅导的年轻人(尼特族)。这是工党政府解决青年中的"社会排斥"问题的协同努力的组成部分。这份报告证明,在16岁和17岁时处于无所事事的闲散状态,是日后失业的相当准确的前兆,而这种现象又与16岁之前的学习成绩不良,以及低下的社会地位密切相关。它也与卷入犯罪、滥用毒品和青少年怀孕有关联。在尼特族中占很大比重的另一类年轻人,包括脱离抚养者、年轻的照料者、有精神疾病的年轻人、残疾人和具有特殊教育需求的青年。这份社会排斥局的报告建议应该开发新的跨专业的服务,以便为13岁到19岁的青少年提供指导、建议和支持,这就是所谓的"联结战略",其核心是一种新型的联结服务(Connexions Service)。尽管苏格兰、威尔士和北爱尔兰由于没有社会排斥局,而没有开发贴有"联结"标签的服务,但是相似的问题在那里也得到重视,类似的跨部门模式在那些地区发展起来了(请见第22—25章)。

工具箱59.1　联　结

联结战略旨在为所有的年轻人提供**全面的**服务,并且集中向面临错综复杂困难的青年少数群体提供**有针对性的**服务。联结战略涉及比原来的职业服务更广泛的业务范围,后者被吸纳到前者当中或被前者取代了。它的目标是(通过47个次级区域性的联结服务合作委员会)跨越各种各样的部门,提供协调一致的帮助和服务。它囊括了卫生健康部门(包括毒品预防和咨询服务、青少年怀孕和少女母亲)、教育(包括教育福利和青年服务,以及中学和大学)、社会服务(包括脱离抚养工作小组)、青少年司法(包括警务部门和青少年犯罪工作小组)、住房供给部门和志愿机构(包括无家可归青年项目)。联结战略面对的是三个层面的需求。大部分年轻人只需要有关教育和学习、职业或个人发展方面的信息、建议或指导。另外一些面临边缘化危险的人,需要深层次的支持和指导,以帮助他们评估自己的需求,开发及资助行动计划,并且监督计划的实施。一个人数更少的青少年群体需要特殊的鉴定和支持,多种其他的特殊服务应当"协同"起来。"协同"服务由新设立的私人顾问(Personal Advisers, PAs)提供。联结战略中的私人顾问也被期望担任年轻人的"支持者",确保后者得到恰当的服务和补助,在各个机构无法履行其职责和义务的时候,扮演"强有力的朋友"的角色。

每个人都重要(但有些比另外一些更重要)

2003年9月,英国工党政府发表了绿皮书《每个孩子都重要》,它对于儿童和年轻人相关政策的开发具有极其深远的意义。它标志着,无论是政府层面还是地方当局和社区层面的政策结构,都将进行重新配置。它也预示着儿童专员在英格兰的设立,这是为儿童提供帮助的独立的支持者。绿皮书进一步扩大了儿童和青年事务大臣(Minister for Children and Young People)的职责,其中增加了有关少女怀孕、儿童照管系统和家庭法等内容。从2007年到2010年,所有这些职责都归于新成立的儿童、学校和家庭部(Department for Children, School and Families)(在苏格兰这部分职责被下放给当地的相关部门)。在地方政府层面,《2010年儿童贫困法案》也规定,为了协调地方政府的服务和职责,应该设立独立的儿童服务主管。这个新职位负责教育和社会服务,并且整合所有与之相关的活动。通过另外一个新机构即儿童信托基金,地方政府和卫生健康服务联合起来,共同负责联结战略和青少年犯罪工作小组的运行。在社区层面,儿童和年轻人从稳健起步儿童活动中心和全面服务扩展学校(Full Service Extended Schools)就能得到一系列相关服务。面向儿童和年轻人的新机构的设立,意味着联结战略不得不进行某种重构。

根据《青年事务》(Youth Matters)当中的提议,地方机构负责决定是否保留联结战略,或开发自己的新版本的青年支持系统(HM Government, 2005)。无论未来地方政府的选择是什么,它们都再度拥有控制权,这一次它们是通过儿童信托基金行使其权力,而儿童信托基金接受针对儿童和青年服务的所有政府财政拨款。原有的次级区域性的联结服务合作委员会被废除了。职业教育与指导委员会(Careers Education and Guidance, CEG)被扩大为信息、咨询和指导委员会(Information, Advice and Guidance, IAG),后者承诺提供多种媒体服务(包括诸如因特网和热线电话等新科技)、提高服务的质量标准,并且拥有批准离开学校的权力。针对为弱势青年提供支持的目标,政府许诺展开跨机构合作,设立专业领导(Lead Professional)、通用评估框架(Common Assessment Framework)和新的信息共享模式,所有这些都像被终止的联结战略一样,显得不可思议。最终,许多地方政府还是保留了某些形式的青年支持服务,并且将解决尼特族问题作为一个核心的绩效指标。

进一步拆解宏大体系:英国联合政府、经济衰退、紧缩和削减

在英国联合政府2010年5月上台的第一天,剧烈改变的预兆就已经显现出来。在这一天,原来的儿童、学校和家庭部被教育部取代,这意味着缩小关注范围,而这是20世纪70年代以来从未发生过的事情。致力于紧缩的政府要节省金钱,因为各种改变显示了这样做的必要性。这一举措显然影响深远而且具有象征意义。到了2013年,年轻人的议题更加边缘化了,因为教育大臣手中的职责被转交给内阁中一个小型、几乎无人知晓、不掌握什么资源的部门。

最初,诸如此类的变化的重大影响被一个貌似新颖的青年路径掩盖了,其指导文件为

《有益青年》(Positive for Youth, PfY),这份文件提倡在应对青年问题上采用"福利混合经济"(请见第六部分)。在野时花了多年时间准备他的简短论述的蒂姆·洛顿(Tim Loughton)支持这些提议,然而,很快,在2012年他被解雇了。

联合政府(2010—2015年)即便在其执政早期,似乎就一直将紧缩看作首要目标。教育维持津贴(Educational Maintenance Allowance, EMA)被证明是能够促进更多16岁到18岁的较为贫穷的年轻人接受教育的途径,但是它在2010年被断然取消。青年失业率不断攀升,(面向18—24岁年轻人的)未来工作基金(Future Jobs Fund)也被终止,取而代之的是打了折扣的青年合约(Youth Contract)。多种多样的帮助和支持年轻人的工作也日益受到威胁,因为地方政府正面对不可预测的预算削减。年轻人也经历了他们的福利权利的剧烈变革,而且有些在2015年大选之后仍将继续。

工具箱 59.2　《有益青年》

《有益青年》涵盖了各种各样的议题,包括教育、青年服务、为人父母、卫生健康和犯罪问题。尽管人们注意到了议题的多样性,但是该出版物没有让人们意识到这些议题之间的相关性,而且没有让人们认识到解决这些问题是实现某个总体战略的一部分。基于社会保守主义的原则,该报告的重点是强调个人的责任(年轻人被鼓励要富有创业精神),而不是强调集体供给,并且,在这里特别提到家庭(也就是父母)在应对和规范青年行为方面负有首要责任。通过对"福利混合经济"的强调,减少政府在青年服务供给方面的职责变得非常明确,在这种经济中,商业和志愿部门在服务递送中扮演着关键角色。这样的通力合作和伙伴关系,需要专业人士灵活运用创新文化,与之相一致的是,他们的工作成效将通过采用"社会影响债券"和按结果付费机制确保资金支持呈现。自2010年以来,向年轻人提供的服务和供给就以前所未有的规模外包出去了。其中包括面向年轻人群的"积极行动",它带来了国家公民服务(National Citizen Service)(一个鼓励16岁和17岁青年从事志愿活动的项目)的拓展。

但是,如果与涉及青年的、构成"新工党"时代的社会排斥局的报告相比,人们将清楚地发现,《有益青年》几乎没有关注性别、阶级、族群、残疾或不同类型的劣势条件之间的"差异"。相反,在《有益青年》中,青年被呈现为一个同质化群体。这份报告选择将关注点放在有必要增加年轻人的抱负(使之产生"强烈的事业心"),却没有仔细思考实现这些志向所需要的资源,而且没有提及我们从以前的青年政策倡议(例如联结战略),或围绕着跨机构工作的挑战和专业人士之间的有效沟通当中,可以学习到什么。如果你假定,自2010年以来,政策制定者经历了政策遗忘,他们忘记了从2010年之前的政策中所吸取的所有教训,没有人会因此责怪你。

2010年,英国国家审计署的报告指出,针对尼特族的公共财政支出已经从80亿英镑增加到120亿英镑(从2002年到2009年)。这份报告论述,这些支出中很多都可以通过投资目标明确的青年项目而避免,相应的项目也将得到地方政策的资金支持,因而每个项目只有几千英镑的支出。而甚至早在 2010 年的时候,在对支出进行审计之前,地方政府就已经开始终止青年项目合同,并且向面向青年的社会工作者发出裁员通知。在联合政府执政的五年时间里,苍白无力的青年服务与之前的雄心勃勃形成对照,联结计划的宏大宣言也被撕碎,并且由不分年龄的职业服务所取代。有报告指出,一些学校正在培训课堂助理和秘书人员,来完成联结战略的相关工作。

尽管清晰的历史叙事勾勒出了尼特族的错综复杂,但是英国联合政府没有表现出任何要认真对待这个问题的迹象。最近来自保守党的有关尼特族的意见声明,将引入青年津贴(Youth Allowance)(取代求职者津贴),该补贴要求年轻人在找工作期间从事无偿的社区劳动。随着大选临近,尽管提出了可能是最温和的投资方案——青年保障计划(Youth Guarantee Scheme),但是工党并没有真正表现出恢复它原来版本的全面且完整的青年政策路径的决心。保守党在 2015 年 5 月 7 日赢得大选胜利。保守党的第一份预算(2015 年 7 月)尤其沉重地打击了年轻人。这当中包括:取消求职者津贴,取而代之的是针对 18 岁到 21 岁人群的青年义务(Youth Obligation);取消 18 岁到 21 岁青年自动获得的住房补贴(弱势青年群体例外);大学生生活补贴(Student Maintenance Grants)也被生活贷款(Maintenance Loans)所代替。该预算还宣布引入所谓的"全国最低生活工资",但只适用于年满 25 岁的有工作人群。

新议题

英国 2015 年大选前的五年,对于青年政策来说并非美好时光。但是,在同一时间段里,欧盟在确立一个为所有成员国遵循的框架即欧盟青年战略(EU Youth Strategy)方面取得了巨大进步。该框架有两个主要目标:为青年在教育和工作方面提供更多且公平的机会;鼓励年轻人以各种各样的方式积极"参与"社会。这些目标通过横跨八个不同领域——例如教育和培训(包括阻止过早离开学校和未满 25 岁的人成为尼特族的行动)、就业和创业精神、卫生健康与福利、志愿行动、创新和文化等——的行动而逐步实现。

欧盟在意识到年轻人在全球经济衰退中遭受的打击最大之后,似乎开始非常严肃地面对青年失业的问题。欧洲 25 岁以下人群中的失业率已经超过 20%,其中诸如希腊和西班牙等国家尤其令人担忧,在那里,这个群体中有一半人没有工作。欧洲人也对尼特族问题感到焦虑,该问题曾经在世纪之交促使英国在青年政策上采取行动。另外,欧盟将焦点放在更广泛的年龄群体(直到 25 岁)上,这对"青年"和"青年政策"的定义产生了根本性影响,使之脱离了——像英格兰在 1998 年到 2010 年所做的那样——只关注"十几岁的青少年"的狭隘焦点。

为了表明与欧盟的政策协调一致,每个成员国都被要求提交阶段性国家报告,汇报它们如何执行欧盟青年战略。应该引起注意的是,之前,英国政府不得不总结国内各个地区各不相同的发展情况,因为在这些地区之间(尤其是自 2010 年以来)存在着显著的差异。2015 年选举上台的保守党政府,决定在 2016 年 6 月 23 日进行英国是否应该脱离欧盟的全民公投。不过，随着向国内各个地区进一步下放权力的压力增大，非英格兰地区可能都希望更积极地对待来自欧盟的有关青年政策的倡议。

可深入阅读的参考文献

J. 科尔曼和 A. 哈格尔的《2013 年青少年关键数据（第九版）》（J. Coleman and A. Hagell, 2013, *Key Data on Adolescence 2013*, 9th edn, Brighton: Trust for the Centre for Adolescence）提供了丰富的青少年数据汇编（每半年一次）。

教育部的《有益青年：面向 13 岁到 19 岁年轻人的跨政府部门政策新路径》（Department of Education, 2010, *Positive for Youth: A New Approach to Cross-Government Policy for Young People aged 13 – 19*），可以点击 www.gov.uk/government/publications/positive-for-youth-a-new-approach-to-cross-government-policy-for-young-people-aged-13-to-19/positive-for-youth-the-statement 获取。英国审计委员会的《迎难而上》（Audit Commission, 2010, *Against the Odds*），可点击 archive.audit-commission.gov.uk/auditcommission/sitecollectiondocuments/Downloads/20100707-againsttheoddsfull.pdf 获取。欧洲改善生活与工作条件基金会（Eurofound）的《尼特族：不就业、不升学、不进修的年轻人——特征、支出和欧洲的政策回应》（Eurofound, 2012, *NEETs: Young People not in Employment, Education or Training: Characteristics, Costs and Policy Responses in Europe*），可点击 www.eurofound.europa.eu/pubdocs/2012/54/en/1/EF1254EN.pdf 获取。有关欧盟（2014）的《欧盟青年战略》（European Union, 2014, *The EU Youth Strategy*），请见 ec.europa.eu/youth/policy/youth-strategy_en。

英国政府的绿皮书《青年事务》（HM Government, 2005, Cm 6629），可点击 https://www.education.gov.uk/consultations/downloadableDocs/Youth%20mattters%20pdf.pdf 获取。

A. 弗朗和 F. 卡特梅尔的《年轻人和社会变化（第二版）》（A. Furlong and F. Cartmel, 2006, *Young People and Social Change*, 2nd edn, Buckingham: Open University Press）是一部影响深远的作品的重写版。

R. 麦克唐纳和 J. 马什的《不连贯的青年期：成长于英国的贫民区》（R. MacDonald and J. Marsh, 2005, *Disconnected Youth. Growing Up in Britain's Poor Neighbourhoods*, Basingstoke: Palgrave）报告了在英国东北部进行的独特研究，同时是对围绕年轻人、"社会底层"和社会排斥展开的讨论的出色评论。

复习和课外作业习题

1. 这一章所描述的青年政策发展的核心阶段有哪些？每个阶段的关键特征是什么？
2. 在 1997 年到 2010 年，开发更为全面的青年政策路径的主要原因是什么？
3. "社会排斥"意味着什么？哪些类型的青年容易遭遇社会排斥？
4. 你认为是什么导致尼特族成为 1997 年之后的英国和 21 世纪欧洲政策的主要关注点？

5. 在英国,党派政治对青年政策有重要影响吗?在 1997 年、2010 年和 2015 年大选之后,青年政策有哪些变化?

请浏览本书的辅助网站 www.wiley.com/go/alcocksocialpolicy,使用为配合本书的阅读而设计的资料链接。在那里你将会发现有专门针对每一章的深入阅读资料链接,其中包括政府、国际组织、智库、压力集团和重要的新闻机构的网站。你还会找到以《布莱克维尔社会政策辞典》为蓝本的词汇表、帮助页、有关如何管理社会政策领域中主要委派形式的指导和职业建议。

第60章
老年人

凯特·汉布林

> **概　览**

- 在英国,由于医疗服务和生活水平(包括营养和卫生)的提高,人们的寿命延长了,而且预计未来还将继续增长;与此同时,生育率却低于20世纪中期的水平。
- 由此产生的结果是,老年人口抚养比提高了,也就是说,相对于退休者,处于劳动年龄的人口减少了。
- 老年人口抚养比(old-age dependency ratio)的改变,引发了人们对于是否能够持续向不断增多的老年人提供养老金和社会照顾服务的担忧。
- "积极老龄化"(Active ageing)政策及改变为社会照顾提供资金的方式,是对人口老龄化的政策回应。
- 但是,应该强调的是,"老"意味着什么,是由社会建构的,它在一定程度上受到社会政策的影响。

导　论

这一章聚焦于针对老年人的社会政策,同时也关注人口老龄化对福利安排的影响。因而,首先,重要的是定义"老年人"在这里意味着什么。那些50岁以上的人都属于这里所说的老年人,虽然在政策术语里,老年人会被大致分为劳动年龄和达到法定退休年龄两个部分。不过,即便根据这样的界限进行区分,"老年人"作为一个年龄群体也不是同质化的,他们对老化和社会政策的体验也各不相同。成为老年人和老化的经历并不是客观事实,而是通过与他人以及社会政策的互动而被建构出来的;因而,什么是"老",这是一种社会建构。虽然从总体上来说,人们活得越来越长了,但是在生活方式、职业、性别、收入和族群等方面存在着重大差异。

图60.1展示了在65岁以上的男性群体中,根据他们所从事的工作、收入、生活方式和健康状况的不同,所测算的不同的预期寿命值。**老龄政治经济学**(political economy of ageing)文献强调,所有个人特征(例如他们的性别、职业和族群等)都会影响他们对变老及与福利国家制度之间的互动的体验。蒂特马斯(Titmuss,1955)界定了"退休生活的两重天地",因为一个人的工作生涯,决定了他在人生后期的经济资源。他分析指出,中产阶级男性由于得到职业退休金的可能性更大,因此他们在老年将生活得较宽裕,而工人阶级单身女性在晚年可能处于社会下层。

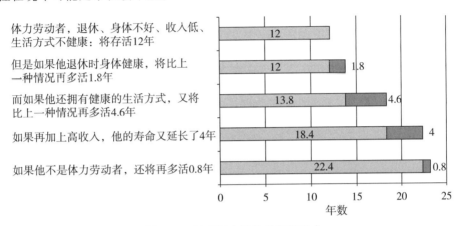

图60.1 65岁以上男性的预期寿命

资料来源:S. Harper, K. Howse and S. Baxter(2011), *Living Longer and Prospering? Designing an Adequate, Sustainable and Equitable UK State Pension System*, Club Vita LLP and Oxford Institute of Ageing, University of Oxford。

尽管存在着这样的细微差别,但是无论是英国还是更远一些的欧盟国家,对人口老龄化的政策回应都是鼓励人们工作更多的年头,尽可能延迟退休。据说这是在出生人口减少而人们却活得越来越长的情况下,保证福利安排持续性的关键。

福利、人口老龄化和代际契约

代际团结(或者各代人之间的社会契约)是福利国家制度必不可少的部分,是处于劳动年龄的人与达到法定退休年龄的人之间的利益让渡。但是,随着福利国家供给条款的改革,这种相互支持关系发生了一些变化,代际契约也作出了相应的调整。诸如世界银行之类的机构,强调代际存在着潜在的冲突,因为年轻贫困者数量不断增多,如果他们要为数量同样不断增加的(有时是富裕的)退休者的养老金提供资金支持,这会产生代际矛盾。预期寿命的变化连同生育率的降低以及"婴儿潮"一代进入老年,共同改变了"老年人口抚养比"(年满65岁的人口与劳动年龄人口之间的比例关系)——如图60.2所示,这一比例在英国一直持续增长。老龄化社会导致劳动人口的减少,从而加大了养老金系统、社会照顾和较为年轻的一代通过纳税做出贡献的压力。具体而言,在像英国这样采用"所得税预扣型"(pay-as-you-earn,PAYE)养老金制度(那些处于劳动年龄的人为那些达到法定退休年龄的人提供退休金储备)的国家中,劳动年龄人口的减少导致工作者缴纳的税费水平提高,以为数量不相称的老年人口提供养老金。

但是,据说为了给福利国家制度改革找到充足的理由,有关"人口结构定时炸弹"和福利资源的代际冲突的担忧被夸大了。研究充其量得出形形色色而非一致的结果,它们至多展示了当涉及福利安排的时候,不同年龄群体都是自利的,不愿意为其他群体做出贡献。然而总体来看,年轻群体愿意帮助年长群体,反过来也一样。此外,老年人被刻画为福利的被动消费者,这既忽略了他们在年轻时所做的贡献,也忽视了他们作为照料和志愿帮助的提供者的角色(请见下文)。尽管如此,针对达到法定退休年龄(State Pension Age,SPA)的老年人的福利和政策正在发生改变,接下来我们将讨论这个问题。

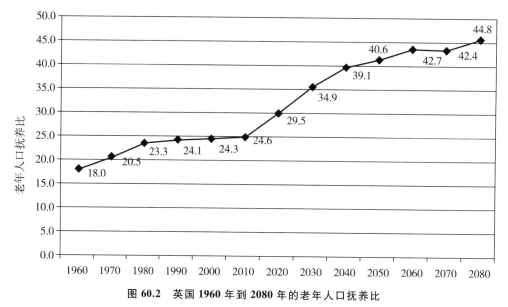

图 60.2 英国 1960 年到 2080 年的老年人口抚养比

资料来源:欧盟统计局基于 2010 年数据的人口预测(EUROPOP 2010)。这里的老年人口抚养比,是 65 岁及以上(实际的或预测的)人口与 15 岁到 64 岁(所谓的劳动年龄人口)估计的人口之比。2010 年,老年人口抚养比为 24.3%(也就是说 65 岁及以上人口占到 15 岁到 64 岁人口的 24.3%),而预计到 2080 年,这个比例将升至 44.8%。

养老金政策

《1908 年养老金法》(请见第 17 章)为那些年满 70 岁的人引入了基于经济状况调查的补贴,并且在十七年之后,第一个缴费养老金计划被创造出来。从那以后,正如表 60.1 所展示的,国家规定的退休年龄几经修改,而从 90 年代开始,这方面的趋势是,无论男性还是女性,能够领取国家养老金的年龄被不断推后。

英国国家养老金体系包括:第一层级,即统一额度的国家基本养老金(Basic State Pension,BSP);第二层级,即与收入挂钩的补贴。与这两个层级并行的是私人养老金市场,这里的养老金计划是由个人和/或他们的雇主提供资金资助的。通常来说,存在着"待遇确定型"方案，或是反映了个人最后工资的养老金，但是，雇主正逐步转向不那么慷慨大方和"风险更大的"（在这里养老金依赖于企业在股票市场上的表现）"缴费确定型"方案。第一层级是按现收现付（pay-as-you-go，PAYG）的原理运行的，个人所得到的数额取决于这个人在他的工作生涯中缴纳的国民保险是否达到最低门槛（有人指出这种做法对于那些无偿照料他人的人并不公平，因为这样的人无法缴纳保费）。2003年，引入了基于经济状况调查的养老金补助，以补充那些资产和收入都非常有限的人所得到的养老金收入，并且对那些没有资格得到第二层级养老金的人也采用这样的做法。

人们也可以推迟领取国家基本养老金的时间，这样做能够使最终每年领取的数额增加10.4%。2014年，《养老金法》引入了新的单一层级养老金制度，它取代了国家基本养老金和养老金补助，那些在2017年退休的人将是第一批适用于这个新制度的人。

第二层级养老金在1961年被引入，之后出现了几种具体的表现形式，与此同时，今天仍然有退休者领取在1975年并入新系统的国家分级退休福利（Graduated Retirement Benefit）。随后采用的是1978年引入的国家收入关联养老金计划，它在2002年被国家第二养老金计划（State Second Pension）所取代。第二层级养老金也是现收现付的，但是最终所得数额是由个人在整个工作生涯的缴纳额决定的。

养老金收入的第二个支柱（第二层级养老金）由雇员和雇主提供资金的新养老金计划作为补充；2012年起，雇员"自动注册"进入这个新计划，并且有自愿退出的自由。新的个人账户（Personal Accounts）属于缴费确定型计划，据说该政策反映了从政府供给到个人对自己的收入和晚年生活负责的转向。

表60.1 英国法定退休年龄的改变

年份	变化
1908年	《1908年养老金法》为年满70岁的人引入了基于经济状况调查的养老金
1925年	《寡妇、孤儿和老年人缴费型养老金法案》（Widows', Orphans' and Old Age Contributory Pensions Act）创造了第一个缴费型国家养老金计划，资金来自雇主和雇员双方分别缴纳的费用，年满65岁的人才能领取
1940年	《老年人和寡妇养老金法案》（Old Age and Widows' Pensions Act）降低了缴费型国家养老金计划中的国家法定退休年龄——年满60岁的女性即可领取
1995年	《养老金法》引入对男性和女性都采用同样退休年龄（65岁）的时间表。女性的国家法定退休年龄将在2010年4月到2020年4月逐渐延至65岁
2007年	《养老金法》计划在2024年4月到2026年4月继续将国家法定退休年龄延长到66岁，而后在2034年4月到2036年4月进一步延至67岁，2044年4月到2046年4月则推迟到68岁
2014年	《养老金法》调整了延迟国家法定退休年龄的时间表，现在计划在2026年到2028年将退休年龄延至67岁

工作和"积极老龄化"

面对人口老龄化以及据称由此而来的对当下福利安排的相应压力,"积极老龄化"政策被视为一种解决方案而提出。随着人口变老,如何定义"老年人",以及对他们有什么期待,都在改变。在最初创造国家养老金的时候,职业生涯一结束,人们便迎来了退休生活,在那之后人们通常至多再活10年。在某个设定的年龄领取国家养老金这一创举,为退休生活提供了一个叙事框架,也为"老年"这个类属提供了一个起点。汤森在他的开创性作品(请见下文的"可深入阅读的参考文献")中论证,国家养老金这一发明,有效地"培养了"老年人"物质上和心理上的依赖",因为在退休期间人们可以获得低水平的经济收入。

由于寿命延长,退休往往不再伴随着即刻到来的衰退期。因此,对于一些人而言,退休成为人生的第三阶段,它在上学和就业之后,而在依赖他人的老年之前。"第三年龄段"(troisième age)或"第三龄"(third age)之类的术语来自法国,指身体相当健康、有充分的社会参与的阶段,是"积极老龄化"时期。

"积极老龄化"是一个相对新颖的概念,它在过去十五年里逐渐流行起来。这个术语最早源于美国在20世纪60年代提出的"成功老龄化"(Successful Ageing),用以回应"脱离理论"(Disengagement Theory),后者声称随着人们变老,他们逐渐从社会中退出了。支持活动理论(Active Theory)的学者反驳,脱离理论展现了一幅令人过于沮丧的图景,并且他们指出,老化并不是过上令人满意且积极主动的生活的障碍。积极老龄化观念在80年代以"生产性老龄化"(Productive Ageing)的面目重新归来,其焦点是对劳动力市场的参与。这种观念被欧盟用作一个术语,它们的理论聚焦于增强老年劳动者的可雇性,并且根据人口老龄化状况调整雇用规则。

但是,如果因为老年人没有参与到劳动力市场,就将退休描述为纯粹的消极时期,那么就会低估老年人所扮演的其他社会角色。退休并不一定代表着无所作为;通常退休期以从事志愿工作或照料他人(包括孙子女)为特征。世界卫生组织采用了更为全面的积极老龄化理论,其中包括三大支柱:健康、参与(不只是劳动力市场)和保障。

在英国,针对尚未退休的老年人的政策,鼓励他们"在老去的过程中保持积极参与",并且重新就业。根据这些政策,政府在全国范围内推出了自愿性的"针对50岁以上的人的新政"(New Deal for the Fifty-Plus,ND50+),以此作为工党实现80%的就业率的一个驱动器,也是用来激励人们进入劳动力市场的一揽子解决失业政策的组成部分。至于享受这项新政的资格,相应定为:50岁以上,领取收入补助金、求职者津贴、无工作能力补贴、严重伤残津贴或养老金补助6个月或6个月以上。

针对50岁以上的人的新政在刚刚推出时包括以下待遇:
- 配一名私人顾问;
- 在找工作的两年之内,获得最高1 500英镑的培训津贴(Training Grant);
- 对于那些年工资收入低于15 000英镑的人,每周给予60英镑的就业补贴(Employ-

ment Credit)(但是,这项经济激励措施被证明有"无谓损失"效应,即只要取消这份补贴,就会产生积极的效果,因而在2003年,它被针对50岁以上在职者的税收抵免所取代)。

不过,在2009年,各种各样的新政项目(请见第47章、48章),包括针对50岁以上的人的新政,被灵活新政(Flexible New Deal)所取代,而后者最后也被取消,取而代之的是单独的工作计划。

在鼓励老年人自己进入以及继续留在有偿就业领域的同时,人们也认识到,老年人是否能够继续工作,还需要关注雇主,因为在歧视老年人的环境中,老年劳动者无法找到工作并且一直留在职场。影响老年劳动者做出就业和退休决定的既包括"拉动"因素(诸如提早退休计划等诱因),也包括"推动"因素(雇主的态度和政策)。2006年10月,英国引入了禁止职场中的年龄歧视的法律,即《就业平等(年龄)条例》。该法规规定,除非能证明合理性,否则禁止强制性的退休年龄和分年龄招聘。不过,65岁仍然是"常规"退休年龄,而雇员可以向他们的雇主提出申请,要求在超出这个年龄之后继续工作。雇主必须在他们打算让其雇员退休之前的6到12个月里提交书面文件给雇员,而相应的,他们的雇员有权利要求在65岁之后继续被雇用,雇主则"有义务考虑"这一请求。

2010年7月,英国联合政府在这些变化之外又进一步声明,从2011年4月开始默认的退休年龄将逐渐被替代,而至2011年底则完全取消。《2011年就业平等(废除退休年龄)条例》宣布,从2011年4月6日开始,雇主不能使用常规退休年龄程序发布任何强制退休通知。老年劳动者,只有雇主于2011年4月6日之前发出通知,并且他们在2011年10月之前达到国家规定的退休年龄的情况下,才能被强制退休。

社会照顾政策

虽然"较年轻的"老年人往往不需要大量帮助,但是一些高龄老人通常与慢性疾病联系在一起,例如糖尿病、关节炎、充血性心力衰竭、痴呆和残疾,因此,他们需要更多的健康护理和社会照顾。虽然预期寿命延长了,但是健康预期寿命却没有随之增长,在某些性别、职业、族群和贫困群体中,这两者之间的差距正在拉大。

在英国,护理系统比国家医疗服务体系要复杂,因为在提供服务之前,首先要对需求进行评估,而且关系到收费问题。英国的社会照顾有多种形式,包括辅助日常生活起居活动(洗衣服、排泄、穿衣服、吃饭、功能性运动、个人设备照管、个人卫生和梳洗,以及厕所卫生)和为工具性日常活动(家务劳动、服药、管理钱财、购物、打电话或采用其他沟通方式、使用合适的技术、社区内的通勤)提供帮助;不同形式的社会照顾,或是根据居住环境及条件在家中进行,或是由日间护理中心和养老院提供。

在评估社会照顾需求方面,英国的四个区域采用了略有差异的系统。在苏格兰,地方政府使用的是"相对需求的单一共享评价指标"(Single Shared Assessment Indicator of Relative Need, SSA-IoRN),这是一份包含了12个问题的问卷,用以评估一个人的需求属于低、中、高哪一档。人们也被赋予"自我指导支持"(Self-Directed Support)的权利,这是一种直接支付的形式,人们可以用它满足自己的护理需求。《2002年(苏格兰)社区照顾和卫生健康法案》规定,在苏格兰,为那些超过65岁且住在自己家中的人提供个人护理应该是免费的,而不管他们的收入或财产状况如何。

2009年,北爱尔兰推出了它的"北爱尔兰单一评估工具"(Northern Ireland Single Assessment Tool, NISAT),其将需求分为"至关重要""重要""中等""低等"。这个工具用于所有的健康护理和社会照顾需要的评估,其目的是提供一个更为合理的流线型评价程序。英格兰的地方政府和威尔士的部分地区采用的是"照顾服务公平评估"(Fair Access to Care Services, FACS)分级体系,用以确定个体是否有资格得到社会照顾服务,而大部分护理只提供给那些有"至关重要"或"重要"级别的需求的人。而后,那些被认为有充分需求的人将得到个人预算(Personal Budget)拨款,这笔资金用于护理服务,并且能够直接支付给个人。从政策的角度来看,"个人化"和"自我指导支持"议程,反映了将个体放在照顾决策的中心以及增加选择的转变。但是,个体如何使用支付给他们的津贴,需要当地政府的批准,而且一些学者及健康护理、社会照顾领域的专业人士指出,个人化产生了新的剥削和滥用的风险。

但是,在2015年,地方政府提供给个人的护理中心服务却不是免费的;在英格兰和北爱尔兰,个人拥有的资产超过23 250英镑的时候(在威尔士是超过24 000英镑,在苏格兰是超过26 000英镑),就必须支付他们住护理中心的费用;而那些在英格兰、北爱尔兰拥有的资产超过14 250英镑的个人,在苏格兰是超过16 000英镑(在威尔士没有这个标准),要支付一定比例的护理中心费用。不过,如果某人需要一位护理人员给予照料,或者住在疗养院,相关的费用可以部分由国家医疗服务体系提供资金支持的医疗护理费覆盖(在英格兰为每周110.89英镑,威尔士是120.55英镑,而北爱尔兰是100英镑),或者如果这个人通过了国家医疗服务体系后续的健康护理评估(包括需要复杂的医疗和多方面且长期的照料),这笔费用也会由国家医疗服务体系全额支付。如果某人住进护理中心,而家中没有共同生活的人,地方政府也会在这个人入院12周后,开始根据这个人的资产价值决定之后的收费标准。

为了回应人们对于不断上涨的护理费用和公平性问题的担忧,《2014年照顾法案》包含了一系列从2016年4月开始生效的变革,包括规定一个人终其一生为自己支付的护理费用的"终生上限"(lifetime cap)为72 000英镑。不过,这个上限不涵盖住院护理的"住宿费用"(床位、伙食);另外又单独为"住宿费用"引入了一个上限,其额度为每年12 000英镑。此外,在英格兰,经济状况调查所规定的全额缴费起点从拥有资产超过23 250英镑,提高到118 500英镑,这意味着如果一个人拥有的资产总额在14 250英镑到新的上限之间,他的护理费用将按比例扣除。

新议题

这一章研究了社会政策在建构什么是"老"的过程中扮演了怎样的角色。作为对变化的人口结构和延长的寿命的反应,老年人被鼓励工作更长的时间,并且保持"活力"。与此同时,为那些需要照料和帮助的人提供的服务越来越"个人化"了,而且个人为他们自己支付的护理费用总额被设定了上限。

至于新出现的问题则是,寿命普遍延长,但是健康预期寿命却落在后面。我们大部分人都活得更长了,但是对于一些人来说,这些额外增加的年头却以恶劣的健康状况为特征。因此,聚焦于积极老龄化的诸项政策,可能有在老年阶段(在蒂特马斯所定义的拥有大笔养老金和没有高额养老金的"两重天地"之外)催生另外一个"两重天地"的危险:一边是那些身体健康而积极老去的人,而另外一边则是失去健康的人。整个生命历程影响着老年的经历,因而在生命早期阶段的政策干预,会在晚年带来更良好的健康状况和更幸福的生活。

这一章的焦点是面向老年人的社会政策供给,但是社会政策*之外*的帮助和照料服务也需要重视。据估计,在英国大约有 650 万义务照料者,每年提供价值 1 190 亿英镑的帮助。随着人口结构的变化和人们越来越长寿,能够为体弱多病的人提供免费照料的可用人手将减少。那些提供免费照料的人需要得到更多的支持,尤其是当他们面对来自职场的与照料他人相矛盾的要求时。

可深入阅读的参考文献

必读作品包括 P. 汤森的《老年人的结构性依赖:20 世纪社会政策的产物》(P. Townsend, 1981, 'The structured dependency of the elderly: a creation of social policy in the twentieth century', *Ageing and Society*, 1, 5-28),汤森考察了养老金和社会照顾政策如何导致老年人的依赖性和"被动性",并且向政策制定者提出挑战,希望他们能够创造出能给人们带来力量的支持性政策。

A. 沃克的《走向老年政治经济学》(A. Walker, 1981, 'Towards a political economy of old age', *Ageing and Society*, 1:1, 73-94)论述了生命历程在塑造老年经历方面的重要性,并且提醒人们不要将老年人视为同质化和无规则的整体。

P. 希格斯和 C. 吉利亚德的《英国的代际冲突、消费和老龄化福利国家制度》(P. Higgs and C. Gilleard, 2010, 'Generational conflict, consumption and the ageing welfare state in the United Kingdom', *Ageing and Society*, 30:8, 1439-1451)对"代际的资源冲突"这个概念提出了质疑,并且由此反驳了与人口老龄化联系在一起的悲观主义。

复习和课外作业习题

1. 老年是怎样被社会性地建构的?
2. 哪些因素会影响人们的预期寿命和健康预期寿命?
3. 如果人们变得长寿了,是否每个人都因此应该工作更长时间?这方面存在哪些困难?

4. 老年人应该为自己得到的护理服务付费吗,即便这意味着他们要卖掉自己的房子?
5. 面对人口老龄化所带来的形形色色的问题,对于政策制定者来说,最大的挑战是什么?

请浏览本书的辅助网站 www.wiley.com/go/alcocksocialpolicy,使用为配合本书的阅读而设计的资料链接。在那里你将会发现有专门针对每一章的深入阅读资料链接,其中包括政府、国际组织、智库、压力集团和重要的新闻机构的网站。你还会找到以《布莱克维尔社会政策辞典》为蓝本的词汇表、帮助页、有关如何管理社会政策领域中主要委派形式的指导和职业建议。

第61章
残疾人

马克·普里斯特利

>> 概 览

- 自20世纪70年代以来,对于残疾问题的政策兴趣不断增大,并且发生了改变。残疾在今天被看作一个有关人权、公民身份和平等的议题,而不再是一个关系到照料、补救和康复的问题。
- 残疾人权利运动,对于上述的观点改变产生了重要的影响。
- 残疾人正成为更加有活力的幸福公民,与传统的服务模式不同,现在他们管理着相应的资源,可以从中获得他们所需要的帮助。
- 许多国家都采用反对残疾歧视的政策,这些政策是以公民权利和人权为基础的,但是立法并不足以保证完全的公民身份。
- 通过诸如欧盟和联合国之类的机构,跨国治理变得越来越重要。

背 景

在20世纪下半叶,无论是在英国还是在全球范围内,残疾问题在政策讨论中变得越来越引人注目,而最终在2006年,联合国公约中提出了要在世界各地保护和提升残疾人的权利。在将残疾视为一个政策议题的时候,关注往往集中在三个重大题目上。第一个是政策思考的转变。"残疾"曾经被看作个人内在的缺陷,而现在则被视为社会内部的缺陷导致的一种歧视形式。第二个是从照料和补救的政策转向平等权利以及消除障碍从而实现社会融入的政策的改变。第三个是在残疾人中产生的日渐高涨的自我管理热情,导致更强有力的政策主张和更积极地参与到福利生产中。

在不同的残疾模式之间或思考残疾人需求的不同方式之间存在着差异,而大部分当代讨论就是由此展开的。传统的路径通常将残疾看作是由生理、感官或认知缺陷导致的个人问题。相应的解决方案就是(通过康复性医疗和恢复服务)给予这样的人以治疗,或者(通过安排价值较低的社会角色)对他们的"受限性"做出补偿(例如庇护性就业、提供住院护理服务、社会保障津贴等)。这两种路径都假设残疾问题和政策回应都应该聚焦于个体。另外一种路径通常被称为"残疾的社会模式"(Social Model of Disability),将残疾人所经历的不利环境看作是由社会的局限性而不是个体内部的某些因素造成的。正如奥利弗(Oliver, 1996:33)所阐述的:

> 根据社会模式,残疾是置于残疾人身上的所有限制,其范围从个人偏见到制度性歧视,从不方便的建筑物到无法利用的交通系统,从区别对待的教育到排斥性的工作安排,等等。除此之外,这个错误所导致的结果并不是随意和偶然地落在某些个体身上,而是系统性地对作为一个群体的残疾人产生影响,这个群体经历着这样的错误所导致的歧视在全社会各个部分被制度化的后果。

直到20世纪90年代,尽管残疾人权利活动家强烈主张,但是社会模式思想在政策制定过程中还只是次要的思路,在政策共同体中也只居于边缘地位。今天,"社会模式"和残疾人权利往往被看作主流政策议程中的议题,不过,不平等仍然存在,而且残疾问题继续带来一系列非常具有挑战性和争议性的政策讨论。

历史背景:作为一个行政管理类别的残疾

对历史有一定的了解,是理解残疾人、社会政策和福利国家制度之间关系的核心。今天,在现代福利国家中,残疾人生活的方方面面几乎都属于某些特定公共政策的规划范畴(例如,教育、卫生健康服务、住房供给、交通运输、就业、福利津贴、家庭生活和公民权利的政策都会涉及残疾人)。然而,在福利国家出现之前,人们往往将有着重大残疾的人与大量"穷人"混为一谈。而现在,关键问题就是要理解,对于政策制定者而言,为什么残疾人从根本上是作为一个单独的类别存在的。

在残疾问题研究领域中,社会模式的支持者提供了从唯物主义角度对英国历史的全面描述,从而展现了城市工业资本主义是如何将残疾变为需要国家解决的福利"问题"的。这些论述指出,早期充满竞争的雇佣劳动市场和工厂的生产方式,将许多有缺陷的人排斥在有偿劳动之外,从而使越来越多的残疾人过着贫困的生活,他们在经济上无法独立。正如政策历史研究者所呈现的那样,国家在推动早期工业资本主义发展中所扮演的角色,包括采用强劲的社会措施对劳动力加以管理控制,并且消除导致大量人口变懒惰的刺激因素。在这样的背景下,对于残疾人而言,一个关键的发展是将"无能力的"人和"四肢健全的"穷人(或"值得帮助的人"和"不值得帮助的人")区分开来。在无所事事的穷人被严格规范的同时,那些被视为"没有工作能力的人"享受到了一定限度的福利。英国最早对"没有工作能力的人"的定义中没有提到残疾,但是在1601年颁布《济贫法》的时候,新的有关残疾人的分类出现了,而且,没有工作能力成为确定谁是和谁不是"残疾人"的关键要素。

管理这个类属和授权其获得公共帮助需要一整套新的监管、规范和控制系统,以便将对于残疾人福利的责任纳入公共政策领域。在这里没有必要详细地阐述这段历史,因为这一章结尾列出的一些核心读物提供了全面的概览。其中最重要的一个论点是,从历史上看,在控制劳动力供给以及获得公共福利方面,"残疾"一直是以一个灵活的行政管理类别的形式存在的。具体而言,对于谁是真正的残疾人,很难找到一个固定的政策定义,因为在诸如英国、德国或美国,残疾的政策定义随着时间而不断改变,或者说对它的理解也在变化中。

一个有助于理解的例子是,思考一下为什么在高失业率时期,会有大量的残疾人被当作"没有工作能力的人"(比如在20世纪30年代),而在劳动力短缺的时候,他们又立即变成了"能够工作的人"(比如第二次世界大战期间在军需品工厂里)。我们观察70年代末到80年代初的经济不景气时期,也可以发现类似的模式——残疾人被鼓励申请长期失业残疾津贴,而在1997年工党掌权以及2010年英国联合政府上台之后,这些人又成为严苛的重返工作政策的目标了(请见第47章、48章和56章)。因此,关键在于,应该将残疾看作一个相当有弹性的政策类别,它更多的是由经济和政治环境而非个人能力决定的。

政策主张:残疾人权利运动

尽管国家对残疾人的需求的回应是受经济和政治力量驱动的,但是这些回应也为残疾人自身的政策主张所塑造。有些要求和抗议有着漫长的历史,但是,现代残疾人权利运动是随着60年代末和70年代不断涌现的政治觉醒而出现的。美国、英国和欧洲大陆部分地区的残疾人组织的发展,在残疾问题研究文献中有详细的记述。20世纪80年代以来,残疾人权利活动家在残疾人国际(Disabled Peoples' International, DPI)(覆盖了140多个国家)的框架之下开展全球性运动,并且从90年代开始,在欧洲通过欧洲残疾人论坛(European Disability Forum, EDF)行动。

残疾人组织的诉求同时对政策制定的方式及其内容产生影响。这中间有四个基本原则值得注意。首先是对"没有我们的参与,不能做出与我们有关的决定!"这一原则的强有力的支持,从而确保残疾人在涉及他们的政策讨论中发出自己的声音。此类讨论过去以医疗和康复领域的专业人士或是福利慈善家为主导,而现在很少能找到不将残疾人作为重要行动者的残疾人政策论坛了。其次是对建立在平等和人权基础上的无差别待遇原则的拥护。大多数国家现在都采用了体现这条原则的法律(例如英国的《平等法案》中有关残疾问题的条款),这些法律得到了欧洲类似条约和联合国公约中有关残疾人权利的条款的支持。再次,是要求政策聚焦于为残疾人创造更便利的条件,使其能够进入建成环境、使用交通工具或应用信息技术。最后,残疾人更多地参与到生产他们自己的福利方案的活动中,由此而来的政策变化使残疾人在日常生活中有更多的选择和更大的控制力。这里面有两个主题值得进一步讨论。

独立生活:福利生产的新模式

独立生活这个概念,是残疾人政策主张中的一个重要议题。努力的核心目标是将残疾人从压抑的长期住院护理制度中解放出来,并且发展支持其在社区生活的新机制。与其他许多国家一样,在英国,自20世纪90年代以来,出现了关闭传统护理机构的浪潮,与此同时,"社区照顾"也开始被广泛应用。独立生活运动是一个重要的声音,它挑战了传统的"护理"模式,并且以实用的形式提供了其他的帮助残疾人的方式。这样做的目的是将更多的资源交到残疾人手中,使他们能够自己组织并且购买他们日常所需要的帮助,而不是依赖事先安排好的"服务"(例如雇私人助手辅助日常活动,而不是到日间护理中心或在家中接受社会公益服务的帮助)。在英国、斯堪的纳维亚国家和美国,早期的独立生活项目往往是残疾人自己运营的,并且提供了有关福利的新思路,模糊了传统上存在于购买者、提供者和消费者之间的界限。

诸如此类的模式为残疾人提供了更多的选择和控制权,它们的成功推动了90年代末的"直接支付"和后来的"个人预算"的出现,从而使得人们能够安排和购买他们所需要的帮助,而不是以其他方式得到这些服务。直接支付和个人化为自我决定带来了新机会,但是,在英国国内主要由于地区不同以及用来实现这个雄心勃勃的目标的资源有限,这种做法的采用也呈现不同的态势。同时考虑到人口老龄化和2010年以来的公共开支削减,传统"服务"是否仍然切实可行,以及是否能够按照2014年颁布的《照顾法案》继续为社会照顾服务提供资金,都成为令人思虑的重大问题。

无差别待遇:实现公民权利的政策

正如之前所强调的,公民权利的迅速发展和反歧视立法是政策发展的核心特点,尽管不同的国家采用了不同的路径。美国在1990年就颁布了无差别待遇法律(《美国残疾人法案》),英国这方面的法律改革却一直遇到阻力,特别是有些人担心如果残疾人获得平等权利,将给雇主和服务提供者带来无法承受的成本,从而从根本上破坏国家的经济竞争力。但是,也有堆积如山的证据表明,残疾人在社会的各个层面都遭遇制度性歧视,因而在1995年《反残疾歧视法》获得通过。

根据这项法案,雇主歧视有残疾的雇员或者服务提供者以不受欢迎的(被认为是不"公道"或不"合理"的)方式对待残疾人都是违法行为。随着时间的推移,这部法律得到进一步加强,并且延伸到教育、营业场所和交通运输领域。2006年,政府当局承担起更全面的维护平等的职责,这一责任体现在用以解决制度性种族主义和性别不平等问题的政策上。所有公共机构(例如政府部门、地方政府、医院、学校和大学等)都有责任倡导正面态度、促进平等,并且消除对残疾人的歧视。

如果没有强制执行,而仅是通过反歧视的法律,是不会产生任何效果的。在英国,这种推进从残疾人权利委员会开始,该机构作为一个独立组织成立于2000年,目标是在英格兰、苏格兰和威尔士(在北爱尔兰有单独的机构负责残疾人平等和其他层面——例如种族主义和性别不平等之类——的歧视问题)推动残疾人平等。《2006年平等法案》为撤销残疾人权利委员会并将之并入平等和人权委员会(下设一个残疾人委员会)铺平了道路。而《2010年平等法案》将英国各个地区的反歧视法律统一起来。2009年,英国政府正式签署了《联合国残疾人权利公约》(UN Convention on the Rights of Persons with Disabilities)及其

《任择议定书》(Optional Protocol)，同时要求保留独立的政策监督和政策诉求机制。

以合法权利为基础制定政策的路径，与之前讨论的残疾的社会模式有共同之处，但是，就其本身而言，它提供的是不那么激进的战略。（如同其早期研究者所定义的那样）社会模式聚焦于导致残疾人受压迫的结构性基础，这一基础产生于现代资本主义社会中的生产和再生产的社会关系。暗含之意是，如果不展开政治斗争，挑战令人无能的社会基础设施和制度，就不可能实现真正的改变。相反，争取合法权利的运动更多地采用了"少数群体路径"，它强调的是在现有的法律框架和宪法条款中提出要求。这两种路径都认识到残疾问题是人权议题，但是社会模式的理解意味着，引入超越法律的结构性改革，方能够解决残疾人所面临的难题。

全球化和全球治理：联合国和欧盟的影响

这个世界上至少有 5 亿残疾人，而且这个数字正在急速增长。科技发达、有着完善的福利供给的富裕国家，所关注的残疾议题常常不同于那些较为贫穷的国家所探讨的，但是在世界各地，残疾人往往是穷人之中最贫穷的。在获得资源方面有明显的性别差异，因而残疾妇女和女孩的需求应该得到特别重视。世代问题也很重要，因为残疾儿童和残疾老年人的生活机遇较少。全球性问题需要全球性应对，欧盟和联合国尤其体现出跨国政策制定正日益变得重要。

联合国在 1975 年发表了它的第一份《残疾人权利宣言》(Declaration on the Rights of Disabled Persons)，并且在 1981 年宣布当年为国际残疾人年(International Year of Disabled Persons)。1985 年，《世界人权宣言》将残疾问题纳入其中，并且开始在"建立一个人人共享的社会"(towards a society for all)的口号下制定长期战略。1993 年，国际性的《残疾人机会均等标准规则》(Rules on the Equalization of Opportunities for Disabled Persons)的采用，使得更多的国家引入反歧视立法，而且，最终在 1996 年，许多国家共同达成了全面的人权公约——《联合国残疾人权利公约》。

在欧盟范围内，早期并没有出现关于残疾问题的一些关键性讨论，不过，在 20 世纪 70 年代中期，还是开展了一些相当有限的职业和社会融合行动计划，并且对国家政策进行了考察。到了 80 年代初期，有迹象表明各国开始以更广泛的社会—经济角度理解残疾问题（包括认识到残疾人在资本主义市场的经济循环中受到的有害影响最大）。90 年代，欧盟政策开发的特点是，以法定权利为基础的路径出现了，首要关注的权利是就业权。在残疾人相关组织施压之下，1997 年签署的《阿姆斯特丹条约》确定了残疾人的欧洲公民身份（现在则是在《欧盟运行条约》的第 19 条中确认这一身份），从而使他们变得"可见"了。欧盟的残疾人政策更多地聚焦于市场监管，而不是再分配，并且将关注点转向社会模式议程，通过社会投资创造无障碍环境和产品。《2010—2020 年欧洲残疾人战略》(European Disability Strategy 2010—2020)采用了更广泛的路径，并且强调其核心原则是可及性、参与和平等（通过横跨各个领域如就业、教育和培训、社会保障和卫生健康等的政策行动来实现）。欧盟也加入了联合国公约。

新议题

2008年《联合国残疾人权利公约》的生效提升了人们的期望,并且将新的责任交给各国政府,以确保残疾人更多地参与社会生活、获得更大的平等。政府也怀抱良好愿望,虽然重大政策挑战依然存在。残疾人权利运动中所提出的主张,从根本上改变了我们思考残疾人政策的方式,不过,尽管这些运动获得了一些成功,但未来仍然存在不确定性。由于残疾问题主要属于被单列出来的平等议程中的议题,因而在政策制定的舞台上,残疾人只占有非常有限的位置。尽管存在着针对残疾人人权和社会权利的真诚的公开承诺,但是回应2007—2008年经济危机的政策却使这些诺言可能难以兑现。在资源匮乏的国家,扶贫和人类可持续发展所提出的巨大要求,意味着在政策投资中残疾人往往会被忽视。在较为富裕的福利国家,强大的财政压力将缩小有弹性的残疾人类属的范畴,并且因此减少有资格从国家得到经济资助的人数。

欧洲各个福利国家的政府对于失业者和申请残疾人津贴者的数量(例如2015年,在英国这个数据估计是252万人)越来越感到焦虑,各国政府试图通过政策改革来"帮助"这些人走入职场。2010年,在中右的英国联合政府获得大选胜利以及展开了综合支出审查之后,出现了一些显著的变化。卫生健康和社会照顾领域的个人化议程(其中包括个人预算)仍会继续,但是紧缩性削减开始具体针对残疾人津贴,并且减少了另外一些津贴支出。公共财政的削减——特别是在地方政府层面上的——影响了许多残疾人服务的可得性。更为严格的医学和"工作能力"测试的引入(请见第56章),进一步限制了领取残疾人失业补贴的资格。这样做的目的显然是减少获得残疾人津贴的人数,虽然政府为那些被判定为"严重"残疾的人提供了一些支援(这也再次证明了本章开头所提到的一个论点,即在充满变动的经济环境中,残疾作为一个政策类别具有"灵活"的特性)。

可深入阅读的参考文献

对于现代福利国家残疾政策的历史探讨请见D. 斯通的《失能国家》(D. Stone, 1984, *The Disabled State*, Philadelphia: Temple University Press)和A. 博尔绍伊的《1750年以来英国的残疾人和社会政策:一部排斥的历史》(A. Borsay, 2005, *Disability and Social Policy in Britain since 1750: A History of Exclusion*, Basingstoke: Palgrave Macmillan)。前者有助于我们理解残疾人、福利和国家之间的关系,而后者则提供了英国政策发展历史的清单。M. 奥利弗的《理解残疾问题:从理论到实践》(M. Oliver, 1996, *Understanding Disability: From Theory to Practice*, Basingstoke: Macmillan)介绍了不同的残疾模式,以及它们与理论和实践之间的关联。这本书也提供了有关最深刻地影响了政策改革的观点和作品的一些有价值的线索。

A. 鲁尔斯通和S. 普里多的《理解残疾人政策》(A. Roulstone and S. Prideaux, 2012, *Understanding Disability Policy*, Bristol: Policy Press)有助于我们全面了解英国这方面政策

的发展历程。A. 劳森的《英国的残疾问题和平等法律：合理调节的作用》(A. Lawson, 2008, *Disability and Equality Law in Britain*: *The Role of Reasonable Adjustment*, Oxford: Hart)分析了无差别待遇政策背后的原理。S. 沙阿和 M. 普里斯特利的《残疾问题和社会变化：私人生活和公共政策》(S. Shah and M. Priestley, 2011, *Disability and Social Change*: *Private Lives and Public Policies*, Bristol: Policy Press)通过讲述残疾人的日常故事,展现了自现代福利国家建立以来,英国的政策变化。

D. 马贝特的《以权利为基础的社会政策在欧盟的发展：以残疾人权利为例》(D. Mabbett, 2005, 'The development of rights-based social policy in the European Union: the example of disability rights', *Journal of Common Market Studies*, 43：1,97-120),展示了残疾问题是如何出现在欧洲政策制定过程中的。接下来介绍的四本著作,都提供了有关残疾人自我组织的出现和支持独立生活的用户导向政策的发展的重要观点：J. 查尔顿的《没有我们的参与,不能做出与我们有关的决定：残疾人所受的压制和所获得的权力》(J. Charlton, 1998, *Nothing About Us Without Us*: *Disability Oppression and Empowerment*, Berkley, CA: University of California Press)；J. 坎贝尔和 M. 奥利弗的《残疾人政治：理解我们的过去,改变我们的未来》(J. Campbell and M. Oliver, 1996, *Disability Politics*: *Understanding Our Past*, *Changing Our Future*, London: Routledge)；C. 巴恩斯和 G. 默瑟的《独立的未来：在失能社会中创造用户导向的残疾人服务》(C. Barnes and G. Mercer, 2012, *Independent Future*: *Creating User-led Disability Services in a Disabling Society*, Bristol: Policy Press)；M. 奥利弗和 C. 巴恩斯的《有关残疾问题的新政治》(M. Oliver and C. Barnes, 2012, *The New Politics of Disablement*, Basingstoke: Palgrave Macmillan)。

学术期刊《残疾人和社会》(*Disability & Society*)和《欧洲残疾人法律年鉴》(*Yearbook of European Disability Law*)都是有益的资源。在互联网上,"英国残疾问题档案"(Disability Archive UK)免费提供了几百篇残疾人权利活动家和研究者撰写的论文,其网址为 leeds.ac.uk/ disability-studies；而残疾问题专家学术网络(ANED)网站提供了欧洲各地有关残疾人政策的报告,其网址为 disability-europe.net。在英国,有关当前政策的细节可以在 gov.uk/browse/disabilities 上查询；另外,残疾人事务政府办公室(Government Office for Disability Issues)在 officefordisability.gov.uk 上公布了相关政府战略和平等指数。

复习和课外作业习题

1. 残疾的"个人"和"社会"模式之间存在着什么区别？它们对于社会政策意味着什么？
2. 为什么说"残疾"是一个有弹性或者流动的政策类别？谁被算作"残疾人"是随着社会—经济环境变化而变化的,这个论点是否有说服力？
3. 为什么说监管政策和再分配政策的组合最有可能为残疾人带来平等和完全参与？
4. 现在,英国的残疾人政策在多大程度上是与欧盟和全球治理保持一致的？

5. 残疾人和他们的组织如何在政策过程中代表他们自己？他们的声音有多大影响力？

请浏览本书的辅助网站 www.wiley.com/go/alcocksocialpolicy，使用为配合本书的阅读而设计的资料链接。在那里你将会发现有专门针对每一章的深入阅读资料链接，其中包括政府、国际组织、智库、压力集团和重要的新闻机构的网站。你还会找到以《布莱克维尔社会政策辞典》为蓝本的词汇表、帮助页、有关如何管理社会政策领域中主要委派形式的指导和职业建议。

第62章
移民和寻求庇护者

马耶拉·基尔吉

> ## 概　览
>
> ➢ 英国有着漫长的移民和种族多样性的历史。
> ➢ 当代移民问题与全球化进程联系在一起,并且具有超级多样性的特征。
> ➢ 人们出于各种各样的原因移居,包括就业、上学、家庭因素,以及逃离迫害、人权侵犯、战争和纷争。
> ➢ 移民和庇护政策涉及限制移民的问题,而且它们具有种族化和性别化的特点。
> ➢ 移民和庇护政策催生了对移民的复杂分类,它与一个高度差别化的系统密切相连,这个系统关系到进入、居住、定居、组建家庭、参与劳动力市场和享有社会福利等方面的权利。

背　景

存在着两种类型的移民:一种是在一个国家边界之内的内部移民,另外一种是跨越国家边界的国际移民。这一章的焦点是国际移民和回应迁移问题及移民的社会政策。本章只考察英国作为移民接收国这个侧面。不过,应该注意的是,英国也有大量公民移居到其他国家生活。在欧洲范围内,西班牙、法国是人们离开英国前往定居的最受欢迎的两个目的地;而在欧洲之外,澳大利亚、加拿大和新西兰从历史上就一直是英国移民最重要的目标,而在当今这个时代,依然如此。

在移民入境这个方面,英国也有着漫长的历史,今天的英国所呈现出来的高度种族多样性就是这方面的证据。直到20世纪,大部分前往英国的移民来自欧洲其他国家,特别是爱尔兰,尽管早在16世纪的时候,就有移民作为奴隶被从非洲带到英国。在第二次世界大战之后,出现了来自殖民地和英联邦(Commonwealth)国家的移民。在与全球化有关的各种进程的推动下,例如不均衡的经济发展、更便宜且更迅捷的旅行,从来源国的角度看,今天前往英国的移民呈现出超级多样性的特点。一方面是来自全球各地的移民,另一方面是随着欧盟在2004年和2007年的扩张,来自欧洲国家(尤其是波兰)的移民数量再次引人注目。移民出于各种各样的原因来到英国,其中包括就业、上学、家庭因素,以及逃离迫害、人权侵犯、战争和纷争,而且对于任何个体来说,迁移往往是由上述若干原因的组合导致的。许多移民的家人和朋友留在他们的来源国,而移民保持与自己祖国的联系,是他们在英国的生活的重要组成部分。这种跨国联系会在他们定居英国之后的很长时间里都一直维系着,并且从移民家庭的第一代延续到后面的世代。

迁移和移民越来越成为公共和政府讨论中的重要议题。一个广泛流传的观点是,移民数量过多,他们用尽了福利资源。尽管有关移民问题的政策环境错综复杂,但是政策发展的方向却指向限制和遏制。

这一章从介绍移民的不同定义和分类开始;而后探讨随着时间的推移,英国移民和庇护政策中的一些核心议题;最后讨论有关移民和庇护的社会政策中出现的新问题,作为这篇文章的结束。

移民的定义和分类

联合国对移民的定义是:

> 移居到他(或她)常住国之外的其他国家至少一年的人,以至于目的地国实际上就成了他(或她)新的常住国。从所离开的国家的角度来看,这个人就成为长期移居国外的移民;而从抵达国的角度来看,这个人是长期的外来移民。

上述定义是一个非常概括的定义。而在移民是什么人、他们来自哪里以及他们为什么会迁移这些方面存在着巨大的差异。从社会政策的角度来看,认识这些差别至关重要,因为它们提供了有关如何将移民归于不同类别的信息,而分类最终又关系到移民和他(或她)的家庭成员的进入、居住、定居、组建家庭、参与劳动力市场和享有社会福利等方面的权利。正如我们在这一章后面部分要探讨的,英国试图更严格地"管理"移民活动,以便减少进入和定居在这里的移民人口,并且确保移民活动符合英国的利益,因而,对移民的分类相应变得更加复杂了。英国内政部是负责移民和庇护事务的政府部门,工具箱62.1呈现了该部门的当代分类系统中一些最重要的参数和定义。

与大部分其他国家一样,英国的移民分类中长期存在着一条分界线,它区分了移民的迁移是被迫的还是自愿的。被迫或非自愿的移民是指避难者的迁移活动,在国际法中对这个类别有法律定义。在国际上被接受的定义来自1951年由英国和其他近150个国家共同签署的《联合国关于难民地位的公约》(UN Convention on Status of the Refugee)(《日内瓦公约》)。根据《日内瓦公约》,难民被定义为:

> 因有正当理由畏惧,由于种族、宗教、国籍、属于某一社会团体或具有某种政治见解等,留在其本国(国籍国)之外,并且由于此种畏惧而不能或不愿受该国保护的人……(Geneva Convention, UNHCR, 1951)

这个定义出现在欧洲历史上一个非常特殊的时期——第二次世界大战刚结束的时候,在那时,许多人被迫背井离乡是战争所带来的结果之一;而许多评论人士指出,21世纪,在世界各地发生着不同类型的政治和社会冲突的背景下,这个定义过于狭隘。

工具箱 62.1　英国移民分类系统中的关键参数和定义

被迫或自愿

被迫迁移的是**难民**(refugee)。难民有国际法所给予的合法地位。如果人们通过了难民项目审核,可以难民的身份进入英国,或者他们可以到英国寻求庇护。**寻求庇护者**(asylum seeker)是申请难民身份而尚未得到批复的人。有些庇护申请所得到的结果是获得难民身份;另外一些可能得到中间型的保护身份,即**人道主义保护**(Humanitarian Protection)或**特许居留证明**(Discretionary Leave);此外,还有一些申请可能不被批准,因而申请者必须回到他们的来源国。除此之外,剩下的所有移民属于"自愿"这个类别,他们中间也有许多具体的差别。

欧盟国家的国民

在欧洲公民身份的体系结构中——自由迁徙、定居和在所有领域享受平等待遇,**欧盟公民**(EU citizen)(欧盟成员国的国民)和他们的家人有权利进入和居住在英国,并且参与这里的劳动力市场以及得到社会福利供给。

第三国的国民

除了欧盟成员国国民之外,世界上其他人口中大部分都属于"**第三国的国民**"(Third country nationals)这个范畴,他们的权利受到很大的限制,并且首先与进入的目的(工作、学习或家庭原因)相关,其次取决于一系列社会和经济条件,包括个人的资产和收入水平、能力和技能水平、有没有获得英国资助、是否从事人才紧缺的职业和英语水平等。

非法移民

有些移民在英国没有合法的身份。"非法移民"这个宽泛的术语包括各种各样的迁移路径,这些方式所对应的种类繁多的情况,构成了从半非法到完全非法的连续统。

那些根据《日内瓦公约》被承认为难民的人有权不被遣返,可以与家人团聚,并且会得到与他现在所居住国家的公民同等的社会福利和就业权。2005年之前,在英国,难民一直享有无限期的居留权,不过在那之后,他们只被给予五年期的短期居留许可。此外,英国还采用了一系列额外的分类,以便为那些被内政部判定为需要保护但又没有资格得到难民身份的人提供暂时居留权,其中包括人道主义保护或特许居留证明。

寻求庇护者是指已经离开他的来源国,并且在英国正式提交了难民身份申请,但是申请尚未有结论的人。在一个人等待相关部门对他的难民身份申请做出决定的时期,他享有非常有限的社会福利,没有权利从事有偿劳动,也无法与家庭团聚。如果一个人的难民身份申请没有被通过,也没有在等待其他的保护申请(人道主义保护或特许居留证明)的结果,那么他就必须返回其家乡。有些人自愿回家,有些则是被遣返的,与此同时,还有一些人以不享有任何权利的非法移民身份留在了英国(请见下文)。

剩下的所有其他形式的移民都被看作是自愿移民。不过,应该注意的是,被迫的和自愿的移民之间的界限存在问题,特别是当我们考虑到一些超出个人和家庭控制的结构性问题的时候,比如贫困、不平等、失业和环境破坏,这些因素往往与人们做出到其他国家寻求生计的决定密切相关。

在英国移民政策中,另一条分界线存在于来自欧盟成员国的移民和欧盟之外国家(也就是所谓的第三国)的移民之间。《马斯特里赫特条约》(1992年)确立了欧盟法律中欧盟公民的概念。它将欧盟成员国的国民看作一系列权利的拥有者,这些权利关系到各种事务,包括在任何一个欧盟成员国的领土内自由迁徙和居住的权利。这项通常被称作"迁徙自由"的权利,可以追溯到欧盟在1957年时的前身,不过当时这项权利只适用于工作者。随着时间的推移,其适用范围扩大了,现在包括工作的人、学生、退休人士和失业者,也包括他们的家庭成员。一旦住到另外一个欧盟成员国,欧盟公民会受到保护,不会因为国籍而被区别对待,这项规定被广泛运用到许多领域,包括劳动力市场和社会福利资格。

与欧盟其他国家的国民实际上可以畅通无阻地进入英国相反,第三国的国民面对非常严格的准入制度。在围绕着居住、定居、进入劳动力市场、享有社会福利以及与家人团聚等事务的权利上,英国有着很严苛的条件限制,各地也有很大的差异。任何一个第三国国民所享受的权利取决于他们来英国的目的,那些来工作(包括经商)、读书及为家庭团聚而来的人会面对不同的政策。而在这三个类别的任何一个类型中,根据诸如资产和收入水平、才能和技能水平、是否从事人才短缺的工作和英语能力等因素,所对应的权利又有进一步的区别。

最后的分界线是在"合法"和"非法"移民之间。后者是一个宽泛的概念,指的是不符合或者部分符合移民规则的移民。针对第三国国民的非常严苛的入境规则,导致有些移民在不具有合法入境权利的情况下跨过边境;与此同时,曾经是合法移民的人也可能成为非法的,例如,在他们的庇护申请没有获得通过或签证到期的时候,没有按时离开英国。复杂且永远都在变化的移民规则,意味着合法移民可能在无意之间成了非法的。

英国的政策:不同时代的核心主题

移民政策在英国有着漫长的历史,根据移民潮、经济环境、政府和公共讨论等不断变动的背景,在不同时期存在着不同的政策偏好。因而,我们可以将移民政策的发展分为四个主要阶段:
- 1905—1945年:对主要来自欧洲大陆的犹太裔外来者的控制。
- 20世纪60年代到80年代:对来自英联邦国家和新英联邦国家移民的种族控制。
- 20世纪80年代到2000年:对庇护的控制。
- 21世纪以后:管理移民和移民整合。

将大量相应时期通过的法律条文汇集在一起,一系列核心主题就浮现出来了。

其中一个占据主导地位的主题,是移民与福利政策的交叉性。福利国家制度是民族国家的产物,并且被许多人看作是与整个民族密切相连的。因此,非国民应该享受哪些社会福利,成为长期困扰政策制定者的一个难题。这个议题早在20世纪初就出现在《1905年外国人法案》(1905 Aliens Act)里了,这部法案是最早对移民进行系统化控制的。根据该法案,没有生计来源的移民将被禁止入境,而且如果在入境后一年内,他们被发现接受贫困救济(Poor Relief)(这是当时主要的社会福利供给;请见第16章),就会被驱除出境。20世纪初期的社会福利改革——例如《1908年养老金法》和《1911年国家保险法》的颁布——也将"外国人"排除在获得居住权和公民身份权利之外;这些条件限制仍然是今天英国的许多社会福利供给的特征之一(请见第47章、56章)。对移民的社会权利的严格控制(请见第7章)在20世纪90年代突然集中到了寻求庇护者身上。通过从《1993年庇护和移民上诉法》(1993 Asylum and Immigration Appeals Acts)开始的一系列法律措施,历任政府削减了寻求庇护者在许多领域的权利,包括进入劳动力市场、领取收入补助以及通过流散系统选择他们可以居住的国家。与这些发展变化相伴的是,出现了一些政府和公共言论,声称"大部分寻求庇护者都是'假冒'的",并且他们试图滥用福利国家制度。从21世纪第一个十年的中期以来,那些在2004年和2007年欧盟扩张时加入欧盟的国家的来英移民,被人们高声指责为"福利旅游/滥用"。尽管自由迁徙条款限制英国政府对欧盟国家国民的社会福利权利作出限定,但是相关法律仍然允许政府有一定的自由量裁权,因而大概从2013年起,欧盟国家国民的社会保障和社会住房的权利开始受到严格控制。

　　思考移民与社会福利之交叉性的另一种思路,强调了移民作为福利服务领域的劳动力来源的重要性。他们从第二次世界大战后福利制度发轫之初就开始承担这样的角色了。国家医疗服务体系尤其依赖雇用来自海外的医生和护士,从而弥补在糟糕的劳动力规划背景下的缺口。由此产生的一个结果是,有人批评这导致世界上一些最贫困的国家中出现了"人才外流"和"医护人员外流",对此的回应是开发更讲求伦理道德的海外招募路径。然而,做出的改变显然只是转向从"不那么贫困"的国家(例如欧洲南部、中部和东部国家)招募人才。

　　第二个主题是移民政策的经济工具主义,它要求政府努力确保移民活动符合英国的经济利益。在这里,核心路径要将移民政策与劳动力市场的要求联系在一起,加强还是放松移民控制,取决于对劳动力的需求情况。这方面的第一次明确而直接的尝试体现在1920年颁布的《外国人法令》(Aliens Order)上,当时的背景是失业率不断升高,因而《外国人法令》规定雇主只有在招不到英国劳动力的情况下,才能为他的外国雇员申请工作许可。第二次世界大战之后,与欧洲北部的许多国家一样,英国也面临劳动力短缺的问题,这个时候,英国积极地招募移民劳动者。最初,英国将目光投向爱尔兰,之后又转向那些住在德国和奥地利英国托管区的流离失所者营地里的东欧人。当这些供应枯竭的时候,英国开始从加勒比地区和印度次大陆招募。在英国的"管理移民战略"时代(请见工具箱62.2),移民领域的经济工具主义路径日趋成熟。这种路径在2008年引入了一种计分制移民系统,该系统将八套与工作移民和学习移民相关的不同规范及模式,整合为一个多层级体系,层级的划分以劳动力市场的要求和经济方面的规则为依据。计分制移民系统被认为优先考虑具有高等技能的劳动者和到英国投资的商业人士、企业家。它也为有技能的劳动者申请英国的居留权设定了时间限制,从而努力打破入境与长期定居之间的必然联系。作为管理移民战略组成部分之一的移民事务咨询委员会,于2007年成立,负责为政府提供有关劳动力市场需求方面的资讯和建议。对计分制移民系统和移民事务咨询委员会的众多批评中,有一条是认为它们将英国视为一个整体来处理劳动力市场的需求,而没有考虑到地域差异。这种做法对于苏格兰尤其成问题,因为近年来那里正经历着人口萎缩,特别是在大城市之外的地区。

工具箱 62.2　英国的管理移民战略中的核心元素

英国的管理移民战略(Managed Migration Strategy)
1. 通过以下做法使工作移民更为直接地与英国的经济利益联系在一起:
- 引入计分制移民系统(Points-based Immigration System, PBIS);
- 成立了移民事务咨询委员会(Migration Advisory Committee, MAC)。
2. 通过以下做法对所有形式的移民活动都进行更有力的控制:
- 对入境进行更严格的控制;
- 减少长期居住的可能性;
- 通过遣返和收容强迫离开;
- 加强内部控制,包括通过卫生健康和社会福利领域的专业人士。
3. 通过以下做法要求移民履行融入英国社会的义务:
- 延长了人们申请定居所必须达到的在英国的居住时间;
- 通过"生活在英国"(Life in the UK)考试是取得公民身份的前提条件之一;
- 通过英语能力考试是取得公民身份的前提条件之一。

伴随着管理移民战略,英国的移民政策中出现了有关移民整合的新主题。对于融合要求的强调,可以放在这样一个大背景下加以理解,即当前种族、宗教和文化多样性正不断增强,人们越来越担心社区凝聚力的缺失。这样的担忧部分源于2001年夏天发生在英格兰北部一些城市中的"种族骚乱",以及公众对一些移民过着"平行无交集的生活"的感觉。它也关系到在英国及欧洲其他一些国家中出现的有关"种族关系"的各种各样的讨论,这些讨论认为基于族群多样性的多元文化路径失败了,接下来需要更为整合/同化的路径(请见第32章)。在这种背景下,移民在获得英国授予的永久居留权之前,必须先承担起新的义务,即需要参加入籍仪式(Citizenship Ceremony)、通过英语能力和英国社会知识测试等,从而展示他们对"英国价值观"的接受。从入境到有资格申请公民身份的观察期限也被延长了,在某些情况下从两年延至五年,从而使移民在申请公民身份之前有更长的时间融入社会。

最后一个主题是移民政策和其他社会分化——主要是"种族"和性别(请见第31章)——之间的关系。20世纪60年代到80年代末,英国的移民立法旨在限制来自英联邦和新英联邦国家的移民,所采用的控制手段具有种族化的特点。《1948年英国国籍法案》

（1948 British Nationality Act）确立了公民身份的两种主要类别：联合王国及其殖民地（United Kingdom and Colonies, UKC）的公民和英联邦国家的公民。这两类公民都有权进入英国，并且享受所有的社会、政治和经济权利。随之而来的是来到英国的移民数量不断增多，他们或者是来工作，或者是作为逃离独立斗争和后殖民主义冲突的难民。然而，公共和政府讨论中都将英联邦非洲国家（Black Commonwealth）公民的到来定居视为棘手的问题，因而从《1962年英联邦移民法案》（1962 Commonwealth Immigrants Act）开始，到《1988年移民法案》（1988 Immigration Act）为止，新的立法最终为来自英联邦非洲国家的大规模移民潮画上了句号，而且对于那些已经定居在英国的人而言，为了实现家庭团聚而将家人接到英国，也因这些法律变得更为困难了。不过，这些法律并没有对英联邦白人国家（White Commonwealth）公民造成同样的冲击，由此种族化的特征显露无遗。英国的移民政策继续发挥着排斥效应，而性别维度的排斥同样值得关注。例如，计分制移民系统强调了高级技能和英语能力，而在有些国家，女孩和妇女无法平等地得到与男孩和男人相同的接受正式教育的机会，那么这些国家的女性显然更可能被排除在外。除此之外，从入境到申请公民身份的观察期内，移民有权享受的福利非常有限，这就使得那些通过婚姻途径、依靠其男性配偶来到英国的女性极易受到剥削，这也为那些经受家庭暴力的女性离开其配偶设置了障碍。

新议题

在对迁入的移民进行严格控制以及欧盟各国之间的经济差异越来越大的背景下，来自欧盟国家的移民开始被看作是对移民管理的根本性破坏，而且与选择性移民政策产生了矛盾。

欧洲人的自由迁徙权利是否应该重新商议，从而允许英国对所有移民进行限制（除了来自欧盟国家的最受欢迎的移民即那些有着高等技能的人之外），并且为他们的社会福利资格划定界限；这个问题是在2016年6月就英国的欧盟成员国身份进行公投前夕，英国首相戴维·卡梅伦为重新塑造英国与欧盟关系所做出的重要努力之一。不过，在有关这个问题的讨论中，重要的是应该意识到，自由迁徙权利的任何后退，都会对生活在欧盟其他国家的220万左右的英国公民造成影响。针对第三国移民事务的路径则可能变得更为经济工具主义，而由此带来的结果是，在谁可以进入这个问题上体现出更强烈的排外性，并且在居留条件上提出了更严苛的要求。在这样的背景下，非法移民的人数一定会增加。为了应对这个问题，在未来，收容和遣返措施将在移民政策的总体结构中占据更重要的位置。

可深入阅读的参考文献

R. 塞尔斯的《理解移民和难民政策》（R. Sales, 2007, *Understanding Immigration and Refugee Policy*, Bristol: Policy Press）以及 A. 布洛克、S. 尼尔和 J. 索洛莫斯的《种族、多元文化和社会政策》（A. Bloch, S. Neal and J. Solomos, 2013, *Race, Multiculture and Social*

Policy, Basingstoke: Palgrave Macmillan)对有关英国的移民与政策回应的文章进行了综述。B. 安德森的《我们与他们:移民控制的危险政治》(B. Anderson, 2013, *Us and Them. The Dangerous Politics of Immigration Control*, Oxford: Oxford University Press)聚焦于不同历史时期中移民和福利之间的关联。A. 布洛克和 M. 基米恩蒂的《非法移民:政策、政治、动机和日常生活》(A. Bloch and M. Chimienti, 2012, *Irregular Migrants: Policy, Politics, Motives and Everyday Lives*, London: Routledge)讨论了非法移民这个主题,并且讲述了移民者本人的经历。从欧洲维度进行全面介绍的著作是 C. 博斯韦尔和 A. 格迪斯的《欧盟的移民和流动》(C. Boswell and A. Geddes, 2011, *Migration and Mobility in the EU*, Basingstoke: Palgrave Macmillan)。S. 卡斯尔斯、H. 德哈斯和 M. 米勒的《移民时代(第五版)》(S. Castles, H. de Haas and M. Miller, 2014, *The Age of Migration*, 5th edn, New York: Palgrave Macmillan)全面概括了全球移民模式和许多国家的政策应对。在英国内政部的网站(gov.uk/government/organizations/home-office)上可以查阅政府政策和有关移民问题的研究报告;在英国国家统计局的主页(ons.gov.uk)上可以找到相关的统计数据。诸如难民理事会(Refugee Council)和移民权利网络(Migrants' Rights Network)之类的组织也定期发表有关移民、难民和庇护政策的概要、评论和分析。

复习和课外作业习题

1. 哪些主要进程奠定了当代移民活动的基础?
2. 为什么要超越宽泛的"移民"分类进行进一步的探索?
3. 英国的移民政策为什么要区分欧盟成员国国民和第三国国民?
4. 请定义英国的管理移民战略中的核心要素。
5. 请通过案例考察在不同的历史时期,英国的移民、庇护和福利政策是如何发生交叉的。

请浏览本书的辅助网站 www.wiley.com/go/alcocksocialpolicy,使用为配合本书的阅读而设计的资料链接。在那里你将会发现有专门针对每一章的深入阅读资料链接,其中包括政府、国际组织、智库、压力集团和重要的新闻机构的网站。你还会找到以《布莱克维尔社会政策辞典》为蓝本的词汇表、帮助页、有关如何管理社会政策领域中主要委派形式的指导和职业建议。

第十部分
国际社会政策和比较社会政策

第63章
比较分析

玛格丽特·梅

> **概　览**
>
> ➣ 比较分析是社会政策研究的重要构成部分。
> ➣ 它的发展反映了社会政策学科和国家福利战略的变化。
> ➣ 比较研究明确地提出了概念和方法论问题。
> ➣ 跨国比较可以通过不同的方式进行。
> ➣ 对国家福利组合的变化形式有多种多样的解释。

背　景

在对福利供给进行研究的过程中,一定会涉及某些形式的对比,例如当下与过去,或者满足需求的各种途径,或是改善现有政策的不同方式之间的比较。对比不一定都是直接、清晰的,而且价值基础有可能不同。但是,它对旨在评价福利安排、探查驱动福利设计的因素,以及改变往往是相互矛盾的目标与结果的学科非常重要。对于世界各地的学者来说,涉足这些与福利有关的议题,除了对国内情况进行研究之外,也越来越需要进行跨国比较。

无论在什么地方,比较研究不仅使得研究者能够通过其他透视镜进行评估,而且能够确定不同福利系统的共性、差异和它们可能产生的影响。它也提出了福利系统的起源、国家福利政策的特点和变化方向、不同驱动因素和限制条件的影响等相关问题,而这些可能会告诉我们将有怎样的发展。比较分析的首要价值就是,它促使人们对上述问题进行思考,它具有帮助某个国家借鉴其他国家的经验(和"失误")从而发展自己的福利供给的潜力。诸如此类的"借用",应该被当作一条合理地实现所期望的改变的途径。因此,它也提出另外一些有关政策移植的选择性和扩散以及可行性和效用等的问题(请见第64章)。

对这些问题进行研究早已不是新鲜事,而且现在全球范围内都已经展开相关研究。不过,直到最近,研究焦点还主要聚集在"西方社会",在那里,最早的系统研究源于二战刚结束的那段时间里国家福利的广泛扩张。人们在20世纪80年代对所出现的削减福利迹象的担忧,为比较研究增添了新的动力;到了90年代,为了回应似乎与之前相同的问题而进行的另外一波重构,又再次促进了比较研究。

众所周知,社会福利领域的许多发展进程都与全球化联系在一起,而且关系到对国家自主权的威胁和社会支出方面的问题(请见第27章)。此外,社会福利的发展进程还与另外一些新挑战相联系,尤其是消费者不断提高的期望、持续增强的多样性、人口老龄化所带来的问题,以及后工业化、就业和家庭模式的改变等所引发的新的社会风险。除此之外,政策设计显然不仅在更大程度上由全球市场的运作所决定,而且受到地区和政府间国际组织(International Governmental Organisations,IGOs)(请见第1章、46章、64章和71章)不断扩大的管辖范围的影响。许多国家的政府也增加了它们对比较型政策制定的投资,这是工党政府承诺的循证福利(请见第2章)所推动的发展,同时政府大范围推广标杆分析法,作为撬动改革的杠杆。

由此产生的数据和排行榜的"大杂烩",需要小心翼翼地进行评估,而其他的国际性发展也同样如此。例如,国家金融市场的放松管制,意味着许多国家的抵押贷款、养老金和其他服务,都越来越多地由跨国企业集团的地方子公司来提供。照顾和高等教育服务的提供者也将注意力转移到全球性业务上,这导致面向福利领域工作人员的国际市场的扩张(请见第35章)。所有这些发展都使人们对福利安排产生了前所未有的比较研究兴趣,在2007—2008年的银行危机之后,这种兴趣得到进一步增强。

人们在关注经济全球化的规模和不稳定性的同时,也开始意识到中国和其他新兴经济体带来的多极化全球经济的发展,这推动了对中等和低收入国家的社会福利供给的研究(请见第67—70章)。如同接下来的章节所展示的,这些研究以及对许多较为富裕的国家进行的福利调整的研究,共同为全球范围内有关社会政策的特性与效果的讨论增加了新的维度。

比较分析的方法

在社会政策研究领域,有多种方法展开比较研究。有些探索集中在对具体国家进行研究,从而为跨国评估提供基础。这种采用了显性比较路径的研究,会考察一些有着非常类似的社会—经济和政治结构的国家中的某些特定部门、项目、"问题"、用户需求、政策过程或态度。无论研究焦点是什么,这些"按特定领域"展开的研究,往往会对大量相关的要素加以对比(请见工具箱63.1)。

另外一些研究采用的是宏观路径,致力于对一系列国家中的"福利系统整体"进行比较,而且往往是长时段的,因而必然涉及一些特有的核心问题(请见工具箱63.2)。

工具箱 63.1　"按特定领域"展开的比较研究中的核心议题

- "需求"/"问题"的规模和特性；
- 整体福利背景；
- 政策制定过程；
- 项目、服务和津贴的目的；
- 项目起源及其随着时间的发展；
- 获得资格的标准；
- 供给者/行政管理结构；
- 资源库；
- 监管体系；
- 递送和分配过程；
- 当前供给的"功效"/"效果"；
- 改变的压力；
- 政策目标。

工具箱 63.2　对"系统整体"进行比较的核心议题

- 总体福利环境；
- 政策制定"风格"和过程；
- 福利"投入"或"努力"的核心形式；
- 福利分配的主要模式；
- 主要的福利产出和效果。

研究困境

在自己的祖国研究各种福利现象绝对不是轻而易举之事。而跨国研究，尤其是对"系统整体"的跨国研究则更加困难；要对相似研究对象进行对比，首先就会面临重大的概念和方法论方面的挑战，至少要解决选择哪些国家、选择多少个国家、分析哪些政策指标或政策领域等问题。此外，社会政策研究者无论是在解释方面，还是在研究的操作过程中，都不可能是"文化中立"的。表面上看类似的术语可能有着完全不同的含义，而且地方的实践也很容易被误读。例如，"福利国家制度"和"社会政策"这两个概念，完全不能理解为同义的或者是相似的。"社会需求"和"风险"这两个名词应该也不相同。事实上，比较研究的一个有益之处就是，它在一定程度上使人们知道，在一个社会中可能是迫在眉睫的问题,在其他地方可能有着不同的理解或者不被重视。

除了以上难解的问题之外,福利项目也许有几个(往往是相互矛盾的)目的和一些前期投入。福利供给者可能是政府、非法定组织或两者的"混合"。资源结构可能在工作人员和资金(直接的或是间接的国家或地方税收;强制保险或私人保险;缴费;或以上所有资金来源的组合)等方面有差别,在组织安排、管理文化和非正式的"基层"实践上也可能有所不同。是否满足了"需求"、是否增进了个体的福祉、是否减少了不平等、是否划算或是否达到其他标准等,诸如此类的"国家"层级的评估也非常有价值,但同样绝非一目了然,而且在宏观层面对效果进行评定尤其具有挑战性。

从许多方面来看,比较研究也采用了那些在"国内"进行研究时运用的方法,但是在这个时候同样要小心谨慎(请见第 2 章)。而且,比较研究者还面对着额外的难题。例如,记录详细的官方统计数据可能是采用不同的规则收集而来的全国数据的集合,这种做法也许事先就使得直接比较变得无效了。数据来源、分类和格式都可能不尽相同。涵盖范围可能存在着差异,定义、收集数据的方法可能有变化,而且对数据的分类方法也许是用于其他目的的。在世界上的很多地方,信息难以获得,或者只是以汇总的形式存在。除此之外,对于比较研究者而言,不仅获得、标准化或收集可实证对比的数据是艰巨的任务,而且他们还要面对不同的调查研究规则、认识论传统,同时既要超越"方法论民族主义",还要摆脱欧洲—美国的框架。

攻克这些难题需要非同寻常的努力。正如世界价值观调查(World Value Surveys)和欧洲社会调查(European Social Surveys)等研究项目一样,其他一些研究团队对一个或多个国家的"游猎式"研究,目的在于提高跨文化"素养"及融合不同的研究风格,这些研究为开展多国合作研究项目铺平了道路。多方法战略、跨学科调查研究以及更为成熟的定量和定性方法——包括高级数据简化系统、多重对应分析、聚类分析和模糊集分析——在比较分析中被更广泛地应用。政府间国际组织、各国政府和非政府机构也开发出更完整、更可靠的数据集,并且在多个国家同时开展追踪研究项目,以及采取措施,改善对微观数据的获取和网络资源的利用。人们还可以获得更为详细的社会支出数据,与此同时,政府与英国"什么有效"(What Works)中心共同拓展了自己的跨国研究项目(请见第 64 章)。

由于用其他方式展开研究费用庞大,从事比较研究的学者一直高度依赖一些数据库,特别是经济合作与发展组织的。但是,即便是有这些数据库,可能也无法轻而易举地将数据与某些政策问题联系起来,或是进行具体的对比(请见第 65 章);而研究非经济合作与发展组织成员国时,就更需要非凡的智慧了。尽管如此,目前已经有实质性的进步,使比较的范围得以扩展,并且有更多的方式触及核心讨论。

类型学与体制

使用分类框架来描述和解释各国社会政策图景的特征是一个关键议题。早期最有影响力的分类系统,是紧随战后福利制度之后,由美国的威伦斯基(Wilensky)和勒博(Lebeaux)及英国的蒂特马斯发展起来的。前者区分了两种"福利模式",而蒂特马斯(Titmuss, 1974)在这个基础上增加了第三个模式,它们分别被美国、瑞典和联邦德国所采用:

- **剩余型（补缺型）福利模式**（Residual Welfare Model）：其主要特征是，以市场为基础的供给和选择，基于经济状况调查的"安全网式"公共补贴和服务，领取福利被普遍认为是耻辱的。
- **制度性再分配模式**（Institutional Redistributive Model）：其特征是普遍福利、以权利为基础、不具污名，是对国家补贴和服务的再分配，福利被看作是工业社会的一项"正常"功能。
- **工业成就表现模式**（Industrial Achievement-Performance Model）：其特征是以工作为基础的津贴和服务，将国家福利功能视为经济运行的一个附属品。

不过，最近在有关分类的讨论中主要采用的是丹麦学者戈斯塔·埃斯平-安德森（Esping-Andersen，1990）开发出来的理论。埃斯平-安德森的分类理论涵盖了经济合作与发展组织 18 个成员国的情况，并且建立在对三个国际数据集进行事后归因分析的基础之上，因而它包含了公共福利供给中的差异，也囊括了政治形态和阶级划分状态。与早期的模型不同，新的分类模式考虑到了社会权利和分配，以及社会支出水平。在研究了这些配置问题的基础上，埃斯平-安德森提出，福利国家之间的差异是沿着以下三个交织在一起的维度展开的：

- **去商品化**（Decommodification）：是指人们在多大程度上不依赖市场参与而维持社会普遍接受的生活水平。
- **社会分层**（Stratification）：是指阶级和地位的差异、分化和不平等程度。
- **公共—私人混合**（Public-Private Mix）：是国家、市场和家庭在福利供给中的相对作用。

为了描述这三个维度，埃斯平-安德森采用了不同的指标，其中包括测量三种补贴（养老、疾病和失业）的范围和程度的去商品化指数。他的分析以定性的方式，划分了三种理想的"福利体制"（welfare regimes）类型，它们分别对应于斯堪的纳维亚国家、欧洲大陆国家和英语国家的福利管理模式，并且各自产生了不同的系统性社会效果：

- **社会民主主义福利体制**（Social-Democratic Regimes）：劳工组织和农民的联合确保国家努力实现充分就业和慷慨的再分配式普遍福利，并且体现中产阶级和工人阶级的利益。
- **保守主义/合作主义福利体制**（Conservative/Corporatist Regimes）：保守党占主导的政府引入了按职业进行区分的福利，从而确保给予工人阶级和中产阶级帮助。
- **自由主义福利体制**（Liberal Welfare Regimes）：并不存在稳固的跨阶级联盟，国家福利体系主要以选择性的剩余型福利模式的方式运作。

与任何理想类型框架一样，总会有一些国家比另外一些国家与这里所指出的结构更匹配。不过，埃斯平-安德森总结指出，发达经济体所采用的福利模式都可以归于这种三分法，而且这种类型学具有预测的功能，可以标示出不同的制度将如何沿着独特的轨道运行。

埃斯平-安德森的分析激发了大量新的研究，成为比较研究的参照点，正如大量纪念这种三分法产生二十五周年的文章和著作所确证的，今天的比较研究依然是以埃斯平-安德森的类型学所激发的讨论为框架的。尽管涵盖了大量理论、方法论和实质性思考，但是仍然有批评的声音集中在这种类型学的代表性、福利制度模式化的意义所在以及埃斯平-安德森对福利体制差异的详细解释等方面,与此同时,各种各样的研究提出的疑问,支持和拓展着埃斯平-安德森的分类方法。

更具体地说,埃斯平-安德森的类型学主要受到四个方面的挑战。第一,人们认为,这种类型学对阶级和福利的关注掩盖了其他至关重要的差异。女性主义学者尤其对埃斯平-安德森忽略性别和照料问题提出了异议,尽管他后来引入了"家庭主义"(familialism)(不过从本质上来说也与性别无关),但是他的类型学的这个方面仍然继续受到质疑;人们也就这种分类法的相关社会差异提出了辩驳意见。

第二,埃斯平-安德森的政策调查被批评为过于狭隘,并且忽视了往往不尽相同的公共服务的动态机制和影响、国家干预的其他形式和非政府福利供给。上述这些和其他一些指标并没有在他的三分法版图中清晰呈现,而且如果考虑到各种被忽视的指标,某个国家在三分法中的位置可能发生改变,与此同时,有些国家的模式表现出了项目特殊性,或是可能带来更为错综复杂的分类结果。第三,有批评意见指出,这种分类法所依据的国家基础也过于局限。正如测量不同福利供给的影响的方法发生改变时,观点也会随之出现根本性变化,各个国家的"福利表现"和"慷慨程度"随着测量标准的不同也是多变的。

对于一些分析人士而言,这些和相关的方法论复杂性意味着,按特定领域展开研究将是最有成效的方法,而不需要进一步模式化。在承认不同国家的差异的同时,另外一些研究者将类型化看作一个有价值的探索型工具,它使人们能够捕捉到并且比较各个国家的福利"DNA"。然而,从这种"鸟瞰"视角展开的研究,涵盖了更广阔的"福利世界",假定了更加复杂的情形,包括澳大利亚和新西兰(Antipodes)、地中海地区、东欧、东亚,而且最近也将拉丁美洲、中东(请见第67章、68章和69章)以及其他混杂和不同常态的情况纳入考察。

从另外一个角度来看,这会引发有关埃斯平-安德森的类型学与经济学模型之间的关系的讨论,特别是两种"资本主义变体"("自由主义"市场经济和"协调"市场经济)之间的差别。最近,也出现了对其他一些议题的讨论,例如这种类型学在2008年之后发达国家的福利转型中的重要性、它对其他研究方法产生的限制作用,以及出现令人困惑的将"类型学"和"理想类型"混同的趋势等问题。不过,另外一些人继续推崇埃斯平-安德森的类型学的总体有效性,以及它作为降低复杂性的"宏观"路径的作用。

对全局景观的兴趣,也反映在有学者努力将体制分析改造为一种理解发展中国家的福利安排的途径,这一点特别体现在伊恩·高夫和他的同事对"社会政策体制"的阐述上。他们在2000年观察了65个非经济合作与发展组织成员国的"拓展型福利混合"(包括外部援助、汇款、政府和非政府的福利供给)和关键的福利成果,从而区分了以下三种类型:

- **原始福利国家体制**(Proto-welfare state regimes);
- **非正式保障体制**(Informal security regimes);
- **无保障体制**(Insecurity regimes)。

第一种类型——原始福利国家体制(包括苏联和南美国家)——呈现出经济合作与发展组织中的福利国家的一些特性。第二种类型——非正式保障体制包含两种情况。第一种与"原始福利国家体制"类型差别不大,是由多种"成功的"体制组合而成的,尽管国家投入和外来资助水平相对较低,但取得了相当好的成果(例如大部分东亚国家、不属于第一种类型的中南美其他国家、伊朗、土耳其和塔吉克斯坦等)。第二种是一种"失灵"状况。在后一种情况(主要出现在印度次大陆、非洲南部和东部)中,福利成效相当低。而在"无保障体制"的类型(主要是撒哈拉以南的非洲)中,福利依赖于断断续续的非正式资助和变化不定的外部援助。

在国际层次上,这种分析提出的问题在许多方面都与一般的体制理论问题相关,并且仍在解决中。而加入了全球概况之后,它又进一步推动了关于福利形式的根源和可持续性,以及发达工业国家福利形式发展的相关解释的广泛适用性的辩论。

趋同和差异

在这里,政策分析家又出现了分歧,他们对这些问题产生了不同的看法,即政策制定的动力因素,跨国差异,持续性和变化,发达经济体和福利安排在多大程度上沿着相似路线趋同或保持独特的特征,以及对其他地方的社会政策的影响等。不过,总体来说,这些讨论是围绕着六个广泛的主题展开的,每个都有许多分论题。

第一个是由来已久的思考路线,强调的是建构社会政策过程中所遇到的外生性和内生性**经济影响**(economic influences)。许多早期的比较分析学者将福利的国家主义看作是伴随城市工业化而生的:城市工业化必然导致传统的社会保障形式变得不稳定,而且它产生了新的需求和问题,也要求社会基础设施有相应的发展。城市工业化创造的财富,连同市场失灵带来的压力和补偿市场缺陷的要求,推动了持续性的福利扩张。另外,虽然完成工业化的时间不同,但是各个国家在这个过程中出现了趋同。

接下来的研究建立在对城市工业化的功能主义基础的批判之上,它们对线性增长的概念提出了异议,这为更为细致地论述经济变化与社会政策之间的相互作用铺平了道路(请见第27章)。而且,这一点在早期的全球化研究中也得到了回应,相关研究认为,全球化迫使政府在努力保持经济竞争力的过程中,向下进行新自由主义式趋同。后来的研究强调的是重新设计,而不是紧缩,但在这个问题上产生了分歧,即普遍转向"行动主义"和"社会投资"是否会转化为同等的干预措施。最近,在强调后工业化、租税替代化和"经济大衰退"对发达经济体国家福利的再塑的持续影响的同时,调查研究再次突出经济影响的变异性,特别是因为它们有着不同的表现。

第二个视角将**社会结构影响**(socio-structural influences)视为普遍趋势和国家差异产生的推动力。人口特征、构成、家庭模式方面的相似性——例如同样出现人口老龄化和单身父母增多——促使类似的(尽管不是完全相同的)福利设计的出现。更具争议性的问题是,在突出社会构成的重要性的过程中,有些人声称,在像美国这样的多元化社会中,公共福利受到更多的限制。

不过,许多研究者主张**政治影响**(political influences)是国家福利组合和变化的首要决定因素。从历史上看,这种理论强调了民主的传播、工人阶级动员和集体主义之间的关系。马克思主义学者尤其将国家福利看作工业—资本主义社会中阶级斗争的产物,尽管他们也强调国家福利在增强劳动纪律和社会稳定性方面的作用。

对于包括埃斯平-安德森在内的另外一些学者而言,不同社会群体之间的冲突和他们各自拥有的权力资源,既可以用来解释福利国家制度的起源,也可以解释不同制度之间的基本差异。例如,剩余型福利体制反映了虚弱的(往往是被剥夺了权力的)工人阶级组织;除此之外,还存在其他完全不同的权力平衡、协商和交易形式。这个脉络下的研究也指出了女性主义和其他社会运动所产生的影响;而且近年来,越来越易变和易分裂的选民,以及熟练和非熟练的工人所面临的不同的社会风险,都带来了新的复杂性。不过,实质上,"政治影响"说强调了,尽管存在其他压力,但仍然是"重大政治事务"和党派力量布局、建立联盟和政治选择决定着社会政策,并维持着国家之间的差异。

第四种观点与第三种非常类似,它强调的是**制度性影响**(institutional influences),涉及从公共福利的先决条件(如强有力的行政管理系统等),到根本性的差异(特别是宪法和选举结构、相关"否决点"以及最早由集体主义供给引出的"长阴影"或"路径依赖"等问题)。制度性影响理论主张,上述因素决定了福利形式的弹性,措施一旦到位,供给者和受益人对它们的支持会制约范式的变化。

尽管有些研究指出,随着时间的推移,渐进式创新可能具有"开创性",但是该观点仍然被批评为忽视了可用于开启重大改革的方法,特别是"避责"政治和其他策略(主要用以防范选举方面的危险变化)。对于一些批评人士来说,这个观点既没有关注外部冲击——例如战争(请见第18章)所产生的影响,也没有注意到变革在多大程度上是福利国家一脉相承的特性。

不过,制度性影响观点是与强调**观念影响**(ideational influences)的研究关联的,后者声称福利国家制度反映了公共价值体系、文化、宗教归属中由来已久的、根深蒂固的差异,这些差异超越了政治分歧,并且维持着普遍趋势,例如斯堪的纳维亚国家的普遍主义和美国的选择主义。而与之相关的第六种观点强调的是**跨国影响**(transnational influences),认为这些是面对跨国影响时的一种适应能力;跨国影响来自政府间国际组织(请见第46章和71章)提供的特定战略,以及商业顾问及其他游说者经常进行的新自由主义宣传。

与地球南部国家相比,传统的福利国家抗拒此类压力的能力要更强一些,但是这又带来其他影响社会政策的问题。例如,在一些国家中,公共供给是非民主行政管理的产物,而在许多新兴经济体中,这样的公共供给被看作发展的杠杆,因为政府主要投资于劳动力培训和支持。

然而,实际上,尽管对这些观点的相对重要性有不同看法,但是许多评论者提供的是综合论点,例如有一部影响广泛的论著(van Kersbergen and Viz, 2013)以"开放性功能路径"建立了完整的解释循环,将所有观点包含进来,既承认了政治行动者和观念所发挥的作用,也强调了资本主义经济中社会—经济规则的首要地位。

新议题

对前文所涉议题的讨论,将继续在比较研究中占主导地位。不过探讨的焦点也许更多地集中在社会政策与经济政策之间的关联、各种各样的政策工具,以及非国家供给所扮演的角色等方面。更多的关注可能倾注在国家内部的差异上,例如,在英国,研究者将对它的四个组成部分进行进一步的比较研究。

重要的是,现在出现了兴趣转向的迹象,即评估福利安排的慷慨程度和它们在"现实世界"对于不同群体所产生的成效。对于许多高收入国家而言,这种迹象似乎是建立在方便获得更为详细的社会支出记录和使用"大数据"(例如有关福利接受者的数据)的基础之上的;而在其他地方,研究者则不得不寻找更具有创新性的途径以展开比较研究。然而,毋庸置疑的是,对于未来的比较研究而言,最大的挑战是如何应对全球气候变化的影响。由于其对个体的福祉、社会公正和公民身份概念的衍生影响,它重新提出了关于社会政策在国家内部和国家之间的作用及其分析方式的问题。

可深入阅读的参考文献

这一章概述的许多问题将在接下来的各章中做进一步的探讨。较为全面的相关讨论请见 R. M. 蒂特马斯的《社会政策》(R. M. Titmuss, 1974, *Social Policy*, London: Allen & Unwin);戈斯塔·埃斯平-安德森的《福利资本主义的三个世界》(G. Esping-Andersen, 1990, *The Three Worlds of Welfare Capitalism*, Cambridge: Polity Press);2015 年有许多文章进一步讨论了埃斯平-安德森的理论,特别是刊登在《欧洲社会政策杂志》(*European Social Policy*, 25:1)和《社会政策和社会》(*Social Policy and Society*, 14:2)上的;I. 高夫的《发展中世界的社会政策体制》(I. Gough, 2013, 'Social policy regimes in the developing world', in P. Kennet, ed., *A Handbook of Comparative Social Policy*, 2nd edn, Cheltenham: Edward Elgar);F. 卡斯尔斯、S. 莱布弗里德、J. 刘易斯、H. 奥宾格和 C. 皮尔森编的《牛津福利国家手册》(F. Castles, S. Leibfried, J. Lewis, H. Orbinger and C. Pierson, eds, 2010, *The Oxford Handbook of Welfare State*, Oxford: Oxford University Press);以及 K. 范科斯贝根和 B. 维兹的《比较福利国家政治》(K. van Kersbergen and B. Viz, 2013, *Comparative Welfare State Politics*, Cambridge: Cambridge University Press)。《比较社会政策手册》(*A Handbook of Comparative Social Policy*)和《牛津福利国家手册》涵盖了广泛的方法论议题。

当前的政策发展可以通过社会政策学会、欧洲社会政策分析网络(ESPANET),以及东亚社会政策小组(EASP)、经济合作与发展组织和联合国的网站(www.spa.org.uk;www.oecd.org;www.unrisd.org)追踪。

复习和课外作业习题

1. 你如何理解人们对比较社会政策的兴趣与日俱增?
2. 比较政策研究者所面对的主要的方法论难题是什么?
3. 请任意举两个国家和选出一个社会政策议题,说明这项比较研究中你将探讨哪些要素。

4. 在比较分析中,使用类型学的主要缺陷是什么?
5. 你将如何解释社会政策中的跨国变异?

请浏览本书的辅助网站 www.wiley.com/go/alcocksocialpolicy,使用为配合本书的阅读而设计的资料链接。在那里你将会发现有专门针对每一章的深入阅读资料链接,其中包括政府、国际组织、智库、压力集团和重要的新闻机构的网站。你还会找到以《布莱克维尔社会政策辞典》为蓝本的词汇表、帮助页、有关如何管理社会政策领域中主要委派形式的指导和职业建议。

第64章
政策学习和政策移植

约翰·赫德森

> **概　览**

- 英国政府所面临的许多社会政策挑战也是其他国家政府所面对的,这使英国政府有机会通过学习其他国家的经验而改进政策。
- 政策学习和移植可以采取多种形式。国际机构和网络往往会推动这些活动,以鼓励分享知识和想法。
- 在实践中,政策移植面临着许多障碍。完全移植——一个国家将其他某个地方采用的某项政策整个复制过来——的做法非常罕见。
- 跨国政策学习和移植,在实践中往往是一个复杂而棘手的过程,因为知识要经历多年的开发积累,而且政策主张也大多是从多个地方吸取而来的。
- 政策学习和移植最终属于政治过程。权力在形塑传播于世界各地的政策内容的过程中扮演着核心角色。

背　景

许多国家正在面对表面上看类似的社会政策的挑战,例如在人口结构发生变化(比如说人口老龄化)的环境下如何调整社会福利(请见第26章),如何应对有关贫困和不平等的问题(请见第33章),或是如何应对经济压力(请见第21章和27章)。面对大量同样的政策挑战,各个国家通过分享自己的经验和将其他地方的最佳实践作为学习典范,尝试改善政策效果,也就不足为奇了。

尽管一个国家可以从它自己过去的经验,或它的不同地区/区域的经验中吸取教训,但是政策移植的过程,往往被理解为某个国家所积累的政策经验,被移植到另外一个国家。正是这样的跨国学习和移植的过程构成了本章的焦点。

第63章考察了近年来社会政策领域比较研究的发展,许多学术讨论聚焦于各个国家如何以及为什么开发不同的福利制度之类的理论问题。而致力于政策学习和移植研究的学者,采用的是较为实用的比较研究路径,不那么关注这样一些问题,比如国家之间有哪些差别、为什么会有这些差别以及差别是以什么方式产生的,而更为重视各国可以相互学习到什么、为什么要学习以及如何学习这类主题。实际上,对于那些在政府部门和/或与政策打交道的部门中从事比较研究的人来说,这些更为实用的问题在他们的头脑中往往是最重要的。在他们看来,"了解外国人在做什么,目的并不是收集具有异国情调的信息,而是吸取能够帮助改进国内公共政策的实践经验"(Rose,2015:4)。

然而,在实际操作中,学习国外的做法却充满挑战性。首先,存在着确定应该吸取哪些类型的经验和从哪里学习的困难。而后,主要的难题是将经验转化为政策改变。事实上,人们本能地认为,如果我们以世界上最好的实践为学习榜样,政策就会得到改进,而现实是难以找到成功的典范和可直接移植的政策(Page and Mark-Lawson,2007)。除此之外,一方面,"政策学习和移植"这种说法,会让人们自然联想到,受到启发的政策制定者不受限制地引入一个合理且深思熟虑的政策进程;另一方面,在实践中,政策移植是一个政治过程,在这个过程中,权力将比证据发挥更具决定性的作用。

政策学习和移植的类型

跨国的政策学习和移植可以通过多种形式进行,许多文献都描述了不同类型的学习和移植形式,并且归纳了大量给人以启发的差异。

首先,我们可以区分不同类型的政策移植。最显著的区别在于自愿和强制的政策移植。前者是自由开展的,决策者自行选择从其他国家吸取经验,而后者发生在外在机构迫使一个国家采用其他地方的政策框架的情况下。尽管这两者都涉及政策观念从一个国家移植到另外一个国家,但是其中的动力机制却是截然不同的。在大多数情况下,强迫政策移植是因为某个国家需要外部机构——例如外国政府或世界银行和国际货币基金组织之类的政府间国际组织——给予经济援助(请见第 71 章);资助往往伴随着一系列附加条件,比如说要求进行特定的政策改革等。尽管将政策移植区分为自愿的和强制的两种类型令人满意,但是在实际操作中,通常是将这两者结合起来的;例如,某个国家根据国际条约必须加强环境保护,但是它可能自主从外国寻找可以移植过来从而履行这项义务的政策框架。

正如可以将政策移植划分为不同类型,我们也能够找到不同的政策学习过程的根本差异。例如,我们可以在临时安排的和制度化的学习过程之间进行区分。临时特设的路径通常是政治家或官员与另外一个国家身份相当的人物建立联系之后的产物。比如说,在比尔·克林顿担任美国总统而托尼·布莱尔是英国首相的时候,这两位领导人和他们的智囊经常就如何推动他们的"第三条道路"路径分享经验(请见第 20 章)。制度化学习过程通常更为官僚式,它关系到旨在促进跨国合作和建立更持久的基础的组织使命。例如,欧盟开发了开放协调方法(Open Method of Coordination,OMC),将它作为帮助共享欧盟政策议程的地区进行跨国政策学习和移植的程序(请见第 43 章、65 章)。实际上,有些国际机构的存在,主要是为了协调和促进与政策相关的知识的分享。在这里,一个最有说服力的例子就是经济合作与发展组织,它的任务主要是分享有关政策问题和解决方案的知识(请见工具箱64.1)。

简言之,如果要开展跨国政策学习和移植,那么通常需要跨国政策移植网络,以支持知识和观念在不同国家之间的流动。不过,这些网络的明确形式和特征千变万化,反过来影响了所有跨国政策学习和移用的特性。

工具箱64.1　经济合作与发展组织(OECD)

经济合作与发展组织将它的使命描述为,通过为成员国提供一个论坛,促进各国"共同合作以分享经验和寻找解决共同问题的方案",从而推动能够促进经济和社会繁荣的政策的制定。它用多种具体的方式履行其任务,主要的路径是从其成员国那里收集数据并加以整合;对这些数据进行分析;组织对有关成员国情况的分析结果进行高水平的探讨和讨论;并且基于相关的分析和讨论,定期发表报告。它也定期对其成员国的核心政策领域进行审查,并且在特定的政策领域推动对各个成员国的表现进行同行评审。经济合作与发展组织成立于1961年,今天已经有34个成员国,包括世界上多个经济发达国家。

政策移植的障碍

考察其他国家的经验是一种方法,通过它可以快速生成新的政策创意和/或获得在别的地方哪些做法有效的证据。然而,证据和想法本身极少导致政策改变。事实上,在实际进行跨国政策学习和移植的过程中存在着许多障碍。相应的,直接将一个国家的政策移植到另一个国家的案例也相当稀少。相反,有大量例证表明,将某些政策移植到另一个国家之后,政策移植的尝试被证明失败了。

在跨国政策学习和政策移植的过程中存在着各种各样的障碍。其中包括一些妨碍学习的简单要素,比如不同国家的政策制定者可能使用不同语言这样的事实。虽然这似乎是一个很容易解决的小问题,但是有些研究表明,即便是向沟通障碍极小的国家寻求政策解决方案,也会受到这一因素的限制。例如,英国的政策制定者首先考察其他英语国家的经验,比如澳大利亚、加拿大和美国的,导致对于政策经验来源的一种偏好(请见工具箱64.2)。在政策学习方面,较前述问题更大一些的问题是政策自身的复杂性,难以确保精确地从其他国家的经验中吸取教训。例如,尽管我们可以依据相对客观的数据,确定哪些国家在大学的数学教学方面取得了领先世界的成就,但是这些数据却没有告诉我们,究竟是什么使得某个国家在这一领域格外成功。事实上,在这里,重要因素可能多种多样,包括学校里数学教学的风格、政府为教育提供的资源水平、学生在课堂内外为学习数学花费的时间,甚至可能有文化要素,比如每个国家对科学的重视程度,或社会元素,比如不同国家内部的不平等程度等。进而言之,尽管我们能够指出哪些国家在数学领域处于领先地位,但是我们却不能确认,这意味着我们应该不假思索地追随这些榜样:因为这些国家可能牺牲了对其他重要领域的重视,例如语言培训、艺术或物理学教育。简言之,几乎不存在这种情况,即我们能够明确地为某个国家贴上一个标签,表明它提供的是确定无疑的"最佳实践"典范;除此之外,即便存在明白无误的榜样,我们往往也无法解释,为什么那个国家能够做得如此之好。

工具箱 64.2　向美国学习

学者们详细分析了大量英国政府移植美国社会政策的案例。在玛格丽特·撒切尔担任首相期间(1979—1990 年),人们经常会提起无论是从个人关系还是从意识形态而言,她都与美国总统罗纳德·里根(Ronald Reagan)(1981—1989 年在任)来往密切,因而在这个时期出现几乎完全的政策移植,也就不足为奇了。其间可能最引人注意的一个政策移植例证,是成立了旨在为寻找工作的失业者提供帮助的"工作俱乐部"(Job Club),它几乎是直接复制了美国的原创。

在托尼·布莱尔担任英国首相(1997—2007 年)与比尔·克林顿担任美国总统(1993—2001 年)期间,两者之间也有着类似的亲密关系。在布莱尔当政时期,一些重大的政策显然来自美国经验:稳健起步计划与美国的开端计划/早期开端计划(Head Start/Early Head Start)项目类似;纽约的零容忍治安体系(Zero-Tolerance Policing)创意对英国类似领域的实践产生了影响;美国社会救助项目中不断加强的条件性,在布莱尔的社会保障改革中可以找到与之匹配的要素(请见第 47 章、48 章、55 章和 56 章)。然而,许多人认为,这个时期的政策移植已经不那么直接了,美国和英国的政策在细节方面存在着显著的差异,尽管克林顿和布莱尔所采用的口号非常相近。

政策移植的障碍并不只是限制跨国政策学习的程度:哪怕政策制定者有信心从国外学习政策经验,但由于政策制定本身往往困难重重,因而政策移植仍然存在着巨大的绊脚石(请见第 42 章),毕竟就政策移植而言,这是一个政治过程,而不是一项技术性工作。短期障碍可能来自这样一些因素,例如政府内部关键人物之间的政治冲突,这将导致政策改革受阻;而长期问题可能包括各个国家漫长的政策历史发展过程中留下的制度性遗产,它们可能制约政策制定者的选择范围(请见第 16—21 章)。长期问题要比短期问题更为微妙,而且通常被认为在阻碍政策移植中发挥关键作用;这里的一个核心要点是,几乎不存在两个国家有着完全相同的制度、政治、技术和文化背景这样的情况,而其中任何一个领域存在的差异,都可能使某项政策在一个国家运转顺畅,而被另外一个国家拒之门外。

移植的程度和学习的类型

这样看来,政策移植与学习似乎面对的是令人沮丧的前景:理论上来说存在着好想法，在具体操作中却相当棘手。不过，之所以有这样的感觉，是因为我们到目前为止主要考虑的是学习和移植概念的"最纯粹的"形式，即学习是分离的、理性的和自愿的过程，并且带来了从一个地方到另一个地方的完全的政策转移。上文所勾勒的复杂性，使得这种纯粹状况罕有存在，但是这并不意味着不会出现政策学习和移植，事实上，它们是以更为微妙的形式存在的。对此，多洛维茨（Dolowitz，2000）指出，我们在实践中可以观察到不同程度的政策移植，从复制（整个政策的转移）到模仿（复制政策背后的观念而不是细节），从组合（复制大量政策中的一部分，融合创造出一个新的政策）到启发（另外一个国家的某项政策提供了实践思路，但是最后借用的政策已经与原始的有了很大的区别）。

正如前文所提示的，这也意味着存在不同的移植对象，对此多洛维茨（Dolowitz，2000）提出了这样一个连续统，从非常具体的政策内容、政策工具、政策程序和机构的移植，到略为抽象的思想、观点、态度和政治目标的借用。引人注意的是，在大量有关社会政策移植的研究中，更多关注了后面一种类型的案例，而非前者；比如，英国从获得显著成效的纽约模式中借用了"零容忍"治安的概念，实际上是"零容忍"这种语言表达被借用，而不是政策实质被借用（Page and Mark-Lawson，2007：52）。最后，有关移植对象的问题，多洛维茨（Dolowitz，2000）还建议，政策制定者在考虑进行改革而研究国外情况的时候，可以通过筛选有缺陷的路径以吸取负面的经验教训，有意识地将那些做法从选项菜单中删除。

最近，多洛维茨（Dolowitz，2009）主张，我们也应该关注不同的学习类型，并且他区分了学习的简单形式（例如，模仿）和更为复杂的形式（例如，形成理念）。这种分类指出了我们在理解实践中的跨国政策学习时所面对的挑战之一：学习本身往往是一个长期过程。更近一些时候展开的一些政策学习和移植研究，尝试剖析政策制定者收集和利用信息以及应用知识的途径。事实上，在这个过程中并不存在固定快捷的规则，然而，我们指出信息与知识（以及相类似的经验教训与学习）之间的重大区别，可能会起到帮助作用。一方面，人们往往倾向于将政策学习和移植的过程看作是"探索"国外新信息，即可以应用于自己国家的政策"经验"；但另一方面，在实践中，政策制定者（特别是专家）精通关键国家的政策框架方面的知识，这是他们在职业生涯长期的学习过程中积累起来的。

所有这些都强调了跨国经验教训的汲取需要政策制定者进行大量的反思。罗斯（Rose，2005）指出，成功的跨国政策学习和移植包含许多鲜活的思考，超越了简单地确定有待学习的国外经验的范畴。通常政策学习还包括开发一个可以解释某个项目在其本国顺利运行的模型，随后调整这个国外的模式，使它适合于被移植的环境。因此，大部分移植案例都有相当复杂的理论知识作为支撑。罗斯（Rose，2005）主张，优秀的模型也应该建立在经过检验的知识和对移植效果的评估基础之上，并且在具体的应用过程中，移植的细节部分应该保持一定的灵活性，即根据反馈删除或者增加一些元素，从而增大成功移植的可能性。

简言之，跨国政策学习和移植的实际情况可能是相当复杂的。努力向其他国家学习，通常并不是引进整个政策，而是永久地和持续地就事实情况和理念进行交流。政策制定者往往以一种看似偶然的方式，从国外发现可供借鉴的例子，进而以之为基础开发出新概念，并且/或将其与在其他地方发现的理念结合起来，以创造适合自己所在环境和需求的新政策（请见工具箱64.3）。正如有位政策制定者在解释近年来英国劳动力市场的改革时所说的那样:"我们东拼西凑"(Dwyer and Ellison, 2009:402)。所有这些都使得政策学习和移植对我们这些社会政策研究者而言成为错综复杂的过程。在这里,多洛维茨和马什(Marsh)提出的关键问题,为启动询问政策移植程序提供了一个恰当的出发点(请见工具箱64.3)。不过,如果政策制定者致力于长期的政策学习过程,从而确保意欲移植的政策经过精挑细选并且适合移植环境,相比快速解决式地寻找经验和从国外整体进口创意,前者将带来更令人满意的政策成效。

工具箱64.3　询问政策移植

多洛维茨和马什建议,我们可以为询问过程提出一些直接问题,从而理解具体的政策移植案例,这些问题包括:
1. 为什么政策制定者致力于政策移植?
2. 谁牵涉其中?
3. 被移植的政策来自哪里?
4. 哪些政策被移植?是如何完成移植的?
5. 是否存在阻止成功移植的障碍?

新议题

政策学习和移植最终是政治实践而非技术工作,这意味着权力是塑造成效的核心。一方面,有关政策学习和移植的考察一直都承认这些过程的政治性;另一方面,近年来的研究开始注意对网络和机构可能塑造政策学习和移植之内容的微妙方式进行剖析。在这些研究中,不仅涉及深入重要的国际组织(例如欧盟、国际货币基金组织、经济合作与发展组织和世界银行等)对其进行考察,也包括观察公务员的所谓"日常实践活动"(他们参加的大型会议、他们所联络的海外人士、他们因公出差的地方等)。更多的注意力被放在非正式、私人,甚至是秘密的网络上,政策制定者运用它们来分享理念和知识。在某种意义上,这一新研究突出了技术精英在塑造政策观念跨国境流动中的重要性,但是,它也展现了有限的关键范本是如何可能导致政策趋同的,其主要是围绕着反映了这些精英的主要观点的特定规范和核心理念。以这样的思路展开政策学习和移植研究,可以帮助我们更深入地理解关键理念和思想是如何传播的,特别是诸如新自由主义之类的总体框架(请见第9章)。

可深入阅读的参考文献

D. 多洛维茨的《政策移植和英国的社会政策:向美国学习?》(D. Dolowitz, 2000,

Policy Transfer and British Social Policy：Learning from the USA?，Buckingham：Open University Press)是最全面地回顾政策移植相关文献和社会政策的著作之一。多洛维茨的作品是开启这个领域研究的最佳起点，它提供了有帮助的案例分析，也是介绍了关键概念的入门读物。想更多了解实践角度的分析的人会发现，阅读R. 罗斯的《从比较公共政策中学习》(R. Rose，2005，*Learning from Comparative Public Policy*，London：Routledge)很有帮助。多洛维茨反思了不同的政策学习方式，并且在《通过观察学习：在世界舞台上探寻》(D. Dolowitz，2009，'Learning by observing：surveying the international arena'，*Policy & Politics*，37，317-334)中提出了超越他之前观点的想法。

P. 德怀尔和N. 埃利森的《"我们东拼西凑"：是政策移植，还是得过且过？》(P. Dwyer and N. Ellison，2009，'"We nicked stuff from all over the place"：policy transfer or muddling through?'，*Policy & Politics*，37，389-407)勾勒了实际操作中的政策移植和学习的混乱特性，还收录了对政策制定者的访谈，极富启发性。E. 佩奇和J. 马克-劳森的《外向型政策制定》(E. Page and J. Mark-Lawsson，2007，'Outward-looking policy making'，in H. Bochel and S. Duncan, eds, *Policy Making in Theory and Practice*，Bristol：Policy Press)以类似的风格考察了政策移植在实践中走了多远，并且具体阐述了布莱尔政府的经验。

最近有两篇文章广受热议：第一篇是被广泛评论的重要作品，即D. 本森和A. 乔丹的《我们从政策移植研究中学到了什么》(D. Benson and A. Jordan，2011，'What have we learned from policy transfer research'，*Political Studies Review*，9，366-378)；第二篇是以答问的形式写就的引人深思的读物，即E. 麦卡恩和K. 沃德的《政策聚合、流动和变异：走向多学科融合》(E. McCann and K. Ward，2012，'Policy assemblages, mobilities and mutations：toward a multidisciplinary conversation'，*Political Studies*，10，325-332)。

经济合作与发展组织的网站(www.oecd.org)详细介绍了该组织是如何促进跨国政策学习的。该组织所收集的许多数据可以在data.oecd.org上获得，另外，该组织的社会和福利问题主页(www.oecd.org/social)上列出了大量有帮助的相关出版物。

复习和课外作业习题

1. 政策制定者为什么致力于跨国政策学习和移植？
2. 强制与自愿政策移植过程有什么不同？
3. 跨国政策移植所面对的共同障碍是什么？
4. 为什么在一个国家运行顺畅的某项政策，在另外一个国家却失灵了？
5. 为什么跨国政策学习和移植比初看上去要复杂？

请浏览本书的辅助网站www.wiley.com/go/alcocksocialpolicy，使用为配合本书的阅读而设计的资料链接。在那里你将会发现有专门针对每一章的深入阅读资料链接，其中包括政府、国际组织、智库、压力集团和重要的新闻机构的网站。你还会找到以《布莱克维尔社会政策辞典》为蓝本的词汇表、帮助页、有关如何管理社会政策领域中主要委派形式的指导和职业建议。

第 65 章
欧洲的社会政策

约亨·克拉森和丹尼尔·克莱格

▶▶ 概 览

> 在经济合作与发展组织的经济发达国家群组中,欧洲国家一直是在社会政策领域支出最多的。
> 欧洲国家提供了经济合作与发展组织中最慷慨的福利标准。
> 典型欧洲模式(但不包括英国)将就业保障作为确保劳动者收入的机制。
> 典型欧洲模式(但不包括英国)邀请社会伙伴参与社会政策制定过程。

背 景

从地理的角度来看,欧洲是一个模糊的实体。它的东部边界尤其暧昧不明。俄罗斯是一个欧洲国家,但是整个俄罗斯都是欧洲的一部分吗?土耳其是欧洲国家,还是亚洲国家,或两个都是?从政治的角度来看,问题就更复杂了。认为"欧洲"可以被看作欧盟的同义词的想法,过度简化。2015年,虽然欧盟包括28个国家,并且因此代表了生活在欧洲的大部分人,但是它不仅没有涵盖一些领土非常狭小的国家,比如列支敦士登,也没有将一些在政治上具有重要影响的国家囊括进来,比如挪威和瑞士。

从英国的角度来看,"欧洲"通常被描述为不同于英国的,但两者在英国属性之外又具有高度同质性,就像大众提起"欧洲国家"时就一定会想到食物和足球一样。从某些方面来看,前一种说法可能有一定根据,比如英国与美国、澳大利亚、加拿大和新西兰有语言以及(某种程度上)文化的相似性,就像经济发达的英语国家组成了"国际家庭"一样。但是,就欧洲国家具有高度同质性而言,事实上,这些国家在文化、语言和社会经济方面都是相当异质化的。由于在社会政策领域中也是如此,因而即便有可能,也难以在短短的一章里捕捉到"欧洲社会政策"的各种变异。

欧洲的社会政策

第65章

欧洲社会政策？

存在某种可以称为欧洲社会政策的事物吗？这是一个难以回答的问题。有关福利国家模式的大部头学术文献，强调了欧洲大陆各地的社会政策在目标、手段和效果等方面的根本差异，仅在西欧就确定了至少三种截然不同的福利国家类型（请见第63章）。不过，与此同时，这个通常无论是学者还是政策制定者都在使用的"欧洲社会模式"的概念，指明了有关团结和社会正义的共同价值观，这些观念将旧大陆的国家联系在一起，并使它在现代世界中与众不同。除此之外，尽管大部分社会政策保留了民族特性，但是自20世纪50年代以来，欧洲一体化日益深化，创造了直接和间接的压力，促使欧盟成员国的社会政策趋同（请见第43章）。

那么，在这组世界经济发达国家中，是否有可能确定欧洲社会政策与众不同的典型特征呢？鲍德温（Baldwin，1996）提出了类似的问题，并且用财政、制度和意识形态标准加以衡量，最终坚决地给出了否定的答案。实际上，如果以公共社会支出作为出发点，可以看到在20世纪80年代和90年代前期，欧洲（甚至是欧盟）各国都实实在在地通过各种类型的社会政策作出了大量尝试。同样，在资源的分配上，几乎没有任何明显的欧洲模式，例如普惠型、以保险为基础或是基于经济状况调查的支持。欧洲国家的津贴水平（例如公共养老金或失业补偿金）一直以来都没有明显异于经济合作与发展组织中其他国家的。尽管鲍德温承认，从平均水平来看，欧洲的福利支出可能要比非欧洲国家更大方一些，但是欧洲的社会系统有多种多样的类型，因而，他提出了"平均"究竟指什么的问题。类似地，阿伯（Alber，2010）考察了"剩余型"美国社会政策的概念，其往往被用来与更为慷慨或更全面的欧洲社会保障的理念作对比。阿伯举例说明，在某些领域，比如说公共养老金，美国的社会政策就比欧洲许多国家的要更为大方，而且更体现了再分配的特性。他论证指出，如果"激活"社会保障支出算作主导话语，那么在这些年里，欧洲国家越来越"美国化"了；而另一方面，当讨论公共医疗这个问题时，美国的社会政策则在一定程度上欧洲化了。

我们如何从总体上评价上述论点呢？如果我们以欧盟为起点，由于2004年（新增加了10个国家）、2007年（罗马尼亚和保加利亚加入）和2013年（克罗地亚加入）的扩张进程，欧盟的社会政策条款无论在范围、深度还是制度层面都更加多元化了。但是，如果我们用公共社会支出水平（在全国收入中所占的比例）来衡量各个国家在社会政策领域的相对重视程度，并且评估世界上经济最发达的国家，那么从80年代以来，欧洲国家一直是在社会政策领域支出最高的国家。同样，经过二十多年的时间，在经济发达的欧洲国家与较为富裕的非欧洲国家——例如美国、加拿大、澳大利亚、新西兰和日本——之间也一直存在着差距。欧盟在2004年向欧洲中部和南部扩张，将在此之前的欧盟15国的公共社会支出进行汇总，会看到这个总数一直高于刚刚提到的五个非欧洲国家的公共社会支出总和。2013年，至少将其国内生产总值的25%用于社会保障的10个国家都是欧盟成员国

(OECD，2015)。

当然，这里存在着可比性的问题。有些社会政策领域(例如教育)通常被排除在总社会支出之外，而且如果考虑到国家经济规模的差异，以占国内生产总值的比例来衡量社会支出，则很容易受到国内经济周期波动的影响。理想的做法是，应该将各国在人口模式或失业水平上的差异纳入考量，从而得到"经过调整的"支出水平(Siegel, in Clasen and Siegel，2007)。对"净"社会支出的分析指出，一旦将对补贴收入征税、对补贴支持的消费间接征税以及减税措施的效果纳入考虑，那么国家之间的差异就不那么显著了(Adema et al.，2011，2014)。如果也将自愿性社会支出计入，那么经济合作与发展组织中的欧洲和非欧洲国家之间的差别会进一步缩小(请见 OECD，2015)。

不过，这样一个宽泛的衡量可能用处较小，因为它掩盖了再分配方面的努力，再分配这是社会政策的重大目标之一(有关这个问题请见 Castles and Obinger，2007)。如果将征税的作用纳入考虑，而将自愿性支出放在一边，社会支出较高的欧洲国家和社会支出较低的非欧洲国家之间的差别依旧显著。然而，在以"净公共法定社会支出"作为指标的时候，可以看到，欧洲一些国家的排名发生了变化——法国和比利时走到了经济合作与发展组织排行榜的顶层位置，这是因为诸如丹麦和瑞典等通常排在前面的国家的税收系统筹集了更多的资金用于社会目标(Adema et al.，2014；OECD，2015)。

我们如何评估欧洲国家是否比其他国家更慷慨大方呢？一个指标是所谓的"净替代率"(net replacement rate)，即净补贴收入在之前的净工资收入中所占的比例。经济合作与发展组织为不同的风险事件(例如失业、疾病等)、收入水平和家庭构成设定了相应的净替代率水平(OECD，2015)。例如，我们粗略地看一下，在失业的情况下，在没有工作的第一个阶段内，净替代率水平在不同情况下有着显著的差异；乍看上去，这并没有体现出欧洲模式的意义。但是，值得注意的是，在由不同的家庭类型和收入水平构成的18种组合中，净替代率水平排名前五的国家都来自欧洲，尽管不总是相同的五个国家。相反，欧洲国家(包括英国在内)有时也被发现处于最吝啬的五个国家中，这个小气群组往往是非欧洲国家占主导。

强调社会公民身份的广义而非狭义概念，是另一个体现欧洲社会政策特征的指标。一些数据似乎确证了这一点。例如，2012年，在经济合作与发展组织的31个成员国中，有18个国家在分配超过90%的现金转移支付(补贴)时，没有进行经济状况调查，而这些国家都来自欧洲。在这个问题的另一个端点上，有5个国家，它们的1/3或更多的现金转移支付是根据经济状况调查的结果分配的，而这5个国家都是欧洲以外的国家(OECD，2015)。不过，这幅图景更适用于欧洲大陆国家，因为经济状况调查在爱尔兰(占31%)和英国(占26%)也相当平常。

与欧洲社会政策联系在一起的另一个特征，是公共供给而非私人购买在社会政策中占主导地位。实际上，这幅图画更为模糊，这部分是由于难以勾勒公共(并且因此假定为强制性的)社会支出和以市场为基础的私人(并且因此假定为自愿性的)社会支出。经济合作与发展组织区分了自愿的与强制的私人保障支出，但是上述困难仍然存在。例如，个人的职业养老金名义上是建立在集体同意基础之上的，它可以相当全面，而且是以一种使其具有强制性的方式进行管理的。同样,由雇主提供的疾病或残疾津贴,也被经济合作与发展组织归入私人强制性社会支出的类别里,但并非所有情况都是如此,因而这就产生了不规则性。例如,经济合作与发展组织(OECD,2015)认定在31个成员国中,荷兰的私人自愿社会支出是第二高的,只有美国和瑞士超过了它。然而,有些学者认为,经济合作与发展组织将荷兰的一些支出归类为"私人的"是"名不副实"的(De Deken and Kittel, in Clasen and Siegel, 2007)。简言之,由于缺乏令人满意的清晰概念和充足的可对比数据,因而难以证明,经济合作与发展组织所声称的以市场为基础的自愿性社会保障在欧洲某些国家(英国、荷兰,还有法国)中与欧洲之外的国家具有同样的重要性。

当我们转向(不只是)社会政策效果的测量的时候,会发现一个一直存在的模式,它指出,一些(但并不是所有)欧洲国家保持着相对低的贫困和收入不平等程度。贫困的定义是,收入低于特定比例的可支配收入中位数的个体占比,通常比例为中位数的50%或60%。经济合作与发展组织的数据(OECD,2015)显示,在34个经济发达国家中,前10个表现最好的国家是欧洲国家。

在以不同的方式衡量(可支配收入;也就是扣除税款和保障支出之后的收入)不平等程度时,也呈现出类型的图景:北欧和一些中欧国家(例如斯洛文尼亚、斯洛伐克和捷克共和国),在所有经济合作与发展组织成员国中,属于不平等程度最低的。但是,与此同时,一些欧洲国家(其中包括西班牙、葡萄牙、希腊,以及英国)往往有超过经济合作与发展组织平均水平的不平等程度(OECD,2015)。

鲍德温(Baldwin,1996)还讨论了医疗服务机构或家庭补贴的作用在不同国家的制度性差异。在这里,他所得出的缺乏欧洲同一性的评估结论仍然有效,因为在各国之间和一个国家之中依然存在多样性,而且在各项社会政策安排方面也是如此。这一点可能在养老金系统中体现得最为明显,该体系往往是多层级的,包含或不包含最低公共养老金,有时需要进行经济状况调查(不过通常不需要),并且以强制性或自愿性职业保险系统作为补充(也请参见Alber,2010)。对医疗服务体系的分类也是如此,在经济合作与发展组织各个成员国中,存在着多种多样的监管和资金供应模式,而没有独特的欧洲一致性。

总而言之,从宏观的角度来看,欧洲社会政策具有公共社会支出水平高、采用社会公民身份的广泛定义和典型的福利比率等独特性,但是并不是在所有情形下,欧洲国家都比其他经济发达国家更慷慨大方。有些国家在扶贫和抑制收入不平等方面处于领先地位。然而,在社会保障的组织方式或公共与私人福利供给的混合方面,并不存在欧洲社会政策的同一性。

典型的欧洲国家方式和/或典型的英国方式?

甚至欧盟成员国之间,在社会政策安排方面也存在多样性,因而无法假定任何一致性。而且,由于在设置和成效上各有不同,因而在欧洲可以看到,这里的社会政策既不具有独一无二的特点,也没有主导的特征。在这一章剩下的部分,我们将选取这些问题中的一部分进行研究,并且在这样的背景下,思考英国社会政策作为典型(或非典型)欧洲政策所占据的相对位置。

社会政策所需要的资源是通过直接和间接征税或社会保险缴费获得的,它们往往被称为"工资税"。一般而言,在欧洲国家,相对于税收,(社会保险)缴费在福利国家制度中扮演着更重要的角色,往往表现为组合型的(雇主和雇员)共同缴纳社会保险费用。2012年,欧洲国家的社会保险缴费总额往往在国内生产总值中占到10%到16%,而在经济合作与发展组织(除了日本之外的)所有非欧洲国家中,这个比例都远低于10%。不过,在欧洲国家中也存在例外,例如丹麦、爱尔兰、瑞士和英国(OECD,2015)。

当我们采用对社会政策的广义理解时,可以看到,欧洲国家通常将就业保障作为确保劳动者收入的机制。在有相关数据的23个欧洲国家中,英国在2013年的一般性就业保障(应用于正规劳动者,以及个体和集体裁员)水平最低,其次是爱尔兰(OECD,2015)。如果采用具体的指标进行衡量,丹麦提供的就业保障也相当少,却通过慷慨的失业津贴和作用显著的积极劳动力市场政策(例如培训)弥补了这个方面的不足。相反,相比欧盟15国中的其他国家,英国在积极的劳动力市场政策方面投入非常少(OECD,2015)。此外,英国和爱尔兰都关注对低收入群体的补贴支持,而对中等和高等收入群体的支出则颇为吝啬。这一点也在基于经济状况调查的补贴的相对规模上有所体现,如同之前所指出的,爱尔兰和英国的这类补贴都比欧盟平均水平高很多。当我们扫视津贴(例如失业保险和公共养老金)的慷慨程度,立即可以勾勒出这样一个事实,即在北部以及尤其是西部的欧洲大陆国家中,中等和高收入群体所得到的保障,绝对优于在英国能够得到的(OECD,2015)。简言之,低水平的就业和收入保障,都源于管理薄弱的劳动力市场,而这两者使得英国(和爱尔兰)从某种程度上来说成为非典型的欧洲国家,并且表明它们处于经济发达的"自由市场经济体"的阵营之中,而这个阵营往往在欧洲之外,包括美国、加拿大、澳大利亚和新西兰。

在许多欧洲国家中,工会和雇主长久以来在对社会政策尤其是社会保险项目(例如养老保险、失业保险以及伤残或疾病保险)的管理中扮演着中枢角色。当然,工会和雇主的实际参与方式与范围各有不同,同时,在一些国家中,他们作为管理社会保险的社会伙伴的影响力也有下降趋势。尽管如此,比如说,德国的雇主和工会,仍然在类公共但在法律上独立且经济自主的社会保险组织中通力合作,政府官员有时也会参与其中。奥地利、比利时、荷兰和瑞士的社会伙伴也扮演着类似角色。在法国,雇员和雇主共同处理有关社会保险计划的问题,比如失业补贴和养老金基金等。在瑞典、丹麦和芬兰,类似于工会的组织只负责管理失业保险。在这方面,有一种观念被欧洲大部分国家普遍接受,即社会保险发挥某种"社会工资"的作用,它应该反映之前的收入水平,从而至少在某种程度上帮助人们维持体面的生活。在英国,既没有这样的设置,也不存在视社会政策为劳资关系的一部分的观念。最后,集体协商是欧洲中部和北部国家经常采用的另外一个重要的社会政策工具,它不仅是确保收入的手段,而且可以用于管理劳动环境,但是这在英国却很少被提及。

总体而言，以欧盟经济发达国家为背景，英国（以及不那么显著的爱尔兰）从某些方面来说，属于非典型欧洲国家，因为它将社会政策狭隘地理解为通过税收、补贴和服务对市场收入进行再分配（Bonoli, in Clasen and Siegel, 2007），而对社会政策的广义理解，则推动通过诸如就业保障或集体协商等途径实现社会政策的目标。

新议题

尽管相比世界上其他地区，欧洲国家长久以来更多地致力于社会政策领域，但是从来就不存在一个所谓的欧洲福利国家制度，或者独一无二的欧洲社会政策。进一步来看，在未来，欧洲在社会政策上的多样性似乎会不断增强而非减弱。虽然随着2007—2008年的金融危机（请见第27章），经济增长速度开始下降，但是欧洲各个经济体所受到的影响有很大的差异。在欧洲，有一些国家（如奥地利、德国、挪威和瑞典）以最快的速度从经济危机中走了出来，但也有一些国家（如爱沙尼亚、希腊、爱尔兰、意大利和西班牙）遭受了极大的打击。在后面所列的国家中，减少预算赤字的压力将迫使政府在未来几年里采取措施大幅度缩减社会支出，即便是在经济危机所带来的社会冲击仍然非常显著的情况下。一方面，在减少贫困或抑制收入不平等方面取得最好成绩的国家仍然非欧洲国家莫属；而在另一方面，欧洲的许多其他国家却无法在这两方面迎头赶上。

值得注意的是，因为在一些领域（例如教育和卫生健康）特别努力，近年来，就社会支出而言，英国在欧洲社会政策的排名上，从边缘走到了中间位置。虽然英国各主要党派都承诺要削减赤字，这可能意味着在未来几年里一些领域的社会支出要面临大幅度裁减，但是欧洲其他地方类似的情况则表明，英国所处的相对中间的位置将不会有太大的改变。不过，就扶贫这样的目标而言，英国也许将更远地落后于那些成就最大的欧洲国家。除此之外，在其他许多方面，特别是关系到社会政策与其他政策领域（例如劳资关系和就业保障）的结合，英国的社会政策则在某种程度上依旧属于非典型的欧洲政策。

对欧洲的概览提醒我们，社会政策能够（而且也许是应该）从广义的角度加以理解，包括除了传统的福利国家制度之外的更多政策领域。同样，现在我们能够获得更为详细的社会支出数据，虽然有方法论上的困难，但是这些数据使我们能够在欧洲国家中（也能够超出这个范围），对社会政策进行更有意义的跨国比较（请见第63章）。

可深入阅读的参考文献

无论是欧盟统计局（epp.eurostat.ec.europa.eu/portal/page/portal/statistics/themes）还是经济合作与发展组织（OECD, 2015）（stats.oecd.org/Index.aspx?DataSetCode=SOCX_AGG），都是社会政策相关数据不可替代的来源。关于哪些社会支出指标最适用于比较研究，请见：F. G. 卡斯尔斯和 H. 奥宾格的《社会支出和再分配》（F. G. Castles and H. Obinger, 2007, 'Social expenditure and redistribution', *Journal of European Social Policy*,

17：3，206-222）；W. 阿德马、P. 弗朗和 M. 拉代奎尔的《经济合作与发展组织成员国的社会保障支出情况和它们的税收/福利系统是如何进行再分配的》（W. Adema, P. Fron and M. Ladaique, 2014, 'How much do OECD countries spend on social protection and how redistributive are their tax/benefit systems?', *International Social Security Review*, 76：1，1-25）；W. 阿德马、P. 弗朗和 M. 拉代奎尔的《欧洲福利国家制度确实更为昂贵吗？：1980—2012 年的社会支出指标；经济合作与发展组织社会支出数据库使用手册》（W. Adema, P. Fron and M. Ladaique, 2011, 'Is the European welfare state really more expensive?: indicators on social spending, 1980-2012; and a Manual to the OECD Social Expenditure Database', OECD Social, Employment and Migration Working Papers, No. 124, OECD, dx.doi.org/10.1787/5kg 2d2d4pbf0-en）。

J. 克拉森和 N. A. 西格尔编的《福利国家制度变迁研究：比较分析中的"因变量问题"》（J. Clasen and N. A. Siegel, eds, 2007, *Investigating Welfare State Change. The 'Dependent Variable Problem' in Comparative Analysis*, Cheltenham：Edward Elgar）收录的一些文章，讨论了概念化和如何对各国社会政策安排进行实证比较等方面的问题（其中包括 G. 博诺利、J. 德德肯和 B. 基特尔、L. 斯克鲁格斯以及 N. A. 西格尔有关这个主题的论文）。

有两篇文章涉及对欧洲与美国的社会政策的对比，它们分别是：J. 阿伯的《欧洲和美国的福利国家制度的共同点和差异是什么：对比欧洲和美国的社会模式中的事实与幻想》（J. Alber, 2010, 'What the European and American welfare states have in common and where they differs：facts and fiction in comparison of the European social model and the United States', *Journal of European Social Policy*, 20：2，102-125）；P. 鲍德温的《我们能对欧洲福利国家模式下定义吗？》（P. Baldwin, 1996, 'Can we define a European welfare state model?', in B. Greve, ed., *Comparative Welfare Systems*：*The Scandinavian Model in a Period of Change*, Basingstoke：Macmillan, 29-44）。

更多有关欧洲国家的社会政策的信息，可以通过欧洲社会政策研究网络（ESPAnet）网站（www.espanet.org）上提供的链接获得，包括欧洲范围内重要的国家级社会政策学会和组织以及国家研究中心。欧洲工作和福利数据中心（European Data Centre for Work and Welfare, EDAC）是一个门户网站，直接链接到相关定量和定性比较研究以及来自各个国家的数据，其网址为 www.edac.eu。想要获得欧盟社会政策参与和文件的信息，欧盟就业、社会事务和包容总司（Directorate General for Employment, Social Affairs and Inclusion）是有益的起点，其网址为 ec.europa.eu/social/main.jsp?langId=en&catId=656。

复习和课外作业习题

1. 将美国的社会政策与欧洲的做比较是否有意义？
2. 欧洲福利国家制度的特征是什么？
3. 从哪种意义上说，英国是典型的欧洲福利国家？

4. 从哪种意义上说,英国不同于其他大部分欧洲福利国家?
5. 请批判性地讨论这一主张:并不存在诸如欧洲社会政策之类的事物。

请浏览本书的辅助网站 www.wiley.com/go/alcocksocialpolicy,使用为配合本书的阅读而设计的资料链接。在那里你将会发现有专门针对每一章的深入阅读资料链接,其中包括政府、国际组织、智库、压力集团和重要的新闻机构的网站。你还会找到以《布莱克维尔社会政策辞典》为蓝本的词汇表、帮助页、有关如何管理社会政策领域中主要委派形式的指导和职业建议。

第66章
美国的社会政策

菲利普·M. 辛格和斯科特·L. 格里尔

> ## 概　览
>
> - 美国的社会政策的特点是公众对政府持怀疑态度、私人市场与公共市场之间存在矛盾，以及缺乏广泛覆盖公民的保障。
> - 美国的大部分个体通过私人部门进行投保。持续高支出、缺乏全面覆盖和质量糟糕的医疗服务导致了美国的医疗改革。
> - 教育可以划分为基础和高等教育两部分。在这两种情况中，都存在着对未来资金来源、学生的学习成果以及私营和公共的学习机构所扮演的角色的担心。
> - 收入保障相当支离破碎；参与保险项目的资格由年龄、收入和性别决定，这导致各种项目拼凑起来，而且缺乏普惠的安全网。

与经济合作与发展组织的其他成员国相比，美国的社会政策独树一帜。美国的独特性是这一章所呈现的一些问题带来的结果。第一，美国公众对中央政府的能力持不信任的态度。这种怀疑情绪导致在贯彻和管理社会政策的过程中，私人部门与公共部门的角色发生了冲突。第二，碎片化力量的组合和集中式政府的缺失，导致参与保险项目的资格、补贴的形式和管理方式有显著的差异。第三，美国的社会政策不完整。美国缺乏全面的社会政策，只是关注社会的局部。

更深入地说，美国社会政策的特殊性也是由一些制度性要素塑造的。第一，美国采用联邦和州系统，其政府正式分为三个部分：行政、立法和司法。每一部分都有特定的权力范围，并且监督其他的部分是否超出了它们的职权范围。第二，在美国，社会政策的通过需要政府的三个部分合作；行政部分（总统）的偏好并不足以制定政策。政治党派扮演着联通政府的三个部分的桥梁角色，但是并不像在欧洲的大部分国家里那样，能够有效消除各部分之间的隔阂。第三，联邦政府和州政府各自负责特定的政策领域，而这两级政府之间的责任交集正不断扩大。

美国的社会政策

第 66 章

在美国,立法涉及如此之多的重要参与者,而其呈现又相当复杂,因而在那里,很少能够产生具有一致性的立法或全面的项目,我们可以通过对比英国和美国的健康保险、个人纳税申报和养老金的复杂性看到这一点。美国社会以多种方式分化,从种族和宗教因素到地理和经济因素,并且结合片断式的政治系统,产生了针对不同群体(例如退伍老兵和老年人)的局部政策,而不是整体连贯的保险项目,比如说国家医疗服务体系。用针对退伍老兵和老年人的特定医疗项目划分不同的利益群体,或者通过与教育联动的房产价格而形成高度地方化的学区,诸如此类的项目又使社会更加碎片化了。

医疗政策

医疗保险和项目

在美国,并不是人人享有医疗服务。授予参与社会政策项目的资格是以个体特征为基础的,涉及年龄、收入水平和就业状态。在美国,超过 4 000 万的人没有任何形式的保险保障。对于其余的美国人而言,保险来自私人部门和政府运营的不同类型的项目。

保险项目的最大部分来自私人市场。将近 60% 的人是通过他们的工作获得保险的,而近年来的趋势是,雇员分担的保额比例越来越高。此外,在过去的十多年里,获得雇主资助的保险的员工数量正显著减少,而且预测表明,这个趋势在未来还将继续。

在美国,政府也是医疗保险的积极提供者。医疗保险政策的责任,分别通过联邦政府运营的项目和联邦—州政府合作运营的项目来承担。

联邦医疗保险(Medicare)是由联邦政府运营的健康保险的最大提供者,将近 5 000 万受益人加入了这个项目。联邦医疗保险属于社会保险项目,它为老年人和患有特定慢性疾病的人提供医疗服务。它的资金来源于企业及雇员的工资税,还有每月缴纳的保险费。医疗保险提供三种类型的服务:住院、看病和开处方药。第二个由联邦政府管理的健康保险,针对军队退伍人员和正在服役的军队成员。如果将退伍军人健康管理局(Veterans Health Administration)和军事医疗保险管理局(TRICARE)合在一起看,那么它们就是美国最大的医疗系统,为大约 2 000 万个体提供照顾。

美国各州与联邦政府合作运营公共医疗补助项目(Medicaid)和儿童健康保险计划(Children's Health Insurance Program, CHIP)。这两个项目都由两级政府共同出资,而联邦政府为较为贫困的州提供的资金要更多一些。联邦政府提供多数资金,并且设定最低的获取资格条件,与此同时,州政府负责项目的具体管理和运营工作。公共医疗补助项目是用经济状况调查确定领取补助资格的项目,其资格条件要么是身有残疾,要么是收入低于特定的贫困线。儿童健康保险计划面向的是这样一类儿童,其家人没有资格享受公共医疗补助,同时缺少雇主资助的保险。

医疗支出

不断增长的医疗花费是令美国的政策制定者忧虑的主要问题之一(请见第 49 章、50 章)。美国将国内生产总值的 18% 用于医疗,这是经济合作与发展组织其他成员国在这方面开支的 2.5 倍。有一些原因导致美国在医疗上支出更多的钱。最显著的一个原因是，在美国，医疗服务和处方药的价格要比其他国家同等服务和产品的价格高很多。此外，在美国没有财务控制机制。没有哪个政府部门负责为保险受惠者协商更低的价格，交涉的工作留给了私营保险公司和执业医生，但他们都缺乏议价的能力。

医疗服务的质量

将美国的医疗系统与经济合作与发展组织其他国家的医疗系统的医疗成效进行对比，美国是不合格的。在 11 个经济合作与发展组织的成员国中，就民众所得到的医疗服务的质量而言，美国排在第五位。但是，这个排名掩盖了美国内部质量效果的巨大变异性。如果病人能够为高质量服务花更多的钱，那么他们就可以自由地找寻那些能够提供高质量医疗服务的医院和医生。在美国的医疗系统当中，存在一个高质量医疗服务和医疗成效的岛屿，而其周围则是糟糕或质量中等偏下的医疗服务的汪洋大海。

医疗改革

2010 年，由于支出迅速攀升，没有参保的人数不断增加，并且出现了越来越多的效果低劣的治疗情况，美国通过了改革其医疗系统的立法。《患者保护与平价医疗法案》（Patient Protection and Affordable Care Act，ACA）是过去五十年来美国最重大的社会政策改革。

《患者保护与平价医疗法案》通过几种方式直接应对美国医疗体系所面对的挑战。这部法案通过三种主要机制增加了参保者的数量。首先，州政府有权扩大它们的公共医疗补助项目，从而额外覆盖低收入个人。其次，联邦政府提供补贴资助人们在网上购买负担得起的保险。最后，没有资格参与公共医疗补助项目或享受补贴的人，被要求购买保险或者纳税。《患者保护与平价医疗法案》通过增加各项医疗计划之间的竞争，以及改变依据治疗给予医生补贴的方式，力图控制支出。质量问题是通过支付改革来处理的，这项改革推动针对病人的协作治疗，并且将费用支付与治疗效果结合起来。

教育政策

美国的教育政策可以区分为两种制度。初级和中级教育被认为是在成年之前完成的义务教育，高等教育是在完成中级教育之后，可自由选择是否接受的学校教育（请见第 51 章和 52 章）。

初级和中级学校：入学

这部分聚焦于三种类型的初级和中级学校：公立、私立和特许学校。大部分读小学和中学的学生进入的都是公立学校。在公立学校注册主要是根据居住地段。学生被安排就读于离他们的住所最近的学校，而且不允许公立学校拒绝任何学生入学。私立学校吸收比例低得多的中小学生。就读私立学校要经过申请和筛选程序，通过者才允许注册。最后,特许学校在过去十年里在美国有了显著发展,但在这三种类型的学校里,仍然是数量最少的。与公立学校类似,特许学校也不允许拒绝任何学生入学,不过,这些学校在选择学生时并不局限于地理因素。

初级和中级学校:管理

从传统上来看,初级和中级教育政策是由州政府和地方政府管理的。公立学校由学区里当选的政府官员掌管。学区是地方政府的分支部门,负责市政府辖区内所有学校的运营和课程。私立学校的运营由私立机构而不是政府负责。私立学校在课程选择、雇用人员和学习模式等方面都比公立学校拥有更大的自由度。不过,州政府要对私立学校的某些方面进行监管,其中包括资质鉴定合格和教师资格认证。特许学校是传统的公立学校和私立学校的混合形式。类似于公立学校,特许学校必须接受所有申请学习位置的学生,但它们又是由私人组织管理的。特许学校在课程开发、对雇员的要求和学校模式上也比公立学校有更大的自由度。由于管理的多样性(其中可能包括营利性公司和政治立场完全不同的族群或宗教群体),因此相比传统的公立学校,这类学校要面对更为错综复杂的管理问题。

初级和中级学校:融资

初级和中级学校的融资问题,凸显了政府在美国的教育政策中扮演多重角色。国家财政资助、公共运营的学校对学生完全敞开大门,而且免收学费。大部分初级和中级教育从州政府和地方政府那里获得资金,而运营这些学校的开支很大,政府在这方面每年的支出已经高达5 000亿美元。近年来,联邦政府通过承诺增加对公立学校的资金投入,从而影响教育管理(就像欧盟用惊人的小钱购买到了巨大的影响力一样)。《2001年有教无类法案》(No Child Left Behind Act 2001)提高了联邦政府在学习标准、课程和学生考察方面的发言权。达到成绩指标并且实现学生学习目标的学校,将从联邦政府那里得到更多的资金。

公立学校的资金来自地方房地产税和一般性国家财政收入。坐落在不动产价格较高昂的地区的学校将得到更多的房地产税收入,而较为贫穷的学校所得的房地产税收入较少,能够得到的资金也很有限。为了扩大地方税基,州政府主要通过征收收入税和销售税获取教育资金,之后再分配给学校作为运营资金。特许学校在这方面与公立学校类似,它们的资金来自州政府和地方政府的税收。为特许学校提供的资金数量取决于注册学生的人数。私立学校得不到任何公共资金的帮助。相反,它们必须依赖学生缴纳的学费和私人捐助,以继续运营学校。

初级和中级学校:质量

相比于经济合作与发展组织中的其他成员国,美国在初级和中级教育上的花费要多于大多数发达国家。但是,在学生的学习成效方面,与世界上其他情况类似的国家相比,美国则不令人满意。一项衡量了全球65个国家学生成绩的国际评估研究发现,在这些国家中美国学生数学排名第30位,在科学上是23名,在阅读上为第20名。

高等教育：管理

美国最初的大学是私人和教会资助的。直到19世纪末，私立大学在高等教育版图中占主导位置的趋势一直没有改变。新法案的通过，为州政府提供了房地产及联邦政府的资金支持，从而各州建立了自己的公立大学。高等教育中的公立机构的总数持续增长。尽管美国的私立大学和学院的数量是公立大学的两倍多，但是就读高等教育公立学校的学生数量是私立学校的三倍。

高等教育：融资

与它们在初级和中级教育领域的同伴类似，通常，美国高等教育的资金大部分来自政府。不过，在过去的十年里，公立大学面对来自州政府的严厉的预算削减。由于政府对高等教育的投资减少，为了继续运营，公立大学对学生学费和联邦政府提供的研究资助的依赖日益增强。为了应对州政府对高等教育拨款的削减，公立学校的学费、住宿费和伙食费都迅速上涨。

高等教育：质量

美国高等教育的质量无法一概而论。第一梯队的私立和公立学校在国际比较中处于领先位置。但是，人们越来越担心学习成果和高等教育是否有能力培养出在全球经济竞争中有竞争力的学生。教育的积极效果体现为，学生的学业表现越来越好，并且由此带来了就业层次和年收入的提高。然而，特别是由于州政府拨款的减少，学生在高等教育方面的支出不断增加，这使得大学面对日益增加的展示其教学成效的压力。

收入保障政策

在美国，与收入保障联系在一起的最引人注目的社会政策是《1935年社会保障法》(Social Security Act 1935)。这部签署于大萧条最严重时期的法案，使美国在历史上第一次有了收入保障补贴。不过，美国人口中只有特定的群体有资格得到这种津贴。大体上来说，《1935年社会保障法》和后来的修正案提供了三种类型的收入保障：养老补助、失业补贴、低收入家庭和儿童补助（请见第47章）。

养老和残疾保险

在美国有两种联邦政府管理的社会保险项目，它们都主要面对老年人。正如之前讨论过的，第一个是联邦医疗保险，第二个是通过社会保障项目提供的养老（退休）保险。联邦医疗保险和养老补助的资金来源相同，即用现在从雇主和雇员那里收取的工资税，为有资格享受福利待遇的受益人提供津贴。

符合以下两个条件的人才有资格领取养老补助金：第一，申请养老补助的个人向联邦政府缴纳的费用必须相当于十年工资税总额,从而达到与这个保险相符的最低缴费额度;第二,申请人必须达到年龄要求。由于财政系统面对经济压力,因而领取养老保险金的最低年龄也正在逐年向后推移。

社会保障提供了两种类型的残疾保险。第一个是残疾补助,达到社会保障项目最低缴费标准且由于残疾而失业超过一年的个人有资格得到。第二个项目是收入保障津贴计划(Supplemental Security Income, SSI),该计划的资金来自一般征税收入,而不是工资税。有资格享受收入保障津贴的个体,是那些没有达到社会保险最低缴款额的低收入或没有其他收入来源的老年人、盲人或残疾人。

养老补助和残疾补助并不是用来完全覆盖老人或残疾人的生活开销的。一般来说,社会保障供了相当于工资收入的40%的津贴额度。也就是说,津贴额度可以根据一个人在工作期间所领取的工资来测算;那些在整个工作生涯中收入较高的人得到的补贴也更多。平均来看,受益人得到的收入保障津贴,甚至低于从社会保障项目领取的残疾补助。

为了填补提供给老人和残疾人的社会保障津贴不足以覆盖其生活成本的缺口,私人的收入替代项目发展起来了。私人的收入替代项目提供了不同类型的收入保障计划。雇主退休计划可以分为两类:第一个是养老金固定缴费计划,在这个计划中,雇员按期缴纳养老保险费,并且雇主也为每位雇员缴纳相应款项,两者投入的金额,就是雇员日后可以领取的养老金的总额†;第二种是养老金固定收益计划,该计划由雇主缴费,为每位雇员预先确定了未来(通常是每月)所享有的固定退休金数额††。参加固定收益养老计划的雇员人数在21世纪急剧减少。相反,美国私人市场的收入替代计划,正更多地采用养老金固定缴费的形式。但是,这样的趋势导致与市场波动相伴随的经济风险给养老金储蓄带来了更大的影响。

社会保障一方面是一个在美国被普遍采用的计划,而另一方面,也一直存在着将其私有化的努力。由于该计划的融资方式和美国人口特征的变化,人们开始对它在未来能否继续存在感到担忧。私有化改革的倡议将允许劳动者将他们的工资税投资到股票市场,而不是社会保障的信托基金。不过,由于反对者担心经济下滑对社会保障中的养老金储蓄产生重大影响,这方面的改革尝试被终止了。

失业补助

为了给予非自愿失业的劳动者帮助,社会保障项目提供了临时失业补助。这是一个由联邦政府与州政府合作运营的项目。联邦政府确定操作该项目的总体原则,州政府负责管理该项目,每个州在资格类型、标准和津贴额度上有自己的具体规定。这个项目的资金来源于落户在各州的企业的缴费,大多数临时补助领取的资格要求是失业六个月之内。

无业超过六个月的个体对应的是由联邦政府运营的一个单独的"长期失业"项目。经济大萧条使得长期失业人数发展到历史顶峰;而现在美国有将近300万长期失业者,其中

---

† 这种退休金与工作年限和职位没有直接关系,受益人在退休后从自己的退休账户领取养老金,直至提完为止。——译者注

†† 数额与工作年限和职位有关,通常受益人在退休后可以每月领取,直至其去世为止。——译者注

有100万人处于无业状态已经超过两年。然而,联邦政府的政治僵局使得失业补助陷入瘫痪,从而留下一个人数不断增加却得不到进一步帮助的群体。

给予低收入家庭和儿童的补助

在美国,有两项联邦政府项目是为低收入家庭和儿童提供收入保障的。第一个是贫困家庭临时救助计划(Temporary Assistance for Needy Families, TANF)。该计划是在抚养未成年子女家庭援助计划(Aid to Families with Dependent Children, AFDC)的废墟上发展起来的。抚养未成年子女家庭援助计划最初是一个为尚未独立的贫困儿童提供资助的项目,其资金来源是联邦政府对州政府的分类财政拨款。这些拨款为每个州运营它们的家庭救助计划提供了广泛的自决权,并且允许各个州在获得贫困家庭临时救助的资格和补贴方面采取不同的具体做法。但是,批评抚养未成年子女家庭援助计划的人士指出,该项目鼓励人们生孩子并且游离于劳动力市场之外。为了回应这样的担忧,贫困家庭临时救助计划产生了。贫困家庭临时救助计划要求受益者必须参加工作,这样做才能保有享受该补贴的资格,而且为这样的资格规定了严格的时间期限。

第二个项目是补充营养协助计划(Supplemental Nutrition Assistance Program, SNAP),它为贫困家庭和儿童提供食品援助。联邦政府为该项目提供资金,州政府和联邦政府共同负担其管理成本。2014年,联邦政府为这个项目花费了近770亿美元,为近4 600万低收入美国人提供了帮助。参与该项目的资格由各个州决定,但是从总体来看,具有资格的受益人每月的收入和所拥有的资产必须低于某一限定值。

新议题

我们难以确定美国的社会政策的典型特征,无论是初级和中级教育系统——由50个不同的州所监管的上万个行政单位所组成,还是医疗体系——通过联邦政府、联邦政府—州政府、州政府、私营机构和慈善机关等提供服务,都是如此。各种项目各自为营的局面,是在一个多方面碎片化的社会中,以使多数群体零碎化并受到抑制为目的而设计的政治系统所带来的结果。项目的碎片化也不断自我滋养,从而形成了由不同类型的小项目构成的新的结构。由此产生了富有创造性的社会政策环境,然而这种环境的连贯性、有效性和平等性通常比较糟糕。

美国的社会政策不太可能发生深刻的变革,主要在于以下原因。首先,美国的政治系统是片断化的,管理和资助社会政策的责任散落在联邦政府、州政府和地方政府手中。修改美国的社会政策需要不同层级政府的一致赞同,而这种情形并不常见。其次,美国选民和所选出的政府官员中的政治分化,导致难以在任何的预期政策成效上达成一致意见。最后是社会政策的惰性,一项政策实施的时间越长,要撤销或改变它就面对越大的政治异议,从而使得改变更加不可能出现。然而,正如这一章所勾勒的那样,公共和私人市场之间的矛盾、公众对中央政府的不信任,以及缺乏全面覆盖的保障政策,将推动美国对教育、收入保障和医疗方面的社会政策进行深入的改革。

可深入阅读的参考文献

有许多全面论述美国政府和公共政策的优秀作品,例如 M. E. 克拉夫特和 S. R. 弗朗的《公共政策:政治、议题和可选项》(M. E. Kraft and S. R. Furlong, 2014, *Public Policy: Politics, Issues and Alternatives*, Washington, DC: CQ Press)。沃尔特·特拉特纳的《从济贫法到福利国家》(Walter Trattner, 2007, *From Poor Law to Welfare State*, New York: Free Press)是一本经典历史书。关于种族、政治和片断化如何塑造了美国的公共政策,请见艾拉·卡茨纳尔森的《当平权行动属于白人时》(Ira Katznelson, 2005, *When Affirmative Action was White*, New York: W. W. Norton),以及迈克尔·B. 卡茨的《公民身份的代价:重新定义福利国家》(Michael B. Katz, 2008, *The Price of Citizenship: Redefining the Welfare State*, Philadelphia: University of Pennsylvania Press)。一些重要文献以美国的公共福利与私人福利之间的关系为主题,包括珍妮弗·克莱因的《为了所有这些权利》(Jennifer Klein, 2003, *For All These Rights*, Princeton: Princeton University Press)、玛丽·戈特沙尔克的《影子福利国家》(Marie Gottschalk, 2000, *The Shadow Welfare State*, New York: Cornell University Press),以及苏珊娜·梅特勒的《被淹没的福利国家》(Suzanne Mettler, 2011, *The Submerged Welfare State*, Chicago: Chicago University Press)。

有关对美国福利项目的详细讨论,最好的政府资料来源是美国政府问责署(Government Accountability Office),网站为 www.gao.gov。凯泽家庭基金会(The Kaiser Family Foundation, www.kff.org)和英联邦基金(Commonwealth Fund, www.cmwf.org)都提供了许多有关卫生健康政策的信息。美国有一个在线公共政策新闻网站 www.vox.com,同时,《纽约时报》(*New York Times*)的一个专栏(Upshot)和《华盛顿邮报》(*Washington Post*)的两个专栏('Monkey Cage' and 'Wonkbook')等都非常有价值。

复习和课外作业习题

1. 美国的社会政策在哪些方面不同于经济合作与发展组织其他成员国的?
2. 美国的社会政策在哪些方面与经济合作与发展组织其他成员国的类似?
3. 影响美国社会政策的制度性特征有哪些?
4. 美国的社会政策如何体现了在市场与政府干预之间存在的矛盾?
5. 你对美国社会政策的独有特征有什么看法?

请浏览本书的辅助网站 www.wiley.com/go/alcocksocialpolicy,使用为配合本书的阅读而设计的资料链接。在那里你将会发现有专门针对每一章的深入阅读资料链接,其中包括政府、国际组织、智库、压力集团和重要的新闻机构的网站。你还会找到以《布莱克维尔社会政策辞典》为蓝本的词汇表、帮助页、有关如何管理社会政策领域中主要委派形式的指导和职业建议。

第67章
东亚的社会政策

泉原美佐

概 览

- 东亚是一个不断变化且具有多样性的地区,它由规模不一、有着不同政治结构和社会—经济水平以及社会政策发展状况的社会构成。
- 政府强有力的监管过去是东亚地区福利路径的独特之处,而现在这个地区正转向以市场为导向的路径。
- 在东亚社会可以观察到,为了应对近年来的经济危机,社会政策发展和改革走上了越来越多元化的轨道。
- 人口结构特征的急速变迁,例如老龄化和家庭变化,要求东亚社会重新审视它们现有的福利制度。
- 当代社会和经济变迁带来的一个结果是,在社会的不同部分出现了日益严重的分化和不平等。

导 论

近年来,东亚各国(或地区)为了回应内部的和外部的压力,在社会政策的不同领域有了实质性发展并进行了改革。"获得令人瞩目的经济增长率的同时保持有限的福利支出"——从日本在20世纪60年代迎来的战后早期的经济奇迹开始,到七八十年代新兴经济体"亚洲四小龙",即中国香港、新加坡、韩国和中国台湾的崛起,再到更为晚近的中华人民共和国自90年代以来重新在世界舞台占据重要位置,所有这些最近几十年来一直是经济和社会政策分析领域引人注意、被广为讨论的主题。

然而,从20世纪90年代初开始,日本经历了漫长的"后泡沫"经济衰退时期。经济低迷推动了男性养家糊口家庭模式、终生雇用和以职业为基础的福利等传统体系的转型,这些过去为大部分家庭提供了福利基础。在2007—2008年的全球金融危机到来以前，1997—1998年的亚洲金融危机，给"亚洲四小龙"就经济和地产价值的挥发性和脆弱性上了一课，并且迫使其重新思考自己的福利路径。此外，当代东亚国家或地区开始了重大的制度转型，包括中国自80年代以来从计划经济向市场经济的调整。为就业、住房和社会保障引入市场路径，将政府的责任转移给个人，使得个人要通过私人市场确保自己的福利，这种变化导致了新的社会风险。因此，经济变化所产生的不均衡影响和对经济变化所作出的回应，为比较分析东亚各国或地区的社会政策发展与改革提供了独特的背景。各国或地区的经验实际上正塑造着当代社会政策领域关于安全网和更广泛的社会保障的讨论。

什么是东亚？什么是东亚的社会政策？

与欧洲一样，将东亚定义为一个区域本身就值得探讨。东亚是一个具有多样性和充满变动的区域，它包括大量在规模、政治结构、社会和经济发展水平、民族构成、宗教和文化等方面各不相同的国家或地区。这个区域里既有小型的城市国家如新加坡，也包括幅员辽阔、世界上人口最多的国家——中国。"华人社会"（Chinese societies）中存在着错综复杂的管理，这中间包括1997年香港回归以后中国的"一国两制"（One Country, Two Systems）。这个地区的国家政治经济制度也各有不同：从日本的资本主义民主制度，到新加坡的"软极权"，再到中国的被称为"社会主义市场经济"的转型经济——与大东亚的越南等其他转型社会拥有某些相似要素（请见第68章）。东亚的各个国家和地区，也明显呈现出不同的社会—经济发展阶段。例如，根据联合国开发计划署建立在预期寿命、识字情况和生活水平等指标基础上的联合国人类发展指数，在2014年，新加坡的排名是东亚区域最高的——在全世界排第9名，之后是韩国和中国香港特别行政区——并列第15名，日本排在第17位，而中国内地（大陆）为第91名，越南是第121名（请见第70章）。

东亚各国和地区的社会政策路径往往也有很大差异。例如，根据提供资金的机制、受益资格和应对当代社会问题的资源水平的不同，可以在东亚发现不同类型的社会保障路径，即从日本、韩国和中国台湾地区的以缴费型社会保险为基础的路径，到中国香港特别行政区的建立在纳税基础上的、根据收入调查确定受益资格的社会资助，还有新加坡的个人储蓄模式（福利公积金）。尽管如此，东亚许多国家和地区的福利制度也存在某些共同特性，刺激了这个区域的社会政策比较研究的发展。"小政府"的说法来源于直接国家福利供给的一些遗留元素，比如低水平的公共支出和低水平的国家补贴，尽管政府在福利供给中扮演着促成者和监管者这样的主导角色。同样，国家对社会公民身份的有限投入也是被强调的特征之一。东亚福利路径的另外一个特征是，在各个政策领域中，教育和医疗方面的社会投资发挥着战略性作用。总体来看，以就业为基础的福利是被普遍采用的路径，它与可能"破坏工作伦理"的计划（例如以现金为基础的公共补助）背道而驰。在东亚，非国家机构在福利混合体中所扮演的特殊角色同样至关重要，特别是家庭所扮演的福利关键提供者的角色，以及在诸如日本和韩国等国家里，大型公司为其核心雇员提供慷慨大方的福利。

然而,在社会政策比较分析和国际研究中存在着一些限制,这部分是由比较数据的可获得性导致的,相关数据主要由一些国际组织提供,例如经济合作与发展组织和世界银行,此外还有普遍采用的衡量方法和概念的局限性。对比往往以可获得的定量数据和可测量性更强的(例如在医疗和教育方面的)政府支出为基础。直到最近,对东亚社会政策的比较分析,往往都集中在日本的成熟福利国家制度(拥有诸如养老、教育和医疗等方面成熟的核心福利项目)和"四小龙"经济体的新兴福利系统。有些评论人士指出,日本的福利制度自20世纪60年代出现到后来的发展,都处于西方和东亚其他国家之间的某个位置上。

东亚只有两个国家(日本和韩国)是经济合作与发展组织当前的成员国,日本于1964年加入,而韩国在较为晚近的1996年加入,这种情况限制了对某些趋势的对比分析。尽管地理上比较分散,但是中国香港、新加坡、韩国和中国台湾这四个经济体却提供了这个地区的社会政策的比较集群。在它们的福利路径中,可以找到相似之处和变异,这促进了围绕东亚福利制度的有效性而展开的讨论。马来西亚有时也被纳入这样的探讨中,这部分是因为它的英国殖民地遗产,而越南和东南亚的其他转型社会,也引起了学者在发展背景下进行对比研究的兴趣。近年来,中国被更全面地带入有关东亚社会政策的讨论,随之而来的是相关学术文献不断增多(请见 Chan et al., 2008)。中国从通过单位提供低水平但是全面覆盖的福利的计划经济,向更为市场化的路径的令人瞩目的转型,为这个地区现有的比较分析进一步增加了动态性。

除此之外,在与东亚社会的一系列政治改革联系在一起的诸如治理方式、公民身份或社会保障等方面,也可以观察到复杂性。尽管来自西方的概念和理论往往通过先入为主的框架——例如福利分类和对国家行为的分析——而在福利系统的对比分析中占据主导地位,但是,诸如此类的框架和术语并不一定普遍适用于对东亚的分析。有许多议题与定义和概念的使用有关,例如,"社会保障"在许多社会中有着不同的含义,而且"公民身份"这个概念可能在那些社会中并未得到全面发展(也请见第70章)。

东亚的福利系统

有些讨论是围绕着东亚福利系统的独特性,以及是否存在一个能够概括东亚福利系统的共同特征的区域模式展开的。许多讨论源于一系列社会政策比较研究,也就是所谓的福利制度理论。福利体系的理论化虽然开始于20世纪80年代或者更早的时候,但主要是在埃斯平-安德森(Esping-Andersen, 1990)的开创性著作——《福利资本主义的三个世界》(请见第63章)的推动下取得长足发展的。日本是他唯一纳入分析的东亚国家,并且因其福利制度的特点,如建立在就业和缴费基础上的社会权利,而最初与德国和其他欧洲大陆国家一起,被归为保守主义/合作主义福利体制。但是,随之而来的评论指出,日本不适合被这样归类,并且提出了一个可能的"第四种"体制,将日本和以家庭为中心的地中海国家归入此类;或者将日本和其他东亚国家归纳为"东亚福利体制"。埃斯平-安德森本人也重新审视了最初的分析,并且提出新观点,认为日本可能属于介于保守主义/合作主义福利体制和自由主义福利体制之间的混合情况。从此之后,讨论出现了重大转向,并将这个地区更多的国家纳入，与此同时，学者也开始将福利系统的变化归纳成理论，并区分了在变动不居的社会—经济背景下的发展轨迹。接下来将概括介绍两个理论的核心论点：**发展主义**（developmentalism）和**生产性福利资本主义**（productivist welfare capitalism）。

考察日本在战后时代前半段创造的经济奇迹，会发现在国家扮演的角色方面（特别是考虑到在实现巨大经济增长方面国家所具有的财政能力和监管力量），"发展型国家"（developmental state）理论占据主导地位。在一些核心领域，例如对经济发展的财政控制方面，发展型国家接纳官僚自主。在这种局面下，经济发展不是传统的自由主义的产物，而是国家在联合主要的政治派别、商界和官僚后，创造出了政府调控的市场。随后的分析展现了包括公司在内的其他因素带来的更为复杂和混合的影响。基本上，诸如此类的国家都鼓励福利应该通过就业提供，并且反对从根基上破坏工作伦理的福利项目，比如失业补贴和根据经济状况调查决定的公共资助。然而，正如一些评论人士所主张的那样（请见 Choi，2013），发展主义福利理论是特定社会—经济条件的产物，这些条件包括相对年轻的人口（因而就业所创造的财富多于老年人的收入和医疗费用）、家庭稳定（这提供了大量的福利）和强有力的制造业（保证了充分就业，特别是男性的）。近年来朝向老龄化社会、家庭变化和劳动力市场重组的经济—社会变迁破坏了这些条件，并且因此改变了曾经占据主导地位的系统。

相反，生产性福利资本主义理论的核心是资本主义市场经济的动力学，而不是"自治政府"。这个理论将福利国家制度定义为经济增长的副产品，并且探讨经济与社会政策之间的密切关系（请见 Holliday，2000）。其核心观点包括，社会政策附属于经济增长这个最重要的政策目标。**生产主义**（productivist）理论以最小社会权利为基础，广泛地将各种活动与生产性活动联系在一起，提高生产性要素（例如教育和技能培训）的地位，而且政府—市场—家庭之间的关系直接指向经济增长。韩国在 1973 年实施《养老金法》（Pension Act），在某种程度上就是国家融资以进行工业投资的案例。亚洲金融危机（Asian financial crisis, AFC）之后，围绕着生产主义的讨论与"亚洲四小龙"分别采取不同的经济恢复路径形成了强烈的对比，尽管这些经济体继续阐明它们在这个地区的"生产主义"地位。许多学者质疑，以上讨论的福利路径是否确实是东亚所特有的。例如，通过投资人力资源以促进经济发展的政策，在盎格鲁-撒克逊的自由主义福利体制中也可以找到，尽管具体的分量和路径有所不同。美国是采取剩余型福利模式的国家，它强调对教育和技能培训的投资比传统的社会保障更重要，因而从这个角度来看，美国也可以被定义为"生产主义者"。在南欧国家，非常普遍的是非正式机构在多元化福利供给中发挥着更强有力的作用，而且那些"家庭式"国家同样遭遇了近年来极低的生育率导致的人口特征变化。

当代的变化

由于国家和地区之间的差异越来越大，生产主义福利安排的概念既有传承，也经历了变迁。因此就带来了这样的疑问，即"生产主义"是否仍然是定义东亚福利系统的恰当标签。例如，亚洲金融危机后，社会政策的发展与改革，见证了"亚洲四小龙"经济体进一步的分化。一方面，各国和地区促进自助原则的发展，即通过个人储蓄计划而实现社会保障,例如新加坡的福利公积金,中国香港特别行政区继续保持剩余型福利模式,因而它们仍然属于"生产主义"。这方面明确体现在为了应对经济危机,政府或雇主减少对福利系统的资助而出现的福利削减上。另一方面,韩国和中国台湾地区在全球化时代通过反常的福利扩张而表现出了不同的发展轨迹。在养老金方面,这些经济体开发了类似于日本的再分配型社会保险制度,而且在更为晚近的时候,还发展了针对老年人的长期护理计划,并拓展了其他福利项目,从而离开了剩余型"生产主义"福利模式的路径。不过,随着新的全球环境中新近出现的变化、放松金融管制以及人口结构特征的改变,福利供给从总体上来说,转向了以市场为主导的自由主义,增加了需要进行经济状况调查的福利项目,并且进一步提高了对个体和家庭确保他们自己福祉的期望。总而言之,正如崔(Choi, 2013)所声称的,在当下的经济气候中,国家驱动的发展主义福利模式已经在东亚衰落了,并且让位于以市场为导向的生产主义。

另外一个非常突出且与社会政策高度相关的当代变化是人口特征的改变,以及它在东亚令人惊愕的前进步伐。不断延长的预期寿命和不断下降的生育率的组合,在东亚的许多地方都加速了社会老龄化。与欧洲的发达国家相比,东亚的社会老龄化开始的时间要晚许多,但是发展速度却要快得多;而且生育率现在甚至低于欧洲低生育率国家的平均值了。2013年,日本65岁及以上的人口占总人口的四分之一,这使日本成为世界上年龄最大的社会。因此,老龄化问题开始占据政策讨论的中心,这体现在日本、韩国和中国台湾地区引入了长期护理社会保险。然而,持续下降的生育率是同一枚硬币的另一面:现在在东亚各社会,育龄女性平均生育的子女数量已经低至1.1到1.4了。

引入鼓励生育的政策现在也是政策制定领域的一个当务之急。除此之外,离婚数量的增加、晚婚和不婚、女性走入劳动力市场和单身老人家庭,所有这些都意味着"传统的"家庭模式正在消失,而这种模式曾经作为福利供给者为低水平的公共支出作出了贡献,并且替代了社会服务。因此,事实上,围绕着"标准的家庭"组织的福利已经不存在了。

新议题

经济危机和快速的社会变化给东亚带来各种各样的影响,意味着在社会的不同部分中,存在着日益严重的分化和不平等。不平等存在于许多领域,比如获得受教育机会、进入劳动力市场、不同的职业身份、享有福利的资格等,这些都导致财富分配不均。在代际转换中,社会不平等会如何通过限制社会流动的系统而固定下来,这是一些社会重点关注的问题之一。有关社会政策的讨论明显反映了东亚许多地方——包括中国和日本,在近年的经济改革以及经济衰退中,不断变动的就业模式和私有化及市场化进程。例如,在日本,现在的老年一代曾经享受了经济增长和劳动力市场的稳定,而这些对于今天的年轻人来说不再唾手可得,他们努力争取稳定的职位和收入,所有这些都被详细地记录下来。大量大学毕业生找不到工作是中国城市面对的主要问题,它反映了劳动力的供给与需求之间的不匹配。移民迁徙模式,其中包括中国的从农村到城市的人口流动,在东亚地区正变得越来越复杂,这挑战了社会权利的概念,特别是临时工的社会权利。后泡沫或亚洲金融危机后的衰退,塑造了更灵活的劳动力市场,而这也给年轻人群体带来了不断增加的不稳定性。年轻人正努力奋斗于从教育到就业、从父母家到独立的家庭再到拥有房产的转型之中。充满竞争和等级化的教育系统,是另外一个在代际再生产社会不平等的孵化器。当一个社会里税收和社会保障的再分配效果都极其微小的时候,这是必然产生的结果。在这样的背景下,"再家庭化"(将家庭资源纳入考虑)是新出现的言论,它要求年轻人承担新的社会风险,尤其是政策措施将在年轻成年人那里缺席,这些人正处于生命历程的中间阶段。在东亚,围绕代际不公平的资源分配的讨论尚不成熟。在新自由主义政策背景下,当家庭资源变得更加重要时,对于家庭资源微观层面再分配的强调,将在一代之内和经过几代之后进一步拉大家庭之间的财富差距。总而言之,对于那些失去了基于"标准家庭"和"稳固职位"而发展出来的可用措施的人而言,为了帮助他们应对新的社会风险,必须考虑更全面的福利安全网和更有效的社会保障。

可深入阅读的参考文献

这一章介绍的许多议题和讨论在泉原美佐编的《东亚社会政策手册》(M. Izuhara, ed., 2013, *Handbook on East Asian Social Policy*, Cheltenham:Edward Elgar)中有更全面的探讨。这部手册展现了当前有关东亚社会政策的分析和不同角度的研究——从福利国家的发展到相关理论的形成,再到当下的社会政策议题。Y. J. 崔撰写的手册《东亚福利制度中的发展主义和生产主义》(Y. J. Choi, 2013, *Developmentalism and Productivism in East Asian Welfare Regimes*, Cheltenham:Edward Elgar)中有一章对发展主义和生产主义这两种理念的轨迹进行了充分的分析和总结。对发展主义和生产主义的最早讨论是由两位学者分别展开的,请见 C. 约翰逊的《通商产业省和日本奇迹》(C. Johnson, 1987, *MITI and the Japanese Miracle*, Stanford:Stanford University Press)及 I. 霍利迪的《生产型福利资本主义:东亚的社会政策》(I. Holliday, 2000, 'Productivist welfare capitalism: social policy in East Asia', *Political Studies*, 48:4, 706–723)。

越来越多的(英文)学术著作讨论了过去一二十年里中国不同领域社会政策的发展。C. K. 陈、K. 岳和 D. 菲利普斯的《中国的社会政策:发展和福祉》(C. K. Chan, K. Ngok and D. Phillips, 2008, *Social Policy in China: Development and Well-being*, Bristol:Policy Press)提供了对中国在改革时期的政策发展的全面概述。

在更为晚近的时候,这个地区社会政策发展的主题集中在全球化的影响和从各种经济危机中恢复(并不均衡),例如,K. H. 莫和 R. S. 福里斯特编的《东亚治理方式和社会政策的变化》(K. H. Mok and R. S. Forrest, eds, 2009, *Changing Governance and Public Policy in East Asia*, London:Routledge)和 G-J. 黄编的《东亚的新福利国家制度:全球性挑战和重构》(G-J. Hwang, ed., 2011, *New Welfare States in East Asia: Global Challenges and Restructuring*, Cheltenham:Edward Elgar)。

经济合作与发展组织对成员国的社会支出、卫生健康和教育等方面进行跨国比较,某些数据涉及日本和韩国(www.oecd.org);亚洲发展银行(Asian Development Bank)和世界银行提供了另外一些涉及东亚和东南亚国家的数据。经济合作与发展组织与亚洲发展银行、世界银行往往各自提供这个地区不同国家群组的数据。

有些社会政策期刊出版了以东亚的社会政策为主题的特刊,例如《社会政策与社会行政》(*Social Policy & Administration*)的地区特刊《日本和韩国:亚洲福利国家》(*Japan and South Korea – Asian Welfare States*, 2014, 48:6)、《日本社会国际杂志》(*International Journal of Japanese Society*)的《东亚社会变化和社会政策》(*Social change and social policy in East Asia*, 2009, 18:1),以及《社会政策和社会》(*Social Policy and Society*)的《中国走向基于人权的社会政策》(*Moving towards human rights based social policies in China*, 2011, 10:1)。

复习和课外作业习题

1. 请探讨东亚福利体制在各个领域发挥作用的独特性。
2. "发展主义"和"生产主义"依然是考察东亚福利制度的有效标签吗?
3. 人口结构特征的变化对东亚未来的社会政策的主要影响是什么?
4. 你认为造成东亚社会不平等不断扩大的原因是什么?这又会带来哪些后果?

请浏览本书的辅助网站 www.wiley.com/go/alcocksocialpolicy,使用为配合本书的阅读而设计的资料链接。在那里你将会发现有专门针对每一章的深入阅读资料链接,其中包括政府、国际组织、智库、压力集团和重要的新闻机构的网站。你还会找到以《布莱克维尔社会政策辞典》为蓝本的词汇表、帮助页、有关如何管理社会政策领域中主要委派形式的指导和职业建议。

第 68 章
金砖国家的社会政策

丽贝卡·苏伦德

> **概　览**
>
> ➢ 金砖国家（巴西、俄罗斯联邦、印度、中国和南非）指的是一组正在崛起且影响重大的国家。
> ➢ 它们的独特性在于快速增长的经济以及在全球社会政策事务中日益重要。
> ➢ 这些国家实现了快速且前所未有的发展，并且摆脱了贫困。
> ➢ 作为"援助国"，金砖国家对西方开发机构的制度和理念有很大冲击，同时影响了提供给其他发展中国家的援助的数量和类型。
> ➢ 学者和政策制定者对这些问题没有达成共识，即金砖国家对福利效果及相关争论的影响，以及长期来看金砖国家的发展是否具有可持续性。

背景和定义

"金砖"（BRICS）这个缩略词代表着巴西（Brazil）、俄罗斯联邦（Russian Federation）、印度（India）、中国（China）和南非（South Africa）。这个概念最早是在 2001 年由投资银行家引入的，指的是当时所预测的经济增长最快的新兴经济体。四个国家（巴西、俄罗斯、印度和中国）的人口占世界总人口的 40% 以上，它们的国内生产总值占全球的 20%，鉴于此，到 2050 年，它们连同美国会成为世界五大经济体。人们对于这组国家的首要兴趣来自金融投资目的。但是，它们在全球治理和国际事务当中的影响和力量不断增加，连同它们在减贫方面取得的巨大成效，意味着人们现在广泛关注它们在全球社会政策事务讨论和进程中的影响力。

这组国家的正式政治结盟，可以追溯到最初四个国家在 2006 年的高级别会议。南非（SA）在 2010 年接受邀请成为成员国，同时金砖国家峰会（BRICS Summit）制度正式形成。

许多人质疑南非的加入,因为相比其他金砖国家,它的经济实力要弱很多,而且整体生活水平也相对低许多。然而,它的人均国民收入比中国和印度的高。南非是非洲最富裕、政治影响力最大的国家。因此,有人主张它可以代表这片有10多亿人口的大陆,发出自己的声音。另外一些人对俄罗斯属于这个群组的合法性提出了异议,不仅因为它不是发展中国家(金砖国家的共同属性),而且因为它不再是最大且增长最快的经济体。由于金砖国家的主要目标在于金融投资,从这个角度来看,俄罗斯作为其成员较少受到质疑,尽管如此,它最近所经历的经济紧缩和衰退,再次引起人们对于它参与其中的怀疑。虽然有这些矛盾,但是2014年第六届金砖国家峰会在巴西顺利召开,五个国家都签署了成立一个发展银行的协议,并且探讨了与南方国家的社会政策和福利直接相关的议题。

各种各样的挑战和各不相同的回应

与大部分其他同等级别的地区联盟不同,金砖国家具有高度异质性,是由特质迥异的成员组成的"群":有两个国家特别强调国家权威,三个拥有核武器,两个在联合国安全理事会(UN Security Council)拥有永久席位,等等。而且更为重要的是,它们并不像欧盟成员国(请见第65章)、东亚社会(请见第67章)或中东国家(请见第69章)那样有着法律、历史或地理上的相似性。金砖国家中的每一个国家未来要面对的人口、经济和社会变化以及来自外部的压力也都各有不同。因而,在社会政策路径这个问题上,很难贴上单独的"金砖标签"或定义金砖模式,也就不足为奇了。相反,在五个国家内部(国内)福利安排的数量和类型、提供服务的工具和机制方面,我们看到的是引人注目的差异。例如,南非国内的社会政策以"激进主义路径"为特点;社会投资和经济发展功能并不是它的主要驱动力,相反,它更多地受到公民身份、社会权利和社会公平的推动。从这个角度来看,它与中国的"生产主义"模式、印度的社会保险路径和巴西典型的"社会投资模式"相对立(请见第63章中对不同类型的福利国家制度的讨论)。

为什么金砖国家对社会政策很重要?

虽然存在着这样的异质性,但是金砖国家仍然引起了社会政策领域的关注,并且影响了全球社会政策的讨论。其中一个主要原因是,这些国家在减少贫困和提高国民生活水平方面取得了前所未有的成功。除了经济增长和就业之外,令人印象深刻的社会保障和福利系统也为上述成就作出了贡献。中国扩大了养老金、医疗保险、社会保险、社会救助和福利服务的覆盖面,而印度为那些生活在贫困线之下的人拓展了就业项目、最低工资保障和健康保险。南非拥有发展中国家当中最大的再分配社会转移支付体系,所有因年龄或残疾而处于劳动市场之外的人(占总人口的28%)都能够得到社会救助。巴西支持将有条件的现金转移支付作为消除饥饿、缓解贫困的首要手段,而且到了2012年,"家庭补助项目"(Bolsa Familia Programme,BFP)惠及超过1 300万个贫困家庭(几乎占总人口的30%)。国家快速发展和积极缓解贫困,意味着在1981年到2005年,有三个金砖国家(巴西、中国和印度)实现了贫困人口比例大幅度下降:中国从 84% 降低到 16%;印度从 60% 到 42%;巴西从 17% 到 8%。

除了成功地降低了本国的贫困率之外,金砖国家在全球发展援助方面也是影响深远的行动者,同时是帮助其他发展中国家的主要贡献者。

金砖各国在社会保障方面的核心趋势

尽管各个国家在社会保障管理方面都面对着共同挑战,但是它们所关注的议题和所处的环境有显著差异,这些反过来决定了每个国家采取不同的社会政策路径(ISSA,2013)。

巴 西

巴西是一个人口较为年轻的国家,但是它也在急剧老龄化。尽管从总体上来看,社会保障体系发展得较完善,但是由于大量非正式机构的存在,以及不同政府层面的福利供给的碎片化和不连贯性,城市和农村地区、正式领域和非正式领域的覆盖面存在着显著差异。然而,1988 年颁布的《巴西宪法》(Brazilian Constitution)要求提供普遍的社会保障和服务并且人人可平等享受,在后来的二十五年里促进了"扩大覆盖面"的积极行动。其中最为著名的举措,包括有条件的现金转移支付计划(例如,众所周知的家庭补助项目)和实物转移支付项目(请见工具箱 68.1)。进入 21 世纪以来,相当大的努力集中在扩大家庭补助和其他社会救助项目的覆盖面上。2005 年到 2009 年,领取缴费型社会保险的人数增加了 11%,与此同时,获得非缴费型社会补助的人数增加了 25%。

工具箱 68.1　巴西的家庭补助项目:目标、结构和效果

- 家庭补助项目是 2003 年引入的,这是由巴西政府为贫困家庭提供经济帮助的一个福利项目。
- 它是有条件的现金转移支付:领取补助的家庭必须保证孕妇接受产前检查,其子女接受疫苗接种和上学读书。
- 它通过现金转移支付减少短期贫困状况,并通过增加人力资本以及医疗和教育资源而改变长期贫困现象。
- 它是世界上最大的现金转移支付项目,在 2012 年涉及超过 1 300 万个家庭。
- 调查表明,该项目在提高入学率和降低最贫困地区儿童慢性营养不良率方面,取得了积极的成效。
- 它还减少了巴西的收入不平等,相当于 20% 到 25% 的水平,有 73% 的现金转移支付被分配给最贫穷的 20% 的群体。
- 补助通过类似于借记卡的"公民卡"(Citizen Card)发放给家庭中的女主人。

俄罗斯联邦

俄罗斯与其他金砖国家的不同之处在于，它能够扩建苏联时代延续下来的全民社会保障体系。由此产生的结果是，俄罗斯的社会保障含有各种各样的法定项目，其中包括强制性和志愿性的养老金计划、医疗、家庭和生育项目、失业和工伤福利等。这些计划得到了针对特定弱势群体的各类社会救助措施的补充而进一步完善。但是，相比其他金砖国家，显然这个国家面对着更深层次、更具破坏性的社会、经济和人口结构特征方面的变化。这些改变为现有的计划设定了大量的限制，从而导致补贴水平和质量的下降，尤其是为那些在非正式领域工作的人和新的移民劳动者提供的补贴。

俄罗斯社会政策领域中另外一个当务之急，是如何应对迅速减少的人口——在过去的二十年里，它的人口减少了500多万。因此，政策的重点是提高这个国家的生育率，包括增加生育补贴和家庭津贴，并且采取大量革新性的方法，例如支付价值一万欧元的一次性"家庭资本金"（Family Capital），这笔经费用于满足教育或住房需要，或作为养老储蓄的补充。

印　度

由于其高出生率，印度是一个"年轻的国家"，而且很快将比其他大部分金砖国家年轻许多。但是因为它的贫困程度和国家无力提供基本的公共服务，它使用社会政策再分配措施的潜力要比其他金砖国家的小很多。这个国家的大型非正式或"无组织"部门，由超过90%的劳动力构成，而且它将继续是以农业经济为主的经济体。虽然存在一些正式的社会保障法和（针对工伤、残疾、死亡、生育保险和老年人的）补偿计划，但是它们的落实状况却不尽相同。

在这里也有许多非缴费型保障项目和通过经济状况调查确定领取补助资格的计划，例如为那些每月收入不足7美元的穷人提供的国家养老金（National Old Age Pension），全国有1 700万人领取这项补助。这中间有两个项目非常有名：创设于2007年的全民健康保险计划（Universal Health Insurance Scheme）——为那些处于贫困线之下的人提供医疗保障，他们可以通过受益人智能卡系统（SmartCard）享受这项福利（现在成员数量已经超出1 000万）；全国农村就业保障计划（National Rural Employment Guarantee Scheme）——每年每个家庭可以有一人申请，得到该计划提供的至多100天的无技能体力劳动者的法定最低工资。

一般而言，在缺少正式社会保障的情况下，延展的家庭帮助和临时的福利供给系统被用来应对人们的福利需求。但是，随着从农村到城市的移民不断增多——这个潮流也出现在其他金砖国家中——和家庭结构的改变，非正式的保障系统开始走向崩塌。

中　国

直到最近，直接再分配干预并不是中国用以减少贫困状况的主要方式，相反，以工作单位为基础的社会保障一直都是主流。不过，在过去的十多年里，中国从它当前良好的人口状况和健康的政府财政中获得了红利,从而能够通过引入和拓展不同类型的社会保障项目而使更多的国民受益。老年人补贴和基本养老金、医疗护理、失业保险、职工伤残保险和生育津贴等保障的覆盖面都得到扩展。中国努力应对巨大的地区差异和大量从农村到城市的移民所带来的挑战,它的医疗保险几乎覆盖了100%的人口,而且大约有一半的人拥有养老保险。

最低生活保障制度(低保制度)(Minimum Livelihood Guarantee Scheme)是一项被广泛关注的特殊政策。这是一个非缴费型现金转移支付项目,为那些收入低于某一特定水平的人提供社会保障网。它覆盖了农村和城市居民——这在大多数政府政策中并不常见,并且在全国范围内执行;而在诸如就业、住房、环境和其他议题领域,就不存在这样的全国性政策。

南　非

为了回应其特殊的殖民主义和种族隔离的历史,南非政府开启了一项计划,引入了前所未有的社会政策倡议和立法,目的是帮助它最贫穷的公民过上更高水平的生活并得到更多的机会。无论在社会服务还是在社会补助方面,支出都出现了显著增长:从1993年占政府支出的44%提高到2002—2003年度的57%。最激进的做法是大规模引入社会救助项目,为上百万公民提供社会补助。在2009年有1 350万人从这个项目中受益,该网络包括非缴费型和以经济状况调查确定受惠资格的社会保障,主要提供给那些由于年龄或残疾而无业的人。四项主要的现金转移支付,即儿童抚养补助(Child Support Grant, CSG)、伤残补助(Disability Grant)、养老金(Old Age Pension)和寄养补助(Foster Care Grant),在政府支出中所占比例超过12%,而在国内生产总值中约占4%。

这使南非成为所有发展中国家中在社会救助方面投入最多的国家。而且与其他金砖国家不同的是,奠定南非社会政策框架的是它的宪法,其以与西欧社会民主传统一致的方式,正式确立了社会保障和公民权利。

金砖国家在塑造全球社会政策方面所发挥的作用

金砖国家在国际发展援助领域已经成为重要的行动者,也是其他发展中国家的主要援助国。尽管金砖五国中没有一个国家实现了发展援助委员会(Development Assistance Committee, DAC)所设立的将0.7%的国民总收入(Gross National Income, GNI)用于援助的目标,而且援助的具体金额与发展援助委员会的捐助总额相比非常少,然而,金砖国家援助支出的增长率和增长速度却令人印象深刻。这些帮助对发展中国家(尤其是非洲国家)的政策图景有着重要的意义。诸如医疗、住房供给和扶贫等领域的福利和社会政策,在富裕国家主要由税收提供资金,而在较为贫困的国家,社会项目和干预却首先是从援助者那里获得经费的。

而且,比起金砖国家援助的金额,更为重要的是金砖国家"模式"对援助手段和机制,以及在发展中国家和西方援助组织内部作为援助基础的标准目标所产生的影响。由于在这些国家中不存在单一的社会政策模式，因而我们将这些社会政策当作一个组合，即"金砖品牌"模式。它受社会发展路径指导，相比传统的援助组织，该路径在发展的经济层面和社会层面之间建立起更强有力的联系。尽管在过去短短几年里，所有金砖成员国都拓展了它们自己国内的社会福利项目，但是在发展作为海外援助国的能力方面，这些国家走上了不同的道路。这条路径也不同于当前的"南—北"模式。西方的多边机构现在似乎都信奉针对发展中国家的后"华盛顿共识"（Washington consensus）社会政策议程，提倡偏向穷人的政策和再分配框架。然而，新的援助集团的理念和行动看起来正走向不同的道路。与传统方式相反，金砖国家选择将贸易、投资和技术支持组合打包——这些方面很难轻易分离，这种做法反映出人们普遍认为经济发展应该在开发进程中处于优先位置。关注的重点从极低的收入和社会排斥向"提高生产力和激励进取心"的转变，体现了这样一种观念，即社会发展最终是通过促进经济发展的生产性行为得以实现的。金砖国家往往非常重视培训、学术研究和技术合作（对生产领域的投资），而不是像发展援助委员会那样，主要致力于社会救助现金转移支付。一些证据表明，金砖国家正在创造新的观念，并且对诸如经济合作与发展组织、世界银行、国际货币基金组织和世界卫生组织之类的西方多边机构产生了一定的影响。这也使得人们开始充满兴趣地探究传统的分析框架的合理性，该框架被西方社会政策用来解释全球福利动态变化和进程，以及发展中国家社会政策形成的政治（请见第71章）。

新议题

在不到十年的时间里，金砖国家已经极大地改变了自己国内的福利安排和效果，同时大大影响了援助的数量和类型以及其他发展中国家的政策。嵌入"南南合作"（这个概念是联合国用来形容发展中国家在实现共同发展目标的过程中所开展的合作）框架中的一种新路径或者模式，似乎正逐渐浮出水面（请见工具箱68.2）。但是，也有人怀疑，这样的发展过程在多大程度上是积极的。一些政策分析者欢迎引入新的观念和规范，他们声称后者比传统的行动者和观念有更全面的考虑。但是另外一些人预测，金砖国家实际上与目前的援助机构并无区别，它们只是简单地复制了传统的捐助者—接受者的层级结构。

工具箱 68.2　南南合作的原则和目标

- "南南合作"是一个宽泛—的概念，用以形容发展中国家之间不同类型的政治、经济和社会合作。
- 它强调了发展中国家之间牢固的政治和经济纽带。
- 这个概念起源于这样的信念，即发展中国家拥有共同的历史遗产和被殖民的经历，在主流的全球秩序层级中同样只有有限的权力，并且都面对着欠发达的挑战。
- 在这里，核心的指导原则是平等、民族自决和互不干涉内政。
- 互惠互利、互相尊重和平等的伙伴关系是最重要的。

● 合作以不同的形式展开：开发援助和实物赞助、特惠贸易协议、共享知识和技能、提供培训、技术转让、金融和货币合作。

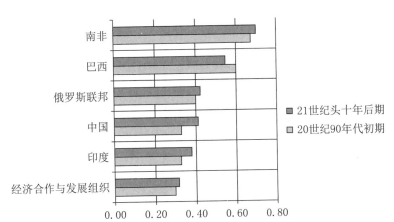

图 68.1　不平等程度的变化：20 世纪 90 年代初期与 21 世纪头十年后期的对比

说明：(1) 20 世纪 90 年代初期的数字主要是指 1993 年的情况，而 21 世纪头十年后期则对应 2008 年。

(2) 基尼系数（Gini）是以经济合作与发展组织成员国的平均可支配收入和所有新兴经济体的人均国民收入为基础的，印度和印度尼西亚例外，这两个国家采用的是人均消费数据。

(3) 分数为 0 意味着完全平等，分数为 1 则是完全不平等。

资料来源：经济合作与发展组织—欧盟有关新兴经济体的数据库（Database on Emerging Economies）和世界银行发展指数数据库（World Development Indicators Database）。

批评人士声称，南南合作与西方国家之间的合作一样，都是利己主义的，而且金砖国家的开发活动，大部分是为了获得在地区事务上的影响力或者受经济动机驱动；主要特征是开采原材料、低廉的劳动力成本和暗淡的经济前景（Lo，2014）。有些人预测，随着金砖国家权力的增长，它们将屏蔽而不是增强较弱势国家的声音，并且假以时日，会出现"南方国家中的南方国家"的趋势。

另外一组讨论聚焦于在与贫困本身作斗争的过程中产生的不平等。在这方面，批评者指出，尽管贫困现象大面积地减少，但是所有金砖国家都出现了收入不平等急剧扩大的趋势，并且收入不平等水平一直稳居经济合作与发展组织的平均值之上。尽管这中间有很多原因，但是最近乐施会的一份报告（OXFAM，2013）强调了这样一个事实，即金砖国家的社会保障支出在国内生产总值中所占的比例，普遍低于经济合作与发展组织的平均水平；而如果经济发展和增长的成果要在金砖国家内外感受到，那么就必须有定向的公共支出和政策框架。

最后，许多人质疑金砖集团的长期持续性（UNDP，2010）。一些人预测，内部分歧和矛盾将最终阻止这个集团变为一个紧密团结的行动者。除了长久以来中国与印度之间一直存在竞争之外，金砖成员国围绕着联合国安理会永久席位或核力量展开的更广泛的战略竞争也是有目共睹的。中国作为金砖集团内最有实力的成员国，也促使一些人预测，中国在全球发展中的主导地位，最终将威胁这个联盟远期的凝聚性和稳固性。除了权力之争以外,围绕着它们的发展路径和它们各自与西方国家的关系,这五个国家之间还存在巨大的意识形态差异。

在受援者的需求与捐助者的利益之间存在着内生性矛盾,没有证据表明,金砖联盟一定能够使这样的矛盾最小化;也没有证据表明,它们的新"生产主义"路径将转化为对这个联盟中最贫穷的国家或者其他国家的积极影响。但是,现在对这些讨论,或是金砖集团的做法对全球社会政策的环境、进程和策略意味着什么下定论,还为时过早。不过,显而易见的是,作为南南开发行动者的金砖国家的入场,意味着国际开发进入了重大的变革阶段,而且其社会政策理念和实践正发生巨变。

可深入阅读的参考文献

目前几乎没有什么著作全面论述金砖国家的社会政策,大部分文献是以期刊文章、政府和国际组织报告的形式出现的。www.bricspolicycenter.org 是一个丰富的资料源,还有乐施会2013年的报告《不平等问题:金砖国家的不平等状况》(Oxfam, 2013, 'Inequality matters: BRICS inequalities fact sheet', policy-practice.oxfam.org.uk/publications/inequality-matters-brics-inequalities-fact-sheet-276312)。这份报告列出了金砖国家中社会—经济不平等的核心层面,阐明了与社会政策有关的趋势和探讨。国际社会保障协会的报告《金砖国家:金砖国家的社会保障覆盖面扩大》(ISSA, 2013, BRICS: social security coverage extension in the BRICS, www.issa.int/en_GB/topics/brics/reports)从定量和定性的角度全面地研究了金砖成员国的社会保障状况。联合国开发计划署发表的《南南合作:同样的旧游戏,还是一个新范式?》(UNDP, 2010, South-South cooperation, The Same Old Game or a New Paradigm?, Poverty in Focus No.20, Brasilia:Bureau for Development Policy)中有许多非常有帮助的章节,包括拉德(Ladd)对20国集团(G20)的策略及马尔霍特拉(Malhotra)对南南合作为最不发达国家带来的利益的讨论。有些概述发展中国家社会政策的作品会涉及对金砖国家的分析,例如R.苏伦德和R.沃克编的《发展中世界的社会政策》(R. Surender and R. Walker, eds, 2013, Social Policy in a Developing World, Cheltenham:Edward Elgar),I.高夫和G.伍德的《亚洲、非洲和拉丁美洲的无保障和福利体制》(I. Gough and G. Wood, 2004, Insecurity and Welfare Regimes in Asia, Africa and Latin America, Cambridge:Cambridge University Press)。从跨学科角度介绍金砖国家的文本请见V.洛的《金砖国家在全球政治经济中的崛起》(V. Lo, 2014, The Rise of the BRICS in the Global Political Economy, Cheltenham:Edward Elgar)。

复习和课外作业习题

1. 是否存在社会政策的"金砖"模式?
2. 在金砖国家中,社会保障政策和措施的发展有哪些核心趋势?
3. 金砖集团是否具有参与全球社会政策事务的合法性?

4. 指导南南合作的主要原则是什么?
5. 金砖国家在保持长期持续性上面对哪些挑战?

请浏览本书的辅助网站 www.wiley.com/go/alcocksocialpolicy，使用为配合本书的阅读而设计的资料链接。在那里你将会发现有专门针对每一章的深入阅读资料链接，其中包括政府、国际组织、智库、压力集团和重要的新闻机构的网站。你还会找到以《布莱克维尔社会政策辞典》为蓝本的词汇表、帮助页、有关如何管理社会政策领域中主要委派形式的指导和职业建议。

第 69 章
中东和北非地区的社会政策

拉娜·贾瓦德

>> 概 览

- 对中东和北非地区(Middle East and North Africa Region, MENA)社会政策的研究还处于初始阶段,但是这个地区的福利系统被广义地归类为合作主义福利体制/剩余型福利模式。食利国家(地租型国家)概念仍然是主导范式。
- 在这个地区,社会政策形成所面临的一个重大挑战是,缺乏政府对普遍的社会公正和社会福利事务的承诺与投入。
- 国际组织对中东和北非地区的社会政策议程施加了重要的影响。它们通过现金转移支付项目及将扩大社会保障覆盖面作为核心项目,从而开始倡导有关这个地区的社会保障的新政策话语。
- 2011 年的"阿拉伯之春"事件仅为这个地区带来了有限的积极社会变化。之后的四年里,只有突尼斯完成了平稳转型,而这个地区的其他国家都陷入新的宗教极端主义浪潮和政治分裂带来的困境中。

导 论

这一章从历史视角和解析角度探讨了中东和北非地区的社会政策。中东和北非地区的社会政策是否真的存在?它的含义是什么?它是如何运行的?在这个地区谁提供福利,又是谁在享有这些福利?这些问题是这一章的基本内容,因为我们马上就会看到,对中东和北非地区社会政策的研究还是一个相当新的事物,尽管在实践领域,政府和公民社会组织自 20 世纪 40 年代(这是该地区的国家纷纷赢得独立的时期)以来一直致力于社会福利活动。正如地图(请见图 69.1)所展示的那样,中东和北非地区从摩洛哥沿着地中海的南部和东部海岸延伸到土耳其,最东部的国家是伊朗,而最南部的是苏丹、沙特阿拉伯和也门。这个地区有5亿人口,其中大部分是穆斯林。这里是世界三大一神宗教的起源地,并且仍然有大量人口信奉基督教和犹太教。

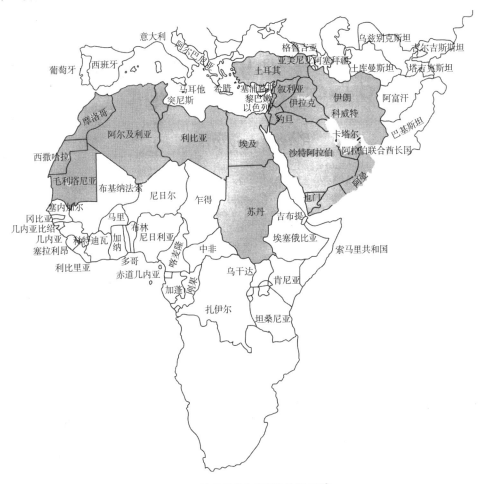

图 69.1 被称作"中东"的地理区域

资料来源:R. Jawad(2010), *Social Welfare and Religion in the Middle East*, Bristol:Policy Press。

值得注意的是,这个地区仍然处于极不稳定的状态:领土争端、对少数族群身份的承认,以及有关国家构建的焦虑一直长期存在——这确确实实牵扯到社会政策到底代表谁的利益。从西方人的视角来看,中东和北非地区最主流的公众认知导致了落后的社会和经济实践,而且极端主义宗教思想也令对当地社会政策的存在形式和角色的讨论变得尤为艰难。诸如"伊斯兰国"之类的极端组织不断强化的暴力循环以及吞噬许多国家(包括叙利亚、伊拉克、也门和利比亚)的政治分裂活动,强化了长期存在的"阿拉伯/伊斯兰例外主义"的论调。

然而,学术和政策领域的潮流正发生改变,就像一艘大型货轮调头一样,而本章尝试解开中东和北非地区的社会政策研究中出现的一些谜团,并且对这个地区的社会政策意味着什么以及它们是如何运作的提出一些有帮助的最初见解。除此之外,有人认为社会政策的专题研究将增进有关中东和北非地区社会—政治动力学的学术知识和公共理解。这是因为社会政策分析的核心单元，例如社会福利、公民身份、平等、贫困、权利、福利混合经济和人类福祉，使我们能够聚焦于中东和北非地区的关键层面，从而有助于我们更开放地观察这个地区的社会行动的有益形式。

从历史的角度看：石油、独立和丧失机会

由于民族构建和国家合法性被当作首要目标，因此中东和北非地区的国家在争取独立的时代（20世纪40年代）采取了各种各样的政策。这些政策具有以下所列的再分配特征：

- 国有化外国人和国内大型企业的资产，例如埃及将苏伊士运河国有化；
- 土地改革；
- 大众教育，并且某些地区出现了教育系统的世俗化；
- 国家通过直接财政转移支付为低收入群体提供帮助，土耳其在这方面处于领先地位。

因而，在20世纪四五十年代，中东和北非地区浸染着世俗化和社会主义的氛围，这方面的痕迹直到今天仍然可以在诸如埃及、叙利亚和伊拉克之类的国家中找到。直到80年代，石油突然带来了"意外之财"，使得这个地区经历了巨大的社会变革。变化体现在：石油所带来的收入被国家用来创建和资助社会服务，例如保证大学生就业的政府项目等；通过了新的有关劳动者的立法（有利于大型国有企业的劳动者），例如医疗保险、退休金、生育津贴等；免费教育；免费住院治疗；以及基本消费补贴，主要用于食品和住房方面。伴随着显著的教育成就和女性更多地参与劳动力市场，也出现了城市化进程和经济发展。但是，这只是一个短暂的蜜月期。极易从石油利润中获取资本，导致财富聚集在城市精英手中，而另一方面，大部分人仍然不具备什么技能，并且主要处于传统的部落结构的管理之下。依赖于将自然资源带来的"租金收入"用于社会支出，使中东和北非地区的福利体制被贴上了"食利"的标签，我们将在接下来的部分讨论这个问题。

从理论的角度看：食利主义之外的福利新伦理

"租金"不是诸如工资和利润之类的"赚得的收入"，因为前者并非参与经济生产过程所获得的酬劳。它是所拥有的自然资源的馈赠。食利国家具有四个关键特征：

- 租金收入在经济中占主导地位；
- 租金收入来自国家之外；
- 租金财富是由人口中的少数群体创造的，但是在多数人群中进行分配和使用；
- 政府是外部租金的主要收取者。

因此，像沙特阿拉伯和科威特这样的产油国家就是食利经济体的典型案例。而且，在

这个地区也存在着一种食利者思维方式，即国家成为恩惠和福利的供给者，并且反对有关公民身份权利与义务的主张。此外，我们还可以从对军队或政治援助、劳动者汇款和旅游者消费（这些都属于外部租金形式）的依赖中，发现食利者行为。

但是，无论在实证方面，还是从解析的角度来看，食利者观念都是有缺陷的。它无法找到自行设定社会秩序的路径，也错过了国家对民族身份认同的形成及其象征施加影响的正确道路。事实上，更具文化敏锐性的社会政策分析指出，非国家行动者，特别是宗教运动，在设定中东和北非地区的社会福利方面发挥了巨大的影响（请见第 23 章）。

暂时将食利国家这个概念放在一边，埃斯平-安德森所提出的福利体制路径（请见第 63 章），或许可以为区分中东和北非地区的社会政策提供一些有帮助的工具。这些工具包括：福利"体制"的概念；在对社会政策进行归类时，首先将社会福利支出作为一个核心的共同属性；对"福利混合"经济的强调，指明了非国家行动者特别是市场的作用；政治经济学路径使得对权力结构和社会规范的分析成为可能。而在伊恩·高夫等人提出的三种福利体制类型（请见第 63 章）中，值得注意的是他们的研究将中东和北非地区排除在外，而且他们的理论过于强调国家的作用。我们也不应该忘记专用术语所带来的问题：我们谈到"中东和北非地区的国家"时，往往讨论的是定义不明的"社会空间"或"社会战略"，而不是完备的福利国家和社会政策。贾瓦德（Jawad，2009）开始开发新的概念框架，强调社会和政治行动者的力量，以及政府的有限合法性。

中东和北非地区社会—经济的基本特点

在经济方面，这个地区拥有世界上最低的劳动力参与率，由于女性的参与度非常低，2010 年的劳动力参与率为 54%。这里也经历着最低的经济增长率，在 1990 年到 2011 年这段时间内，平均年增长率为 2%。这个地区的经济增长并没有带来更高的收入或更多的家庭消费，而是加深了社会不平等的程度。据估计，该地区的失业率为 14.8%，是世界上最高的。弱势的失业群体在就业总人数中所占的比例却低于世界平均水平。由于采用的基准线不同，所估算的贫困率也相应发生变化。总体看来，在以贫困线为基础进行回归统计的时候，阿拉伯区域的贫困率属于最低水平之列。自 1990 年以来，中东和北非地区一直保持着 22.1% 的贫困率，与欧洲和中亚的水平相当，尽管如此，仍然有必要对这个地区充满变化的贫困化过程进行深入研究（UN/LAS，2013）。

在阿拉伯地区，正式的社会保障系统只覆盖了该地区 30%—40% 的人口。大部分人都被排除在保障体系之外，例如农业劳动者、自雇者和非正式领域的工作者。

图 69.2 呈现了在 1981 年到 2011 年，日均生活费低于 1.25 美元和低于 2.5 美元的人口变化趋势。这些趋势表明：一方面，中东和北非地区的平均贫困率低于世界其他地区的，特别是撒哈拉以南非洲地区；但是，另一方面，这个比例的下降趋势自 2008 年开始停滞，平均起来，这个地区每三个人中有一个日均生活花费不足 2.5 美元。这表明中东和北非地区的社会政策在应对贫困和社会不平等的根本原因方面无能为力。

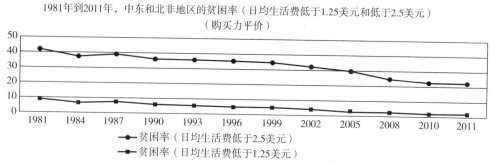

图69.2 1981年到2011年,中东和北非地区的贫困率

资料来源:世界银行贫困状况数据库(Poverty Database),最近一次访问时间为2015年8月24日(povertydata.worldbank.org/poverty/region/MN)。

中东和北非地区的社会政策重兴:当代背景

中东和北非地区提供的社会保障项目与世界上其他地区的相当类似,也面对着印度、中国、巴西和南非等国家所遭遇的挑战。这个地区的社会保障项目,同样包括从面向弱势人群的现金转移支付和定向社会救助,到与工资挂钩的社会保险计划(请见第68章和70章)。阿拉伯地区对于全面社会保障计划的渴望不大,对不充分和无效率的食品和燃料补贴则过度依赖。海湾阿拉伯国家合作委员会(Gulf Cooperation Council, GCC)成员国正迈着大步拓展医疗保险,而与此同时,其他国家(例如也门、约旦、加沙和约旦河西岸)则更为关注提高社会救助项目的精准性。

图69.3展示了中东和北非地区及世界其他地区的社会支出在国内生产总值中所占的比例。它显示出,教育支出在阿拉伯国家的国内生产总值中所占比例最大,而社会保险则一直较低。图69.3还呈现出,在教育之后,社会救助支出在国内生产总值中占第二大份额。事实上,中东和北非地区被认为是世界上在社会救助方面支出最多的地区。这种局面迫使人们在社会救助的概念下理解社会保障。

图69.4显示了中东和北非地区中各个国家的社会保障支出在本国国内生产总值当中的占比,这中间比例最低的国家为也门,而伊拉克、科威特、约旦和埃及的这个比例则相当高。不过,西欧、北美以及中欧和东欧的社会保障在它们的国内生产总值中所占的比例,要比任何一个中东和北非地区国家的都高许多。

在更为晚近的时候,国际开发机构开始推动中东和北非的社会保障进程,这个地区的各国政府对于这个议程有着非常大的兴趣,这部分是因为阿拉伯地区的骚乱事件所引发的忧虑,同时,这些行动也是确立千年发展目标(Millennium Development Goals, MDGs;计划到2015年实现)之后必须提出新的政策目标所带来的结果。新政策包括拓展以就业为基础的医疗保险、为大学毕业生提供失业补助、改革食品和燃料补贴项目及无条件现金转移支付项目。这些并不能带来社会政策的革命,但是朝着正确的方向迈出了一步。这些政策凸显了新自由主义有关社会福利责任和义务的观点。

第 69 章 中东和北非地区的社会政策

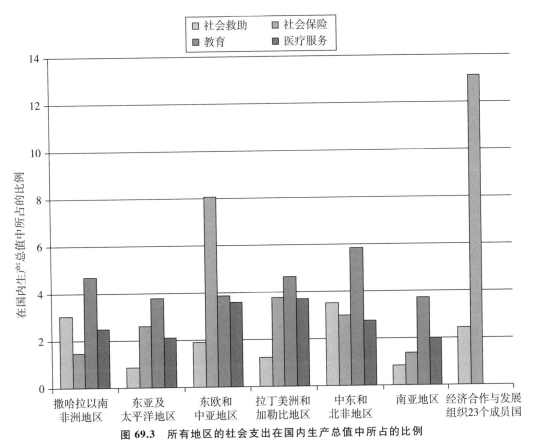

图 69.3　所有地区的社会支出在国内生产总值中所占的比例

资料来源：World Bank，2008。

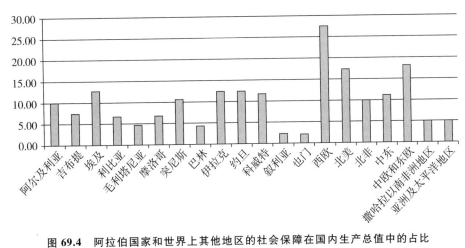

图 69.4　阿拉伯国家和世界上其他地区的社会保障在国内生产总值中的占比

资料来源：独立劳工组织的世界社会保障报告，2014—2015 年（引自 Jawad, Coutts and Anouar, 2016 forthcoming）。

如果我们考察中东和北非地区存在哪些类型的社会保障立法，就会更清晰地看到对这个地区的私人部门投资和以就业为基础的社会保险的强调（请见表 69.1）。这里存在所有以就业为基础的保障计划，并且主要限定于老年人、残疾人和受工伤者。

表 69.1 特定国家的以缴费为基础的社会保障的正式数据
（只涉及公共和私人部门的雇员）

国家	保障计划						
	老年人	残疾人及遗属	受工伤者	失业	疾病	生育	家庭
巴林	√	√	√	√	—	—	—
伊拉克[a]	√	√	√	√	√	√	√
约旦	√	√	√	—	—	—	—
科威特	√	√	√	—	—	—	—
黎巴嫩	√	√	√	—	—	√	—
阿曼	√	√	√	—	—	—	—
沙特阿拉伯	√	√	√	—	√	√	—
叙利亚	√	√	√	—	—	—	—
也门	√	√	√	—	√[+]	√[+]	—
埃及	√	√	√	√[+‡]	√	√	—
摩洛哥	√	√	√	—	√	√	—
利比亚	√	√	√	√[+]	√	√	—
突尼斯	√	√	√	√[+‡]	√	√	√
阿尔及利亚	√	√	√	√[+‡]	√	√	√

资料来源：国际社会保障协会（www.issa.int）。

[a] 伊拉克的信息至少是十年前的。
[+] 只是公共部门的雇员。
[‡] 采用非常严格的规定。

根据上述分析，可以看到中东和北非地区国家的社会政策具有制度性混合的特点，也就是说极大地依赖于市场、家庭、慈善机构和教会福利部门，最终国家主要扮演资金提供者的角色，而较少直接供给福利。

社会政策的剩余型/生产主义和合作主义路径

在福利体制分析的基础上，我们可以将中东和北非地区国家的福利模式定位在介于剩余型和合作主义模式之间。诸如叙利亚和埃及等国家有着社会主义传统，而除了少数这样的例外，这个地区的大部分国家现在采取的是鲜明的新自由主义立场，因而私人部门是社会发展和经济繁荣的主要引擎，国家为穷人和弱势群体提供社会安全网，而家庭（主要是核心家庭）和慈善及宗教组织则提供社会支持服务。剩余型或"生产主义"社会政策的典型特征，是经济增长优先于更为公平的再分配机制和全面的非缴费型保障项目。

海湾国家（Gulf States）传统上被归为食利经济体，那里的社会福利供给主要由石油收入提供资金,并且与公民身份权利和义务的概念相分离。有证据表明,一些海湾国家认识到石油和碳氢化合物资源终究会枯竭,因此它们正积极地使自己国家的经济多元化。实际上,在巴林可以看到这些国家在社会保障方面的大部分积极行动,这个国家现在已经建立了失业保障计划。

但是,这个地区也面临着困难,特别是在基本知识储备和政策评估进程方面。可能除了土耳其和以色列之外,中东和北非地区的大部分国家对于贫困或社会保障都没有清晰的定义,而且它们也没有积累足够的统计数据,以分析各自国家中的贫困问题。总体上来看,这个地区缺乏统一的社会福利支出数据。此外,对社会福利的定义首先是以满足人类需求为基础的,也就是如前文所呈现的那样,通过社会政策建立社会安全网。中东和北非地区的国家距离社会权利和公民身份这样的理念还相当远,而西方国家则非常熟悉这些。但是,对于需求和社会安全网的关注,与中东和北非地区一些国家政府所提出的努力"帮助公民发挥他们的潜力"的政策修辞相矛盾。因此,从社会层面来看,中东和北非地区的国家仍然是保守社会,可以预测,在这里家庭将继续在道德和社会身份认同等问题上扮演中心角色。

总而言之,中东和北非地区的各国政府在社会政策方面表现出两种重要趋势:一方面,它们将重心放在以就业为基础的社会保障上,这意味着私人部门和公共部门的正式雇员最有可能得到保障,主要体现在服务期满保障、医疗保险和教育保险上。实际上,像黎巴嫩这样的国家甚至还没有养老金计划,而且如果我们考虑到在中东和北非地区有 2/3 的劳动者受雇于非正式机构,那么就会看到拓展社会保障的挑战更为迫在眉睫。另外一方面,这个地区存在着对于社会安全网的过度依赖,诸如提供给弱势人群的食品和燃料补贴、社会照顾。这是中东和北非地区国家另一个主要趋势的例证,它体现了剩余型路径,即强调家庭和社区群体在社会福利中的作用,以及社会保障中的男性养家糊口模式。尽管与之相反的现象是,这个地区的人具有强有力的社会支持网络,并且在需要的时候能够得到他们所属社群的帮助,但是不断增大的社会、人口特征和经济方面的压力,导致家庭和基于社区的支持越来越困难重重。

新议题

无论是作为研究领域,还是作为国家行动的合法武器,现在对于中东和北非地区的社会政策来说,都是一个重要时期。当前涌现出一些重要的新问题:

- 现在,这个地区中越是政治稳定的国家,就越是致力于社会保障政策议程,并且努力建设它们期望构建的社会。尽管追求适度,而且在大部分情况下更为青睐以私人部门为主导的经济发展路径,但是中东和北非各国的政府仍然面对着重大的社会—经济挑战,同时受困于国内矛盾被"阿拉伯之春"激化的难题。但是,这个地区的大部分阿拉伯国家都在形成自己的政治意愿和一个清晰的社会政策计划。
- 在石油收入之外,这些国家如何能够为社会服务提供资金,是未来的一个核心议题。伊朗和其他海湾国家正热心寻找使其经济基础进一步多元化的其他途径。
- 这个地区不稳定的政治局势阻挡了社会政策的前行之路,诸如伊拉克、叙利亚、也门和利比亚之类的国家,在某种程度上也包括黎巴嫩,即便不被国内矛盾消耗完所有的能量,紧急救援也往往阻碍了社会政策的发展。叙利亚的难民危机现在是最糟糕的人道主义危机之一,叙利亚难民涌入周边国家,也给当地的社会和公共服务增加了压力。

- 重要的是应该进行深入的定量和定性研究,以便归纳出一种适用于中东和北非地区的福利系统类型。

可深入阅读的参考文献

巴斯大学政策研究所(IPR)的中东和北非地区的社会政策网络的网址是 www.bath.ac.uk/ipr/our-networks/middle-east-social-policy。

R. 埃尔-古奈米的《中东和北非地区的富裕与贫困》(R. El-Ghonemy, 1998, *Affluence and Poverty in the MENA*, London: Routledge)对导致这个地区目前的社会不平等的政治、经济和社会因素进行了全面阐述。M. 洛伊的《开启阿拉伯世界社会保障的新途径:埃及的案例》(M. Loewe, 2004, 'New avenues to be opened for social protection in the Arab world: the case of Egypt', *International Journal of Social Welfare*, 13, 3-14)批判性地探讨了埃及的社会保障体系。

G. 卢恰尼编的《阿拉伯国家》(G. Luciani, ed., 1990, *The Arab State*, London: Routledge)尽管有些老旧了,但仍然是对阿拉伯国家的特性(包括食利主义)最早的权威分析。

S. P. 海涅曼编的《伊斯兰教和社会政策》(S. P. Heyneman, ed., 2003, *Islam and Social Policy*, Nashville, TN: Vanderbilt University Press)对有关伊斯兰价值观如何塑造各个穆斯林国家(包括伊朗和巴基斯坦)的社会政策的讨论进行了综述。

R. 贾瓦德的《中东和北非地区的社会福利和宗教:从黎巴嫩来看》(R. Jawad, 2009, *Social Welfare and Religion in the MENA: A Lebanese Perspective*, Bristol: Policy Press)在对黎巴嫩进行案例分析(以及对埃及、伊朗和土耳其进行补充研究)的基础上,对中东和北非地区的社会政策进行了详细的实证研究,而在这里特别的关注点是宗教在社会政策中所扮演的角色。

M. 卡什纳斯和 V. M. 穆加达姆编的《中东和北非地区的社会政策:经济、政治和性别动力学》(M. Karshenas and V. M. Moghadam, eds, 2006, *Social Policy in the MENA: Economic, Political and Gender Dynamics*, United Nations Research Institute for Social Development, Basingstoke: Palgrave Macmillan)收录的论文,从发展的视角讨论了中东和北非地区各个国家的社会政策。

联合国西亚经济社会委员会(United Nations Economic and Social Council for Western Asia, UNESCWA)的《整合社会政策报告Ⅲ:西亚地区的愿景和战略》(UNESCWA, 2009, *Integrated Social Policy Report Ⅲ: Visions and Strategies in the ESCWA Region*, New York: UN)展现了联合国西亚经济社会委员会对中东和北非地区社会政策的观点。

联合国和阿拉伯国家联盟(League of Arab States)的《阿拉伯千年发展目标报告:迎接挑战和超越 2015 年》(UN/ League of Arab States, 2013, *The Arab Millennium Development Goals Report-Facing Challenges and Looking Beyond 2015*, Beirut: ESCWA)也提供了有益的信息。

复习和课外作业习题

1. 什么是食利国家？这个概念是有助于还是阻碍了对中东和北非地区的社会政策的分类？

2. 在研究中东和北非地区的社会政策的时候，为什么必须考虑诸如世界银行或联合国开发计划署之类的国际发展机构？

3. 埃斯平-安德森对福利体制的分类对我们理解中东和北非地区社会政策的特性和规模有什么帮助？

4. 中东和北非地区社会政策的以国家为中心的路径有哪些缺点？

5. 中东和北非地区的国家以什么样的方式展现了其社会政策的合作主义和剩余型的特点？

请浏览本书的辅助网站 www.wiley.com/go/alcocksocialpolicy，使用为配合本书的阅读而设计的资料链接。在那里你将会发现有专门针对每一章的深入阅读资料链接，其中包括政府、国际组织、智库、压力集团和重要的新闻机构的网站。你还会找到以《布莱克维尔社会政策辞典》为蓝本的词汇表、帮助页、有关如何管理社会政策领域中主要委派形式的指导和职业建议。

第70章
欠发达地区的社会政策

帕特里夏·肯尼特

> **概　览**
>
> ➢ 对欠发达地区福利安排的研究,是主流社会政策研究中一个相当新的延伸领域。
> ➢ 为了探索和描述这些福利安排,研究者采用了多种分类系统。
> ➢ 国际机构和海外发展援助在形成欠发达国家的社会政策方面扮演着关键的角色。
> ➢ 近年来,发展中国家的现金转移支付项目的规模和作用都有所拓展。
> ➢ 人们越来越意识到,社会保障的形式和社会救助项目的拓展,必须更具可预测性和可持续性。

导　论

只有综合历史、政治、经济以及社会层面的分析,才能最有效地理解世界任何地方的社会政策。这一点对于尝试解释欠发达地区的社会政策尤为重要,在这些地区,殖民主义、独立和民族构建的经历,国际金融机构所产生的影响,以及贫困和不平等的程度和特性,都在形成社会政策讨论和福利系统方面发挥了重大的作用。

工业化程度较低的国家的社会政策往往缺乏明确的定位,在那里,"社会发展"这个更宽泛的概念被强调得更多。20世纪50年代以来,发展思想的主要信条或直言不讳或含蓄地假定,现代化将具体通过城市化、工业化和投资来推动经济增长。这种说法本身以及人们所认可的实现它的战略,都表现出对采用单一和普遍适用的发展路径的渴望,即将西方工业化国家的主导结构和制度照搬到发展中国家。直到最近,这种发展言论仍然认为社会政策从属于经济政策,或者将前者视为后者的一部分,并且将关注点放在各个发展中国家的同质性而非多样性上。这一章的第一部分将考察概念性区别,其被用来定义、分类和区分世界不同部分(请见第63章)。而后,我们将继续区分不同的福利模式,特别是拉丁美洲和非洲的。接下来,我们探讨国际机构和海外发展援助(Overseas Development Aid, ODA)在塑造社会政策工具、激发对社会保障项目的兴趣以及拓展社会保障项目等方面所扮演的角色。欠发达地区未来所面对的挑战和社会政策在可持续发展中发挥的作用,我们将在对这些问题的思考中结束这一章的讨论。

概念和分类

各种各样含糊不清且缺乏一致性的分类概念,被用来区别全球的不同区域,例如第一世界—第三世界(First-Third World)、发达国家—发展中国家(Developed-Developing)、北方国家—南方国家(North-South)、工业化国家—工业欠发达国家,这些分类方法通常消极地将较为贫困的国家与更为发达、先进、工业化程度更高、更富裕的北方国家进行对比。

世界银行对国家进行分类主要采用的标准是各个国家的经济规模,用人均国民总收入对经济规模进行测量,从而将国家分为低收入、中等收入(再细分为中低收入和中高收入)和高收入(请见表70.1)这三类。1971年,联合国设立了最不发达国家(Least Developed Countries)群组。当时,有24个国家被归入这个群组,这些国家人均国民总收入低,以营养状况、健康、教育和成人识字率为指标的人力资源开发程度低,并且经济非常脆弱。2013年,联合国将50个国家确定为最不发达国家,其中有34个是非洲国家、10个亚洲国家、5个澳大拉西亚及太平洋地区国家、1个在加勒比地区;在2015年,这个群组总共对应9.5亿人口。

表70.1 以人均国民总收入为指标对国家进行分类,2014年

类别	人均国民总收入	国家的数量	是否属于发展中国家
低收入	低于1 045美元	34	是
中低收入	1 045美元—4 125美元	50	是
中高收入	4 126美元—12 735美元	55	否
高收入	高于12 736美元	75	否

欠发达背景下的社会政策

从被殖民历史、政治特征、社会结构、发展水平、国家能力和制度潜力的角度来看,发展中国家具有广泛的多样性。正如人们所设想的那样,这里的社会政策工具也是多种多样的,而且有更为传统的福利措施,包括土地改革、食品和饮用水补贴,以及对私人部门的监管。每个国家往往都有独特的工具选择和组合,而且在那里,各种力量也交互发挥影响,包括意识形态特质、制度性结构和政治及经济背景。

影响供给结构和社会政策工具选择的一个重大因素,是北方和南方国家之间历史上

和当前的地缘政治关系,其是通过帝国主义、殖民主义、政治和经济依赖关系的制度化,以及发展战略与项目体现出来的;而且发展战略与项目的组合,正进一步激化和巩固种族和宗教矛盾及冲突,而且对非洲、亚洲和拉丁美洲的社会生活产生了许多消极影响。

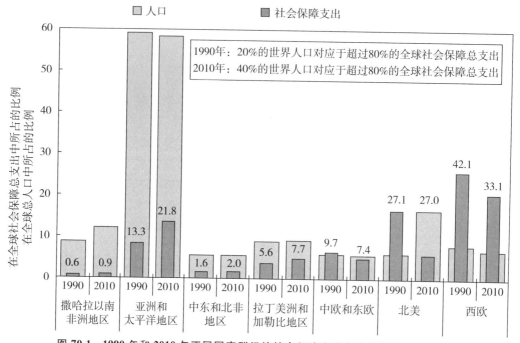

图 70.1　1990 年和 2010 年不同国家群组的社会保障支出在全球社会保障支出中所占的比例,以及其人口在全球人口中的比例

资料来源:OECD(2014), *Society at a Glance*:*Asia/Pacific*, available at:dx.doi.org/10.1787/9789264220553-en。最后一次访问时间为 2015 年 3 月 13 日。

图 70.1 展示了在 1990 年和 2010 年,世界上各个国家群组的人口和社会保障支出的状况。它表明,社会保障支出分配变得更公平一些了,这样的转变可以归因于发展中国家(特别是亚洲和拉丁美洲的中等收入国家)逐渐开发了更为全面的社会保障体系。图 70.1 也显示了不同地区之间在社会部门的支出方面的悬殊状况。总体来看,西欧国家平均将国内生产总值的 25% 用于社会部门,而现在拉丁美洲和加勒比地区这个比例是 12.5%,撒哈拉以南非洲地区则为 8.7%(OECD,2015)。具体而言,各个地区最大的支出差距可以在社会保障的一些领域中找到,包括养老金、失业和残疾补贴等。在西欧国家中,国内生产总值中大约有 18% 用于社会保障,相比起来,拉丁美洲国家(Latin American countries,LACs)约为 8%,撒哈拉以南非洲地区则为 4%。社会保障系统的开发和维护,首先需要合适且复杂的基础设施、国家能力,以及正规的劳动力市场——通过它能够增加和积累税收,从而为社会部门的项目提供资金,并且执行这些项目。较为贫穷的国家通常国家能力、基础设施、预算有限,并且受到政策限制,尤其是来自国际金融机构(International Financial Institutions,IFIs)的。除此之外,传统的劳动力结构、长期居高不下的贫困率和不平等,都阻碍了社会保障系统的演进。在卫生健康方面的支出差距并不那么悬殊,但是世界的不同地区仍然有差异。在教育领域,这个模式有一些变化:相比中高收入和中低收入

国家,低收入国家更倾向于从国内生产总值中拿出更大的份额用于教育。这展现了较为贫困的国家在教育方面的投资正不断增长的趋势。

政策议题和体制

尽管上文介绍的综合数据为分析欠发达国家的社会政策提供了有用的起点,但是更为重要的是对福利结构及其组成部分、不同生产者之间错综复杂且不断变化的关系模式的评估。尽管南方各国的社会政策模式因各自特殊的历史路径而各有千秋,但是如果我们将焦点放在拉丁美洲和非洲,也许能确定两种宽泛的社会政策和福利系统类型,它们分别具有庇护主义(clientelistic)和剩余型的特性(请见第63章和71章)。这些不同的模式是与具体国家所具有的管理水平和制度潜力以及其社会组织方式联系在一起的。

庇护主义模式主要出现在拉丁美洲,是精英、利益集团的权力和他们"征服"国家机器的能力所带来的结果。相比其他发展中地区,福利系统在拉丁美洲发展得比较早,因而到了20世纪80年代,这个地区的许多国家都有了存在已久且在某些方面已经发展成熟的正式福利体系了。虽然社会救助一直没有得到充分发展,但是正式的社会保险项目早在20世纪上半叶就被引入,而且该系统聚焦于通过收入相关缴费为特定的劳动者群体提供保障。巴里恩托斯(Barrientos, 2004)强调了范围广泛的就业保障监管的重要性,以及它作为拉丁美洲"福利混合"的核心组成部分所扮演的关键角色。尽管人们强烈希望开发普遍的教育和医疗服务项目,但是80年代不利的经济条件扼制了这一雄心壮志,而且福利供给上的显著差距和不平等保留了下来。

巴里恩托斯将**庇护主义福利模式**(clientelistic model of welfare)归于"自由主义—非正式的福利体制"(liberal-informal welfare regime);这种模式在社会保险和就业保障方面具有职业分层的特性,而在健康保险和医疗服务供给方面则是高度片断化的。大部分时候,这个模式只惠及很少一部分人,这些人在正式部门中处于拥有特权的位置。大部分生活在农村地区和努力在城市中的非正式部门谋生的人以及他们的家庭(在拉丁美洲的总人口中占52%)都被排斥在这个模式之外。因此,大部分人依靠非正式支持网络抵御社会风险,此外,还有少数几个连接国内和国际非政府组织的网络(有关国际组织在发展中国家中的角色的讨论请参考第71章)。

剩余型社会政策和福利系统(residual social policy and welfare systems)在非洲各地(特别是撒哈拉以南非洲地区)最为显著;我们可以将这些地区受殖民统治的历史和经历作为这种福利模式的起源。在殖民地的时代,最早的有限社会服务被引入这个地区。阿金·艾纳(Akin Aina,1999)指出,在殖民政府统治时期,正式的社会政策的拓展主要取决于经济因素和对殖民地资源的开采情况,还有社会秩序的维持。社会福利供给非常有限,属于剩余型,并且是区别对待的,更多的是考虑殖民政府的需要,也就是用于支持政府当局。随着20世纪六七十年代非洲国家纷纷独立,社会政策在许多后殖民政府合法化方面扮演着关键的角色,当时教育、住房供给、卫生健康和物价补贴及控制等领域的社会福利项目得到开发。一直到70年代都占据主导地位的凯恩斯主义发展模式,支持了剩余型社会政策和福利系统的发展;凯恩斯主义发展模式内含国际经济自由放任与国家干预以推动经济发展、人们的社会权利与社会秩序的组合。社会政策措施被看作是恰当且必要的,它与经济发展并驾齐驱,它们是社会发展和消除贫困的核心工具。

发展、国际机构和社会政策

到了20世纪80年代初期,认为宏观经济政策与社会政策之间是一种积极的关系的观点被完全抛弃和否定了。拉丁美洲和非洲的大部分国家,在那个时代都经历了经济增长率的下降、高通货膨胀率、不断增加的债务负担和相比70年代越来越激烈的国际竞争。债务危机(Debt Crisis)和经济衰退成为世界各地的核心议题,"让国家退后"、削减公共开支、私有化、减少补贴和开放经济成为发展范式的基础元素。

全球范围内的主导话语是,发展困难主要是(错误的)经济管理、低效率和政府腐败造成的。从这个角度来看,只有经济状况得到改善,才可能发展社会政策。这一点在北方国家新出现的主流经济理论中有所体现,该理论随后由拥有广泛影响的国际金融机构传播到发展中国家,并且推动了货币主义经济政策、解除管制和私有化的发展。在全球范围内,人们思考着这些主题,并且就对于发展中国家而言什么是最恰当的经济和社会管理模式达成了共识,包括解除管制、国营机构私有化、经济自由化、自由市场和削减公共部门开支。而且非政府组织,而不是国家政府,开始为人们提供帮助(请见第37章)。这一揽子措施往往被称为"华盛顿共识",这个说法是经济学家约翰·威廉姆森(John Williamson)在1990年创造的,当时指的是适用于南美的发展战略。这一发展战略是全球性组织和最有势力的国家提出来的,并且采取了结构调整项目的形式,即为贫困国家提供贷款是以这些国家进行世界银行所提议的政策改革为前提的。

到了90年代末,人们意识到结构调整对改善欠发达国家的经济状况和人们的社会福祉几乎没有作用。为了解决贫困国家无法繁荣发展的难题,无论是北方还是南方的公民社会组织和国家政府,都提出必须全面反思欠发达国家的政策以及国际政策。于是进行干预的领域从经济转向了政治方面,随之而来的是"治理"这个术语成为国际机构的主导主题。人们也日益认识到,在发展的过程中社会权利应该得到尊重,扶贫应该成为国际发展组织的一个核心目标,与此同时,相应的全球性话语出现了。诸如世界银行之类的国际金融机构,在向低收入国家提供优惠援助时,纳入更为直接的扶贫和社会发展措施,并且,在2000年,189个联合国成员国共同确定了消除贫困、饥饿、疾病、性别不平等、文盲以及缓解环境恶化等一系列特定目标,这些目标也都纳入了千年发展目标。金砖国家(巴西、俄罗斯、印度、中国和南非)正在欠发达地区发挥着越来越重要的影响,但是,它们的经济联系和援助工作,仍然牢牢地建立在过去的原则基础之上,即把经济发展放在首要位置(请见第68章)。

许多发展中国家,特别是欠发达国家,极其依赖外部资源。然而,人们越来越担心,来自富裕国家的援助的数量无法达到具体的目标,或者符合各国政府的承诺。除了对援助数量的担心之外,海外开发援助的质量也引发了人们的怀疑。人们往往无法预测能够得到什么样的援助,伴随着援助可能有许多附加条件,而且受益者通常要承担交易成本。根据联合国的报告,国际援助一直没有得到充分利用,无法有效地实现目标,并且需要修正。限制性援助是将发展资助与购买援助国提供的产品和服务结合在一起的,这种援助形式仍然普遍存在,就像国际金融机构在给予援助的时候,会提出经济条件一样。

拓展社会保障

在更为晚近的时候,人们对发展中国家的社会保障项目愈发感兴趣,同时日益关注现金转移支付项目在扶贫方面的潜力,以及其作为实现千年发展目标和2015年后发展议程(Development Agenda)目标的工具,如何实现高效益和可持续。现金转移支付项目是1995年在巴西得以组织建立的提供社会救助的系统,后来拓展到拉丁美洲和加勒比地区以及非洲,这些地区的全国社会保障(National Social Protection)战略,包括通过现金转移支付项目提供基本的社会救助的承诺(请见表70.2;也请见有关金砖国家的第68章)。

表70.2 正在大规模执行的现金转移支付项目的例子(2014年)

中国	最低生活保障制度	2 200万人(2006年)
墨西哥	机会项目(Oportunidades)(开始于1997年)	500万个家庭
巴西	家庭补助项目 养老金	1 200万个家庭 240万个家庭(2008年)
南非	儿童抚养补助 养老金	计划到2009年底覆盖1 000万儿童 240万个家庭(2009年)
印度尼西亚	安全网计划(Safety Net Scheme)	计划覆盖1 500万个家庭
印度	全国农村就业保障计划	4 800万个家庭(2008年)
埃塞俄比亚	生产性安全网项目 (Productive Safety Net Programme, PSNP)	150万个家庭(大约800万人)

在全球范围内,创设了50多个现金转移支付项目,覆盖了发展中国家的7.5亿到10亿人口。这些项目的拓展,部分是因为人们认识到有必要设立经常性且可预见的社会保障项目,而不是依赖反复的人道主义干涉和断断续续且不可预测的援助。各种现金转移支付项目在规模上各有不同,但目标都是保护一个社会中最贫穷的人群,并且推动人力资源的开发。有限制条件的现金转移支付项目对潜在的受益人提出了某些要求,例如上学读书、打预防针和去医疗诊所就诊等;相比撒哈拉以南非洲地区,这种项目在拉丁美洲发展得更为成熟。虽然初步评估显示,该项目在入学率、注射疫苗的人口比例、去医疗中心就诊的人数方面取得了成效,但是有些人担心接受者所得到的教育和医疗服务的数量和质量,以及这些服务对他们产生的长期影响。我们不应该高估这些项目的作用范围和程度,

同时不应该夸大执行过程和条件限制带来的问题;因而,现金转移支付应该被看作为从多个方面加强和整合欠发达国家社会保障系统的努力奠定了基础。

新议题:危机、人类安全和可持续发展

这一章聚焦于发展中国家、一个有争议的概念和一种包含多样性及异质性的分类。尽管如此,近年来的全球金融危机,连同不断上涨的食品价格和人们对于全球变暖的影响的担忧,都彰显了现有的各种发展范式的不恰当性,以及它们在增进和维护生活在南方国家的大部分男性、女性和儿童的福祉方面无能为力。从历史上看,可以在非洲和拉丁美洲找到最严重的收入不平等,而这种状况在20世纪八九十年代进一步恶化了。

但是,如同表70.3所展示的那样,不平等的轨迹并不是沿着一个方向展开的:90年代后期以来,在撒哈拉以南非洲地区的许多国家里,收入不平等状况开始得到缓解;在拉丁美洲,同样的趋势出现在21世纪初。尽管如此,"世界上大部分"人口仍然生活在不平等状况持续存在或者不断加深的国家中(UNDP,2014)。导致收入不平等和脆弱性的动因,包括全球经济一体化对世界贸易和金融市场的冲击,并使后者充满变动,还有过于重视宏观经济政策和价格的稳定,而不是劳动力市场和社会政策改革、累进税制及公共投资(请见第68章)。

表70.3 从20世纪90年代初到21世纪第一个十年末,不同地区
出现收入不平等程度增强和减弱趋势的国家数量

地区	减弱	没有变化	增强	总数
非洲	16	3	7	26
阿拉伯国家	3	1	2	6
亚洲和太平洋地区	5	2	6	13
欧洲地区	2	1	16	19
拉丁美洲和加勒比地区	8	5	7	20
低收入和中等收入国家	34	12	38	84

资料来源:联合国开发计划署使用索尔特(Solt)的数据统计(2009)。

虽然承认每个发展中国家都有各自的特殊性,但是这一章主要探讨了社会政策的更普遍的发展趋势,特别关注北方和南方社会之间的关系以及国际机构的角色。国际共同体、国家政府和公民社会所面对的挑战,影响了国际机构中显而易见的民主赤字,增强了发展中国家代表的发言权,改革了援助基础设施,并且真正致力于社会政策和可持续发展。一个不断深入和扩展的恰当的国有社会保障项目,连同提高医疗和教育服务的可及性和质量以及增加进入劳动力市场的机会,将带来多维度的框架,这些能够为发展中国家

的人类安全和可持续发展提供帮助,并且解决这些国家中多层面的脆弱性和处于劣势的问题。社会政策不仅有能力为社会资本和社会凝聚作出贡献,而且在加强政治秩序的合法性和促进政治稳定方面,扮演着重要的角色。

可深入阅读的参考文献

这一章涉及的许多议题和讨论也可以在以下文献中找到:联合国开发计划署的《人类的区分:直面发展中国家的不平等问题》(UNDP, 2013, *Humanity Divided: Confronting Inequality in Developing Countries*, New York: UN Bureau for Development Policy);T. 阿金·艾纳的《西非和中非:用于重建和发展的社会政策》(T. Akin Aina, 1999, 'West and central Africa: social policy for reconstruction and development', in D. Morales-Gomez, ed., *Transnational Social Policies. The New Development Challenges of Globalisation*, London: Earthscan);I. 高夫和 G. 伍德、A. 巴里恩托斯、P. 贝文、P. 戴维斯和 G. 鲁姆的《亚洲、非洲和拉丁美洲的无保障和福利体制》(I. Gough, G. Wood, A. Barrientos, P. Bevan, P. Davis and G. Room, 2004, *Insecurity and Welfare Regimes in Asia, Africa and Latin America*, Cambridge: Cambridge University Press)。最后这本书收入了 A. 巴里恩托斯撰写的"拉丁美洲:朝向自由主义——非正式福利体制"(Latin America: towards a liberal-informal welfare regime)一章。

以下是一些可以获得有益的综述性资料的作品:R. 苏伦德和 R. 沃克编的《发展中世界的社会政策》(R. Surender and R. Walker, eds, 2013, *Social Policy in a Developing World*, Cheltenham: Edward Elgar);R. 霍姆斯和 N. 琼斯的《发展中世界的性别和社会保障:超越母亲和安全网》(R. Holmes and N. Jones, 2013, *Gender and Social Protection in the Developing World. Beyond Mothers and Safety Nets*, London: Zed Book);A. 霍尔和 J. 米奇利的《推动发展的社会政策》(A. Hall and J. Midgley, 2004, *Social Policy for Development*, London: Sage)。

政府间国际组织和国际非政府组织,例如联合国开发计划署、联合国社会发展研究所(www.unrisd.org)、世界银行(www.worldbank.org)、国际劳工组织(www.ilo.org)和世界卫生组织(www.who.int),以及乐施会(www.oxfam.org)和救助儿童会(Save the Children, www.savethechildren.org),都提供了大量有关发展中国家的资料,其中有许多是与社会政策研究相关的。

复习和课外作业习题

1. 国际机构在构造发展中国家的社会政策方面扮演了什么样的角色?发挥了哪些作用?
2. 社会政策是否有效地增加了发展中国家的福利?
3. 现金转移支付是否能够解决脆弱性和不平等的问题?

4. 对全球不同地区的分类,或对福利系统的归类,是否有助于开发解决脆弱性和不平等问题的社会政策?

5. 导致发展中国家的脆弱性和不平等的原因是什么?如何解决这些问题?

请浏览本书的辅助网站 www.wiley.com/go/alcocksocialpolicy,使用为配合本书的阅读而设计的资料链接。在那里你将会发现有专门针对每一章的深入阅读资料链接,其中包括政府、国际组织、智库、压力集团和重要的新闻机构的网站。你还会找到以《布莱克维尔社会政策辞典》为蓝本的词汇表、帮助页、有关如何管理社会政策领域中主要委派形式的指导和职业建议。

第71章
全球化、国际组织和社会政策

妮古拉·耶茨

> **概　览**

> ➢ 全球化使得国际组织(International Organisations, IOs)走到了社会政策的前台。
> ➢ 国际组织有许多类型,有的主要定位于经济目标和考量,有的则朝向社会目标。
> ➢ 国际组织是社会政策的关键参与者,它们:
>   　塑造一国之内和不同国家之间的资源(再)分配;
>   　赞助、管理和提供福利产品和服务;
>   　传播有关必要的社会政策的理念;
>   　影响国家社会政策的内容。
> ➢ 只要社会不平等和贫困一直存在,在引入以社会公正为基础的民主治理下的全球经济方面,国际组织就将继续扮演核心角色。
> ➢ 全球化思维对以传统方式考虑诸如平等、选择、互惠和义务等社会政策概念提出了挑战。

全球化和社会政策研究

"全球化"这个概念是指共同塑造了独特的当代生活环境的经济、技术、文化、社会和政治力量及进程。其中,在当代生活环境的诸多特征中,最重要的是经济、政治和社会层面密集、广泛且往往超越国家边界的联系和相互依赖关系。经济和社会的变化对人类福祉、福利国家、社会和经济政策的内容及政策制定过程具有巨大的影响。

我们今天所目睹的跨越国界的联系不同于以往。这种联系体现了超越地理限制将世界上各个国家"结合在一起"的路径,在世界上某个地方发生的事件很快就会被其他地方的人知晓并对这些地方产生影响。2007—2008年的全球金融危机就形象地展现了某一个经济体的动荡不定,将迅速在全世界产生巨大反响,并且会大范围地损害经济安全。

这种"纠结关系"据说让人们越来越意识到世界是一个共享空间。社会问题日益被人们看作全球范围内的问题,并且需要全球性解决方案。社会、经济和环境领域的核心议题已经超越了任何一个国家依靠自己的力量来解决的范围,因而以全球机构形式出现的齐心协力的协调和合作应运而生。国际组织发挥着共享平台和论坛的功能,在这里,各个国家可以探讨如何解决共同的社会和经济问题,如何进行集体治理。在此类论坛上被大量讨论的是社会政策问题,与此同时,国际组织也提出了它们自己回应这些难题的建议(请见工具箱71.1)。

工具箱71.1　全球化和社会政策

- 当前许多社会政策问题产生的原因已经不在任何一个国家的可控范围之内,而且它们带来的结果也在全世界范围内产生影响。
- 商品、服务、资本、观念和人员的跨国界流动以多种方式与经济和福利系统联系在一起。
- 为了找到社会政策问题产生的原因并对它们作出回应,需要新形式的跨国集体行动。
- 国际组织展示了如何通过开发跨国集体行动来解决社会难题。
- 政府部门、公民社会组织、商业团体、专业机构、工会和社会运动都对国际组织发挥一定的影响,并且通过国际组织作用于如何组织社会议题,以及哪些社会政策议题应当提上议事日程和怎么解决。
- 随着全球行动者被带入社会政策制定的过程中,围绕着核心社会政策议题的新的联盟和同盟在国家之中以及国家之间(区域性的和全球性的)出现了。在尝试通过社会政策改革推动社会变革的过程中,全球行动者重新将国内问题表述为全球问题,提出确定问题的方法,并且改变了国内和国家之间的权力平衡。

国际组织和全球治理

20世纪初以来,国际组织就一直活跃于社会保障和卫生健康政策领域,但是国际组织的数量和它们施展社会政策能力的范围,是第二次世界大战后才改变的——布雷顿森林体系、国际贸易体制、关贸总协定(General Agreement on Tariffs and Trade, GATT)在那个时候建立起来。20世纪40年代,只有70个国际组织,到现在已经增加到超过1 000个。它们是全球治理体系的核心,全球治理体系指的是一系列复杂的法律、制度和政治框架,涉及管理世界范围内的社会、政治和经济生活的公开和秘密的国际协定、条约、规章和协议。

政府间国际组织(International Governmental Organisations, IGOs)是一个国际平台,各主权国家政府可以通过它在政治和法律领域结成合作关系。非政府国际组织(International

Non-Governmental Organisations，INGOs)是一个实体,通过它,志愿组织、慈善机构、工会、专业协会、产业组织和商业团体能够在国际范围内运行。有些国际机构在全球范围内运营,另外一些在地区范围内运营(请见表71.1)。

表71.1 全球性和地区性政府间国际组织及非政府国际组织的例子

	政府间国际组织	非政府国际组织
全球性	世界银行(WB);国际货币基金组织(IMF);联合国(UN)及其专业行政机构,例如国际劳工组织(ILO)、世界卫生组织(WHO)	世界经济论坛;世界水论坛(World Water Forum);国际自由工会联合会(International Confederation of Free Trade Unions);国际计划生育联合会(International Planned Parenthood Federation);乐施会;国际制药工业协会(International Pharmaceutical Industries Association)
地区性	欧盟(EU);北美自由贸易协定(North American Free Trade Agreement,NAFTA);东南亚国家联盟(Association of South East Asian Nations,ASEAN)	欧洲服务业论坛(European Services Forum);欧洲工会联合会(European Trade Union Confederation);亚洲社会论坛(Asian Social Forum);非洲社会论坛(African Social Forum)

各个国际组织在权力和资源方面有相当大的差异,这决定了它们能在多大程度上实现自己的政治目标(请见表71.2)。相对于政府间国际组织,非政府国际组织有数量相当大的预算可供支配,并且拥有更多、更优秀的雇员(例如,相较于世界卫生组织的630名雇员,乐施会的雇员规模达到2 800名)。有些政府间国际组织拥有独立的法律效力或者常设的秘书机构;另外一些有国际法在背后支持着它们(例如,世界贸易组织、欧盟、联合国等),并/或拥有大量科层部门(例如,国际劳工组织、世界银行、欧盟、联合国等)。

表71.2 国家、区域和全球三个层面上的社会治理的例子

	国家层面	欧盟	全球层面
稳定经济	中央银行	欧元区的欧洲中央银行(European Central Bank)	国际货币基金组织/国际清算银行(Bank of International Settlements)
收入	征税	海关税收加上成员国的捐赠(请注意有关税收一体化的讨论)	联合国募捐组合、特设全球基金会、多国海外发展援助
再分配	税收和收入转移支付政策	结构基金、共同农业政策(Common Agricultural Policy)	特设人道主义援助、特别全球基金、债务免除、药品差别定价
监管	国家法律和指令	欧盟的法律、法规和指令,其中包括社会宪章(Social Charter)	联合国公约、世界贸易组织(WTO)的法律、企业行为守则
公民身份权利	法院纠正、消费者宪章、三方治理	法院纠正、三方治理	联合国人权委员会(UN Commission for Human Rights),但没有法律救济

政府间国际组织

政府间国际组织在监管、资金支持及提供医疗、教育和福利服务方面扮演着实质性的角色。联合国和它的专业行政机构(例如国际劳工组织、世界卫生组织)通过设定国际社会标准而发挥监管的作用。为国际福利提供运营资金有各种方式,例如通过地区性社会基金会、国际开发贷款和国际发展援助。国际贸易协定,例如世界贸易组织的《服务贸易总协定》(General Agreement on Trade in Services, GATS)约定了哪些公共规则、融资和供给是合法的,而哪些不是。在社会政策领域,欧盟是最"先进的"区域性组织,虽然世界各地的许多其他组织也开始在社会政策中扮演积极的角色(请见第46章)。所有的政府间国际组织都努力解决这一难题,即如何实现经济增长、社会平等、社会团结、民主管理和环境可持续之间的平衡。

非政府国际组织

非政府国际组织参与到全球政策制定过程的方方面面——从议程设置到政策执行。有些组织具有官方咨询机构的身份,例如通过联合国和世界银行下设的各类非政府组织委员会开展工作。它们在提供全球社会项目中扮演着关键角色,因为它们能够接触到政府间国际组织难以抵达的地区和难以触及的人群。它们也能够填补贫穷、落后和充满冲突的地区的福利缺口,那些地方的政治和经济条件无法吸引营利性供应者。有些非政府国际组织发挥着重要的游说作用,而另外一些则更多地参与提供服务的活动。慈善组织是非政府国际组织中规模最大且最有影响力的机构。梅琳达及比尔·盖茨基金会(Melinda & Bill Gates Foundation)是全球健康基金的重要捐赠者。

非政府国际组织日益增强的影响力有时被看作预示着"全球公民社会"以及全球政治的民主化和社会化即将到来。显然,非政府国际组织以及催生了这些组织的社会运动,一直处于反对新自由主义全球化和保护社会权利之"战役"的前沿阵地。与此同时,它们对全球政策制定的参与,将会推广自利主义、努力工作、自由选择、私有财产和不信任政府官僚的价值观。由于许多非政府国际组织是产业组织和营利性组织的联盟,因而它们在形成社会政策过程中不断增强的影响力,可能会放大商业利益,并且推动福利向剩余化、私有化和企业化方向发展。

国际组织对社会政策的影响

国际组织通过四种基本路径塑造社会政策的内容。这些路径为:

(1)提供共同学习、分析和讨论的平台,这样的平台促进了指导政策讨论的共享分析结论和信念的产生,并且推动了未来的合作;

(2)为国内社会政策确定国际社会标准和共同框架(例如,《联合国人权宪章》、国际劳工组织的劳工公约和世界卫生组织的健康公约等);

(3)提供支持社会政策开发和执行的资源(例如,激励资金、技术援助、政策建议和

经验等);

(4)推动规章制度的改革,例如取消一些跨国移民的限制,并且鼓励发展授权让移民在国外享受社会保障和医疗服务,从而促进劳动力流动性。

国际组织的经济政策可能会对社会政策产生深远的影响。使得资金能够"自由"流动的政策,在各个国家竞相降低社会(劳动力)标准以吸引海外投资的过程中,可能触发福利的"逐低竞争"。在福利产品和服务领域构建国际市场,使得较为富裕的群体从公共福利供给中撤出而转向私人(商业)供给,以满足自己的福利需求,这可能会从根本上破坏跨阶级的社会团结,而这种凝聚力从历史上看,对于福利国家的发展非常重要。

国际组织通常被认为是无所不能的,但是它们并不是总能成功地实现它们的目标。它们所得到的结果因政策领域和国家的不同而不同。政府看起来似乎能够从国际组织提供给它们的大量行动建议和方案中精挑细选。不过,有时国际组织也能够——例如通过向国家政府提供经济援助或者威胁进行处罚或惩罚——对政府施加强大的压力,从而将它们领向某些社会政策路径。世界银行和它的同盟在说服许多国家私有化它们的养老金体系方面,发挥了相当大的作用。不过,它们并不是无往不胜的,因为有些早期采用养老金私有化措施的国家,后来又推翻了这项改革。左翼人士在选举中获胜和社会运动的持久努力,是导致上述情况出现的重大因素。

总而言之,国际组织积极参与政治议程和政策制定过程,影响了:
- 国际贸易、援助和开发政策;
- 援助、发展和社会资金的分配和使用;
- 国际社会标准和规范;
- 定义哪些社会政策改革倡议是有效、合理、令人满意的。

国际组织也监督(甚至有时直接参与)社会政策和项目的实施。通过这些活动,它们:
- 构建世界范围内的资源分配和再分配;
- 为国家治理和全球治理领域的社会政策讨论设定框架;
- 影响各个国家社会福利的特性;
- 为社会政策产出作出贡献:谁得到哪些资源,人们得到哪些待遇,前提条件是什么,产生的结果是什么。

全球背景下的社会政策概念

平等、权利和公正

从全球角度思考平等、权利和公正,就必须探寻这个世界在多大程度上是一个"公平的"地方。在这个世界上,人们获得的资源、人生机遇、机会和生活质量,是由他们恰巧降生并生活在哪个国家,而不是由努力工作、技能、天赋或美德(请见第4章、5章)决定的吗?在全球治理的机制下,是什么构成了公平参与和表达的基础?相比南方国家,北方国家在布雷顿森林体系中有更多的投票权,而与此同时,联合国也经常被指责由北方国家(特别是美国)主导。世界贸易组织将成员国之间形式上的政治平等看作神圣不可侵犯,尽管在实践中这一点并没有实现。

我们也会思考全球机构在体现和保证公民身份权利方面有怎样的区别。欧洲委员会（Council of Europe）为欧洲公民提供了在斯特拉斯堡的欧洲人权法院被平等对待的权利；联合国通过《经济、社会和文化权利国际公约》《世界人权宣言》定义了类似的权利，但是并没有任何机制保障这些权利得到强制执行，而且不赋予个体上诉的权利。有些国际协定（例如世界贸易组织的协议、《服务贸易总协定》和《北美自由贸易协定》）确立了可强制执行的公司贸易和投资权利，但回避了公民社会权利和劳工权利。

社会权利在多大程度上是所有人（无论来自何种文化和经济背景）与生俱来的权利？"世界主义者"主张，目前由国际劳工组织的《费城宣言》（Philadelphia Declaration）（1944）所定义的部分或全部劳工标准都是普遍权利。"民族主义者"则提倡某种全球相对主义，主张每个国家和共同体自行决定恰当的权利组合包括哪些权利，以及与权利相关的义务组合。

效率、平等和选择

在全球背景下，有关效率、平等和选择的讨论，变成了围绕着全球生产和贸易是否服从"社会规则"（请见第6章）的探讨。"自由"贸易倡议主张，国际贸易是改善个体和集体福利的最佳途径，因为具有全球竞争力的国家和企业将吸引更多的投资，并且会有更多的工作岗位被创造出来。而批评人士指出，全球竞争往往涉及对（尤其是较贫穷的国家中的）弱势劳动力的超级剥削，同时富裕的北方国家继续维护它们的贸易保护制度，却要求发展中国家予以取消。"自由贸易"政策可能鼓励国家竞相解除社会管制，从而吸引外国投资或防止资本外流，但是，从另外一个方面来看，它也带来了社会和经济领域的低效率、次优结果。

有些支持"自由贸易"政策的人士开始认识到某些社会控制行为所带来的益处，即便它们只是通过抵制消费由被剥削的劳动者生产的产品，来避免政治激进主义的有害效果。然而，在形成一致的全球社会监管方面的努力仅取得了有限的成功，而近年来的监管遵循自愿原则。经济合作与发展组织提出的《跨国公司行为指导方针》（Guidelines for Multinational Enterprises）设定了以利于社会发展为导向的商业实践规则，但是公司能够自行选择是否遵守这些规定。大量约束公司活动的自律守则应运而生，但是监督这些规则的执行则依赖于资源有限的非政府组织的努力。

利他主义、互惠原则和义务

国际组织的许多政策和项目以及国际协定，都体现了利他主义、互惠原则和义务。世界银行在资助较为贫穷国家的开发项目时，遵循这些原则；与此同时，联合国难民署则负有照顾世界各地难民的总体责任。促进全球社会团结的另外一些例子，包括设定各个国家应该将国民总收入的0.7%分配给海外发展援助（ODA）、对高负债的低收入国家实行债务免除，以及制定千年发展目标和它的"继任者"——可持续发展目标（Sustainable

Development Goals，SDGs)。为社会福利产品提供国际资助包括针对药品差别定价的国际协议。世界卫生组织确定了全球行为伦理守则，以此管理在世界范围内招聘医疗工作者的活动。

公益和慈善(包括以宗教信仰为基础的)群体也扮演着重要的角色。北方国家的基金会(福特、大众汽车、索罗斯、盖茨的基金会)为全球范围内的社会调查和社会服务项目提供资助。许多近年来成立的全球基金会和项目，例如全球疫苗接种项目(Global Vaccinations Programme，GAVI)及全球防治艾滋病、结核病和疟疾基金(Global Fund to Fight AIDS, Tuberculosis and Malaria，GFATM)，是由私人部门提供资金的。联合国儿童基金会的项目和大型活动(例如，救助儿童呼吁)收到了慈善捐款、公民捐赠和商业赞助。

展现利他主义、义务和人道主义是否给捐赠者带来了更多的利益？政府或机构的无偿援助通常都附带一些前提条件，例如要求用该款项购买援助国企业所生产的商品和服务，从而让许多补贴又回流到援助国。援助者对受援国的政策的影响，也越来越引起人们的关注。以明确的资助承诺和目标为基础的强制性社会监管和再分配形式是否应转变为依靠志愿主义和慈善活动，以及这里的目标是否确实提升了较贫穷国家的贸易地位而不是鼓励它们依赖援助，这些都是经常被讨论的问题。

全球社会改革

在谈及国际组织的弱点时，不可避免地要涉及全球社会政策改革运动。政府间国际组织的一个问题在于，虽然它们拥有值得称赞的社会政策目标，但是它们没有与国家权力类似的力量去实现这些目标。在国际组织中并不存在集中化的国际机制，以在全球范围内商讨和履行条约义务，也没有明确的途径对受侵害的公民进行法律救助。在这个领域并不存在中央银行。政府间国际组织并不拥有独立的筹集收入的权力，而只能依靠募集资金。从国际货币基金组织所承担的大量政府功能的角度来看，例如分配资金、对国际金融的某些方面进行监管，它是最接近于新兴的"国际国家"的组织，然而，它缺乏国家所具有的政治资源和强制力。

经历了改革和民主化的联合国系统，被一些人看作是开发更清晰和有效的全球社会政策的最佳工具。独立的资金来源(可能来自全球税收)和更强有力的法定权力，能够为它作为全球社会政策行动者而发挥作用提供助力，使它可以着手以连贯且先进的路径推动建立在人权基础上的社会发展。另外一些人认为改革现有的组织远远不够，应该构建全新类型的国际组织。无论采取哪种思路，都应该将开发大量代表较为贫穷和发展中国家利益的协议放在首位。一些活动家盼望着对全球组织进行革新，而另外一些人试图增强由国家组成的地方联盟在开发社会政策方面所具有的影响，使相关地区的人的需要能够得到更清晰的表达。

还有一些人怀疑国际组织(无论是全球还是区域层面的，无论是新成立的还是经过改革的)在多大程度上能够长期有利于社会发展，而且他们试图取消这些机构。"去全球化者"更偏向于规模较小、地方化和多样化、由最贴近民生的机构管理的经济体。这样的提议涉及创造(或回到)这样一种经济和社会组织，其牵扯到外部力量，但不再由外部力量占主导。迫在眉睫的生态危机和对其他的社会和经济发展模式的探寻,意味着上述观念将越来越受欢迎。

新议题

全球监管系统没有能够防止 2007—2008 年全球金融危机的出现,以及三驾马车(指欧盟委员会、欧洲中央银行和国际货币基金组织)在支持(和延长)经济崩溃后欧洲内外采取紧缩政策方面的作用,都凸显了国际组织确定社会持续发展路径的重要性。经济增长模式所遇到的来自环境和生态领域的限制,要求国际组织(和其他机构)重新审视它们对发展特性及其与人类福祉之间的关系的期待和假设。对于 2015 年之后的可持续发展目标,我们有必要认真思考与千年发展目标相关的全球政策所取得的成功和遭遇的失败。我们需要继续提出探索性问题,以明确应对全球不平等和贫困的商业性和慈善性回应是否有效和令人满意。在一个以巨大的社会和经济不平等为特征的世界中,人们普遍享有足够的住房、收入、药品、医疗服务、教育、清洁水源、食品和卫生系统,将继续位于活动日程的最前列,与之相伴的问题是如何根据需要的规模,为满足这些基本需求的活动持续提供资金支持。

可深入阅读的参考文献

有两本教科书探讨了本章所涉及的主题和议题:N. 耶茨的《理解全球社会政策(第四版)》(N. Yeates, 2014, *Understanding Global Social Policy*, Bristol:Policy Press)深入浅出地介绍了广泛的全球社会政策领域中的核心议题和讨论;N. 耶茨和 C. 霍尔登的《全球社会政策读本》(N. Yeates and C. Holden, 2009, *The Global Social Policy Reader*, Bristol:Policy Press)收集了这个领域的重要文章。你也可以参阅 N. 耶茨的文章《全球社会政策》(N. Yeates, 2012,'Global Social Policy', in John Baldock et al., eds, *Social Policy*, 4th edn, Oxford:Oxford University Press)、R. 迪肯的《全球社会政策和治理》(R. Deacon, 2007, *Global Social Policy and Governance*, London:Sage),以及 V. 乔治和 P. 怀尔丁的《全球化和人类的福利》(V. George and P. Wilding, 2002, *Globalisation and Human Welfare*, Basingstoke:Palgrave)。《全球社会政策》(*Global Social Policy*)杂志(Sage)涉及了本章中所讨论的各种各样的议题。更多有关千年发展目标的信息请见 www.unmillenniumproject.org/ goals。关于可持续发展目标更新至 2015 年 9 月的信息可以在 sustainabledevelopment.un.org/focussdgs.html 上找到。

复习和课外作业习题

1. 为什么国际组织对社会政策研究很重要?
2. 国际组织在塑造作为政治实践的社会政策方面有什么重要意义?

3. 国际组织对社会政策产生了哪些影响?

4. 人们通常将社会政策概念与国家的福利制度联系在一起讨论。社会政策的全球层面与各个国家的福利制度如何联系起来?

5. 在全球化世界中,社会政策所面对的关键挑战是什么?国际组织和国际共同体是否能够解决挑战所带来的难题?它们是怎么做的?它们还应该做些什么?它们应该采取哪些不同的做法?

请浏览本书的辅助网站 www.wiley.com/go/alcocksocialpolicy,使用为配合本书的阅读而设计的资料链接。在那里你将会发现有专门针对每一章的深入阅读资料链接,其中包括政府、国际组织、智库、压力集团和重要的新闻机构的网站。你还会找到以《布莱克维尔社会政策辞典》为蓝本的词汇表、帮助页、有关如何管理社会政策领域中主要委派形式的指导和职业建议。

附　录　英国社会政策学会

英国社会政策学会是由社会政策和社会行政领域的大学教师、研究者和大学生参与的专业联合会。它成立于1972年,在英国拥有大量成员,并且正逐渐在全球范围内拓展。它的目的是推动社会政策学科成为一个学术领域——代表其成员的利益,并且增进它的成员与政策制定者以及公众之间的交流和相互学习。英国社会政策学会的核心活动包括组织有250名到300名代表参加的年度大会(Annual Conference),支持两本重要的国际学术期刊——《社会政策》和《社会政策和社会》,以及编辑出版政策分析读物《维护福利》,并与英国社会学会联合制作在线出版物《发现社会》(Discovering Society, discoveringsociety.org)——这是一个面向研究生的生机勃勃的专题研习班和讨论会网络,而且定期召开政策圆桌会议(Policy Round Tables),将政策制定者、智库成员和学者召集到一起,就当前话题进行讨论。

英国社会政策学会是一个会员制组织,所有的学生、教师和其他从事社会政策领域工作的人都可以成为学会的成员。所有成员都需要缴纳年费,年费数额根据成员的收入和所在地区的不同而有所不同。会员享受的待遇包括:

- 免费订阅社会政策的核心期刊——《社会政策》和《社会政策和社会》;
- 免费获得政策出版社每年出版的《社会政策回顾》,这本年度论文集所收录的文章回顾了当年英国和国际的社会政策发展状况及与之相关的讨论;
- 社会政策学会提供大量资助计划,以帮助其成员召开和参与专题研习班和研讨会;
- 社会政策学会为其成员提供补贴,以资助他们参加每年7月在英国召开的年会;
- 享有订阅其他核心期刊、参加重要学术团体的折扣;
- 从社会政策学会的国际联系中获益。

英国社会政策学会的大部分成员都在英国生活和工作。但是,这个学会在世界各地——尤其是在欧洲、北美和澳大利亚——都拥有积极参与学会活动的成员,并且与其他社会政策研究团体建立了合作关系。最近,它拓展了与来自东亚、印度和拉丁美洲的社会政策研究机构、网络和学者的正式往来。

这个学会由执行委员会(Executive Committee)管理,该委员会的成员是在年度大会上选举产生的,一个任期为三年。此外,其他职员——主席(Chair)、秘书长(Secretary)和财务主管(Treasurer)也是通过选举产生的,同样以三年为一个任期。社会政策学会非常欢迎社会政策领域的大学生——无论是本科生还是研究生层次的——入会。通过学会的主页(www.social-policy.org.uk),感兴趣的人可以与这个学会取得联系。

重要术语对照表

本表根据原书索引整理而成,以供参考

absolute/relative poverty 绝对贫困/相对贫困
accountability 问责
active ageing 积极老龄化
'adult worker model'(citizens-worker model) of welfare 福利的"成年劳动者模式"(公民—劳动者模式)
ageing societies 老龄化社会
altruism 利他主义
ASEAN 东南亚国家联盟(东盟)
asylum seekers 寻求庇护者
Attendance Allowance 护理津贴
austerity programmes 财政紧缩计划

'baby boomers' "婴儿潮一代"
Baccalaureate 中学毕业会考
back-to-work Labour policies "重返工作"劳动力市场政策
banking 银行业
Barnett formula 巴尼特公式
Basic State Pension(BSP),UK 英国国家基本养老金
BBC 英国广播公司
'bedroom tax' "卧室税"
behaviour change policies 改变行为政策
behavioural economics 行为经济学
Behavioural Insights Team(BIT) 行为洞察小组
Better Care Fund 更佳护理基金
'Big Society' "大社会"

birth rates 出生率
Boycott Workfare 抵制工作福利制运动
'brain drain'/'care drain' "人才外流"/"医护外流"
breadwinner model (男性)养家糊口模式
BRICS 金砖国家(包括巴西、俄罗斯、印度、中国和南非)
British Bill of Rights《英国权利法案》
business rate 营业税
'buy to let' 以租养房

capabilities approach 能力路径
capital flow 资本流动
capital gain tax 资本利得税
capitalism 资本主义
carbon taxes 碳税
Care Quality Commission(CQC) 照顾质量委员会
Care Trust 护理信托基金
carers 照料者(护理者)
Carer's Allowance 照料者津贴
cash transfer schemes 现金转移支付计划
Census statistics 人口普查统计数据
charities 慈善组织
Charity Organisation Society(COS) 慈善组织会社
child poverty 儿童贫困
choice 选择
Christianity 基督教
Church of England 英国国教会(圣公会)
citizenship 公民身份/公民权利

communitarianism 社群主义
'city deal' 城市协议
civil rights 公民权利
class 阶级
climate change 气候变化
Coalition government（英国）联合政府（2010年上台）
collective bargaining（劳资双方）集体谈判
collectivism 集体主义
colonialism 殖民主义
commercial welfare 商业福利
communism 共产主义
community healthcare 社区医疗服务
comparative social policy analysis 比较社会政策分析
competitiveness 竞争性（经济学概念）
'Connexions Strategy', UK 英国"联结战略"
Conservative Party 保守党
Conservative/corporatist regimes 保守主义/合作主义体制（艾斯平-安德森福利体制路径中的概念）
corporation tax 公司税
corporatist/residual (productivist) systems 社团主义/剩余（生产主义）体系
council housing 公有住房
council tax 市政税
county council 郡议会
criminal justice 刑事司法（制度）

debt crises Europe 欧洲债务危机
decision-making 决策
deficits 赤字
defined benefits retirement plans 收益确定型退休计划
defined contributions retirement plans 缴费确定型退休计划
democracy 民主
democratic socialism 民主社会主义
demographics 人口特征
deprivation 剥夺（与贫困有关的概念）
deregulation 解除管制
devolved administrations 委任分权行政机构

digital media 数字媒体
'direct payments'/'personal budgets' "直接支付"/"个人预算"
disabilities 残疾
distribution of welfare 福利分配
district council 地方（区）议会
divisions and differences 分化与差异
drugs 毒品

Early Years programme 早期教育计划
ecological challenges 生态挑战
economics 经济
education 教育
elementary education 初等/基础教育
efficiency 效率
egalitarianism 平等主义
elections 选举
employment 就业
energy efficiencies 能效
(the) Enlightenment 启蒙运动
entrepreneurship trends 创业趋势
environmental degradation 环境破坏
equality 平等
equity 公平
Esping-Andersen welfare regime approach 艾斯平-安德森福利体制路径
ethics 伦理道德
ethnicity 族群/族群性
European Central Bank 欧洲中央银行
European Commission 欧盟委员会
European Convention on Human Rights 欧洲人权公约
European Court of Human Rights 欧洲人权法院
European Court of Justice 欧洲法院
European Economic Community (EEC) 欧洲经济共同体
European Parliament 欧洲议会
European Union (EU) 欧洲联盟（欧盟）
'evidence-based' policy "循证"政策

Fabians 费边主义者
families 家庭

重要术语对照表

family allowances 家庭津贴
feminism 女性主义
fertility rates 生育率
fiscal welfare 财政福利
flexible working, UK 英国的弹性工作
free markets 自由市场
funding 资金支持

G8 Summit 八国集团首脑会议（包括美国、英国、法国、德国、意大利、加拿大、日本和俄罗斯）
G20 二十国集团（包括阿根廷、澳大利亚、巴西、加拿大、中国、法国、德国、印度、印度尼西亚、意大利、日本、韩国、墨西哥、俄罗斯、沙特阿拉伯、南非、土耳其、英国、美国以及欧盟等）
gender（社会）性别
global financial crisis 全球金融危机（自2007年开始）

global warming 全球变暖
globalisation 全球化
governance 治理
Great Depression 大萧条
Green Party 绿党
green house gases(GHGs) 温室气体

Head Start, US 美国的开端计划
health 卫生健康
health inequalities 健康不平等
health insurance 健康保险（医疗保险）
healthcare 医疗卫生
higher education(HE) 高等教育
HM Treasury 英国财政部
homelessness policies 应对无家可归问题的政策
horizontal redistribution 水平再分配
hospitals 医院
housing 住房供给
housing associations 住房协会
housing benefit 住房福利
human capital 人力资本
human resource strategies 人力资源战略
human rights 人权
humanitarian aid 人道主义救援

hunger 饥饿
'hyper-reality' "超真实"（来自拟像理论）

identity theory （身份）认同理论
ideologies 意识形态
illiteracy 文盲
in-kind benefit 实物福利
in-work poverty 在职贫困
income inequalities 收入不平等
income maintenance 收入维持
income security policy 收入保障政策
Income Support 收入支持
income tax （个人）所得税
indirect taxes 间接税
Individual Savings Accounts(ISAs) 个人储蓄账户
individualisation thesis 个别化命题
industrial revolution 工业革命
inequality 不平等
infant mortality rates 婴儿死亡率
inflation levels 通货膨胀水平
informal networks 非正式网络
informal welfare 非正式福利
inheritance tax 遗产税
international comparison 国际比较
international financial institutions(IFIs) 国际金融机构
international governmental organizations(IGOs) 政府间国际组织
International Labour Organization(ILO) 国际劳工组织
International Monetary Fund(IMF) 国际货币基金组织
international non-governmental organizations(INGOs) 国际非政府组织
international organisations(IOs) 国际组织
Internet 互联网
Jobseeker's Allowance(JSA) 求职者津贴
'joined-up' policymaking "协作"制定政策
justice 正义/司法制度
Keynesian model of development 发展的凯恩斯模式
knowledge 知识
Kyoto Protocol《京都议定书》

labour exchanges 职业介绍所
Labour Party 工党
Land and Buildings Transaction Tax 土地和建筑物交易税
land value taxes(LVTs) 地价税
language 语言
league tables 排名表
legal aid 法律援助
legal rights 法定权利
legislation 立法
leisure activities 休闲活动
less developed societies 欠发达社会
'Levellers' "校平器"
Liberal Party 自由党
liberal welfare regimes 自由主义福利体制(艾斯平-安德森福利体制路径中的概念)
libertarian paternalism 自由家长制
life expectancies 预期寿命
lifelong learning and training 终身学习和培训
living standards 生活水平
living wage 生活工资
local authorities (英国)地方政府
local governance 地方治理
localism 地方主义
London Dock Strike(1889) 1889年伦敦码头工人大罢工
London School of Economics(LSE) 伦敦政治经济学院
managing and delivering welfare governance 福利管理和递送的治理
marginal costs 边际成本(经济学概念)
marginal revenues 边际收益(经济学概念)
marginal social benefits 边际社会效益
marginal utility theory 边际效用理论
market failures 市场失灵
market mechanisms 市场机制
market-oriented policies 市场导向政策
marketing 营销
marriage 婚姻
Marxism 马克思主义
means-tested schemes 基于经济状况调查的方案

media 媒体
Medicaid (美国)医疗补助项目
Medicare (美国)联邦医疗保险
meritocracies 任人唯贤
meta-narratives 元叙事
migrants 移民
minimum wage 最低工资(标准)
mixed economy of welfare 福利的混合经济
mixed methods 混合方法(社会政策研究)
modern welfare state(1940-1974) 现代福利国家
monetary policies 货币政策
moral equality 道德平等
mortality rates 死亡率
mortgage tax relief 按揭贷款利息税减免(私人租赁)
mortgages 按揭贷款(住房)
multilateral institutions 多边机构
multinational corporations 跨国公司
mutual association 互助组织

National Insurance contributions 国家保险缴费
National Minimum Wage(NMW),UK 英国国家最低工资(标准)
nationalization 国有化
needs 需求
needs-testing schemes 基于需求调查的方案
neo-Liberalism 新自由主义
neo-Marxist critiques 新马克思主义批判
net gainers 净收益者
neuroeconomics 神经经济学
New Age religions 新时代宗教
New Labour 新工党
new public management(NPM) 新公共管理
NHS 英国国家医疗服务体系
nuclear capabilities 核能
NUDGE 助推
nursing 护理

obesity 肥胖症
obligation 义务
occupation 职业
occupational pensions 职业年金

occupational welfare 职业福利
OECD 经济合作与发展组织
Ofsted 英国教育、儿童服务和技能标准办公室(简称标准办公室)
oil crises 石油危机
old-age dependency ratios 老年人口抚养比
older people 老年人
ombudsmen 申诉专员
'one nation' conservatism "一国"保守主义
One Nation Group(ONG) 一国派
Open Method of Coordination(OMC), EU 欧盟的开放协调方法
opportunity cost 机会成本
organ donors 器官捐献者
out-of-work benefits 非在职福利
outdoor relief 院外救济(与济贫法有关)
outsourcing 外包
overseas development aid(ODA) 海外发展援助

'panopticon' metaphor "全景敞视监狱"隐喻(后结构主义)
paradox of thrift 节俭悖论
parental choice 家长择校
parenting age 育儿年龄
parish council 教区议会
partnerships 合作伙伴关系
paternity leave 陪产假
paupers 贫民
paying for welfare 为福利付费
Payment by Results(PbR) 按结果付费(医疗服务领域)
Pension Credit 养老金补贴
pensions 养老金
performance management 绩效管理
Personal Accounts, UK 英国的个人账户
Personal Independence Payment (PIP) 个人独立支付
personal pensions 个人养老金
perspectives 理论视角
points-based immigration system(PBIS) 计分制移民系统
police 警察

policy goals 政策目标
policy process 政策过程
policy silence 政策沉默
policy statements 政策声明
political rights 政治权利
politics 政治
'poll tax' "人头税"
pollution 污染
Poor Law 济贫法
poor relief 贫困救济
populations 人口
populism 民粹主义
'positive welfare' "积极福利"
post-compulsory education 后义务教育
post-feminism 后女性主义
post-modernism 后现代主义
post-structuralism 后结构主义
poverty 贫困
'Poverty and Social Exclusion'(PSE) 贫困与社会排斥(戈登的概念)
pre-school education 学前教育
preferences 偏好
primary education 初等教育
primary healthcare 初级医疗服务
Prime Ministers 首相
prisons 监狱
Private Finance Initiative(PFI) 私人融资倡议
private insurance 私人保险
private renting 私人租赁
private sector 私人部门
privatisations 私有化
probation 缓刑
production cost 生产成本(经济学概念)
'productivist' model "生产主义"模型
professional work boundaries 专业工作界限
public expenditure 公共支出
public health 公共卫生
public sector 公共部门
public services 公共服务
public-private mix 公私混合
punishments 惩罚

qualitative methods 定性方法（社会政策研究）
quantitative methods 定量方法（社会政策研究）
quasi private markets 类私人市场
quasi voucher 类代金券（如教育券）
questionnaires 问卷法（社会政策研究）

race 种族
racialisation 种族化
racism 种族主义
rational decision-making model 理性决策模型
recessions 经济衰退
reciprocity 互惠
redistribution 再分配
reform/revolution continuum 改革/革命连续统
refugees 难民
regressive tax system 累退税制
regulation 监管/管制
relativism 相对主义
religions 宗教
renting 租赁
residual social policy model 剩余社会政策模型
resource mobilisation theory 资源动员理论
resources 资源
responsibilities 责任
retirement plans 退休计划
retrenchment 削减/紧缩
rhetoric 修辞
'Right to Buy' legislation "购买权"立法（住房）
rights 权利
risk societies 风险社会

sanctions 制裁
savings 储蓄
Scandinavian welfare states 斯堪的纳维亚福利国家
scarce resources 稀缺资源
schools 学校
secondary education 中等教育
secondary healthcare 次级医疗服务
secularization 世俗化（与宗教有关的概念）
selection systems 选拔机制（教育）
selectivism 选择主义
self concepts 自我概念

self-employment 自雇
self-esteem 自尊
sexuality 性
sickness benefits 患病补贴
single parents 单身父母
skills 技能
smoking 吸烟
social capital 社会资本
social care 社会照顾
social democracy 社会民主主义
social exclusion 社会排斥
social grants 社会补助
social inclusion 社会包容
social insurance 社会保险
social investment models 社会投资模型
social justice 社会公正
social marketing 社会营销
social media 社交媒体
social mobility 社会流动
social model of disability 残疾的社会模型
social movements 社会运动
social needs 社会需求
social norms 社会规范
social policy 社会政策
social problems 社会问题
social protection 社会保护（保障）
social psychology 社会心理学
social reforms 社会改革
social rights 社会权利
social safety nets 社会安全网
social security 社会保障
social spending 社会支出
social transfer systems 社会转移支付体系
social welfare 社会福利
social workers 社会工作者
social-democratic regimes 社会民主主义体制（艾斯平－安德森福利体制路径中的概念）
socialism 社会主义
socio-economic factors 社会经济因素
state 国家
state pension age(SPA), UK 英国的法定退休年龄
state welfare 国家福利

statutory sick pay 法定病假工资
strikes 罢工
Sure Start 稳健起步计划
sustainability 可持续性
Sustainable Development Goals(SDGs) 可持续发展目标

Tax Credit 税收减免
taxation 税收
technologies 技术
Third Way 第三条道路
trade unions 工会
training 培训
transfer 转移支付
transport 交通运输
troubled families 问题家庭

'underclass' debates 关于"底层阶级"的讨论
unemployment 失业
unemployment benefits 失业补助
United Nations(UN) 联合国
Universal Credit(UC) 通用福利
universalism 普遍主义
unpaid care 无偿照顾

value added tax(VAT) 增值税
voluntary welfare 志愿性福利
voluntary work 志愿工作
voting rights 投票权
vouchers 代金券

wage 工资

waiting time 等候时间
wants 欲望
wars 战争
welfare cuts 削减福利
welfare dependency 福利依赖
welfare mix 福利混合
welfare pluralism 福利多元主义
welfare provisions 福利供给
welfare reform 福利改革
welfare regimes 福利体制
welfare state 福利国家
welfare tourism/abuse 福利旅游/福利滥用
welfare-to-work programme 福利到工作计划
well-being 福祉
Work Programme(WP) 工作计划
work-family policies 工作家庭政策
workfare 工作福利制
workhouses 济贫院
Working Tax Credit, UK 英国的工作税收抵免
World Bank(WB) 世界银行
World Economic Forum(DAVOS Group) 世界经济论坛(达沃斯集团)
World Health Organisation(WHO) 世界卫生组织
World Trade Organisation(WTO) 世界贸易组织

young people 年轻人
youth transition model 青年转型模型

zero hours contracts 零工时工作合同
'zero tolerance' policing "零容忍"治安体系